브랜드 네이밍 백과사전

DICTIONARY OF BRAND NAMING
브랜드 네이밍 백과사전

류동수

보누스

머리말

도심지 길거리에는 온갖 다양한 이름을 내건 간판들이 즐비하고, 각종 매체는 매순간 우리의 눈과 귀를 향해 엄청난 수의 '이름'을 쏟아낸다. 이 이름들은 우리가 특정 업체나 제품 등을 만날 수 있도록 해주는 매개 요소이자 그것들에 대한 특정 느낌을 불러일으키는 역할을 한다. 따라서 이름 짓는 일은 오늘날의 자유 경쟁적 시장경제체제에서 업체나 제품의 성공을 결정짓는 매우 중요한 요소라 하지 않을 수 없다.

상호나 제품명을 지을 때 무엇을 최우선으로 고려할지는 이름 짓는 이의 취향과 목적에 따라 다를 수 있다. 하지만 우리나라의 현재 경향에 기대어 판단한다면 새로운 느낌의 유발 가능성이 가장 중요한 요소로 보인다. 여기에 언중과의 소통 가능성을 추가할 수 있을 것이다. 우리나라에 영어 간판이나 작명이 많은 것이 그 예다. 한글에 비해 영어식 표현이 신선한 느낌을 더 크게 주기 때문이며 영어교육의 대중화 덕에 언중과의 소통도 어느 정도 보장하기에 활용이 많아졌다.

우리가 이름을 지을 때 주로 고려하는 요소는 소리와 의미 그리고 문자, 즉 표기 수단이다. 필자는 이 셋 중에서도 소리가 가장 우선한다고 본다. 소리는 의미 없이 그 자체만으로도 새롭다는 느낌을 불러일으킬 수 있고, 이로써 제품 또는 업체에 대한 궁금증이나 호기심을 끌어낼 수 있기 때문이다. 이름 자체가 남에게 보이고 불리기 위한 것임을 고려할 때 타인의 관심을 끄는 일은 이름 짓기에서 매우 중요하다. 반면 의미는 소리 없이 단독으로 존재하기가 곤란하

거니와 언어보편적이어서 언중에게 신선하고 독특하다는 느낌을 주기 어렵다. 그렇기에 기업이나 제품, 서비스명 등 다양하게 비즈니스에서 사용할 이름을 지을 때 모국어인 한글 외에도 세계 언어에 눈을 돌려 새로운 소리, 신선한 느낌을 찾아내는 데 힘을 기울이는 것이다.

언어별로 살펴보면, 한글과 영문자는 이미 거의 모든 사람들에게 친숙해서 특별한 디자인이 아니라면 새로운 느낌을 주는 데에 한계가 있다. 우리에게 낯선 문자인 러시아의 키릴 문자, 인도의 데바나가리, 그리스 문자 등은 새롭다는 느낌은 줄 수 있겠지만 우리나라에서는 언중과의 소통 가능성이 아주 낮다. 따라서 새로움을 살리면서 소통도 보장받으려면 새로운 느낌을 주는 소리를 한글이나 영문자로 바꿔 표기해야 할 것이다.

우리말 어휘도 새로운 느낌을 줄 수 있다. 사용 빈도가 낮은 고유어나 사투리, 예컨대 상표나 상호에서 볼 수 있는 '쌈지', '질경이', '국시', '아바이' 등이 그런 사례다. 또 한두 단어가 아닌, 구(句) 또는 숫자 등을 섞어 쓴 표현(예: '오렌지 향기는 바람에 날리고', '2NE1')도 여타의 이름과는 차별화된 느낌을 줄 수 있다. 그러나 이 책에서 이런 가능성은 다루지 않는다.

영어는 새로운 느낌을 불러일으키는 언어로서 지금까지 우리나라에서 거의 독점적 지위를 누려왔으나 제1외국어로서의 입지가 굳어지고 거의 전 국민이 영어에 몰입하는 상황이 확대될수록 신선한 느낌은 줄어들 수밖에 없다. 이러한 현 상황을 고려하여 이 책에서는 향후 새로움의 원천이 될, 영어를 비롯한 10개 외국어 어휘를 우리말 기준으로 대비시켜놓았다. 대중성과 소통성에서 압도적 위치를 차지하고 있는 영어를 필두로, 한때 대표적 제2외국어였던 독일어와 프랑스어, 그리고 우리나라에서는 소수 외국어에 속한다고 할 수 있는 스페인어와 이탈리아어, 더 나아가 대표적 고전어로 통하는 라틴어와 그리스어가 여기에 포함되었다. 독립국가연합 및 발트 해 연안 각국에서 사용되는 러시아어도 향후의 중요성을 감안할 때 빼놓을 수 없었다. 일본어와 중국어는 우리와의 유구한 관계가 아니더라도 현실적으로 경제를 비롯한 모든 방면에서 도외시할 수 없는 언어일 뿐 아니라 서구에서도 필수 언어로 인식되고 있다. 그래서 이 두 언어를 이 책에 포함시켰다. 아랍어는 그 중요성에도 불구하고 필자가 감당할 수 없어 유감스럽게도 이 책에 함께 넣지 못했다.

이 책에서 필자는 피터 로제(Peter Mart Roget)의 『Thesaures of English Words and Phrases』와 프란츠 도른자이프(Franz Dornseiff)의 『Der deutsche Wortschatz nach Sachgruppen』을 참고하여 시소러스 방식에 따라 약 3,700개의 우리말 기본 어휘를 선정하고 분류한 다음, 그 각각의 의미에 대응되는 10개 외국어 표현을 제시했다. 또한 일부 언어는 전문가의 도움을 받았다. 기본 어휘는 명사가 대다수이지만 필수 어휘일 경우 형용사, 부사 등도 일부 수록하였다. 아울러 이용자의 편의를 위해 원어 표현의 발음을 한글로도 병기했다.

사실 외국어는 한글 표기 없이 해당 언어의 발음법에 따라 발음하는 것이 가장 좋다. 언어마다 말소리의 체계가 다르므로 외국어 표현의 발음을 다른 언어의 문자로 옮겨 적는 일은 거의 불가능하다. 하지만 음성 제공 매체가 아닌 이상, 또 이 책의 이용자가 이 모든 외국어를 다 구사할 수 있는 것이 아니라면 한글을 통한 발음 안내는 피할 수 없는 방편이다. 따라서 이 책의 한글을 이용한 발음 표기는 해당 외국어 표현의 정확한 발음을 알려주기 위한 것이 결코 아니라 이용자를 위한 최소한의 지침에 지나지 않음을 밝혀둔다.

외국어의 발음 표기는 원칙적으로 국립국어원이 정한 외래어 표기법을 따르되 필자 임의로 일부 예외를 둔 경우도 있다. 국립국어원의 각 언어별 외래어 표기법 역시 문자를 기준으로 일정한 통일성을 도모한 체계이기에 원어의 발음과 일정 정도 차이가 있을 수밖에 없다. 특히 외국어는 한 음절이지만 한글로 옮겨 적으면 음절 수가 크게 늘어나는 경우가 있다. 이 경우 음절 수를 적절한 수준으로 맞추기 위해 표기법을 따르지 않기도 했다. 따라서 이런 현실을 충분히 감안하여 이 책이 제시한 표현을 상호 또는 제품명으로 채택하기 전에 해당 언어 전문가에게 표현의 발음, 표기 및 의미에 대해 충분히 자문하는 것이

바람직하다. 아울러 각 언어별 특이 사항은 별도로 제시한다.

필자는 이 책에서 다룬 10개 언어 중 그리스어를 제외한 모든 언어를 조금씩 배우기는 했으나 영어, 독일어를 제외하면 유창한 구사 능력은 갖추지 못했다. 따라서 두덴-옥스포드 사전을 비롯한 많은 사전의 활용은 불가피한 일이었다. 나름대로 가급적 다양한 표현 가능성을 확보하기 위해, 계통상 근접한 언어(특히 라틴어, 프랑스어, 이탈리아어, 스페인어)의 표현이 유사할 경우 의도적으로 비슷한 의미의 다른 표현을 제시하려 했다. 의미의 유사성 정도가 다소 떨어지더라도 표현의 다양성을 우선에 두기도 했다. 또 적절한 대응 표현이 없을 때에는 단어 대신 구를 대응 표현으로 제시하기도 했다. 이 과정에서 일부 오류가 있을 것으로 보인다. 더구나 4만 개에 육박하는 어휘를 다루다 보니 필자의 언어 능력 외에도 의도하지 않은 실수가 있을 것으로 보인다. 이는 모두 필자의 탓이다. 기회 닿는 대로 재판에서 수정할 것을 약속드린다.

그간 도움을 주신 여러 전문가에게, 특히 중국어 작업에 많은 도움을 주신 박순아 님께 감사 인사를 드린다. 적지 않은 분량에 까다로운 내용을 편집하고 교정하느라 무진 애를 쓰셨을 뿐 아니라 많은 대안과 조언을 준 편집진에게도 고마움을 전한다.

류동수

이 책의 표기법

이 사전은 크게 자연, 생명, 개인, 사회로 나눠 4개의 영역을 정하고, 각 영역에는 큰 범주에 포함되는 작은 카테고리를 두었다. 우선은 한국어 표제어에 대응하는 10개 언어, 즉 영어, 독일어, 프랑스어, 이탈리아어, 스페인어, 라틴어, 러시아어, 그리스어, 일본어, 중국어를 한 번에 펼쳐 볼 수 있도록 편집하였다. 표제어는 네이밍(Naming, 이름 짓기)에 도움이 되는 것에 맞춰 선정하였다. 큰 범주에 포함되는 작은 카테고리는 의미와 활용의 연관성에 역점을 두어 원하는 네이밍의 이미지에 맞는 어휘를 찾을 수 있도록 했다.

[1] 한국어 표제어에 대응하는 각 외국어는 하나씩으로 한정했다. 간혹 한국어를 외국어에 일대일로 대응하는 것에 무리가 따르기도 하지만 네이밍 작업에 도움을 준다는 목적에 맞추었다. 가급적 유의어를 고르려고 노력했지만 유의어가 여러 개 있는 경우에는 중복을 피하기 위해 최적의 번역어가 아니라도 적절하게 쓰일 수 있고 네이밍에 도움이 되는 쪽으로 선정하였다.

[2] 외국어에는 단어 앞에 단수, 복수, 성, 격 따위를 나타내는 관사가 붙는 경우가 있다. 그러나 그 활용 기준은 언어나 단어에 따라서 달라지므로 이 책에서는 원칙적으로 무시했다.

[3] 외국어에는 남성과 여성 등 성을 엄격하게 구별해서 쓰는 언어들이 있다. 이 책에서는 대개 중성어를 쓰려고 노력했으나 원칙적으로 남성어를 선정했다.

각 언어의 표기

각 언어에 해당하는 표제어를 발음 나는 대로 한글로 표기했다. 표준 외래어 표기법을 기준으로 했으나, 대체로 각국어의 원음에 가깝게 옮겨 적거나 보편적으로 더 많이 통용되는 발음을 반영했다. 외국어를 원음에 가깝게 한글로 옮겨 적는 것이 처음부터 무리이기는 하지만 네이밍에 적합한 단어를 찾아내어 활용하기 위해서는 필요한 일이라고 생각했다. 각 표제어에 해당하는 외국어의 스펠링을 표기하였으므로 네이밍 작업에서 자유롭게 변형하여 사용하는 데 참고할 수 있을 것이다.

국어 : 순우리말에 가까운 표제어를 고르려 애썼으나 우리말에는 한자어가 많이 사용되므로 일부러 피하지는 않았다. 한자어의 경우 한자를 괄호 안에 표기했고, 한자어가 아닌 경우라도 필요하면 혼동을 방지하기 위해 한자를 대괄호 안에 함께 적어 뜻 전달에 문제가 없도록 주의했다. 또한 설명이 필요한 경우에도 괄호 안에 적었다.

영어 : 원칙적으로 표준 외래어 표기법을 따르되 영국식 발음보다는 대체로 미국식 발음을 위주로 채택했다. 또 이미 우리말에 정착된 영어 단어라 하더라도 다양성 확대를 위해 관용적 표기를 따르지 않고 영어 발음을 그대로 적기도 했다. 이중모음 표기는 편집 감각에 따라 표기법을 따르지 않은 경우도 있다. 영어에서는 복수형으로 쓰이는 표현도 한글로 발음을 표기할 때에는 단수로 처리한 사례도 있다. 굳이 복수로 표기하지 않아도 네이밍의 목적이 충분히 달성되리라고 판단했기 때문이다.

독일어 : 독일어는 대체로 모든 문자를 소릿값대로 발음하면 되므로 한글 표기도 표기법에 따르면 별 문제가 없다. 다만 일부 어휘의 경우 음절 수를 줄이기 위해 표기법을 따르지 않기도 했다. 형용사를 명사적으로 사용하는 경우에는 기본적으로 남성 1격 형태를 제시했다.

프랑스어 : 한국어 단어와 일대일 대응이 되지 않고 구로 표현되면 전치사, 관사 등이 들어가는데, 이때 연음(Liaison) 현상이 일어난다. 연음이 될 경우 발음의 한글 표기를 단어 단위로 나누어서 하지 않고 연음되는 그대로 적었다. 따라서 프랑스어 표현과 한글 표기

간의 단어 수가 일치하지 않기도 한다.

이탈리아어 : 표준 외래어 표기법에 따르면 이탈리아어의 's'는 'ㅅ'으로 적게 되어 있다. 그러나 실제 이탈리아어 's'는 무성음으로 발음되기도 하지만 유성음으로 발음되는 경우도 있다. 그래서 외래어 표기법과 달리 임의로 일부 's'의 경우 'ㅈ'으로 표기하기도 하였다.

스페인어 : 스페인어를 사용하는 지역은 유럽의 스페인 외에도 브라질을 제외한 중남미의 많은 나라들이 있으며 지리적으로 많이 떨어진 탓에 발음에도 일부 차이가 있다. 그러나 이 책에서는 중남미의 표현과 발음은 고려하지 않았다. 스페인어의 발음은 비교적 단순한 편이나 외래어 표기법을 따라 쌍자음을 사용하지 않다 보니 예컨대 's'와 'z'의 차이가 없어져 둘 다 'ㅅ'으로 표기되고 말았다.

라틴어 : 이 책에서 선정한 한국어 어휘에는 다수 현대적 표현이 들어 있는데, 고전 라틴어에는 당연히 해당 표현이 없는 경우가 종종 있다. 또 제도와 관련한 어휘는 시대의 차이를 떠나 해당 제도가 적용되는 언어에만 통용되기에 적절한 대역어를 찾기가 쉽지 않다. 그럼에도 현대적 표현의 라틴어 번역 욕구는 존재하는 법이다. 그래서 현대어의 라틴어 번역도 최대한으로 찾아 수록했다. 물론 다른 표현 가능성도 충분히 존재한다. 그것을 찾아 활용하는 일은 이용자의 몫이다. 동식물 이름의 경우 적절한 라틴어 표현을 찾지 못했을 때는 학명을 제시했다. 물론 명명자 이름은 제외했다. 또 원칙적으로 품사도 일치시키려 했으나 적절한 단어를 찾지 못한 경우 의미가 유사한 다른 품사를 넣기도 하였다. 예컨대 명사가 없을 경우 동사를 그 대용으로 사용한 것이다. 적절한 대응어를 찾지 못한 경우 공백으로 두었다. 라틴어는 문자만 살아남은 언어로, 그 발음은 언어별로 시대별로 매우 다양하나 이 책에서는 대체로 독일어권의 라틴어 발음을 따랐다. 그래서 '-ti-'는 구개음화된 '치'로 표기하였다. 다양성을 보다 더 많이 제공하기 위한 조치다.

그리스어: 일차적으로 고전 그리스어 표현을 제시하는 것을 원칙으로 했으나 라틴어와 마찬가지로 적절한 대응 표현을 찾을 수 없는 경우가 많았다. 이 경우 현대 그리스어 표현을 대안으로 수록했다. 그러나 해당 표현이 고전 그리스어인지 현대 그리스어인지는 일일이 밝히지 않았다. 그리스어의 발음은 고전어와 현대어 사이에, 특히 모음에서 다소 차이가 있다. 그러나 이 책에서는 현대 그리스어 모음도 원칙적으로 고전 그리스어 문자의 소릿값을 기준으로 삼아 한글로 표기했다.

러시아어: 표준 외래어 표기법에 대체로 충실히 따랐다. 그 결과 같은 모음은 모두 동일하게 표기함으로써 역점의 위치에 따라 모음이 바뀌는 러시아의 발음 특성을 충분히 반영하지 못했다. 또 폰트 문제로 역점이 제대로 표기되지 못하는 경우가 있었으나 이 책의 목적에는 큰 문제가 없는 것으로 판단해 그대로 두었다.

일본어: 한자어인 경우 한자를 병기했으며 그 한자의 발음을 일본어 가나로도 적었다. 아울러 일본어 한자 단어가 우리말 단어와 같으면 한자 단어 아닌 일본어 고유어로 대체하는 등 다른 표현을 가급적 많이 제시하려 노력했다. 또한 외래어 표기법에 맞춰 장음을 표기에 반영하지 않았다.

중국어: 중국어의 경우 대만에서는 우리나라의 한자와 같은 번자(繁字)를 쓰고 대륙에서는 간자(簡字)를 사용한다. 이 책에서는 간자를 제시했다. 중국어가 표제어인 국어와 같은 한자인 경우 번자를 국어 표제어에서도 볼 수 있기 때문이다.

브랜드와 상표 등록

1. 상표 등록의 중요성

날로 브랜드 가치의 중요성이 높아지면서 브랜드 관리에 기업은 총력을 기울이고 있다. 통상적으로 기업명이나 상호, 제품이나 서비스의 명칭을 브랜드로 인식하므로 기업명, 상호명, 제품명, 서비스명 등의 개발과 관리는 기업의 마케팅 전략에서 중요한 위치를 차지한다.

상표는 타사의 상품과 구별하기 위해서 자사의 상품에 부착하는 표장으로 상품의 동질성을 표시하는 기능을 가진다. 상호는 법인이나 개인을 포함한 상인이 영업상 자기를 표시하는 명칭으로 영업의 동일성을 표시하는 기능이 있다. 이러한 상표와 상호는 오랜 시간 사용되면서 고객의 신뢰를 축적하고 브랜드 이미지를 형성함으로써 기업의 무형자산으로 인식된다. 타사와 구별되지 않게 같은 상호나 상표를 사용한다면 소비자들의 오인이나 혼란을 초래해 기업 활동이 원만하게 이루어지지 않는 것은 물론 잘못된 유사 상표의 사용으로 어렵게 쌓아 올린 고객의 신뢰와 브랜드 이미지를 위협받을 수 있는 것이다.

그러므로 상표의 등록은 독점적으로 사용할 수 있는 상표권이라는 법률적 권리를 얻는 행위이자 타인의 무단 사용을 엄금하는 최소한의 방어 절차라고 할 수 있다. 따라서 사업을 구상하고 있거나 이미 사업을 운영하고 있다면 자기의 상표가 타인의 상표권을 침해하는 것은 아닌지, 나아가 자기의 상표를 법적으로 보호받을 수 있는지에 관해 미리 상표를 채택하는 과정을 거쳐야만 한다. 그리고 새로운 상표를 채택하여 사용하려면 그 상표에 대한 등록 여부를 최우선으로 검토해야 한다.

2. 상표법에서 정한 상표의 등록 요건

우리나라에서는 법인을 포함한 모든 국민이 상표권자가 될 수 있으며, 국내에서 상표를 사용하는 자(법인, 개인, 공동사업자) 또는 사용하고자 하는 자는 상표법이 정하는 바에 따라 자기의 상표를 등록받을 수 있다.

상표의 등록은 출원의 형식 등 절차적 요건과 상표의 구성 자체가 자타 상품의 식별력을 가진 것인지 부등록 사유에 해당하지 않는지를 판단하는 실체적 요건(적극적 요건, 소극적 요건)으로 이루어진다.

[1] 적극적 요건(불허 사유)

자기 상품과 타인의 상품을 구별하는 힘, 즉 식별력이 있어야 한다. 일반적으로 식별력의 유무 판단은 지정 상품과 관련하여 판단하며 상표법 제6조 제1항에서는 상표 등록이 불허되는 사유를 다음과 같이 제한하고 있다.

① 보통 명칭

상표가 특정 상품과 관련하여 상품의 명칭을 나타내는 상표는 허용되지 않는다. '과자' '자동차' '콘 칩(스낵제품)'이라는 상표는 타사 상품과 구별하기 어려우므로 등록이 되지 않는다. 단, 지정 상품과의 관계에서 정해지는 상대적 개념이다. 예컨대 '전자제품'에 '애플'은 보통명사가 아니므로 식별력 있는 상표가 될 수 있다.

② 관용 상표

정종(청주)이나 TEX(직물), 깡(과자류) 등 동종업자들이 특정 종류의 상품에 붙여 관용적으로 쓰이는 상표는 등록이 안 된다.

③ 성질 표시 상표

상품의 생산지 표시(모시-한산, 굴비-영광), 품질의 상태나 우수성 표시(특선품, 슈퍼급), 원재료 표시(울 양복, 쌀떡), 효능 표시(TV-HITEK, 복사기-Quick Copy), 용도 표시(학생용 가방, 숙녀 의류), 수량 표시(100그램 설탕, 100리터 기름), 형상 표시(소형 냉장고, 캡슐 비타민), 생산·가공·사업 방법 표시(수제 구두, 목재 책상, 자연농법 농산물), 시기 표시(봄 의류, 겨울철 타이어) 등이 나타나는 상표는 누구나 자유롭게 사용하고 있고 타사 제품과 구별할 수 없으므로 등록이 되지 않는다. 단, 외국어인 경우에 일반 수요자가 심사숙고하거나 사전을 찾아보고서 그 뜻을 알 수 있는 단어는 성질 표시라 할 수 없다.

④ 널리 알려진 지리적 명칭, 약어

금강산, 뉴욕, 서울 등 널리 인식된 지리적 명칭은 상표 등록이 허용되지 않는다. 단, 로만손 시계의 로만손(스위스의 시계정밀공업단지)처럼 잘 알려지지 않은 지리적 명칭은 가능하다.

⑤ 흔한 성(姓) 또는 명칭

이씨, 박씨, John 등의 자연인의 성 또는 사장, 상사, 총장 등 법인, 단체, 상호임을 표시하는 명칭은 허용되지 않는다.

⑥ 간단하고 흔한 표장

지나치게 단순한 기호나 우리가 흔히 쓰는 숫자, 한글 한 글자(숲, 맛), 간단한 영문 알파벳(one, two, AB) 등은 허용되지 않는다.

⑦ 기타 식별력이 없는 표장

일반적으로 쓰이는 구호나 표어(I can do, 온누리에 평화를), 인사말 또는 유행어, 자연물이나 사람의 사진 등은 등록이 되지 않는다.

[2] 소극적 요건(부등록 사유)

상표가 식별력을 가지고 있더라도 상표권을 부여했을 때 일정한 공익을 해치거나 사적 이익을 침해할 경우라면 상표 등록을 허용하지 않는다.

① 국기, 국제기관의 마크, 적십자 마크 등 국가기관이나 공공단체 등의 마크와 동일 또 유사한 상표 : 태극기, 유네스코(UNESCO), 무궁화, WHO 등.
② 국가 · 민족 · 공공단체 · 종교 등과의 관계를 허위로 표시하거나 비방 또는 모욕의 염려가 있는 상표 : 양키, Negro 등.
③ 풍속에 어긋나거나 공공의 질서를 해칠 우려가 있는 상표 : 사이비 종교 · 부적 등 미신을 조장하는 상표, 외설적인 도형이나 문자 등.

④ 저명한 타인의 성명, 명칭 등을 포함하는 상표 : 현존하는 유명 정치인, 영화배우, 탤런트 등 저명인사의 이름 등. 다만, 이들의 동의가 있으면 등록이 가능하다.
⑤ 상표권이 소멸한 날부터 1년이 경과되지 않은 타인의 등록 상표와 동일 또는 유사한 상표로서 그 타인의 상품과 동일 또는 유사한 상품에 사용하는 상표 : 상품이 전혀 다른 종류일 때에는 상관없다.
⑥ 타인의 상품을 표시하는 것이라고 수요자 간에 현저하게 인식되어 있는 상표와 동일 또는 유사한 상표로서 그 타인의 상품과 동일 또는 유사한 상품에 사용하는 상표 : 특정인의 상표로서 어느 정도 주지성을 띠고 있어야 한다.
⑦ 수요자 간에 현저하게 인식되어 있는 타인의 상품이나 영업과 혼동을 일으키게 할 염려가 있는 상표 : 이른바, 애플, 삼성전자, BMW, 벤츠 등 대기업이 사용하는 저명 상표가 대표적이다.
⑧ 상품의 품질을 오인하게 하거나 수요자를 기만할 염려가 있는 상표 : 예로, 소주(상품)-Whisky(상표)
⑨ 국내외 수요자 간에 특정인의 상품을 표시하는 것이라고 인식되어 있는 상표와 동일 또는 유사한 상표로서 부당한 이익을 얻으려 하거나 그 특정인에게 손해를 가하려고 하는 등 부정한 목적을 가지고 사용하는 상표 : 해외 상표를 모방한 상표가 대표적이다.

3. 상표의 등록 과정

상표 출원 → 상표 심사 → 상표 공고 → 상표 등록

상표 등록 출원은 1상표 1출원주의 원칙을 고수한다. 상표 등록 출원은 산업자원부령이 정하는 상품류 구분 내에서 상표를 사용할 1 또는 2개 이상의 상품을 지정하여 상표마다 출원하여야 하는데, 이를 1상표 1출원주의 원칙이라고 한다. 즉 하나의 출원서로 동시에 2개 이상의 상표를 출원하는 것이 허용되지 않는다는 의미다. 사용할 구체적이고 정확한 브랜드명을 표기한 상표 견본과 함께 출원 서류를 특허청(www.kipo.go.kr)에 제출하면, 상표법에서 인정하는 등록 요건을 만족하는지 아닌지 심사하게 된다.

상표 심사는 출원 후 통상 10~24개월까지의 심사 기간 동안 이루어진다. 심사에서 상표 등록을 거절당할 경우 출원인에게 의견 제출 통지서가 발송되는데, 거절 이유가 없어지면 출원 공고 결정을 내린다.

상표의 공익성을 위해 심사 과정에서 발생할 수 있는 오류를 수정하고 상표로서의 권리 설정을 위해 등록 전에 일반에 공개하는 공중심사과정을 거친다.

출원 공고일 후 2개월 동안 이의신청 기간이 주어지고 기간 내에 이의신청이 없으면 상표등록결정이 내려진다. 심사관이 최종적으로 상표등록결정서를 출원인에게 보낸다. 등록 상표의 권리 기간은 10년이며, 10년마다 갱신등록 출원을 할 수 있다.

상표를 출원할 때 등록 가능성이나 타인의 상표권과의 관계 등은 보통 전문가인 변리사에게 의뢰하는 것이 수월하다. 변리사는 국가 자격을 얻은 자로서, 특허나 상표에 대한 상담과 조사, 출원 대리, 감정, 심판, 소송 등의 일을 담당한다.

이상준 변리사(특허법인 대아)

차례

머리말 • 004

이 책의 표기법 • 008

브랜드와 상표 등록 • 012

찾아보기 • 730

PART 1 자연

1	천체 • 022
2	태양계 • 026
3	지구 • 028
4	지형/지대 • 032
5	산/강/호 • 036
6	숲/바위/돌/흙 • 040
7	바다/섬 • 044
8	기상/재해 • 048
9	물질/미립자 • 056
10	원소/화합물 • 058
11	금속 • 060
12	비금속 • 064
13	귀금속/보석 • 066
14	연료/힘 • 070
15	시간/시대 • 074
16	기간/계절 • 078
17	달/요일 • 082
18	날 • 086
19	수 일반 • 090
20	기수/서수 • 094
21	도형(점/선/면/입체) • 098
22	단위/정도/다소 전부 • 102
23	빛 • 110
24	색 • 112
25	소리/냄새 • 116
26	공간 개념 • 116
27	방위 • 120
28	모양 • 122
29	상태 • 124
30	성질 • 126
31	작용 • 130
32	현상 • 132

PART 2 생명

1	생명 공통 • 138
2	사람 일반 • 142
3	사람 1 : 몸통 • 144
4	사람 2 : 머리 • 146
5	사람 3 : 얼굴 • 148
6	사람 4 : 손/팔 • 154
7	사람 5 : 발/다리 • 158
8	사람 6 : 뇌/혈관/피 • 160
9	사람 7 : 장부 • 162
10	사람 8 : 뼈/치아 • 166
11	사람 9 : 선/막/근/신경 • 170
12	사람 10 : 성/체액 • 172
13	사람 11 : 생리 • 174

14	사람 12 : 외형/외관 • 178		7	의 2 : 의류 • 300
15	사람 13 : 감각 • 182		8	의 3 : 바느질 • 302
16	식물 일반 • 186		9	식 1 : 음식 • 304
17	곡식 • 190		10	식 2 : 조미료/양념/기호품 • 310
18	과일 • 192		11	식 3 : 주방 • 316
19	꽃 • 198		12	주 1 : 집/방 • 318
20	나무 1 : 낙엽수 • 204		13	주 2 : 문/벽 등 • 322
21	나무 2 : 상록수/침엽수 • 208		14	주 3 : 난방/마당 • 326
22	나무 3 : 기타 • 210		15	지칭 • 328
23	식물의 뿌리 • 212		16	신분/자아/관계 • 332
24	식물의 열매 • 214		17	나이/이름 • 338
25	채소 • 218		18	인생 • 342
26	풀 • 222		19	가족 • 346
27	말류/균류 • 226		20	성품 • 354
28	동물 일반 • 228		21	태도 • 358
29	포유류 1 : 영장류 • 230		22	신체적 행위/능력 • 360
30	포유류 2 : 가축 • 230		23	감정 1 : 호 • 366
31	포유류 3 : 대형 • 234		24	감정 2 : 불호 • 370
32	포유류 4 : 소형 • 238		25	꿈/이상/이념 • 374
33	새/가금 • 242		26	마음/마음상태 • 378
34	물고기 • 252		27	생각/의도/추측/신뢰 • 382
35	양서/파충류 • 258		28	성패/영욕 • 384
36	절지/극피/갑각류 등 • 262		29	언어/표현 관련 • 388
37	벌레 • 266		30	지식/지혜 • 394
38	동물의 행태/생리/속성 • 270			

PART 3 개인

1	개인/개인 소품 • 276
2	장신구/화장품 • 280
3	가구/가전제품 • 284
4	생활용품 • 288
5	위생용품 • 294
6	의 1 : 옷감 • 298

PART 4 사회

1	학문 일반 • 400
2	학교 • 404
3	문구 • 410
4	서류/문건 • 416
5	언어/심리 • 418
6	문학 • 436
7	철학/논리 • 440

8 역사/지리/고고학 • 450	41 해상 교통 • 602
9 수리/통계 • 454	42 산업 일반 • 606
10 물리/화학/생물 • 462	43 1차 산업 • 610
11 문화예술 일반 • 472	44 농사/수렵도구 • 614
12 취미/오락 • 476	45 광공업 • 618
13 음악 • 482	46 기계/금속 • 622
14 악기 • 490	47 건설 • 626
15 미술 • 492	48 건축/목공 재료 • 628
16 연극/영화/춤 • 500	49 공구 • 634
17 종교 일반 • 504	50 전기/전자 산업 • 636
18 종교 1 : 기독교 • 506	51 경제 1 : 기업 • 642
19 종교 2 : 천주교 • 512	52 경제 2 : 사람 • 644
20 종교 3 : 불교 등 • 516	53 경제 3 : 제품 • 648
21 종교 4 : 무속 • 518	54 경제 4 : 거래 • 650
22 풍속/의례 • 522	55 경제 5 : 금융/재무 • 656
23 스포츠 일반/관련 인물 • 524	56 경제 6 : 돈 • 660
24 스포츠 1 : 용품 • 528	57 경제 7 : 경기 • 664
25 스포츠 2 : 종목 • 532	58 경제 8 : 경제활동 공간 • 666
26 상상의 존재 • 538	59 국가/행정 1 : 국가 • 668
27 공동체/집단 • 540	60 국가/행정 2 : 행정 • 674
28 사회 일반/질서/가치 • 544	61 국가/행정 3 : 외교 • 680
29 노동/복지/환경 • 550	62 국가/행정 4 : 공직자 • 682
30 언론 • 554	63 정치/입법 • 684
31 출판 • 560	64 사법/법률 • 690
32 정보/통신 • 564	65 경찰/소방 • 696
33 약 • 572	66 군대 일반 • 698
34 의료용품/진료과목 • 574	67 군대 1 : 부대 • 704
35 의료인 • 578	68 군대 2 : 계급 • 706
36 의료행위 • 580	69 군대 3 : 병과/군인 • 710
37 길/다리/역/주차장 • 584	70 군대 4 : 무기 • 714
38 육상 교통 • 590	71 군대 5 : 군장/시설 • 718
39 자동차 • 594	72 봉건제 • 720
40 항공 교통 • 598	

PART1

자연

천체・태양계・지구・지형/지대・산/강/호・숲/바위/돌・흙・바다/섬・기상/재해・물질/미립자・원소/화합물・금속・비금속・귀금속/보석・연료/힘・시간/시대・기간/계절・달/요일・날・수 일반・기수/서수・도형(점/선/면/입체)・단위・정도/다소 전부・빛・색・소리/냄새・공간 개념・방위・모양・상태・성질・작용・현상

1-1. 천체

한국어	영어	독일어	프랑스어	이탈리아어
천체 (天體)	celestial body 실레스티얼 바디	Himmelskörper 힘멜스쾨르퍼	corps céleste 코르 셀레스트	corpo celeste 코르포 셀레스테
우주 (宇宙)	univers 유니버스	Weltraum 벨트라움	espace 에스파스	cosmo 코즈모
자연 (自然)	nature 네이처	Natur 나투어	nature 나튀르	natura 나투라
별 [星]	star 스타	Stern 슈테른	étoile 에투알	stella 스텔라
항성 (恒星)	fixed star 픽스트 스타	Fixstern 픽스슈테른	étoile fixe 에투알 픽스	stelle fisse 스텔레 피세
거성 (巨星)	giant star 자이언트 스타	Riesenstern 리젠슈테른	étoile géante 에투알 제앙트	stella gigante 스텔라 지간테
행성 (行星)	planet 플래닛	Planet 플라네트	planète 플라네트	pianeta 피아네타
소행성 (小行星)	asteroid 애스터로이드	Asteroid 아스테로이트	astéroïde 아스테로이드	asteroide 아스테로이데
신성 (新星)	nova 노버	Nova 노파	nova 노바	nova 노바
초신성 (超新星)	supernova 수퍼노버	Supernova 주퍼노파	supernova 쉬페르노바	supernova 수페르노바
백색왜성 (白色矮星)	white dwarf 화이트 드워프	weißer Zwerg 바이서 츠베르크	naine blanche 넨 블랑슈	nana bianca 나나 비앙카

스페인어	라틴어	러시아어	그리스어	일본어	중국어
cuerpo celeste 쿠에르포 셀레스테	corpus caeleste 코르푸스 카일레스테	небесное тело 네베스노예 첼로	ουράνιο σώμα 우라니오 소마	天体 (てんたい) 덴타이	天体 텐티
universo 우니베르소	universum 우니베르숨	вселенная 브셀렌나야	σύμπαν 숨판	宇宙 (うちゅう) 우추	宇宙 위저우
naturaleza 나투랄레사	natura 나투라	природа 프리로다	φύσις 피시스	自然 (しぜん) 시젠	自然 쯔란
estrella 에스트레야	stella 스텔라	звезда 즈베즈다	αστέρας 아스테라스	星 (ほし) 호시	星 싱
estrella fija 에스트레야 피하	stellae fixae 스텔라이 픽사이	неподви́жный звезда 네포드비즈니 즈베즈다	απλανής αστήρ 아플라네스 아스테르	恒星 (こうせい) 고세	恒星 헝싱
estrella gigante 에스트레야 히간테	stella giganteus 스텔라 기간테우스	звезда–гигант 즈베즈다-기간트	γίγαντας αστέρας 기간타스 아스테라스	巨星 (きょせい) 교세	巨星 주싱
planeta 플라네타	planeta 플라네타	планета 플라네타	πλανήτης 플라네테스	惑星 (わくせい) 와쿠세	行星 싱싱
asteroide 아스테로이데	asteroides 아스테로이데스	астероид 아스테로이트	αστεροειδής 아스테로에이데스	小惑星 (しょうわくせい) 쇼와쿠세	小行星 샤오싱싱
nova 노바	nova 노바	новая звезда 노바야 즈베즈다	νόβα 노바	新星 (しんせい) 신세	新星 신싱
supernova 수페르노바	supernova 수페르노바	сверхновая звезда 스베르흐노바야 즈베즈다	σουπερνόβα 수페르노바	超新星 (ちょうしんせい) 조신세	超新星 차오신싱
enana blanca 에나나 블랑카	pumilio alba 푸밀리오 알바	белый карлик 벨리 카를리크	λευκός νάνος 레우코스 나노스	白色矮星 (はくしょくわいせい) 하쿠쇼쿠와이세이	白矮星 바이아이싱

한국어	영어	독일어	프랑스어	이탈리아어
별똥별 [流星]	meteor 미티어	Meteor 메테오어	météore 메테오르	meteora 메테오라
살별 [彗星]	comet 코밋	Komet 코메트	comète 코메트	cometa 코메타
별자리 [星座]	constellation 컨스텔레이션	Sternbild 슈테른빌트	constellation 콩스텔라시옹	costellazione 코스텔라치오네
미리내 [銀河水]	Milky Way 밀키 웨이	Milchstraße 밀히슈트라세	Voie lactée 부알락테	Via Lattea 비아 라테아
은하 (銀河)	galaxy 갤럭시	Galaxie 갈락시	galaxie 갈락시	galassia 갈라시아
블랙홀	black hole 블랙 홀	schwarzes Loch 슈바르체스 로흐	trou noir 트루 누아르	buco nero 부코 네로
궤도 (軌道)	orbit 오빗	Umlaufbahn 움라우프반	orbite 오르비트	orbita 오르비타
성운 (星雲)	nebula 네뷸러	Nebel 네벨	nébuleuse 네뷜뢰즈	nebulosa 네불로사
황도 (黃道)	ecliptic 이클립틱	Ekliptik 에클립티크	écliptique 에클립티크	eclittica 에클리티카
천구 (天球)	celestial sphere 셀레스티얼 스피어	Himmelskugel 힘멜스쿠겔	sphère céleste 스페르 셀레스트	sfera celeste 스페라 첼레스테

스페인어	라틴어	러시아어	그리스어	일본어	중국어
meteoro 메테오로	chasma 카스마	метеор 메테오르	μετέωρος 메테오로스	流星 (りゅうせい) 류세이	流星 류싱
cometa 코메타	cometes 코메테스	комета 코메타	κομήτης 코메테스	彗星 (すいせい) 스이세	彗星 후이싱
constelación 콘스텔라시온	sidus 시두스	созвездие 소즈베즈디예	αστερισμός 아스테리스모스	星座 (せいざ) 세이자	星座 싱쭤
Vía Láctea 비아 락테아	Via lactea 비아 락테아	млечный путь 믈레치니 푸티	γαλαξίας κύκλος 갈락시아스 키클로스	銀河系 (ぎんがけい) 긴가케	銀河系 인허지
galaxia 갈락시아	galaxias 갈락시아스	галактика 갈락티카	Γαλαξίας 갈락시아스	銀河 (ぎんが) 긴가	星系 싱지
agujero negro 아구헤로 네그로	gurges ater 구르게스 아테르	чёрная дыра 초르나야 디라	μαύρη τρύπα 마우레 트리파	ブラックホール 부랏쿠호루	黑洞 헤이동
órbita 오르비타	orbita 오르비타	орбита 오르비타	τροχιά 트로키아	軌道 (きどう) 기도	軌道 구이다오
nebulosa 네불로사	nebula 네불라	туманность 투만노스티	νεφέλωμα 네펠로마	星雲 (せいうん) 세운	星云 싱윈
eclíptica 에클립티카	linea ecliptica 리네아 에클립티카	эклиптика 예클립티카	εκλειπτική 에클레이프티케	黄道 (おうどう) 오도	黄道 황다오
esfera celeste 에스페라 셀레스테	spheara 스페아라	небесная сфера 네베스나야 스페라	ουράνια σφαίρα 오이라니아 스파이라	天球 (てんきゅ) 덴큐	天球 톈추

1-2. 태양계

한국어	영어	독일어	프랑스어	이탈리아어
태양계 (太陽系)	solar system 솔라 시스템	Sonnensystem 존넨쥐스템	système solaire 시스템 솔레르	sistema solare 시스테마 솔라레
해 [日]	sun 선	Sonne 존네	soleil 솔레유	sole 솔레
수성 (水星)	Mercury 머큐리	Merkur 메르쿠어	Mercure 메르퀴르	Mercurio 메르쿠리오
금성 (金星)	Venus 비너스	Venus 베누스	Vénus 베뉴스	Venere 베네레
지구 (地球)	Globe 글로브	Erdkugel 에르트쿠겔	Globe Terrestre 글로브 테레스트르	Globo Terrestre 글로보 테레스트레
화성 (火星)	Mars 마르스	Mars 마르스	Mars 마르스	Marte 마르테
목성 (木星)	Jupiter 주피터	Jupiter 유피터	Jupiter 쥐피테	Giove 지오베
토성 (土星)	Saturn 새턴	Saturn 자투른	Saturne 사튀른	Saturno 사투르노
천왕성 (天王星)	Uranus 유러너스	Uranus 우라누스	Uranus 위라뉘	Urano 우라노
해왕성 (海王星)	Neptune 넵튠	Neptun 넵툰	Neptune 넵튄	Nettuno 네투노
명왕성 (冥王星)	Pluto 플루토	Pluto 플루토	Pluton 플뤼통	Plutone 플루토네

스페인어	라틴어	러시아어	그리스어	일본어	중국어
sistema solar 시스테마 솔라르	ordo solaris 오르도 솔라리스	солнечная система 솔네치나야 시스테마	ηλιακό σύστημα 헬리아코 시스테마	太陽系 (たいようけい) 다이요케	太阳系 타이양지
sol 솔	sol 솔	солнце 솔른체	Ήλιος 헬리오스	太陽 (たいよう) 다이요	太阳 타이양
Mercurio 메르쿠리오	Mercurius 메르쿠리우스	Меркурий 메르쿠리	Ερμής 에르메스	水星 (すいせい) 스이세	水星 수이싱
Venus 베누스	Venus 베누스	Венера 베네라	Αφροδίτη 아프로디테	金星 (きんせい) 긴세	金星 진싱
Globo Terráqueo 글로보 테라케오	Tellus 텔루스	Земля 젬랴	Γῆ 게	地球 (ちきゅう) 지큐	地球 디추
Marte 마르테	Mars 마르스	Марс 마르스	Άρης 아레스	火星 (かせい) 가세이	火星 허우싱
Júpiter 후피테르	Iuppiter 유피테르	Юпитер 유피테르	Δίας 디아스	木星 (もくせい) 모쿠세	木星 무싱
Saturno 사투르노	Saturnus 사투르누스	Сатурн 사투른	Σατούρνους 사투르누스	土星 (どせい) 도세	土星 투싱
Urano 우라노	Uranus 우라누스	Уран 우란	Ουρανός 우라노스	天王星 (てんのうせい) 덴노세	天王星 톈왕싱
Neptuno 넵투노	Neptunus 넵투누스	Нептун 넵툰	Ποσειδώνας 포세이도나스	海王星 (かいおうせい) 가이오세	海王星 하이왕싱
Plutón 플루톤	Pluto 플루토	Плутон 플루톤	Πλούτωνας 플루토나스	冥王星 (めいおうせい) 메오세	冥王星 밍왕싱

한국어	영어	독일어	프랑스어	이탈리아어
위성 (衛星)	satellite 새틀라이트	Traband 트라반트	satellite 사텔리트	satellite 사텔리테
달 [月]	moon 문	Mond 몬트	lune 륀	luna 루나
보름달	full moon 풀 문	Vollmond 폴몬트	pleine lune 플랭 륀	plenilunio 플레니루니오
반달	half-moon 하프-문	Halbmond 할프몬트	demi-lune 드미 륀	mezzaluna 메찰루나
초승달	crescent moon 크레센트 문	Mondsichel 몬드지헬	croissant 크루아상	luna crescente 루나 크레셴테
그믐	new moon 뉴 문	Neumond 노이몬트	nouvelle lune 누벨 륀	novilunio 노빌루니오
흑점 (黑點)	sunspot 선스팟	Sonnenfleck 존넨플레크	tache solaire 타슈 솔레르	macchia solare 마키아 솔라레
월식 (月蝕)	lunar eclipse 루나 이클립스	Mondfinsternis 몬트핀스터니스	éclipse lunaire 에클립스 뤼네르	eclissi lunare 에클리시 루나레
일식 (日蝕)	solar eclipse 솔라 이클립스	Sonnenfinster-nis 존넨핀스터니스	éclipse de soleil 에클립스 드 솔레유	eclissi solare 에클리시 솔라레

1-3. 지구

세계 (世界)	world 월드	Welt 벨트	monde 몽드	mondo 몬도

스페인어	라틴어	러시아어	그리스어	일본어	중국어
satélite 사텔리테	satelles 사텔레스	спутник 스푸트니크	φυσικός δορυφόρος 피시코스 도리포로스	衛星 (えいせい) 에이세이	卫星 웨이싱
luna 루나	luna 루나	луна 루나	σελήνη 셀레네	月 (つき) 쓰키	月亮 웨량
luna llena 루나 예나	plenus luna 플레누스 루나	полнолуние 폴놀루니예	πανσέληνος 판셀레노스	満月 (まんげつ) 만게쓰	望月 왕웨
media luna 메디아 루나	luna bicorniger 루나 비코르니게르	полумесяц 폴루메샤츠	μισό σελήνη 미소 셀레네	半月 (はんげつ) 한게쓰	弯月 완웨
luna creciente 루나 크레시엔테	luna corniculans 루나 코르니쿨란스	молодой месяц 몰로도이 메샤츠	ημισέληνος 에미셀레노스	三日月 (みかづき) 미카즈키	初月 추웨
luna nueva 루나 누에바	prima luna 프리마 루나	новолуние 노볼루니예	καινούριο φεγγάρι 카이누리오 펭가리	朔 (さく) 사쿠	晦日 후이리
mancha solar 만차 솔라르	macula solaris 마쿨라 솔라리스	солнечные пятна 솔네치니예 퍄트나	ηλιακή κηλίδα 헬리아케 켈리다	太陽黒点 (たいようこくてん) 다이요코쿠텐	黑点 헤이뎬
eclipse lunar 에클립세 루나르	eclipsis lunis 에클립시스 루니스	лунное затмение 룬노예 자트메니예	έκλειψη σελήνης 에클레입세 셀레네스	月食 (げっしょく) 겟쇼쿠	月蚀 웨스
eclipse solar 에클립세 솔라르	eclipsis solis 에클립시스 솔리스	солнечное затмение 솔네치노예 자트메니예	έκλειψη ηλίου 에클레입세 엘리우	日食 (にっしょく) 닛쇼쿠	日蚀 리스
mundo 문도	mundus 문두스	мир 미르	κόσμος 코스모스	世界 (せかい) 세카이	世界 스제

한국어	영어	독일어	프랑스어	이탈리아어
하늘 [天]	sky 스카이	Himmel 힘멜	ciel 시엘	cielo 첼로
땅 [地]	land 랜드	Land 란트	terre 테르	terra 테라
바다 [海]	ocean 오션	Ozean 오체안	océan 오세앙	ozeano 오체아노
반구 (半球)	hemisphere 헤미스피어	Halbkugel 할프쿠겔	hémisphère 에미스페르	emisfero 에미스페로
물 [水]	water 워터	Wasser 바서	eau 오	acqua 아쿠아
방울 (물)	drop 드롭	Tropfen 트로펜	goutte 구트	goccia 고차
불 [火]	fire 파이어	Feuer 포이어	feu 푀	fuoco 푸오코
불꽃 [火焰]	flame 플레임	Flamme 플람메	flamme 플람	fiamma 피암마
불똥	spark 스파크	Funke 풍케	étincelle 에탱셀	scintilla 신틸라
재	ash 애시	Asche 아셰	cendre 상드르	cenere 체네레
공기 (空氣)	air 에어	Luft 루프트	air 에르	aria 아리아

스페인어	라틴어	러시아어	그리스어	일본어	중국어
cielo 시엘로	caelum 카일룸	небо 네보	ουρανός 우라노스	空 (そら) 소라	天空 톈콩
tierra 티에라	terra 테라	почва 포치바	γῆ 게	地 (ち) 지	地 디
océano 오세아노	oceanus 오케아누스	океан 오케안	πέλαγος 펠라고스	大海 (たいかい) 다이카이	海 하이
hemisferio 에미스페리오	hemisphaerium 헤미스파이리움	полушарие 폴루샤리예	ἡμισφαίριον 헤미스파이리온	半球 (はんきゅう) 한큐	半球 반추
agua 아구아	aqua 아쿠아	вода 보다	ὕδωρ 히도르	水 (みず) 미즈	水 수이
gota 고타	gutta 구타	капля 카플랴	θρόμβος 트롬보스	滴 (しずく) 시즈쿠	滴 디
fuego 푸에고	ignis 이그니스	огонь 오곤	πυρά 피라	火 (ひ) 히	火 훠
novio 노비오	flamma 플람마	факел 파켈	φλόξ 플록스	焰 (ほのお) 호노	火焰 훠옌
chispa 치스파	scintilla 스킨틸라	искра 이스크라	σπινθήρ 스핀테르	火花 (ひばな) 히바나	火屎 훠스
ceniza 세니사	cinis 키니스	зола 졸라	στάκτη 스탁테	灰 (はい) 하이	灰 후이
aire 아이레	aër 아에르	вдох 브도흐	ἄνεμος 아네모스	空気 (くうき) 구키	空气 콩치

한국어	영어	독일어	프랑스어	이탈리아어
민물 [淡水]	fresh water 프레시 워터	Süßwasser 쥐스바서	eau douce 오 두스	acqua dolce 아쿠아 돌체
바닷물 [海水]	sea water 시 워터	Meerwasser 메어바서	eau de mer 오 드 메르	acqua di mare 아쿠아 디 마레
경도 (經度)	longitude 론지튜드	Längengrad 랭엔그라트	longitude 롱지튀드	grado di longitudine 그라도 디 론지투디네
위도 (緯度)	latitude 래티튜드	Breitengrad 브라이텐그라트	latitude 라티튀드	latitudine 라티투디네
적도 (赤道)	equator 이퀘이터	Äquator 애크바토어	équateur 에쿠아퇴르	equatore 에쿠아토레
지평선 (地平線)	horizon 호라이즌	Horizont 호리촌트	horizon 오리종	orizzonte 오리촌테
풍경 (風景)	landscape 랜드스케이프	Landschaft 란트샤프트	paysage 페이사주	paesaggio 파에사조
자오선 (子午線)	meridian 머리디언	Meridian 메리디안	méridien 메리디앵	meridiano 메리디아노

1-4. 지형/지대

한국어	영어	독일어	프랑스어	이탈리아어
대륙 (大陸)	continent 컨티넨트	Kontinent 콘티넨트	continent 콩티낭	continente 콘티넨테
지각 (地殼)	crust 크러스트	Erdkruste 에르트크루스테	écorce 에코르스	crosta 크로스타

스페인어	라틴어	러시아어	그리스어	일본어	중국어
agua dulce 아구아 둘체	aqua recens 아쿠아 레켄스	пресная вода 프레스나야 보다	γλυκό νερό 글리코 네로	淡水 (たんすい) 단스이	淡水 단수이
agua de mar 아구아 데 마르	aqua mare 아쿠아 마레	морская вода 모르스카야 보다	αλατόνερο 알라토네로	海水 (かいすい) 가이스이	海水 하이수이
grado de longitud 그라도 데 론히투드	longitudo 롱기투도	долгота 돌고타	γεωγραφικό μήκος 게오그라피코 메코스	経度 (けいど) 게이도	经度 징두
latitud 라티투드	latitudo 라티투도	широта 시로타	γεωγραφικό πλάτος 게오그라피코 플라토스	緯度 (いど) 이도	纬道 웨이다오
ecuador 에쿠아도르	linea aequinoctialis 리네아 아이퀴녹티알리스	экватор 예크바로르	ισημερινός 이세메리노스	赤道 (せきどう) 세키도	赤道 츠다오
horizonte 오리손테	horizon 호리존	горизонт 고리존트	ορίζοντας 오리존타스	地平線 (ちへいせん) 지헤이센	地平线 디핑셴
paisaje 파이사헤	ager 아게르	пейзаж 페이자시	τοπίο 토피오	ランドスケープ 란도스케푸	风景 펑징
meridiano 메리디아노	meridiano 메리디아노	меридиан 메리디안	μεσημέρι 메세메리	子午線 (しごせん) 시고센	子午线 쯔우셴
continente 콘티넨테	terra continens 테라 콘티넨스	континент 콘티넨트	ήπειρος 에페이로스	大陸 (たいりく) 다이리쿠	大陆 다루
corteza 코르테사	crusta 크루스타	земная кора 젬나야 코라	γήινος φλοιός 게이노스 플로이오스	地殻 (ちかく) 지카쿠	地壳 디차오

한국어	영어	독일어	프랑스어	이탈리아어
열대 (熱帶)	tropics 트로픽스	Tropen 트로펜	tropiques 트로피크	tropici 트로피치
아열대 (亞熱帶)	subtropics 섭트로픽스	Subtropen 줍트로펜	zone subtropicale 존 쉽트로피칼	zona subtropicale 초나 숩트로피칼레
온대 (溫帶)	temperate zone 템퍼릿 존	gemäßigte Zone 게매시히테 초네	zone tempérée 존 탕페레	zona temperato 초나 템페라토
한대 (寒帶)	polar region 폴라 리즌	Polarzone 폴라초네	zone arctique 존 아르크티크	regioni polari 레조니 폴라리
반도 (半島)	peninsula 피닌슐러	Halbinsel 할프인젤	presqu'île 프레스킬	penisola 페니졸라
극 (極)	Pole 폴	Pol 폴	Pôle 폴	Polo 폴로
북극 (北極)	North Pole 노스 폴	Nordpol 노르트폴	Pôle Nord 폴 노르	Polo Nord 폴로 노르드
남극 (南極)	South Pole 사우스 폴	Südpol 쥐트폴	Pôle Sud 폴 쉬드	Polo Sud 폴로 수드
고지 (高地)	highland 하일랜드	Hochland 호흘란트	haut plateau 오 플라토	altopiano 알토피아노
저지 (低地)	lowland 롤랜드	Tiefland 티플란트	plaine basse 플랜 바스	bassopiano 바소피아노
평지 (平地)	plain 플레인	Ebene 에베네	plaine 플렌	piana 피아나

스페인어	라틴어	러시아어	그리스어	일본어	중국어
trópico 트로피코	tropicus 트로피쿠스	тропики 트로피키	τροπική ζώνη 트로피케 조네	熱帯 (ねったい) 넷타이	热带 러다이
zona subtropical 소나 숩트로피칼	subtropicus 숩트로피쿠스	субтропики 숩트로피키	μισοτροπικός 미소트로피코스	亜熱帯 (あねったい) 아넷타이	亚热带 야러다이
zona templado 소나 템플라도	zona temperatus 조나 템페라투스	умеренный зоны 우메렌니 존	εύκρατη ζώνη 에우크라테 조네	温帯 (おんたい) 온타이	温带 원다이
regiones polares 레히오네스 폴라레스	regio polaris 레기오 폴라리스	полярные зоны 폴랴르니예 존	πολική περιοχή 폴리케 페리오케	寒帯 (かんたい) 간타이	寒带 한다이
península 페닌술라	paeninsula 파이닌술라	полуостров 폴루오스트로프	χερσόνησος 케르소네소스	半島 (はんとう) 한토	半岛 반다오
Polo 폴로	Polus 폴루스	Полюс 폴류스	Πόλος 폴로스	極 (きょく) 교쿠	极 지
Polo Norte 폴로 노르테	Polus Septentrionalis 폴루스 셉텐트리오날리스	Северный Полюс 세베르니 폴류스	Βόρειος Πόλος 보레이오스 폴로스	北極 (ほっきょく) 홋쿄쿠	北极 베이지
Polo Sur 폴로 수르	Polus Australis 폴루스 아우스트랄리스	Южный Полюс 유즈니 폴류스	Νότιος Πόλος 노티오스 폴로스	南極 (なんきょく) 난쿄쿠	南极 난지
altiplanicie 알티플라니시에	regio montana 레기오 몬타나	плоскогорье 플로스코고리예	ορεινή χώρα 오레이네 코라	高地 (こうち) 고치	高地 가오디
tierra baja 티에라 바하	regio humilis 레기오 후밀리스	низменность 니즈멘노스티	πεδινός 페디노스	低地 (ていち) 데치	低地 디디
planta 플란타	planities 플라니티에스	равнина 라브니나	πεδιάς 페디아스	平地 (ひらち) 히라치	平地 핑디

한국어	영어	독일어	프랑스어	이탈리아어
고원 (高原)	plateau 플래토	Hochebene 호흐에베네	plateau 플라토	pianoro 피아노로
초원 (草原)	pasture 파스처	Weideland 바이델란트	pâturage 파튀라주	prato 프라토
분지 (盆地)	basin 베이슨	Becken 베켄	bassin 바생	bacino 바치노
사막 (砂漠)	desert 데저트	Wüste 뷔스테	désert 데제르	deserto 데제르토
단층 (斷層)	fault 폴트	Verwerfung 페어베르풍	faille 파유	faglia 팔리아
화산 (火山)	volcano 볼케이노	Vulkan 불칸	volcan 볼캉	vulcano 불카노
협곡 (峽谷)	ravine 러빈	Schlucht 슐루흐트	ravin 라뱅	burrone 부로네

1-5. 산/강/호

한국어	영어	독일어	프랑스어	이탈리아어
산 (山)	mountain 마운틴	Berg 베르크	montagne 몽타뉴	monte 몬테
꼭대기 [頂上]	summit 서밋	Gipfel 기펠	sommet 소메	cima 치마
빙산 (氷山)	iceberg 아이스버그	Eisberg 아이스베르크	iceberg 아이스베르크	iceberg 이체베르그

스페인어	라틴어	러시아어	그리스어	일본어	중국어
altiplano 알티플라노	planitia 플라니티아	плато́ 플라토	οροπέδιο 오로페디오	高原 (こうげん) 고겐	高原 가오위안
prado 프라도	pastus 파스투스	па́стбище 파스트비셰	νομή 노메	牧草地 (ぼくそうち) 보쿠소치	草原 차오위안
cuenca 쿠엔카	lacus 라쿠스	бассе́йн 바세인	τρύβλιον 트리블리온	盆地 (ぼんち) 본치	盆地 펀디
desierto 데시에르토	arensentia 아렌센티아	пусты́ня 푸스티냐	ἔρημος 헤레모스	砂漠 (さばく) 사바쿠	沙漠 사모
falla 파야	falla 팔라	разры́в 라즈리프	ρήγμα 레그마	断層 (だんそう) 단소	断层 뒤안청
volcán 볼칸	vulcanus 불카누스	вулка́н 불칸	ηφαίστειο 에파이스테이오	火山 (かざん) 가잔	火山 훠산
quebrada 케브라다	convallis 콘발리스	лощи́на 로시나	φάραγξ 파랑크스	山峡 (さんきょう) 산쿄	峡谷 샤구
montaña 몬타냐	mons 몬스	гора́ 고라	ὄρος 오로스	山 (やま) 야마	山 산
cumbre 쿰브레	cumulus 쿠물루스	верши́на 베르시나	ὕψωμα 입소마	頂 (いただき) 이타다키	頂 딩
iceberg 이세베르그	mons glacialis 몬스 글라키알리스	а́йсберг 아이스베르크	παγόβουνο 파고부노	氷山 (ひょうざん) 효잔	冰山 빙산

한국어	영어	독일어	프랑스어	이탈리아어
고개	hill 힐	Hügel 휘겔	colline 콜린	collina 콜리나
비탈	slope 슬로프	Hang 항	pente 팡트	pendio 펜디오
계곡 (溪谷)	valley 밸리	Tal 탈	vallée 발레	valle 발레
벼랑	cliff 클리프	Kliff 클리프	falaise 팔래즈	falesia 팔레지아
동굴 (洞窟)	cave 케이브	Höhle 휠레	caverne 카베른	caverna 카베르나
분화구 (噴火口)	crater 크레이터	Krater 크라터	cratère 크라테르	cratere 크라테레
강 (江)	river 리버	Fluss 플루스	rivière 리비에르	fiume 피우메
빙하 (氷河)	glacier 글래시어	Gletcher 글레처	glacier 글라시에	ghiacciaio 기아차이오
호수 (湖水)	lake 레이크	See 제	lac 라크	lago 라고
폭포 (瀑布)	waterfall 워터폴	Wasserfall 바서팔	cascade 카스카드	cascata 카스카타
연못	pond 폰드	Teich 타이히	étang 에탕	stagno 스타뇨

스페인어	라틴어	러시아어	그리스어	일본어	중국어
colina 콜리나	collis 콜리스	холм 홀름	βουνός 부노스	小山 (こやま) 고야마	小丘 샤오큐
caida 사이다	proclivitas 프로클리비타스	скат 스카트	κατάβασις 카타바시스	斜面 (しゃめん) 샤멘	山坡 산포
valle 바예	vallis 발리스	долина 돌리나	κοιλάδα 코일라다	谷 (たに) 다니	溪谷 치구
acantilado 아칸틸라도	rupes 루페스	утёс 우툐스	κρημνός 크렘노스	断崖 (だんがい) 단가이	悬崖 쉬안야
cueva 쿠에바	cavitas 카비타스	полость 폴로스티	τρυμαλιά 트리말리아	洞窟 (どうくつ) 도쿠쓰	洞窟 동쿠
cráter 크라테르	crater 크라터	кратер 크라테르	κρατήρας 크라테라스	噴火口 (ふんかこう) 훈카코	喷火口 펀훠커우
río 리오	fluvius 플루비우스	река 레카	ποταμός 포타모스	河 (かわ) 가와	江 장
glaciar 글라시아르	glaciarium 글라키아리움	ледник 레드니크	παγετώνας 파게토나스	氷河 (ひょうが) 효가	冰河 빙허
lago 라고	lacus 라쿠스	озеро 오제로	λίμνη 리므네	湖水 (こすい) 고스이	湖水 후수이
cascada 카스카다	cataracta 카타락타	водопад 보도파트	καταράχτης 카타라크테스	瀑布 (ばくふ) 바쿠후	瀑布 푸부
estanque 에스탕케	piscina 피스키나	пруд 프루트	κολυμβήθρα 콜림베트라	池 (いけ) 이케	池塘 츠탕

한국어	영어	독일어	프랑스어	이탈리아어
분수 (噴水)	fountain 파운틴	Fontäne 폰테네	jet dèau 제 도	fontana 폰타나
원천 (源泉)	fountainhead 파운틴헤드	Quelle 크벨레	fontaine 퐁텐	fonte 폰테
샘	well 웰	Brunnen 브룬넨	puits 퓌이	pozzo 포초
오아시스	oasis 오에이시스	Oase 오아제	oasis 오아지스	oasi 오아지
늪	swamp 스웜프	Sumpf 줌프	marais 마레	palude 팔루데
저수지 (貯水池)	reservoir 레저부아	Sammelbecken 잠멜베켄	réservoir 레제르부아	sorgente 소르젠테

1-6. 숲/바위/돌/흙

숲	wood 우드	Wald 발트	bois 부아	bosco 보스코
삼림 (森林)	forest 포리스트	Forst 포르스트	forêt 포레	foresta 포레스타
원시림 (原始林)	primeval forest 프라이미블 포리스트	Urwald 우어발트	forêt vierge 포레 비에르주	foresta vergine 포레스타 베르지네
밀림 (密林)	jungle 정글	Dschungel 중겔	jungle 쟁글	giungla 중글라

스페인어	라틴어	러시아어	그리스어	일본어	중국어
fuente 푸엔테	aqua saliens 아쿠아 살리엔스	фонтан 폰탄	συντριβάνι 신드리바니	噴水 (ふんすい) 훈스이	喷泉 펀촨
manantial 마난티알	fons 폰스	источник 이스토치니크	φρέαρ 프레아르	源泉 (げんせん) 겐센	源泉 위안촨
pozo 포쏘	puteus 푸테우스	скважина 스크바지나	φρέαρ 프레아르	泉 (いずみ) 이즈미	泉 촨
oasis 오아시스	oasis 오아시스	оазис 오아지스	όαση 오아세	オアシス 오아시스	绿洲 뤼저우
aguazal 아구아살	palus 팔루스	болото 볼로토	βάλτος 발토스	沼沢 (しょうたく) 쇼타쿠	沼泽 자오저
pantano 판타노	immissarium 임미사리움	водоём 보도욤	δεξαμενή 덱사메네	貯水池 (ちょすいち) 조스이치	水库 수이쿠
bosque 보스케	nemus 네무스	лес 레스	άλσος 알소스	林 (はやし) 하야시	林 린
monte 몬테	silva 실바	лес 레스	δάσος 다소스	森 (もり) 모리	树林 수린
selva virgen 셀바 비르헨	silva vetustissima 실바 베투스티시마	девственный лес 뎁스트벤니 레스	παρθένου δάσους 파르테누 다수스	原始林 (げんしりん) 겐시린	原始林 위안스린
jungla 훙글라	arundinetum 아룬디네툼	джунгли 중글리	ζούγκλα 중글라	密林 (みつりん) 미쓰린	密林 미린

한국어	영어	독일어	프랑스어	이탈리아어
덤불	shrub 슈러브	Strauch 슈트라우흐	arbuste 아르뷔스트	cespuglio 체스풀리오
바위 [巖]	rock 록	Felsen 펠젠	roche 로슈	roccia 로차
돌 [石]	stone 스톤	Stein 슈타인	pierre 피에르	pietra 피에트라
자갈	pebble 페블	Kiesel 키젤	caillou 카유	ciottolo 초톨로
용암 (熔岩)	lava 라버	Lava 라바	lave 라브	lava 라바
마그마	magma 매그머	Magma 마그마	magma 마그마	magma 마그마
숫돌	grindstone 그라인드스톤	Wetzstein 베츠슈타인	meule 묄	mola 몰라
운석 (隕石)	meteorite 미티어라이트	Meteorit 메테오리트	météorite 메테오리트	meteorite 메테오리테
화석 (化石)	fossil 포슬	Fossil 포실	fossile 포실	fossile 포실레
모래 [沙]	sand 샌드	Sand 잔트	sable 사블	sabbia 사비아
흙 [土]	soil 소일	Erde 에르데	sol 솔	terreno 테레노

스페인어	라틴어	러시아어	그리스어	일본어	중국어
mata 마타	frutex 프루텍스	куст 쿠스트	φρύγανον 프리가논	低木 (ていぼく) 데보쿠	灌木 관무
roca 로카	scopulus 스코풀루스	скала 스칼라	πέτρα 페트라	岩 (いわ) 이와	岩石 엔스
piedra 피에드라	lithos 리토스	валун 발룬	λίθος 리토스	石 (いし) 이시	石头 스터우
sílice 실리세	silex 실렉스	флинт 플린트	πετραδάκι 페르타다키	小石 (こいし) 고이시	小石子 샤오스쯔
lava 라바	lava 라바	лава 라바	λάβα 라바	溶岩 (ようがん) 요간	熔岩 롱옌
magma 마그마	magma 마그마	магма 마그마	μάγμα 마그마	マグマ 마구마	岩浆 옌장
piedra de afilar 피에드라 데 아필라르	cos 코스	точило 토칠로	ακονόπετρα 아코노페트라	砥石 (といし) 도이시	磨石 모스
meteorito 메테오리토	meteorītēs 메테오리테스	метеорит 메테오리트	μετεωρίτης 메테오리테스	隕石 (いんせき) 인세키	陨石 윈스
fósil 포실	fossilia 포실리아	окаменелости 오카메넬로스티	απολιθώμα 아폴리토마	化石 (かせき) 가세키	化石 화스
arenilla 아레니야	arena 아레나	песóк 페소크	ἄμμος 암모스	砂 (すな) 스나	沙子 샤쯔
tierra 티에라	solum 솔룸	поле 폴레	χώμα 코마	土 (つち) 쓰치	土 투

한국어	영어	독일어	프랑스어	이탈리아어
진흙	mud 머드	Schlamm 슐람	boue 부	fango 팡고
황토 (黃土)	loess 로우에스	Löss 뢰스	lœss 뢰스	loess 로에스
찰흙 [粘土]	clay 클레이	Lehm 렘	glaise 글래즈	argilla 아르질라
알맹이	kernel 커늘	Kern 케른	amande 아망드	midollo 미돌로

1-7. 바다/섬

한국어	영어	독일어	프랑스어	이탈리아어
섬 [島]	island 아일런드	Insel 인젤	île 일	isola 이졸라
군도 (群島)	archipelago 아키펠러고	Archipel 아르히펠	archipel 아르시펠	arcipelago 아르치펠라고
해류 (海流)	ocean current 오션 커런트	Meeresströ- mung 메레스슈트뢰뭉	courant marin 쿠랑 마랭	corrente marina 코렌테 마리나
해협 (海峽)	strait 스트레이트	Meerenge 메어엥에	détroit 데트루아	stretto 스트레토
해안 (海岸)	seashore 시쇼어	Meeresküste 메레스퀴스테	littoral 리토랄	spiaggia 스피아자
조류 (潮流)	tide 타이드	Gezeiten 게차이텐	marée 마레	marea 마레아

스페인어	라틴어	러시아어	그리스어	일본어	중국어
fango 팡고	limus 리무스	грязь 그랴지	βόρβορος 보르보로스	泥土 (でいど) 데이도	泥 니
loess 로에스	-	лёсс 료스	κίτρινη ασβεσ- τώδης λάσπη 키트리네 아스베스 토데스 라스페	黄土 (おうつち) 오쓰치	黄土 황투
arcilla 아르시야	lutum 루툼	глина 글리나	πηλός 펠로스	粘土 (ねんど) 넨도	粘土 녠투
médula 메둘라	nucleus 누클레우스	дорн 도른	ὑπόστασις 히포스타시스	核心 (かくしん) 가쿠신	内核 네이허
isla 이슬라	insula 인술라	острова 오스트로바	νῆσος 네소스	島 (しま) 시마	岛 다오
archipiélago 아르치피엘라고	archipelagus 아르키펠라구스	архипелáг 아르히펠라크	αρχιπέλαγος 아르키펠라고스	群島 (ぐんとう) 군도	群岛 췬다오
corriente marina 코리엔테 마리나	flumen oceanus 플루멘 오케아누스	морское течение 모르스코예 체체니예	ρεύμα του ωκεανού 레우마 투 오케아누	海流 (かいりゅう) 가이류	海流 하이류
estrecho 에스트레초	angustum 앙구스툼	пролив 프롤리프	φωνή 포네	海峡 (かいきょう) 가이쿄	海峡 하이샤
ribera 리베라	littus 리투스	побережье 포베레시예	γιαλός 기알로스	海辺 (うみべ) 우미베	海岸 하이안
marea 마레아	aestus 아이스투스	прилив и отлив 프릴리프 이 오틀리프	παλίρροια 팔릴로이아	潮汐 (ちょうせき) 조세키	潮流 차오류

한국어	영어	독일어	프랑스어	이탈리아어
밀물	high tide 하이 타이드	Flut 플루트	marée haute 마레 오트	afflusso 아플루소
썰물	ebb tide 엡 타이드	Ebbe 에베	marée basse 마레 바스	riflusso 리플루소
소용돌이	whirlpool 월풀	Strudel 슈트루델	tourbillon 투르비용	vortice 보르티체
급류 (急流)	rapid 래피드	Stromschnelle 슈트롬슈넬레	rapide 라피드	rapida 라피다
곶	cape 케이프	Kap 캅	cap 캅	capo 카포
연안 (沿岸)	coast 코스트	Küste 퀴스테	côte 코트	costa 코스타
만 (灣)	gulf 걸프	Golf 골프	golfe 골프	golfo 골포
백사장 (白沙場)	sandy beach 샌디 비치	Sandstrand 잔트슈트란트	plage de sable 플라주 드 사블	spiaggia sabbiosa 스피아자 사비오자
해변 (海邊)	beach 비치	Strand 슈트란트	plage 플라주	spiaggia 스피아자
방파제 (防波堤)	breakwater 브레이크워터	Wellenbrecher 벨렌브레허	brise-lames 브리즐람	molo 몰로
파도 (波濤)	wave 웨이브	Welle 벨레	vague 바그	onda 온다

스페인어	라틴어	러시아어	그리스어	일본어	중국어
flujo 플루호	accessus aestuum 아케수스 아이스투움	прилив 프릴리프	ἀνάχυσις 아나키시스	満ち潮 (みちしお) 미치시오	涨潮 장차오
reflujo 레플루호	decessus aestūs 데케수스 아이스투스	отлив 오틀리프	ἄμπωτη 암포테	干潮 (かんちょう) 간초	退潮 투이차오
remolino 레몰리노	vertex 베르텍스	круже́ние 크루셰니예	ρουφήχτρα 루펙트라	渦巻 (うずまき) 우즈마키	漩涡 쉰워
rápido 라피도	catarrhactes 카타르학테스	речной порог 레치노이 포로크	γρήγορος 그레고로스	急流 (きゅうりゅう) 규류	急流 지류
cabo 카보	promonto- rium 프로몬토리움	мыс 미스	ακρωτήρι 아크로테리	岬湾 (こうわん) 고완	海角 하이자오
costa 코스타	ora 오라	побережье 포제레시예	παραλία 파랄리아	沿岸 (えんがん) 엔간	沿岸 옌안
golfo 골포	gurges 구르게스	залив 잘리프	παγίς 파기스	湾 (わん) 완	海湾 하이완
playa arenosa 플라야 아레노사	acta arenosus 악타 아레노수스	песчаный берег 페스차니 베레크	αμμουδιά 암무디아	砂浜 (すなはま) 스나하마	沙滩 사탄
playa 플라야	acta 악타	берег 베레크	αἰγιαλός 아이기알로스	海辺 (うみべ) 우미베	海边 하이볜
rompeolas 롬페올라스	acroterium 아크로테리움	волноре́з 볼노레즈	κυματοθραύ- στης 키마토트라우스 테스	防波堤 (ぼうはてい) 보하테	防波堤 팡보디
ola 올라	unda 운다	волна 볼나	κῦμα 키마	波 (なみ) 나미	波涛 보타오

한국어	영어	독일어	프랑스어	이탈리아어
해구 (海溝)	trench 트렌치	Tiefseerinne 티프제린네	fosse 포스	fossa 포사
잔물결	ripple 리플	kleine Welle 클라이네 벨레	ondulation 옹뒬라시옹	ondulazione 온둘라치오네
산호초 (珊瑚礁)	coral reef 코럴 리프	Korallenriff 코랄렌리프	récif de corail 레시프 드 코라이	barriera corallina 바리에라 코랄리나

1-8. 기상/재해

한국어	영어	독일어	프랑스어	이탈리아어
기후 (氣候)	climate 클라이미트	Klima 클리마	climat 클리마	clima 클리마
날씨	weather 웨더	Wetter 베터	temps 탕	tempo 템포
비 [雨]	rain 레인	Regen 레겐	pluie 플뤼이	pioggia 피오자
바람 [風]	wind 윈드	Wind 빈트	vent 방	vento 벤토
구름 [雲]	cloud 클라우드	Wolke 볼케	nuage 뉘아주	nuvola 누볼라
얼음 [氷]	ice 아이스	Eis 아이스	glace 글라스	ghiaccio 기아초
눈 [雪]	snow 스노우	Schnee 슈네	neige 네주	neve 네베

스페인어	라틴어	러시아어	그리스어	일본어	중국어
fosa 포사	fossa 포사	жёлоб 졸로프	θαλάσσιο ρήγμα 탈라시오 레그마	海溝 (かいこう) 가이코	海沟 하이거우
ondulación 온둘라시온	undula 운둘라	колыхание 콜리하니예	κυματισμός 키마티스모스	波紋 (はもん) 하몬	涟漪 롄이
arrecife de coral 아레시페 데 코랄	coralium cautes 코랄리움 카우테스	коралловый риф 코랄로비 리프	κλείς 클레이스	珊瑚礁 (さんごしょう) 산고쇼	珊瑚礁 산후자오
clima 클리마	clima 클리마	климат 클리마트	κλίμα 클리마	気候 (きこう) 기코	气候 치허우
tiempo 티엠포	tempestas 템페스타스	погода 포고다	καιρός 카이로스	天気 (てんき) 덴키	天气 톈치
lluvia 유비아	pluvia 플루비아	дождь 도즈디	βροχή 브로케	雨 (あめ) 아메	雨 위
viento 비엔토	ventus 벤투스	ветер 베테르	ἄνεμος 아네모스	風 (かぜ) 가제	风 펑
nube 누베	nimbus 님부스	облако 오블라코	νέφος 네포스	雲 (くも) 구모	云 윈
hielo 이엘로	glacies 글라키에스	лёд 로트	πάγος 파고스	氷 (こおり) 고오리	冰 빙
nieve 니에베	nix 닉스	снег 스네크	χιών 키온	雪 (ゆき) 유키	雪 쉐

한국어	영어	독일어	프랑스어	이탈리아어
서리 [霜]	frost 프로스트	Reif 라이프	givre 지브르	brina 브리나
이슬 [露]	dew 듀	Tau 타우	rosée 로제	rugiada 루자다
천둥	thunder 선더	Donner 돈너	tonnerre 토네르	tuono 투오노
번개	lightning 라이트닝	Blitz 블리츠	éclair 에클레르	baleno 발레노
우박	hail 헤일	Hagel 하겔	grêle 그렐	grandine 그란디네
안개	fog 포그	Nebel 네벨	brouillard 브루야르	foschia 포스키아
아지랑이	heat haze 히트 헤이즈	Hitzeschleier 히체슐라이어	brume de chaleur 브륌 드 샬뢰르	foschia da calore 포스키아 다 칼로레
무지개	rainbow 레인보우	Regenbogen 레겐보겐	arc-en-ciel 아르크-앙-시엘	arcobaleno 아르코발레노
고드름	icicle 아이시클	Eiszapfen 아이스차펜	glac'on 글라송	ghiacciolo 기아촐로
기압 (氣壓)	atmospheric pressure 애트머스패릭 프래셔	Luftdruck 루프트드룩	pression atmosphérique 프레시옹 아트모스페리크	pressione atmosferica 프레시오네 아트모스페리카
빙점 (氷點)	freezing point 프리징 포인트	Gefrierpunkt 게프리어풍트	point de congélation 푸앵 드 콩젤라시옹	punto di congelamento 푼토 디 콘젤라멘토

스페인어	라틴어	러시아어	그리스어	일본어	중국어
escarcha 에스카르차	gelu 겔루	мороз 모로스	πάγετος 파게토스	霜 (しも) 시모	霜 솽
rocío 로시오	ros 로스	роса 로사	δροσιά 드로시아	露 (つゆ) 쓰유	露水 루수이
trueno 트루에노	tonitrus 토니트루스	рохот 로호트	βροντή 브론테	雷 (いかずち) 이카즈치	打雷 다레이
relámpago 렐람파고	fulmen 풀멘	молния 몰니야	αστραπή 아스트라페	稲光 (いなびかり) 이나비카리	闪电 산뎬
granizo 그라니소	grando 그란도	град 그라트	χάλαζα 칼라자	霰 (あられ) 아라레	冰雹 빙바오
neblina 네블리나	nebula 네불라	туман 투만	ὀμίχλη 호미클레	霧 (きり) 기리	雾气 우치
calina 칼리나	velamen aestus 벨라멘 아이스투스	дымка 딤카	καταχνιά 카타크니아	陽炎 (かげろう) 가게로	地气 디치
arco iris 아르코 이리스	arcus 아르쿠스	радуга 라두가	Ἶρις 이리스	虹 (にじ) 니지	彩虹 차이훙
carámbano 카람바노	stiria 스티리아	сосулька 소술카	παγοκρύσταλ- λος 파고크리스탈로스	氷柱 (つらら) 쓰라라	冰锥 빙주이
presión atmosférica 프레시온 아트모스페리카	propulsus 프로풀수스	атмосферное давление 아트모스페르노예 다블레니예	ατμοσφαιρική πίεση 아트모스파이리케 피에세	気圧 (きあつ) 기아쓰	气压 치야
punto de congelación 푼토 데 콘헬라시온	punctum gelatorius 풍툼 겔라토리우스	точка замерзания 토치카 자메르자니야	σημείο πήξης 시메이오 픽세스	氷点 (ひょうてん) 효텐	冰点 빙뎬

한국어	영어	독일어	프랑스어	이탈리아어
전선 (前線)	front 프론트	Front 프론트	front 프롱	fronte 프론테
온난전선 (溫暖前線)	warm front 웜 프런트	Warmfront 바름프론트	front chaud 프롱 쇼	fronte caldo 프론테 칼도
한랭전선 (寒冷前線)	cold front 콜드 프런트	Kaltfront 칼트프론트	front froid 프롱 프루아	fronte freddo 프론테 프레도
소나기	shower 샤워	Schauer 샤우어	averse 아베르스	rovèscio 로베시오
빗방울	raindrop 레인드롭	Regentropfen 레겐트로펜	goutte de pluie 구트 드 플뤼	goccia di pioggia 고차 디 피오자
미풍 (微風)	breeze 브리즈	Brise 브리제	brise 브리즈	brezza 브레차
회오리바람	whirlwind 월윈드	Wirbelwind 비르벨빈트	coup de vent 쿠 드 방	folata di vento 폴라타 디 벤토
돌풍 (突風)	gust 거스트	Windstoß 빈트슈토스	rafale 라팔	raffica 라피카
질풍 (疾風)	gale 게일	Sturm 슈투름	tempête 탕페트	tempesta 템페스타
맞바람 [逆風]	head wind 헤드 윈드	Gegenwind 게겐빈트	vent contraire 방 콩트레르	vento contrario 벤토 콘트라리오
편서풍 (偏西風)	westerlies 웨스털리	Westwind 베스트빈트	vent d'ouest 방 뒈스트	venti occidentali 벤티 오치덴탈리

스페인어	라틴어	러시아어	그리스어	일본어	중국어
frente 프렌테	frontis 프론티스	фронт 프론트	πρόσοψις 프로솝시스	前線 (ぜんせん) 젠센	前线 첸셴
frente cálido 프렌테 칼리도	frontis calidus 프론티스 칼리두스	тёплый фронт 초플리 프론트	ἀπειλέω μέτωπο 아페일레오 메토포	温暖前線 (おんだんぜんせん) 온단젠센	温暖前线 원난첸셴
frente frío 프렌테 프리오	frontis frigidus 프론티스 프리기두스	холодный фронт 홀로드니 프론트	ψυχρό μέτωπο 프시크로 메토포	寒冷前線 (かんれいぜんせん) 간레이젠센	寒冷前线 한렁첸셴
chubasco 추바스코	imber 임베르	кратковре́мен-ный дождь 크랏코브레메니 도시디	ὄμβρος 옴브로스	夕立 (ゆうだち) 유다치	雷阵雨 레이전위
gota de lluvia 고타 데 유비아	gutta pluvia 구타 플루비아	ка́пля дождя́ 키플랴 도시댜	στάλα 오탈라	雨のしずく (あまのしずく) 아마노시즈쿠	雨滴 위디
brisa 브리사	zephyrus 제피루스	бриз 브리스	αεράκι 아에라키	微風 (そよかぜ) 소요카제	微风 웨이펑
ráfaga 라파가	turben 투르벤	вихрь 비흐리	ανεμοστρό-βιλος 아네모스트로빌로스	旋風 (せんぷう) 센푸	旋风 쉬안펑
ventolera 벤톨레라	flamen 플라멘	порыв 포리프	ἄελλα 아엘라	突風 (とっぷう) 돗푸	阵风 전펑
tempestad 템페스타드	procella 프로켈라	бу́ря 두랴	χειμών 케이몬	疾風 (しっぷう) 싯푸	疾风 지펑
viento contrario 비엔토 콘트라리오	reflatus 레플라투스	встречный ветер 브스트레치니 베테르	ενάντιοι άνεμοι 에난티오이 아네모이	逆風 (ぎゃくふう) 갸쿠후	逆风 니펑
vientos del oeste 비엔토스 델 오에스테	zephyrus 제피루스	за́падный ве́тер 자파드니 베테르	δυτικός άνεμος 디티코스 아네모스	偏西風 (へんせいふう) 헨세후	偏西风 펜시펑

한국어	영어	독일어	프랑스어	이탈리아어
눈사람	snowman 스노우맨	Schneemann 슈네만	bonhomme de neige 보놈 드 네주	pupazzo di neve 푸파초 디 네베
눈덩이	snowball 스노우볼	Schneeball 슈네발	boule de neige 불 드 네주	palla di neve 팔라 디 네베
눈송이	snowflake 스노우플레이크	Schneeflocke 슈네플로케	flocon de neige 플로콩 드 네주	fiocco di neve 피오코 디 네베
눈보라	snowstorm 스노우스톰	Schneesturm 슈네슈투름	tempête de neige 탕페트 드 네주	bufera di neve 부페라 디 네베
추위	frigidity 프리지디티	Kälte 캘테	froid 프루아	freddo 프레도
더위	heat 히트	Hitze 히체	chaleur 샬뢰르	ardore 아르도레
홍수 (洪水)	flood 플러드	Überschwem- mung 위버슈벰뭉	inondation 이농다시옹	inondazione 이논다치오네
가뭄 [旱魃]	drought 드라우트	Dürre 뒤레	sécheresse 세슈레스	siccità 시치타
지진 (地震)	earthquake 어스퀘이크	Erdbeben 에르트베벤	tremblement de terre 트랑블르망 드 테르	terremoto 테레모토
진원 (震源)	epicenter 에피센터	Epizentrum 에피첸트룸	epicentre 에피상트르	epicentro 에피첸트로
사태 (沙汰)	avalanche 애벌란치	Lawine 라비네	avalanche 아발랑슈	valanga 발랑가

스페인어	라틴어	러시아어	그리스어	일본어	중국어
muñeco de nieve 무녜코 데 니에베	homo nivalis 호모 니발리스	снеговик 스네고비크	χιονάνθρωπος 키오난트로포스	雪だるま (ゆきだるま) 유키다루마	雪人 쉐런
bola de nieve 볼라 데 니에베	tinus 티누스	снежóк 스네조크	χιονόσφαιρα 키오노스파이라	雪の玉 (ゆきのたま) 유키노타마	雪球 쉐추
copo de nieve 코포 데 니에베	floccus nivalis 플로쿠스 니발리스	снежинка 스네신카	νιφάδα χιονιού 니파다 키오니우	雪のひら (ゆきのひら) 유키노히라	雪花 쉐화
ventisca 벤티스카	procella nivalis 프로켈라 니발리스	метель 메텔	χιονοστρό-βιλος 키오노스트로빌로스	吹雪 (ふぶき) 후부키	暴风雪 바오펑쉐
frio 프리오	frigus 프리구스	хóлод 홀로트	ψυχρώτης 프시크로테스	寒 (さむ) 사무	寒冷 한렝
ardor 아르도르	ardor 아르도르	жар 자르	θερμότης 테르모테스	暑 (あつさ) 앗사	热 러
inundación 이눈다시온	eluvio 엘루비오	наводнéние 나보드네니예	πλήμμυρα 플렘미라	洪水 (こうずい) 고즈이	洪水 홍수이
sequía 세키아	aritudo 아리투도	зáсуха 자수하	ξηρασία 크세라시아	干天 (かんてん) 간텐	干旱 간한
terremoto 테레모토	motus terrae 모투스 테라이	землетрясéние 젬레트랴세니예	σεισμός 세이스모스	地震 (じしん) 지신	地震 디전
epicentro 에피센트로	epicentrum 에피켄트룸	эпицéнтр 예피센트르	επίκεντρο 에피켄트로	震源 (しんげん) 신겐	震源 전위안
avalancha 아발란차	labina 라비나	лавина 라비나	χιονοστιβάδα 키오노스티바다	雪崩 (なだれ) 나다레	山崩 산벙

한국어	영어	독일어	프랑스어	이탈리아어
피난처 (避難處)	shelter 셸터	Zuflucht 추플루흐트	refuge 르퓌주	rifugio 리푸조

1-9. 물질/미립자

물질 (物質)	matter 매터	Materie 마테리	matière 마티에르	materia 마테리아
원자 (原子)	atom 애텀	Atom 아톰	atome 아톰	atomo 아토모
전자 (電子)	electron 일렉트론	Elektron 엘렉트론	électron 엘렉트롱	elettrone 엘레트로네
양자 (陽子)	proton 프로톤	Proton 프로톤	proton 프로통	protone 프로토네
중성자 (中性子)	neutron 뉴트론	Neutron 노이트론	neutron 뇌트롱	neutrone 네우트로네
핵 (核)	nucleus 뉴클리어스	Kern 케른	noyau 누아요	nucleo 누클레오
분자 (分子)	molecule 몰리큘	Molekül 몰레퀼	molécule 몰레퀼	molecola 몰레콜라
입자 (粒子)	particle 파티클	Teilchen 타일헨	particule 파르티퀼	particella 파르티첼라
먼지	dust 더스트	Staub 슈타우프	poussière 푸시에르	polvere 폴베레

스페인어	라틴어	러시아어	그리스어	일본어	중국어
refugio 레푸히오	refugium 레푸기움	укрытие 우크리치예	λιμήν 리멘	避難所 (ひなんしょ) 히난쇼	避难处 비난추
materia 마테리아	materia 마테리아	материя 마테리야	ουσία 우시아	物質 (ぶっしつ) 붓시쓰	物质 우즈
átomo 아토모	atomos 아토모스	атом 아톰	άτομο 아토모	原子 (げんし) 겐시	原子 위안쯔
electrón 엘렉트론	electrum 엘렉트룸	электрон 옐렉트론	ηλεκτρόνιο 엘렉트로니오	電子 (でんし) 덴시	电子 덴쯔
protón 프로톤	proton 프로톤	протон 프로톤	πρωτόνιο 프로토니오	陽子 (ようし) 요시	质子 쯔쯔
neutrón 네우트론	neutronium 네우트로니움	нейтрон 네이트론	νουτρόνιο 누트로니오	中性子 (ちゅうせいし) 주세시	中子 중쯔
núcleo 누클레오	nucleus 누클레우스	керн 케른	βάρος 바로스	核 (かく) 가쿠	核 허
molécula 몰레쿨라	molecula 몰레쿨라	молékула 몰레쿨라	μόριο 마리오	分子 (ぶんし) 분시	分子 펀쯔
partícula 파르티쿨라	particula 파르티쿨라	крупица 크루피차	σωματίδιο 소마티디오	粒子 (りゅうし) 류시	粒子 리쯔
polvo 폴보	pulvis 풀비스	пыль 필	κονιορτός 코니오르토스	ほこり 호코리	灰尘 후이천

1-10. 원소/화합물

한국어	영어	독일어	프랑스어	이탈리아어
원소 (元素)	element 엘리먼트	Element 엘레멘트	élément 엘레망	elemento 엘레멘토
수소 (水素)	hydrogen 하이드러전	Wasserstoff 바서슈토프	hydrogène 이드로젠	idrogeno 이드로제노
산소 (酸素)	oxygen 옥시전	Sauerstoff 자우어슈토프	oxygène 옥시젠	ossigeno 오시제노
질소 (窒素)	nitrogen 나이트러전	Stickstoff 슈틱슈토프	azote 아조트	azoto 아초토
탄소 (炭素)	carbon 카번	Kohlenstoff 콜렌슈토프	carbone 카르본	carbonio 카르보니오
염소 (鹽素)	chlorine 클로린	Chlor 클로어	chlore 클로르	cloro 클로로
황 (黃)	sulfur 설퍼	Schwefel 슈베펠	soufre 수프르	zolfo 졸포
나트륨	sodium 소디엄	Natrium 나트륨	sodium 소디옴	sodio 소디오
수은 (水銀)	hydrargyrum 하이드라저럼	Quecksilber 크벡질버	mercure 메르퀴르	mercurio 메르쿠리오
요오드	iodine 아이오딘	Jod 요트	iode 요드	iodio 요디오
인 (燐)	phosphorus 포스퍼러스	Phosphor 포스포어	phosphore 포스포르	fosforo 포스포로

스페인어	라틴어	러시아어	그리스어	일본어	중국어
elemento 엘레멘토	elementum 엘레멘툼	элемент 엘레멘트	στοιχεῖον 스토이케이온	元素 (げんそ) 겐소	元素 위안쑤
hidrógeno 이드로헤노	hydrogenium 히드로게니움	водоро́д 보도로트	υδρογόνο 이드로고노	水素 (すいそ) 스이소	氫 칭
oxígeno 옥시헤노	oxygenium 옥시게니움	кислоро́д 키슬로로트	οξυγόνο 옥시고노	酸素 (さんそ) 산소	氧 양
nitrógeno 니트로헤노	nitrogenium 니트로게니움	азот 아조트	άζωτο 아조토	窒素 (ちっそ) 짓소	氮 단
carbono 카르보노	carboneum 카르보네움	углеро́д 우글레로트	άνθρακας 안트라카스	炭素 (たんそ) 단소	碳素 탄쑤
cloro 클로로	chlorum 클로룸	хлор 흘로르	χλώριο 클로리오	塩素 (えんそ) 엔소	氯 뤼
azufre 아수프레	sulphur 술푸르	сера 세라	θεῖον 테이온	黄 (き) 기	硫 류
sodio 소디오	natrium 나트리움	натрий 나트리	νάτριο 나트리오	ナトリウム 나토리우무	钠 나
mercurio 메르쿠리오	argentum vivum 아르겐툼 비붐	ртуть 르투티	υδράργυρος 이드라르기로스	水銀 (すいぎん) 스이긴	汞 공
yodo 요도	iodum 요둠	йод 요트	ιώδιο 이오디오	沃素 (ようそ) 요소	碘 뎬
fósforo 포스포로	phosphorus 포스포루스	фосфор 포스포르	φωσφόρος 포스포로스	燐 (りん) 린	磷 린

한국어	영어	독일어	프랑스어	이탈리아어
칼륨	potassium 퍼태시엄	Kalium 칼륨	potassium 포타시옴	potassio 포타시오
칼슘	calcium 캘시엄	Kalzium 칼치움	calcium 칼시옴	calcio 칼치오
오존	ozone 오존	Ozon 오촌	ozone 오존	ozono 오조네
네온	neon 네온	Neon 네온	néon 네옹	neon 네온
석회 (石灰)	lime 라임	Kalk 칼크	chaux 쇼	calce 칼체
암모니아	ammonia 암모니아	Ammoniak 암모니아크	ammoniac 암모니악	ammoniaca 암모니아카
초산 (醋酸)	acetic acid 어시틱 애시드	Essigsäure 에시히조이레	acide acétique 아시드 아세티크	acido acetico 아치도 아체티코
탄산 (炭酸)	carbonic acid 카보닉 애시드	Kohlensäure 콜렌조이레	acide carbonique 애시드 카르보니크	acido carbonico 아치도 카르보니코
황산 (黃酸)	sulfuric acid 설퓨릭 애시드	Schwefelsäure 슈베펠조이레	acide sulfurique 아시드 쉴퓌리크	acido solforico 아치도 졸포리코

1-11. 금속

| 광물 (鑛物) | mineral 미네럴 | Mineral 미네랄 | minéral 미네랄 | minerale 미네랄레 |

스페인어	라틴어	러시아어	그리스어	일본어	중국어
potasio 포타시오	kalium 칼리움	калий 칼리	κάλιο 칼리오	カリウム 가리우무	钾 자
calcio 칼시오	calcium 칼키움	кальций 칼리치이	ασβέστιο 아스베스티오	カルシウム 가루치우무	钙 가이
ozono 오소노	ozonium 오조니움	озон 오존	όζο 오조	オゾン 오존	臭氧 처우양
neón 네온	neon 네온	неоновый 네오노비	νέον 네온	ネオン 네온	氖 나이
cal 칼	calx 칼크스	известь 이즈베스치	ασβέστης 아스베스테스	石灰 (せっかい) 셋카이	石灰 스후이
amoníaco 아모니아코	ammoniacum 암모니아쿰	аммиак 암미나크	αμμωνία 암모니아	アンモニア 안모니아	氨 안
ácido acético 아시도 아세티코	acidum aceticum 아키둠 아케티쿰	уксусная кислота 욱수스나야 키슬로타	οξικό οξύ 옥시코 옥시	酢酸 (さくさん) 사쿠산	醋酸 추쏸
ácido carbónico 아시도 카르보니코	acidum carbonicum 아키둠 카르보니쿰	угольная кислота 우골나야 키슬로타	ανθρακικό οξύ 안트라키코 옥시	炭酸 (たんさん) 단산	碳酸 탄쏸
ácido sulfúrico 아시도 술포리코	acidum sulphuricum 아키둠 술푸리쿰	серная кислота 세르나야 키슬로타	θειικό οξύ 테이이코 옥시	硫酸 (りゅうさん) 류산	硫酸 류쏸

| mineral 미네랄 | mineralis 미네랄리스 | минерал 미네랄 | ορυκτό 오릭토 | 鉱物 (こうぶつ) 고부쓰 | 矿物 쾅우 |

한국어	영어	독일어	프랑스어	이탈리아어
금속 (金屬)	metal 메틀	Metall 메탈	métal 메탈	metallo 메탈로
철 (鐵)	iron 아이언	Eisen 아이젠	fer 페르	ferro 페로
구리 [銅]	copper 카퍼	Kupfer 쿠퍼	cuivre 퀴브르	rame 라메
알루미늄	aluminium 얼루머넘	Aluminium 알루미늄	aluminium 알뤼미니옴	alluminio 알루미니오
아연 (亞鉛)	zinc 징크	Zink 칭크	zinc 쟁	zinco 칭코
납	lead 레드	Blei 블라이	plomb 플롱	piombo 피옴보
주석 (朱錫)	tin 틴	Zinn 친	étain 에탱	stagno 스타뇨
황동 (黃銅)	brass 브라스	Messing 메싱	laiton 레통	ottone 오토네
청동 (青銅)	bronze 브론즈	Bronze 브롱세	bronze 브론즈	bronzo 브론초
코발트	cobalt 코볼트	Kobalt 코발트	cobalt 코발트	cobalto 코발토
티타늄	titanium 타이테이니엄	Titan 티탄	titane 티탄	titano 티타노

스페인어	라틴어	러시아어	그리스어	일본어	중국어
metal 메탈	metallum 메탈룸	метал 메탈	μέταλλο 메탈로	金属 (きんぞく) 긴조쿠	金属 진수
hierro 이에로	ferrum 페룸	желéзо 셸레조	σίδηρος 시데로스	鉄 (てつ) 데쓰	铁 톄
cobre 코브레	cuprum 쿠프룸	медь 메디	χαλκός 칼코스	赤金 (あかがね) 아카가네	铜 통
aluminio 알루미니오	aluminium 알루미니움	алюминий 알류미니	αλουμίνιο 알루미니오	アルミ 아루미	铝 뤼
cinc 싱크	zincum 징쿰	цинк 칭크	τσίγκος 칭고스	亜鉛 (あえん) 아엔	锌 신
plomo 플로모	plumbum 플룸붐	свинéц 스비네츠	βολίδα 볼리다	鉛 (なまり) 나마리	铅 첸
estaño 에스타뇨	stannum 스탄눔	олово 올로보	κασσίτερος 카시테로스	錫 (すず) 스즈	锡 시
latón 라톤	orichalcum 오리칼쿰	латунь 라툰	ορείχαλκος 오레이칼코스	黄銅 (おうどう) 오도	黄铜 황통
bronce 브론세	aes 아이스	брóнза 브론자	μπρούντζος 브룬조스	青銅 (せいどう) 세도	青铜 칭통
cobalto 코발토	cobaltum 코발툼	кобальт 코발트	κοβάλτιο 코발티오	コバルト 고바루토	钴 구
titanio 티타니오	titanium 티타늄	титан 티탄	τιτάνιο 티타니오	チタン 지탄	钛 타이

한국어	영어	독일어	프랑스어	이탈리아어
텅스텐	tungsten 텅스턴	Wolfram 볼프람	tungstène 탱스텐	volframio 볼프라미오
우라늄	uranium 유레이니엄	Uran 우란	uranium 위라니옴	uranio 우라니오
플루토늄	plutonium 플루토니엄	Plutonium 플루토늄	plutonium 플뤼토니옴	plutinio 플루티니오
광산 (鑛山)	mine 마인	Mine 미네	mine 민	mina 미나

1-12. 비금속

한국어	영어	독일어	프랑스어	이탈리아어
광석 (鑛石)	ore 오어	Erz 에르츠	minerai 민레	minerale 미네랄레
흑연 (黑鉛)	graphite 그래파이트	Graphit 그라피트	graphite 그라피트	grafite 그라피테
세라믹	ceramic 시래믹	Keramik 케라미크	céramique 세라미크	ceramica 체라미카
석고 (石膏)	gypsum 집섬	Gips 깁스	gypse 집스	gesso 제소
석영 (石英)	quartz 쿼츠	Quarz 크바르츠	quartz 콰르츠	quarzo 콰르초
대리석 (大理石)	marble 마블	Marmor 마르모어	marbre 마르브르	marmo 마르모

스페인어	라틴어	러시아어	그리스어	일본어	중국어
volframio 볼프라미오	adamas 아다마스	вольфрам 볼프람	βολφράμιο 볼프라미오	タングステン 단구스텐	钨 우
uranio 우라니오	uranium 우라니움	уран 우란	ουράνιο 우라니오	ウラン 우란	铀 유
plutinio 풀루티노	plutonium 플루토니움	плутоний 플루토니	πλουτώνιο 플루토니오	プルトニウム 푸루토니우무	钚 부
mina 미나	minera 미네라	мина 미나	μεταλλείο 메탈레이오	鉱山 (こうざん) 고잔	矿山 쾅산
latón 라톤	metallum 메탈룸	руда 루다	μετάλλευμα 메탈레우마	鉱石 (こうせき) 고세키	矿石 쾅스
grafito 그라피토	plumbago 플룸바고	графит 그라피트	γραφίτης 그라피테스	黒鉛 (こくえん) 고쿠엔	黑铅 헤이첸
cerámica 세라미카	fictile 픽틸레	керамика 케라미카	κεραμικός 케라미코스	セラミック 세라밋쿠	陶器 타오치
escayola 에스카욜라	gypsum 깁숨	гипс 깁스	γύψος 깁소스	ギプス 기푸스	石膏 스가오
cuarzo 쿠아르소	onyx 오닉스	кварц 크바르츠	χαλαζίας 칼라지아스	石英 (せきえい) 세키에이	石英 스잉
mármol 마르몰	marmor 마르모르	мрамор 므라모르	μάρμαρος 마르마로스	大理石 (だいりせき) 다이리세키	大理石 다리스

한국어	영어	독일어	프랑스어	이탈리아어
사암 (砂巖)	sandstone 샌드스톤	Sandstein 잔트슈타인	grès 그레	arenaria 아레나리아
퇴적암 (堆積巖)	sedimentary rock 세디멘터리 록	Sedimentgestein 제디멘트게슈타인	roche sédimentaire 로슈 세디망테르	roccia sedimentaria 로차 세디멘타리아
현무암 (玄武巖)	basalt 배솔트	Basalt 바잘트	basalte 바살트	basalto 바잘토
화강암 (花崗巖)	granite 그래닛	Granit 그라니트	granite 그라니트	granito 그라니토
화산암 (火山巖)	vulcanite 벌커나이트	Vulkanit 불카니트	roche volcanique 로슈 볼카니크	roccia effusive 로차 에푸지베
화성암 (火成巖)	igneous rock 이그니어스 록	Magmatit 마그마티트	roche magmatique 로슈 마그마티크	roccia magmatica 로차 마그마티카

1-13. 귀금속/보석

귀금속 (貴金屬)	precious metal 프레셔스 메틀	Edelmetall 에델메탈	métal précieux 메탈 프레시외	metallo prezioso 메탈로 프레치오조
보석 (寶石)	gem 젬	Edelstein 에델슈타인	pierre précieuse 피에르 프레시외즈	gemma 젬마
금 (金)	gold 골드	Gold 골트	or 오르	oro 오로
백금 (白金)	platinum 플래티넘	Platin 플라틴	platine 플라틴	platino 플라티노

스페인어	라틴어	러시아어	그리스어	일본어	중국어
arenisca 아레니스카	arenarius lapis 아레나리우스 라피스	песча́ник 페스챠니크	αμμόπετρα 암모페트라	砂岩 (さがん) 사간	砂岩 사옌
roca sedimentaria 로카 세디멘타리아	sedimentum 세디멘툼	осадочные го́рные породы 오사도치니예 고르니예 포로디	ιζηματογενή πετρώματα 이제마토게네 페트로마타	堆積岩 (たいせきがん) 다이세키간	沉积岩 천지옌
basalto 바살토	basaltes 바살테스	базальт 바잘트	μελανόλιθος 멜라놀리소스	玄武巖 (げんぶがん) 겐부간	玄武岩 쉬안우옌
granito 그라니토	granum 그라눔	гранит 그라니트	γρανίτης 그라니테스	花崗巖 (かこうがん) 가코간	花岗岩 화강옌
roca volcánica 로카 볼카니카	–	эбонит 예보니트	βουλκανίτης 불카니테스	火山岩 (かざんがん) 가잔간	喷出岩 펀추옌
roca magmatica 로카 마그마티카	–	магматические горные породы 마그마치체스키예 고르니예 포로지	εκρηξιγενή 에크렉시게네	火成岩 (かせいがん) 가세이간	火成岩 훠청옌
metal precioso 메탈 프레시오소	metallum karum 메탈룸 카룸	драгметалл 드라그메탈	κοσμήματα 코스메마타	貴金属 (ききんぞく) 기킨조쿠	贵金属 구이진수
joya 호야	gemma 겜마	драгоценный камень 드라고첸니 카멘	πετράδι 페트라디	宝石 (ほうせき) 호세키	宝石 바오스
oro 오로	aurum 아우룸	зо́лото 졸로토	χρυσός 크로도스	金 (きん) 긴	金 진
platino 플라티노	platinum 플라티눔	платина 플라티나	λευκόχρυσος 레우코크리소스	白金 (はっきん) 핫킨	白金 바이진

한국어	영어	독일어	프랑스어	이탈리아어
은 (銀)	silver 실버	Silber 질버	argent 아르장	argento 아르젠토
금광 (金鑛)	goldmine 골드마인	Goldgrube 골트그루베	mine d'or 민 도르	miniera d'oro 미니에라 도로
금강석 (金剛石)	diamond 다이어먼드	Diamant 디아만트	diamant 디아망	diamante 디아만테
루비	ruby 루비	Rubin 루빈	rubis 뤼비	rubino 루비노
사파이어	sapphire 새파이어	Saphir 자피어	saphir 사피르	zaffiro 자피로
에메랄드 [翠玉]	emerald 에머럴드	Smaragd 스마락트	émeraude 엠로드	smeraldo 즈메랄도
자수정 (紫水晶)	amethyst 애미시스트	Amethyst 아메튀스트	améthyste 아메티스트	ametista 아메티스타
옥 (玉)	jade 제이드	Jade 야데	jade 자드	giada 자다
황옥 (黃玉)	topaz 토패즈	Topas 토파스	topaze 토파즈	topazio 토파지오
진주 (珍珠)	pearl 펄	Perle 페를레	perle 페를	perla 페를라
호박 (琥珀)	amber 암버	Bernstein 베른슈타인	ambre 앙브르	ambra 암브라

스페인어	라틴어	러시아어	그리스어	일본어	중국어
plata 플라타	argentum 아르겐툼	серебро 세레브로	ασήμι 아세미	銀 (ぎん) 긴	銀 인
mina de oro 미나 데 오로	minera aurum 미네라 아우룸	золотой рудник 졸로토이 루드니크	χρυσωρυχείο 크리소리케이오	金鉱 (きんこう) 긴코	富矿 푸쾅
diamante 디아만테	adamas 아다마스	алмаз 알마스	διαμάντι 디아만티	金剛石 (こんごうせき) 곤고세키	金刚石 진강스
rubí 루비	rubinus 루비누스	рубин 루빈	ρουμπίνι 룸비니	ルビー 루비	红宝石 홍바오스
zafiro 사피로	sappirus 사피루스	сапфир 삽피르	σάπφιρος 사피로스	青玉 (せいぎょく) 세이교쿠	宝蓝 바올란
esmeralda 에스메랄다	smaragdus 스마락두스	изумруд 이줌루트	σμάραγδος 스마락도스	エメラルド 에메라루도	绿宝石 뤼바오스
amatista 아마티스타	amethystus 아메티스투스	аметист 아메티스트	αμέθυστος λίθος 아메티스토스 리토스	紫水晶 (むらさきずい-しょう) 무라사키주이쇼	紫晶 쯔징
jade 하데	lapis nephriticus 라피스 네프리티쿠스	нефрит 네프리트	νεφρίτης 네프리테스	玉 (たま) 다마	玉 위
topacio 토파시오	chrysolitus 크리솔리투스	топаз 토파스	τοπάζιον 토파지온	黄玉 (おぎょく) 오교쿠	黄玉 황위
bolita 볼리타	margarita 마르가리타	жемчуг 젬추크	μαργαρίτης 마르가리테스	真珠 (しんじゅ) 신주	珍珠 전주
ámbar 암바르	sucinum 수키눔	янтарь 얀타리	ήλεκτρο 엘렉트로	琥珀 (こはく) 고하쿠	琥珀 후포

1-14. 연료/힘

한국어	영어	독일어	프랑스어	이탈리아어
에너지	energy 에너지	Energie 에네르기	énergie 에네르지	energia 에네르자
연료 (燃料)	fuel 퓨얼	Brennstoff 브렌슈토프	combustible 콩뷔스티블	combustibile 콤부스티빌레
땔감	firewood 파이어우드	Brennholz 브렌홀츠	bûche 뷔슈	legno 레뇨
석탄 (石炭)	coal 콜	Kohle 콜레	charbon 샤르봉	carbone 카르보네
무연탄 (無煙炭)	anthracite 앤스러사이트	Anthrazit 안트라치트	anthracite 앙트라시트	antracite 안트라치테
갈탄 (褐炭)	brown coal 브라운 콜	Braunkohle 브라운콜레	lignite 리니트	lignite 리니테
숯	charcoal 차콜	Holzkohle 홀츠콜레	charbon de bois 샤르봉 드 부아	carbone di legna 카르보네 디 레냐
톱밥	sawdust 소더스트	Sägemehl 재게멜	sciure 시위르	segatura 세가투라
원유 (原油)	crude oil 크루드 오일	Rohöl 로욀	pétrole brut 페트롤 브뤼트	petrolio greggio 페트롤리오 그레조
석유 (石油)	petroleum 피트롤리엄	Erdöl 에르트욀	pétrole 페트롤	petrolio 페트롤리오
경유 (輕油)	diesel oil 디젤 오일	Dieselöl 디젤욀	gazole 가졸	gasolio 가솔리오

스페인어	라틴어	러시아어	그리스어	일본어	중국어
energía 에네르히아	energia 에네르기아	энергия 예네르기야	κράτος 크라토스	エネルギー 에네루기	活力 훠리
carburante 카르부란테	alumentum 알루멘툼	горючее 고류체예	καύσιμα ύλη 카우시마 일레	燃料 (ねんりょう) 넨료	燃料 란랴오
leño 레뇨	lignum 링눔	полено 폴레노	καυσόξυλα 카우속실라	薪 (たきぎ) 다키기	柴 차이
carbón 카르본	carbo 카르보	уголь 우골	ἄνθραξ 안트락스	石炭 (せきたん) 세키탄	煤炭 메이탄
antracita 안트라시타	–	антрацит 안트라치트	ανθρακίτης 안트라키테스	むえんたん 무엔탄	无焰炭 우옌탄
lignito 리그니토	carbo brunus 카르보 브루누스	бурый уголь 부리 우골	λιγνίτης 리그니테스	褐炭 (かったん) 갓탄	褐炭 허탄
carbón vegetal 카르본 베헤탈	carbo 카르보	древесный уголь 드레베스니 우골	ξυλοκάρβουνο 크실로카르부노	木炭 (もくたん) 모쿠탄	炭 탄
serrín 세린	scobis 스코비스	опилки 오필키	πριονίδια 프리오니디아	鋸屑 (のこくず) 노코쿠즈	锯末 주모
crudo 크루도	oleum crudus 올레움 크루두스	сырая нефть 시라야 넵티	αδιύλιστο πετρέλαιο 아둘리스토 페트렐라이오	原油 (げんゆ) 겐유	原油 위안유
petróleo 페트롤레오	terrae oleum 테라이 올레움	нефть 넵티	πετρέλαιο 페트렐라이오	石油 (せきゆ) 세키유	石油 스유
gasóleo 가솔레오	oleum dieselianum 올레움 디에젤리아눔	дизтопливо 디스토플리보	ντίζελ 디젤	軽油 (けいゆ) 게이유	轻油 칭유

한국어	영어	독일어	프랑스어	이탈리아어
휘발유 (揮發油)	gasoline 개솔린	Benzin 벤친	essence 에상스	benzina 벤치나
천연가스	natural gas 내처럴 개스	Erdgas 에르트가스	gaz naturel 가즈 나튀렐	gas naturale 가스 나투랄레
윤활유 (潤滑油)	lubricant 루브리컨트	Schmiermittel 슈미어미텔	lubrifiant 뤼브리피앙	lubrificante 루브리피칸테
유전 (油田)	oilfield 오일필드	Ölfeld 욀펠트	champ pétrolifère 샹 페트롤리페르	giacimento di petrolio 자치멘토 디 페트롤리오
유정 (油井)	oil well 오일웰	Ölquelle 욀크벨레	puits de pétrole 퓌이 드 페트롤	pozzo petrolifero 포초 페트롤리페로
중력 (重力)	gravity 그래비티	Schwerkraft 슈베어크라프트	gravité 그라비테	forza di gravità 포르차 디 그라비타
수력 (水力)	water power 워터파워	Wasserkraft 바서크라프트	énergie hydraulique 에네르지 이드롤리크	forza idrica 포르차 이드리카
압력 (壓力)	pressure 프레셔	Druck 드룩	pression 프레시옹	pressione 프레시오네
원자력 (原子力)	nuclear power 뉴클리어 파워	Kernkraft 케른크라프트	énergie nuclèaire 에네르기 뉴클레에르	energia nucleare 에네르자 누클레아레
자력 (磁力)	magnetic 매그네틱	Magnetik 마그네틱	magnétique 마그네티크	magnetico 마녜티코
풍력 (風力)	wind power 윈드파워	Windkraft 빈트크라프트	énergie éolienne 에네르지 에올리앙	energia eolica 에네르자 에올리카

스페인어	라틴어	러시아어	그리스어	일본어	중국어
gasolina 가솔리나	benzinum 벤치눔	бензин 벤진	βενζίνη 벤지네	ガソリン 가소린	汽油 치유
gas natural 가스 나투랄	gasum naturalis 가숨 나투랄리스	натуральный газ 나투랄니 가스	φυσικό αέριο 피시코 아에리오	天然ガス (てんねんガス) 덴넨가스	天然煤气 텐란메이치
lubricante 루브리칸테	lubrificans 루브리피칸스	смазочные материалы 스마조치니예 마테리알	λειαντικό 레이안티코	潤滑油 (じゅんかつゆ) 준카쓰유	润滑油 룬화유
yacimiento de petróleo 야시미엔토 데 페트롤레오	terra oleum 테라 올레움	месторожде́ние нефти 메스토로즈데니예 넵티	πετρελαιοφό-ρος περιοχή 페트렐라이오포로스 페리오케	油田 (ゆでん) 유덴	油田 유텐
pozo de petrólo 포소 데 페트롤로	fons oleum 폰스 올레움	Нефтяная скважина 넵타나야 스크바지나	πετρελαιοπη-γή 페르텔라이오페게	油井 (ゆせい) 유세	油井 유징
fuerza de gravedad 푸에르사 데 그라베다드	gravitatio 그라비타치오	гравитация 그라비타시야	βαρύτης 바리테스	重力 (じゅうりょく) 주료쿠	重力 중리
fuerza hidráulica 푸에르사 이드라울리카	hydroenergetica 히드로에네르게티카	гидродинами-ческая сила 기드로디나미체스카야 실라	υδραυλική 이드라울리케	水力 (すいりょく) 스이료쿠	水力 수이리
presión 프레시온	pressus 프레수스	давление 다블레니예	ἐπίστασις 에피스타시스	圧力 (あつりょく) 아쓰료쿠	压力 야리
energía atómica 에네르히아 아토미카	potestas nuclearis 포테스타스 누클레아리스	ядерная держава 야제르나야 제르샤바	πυρηνική δύναμη 피리니케 디나메	原子力 (げんしりょく) 겐시료쿠	原子能 위안쯔넝
magnético 마그네티코	magneticus 마그메티쿠스	магнитный 마그니트니	μαγνητικός 마그네티코스	磁力 (じりょく) 지료쿠	磁力 츠리
energía eólica 에네르히아 에올리카	vis ventus 비스 벤투스	энергии ветра 예네르기 베트라	αιολική ενέργεια 아이올리케 에네르게이아	風力 (ふうりょく) 후우료쿠	风力 펑리

한국어	영어	독일어	프랑스어	이탈리아어
마력 (馬力)	horsepower 호스파워	Pferdestärke 페르데슈테르케	cheval-vapeur 슈발-바푀르	cavallo vapore 카발로 바포레
노동력 (勞動力)	manpower 맨파워	Arbeitskraft 아르바이츠크라프트	main d'œuvre 맹 되브르	manodopera 마노도페라
구심력 (求心力)	centripetal 센트리피틀	zentripetal 첸트리페탈	centripète 상트리페트	centripeto 첸트리페토
원심력 (遠心力)	centrifugal 센트리퓨글	zentrifugal 첸트리푸갈	centrifuge 상트리퓌주	centrifugo 첸트리푸고

1-15. 시간/시대

때 [時]	time 타임	Zeit 차이트	temps 탕	tempo 템포
시작 (始作)	beginning 비기닝	Anfang 안팡	commencement 코망스망	inizio 이니치오
기원 (起源)	origin 오리진	Ursprung 우어슈프룽	origine 오리진	origine 오리지네
끝	end 엔드	Ende 엔데	fin 팽	fine 피네
순간 (瞬間)	moment 모먼트	Augenblick 아우겐블리크	moment 모망	momento 모멘토
이제	now 나우	nun 눈	maintenant 맹트낭	adesso 아데소

스페인어	라틴어	러시아어	그리스어	일본어	중국어
caballo de fuerza 카바요 데 푸에르사	equus potestas 에쿠우스 포테스타스	лошадиная сила 로샤디나야 실라	ιπποδύναμη 이포디나메	馬力 (ばりき) 바리키	马力 마리
mano de obra 마노 데 오브라	pubes 푸베스	рабо́чая си́ла 라보차야실라	ανθρώπινο δυναμικό 안트로피노 디나미코	労働力 (ろうどうりょく) 로도료쿠	劳动力 라오동리
centrípeto 센트리페토	centripetus 켄트리페투스	центрипеталь–ный 첸트리페탈니	κεντρομόλος 켄트로몰로스	求心力 (きゅうしんりょく) 규신료쿠	求心力 추신리
centrífugo 센트리푸고	centrifugus 켄트리푸구스	центробежная 첸트로베즈나야	φυγόκεντρος 피고켄트로스	遠心力 (えんしんりょく) 엔신료쿠	离心力 리신리

스페인어	라틴어	러시아어	그리스어	일본어	중국어
tiempo 티엠포	tempus 템푸스	вре́мя 브레먀	καιρός 카이로스	時間 (じかん) 지칸	时 스
comienzo 코미엔소	initium 이니치움	пуск 푸스크	γένεσις 게네시스	始まり (はじまり) 하지마리	开始 카이스
origen 오리헨	origo 오리고	род 로트	αρχή 아르케	起原 (きげん) 기겐	起源 치위안
fin 핀	finis 피니스	конец 코네츠	τελευτή 텔레우테	終り (おわり) 오와리	结束 제수
momento 모멘토	momentum 모멘툼	миг 미크	στιγμή 스티그메	瞬間 (しゅんかん) 슌칸	间 순젠
ahora 아오라	nunc 눙크	теперь 체페리	όμως 호모스	今 (いま) 이마	现在 셴짜이

한국어	영어	독일어	프랑스어	이탈리아어
시(시점) (時)	o'clock 어클럭	Uhr 우어	heure 외르	ora 오라
나중	later 레이터	später 슈패터	ultérieur 월테리외르	posteriore 포스테리오레
먼저	earlier 얼리어	früher 프뤼어	plus tôt 플뤼 토	prima 프리마
선사 (先史)	prehistory 프리히스토리	Urgeschichte 우어게시히테	préhistoire 프레이스투아르	preistoria 프레이스토리아
구석기시대 (舊石器時代)	Palaeolithic 팔레올리틱	Altsteinzeit 알트슈타인차이트	Paléolithique 팔레올리티크	Paleolitico 팔레올리티코
석기시대 (石器時代)	Stone Age 스톤 에이지	Steinzeit 슈타인차이트	Âge de la Pierre 아주 들라 피에르	Età della Pietra 에타 델라 피에트라
빙하기 (氷河期)	Ice Age 아이스 에이지	Eiszeit 아이스차이트	Période Glaciaire 페리오드 글라시에르	Glaciazion 글라치아치온
철기시대 (鐵器時代)	Iron Age 아이언 에이지	Eisenzeit 아이젠차이트	Âge du Fer 아주 뒤 페르	Età del Ferro 에타 델 페로
청동기시대 (靑銅器時代)	Bronze Age 브론즈 에이지	Bronzezeit 브론세차이트	Âge du Bronze 아주 뒤 브롱즈	Età del Bronzo 에타 델 브론초
고대 (古代)	antiquity 앤티쿼티	Altertum 알터툼	antiquité 앙티키테	antichità 안티키타
중세 (中世)	Medieval Period 메디이블 피어리어드	Mittelalter 미텔알터	Moyen Âge 무아앵 아주	Medioevo 메디오에보

스페인어	라틴어	러시아어	그리스어	일본어	중국어
hora 오라	hora 호라	час 차스	ακριβής ώρα 아크리베스 오라	時 (じ) 지	时间 스젠
tarde 타르데	posterus 포스테루스	поздно 포즈드노	ύστερος 히스테로스	後ほど (あとほど) 아토호도	以后 이허우
más temprano 마스 템프라노	prius 프리우스	прежде 프레즈데	νωρίτερα 노리테라	より前に (よりまえに) 요리마에니	先期 셴치
prehistoria 프레이스토리아	aevum praehistoricum 아이붐 프라이히스토리쿰	доисторические времена 도이스토리체스키예 브레메나	προϊστορικό 프로이스토리코	先史 (せんし) 센시	先史 셴스
Paleolítico 팔레올리티코	Palaeolithicum 팔라이올리티쿰	Палеолит 팔레올리트	Παλαιολιθική Περίοδος 팔라이올리티케 페리오도스	旧石器時代 (きゅうせっきじだい) 규셋키지다이	旧石器时代 주스치스다이
Edad de Piedra 에다드 데 피에드라	Aetas Lapidea 아이타스 라피데아	Каменный Век 카메니 베크	Εποχή του Λίθου 에포케 투 리투	石器時代 (せっきじだい) 셋키지다이	石器时代 스치스다이
Edad de Hielo 에다드 데 이엘로	Aetas glacialis 아이타스 글라키알리스	Ледниковый Период 레드니코비 페리오트	Εποχή των Παγετώνων 에포케 톤 파게토논	氷期 (ひょうき) 효키	冰期 빙치
Edad de Hierro 에다드 데 이에로	Aetas ferrum 아이타스 페룸	Железный Век 젤레즈니 베크	Εποχή του Σιδήρου 에포케 투 시데루	鉄器時代 (てっきじだい) 뎃키지다이	铁器时代 테치스다이
Edad del Bronce 에다드 델 브론세	Aetas Aenea 아이타스 아이네아	Бронзовый Век 브론조비 베크	Εποχή του Ορείχαλκου 에포케 투 오레이칼쿠	青銅器時代 (せいどうきじだい) 세이도키지다이	青铜时代 칭통스다이
antigüedad 안티구에다드	antiquitas 안티퀴타스	древность 드레브노스티	αρχαιότητα 아르카이오테타	古代 (こだい) 고다이	古代 구다이
Edad Media 에다드 메디아	Medium Aevum 메디움 아이붐	Средние Века 스레드니예 베카	Μεσαίωνας 메사이오나스	中世 (ちゅうせい) 주세이	中世 중스

한국어	영어	독일어	프랑스어	이탈리아어
근대 (近代)	Modernity 모더니티	Moderne 모데르네	Epoque Moderne 에포크 모데른	Storia Moderna 스토리아 모데르나
현대 (現代)	present age 프레즌트 에이지	Gegenwart 게겐바르트	temps présent 탕 프레장	tempi moderni 템피 모데르니
과거 (過去)	past 패스트	Vergangenheit 페어강겐하이트	passé 파세	passato 파사토
현재 (現在)	present 프레즌트	Präsens 프래젠스	présence 프레장스	presenza 프레젠차
미래 (未來)	future 퓨처	Zukunft 추쿤프트	avenir 아브니르	futuro 푸투로

1-16. 기간/계절

한국어	영어	독일어	프랑스어	이탈리아어
기간 (期間)	period 피어리어드	Zeitraum 차이트라움	période 페리오드	periodo 페리오도
광년 (光年)	light year 라이트 이어	Lichtjahr 리히트야	année-lumière 아네 뤼미에르	anno luce 안노 루체
세기 (世紀)	century 센추리	Jahrhundert 야훈데르트	siècle 시에클	secolo 세콜로
무한 (無限)	infinity 인피니티	Unendlichkeit 운엔틀리히카이트	infinité 앵피니테	infinità 인피니타
영원 (永遠)	eternity 이터니티	ewigkeit 에비히카이트	éternité 에테르니테	eternità 에테르니타

스페인어	라틴어	러시아어	그리스어	일본어	중국어
Edad Moderna 에다드 모데르나	Etas Modernus 에타스 모데르누스	Современная Эпоха 소브레멘나야 예포하	μοντέρνος 모데르노스	近代 (きんだい) 긴다이	近代 진다이
presente 프레센테	etas praesens 에타스 프라이센스	современность 소브레메노스티	δόμα 도마	現代 (げんだい) 겐다이	现代 셴다이
pasado 파사도	praeteritum 프라이테리툼	прошлое 프로실로예	παρελθόν 파렐톤	過去 (かこ) 가코	过去 궈취
presencia 프레센시아	praesentia 프라이센치아	современность 소브레멘노스티	πρόσωπον 프로소폰	現在 (げんざい) 겐자이	现在 셴짜이
futuro 푸투로	futurum 푸투룸	будущее 부두셰예	μέλλοντας 멜론타스	未来 (みらい) 미라이	未来 웨이라이

스페인어	라틴어	러시아어	그리스어	일본어	중국어
periodo 페리오도	spatium 스파치움	период 페리오트	περίοδος 페리오도스	期間 (きかん) 기칸	期间 치젠
año luz 아뇨 루스	spatium lucis annuae 스파치움 루키스 안누아이	световой год 스베토보이 고트	έτος φωτός 에토스 포토스	こうねん 고넨	光年 광녠
siglo 시글로	saeculum 사이쿨룸	столетие 스톨레티예	αιώνας 아이오나스	世紀 (せいき) 세이키	世纪 스지
infinito 인피니토	infinitas 인피니타스	бесконечность 베스코네치노스티	άπειρο 아페이로	無限 (むげん) 무겐	无限 우셴
eternidad 에테르니다드	aeternitas 아이테르니타스	вечность 베치노스티	αιωνιότητα 아이오니오테타	永遠 (えいえん) 에이엔	永存 융춘

한국어	영어	독일어	프랑스어	이탈리아어
항구적 (恒久的)	perpetual 퍼페튜얼	ewig 에비히	permanent 페르마낭	perpetuo 페르페투오
사춘기 (思春期)	puberty 퓨버티	Pubertät 푸베르태트	puberté 퓌베르테	pubertà 푸베르타
갱년기 (更年期)	menopause 메너포즈	Wechseljahre 벡셀야레	ménopause 메노포즈	menopausa 메노파우자
해 [歲]	year 이어	Jahr 야	année 아네	anno 안노
새해	new year 뉴 이어	Neujahr 노이야	nouvel an 누벨 앙	anno nuovo 안노 누오보
반년 (半年)	half year 하프 이어	Halbjahr 할프야	semestre 스메스트르	semestre 세메스트레
윤년 (閏年)	leap year 리프 이어	Schaltjahr 샬트야	année bissextile 아네 비섹스틸	anno bisestile 안노 비세스틸레
시(길이) (時)	hour 아워	Stunde 슈툰데	heure 외르	ora 오라
분(길이) (分)	minute 미니트	Minute 미누테	minute 미뉘트	minuto 미누토
초(길이) (秒)	second 세컨드	Sekunde 제쿤데	seconde 스공드	secondo 세콘도
임시 (臨時)	temporary 템퍼러리	vorübergehend 포뤼버게엔트	temporaire 탕포레르	passeggero 파세제로

스페인어	라틴어	러시아어	그리스어	일본어	중국어
eterno 에테르노	aeternalis 아이테르날리스	прочный 프로치니	αιώνιος 아이오니오스	永久的 (えいきゅうてき) 에이큐테키	永久的 융주더
pubertad 푸베르타드	pubertas 푸베르타스	половая зрелость 폴로바야 즈렐로스티	εφηβεία 에페세이아	思春期 (ししゅんき) 시슌키	青春期 칭춘치
menopausia 메노파우시아	climacterium 클리막테리움	климактерический период 클리막테리체스키 페리오트	εμμηνοληξία 엠메놀렉시아	更年期 (こうねんき) 고넨키	更年期 겅녠치
año 아뇨	annus 안누스	год 고트	έτος 에토스	年 (とし) 도시	岁 쑤이
año nuevo 아뇨 누에보	novus annus 노부스 안누스	новый год 노비 고트	πρωτοχρονιά 프로토크로니아	新年 (しんねん) 신넨	新年 신녠
semestre 세메스트레	dimidius annus 디미디우스 안누스	полугодие 폴루고디예	εξάμηνο 엑사메노	半年 (はんとし) 한토시	半年 반녠
año bisiesto 아뇨 비시에스토	annus intercalaris 안누스 인테르칼라리스	високосный год 비스코스니 고트	δίσεκτος χρόνος 디섹토스 크로노스	閏年 (うるうどし) 우루도시	闰年 룬녠
hora 오라	hora 호라	час 차스	ώρα 호라	時間 (じかん) 지칸	小时 샤오시
minuto 미누토	minuta 미누타	минута 미누타	πρακτικά 프락티카	分 (ふん) 훈	分 펀
segundo 세군도	secundum 세쿤둠	секунда 세쿤다	δευτερόλεπτο 데우테롤렙토	秒 (びょう) 뵤	秒 먀오
temporal 템포랄	temporarius 템포라리우스	временной 브레멘노이	πάροδος 파로도스	臨時 (りんじ) 린지	临时 린스

한국어	영어	독일어	프랑스어	이탈리아어
철 (계절)	season 시즌	Jahreszeit 야레스차이트	saison 세종	stagione 스타지오네
봄	spring 스프링	Frühling 프륄링	printemps 프랭탕	primavera 프리마베라
여름	summer 섬머	Sommer 좀머	été 에테	estate 에스타테
가을	autumn 오텀	Herbst 헤릅스트	automne 오톤	autunno 아우톤노
겨울	winter 윈터	Winter 빈터	hiver 이베르	inverno 인베르노
분기 (分期)	quarter 쿼터	Quartal 크바르탈	trimestre 트리메스트르	trimestre 트리메스트레

1-17. 달/요일

한국어	영어	독일어	프랑스어	이탈리아어
달 [月]	month 먼스	Monat 모나트	mois 무아	mese 메제
정월 (正月)	January 재뉴어리	Januar 야누아	janvier 장비에	gennaio 젠나이오
이월 (二月)	February 페브루어리	Februar 페브루아	février 페브리에	febbraio 페브라이오
삼월 (三月)	March 마치	März 매어츠	mars 마르스	marzo 마르초

스페인어	라틴어	러시아어	그리스어	일본어	중국어
estación 에스타시온	tempora anni 템포라 안니	времена года 브레메나 고다	εποχές 에포케스	季節 (きせつ) 기세쓰	节 제
primavera 프리마베라	ver 베르	весна 베스나	πηγή 페게	春 (はる) 하루	春天 춘톈
verano 베라노	aestas 아이스타스	лето 레토	θέρος 테로스	夏 (なつ) 나쓰	夏天 샤톈
otoño 오토뇨	autumnus 아우툼누스	осень 오센	θερισμός 테리스모스	秋 (あき) 아키	秋天 추톈
invierno 인비에르노	hiems 히엠스	зима 지마	παραχειμάζω 파라케이마조	冬 (ふゆ) 후유	冬天 동톈
trimestre 트리메스트레	spatium trimestre 스파치움 트리메스트레	четверть 쳇베르티	τέταρτο 테타르토	一季 (いっき) 잇키	季度 지두
mes 메스	mensis 멘시스	месяц 메샤치	μήν 멘	月 (つき) 쓰키	月 웨
enero 에네로	ianuarius 야누아리우스	Январь 얀바리	Ιανουάριος 야누아리오스	睦月 (むつき) 무쓰키	正月 정웨
febrero 페브레로	februarius 페브루아리우스	Февраль 페브랄	Φεβρουάριος 페브루아리오스	如月 (きさらぎ) 기사라기	二月 얼웨
marzo 마르소	martius 마르티우스	Март 마르트	Μάρτιος 마르티오스	弥生 (やよい) 야요이	三月 싼웨

한국어	영어	독일어	프랑스어	이탈리아어
사월 (四月)	April 에이프릴	April 아프릴	avril 아브릴	aprile 아프릴레
오월 (五月)	May 메이	Mai 마이	mai 메	maggio 마조
유월 (六月)	June 준	Juni 유니	juin 쥐앵	giugno 주뇨
칠월 (七月)	July 줄라이	Juli 율리	juillet 쥐예	luglio 룰리오
팔월 (八月)	August 오거스트	August 아우구스트	août 우트	agosto 아고스토
구월 (九月)	September 셉템버	September 젭템버	septembre 셉탕브르	settembre 세템브레
시월 (十月)	October 옥토버	Oktober 옥토버	octobre 옥토브르	ottobre 오토브레
동짓달 [十一月]	November 노벰버	November 노벰버	novembre 노방브르	novembre 노벰브레
섣달 [十二月]	December 디셈버	Dezember 데쳄버	décembre 데상브르	dicembre 디쳄브레
요일 (曜日)	weekday 위크데이	Wochentag 보헨타크	jour de semaine 주르 드 스맨	giorno della settimana 조르노 델라 세티마나
월요일 (月曜日)	Monday 먼데이	Montag 몬타크	lundi 룅디	lunedì 루네디

스페인어	라틴어	러시아어	그리스어	일본어	중국어
abril 아브릴	aprilis 아프릴리스	Апрель 아프렐	Απρίλιος 아프릴리오스	卯月 (うづき) 우즈키	四月 쓰웨
mayo 마요	maius 마이우스	Май 마이	Μάιος 마이오스	皐月 (さつき) 사쓰키	五月 우웨
junio 후니오	iunius 유니우스	Июнь 이윤	Ιούνιος 유니오스	水無月 (みなづき) 미나즈키	六月 류웨
julio 훌리오	quintilis 퀸틸리스	Июль 이율	Ιούλιος 율리오스	文月 (ふみづき) 후미즈키	七月 치웨
agosto 아고스토	sextilis 섹스틸리스	Август 아브구스트	Αύγουστος 아우구스토스	葉月 (はづき) 하즈키	八月 바웨
septiembre 셉티엠브레	september 셉템베르	Сентябрь 센탸브리	Σεπτέμβριος 셉템브리오스	長月 (ながつき) 나가쓰키	九月 주웨
octubre 옥투브레	october 옥토베르	Октябрь 옥탸브리	Οκτώβριος 옥토브리오스	神無月 (かんなづき) 간나즈키	十月 스웨
noviembre 노비엠브레	november 노벰베르	Ноябрь 노야브리	Νοέμβριος 노엠브리오스	霜月 (しもつき) 시모쓰키	十一月 스이웨
diciembre 디시엠브레	december 데켐베르	Декабрь 제카브리	Δεκέμβριος 데켐브리오스	師走 (しわす) 시와스	十二月 스얼웨
día de la semana 디아 델라 세마나	dies profestus 디에스 프로페스투스	день недели 젠 네젤리	καθημερινή 카테메리온	曜日 (ようび) 요비	星期 싱치
lunes 루네스	dies lunae 디에스 루나이	понедельник 뽀네델니크	Δευτέρα 데우테라	月曜日 (げつようび) 게쓰요비	星期一 싱치이

한국어	영어	독일어	프랑스어	이탈리아어
화요일 (火曜日)	Tuesday 튜즈데이	Dienstag 딘스타크	mardi 마르디	martedì 마르테디
수요일 (水曜日)	Wednesday 웬즈데이	Mittwoch 미트보흐	mercredi 메르크르디	mercoledì 메르콜레디
목요일 (木曜日)	Thursday 서스데이	Donnerstag 돈너스타크	jeudi 죄디	giovedì 조베디
금요일 (金曜日)	Friday 프라이데이	Freitag 프라이타크	vendredi 방드르디	venerdì 베네르디
토요일 (土曜日)	Saturday 새터데이	Samstag 잠스타크	samedi 삼디	sabato 사바토
일요일 (日曜日)	Sunday 선데이	Sonntag 존타크	dimanche 디망슈	domenica 도메니카

1-18. 날

한국어	영어	독일어	프랑스어	이탈리아어
주 (週)	week 위크	Woche 보헤	semaine 스맨	settimana 세티마나
주말 (週末)	weekend 위켄드	Wochenende 보헨엔데	fin de semaine 팽 드 스맨	fine settimana 피네 세티마나
휴일 (休日)	holiday 홀리데이	Feiertag 파이어타크	jour férié 주르 페리에	giorno festivo 조르노 페스티보
휴가 (休暇)	vacation 베이케이션	Urlaub 우얼라우프	vacances 바캉스	vacanze 바칸체

스페인어	라틴어	러시아어	그리스어	일본어	중국어
martes 마르테스	dies martis 디에스 마르티스	вторник 브토르니크	Τρίτη 트리티	火曜日 (かようび) 가요비	星期二 싱치얼
miércoles 미에르콜레스	dies mercurii 디에스 메르쿠리	среда 스레다	Τετάρτη 테타르티	水曜日 (すいようび) 스이요비	星期三 싱치싼
jueves 후에베스	dies iovis 디에스 요비스	четверг 셰트베르크	Πέμπτη 펨브티	木曜日 (もくようび) 모쿠요비	星期四 싱치쓰
viernes 비에르네스	dies veneris 디에스 베네리스	пятница 퍄트니차	Παρασκευή 파라스케우에	金曜日 (きんようび) 긴요비	星期五 싱치우
sábado 사바도	dies saturni 디에스 사투르니	суббота 수보타	Σάββατο 자바토	土曜日 (どようび) 도요비	星期六 싱치류
domingo 도밍고	dies solis 디에스 솔리스	воскресенье 보스크레센예	Κυριακή 쿠리아키	日曜日 (にちようび) 니치요비	星期天 싱치톈
semana 세마나	hebdomas 헵도마스	неделя 네델랴	εβδομάδα 엡도마다	週 (しゅう) 슈	周 저우
fin de semana 핀 드 세마나	feria 페리아	выходные 비호드니예	σαββατοκύριακο 사바토키리아코	週末 (しゅうまつ) 슈마쓰	周末 저우모
día festivo 디아 페스티보	feria 페리아	праздник 프라즈드니크	αργία 아르기아	休日 (きゅうじつ) 규지쓰	假日 자리
vacaciones 바카시오네스	vacatio 바카치오	отпуск 옷푸스크	διαρρήγνυμι 디아레그니미	休暇 (きゅうか) 규카	休假 슈자

한국어	영어	독일어	프랑스어	이탈리아어
날 [日]	day 데이	Tag 타크	jour 주르	giorno 조르노
날짜	date 데이트	Datum 다툼	date 다트	data 다타
기념일 (記念日)	anniversary 애니버서리	Jahrestag 야레스타크	anniversaire 아니베르새르	anniversario 안니베르사리오
생일 (生日)	birthday 버스데이	Geburtstag 게부어츠타크	anniversaire 아니베르새르	compleanno 콤플레아노
어제	yesterday 예스터데이	gestern 게스테른	hier 이에르	ieri 이에리
오늘	today 투데이	heute 호이테	aujourd'hui 오주르뒤이	oggi 오지
내일	tomorrow 투모로우	morgen 모르겐	demain 드맹	domani 도마니
새벽	daybreak 데이브레이크	Tagesanbruch 타게스안브루흐	aube 오브	alba 알바
아침	morning 모닝	Morgen 모르겐	matin 마탱	mattina 마티나
정오 (正午)	noon 눈	Mittag 미타크	midi 미디	mezzogiorno 메초조르노
황혼 (黃昏)	twilight 트와일라이트	Abenddämmerung 아벤트댐머룽	crépuscule 크레퓌스퀼	crepuscolo 크레푸스콜로

스페인어	라틴어	러시아어	그리스어	일본어	중국어
día 디아	dies 디에스	день 젠	ἡμέρα 헤메라	日 (ひ) 히	日 리
fecha 페차	dies 디에스	дата 다타	χρονολογία 크로놀로기아	日付 (ひづけ) 히즈케	日子 리쯔
aniversario 아니베르사리오	anniversarium 안니베르사리움	годовщина 고돕시나	ἐπέτειος 에페테이오스	記念日 (きねんび) 기넨비	纪念日 지녠리
cumpleaños 쿰플레아뇨스	natalis 나탈리스	день рождéния 젠 로즈제냐	γενέθλια 게네틀리아	誕生日 (たんじょうび) 단조비	生日 성리
ayer 아예르	heri 헤리	вчера 브체라	ἐχθές 엑테스	昨日 (きのう) 기노	昨天 줘톈
hoy 오이	hodie 호디에	сегодня 세고드냐	σήμερον 세메론	今日 (きょう) 교	今天 진톈
mañana 마냐나	crastinum 크라스티눔	зáвтра 잡트라	αὔριον 아우리온	明日 (あした) 아시타	明天 밍톈
amanecer 아마네세르	multo mane 물토 마네	рассвéт 라스베트	ὄρθρος 오르트로스	曉 (あかつき) 아카쓰키	凌晨 링천
mañana 마냐나	mane 마네	утро 우트로	πρωΐ 프로이	朝 (あさ) 아사	早上 짜오상
mediodía 메디오디아	meridies 메리디에스	полдень 폴덴	μεσημέρι 메세메리	正午 (しょうご) 쇼고	中午 중우
arrebol 아레볼	crepusculum 크레푸스쿨룸	вечерняя заря 베체르냐야 자랴	λυκαυγές 리카우게스	黄昏 (こうこん) 고콘	黄昏 황훈

한국어	영어	독일어	프랑스어	이탈리아어
일몰 (日沒)	sunset 선셋	Sonnenuntergang 존넨운터강	coucher du soleil 쿠셰 뒤 솔레이	tramonto 트라몬토
저녁	evening 이브닝	Abend 아벤트	soir 수아	sera 세라
밤 [夜]	night 나이트	Nacht 나흐트	nuit 뉘이	notte 노테
심야 (深夜)	midnight 미드나이트	Mitternacht 미터나흐트	minuit 미뉘이	mezzanotte 메차노테

1-19. 수 일반

한국어	영어	독일어	프랑스어	이탈리아어
수 (數)	number 넘버	Nummer 누머	numéro 뉘메로	numero 누메로
기수 (基數)	cardinal number 카디널 넘버	Grundzahl 그룬트찰	nombre cardinal 농브르 카르디날	numero cardinale 누메로 카르디날레
서수 (序數)	ordinal number 오디널 넘버	Ordnungszahl 오르트눙스찰	nombre ordinal 농브르 오르디날	numero ordinale 누메로 오르디날레
홀로	alone 얼론	allein 알라인	seul 쇨	solo 솔로
짝수	even number 이븐 넘버	gerade Zahl 게라데 찰	nombre pair 농브르 페르	numero pari 누메로 파리
홀수	odd number 오드 넘버	ungerade Zahl 운게라데 찰	nombre impair 농브르 앵페르	numero dispari 누메로 디스파리

스페인어	라틴어	러시아어	그리스어	일본어	중국어
puesta del sol 푸에스타 델 솔	solis occasus 솔리스 옥카수스	закат 자카트	ηλιοβασίλεμα 엘리오바실레마	日没 (にちぼつ) 니치보쓰	日没 리모
tardes 타르데스	vesper 베스페르	вечер 베체르	εσπέρα 에스페라	夕暮れ (ゆうぐれ) 유구레	晚上 완샹
noche 노체	nox 녹스	ночь 노치	νύξ 닉스	夜 (よる) 요루	夜 예
medianoche 메디아노체	media nox 메디아 녹스	полночь 폴노치	μεσονύκτιον 메소닉티온	夜半 (やはん) 야한	子夜 쯔예
número 누메로	numerus 누메루스	номер 노메르	ἀριθμός 아리트모스	数 (かず) 가즈	数 수
número cardinal 누메로 카르디날	numerus cardinalis 누메루스 카르디날리스	кардинальне число 카르지날네 치슬로	απόλυτος ἀριθμός 아폴리토스 아리트모스	基数 (きすう) 기스	基数 지슈
número ordinal 누메로 오르디날	numerus ordo 누메루스 오르도	порядковое число 포랴드코보에 치슬로	τάξεως ἀριθμός 탁세오스 아리트모스	順序数 (じゅんじょすう) 준조스	序数 수슈
solo 솔로	solus 솔루스	единственный 예딘스트벤니	μόνος 모노스	独り (ひとり) 히토리	単独 단두
número par 누메로 파르	numerus par 누메루스 파르	чётное число 초트노예 치슬로	ζυγός ἀριθμός 지고스 아리트모스	奇数 (きすう) 기스	双数 솽수
número impar 누메로 임파르	numerus impar 누메루스 임파르	нечётное число 네초트노예 치슬로	μονός ἀριθμός 모노스 아리트모스	偶数 (ぐうすう) 구스	単数 단수

한국어	영어	독일어	프랑스어	이탈리아어
합계 (合計)	sum 섬	Summe 줌메	somme 솜	somma 솜마
퍼센트	percent 퍼센트	Prozent 프로첸트	pour cent 푸르 상	percento 페르첸토
으뜸	top 톱	Spitze 슈피체	pointe 푸앵트	pizzo 피초
우선 (優先)	preference 프레퍼런스	Vorzug 포어추크	préférence 프레페랑스	precedenda 프레체덴다
양 (量)	quantity 콴티티	Quantität 크반티태트	quantité 캉티테	quantità 콴티타
쌍 (雙)	pair 페어	Paar 파	paire 페르	paio 파이오
갑절	double 더블	Doppel 도펠	double 두블	doppio 도피오
근삿값	approximation 어프록시메이션	Annäherungs-wert 안내어룽스베어트	approximation 아프록시마시옹	approssima-zione 아프로시마치오네
나머지	remainder 리메인더	Rest 레스트	reste 레스트	resto 레스토
낱개	piece 피스	Stück 슈튀크	pièce 피에스	pezzo 페초
낱알	grain 그레인	Korn 코른	grain 그랭	grano 그라노

스페인어	라틴어	러시아어	그리스어	일본어	중국어
suma 수마	summa 숨마	сумма 숨마	ποσό 포소	総計 (そうけい) 소케이	合计 허지
por ciento 포르 시엔토	centesima 켄테시마	процент 프로첸트	εκατοστιαία 에카토스티아이아	パーセント 파센토	百分点 바이펀뎬
pico 피코	cuspis 쿠스피스	вершина 베르시나	πτερύγιον 프테리기온	一番 (いちばん) 이치반	第一 디이
prioridad 프리오리다드	excellentia 엑스켈렌치아	предпочтение 프레드포치테니예	ωφέλεια 오펠레이아	優先 (ゆうせん) 유센	优先 유셴
cantidad 칸티다드	quantitas 쿠안티타스	количество 콜리체스트보	ποσότης 포소테스	量 (りょう) 료	量 량
par 파르	par 파르	пáра 파라	ζεύγος 제우고스	両 (りょう) 료	双 솽
doble 도블레	duplus 두플루스	двойственный 드보이스트벤니	διπλοῦς 디플루스	二倍 (にばい) 니바이	倍 베이
aproximación 아프록시마시온	pretium fere 프레치움 페레	приближённое значение 프리블리숀노예 즈나체니예	χονδρική εκτίμηση 콘드리케 엑티메세	近似値 (きんじち) 긴지치	近似 진쓰
resto 레스토	reliquum 렐리쿠움	остатки 오스탓키	υπόλειμμα 이폴레이마	余 (あまり) 아마리	其余 치위
pieza 피에사	frustum 프루스툼	кусочек 쿠소체크	μέρος 메로스	一個 (いっこ) 잇코	单个 단거
grano 그라노	granum 그라눔	крупинка 크루핀카	κόκκος 코코스	一粒 (ひとつぶ) 히토쓰부	单颗 단커

한국어	영어	독일어	프랑스어	이탈리아어
차례	order 오더	Reihenfolge 라이엔폴게	ordre 오르드르	ordine 오르디네

1-20. 기수/서수

영 (零)	zero 제로	Null 눌	zéro 제로	zero 체로
하나	one 원	Eins 아인스	un 욍	uno 우노
첫째	first 퍼스트	erst 에어스트	premier 프르미에	primo 프리모
둘	two 투	Zwei 츠바이	deux 되	due 두에
둘째	second 세컨드	zweit 츠바이트	deuxième 되지엠	secondo 세콘도
셋	three 스리	Drei 드라이	trois 트루아	tre 트레
셋째	third 서드	dritt 드리트	troisième 트루아지엠	terzo 테르초
넷	four 포	Vier 피어	quatre 카트르	quattro 콰트로
다섯	five 파이브	Fünf 퓐프	cinq 생크	cinque 칭쿼

스페인어	라틴어	러시아어	그리스어	일본어	중국어
orden 오르덴	ordinis 오르디니스	ряд 랴트	τάγμα 타그마	順番 (じゅんばん) 준반	次第 츠디
cero 세로	nūllus 눌루스	ноль 놀	μηδέν 메덴	零 (れい) 레이	零 링
uno 우노	nus 누스	один 오딘	ένα 에나	一 (いち) 이치	一 이
primero 프리메로	primus 프리무스	пе́рвое 페르보예	πρωταρχικά 프로타르키카	第一 (だいいち) 다이이치	第一 디이
dos 도스	duo 두오	два 드바	δύο 디오	二 (に) 니	二 얼
segundo 세군도	secundus 세쿤두스	второ́й 브토로이	δεύτερος 데우테로스	第二 (だいに) 다이니	第二 디얼
tres 트레스	trēs 트레스	три 트리	τρεις 트레이스	三 (さん) 산	三 싼
tercero 테르세로	triens 트리엔스	тре́тье 트레티예	τρίτος 트리토스	第三 (だいさん) 다이산	第三 디싼
cuatro 쿠아트로	quattuor 쿠아투오르	четы́ре 체티레	τέσσερ 테세르	四 (し) 시	四 쓰
cinco 싱코	quīnque 퀸퀘	пять 퍄티	πέντε 펜테	五 (ご) 고	五 우

한국어	영어	독일어	프랑스어	이탈리아어
여섯	six 식스	Sechs 젝스	six 시스	sei 세이
일곱	seven 세븐	Sieben 지벤	sept 세트	sette 세테
여덟	eight 에이트	Acht 아흐트	huit 위트	otto 오토
아홉	nine 나인	Neun 노인	neuf 뇌프	nove 노베
열 [十]	ten 텐	Zehn 첸	dix 디스	dieci 디에치
열하나	eleven 일레븐	Elf 엘프	onze 옹즈	undici 운디치
열둘	twelve 투엘브	Zwölf 츠뵐프	douze 두즈	dodici 도디치
백 (百)	hundred 헌드러드	Hundert 훈데르트	cent 상	cento 첸토
천 (千)	thousand 사우전드	Tausend 타우젠트	mille 밀	mille 밀레
만 (萬)	ten thousand 텐 사우전드	Zehntausend 첸타우젠트	dix mille 디스 밀	dieci mila 디에치 밀라
백만 (百萬)	million 밀리언	Million 밀리온	million 밀리옹	milione 밀리오네

스페인어	라틴어	러시아어	그리스어	일본어	중국어
seis 세이스	sex 섹스	шесть 셰스티	ἕξι 엑시	六 (ろく) 로쿠	六 류
siete 시에테	septem 셉템	семь 셈	ἑπτά 헵타	七 (しち) 시치	七 치
ocho 오초	octō 옥토	восемь 보셈	ὀκτώ 옥토	八 (はち) 하치	八 파
nueve 누에베	novem 노벰	девять 데뱌티	ἐννέα 엔네아	九 (きゅう) 규	九 주
diez 디에스	decem 데켐	десять 데샤티	δέκα 데카	十 (じゅう) 주	十 스
once 온세	undecim 운데킴	одиннадцать 오딘낫차티	ἕνδεκα 헨데카	十一 (じゅういち) 주이치	十一 스가
doce 도세	duodecim 두오데킴	двенадцать 드베낫차티	δώδεκα 도데카	十二 (じゅうに) 주니	十二 스얼
cien 시엔	centum 켄툼	сто 스토	εκατό 에카토	百 (ひゃく) 햐쿠	百 바이
mil 밀	mille 밀레	тысяча 티샤차	χιλιάς 킬리아스	千 (せん) 센	千 첸
diez mil 디에스 밀	decamille 데카밀레	десять тысяч 데샤티 티샤치	δέκα χιλιάς 데카 킬리아스	万 (まん) 만	万 완
millón 미욘	decies centena milia 데키에스 켄테나 밀라	миллион 밀리온	εκατομμύριο 에카토미리오	百万 (ひゃくまん) 햐쿠만	百万 바이완

한국어	영어	독일어	프랑스어	이탈리아어
억 (億)	hundred million 헌드러드 밀리언	Hundertmillionen 훈데르트밀리오넨	cent millions 상 밀리옹	cento milioni 첸토 밀리오니
십억 (十億)	billion 빌리언	Milliarde 밀리아르데	milliard 밀리아르	miliardo 밀리아르도
조 (兆)	trillion 트릴리언	Billion 빌리온	billion 빌리옹	bilione 빌리오네
마지막	last 라스트	letzt 레츠트	dernier 데르니에	ultimo 울티모

1-21. 도형(점/선/면/입체)

한국어	영어	독일어	프랑스어	이탈리아어
점 (點)	point 포인트	Punkt 풍트	point 푸앵	punto 푼토
선 (線)	line 라인	Linie 리니에	ligne 리뉴	linea 리네아
면 (面)	plane 플레인	Oberfläche 오버플래헤	superficie 쉬페르피시	superficie 수페르피치에
입체 (立體)	solid 솔리드	Körper 쾨르퍼	solide 솔리드	solido 솔리도
세모	triangle 트라이앵글	Dreieck 드라이에크	triangle 트리앙글	triangolo 트리앙골로
네모	quadrangle 쿼드랭글	Viereck 피어에크	quadrilatère 쾨드릴라테르	quadrato 쾨드라토

스페인어	라틴어	러시아어	그리스어	일본어	중국어
cien millones 시엔 미요네스	–	сто миллионов 스토 밀리오노프		億 (おく) 오쿠	亿 이
millardo 미야르도	miliardum 밀리아르둠	миллиа́рд 밀리아르트	δισεκατομμύ– ριο 디세카토미리오	十億 (じゅおく) 주오쿠	十亿 스가
billón 비욘	mille miliardum 밀레 밀리아르둠	триллион 트릴리온	τρισεκατομμύ– ριο 트리세카토미리오	兆 (ちょう) 조	兆 자오
último 울티모	permaneo 페르마네오	последний 포슬레드니	ἔσχατος 에스카토스	最終 (さいしゅう) 사이슈	最后 쭈이허우

스페인어	라틴어	러시아어	그리스어	일본어	중국어
punto 푼토	punctum 풍툼	то́чка 토치카	σπίλος 스필로스	点 (てん) 덴	点 뎬
línea 리네아	linea 리네아	ли́ния 리니야	αράδα 아라다	線 (せん) 센	线 셴
superficie 수페르피시에	planitia 플라니치아	пло́скость 플로스코스티	επίπεδο 에피페도	面 (おも) 오모	面 몐
sólido 솔리도	solidus 솔리두스	куб 쿠프	σῶμα 소마	立体 (りったい) 릿타이	立体 리티
triángulo 트리앙굴로	triangulum 트리앙굴룸	треуго́льник 트레우골니크	τρίγωνο 트리고노	三角形 (さんかくけい) 산카쿠케	三角 싼자오
cuadro 쿠아드로	quadrum 쿠아드룸	четырёхуголь– ник 체티료후골니크	τετράγωνο 테트라고노	四角形 (しかくけい) 시카쿠케	四角 쓰자오

한국어	영어	독일어	프랑스어	이탈리아어
오각형 (五角形)	pentagon 펜터건	Fünfeck 퓐프에크	pentagone 팡타곤	pentagono 펜타고노
육각형 (六角形)	hexagon 헥서건	Sechseck 젝스에크	hexagone 에그자곤	esagono 에자고노
다각형 (多角形)	polygon 폴리건	Vieleck 필에크	polygone 폴리곤	poligono 폴리고노
동그라미	circle 서클	Kreis 크라이스	cercle 세르클	cerchio 체르키오
반원 (半圓)	semicircle 세미서클	Halbkreis 할프크라이스	demi-cercle 드미-세르클	semicerchio 세미체르키오
타원 (楕圓)	ellipse 일립스	Ellipse 엘립세	ovale 오발	ellisse 엘리세
마름모	rhombus 롬버스	Raute 라우테	losange 로상주	rombo 롬보
직선 (直線)	straight line 스트레이트 라인	Gerade 게라데	droite 드루아트	retta 레타
곡선 (曲線)	curve 커브	Kurve 쿠르베	courbe 쿠르브	curvo 쿠르보
반지름	radius 레이디어스	Halbmesser 할프메서	rayon 레용	raggio 라조
지름	diameter 다이애미터	Durchmesser 두르히메서	diamètre 디아메트르	diametro 디아메트로

스페인어	라틴어	러시아어	그리스어	일본어	중국어
pentágono 펜타고노	pentagonium 펜타고니움	пятиугóльник 퍄티우골니크	πεντάγωνο 펜타고노	五角形 (ごかくけい) 고카쿠케	五角形 우쟈싱
hexágono 엑사고노	sexangulus 섹상굴루스	шестиугóль- ник 셰스티우골니크	εξάγωνο 엑사고노	六角形 (ろっかくけい) 롯카쿠케	六边形 리우볜싱
polígono 폴리고노	multangulus 물탕굴루스	многоугóль- ник 므노고우골니크	πολύγωνο 폴리고노	多角形 (たかくけい) 다카쿠케	多角形 둬쟈오싱
círculo 시르쿨로	circulus 키르쿨루스	круг 크루크	δακτύλιος 닥틸리오스	円 (えん) 엔	圓 위안
semicírculo 세미시르쿨로	hemicyclus 헤미키클루스	полукруг 폴루크루크	ημικύκλιο 에미키클리오	半円 (はんえん) 한엔	半圓 반위안
elipse 엘립세	ellipsis 엘립시스	эллипс 엘립스	έλλειψη 엘레입세	楕円 (だえん) 다엔	椭圓 퉈위안
rombo 롬보	ruta 루타	ромб 롬프	πήγανον 페가논	菱形 (ひしがた) 히시가타	菱形 링싱
recta 렉타	linea 리네아	прямая 프랴마야	γραμμή 그람메	直線 (ちょくせん) 조쿠센	直线 즈셴
curva 쿠르바	curvamen 쿠르바멘	кривая 크리바야	καμπύλη 캄필레	曲線 (きょくせん) 교쿠센	曲线 추셴
radio 라디오	radius 라디우스	рáдиус 라디우스	ακτίνα 악티나	半径 (はんけい) 한케이	半径 반징
diámetro 디아메트로	diametros 디아메트로스	диáметр 디아메트르	διάμετρος 디아메트로스	直径 (ちょっけい) 좃케이	直径 즈징

한국어	영어	독일어	프랑스어	이탈리아어
사선(경사지다) (斜線)	oblique 어블리크	schräg 슈래크	tordu 토르뒤	obliquo 오블리쿠오
대각선 (對角線)	diagonale 다이애거늘	Diagonale 디아고날레	diagonale 디아고날	diagonale 디아고날레
빗변	hypotenuse 하이포터뉴즈	Hypotenuse 휘포테누제	hypoténuse 이포테뉴즈	ipotenusa 이포테누사
원둘레 [圓周]	circumference 서컴퍼런스	Kreisumfang 크라이스움팡	circonférence 시르콩페랑스	circonferenza 치르콘페렌차
포물선 (抛物線)	parabola 퍼래벌러	Parabel 파라벨	parabole 파라볼	parabola 파라볼라
원뿔	cone 콘	Kegel 케겔	cône 콘	cono 코노
원통 (圓筒)	cylinder 실린더	Zylinder 췰린더	cylindre 실랭드르	cilindro 칠린드로
육면체 (六面體)	cube 큐브	Würfel 뷔르펠	cube 퀴브	cubo 쿠보

1-22. 단위/정도/다소 전부

한국어	영어	독일어	프랑스어	이탈리아어
단위 (單位)	unit 유니트	Einheit 아인하이트	unité 위니테	unità 우니타
정도 (程度)	degree 디그리	Grad 그라트	degré 드그레	grado 그라도

스페인어	라틴어	러시아어	그리스어	일본어	중국어
oblicuo 오블리쿠오	obliquus 오블리쿠우스	искривлённый 이스크리블룐니	λοξός 록소스	斜線 (しゃせん) 샤센	斜线 셰셴
diagonal 디아고날	diagonalis 디아고날리스	диагональ 디아고날	διαγώνιος 디아고니오스	対角線 (たいかくせん) 다이카쿠센	对角线 두이자오셴
hypotenusa 이포테누사	hypotenusa 히포테누사	гипотенуза 기포체누자	ὑποτείνουσα 히포테이누사	斜辺 (しゃへん) 샤헨	斜边 셰볜
circunferencia 시르쿤페렌시아	circumferentia 키르쿰페렌치아	окру́жность 오크루시노스티	περιφέρεια 페리페레이아	周長 (しゅうちょう) 슈초	圓周 위안저우
parábola 파라볼라	parabola 파라볼라	парабола 파라볼라	παραβολή 파라볼레	放物線 (ほうぶつせん) 호부쓰센	抛物线 파오우셴
cono 코노	conus 코누스	кегля 케글랴	κῶνος 코노스	円錐 (えんすい) 엔스이	圓錐 위안주이
cilindro 실린드로	cylindrus 킬린드루스	цилиндр 칠린드르	κύλινδρος 킬린드로스	円筒 (えんとう) 엔토	圓筒 위안통
cubo 쿠보	cubus 쿠부스	куб 쿠프	κύβος 키보스	立方体 (りっぽうたい) 릿포타이	立方体 리팡티

스페인어	라틴어	러시아어	그리스어	일본어	중국어
unidad 우니다드	as 아스	единство 예딘스트보	μονάδα 모나다	単位 (たんい) 단이	单位 단웨이
grado 그라도	gradus 그라두스	градус 그라두스	τάγμα 타그마	程度 (ていど) 데이도	程度 청두

한국어	영어	독일어	프랑스어	이탈리아어
거리 [離隔]	distance 디스턴스	Distanz 디스탄츠	distance 디스탕스	distanza 디스탄차
강수량 (降水量)	precipitation 프레시피테이션	Niederschlag 니더슐라크	précipitations 프레시피타시옹	precipitazione 프레치피타치오네
길이	length 랭스	Länge 랭에	longueur 롱괴르	lunghezza 룽게차
너비	width 윗스	Weite 바이테	largeur 라르죄르	larghezza 라르게차
높이	height 하이트	Höhe 회에	altitude 알티튀드	altezza 알테차
두께	thickness 시크니스	Dicke 디케	épaisseur 에패쇠르	spessore 스페소레
각도 (角度)	angle 앵글	Winkel 빙켈	angle 앙글	angolo 앙골로
기울기	gradient 그레이디언트	Neigung 나이궁	inclinaison 앵클리네종	inclinazione 인클리나치오네
면적 (面積)	area 애리어	Flächeninhalt 플래헨인할트	aire 에르	area 아레아
무게	weight 웨이트	Gewicht 게비히트	poids 푸아	peso 페소
질량 (質量)	mass 매스	Masse 마세	masse 마스	massa 마사

스페인어	라틴어	러시아어	그리스어	일본어	중국어
distancia 디스탄시아	distantia 디스탄치아	расстояние 라스토야니예	απόσταση 아포스타세	距離 (きょり) 교리	距离 주리
precipitación 프레시피타시온	faex 파익스	осадок 오사도크	κατακρήμνιση 카타크렘니온	降雨 (こうう) 고우	降水量 장수이량
largura 라르구라	spatium 스파치움	длина 들리나	μῆκος 메코스	長さ (ながさ) 나가사	长度 창두
anchura 안추라	latitudo 라티투도	ширина 시리나	πλάτος 플라토스	幅 (はば) 하바	宽度 칸두
altura 알투라	altitudo 알티투도	габарит 가바리트	ὕψος 힙소스	高度 (こうど) 고도	高程 가오청
espesor 에스페소르	grossitudo 그로시투도	толщина 톨시나	πιότης 피오테스	厚さ (あつさ) 아쓰사	宽度 칸두
ángulo 앙굴로	angulus 앙굴루스	уголок 우골로크	γωνία 고니아	角度 (かくど) 가쿠도	角度 자오두
inclinación 인클리나시온	declivitas 데클리비타스	наклон 나클론	κατάβασις 카타바시스	勾配 (こうばい) 고바이	梯度 티두
área 아레아	area 아레아	площадь 플로샤디	ἔμβαδο 엠바도	面積 (めんせき) 멘세키	面积 멘지
peso 페소	pondus 폰두스	гиря 기랴	βαρύτης 바리테스	錘 (おもり) 오모리	重 중
masa 마사	massa 마사	масса 마사	μάζα 마자	質量 (しつりょう) 시쓰료	质量 즈량

한국어	영어	독일어	프랑스어	이탈리아어
부피 [體積]	volume 볼륨	Volumen 볼루멘	volume 볼륌	volumen 볼루멘
다스	dozen 더즌	Dutzend 두첸트	douzaine 두젠	dozzina 도치나
축척 (縮尺)	map scale 맵 스캐일	Maßstab 마스슈타프	échelle 에셸	scala 스칼라
캐럿	carat 캐러트	Karat 카라트	carat 카라	carato 카라토
크기	size 사이즈	Größe 그뢰세	dimension 디망시옹	grandezza 그란데차
눈금	scale 스캐일	Skala 스칼라	entaille 앙타유	scala 스칼라
온도 (溫度)	temperature 템퍼러처	Temperatur 템페라투어	température 탕페라투르	temperatura 템페라투라
수준 (水準)	level 레블	Niveau 니보	niveau 니보	piano 피아노
밀도 (密度)	density 덴시티	Dichte 디히테	masse volumique 마스 볼뤼미크	densità 덴시타
농도 (濃度)	concentration 컨센트레이션	Konzentration 콘첸트라치온	concentration 콩상트라시옹	concentrazione 콘첸트라치오네
경도 (硬度)	hardness 하드니스	Härte 해르테	dureté 뒤레테	durezza 두레차

스페인어	라틴어	러시아어	그리스어	일본어	중국어
volumen 볼루멘	volumen 볼루멘	объём 오프욤	όγκος 옹고스	体積 (たいせき) 다이세키	体积 티즈
docena 도세나	duodecim 두오데킴	дюжина 듀지나	δωδεκάδα 도데카다	ダース 다스	打 다
escala 에스칼라	norma 노르마	масштаб 마스시타프	κλίμακα χάρτη 클리마카 카르테	縮尺 (しゅくしゃく) 슈쿠샤쿠	缩尺 쉬츠
quilate 킬라테	carratus 카라투스	карат 카라트	καράτι 카라티	カラット 가랏토	克拉 커라
magnitud 마그니투드	magnitudo 마그니투도	величие 벨리치예	μέγεθος 메게토스	大きさ (おおきさ) 오키사	尺寸 츠춘
escala 에스칼라	squama 스콰마	шкала 시칼라	κλίμακα 클리마카	目盛 (めもり) 메모리	刻度 커두
temperatura 템페라투라	temperatura 템페라투라	температура 템페라투라	θερμοκρασία 테르모크라시아	温度 (おんど) 온도	温度 원두
nivel 니벨	aequo 아이쿠오	равнина 라브니나	επίπεδο 에피페도	水準 (すいじゅん) 스이준	水準 수이준
densidad 덴시다드	densitas 덴시타스	плотность 플로트노스티	πυκνότητα 피크노테타	密度 (みつど) 미쓰도	密度 미두
concentración 콘센트라시온	crassitudo 크라시투도	концентриро- ванность 콘첸트리로반노스티	ρευστότητα 레우스토테타	濃度 (のうど) 노도	浓度 농두
dureza 두레사	duritas 두리타스	твёрдость 트뵤르도스티	πώρωσις 포로시스	硬度 (こうど) 고도	坚度 젠두

한국어	영어	독일어	프랑스어	이탈리아어
빈도 (頻度)	frequency 프리퀀시	Häufigkeit 호이피히카이트	fréquence 프레캉스	frequenza 프레쿠엔차
산도 (酸度)	acidity 어시디티	Säuregrad 조이레그라트	acidité 아시디테	acidità 아치디타
속도 (速度)	velocity 빌로시티	Geschwindig-keit 게슈빈디히카이트	vitesse 비테스	velocità 벨로치타
파장 (波長)	wavelength 웨이블렝스	Wellenlänge 벨렌랭에	longueur d'onde 롱괴르 동드	lunghezza d'onda 룽게차 돈다
열량 (熱量)	calorie 칼로리	Kalorie 칼로리	calorie 칼로리	caloria 칼로리아
다발	bundle 번들	Bündel 뷘델	faisceau 페소	pacco 파코
최대 (最大)	maximum 맥시멈	Maximum 막시뭄	maximum 막시몸	massimo 마시모
최소 (最小)	minimum 미니멈	Minimum 미니뭄	minimum 미니몸	minimo 미니모
다수 (多數)	majority 머조리티	Mehrheit 메어하이트	majorité 마조리테	maggioranza 마조란차
소수 (少數)	minority 마이너리티	Minderheit 민더하이트	minorité 미노리테	minoranza 미노란차
가장 많다 [最多]	most 모스트	meist 마이스트	le plus 르 플뤼	il massimo 일 마시모

스페인어	라틴어	러시아어	그리스어	일본어	중국어
frecuencia 프레쿠엔시아	frequentia 프레퀜티아	частота 차스토타	περισσεία 페리세이아	頻度 (ひんど) 힌도	频度 핀두
acedia 아세디아	aciditas 아키디타스	кислотность 키슬로트노스티	οξύτητα 옥시테타	酸度 (さんど) 산도	酸度 싼두
velocidad 벨로시다드	velocitas 벨로키타스	скорость 스코로스티	ταχύτητα 타키테타	速度 (そくど) 소쿠도	速度 수두
longitud de onda 론히투드 데 온다	longitudo undae 롱기투도 운다이	длина волны 들리나 볼니	μήκος κύματος 메코스 키마토스	波長 (はちょう) 하초	波长 보창
caloría 칼로리아	caloria 칼로리아	калория 칼로리야	θερμίδα 테르미다	カロリー 가로리	热量 러량
bala 발라	sarcina 사르키나	сверток 스베르토크	δέσμη 데스메	束ね (たばね) 다바네	束 수
máximo 막시모	maximus 막시무스	максимум 막시뭄	ανώτατο όριο 아노타토 오리오	最大 (さいだい) 사이다이	最大 쭈이다
mínimo 미니모	minimus 미니무스	минимум 미니뭄	ελάχιστο όριο 엘라키스토 오리오	最小 (さいしょう) 사이쇼	最小 쭈이샤오
mayoría 마요리아	majoritas 마요리타스	большинство 볼신스트보	πλειονότης 플레이오노테스	大多数 (だいたすう) 다이타수스	多数 더수
minoría 미노리아	minor pars 미노르 파르스	меньшинство 멘신스트보	μειονότητα 메이노테타	小数 (しょうすう) 쇼스	少数 사오수
el más 엘 마스	plurimus 플루리무스	более всего 볼레예 브세고	σχεδόν 스케돈	たいてい 다이테이	最好 쭈이하오

한국어	영어	독일어	프랑스어	이탈리아어
더 많다	more 모어	mehr 메어	plus 플뤼	più 피우
많다 [多]	many 매니	viel 필	beaucoup 보쿠	molto 몰토
적다 [少]	little 리틀	wenig 베니히	peu 푀	poco 포코
전체 (全體)	whole 홀	Ganze 간체	tout 투	tutto 투토
부분 (部分)	part 파트	Teil 타일	partie 파르티	parte 파르테

1-23. 빛

한국어	영어	독일어	프랑스어	이탈리아어
빛 [光]	light 라이트	Licht 리히트	lumière 뤼미에르	luce 루체
달빛	moon light 문 라이트	Mondlicht 몬틀리히트	clair de lune 끌레르 드 륀	chiaro di luna 키아로 딜루나
햇빛	sunshine 선샤인	Sonnenschein 존넨샤인	ensoleillement 앙솔레이망	luce del sole 루체 델 솔레
발광 (發光)	luminescence 루미네선스	Lumineszenz 루미네스첸츠	luminescence 뤼미느상스	luminescenza 루미네센차
어둡다	dark 다크	dunkel 둥켈	sombre 송브르	buio 부이오

스페인어	라틴어	러시아어	그리스어	일본어	중국어
más 마스	plus 플루스	более 볼례예	μᾶλλον 말론	多くの (おおくの) 오쿠노	更加 겅자
mucho 무초	multus 물투스	уйма 우이마	πολύς πολλή 폴리스 폴레	多い (おおい) 오이	許多 쉬둬
poco 포코	pusillum 푸실룸	немного 넴노고	λίγος 리고스	少ない (すくない) 스쿠나이	少許 사오쉬
total 토탈	totum 토툼	целое 첼노예	σύνολο 시놀로	全部 (ぜんぶ) 젠부	全部 촨부
parte 파르테	pars 파르스	часть 차스티	κομμάτι 코마티	部分 (ぶぶん) 부분	部分 부펀

스페인어	라틴어	러시아어	그리스어	일본어	중국어
luz 루스	lux 룩스	свет 스베트	σέλας 셀라스	光 (ひか) 히카	光 광
luz de luna 루스 데 루나	lux lunae 룩스 루나이	лунный свет 루니 스베트	σεληνόφωτο 셀레노포토	月光 (げっこう) 겟코	月光 웨광
luz del sol 루스 델 솔	apricitas 아프리키타스	солнечный свет 솔네치니 스베트	λιακάδα 리아카다	日の光 (ひのひかり) 히노히카리	阳光 양광
luminiscencia 루미니스센시아	–	люминесцен- ция 류미네스첸치야	φωτοβολία 포토볼리아	発光 (はっこう) 핫코	发光 파광
sombrío 솜브리오	furvus 푸르부스	тёмный 툠니	σκοτεινός 스코테이노스	暗い (くらい) 구라이	浓 농

한국어	영어	독일어	프랑스어	이탈리아어
밝다	bright 브라이트	hell 헬	vive 비브	vivace 비바체
빛나다	luminous 루미너스	leuchtend 로이히텐트	lumineux 뤼미뇌	luminoso 루미노소
휘도 (輝度)	luminance 루미넌스	Leuchtdichte 로이히트디히테	luminance 뤼미낭스	luminanza 루미난차
조도 (照度)	illuminance 일루미넌스	Beleuchtungs-stärke 벨로이히퉁스 슈테르케	éclairement lumineux 에클레르망 뤼미뇌	illuminamento 일루미나멘토
광선 (光線)	ray 레이	Strahl 슈트랄	rayon 레용	raggio 라조
광택 (光澤)	gloss 글로스	Glanz 글란츠	éclat 에클라	lucido 루치도

1-24. 색

유채색의 (有彩色)	chromatic 크로매틱	chromatisch 크로마티슈	chromatique 크로마티크	cromatico 크로마티코
채도 (彩度)	saturation 새튜레이션	Sättigung 재티궁	saturation 사튀라시옹	saturazione cromatica 사투라치오네 크로마티카
색 (色)	color 컬러	Farbe 파르베	couleur 쿨뢰르	colore 콜로레
희다	white 화이트	weiß 바이스	blanc 블랑	bianco 비앙코

스페인어	라틴어	러시아어	그리스어	일본어	중국어
vivo 비보	lucidus 루키두스	свéтлый 스베틀리	λιπαρός 리파로스	明るい (あかるい) 아카루이	明 밍
luminoso 루미노소	flagrans 플라그란스	искристый 이스크리스티	φωτεινός 포테이노스	光る (ひかる) 히카루	发光 파꽝
luminancia 루미난시아	–	яркость 야르코스티	φωτεινότητας 포테이노테타스	輝度 (きど) 기도	亮度 량두
emitancia luminosa 에미탄시아 루미노사	illuminatio 일루미나치오	освещённость 오스베숀노스티	φωτιστικό 포티스티코	照度 (しょうど) 쇼도	照度 자오두
rayo 라요	radius 라디우스	луч 루치	ακτίς 악티스	光線 (こうせん) 고센	光线 광셴
lustre 루스트레	lumen 루멘	лоск 로스크	ἀπαύγασμα 아파우가스마	光沢 (こうたく) 고타쿠	光泽 광저

스페인어	라틴어	러시아어	그리스어	일본어	중국어
cromático 크로마티코	chromaticos 크로마티코스	цветнóй 츠베트노이	χρωματικός 크로마티코스	有彩色 (ゆうさいしょく) 유사이쇼쿠	有彩色 유차이써
insaturado 인사투라도	saturitas 사투리타스	насыщенность 나시셴노스티	μούσκευμα 모이스케우마	彩度 (さいど) 사이도	饱和度 바오허두
color 콜로르	color 콜로르	цвет 츠베트	χρώμα 크로마	色 (いろ) 이로	色 써
blanco 블랑코	albus 알부스	бéлый 벨리	λευκός 레우코스	白い (しろい) 시로이	白 바이

한국어	영어	독일어	프랑스어	이탈리아어
검다	black 블랙	schwarz 슈바르츠	noir 누아르	nero 네로
붉다	red 레드	rot 로트	rouge 루주	rosso 로소
노랗다	yellow 옐로우	gelb 겔프	jaune 존	giallo 잘로
갈색 (褐色)	brown 브라운	braun 브라운	brun 브룅	bruno 브루노
녹색 (綠色)	green 그린	grün 그륀	vert 베르	verte 베르테
보라색	purple 퍼플	lila 릴라	violet 비올레	lilla 릴라
원색 (原色)	primary color 프라이머리 컬러	Grundfarbe 그룬트파르베	couleur élémentaire 쿨뢰르 엘레망테르	colore primario 콜로레 프리마리오
자주색 (紫朱色)	crimson 크림즌	Purpur 푸어푸어	pourpre 푸르프르	porpora 포르포라
파랗다 [靑]	blue 블루	blau 블라우	bleu 블뢰	blu 블루
회색 (灰色)	gray 그레이	grau 그라우	gris 그리	grigio 그리조
분홍 (粉紅)	pink 핑크	rosa 로자	rose 로즈	rosa 로자

스페인어	라틴어	러시아어	그리스어	일본어	중국어
negro 네그로	niger 니게르	чернота́ 체르노타	μέλας 멜라스	黒い (くろい) 구로이	黒 헤이
rojo 로호	ruber 루베르	кра́сный 크라스니	ἐρυθρός 에리트로스	赤い (あかい) 아카이	赤 츠
amarillo 아마리요	luteus 루테우스	жёлтый 졸티	κίτρινος 키트리노스	黄色い (きいろい) 기로이	黄 황
moreno 모레노	brunus 브루누스	кори́чневый 코리치네비	καφέ 카페	褐色 (かっしょく) 갓쇼쿠	褐 헤
verde 베르데	viridis 비리디스	зелёный 젤료니	ὑγρός 히그로스	緑色 (みどりいろ) 미도리이로	緑 뤼
lila 릴라	ostrum 오스트룸	фиолетовый 피올레토비	βυσσινί 비시니	紫 (むらさき) 무라사키	紫 쯔
color primario 콜로르 프리마리오	colos initialis 콜로스 이니치알리스	основные цвета 오스노브니예 츠베타	βασικά χρώματα 바시카 크로마타	原色 (げんしょく) 겐쇼쿠	原色 위안쎄
púrpura 푸르푸라	purpureus 푸르푸레우스	мали́новый 말리노비	πορφυροῦς 포르피루스	真紅 (しんく) 신쿠	彩色 차이쎄
azul 아술	venetus 베네투스	синева́ 시네바	κυανός 키아노스	青い (あおい) 아오이	青 칭
gris 그리스	griseus 그리세우스	се́рое 세로예	σταχτόχρω-μος 스탁토크로모스	灰色 (はいいろ) 하이이로	灰色 후이쎄
rosado 로사도	roseus 로세우스	ро́зовый 로조비	ροζ 로즈	淡紅色 (たんこうしょく) 단코쇼쿠	粉紅 펀홍

한국어	영어	독일어	프랑스어	이탈리아어
색상 (色相)	hue 휴	Farbton 파르프톤	teinte 탱트	tinta 틴타

1-25. 소리/냄새

한국어	영어	독일어	프랑스어	이탈리아어
소리	sound 사운드	Laut 라우트	son 송	suono 수오노
목소리	voice 보이스	Stimme 슈팀메	voix 부아	voce 보체
잡음 (雜音)	noise 노이즈	Lärm 래름	bruit 브뤼이	rumore 루모레
조용	calmness 캄니스	Ruhe 루에	calme 칼름	silenzio 실렌초
시끄럽다	loud 라우드	laut 라우트	bruyant 브뤼양	rumoroso 루모로소
향기 (香氣)	fragrance 프레그런스	Duft 두프트	parfum 파르퐁	aroma 아로마

1-26. 공간 개념

한국어	영어	독일어	프랑스어	이탈리아어
가장자리	edge 에지	Rand 란트	bord 보르	orlo 오를로
오른쪽	right 라이트	recht 레히트	droite 드루아트	destra 데스트라

스페인어	라틴어	러시아어	그리스어	일본어	중국어
matiz 마티스	circumlitio 키르쿰리치오	расцветка 라스츠벳카	χροιά 크로이아	色相 (しきそう) 시키소	色相 써샹
sonido 소니도	sonus 소누스	звук 즈부크	τόνος 토노스	音 (おと) 오토	声音 성인
voz 보스	vox 복스	голос 골로스	φωνή 포네	声 (こえ) 고에	声音 성인
estrépito 에스트레피토	fremitus 프레미투스	грохот 그로호트	ἦχος 에코스	雑音 (ざつおん) 자쓰온	杂音 짜인
calma 칼마	tranquillitas 트랑퀼리타스	молчание 몰차니예	ἀνάπαυσις 아나파우시스	静けさ (しずけさ) 시즈케사	安静 안징
ruidoso 루이도소	clarus 클라루스	шýмный 슘니	θορυβώδης 토리소데스	大声の (おおごえの) 오고에노	洪大 홍다
aroma 아로마	odor 오도르	аромат 아로마트	εὐωδία 에우오디아	香り (かおり) 카오리	香气 샹치
borde 보르데	marginis 마르기니스	берма 베르마	ἄκρον 아크론	端 (はし) 하시	沿儿 옌얼
diestro 디에스트로	dexter 덱스테르	правый 프라비	δίκαιος 디카이오스	右 (みぎ) 미기	右边 유볜

한국어	영어	독일어	프랑스어	이탈리아어
왼쪽	left 레프트	link 링크	gauche 고슈	sinistro 시니스트로
사이	between 비트윈	zwischen 츠비셴	entre 앙트르	fra 프라
옆	side 사이드	Seite 자이테	côté 코테	lato 라토
거기	there 데어	dort 도르트	là 라	vi 비
여기	here 히어	hier 히어	ici 이시	qui 쿠이
구석	corner 코너	Ecke 에케	coin 쿠앵	canto 칸토
바닥	bottom 보텀	Boden 보덴	sol 솔	suolo 수올로
중심 (中心)	center 센터	Zentrum 첸트룸	centre 상트르	centro 첸트로
지하 (地下)	underground 언더그라운드	Untergrund 운터그룬트	soussol 수솔	sottosuolo 소토수올로
초점 (焦點)	focus 포커스	Brennpunkt 브렌풍트	foyer 푸아예	foco 포코
틈	crack 크랙	Ritze 리체	fente 팡트	crepa 크레파

스페인어	라틴어	러시아어	그리스어	일본어	중국어
izquierdo 이스키에르도	sinister 시니스테르	левый 레비	ἐπίλοιπος 에필로이포스	左 (ひだり) 히다리	左边 쥐벤
entre 엔트레	inter 인테르	между 메즈두	ἐσώτερος 에소테로스	間 (あいだ) 아이다	间隔 젠거
lado 라도	latus 라투스	бок 보크	πλευρά 플레우라	横 (よこ) 요코	旁边 팡벤
allí 아이	illi 일리	там 탐	ἐκεῖ 에케이	あそこ 아소코	那里 나리
aquí 아키	hic 히크	здесь 즈데시	ἐνθάδε 엔타데	そこ 소코	这里 저리
esquina 에스키나	angulus 앙굴루스	уголок 우골로크	γωνία 고니아	隅 (すみ) 스미	角落 자오뤄
fondo 폰도	solum 솔룸	грунт 그룬트	τρίστεγον 트리스테곤	底 (そこ) 소코	地面 디멘
centro 센트로	centrum 켄트룸	центр 첸트르	κέντρο 켄트로	中心 (ちゅうしん) 주신	中心 중신
bajo tierra 바호 티에라	subterraneus 숩테라네우스	подполье 포드폴리예	υπέδαφος 이페다포스	地下 (ちか) 지카	地下 디샤
foco 포코	focus 포쿠스	фокус 포쿠스	εστία 에스티아	焦点 (しょうてん) 쇼텐	焦点 자오뎬
ranurado 라누라도	rima 리마	риска 리스카	ράγισμα 라기스마	割れ目 (われめ) 와레메	空儿 콩얼

한국어	영어	독일어	프랑스어	이탈리아어
경계 (境界)	border 보더	Grenze 그렌체	frontière 프롱티에르	frontiera 프론티에라
공간 (空間)	space 스페이스	Raum 라움	espace 에스파스	spazio 스파치오
장소 (場所)	place 플레이스	Ort 오르트	lieu 리외	luogo 루오고
평면 (平面)	plane 플레인	Ebene 에베네	plaine 플렌	piana 피아나
양달	sunny side 서니 사이드	Sonnenseite 존넨자이테	côté ensoleillé 코테 앙솔레예	soleggiato 솔레자토
응달	shadow 섀도우	Schatten 샤텐	ombre 옹브르	ombra 옴브라
표면 (表面)	surface 서피스	Oberfläche 오버플래헤	surface 쉬르파스	superficie 수페르피치에

1-27. 방위

방위 (方位)	direction 다이렉션	Richtung 리히퉁	direction 디렉시옹	direzione 디레치오네
동 (東)	east 이스트	Ost 오스트	est 에스트	est 에스트
서 (西)	west 웨스트	West 베스트	ouest 우에스트	ovest 오베스트

스페인어	라틴어	러시아어	그리스어	일본어	중국어
frontera 프론테라	limes 리메스	ограничение 오그라니체니예	ἄκρον 아크론	境界 (きょうかい) 교카이	境界 징제
espacio 에스파시오	spatium 스파치움	место 메스토	οἴκημα 오이케마	空間 (あきま) 아키마	空间 콩젠
lugar 루가르	locus 로쿠스	район 라이온	τόπος 토포스	場所 (ばしょ) 바쇼	场所 창쒀
llanura 야누라	aequor 아이쿠오르	плóскость 플로스코스티	πλάνη 플라네	平面 (へいめん) 헤이멘	平面 핑몐
lugar solar 루가르 솔라르	latus apricus 라투스 아프리쿠스	на солнечной стороне 나 솔네치노이 스토로네	φωτεινή πλευρά 포테이네 플레우라	日なた (ひなた) 히나타	晒坪 사이핑
sombra 솜브라	umbra 움브라	сень 센	σκιά 스키아	日陰 (ひかげ) 히카게	阴地 인디
superficie 수페르피시에	superficies 수페르피키에스	плóщадь поверхности 플로샤디 포베르흐노스티	ὄψις 옵시스	表面 (ひょうめん) 효멘	表面 뱌오몐

dirección 디렉시온	directio 디렉치오	направлéние 나프라블레니예	δρόμος 드로모스	方向 (ほうこう) 호코	方向 팡샹
este 에스테	oriens 오리엔스	восток 보스토크	ἀνατολή 아나톨레	東 (ひがし) 히가시	东 동
oeste 오에스테	occidens 옥시덴스	запад 자파트	δύση 디세	西 (にし) 니시	西 시

한국어	영어	독일어	프랑스어	이탈리아어
남 (南)	south 사우스	Süd 쥐트	sud 쉬드	sud 수드
북 (北)	north 노스	Nord 노르트	nord 노르	nord 노르드

1-28. 모양

한국어	영어	독일어	프랑스어	이탈리아어
모양 (模樣)	shape 셰이프	Form 포름	forme 포름	forma 포르마
가장 높다 [最高]	highest 하이스트	höchst 획스트	le plus haut 르 플뤼 오	il più alto 일 피우 알토
가장 크다 [最大]	greatest 그레이티스트	größt 그뢰스트	le plus grand 르 플뤼 그랑	il più esteso 일 피우 에스테소
더 높다	higher 하이어	höher 회어	plus haut 플뤼 오	più alto 피우 알토
작다 [小]	small 스몰	klein 클라인	petit 프티	piccolo 피콜로
더 크다	greater 그레이터	größer 그뢰서	plus grand 플뤼 그랑	più grande 피우 그란데
크다 [大]	great 그레이트	groß 그로스	grand 그랑	grande 그란데
윤곽 (輪廓)	contour 콘투어	Umriss 움리스	contour 콩투르	contorno 콘토르노

스페인어	라틴어	러시아어	그리스어	일본어	중국어
sur 수르	meridies 메리디에스	юг 유크	μεσημβρία 메셈브리아	南 (みなみ) 미나미	南 난
norte 노르테	septentrio 셉텐트리오	север 세베르	βορρᾶς 보라스	北 (きた) 기타	北 베이
forma 포르마	forma 포르마	фо́рма 포르마	μόρφωσις 모르포시스	形態 (けいたい) 게이타이	模样 모양
lo máximo 로 막시모	superus 수페루스	максимальный 막시말니	ὕψιστος 힙시스토스	最高 (さいこう) 사이코	最高 쭈이가오
el más grande 엘 마스 그란데	maximus 막시무스	са́мый большо́й 삼비 볼쇼이	καλύτερος 칼리테로스	最大 (さいだい) 사이다이	最大 쭈이다
superior 수페리오르	altior 알티오르	ве́рхний 베르흐니	ἀνώτερος 아노테로스	より高い (よりたかい) 요리타카이	更高 겅가오
poco 포코	parvus 파르부스	ма́ленький 말레니키	μικρός 미크로스	小さい (ちいさい) 지이사이	小 샤오
más grande que 마스 그란데 케	amplius 암플리우스	бо́льше 볼셰	μεγαλύτερος 메갈리테로스	より大きい 요리오키	优越 유웨
gran 그란	magnus 마그누스	большо́й 볼쇼이	μέγας μεγάλη 메가스 메갈레	大きい (おおきい) 오키	大 다
contorno 콘토르노	adumbratio 아둠브라치오	контур 콘투르	περίγραμμα 페리그라마	輪郭 (りんかく) 린카쿠	轮廓 룬쿼

한국어	영어	독일어	프랑스어	이탈리아어
볼록하다	convex 콘벡스	konvex 콘벡스	convexe 콩벡스	convesso 콘베소
오목하다	concave 콩케이브	konkav 콩카프	concave 콩카브	concavo 콩카보
가루	powder 파우더	Pulver 풀버	poudre 푸드르	polverina 폴베리나
격자 (格子)	lattice 래티스	Gitter 기터	barreau 바로	graticcio 그라티초
짧다	short 쇼트	kurz 쿠르츠	court 쿠르	corto 코르토
길다	long 롱	lang 랑	long 롱	lungo 룽고
거품	foam 폼	Schaum 샤움	écume 에큠	schiuma 스키우마
그을음	soot 수트	Ruß 루스	suie 쉬이	fuliggine 풀리지네

1-29. 상태

상태 (狀態)	state 스테이트	Zustand 추슈탄트	statut 스타튀	stato 스타토
진공 (眞空)	vacuum 배큐엄	Vakuum 바쿠움	vide 비드	vuoto 부오토

스페인어	라틴어	러시아어	그리스어	일본어	중국어
convexo 콘벡소	convexus 콘벡수스	выпуклый 비푸클리	καμπύλος 캄풀로스	凸面 (とつめん) 도쓰멘	凸 투
cóncavo 콩카보	concavus 콩카부스	вогнутый 보그누티	βαθουλός 바툴로스	凹面の (おうめんの) 오멘노	凹透镜 아오터우징
polvo 폴보	pulveris 풀베리스	порошок 포로쇼크	κονίς 코니스	粉 (こな) 고나	粉 펀
barrote 바로테	clatri 클라트리	решётка 레숏카	καφάσι 카파시	格子 (こうし) 고시	格子 거쯔
corto 코르토	brevis 브레비스	короткий 코롯키	βραχύς 스라키스	短い (みじかい) 미지카이	短 돤
largo 라르호	longus 롱구스	длинный 들리니	μακρός 마크로스	長い (ながい) 나가이	长 창
espuma 에스푸마	spuma 스푸마	пена 페나	περίψημα 페립세마	泡 (あぶく) 아부쿠	泡沫 파오모
hollín 오인	fuligo 풀리고	копоть 코포티	αιθάλη 아이탈레	煤 (すす) 스스	炱 타이
estado 에스타도	status 스타투스	состояние 소스토야니예	κατάσταση 카타스타세	状態 (じょうたい) 조타이	状态 좡타이
vacío 바시오	vacuum 바쿠움	вакуум 바쿠움	κενό 케노	真空 (しんくう) 신쿠	真空 전콩

한국어	영어	독일어	프랑스어	이탈리아어
균형 (均衡)	equilibrium 이퀄리브리엄	Gleichgewicht 글라이히게비히트	équilibre 에킬리브르	equilibrio 에퀼리브리오
결정 (結晶)	crystal 크리스틀	Kristall 크리스탈	cristal 크리스탈	cristallo 크리스탈로
고체 (固體)	solid body 솔리드 보디	Festkörper 페스트쾨어퍼	état solide 에타 솔리드	corpo solido 코르포 솔리도
기체 (氣體)	gas 개스	Gas 가스	gaz 가즈	gas 가스
액체 (液體)	liquid 리퀴드	Flüssigkeit 플뤼시히카이트	liquide 리키드	liquido 리쿠이도
유체 (流體)	fluid 플루이드	Fluid 플루이트	fluide 플루이드	fluido 플루이도
순수 (純粹)	purity 퓨리티	Reinheit 라인하이트	pureté 퓌르테	purezza 푸레차
혼합 (混合)	mix 믹스	Mischung 미슝	mélange 멜랑주	miscuglio 미스쿨리오

1-30. 성질

한국어	영어	독일어	프랑스어	이탈리아어
극성 (極性)	polarity 펄래리티	Polarität 폴라리태트	polarité 폴라리테	polarità 폴라리타
근본 (根本)	basis 베이시스	Fundament 푼다멘트	fondement 퐁드망	fondamenta 폰다멘타

스페인어	라틴어	러시아어	그리스어	일본어	중국어
equilibrio 에킬리브리오	aequilibritas 아이퀼리브리타스	баланс 발란스	ισολογισμός 이솔로기스모스	均衡 (きんこう) 긴코	均衡 쥔헝
cristal 크리스탈	crystallus 크리스탈루스	кристалл 크리스탈	κρύσταλο 크리스탈로	結晶 (けっしょう) 겟쇼	結晶 제징
cuerpo sólido 쿠에르포 솔리도	solidum 솔리둠	твёрдое тело 트뵤르도예 텔로	στερεό 스테레오	固体 (こたい) 고타이	固体 구티
gas 가스	gas 가스	газ 가스	αέριο 아에리오	気体 (きたい) 기타이	气体 치티
líquido 리키도	liquidum 리퀴둠	жи́дкость 짓코스티	υγρό 이그로	液体 (えきたい) 에키타이	液体 예티
fluido 플루이도	fluidum 플루이둠	флюид 플루이트	ρευστό 레우스토	流体 (りゅうたい) 류타이	流体 리티
pureza 푸레사	hygieina 히기에이나	чистота́ 치스토타	ἁγνότης 하그노테스	純粋 (じゅんすい) 준스이	純粋 춘추이
mezcolanza 메스콜란사	mixtura 믹스투라	смесь 스메시	μίγμα 미그마	混合 (こんごう) 곤고	混合 훈허
polaridad 폴라리다드	polus 폴루스	полярности 폴야르노스치	πόλωση 폴로세	極性 (きょくせい) 교쿠세이	极性 지싱
base 바세	fundamentum 푼다멘툼	осно́ва 오스노바	θεμέλιος 테멜리오스	根本 (こんぽん) 곤폰	根本 건번

한국어	영어	독일어	프랑스어	이탈리아어
단순 (單純)	simple 심플	einfach 아인파흐	simple 생플	semplice 샘플리체
복잡 (複雜)	complex 콤플렉스	komplex 콤플렉스	complexe 콩플렉스	complesso 콤플레소
속성 (屬性)	attribute 어트리뷰트	Attribut 아트리부트	attribut 아트리뷔	attributo 아트리부토
특성 (特性)	characteristic 캐릭터리스틱	Eigenschaft 아이겐샤프트	caractéristique 카락테리스티크	simbolo 심볼로
신축성 (伸縮性)	flexibility 플렉시빌리티	Biegsamkeit 비크잠카이트	souplesse 수플레스	flessibilità 플레시빌리타
알칼리	alkali 앨컬라이	Alkali 알칼리	alcali 알칼리	alcale 알칼레
산 (酸)	acid 애시드	Säure 조이레	acide 아시드	acido 아치도
전도 (傳導)	conduction 컨덕션	Leitung 라이퉁	conduite 콩뒤이트	conduzione 콘두치오네
관성 (慣性)	inertia 이너셔	Trägheit 트래크하이트	inertie 이네르시	inerzia 이네르치아
무겁다	heavy 헤비	schwer 슈베어	lourd 루르	pesante 페산테
가볍다	light 라이트	leicht 라이히트	léger 레제	leggero 레제로

스페인어	라틴어	러시아어	그리스어	일본어	중국어
simple 심플레	simplex 심플렉스	простóй 프로스토이	ἁπλῶς 하플로스	簡単 (かんたん) 간탄	单纯 단춘
complejo 콤플레호	complex 콤플렉스	кóмплекс 콤플렉스	σύνθετο 신테토	複雑 (ふくざつ) 후쿠자쓰	复杂的 푸짜데
atributo 아트리부토	attributio 아트리부치오	атрибут 아트리부트	ιδιότης 이디오테스	属性 (ぞくせい) 조쿠세이	属性 수싱
característica 카락테리스티카	proprietas 프로프리에타스	характеристика 하락테리스티카	χαρακτηριστικό 카락테리스티코	特性 (とくせい) 도쿠세이	特性 터싱
flexibilidad 플렉시빌리다드	flexibilitas 플렉시빌리타스	податливость 포다틀리보스티	ευκαμψία 에우캄프시아	伸縮性 (しんしゅくせい) 신슈쿠센이	伸缩性 선쉬싱
álcali 알칼리	alcalium 알칼리움	щёлочь 졸로치	αλκαλίο 알칼리오	アルカリ 아루카리	碱 젠
ácido 아시도	acidus 아키두스	кислотá 키스롤타	οξύ 옥시	酸 (さん) 산	酸 쏸
conducción 콘둑시온	conductrum 콘둑트룸	проводимости 프로보디모스티	μεταβίβαση 메타비바세	伝導 (でんどう) 덴도	传导 촨다오
inercia 이네르시아	inertia 이네르치아	инерция 이네르시야	αδράνεια 아드라네이아	慣性 (かんせい) 간세이	惯性 관싱
pesado 페사도	gravis 그라비스	тяжёлый 탸졸리	βαρύς 바리스	重い (おもい) 오모이	重 중
ligero 리헤로	levis 레비스	лёгкий 료키	ελαφρός 엘라프로스	軽い (かるい) 가루이	轻 칭

한국어	영어	독일어	프랑스어	이탈리아어
무디다	blunt 블런트	stumpf 슈툼프	émousser 에무세	ottuso 오투조
날카롭다	sharp 샤프	scharf 샤르프	coupant 쿠팡	affilato 아필라토

1-31. 작용

한국어	영어	독일어	프랑스어	이탈리아어
진동 (振動)	vibration 바이브레이션	Schwingung 슈빙궁	vibration 비브라시옹	vibrazione 비브라치오네
융기 (隆起)	uplift 어플리프트	Hebung 헤붕	soulévement 술레브망	sollevamento 솔레바멘토
반사 (反射)	reflection 리플렉션	Spiegelung 슈피겔룽	refléction 레플렉시옹	riflessione 리플레시오네
반작용 (反作用)	reaction 리액션	Reaktion 레악치온	réaction 레악시옹	reazione 레아치오네
작용 (作用)	action 액션	Aktion 악치온	action 악시옹	azione 아치오네
복사 (輻射)	radiation 레이디에이션	Strahlung 슈트랄룽	radiation 라디아시옹	radiazione 라디아치오네
분출 (噴出)	eruption 이럽션	Ausbruch 아우스브루흐	éruption 에렵시옹	eruzione 에루치오네
충돌 (衝突)	collision 컬리즌	Zusammenstoß 추잠멘슈토스	collision 콜리지옹	collisione 콜리조네

스페인어	라틴어	러시아어	그리스어	일본어	중국어
desafilado 데사필라도	hebetis 헤베티스	тупóй 투포이	νωθρός 노트로스	鈍い (にぶい) 니부이	钝 둔
afilado 아필라도	acutus 아쿠투스	диéз 디예스	ὀξύς 옥시스	鋭い (するどい) 스루도이	锐 루이
vibración 비브라시온	vibratio 비브라치오	вибрация 비드라치야	δόνηση 소네세	振動 (しんどう) 신도	振动 전동
levantamiento 레반타미엔토	arsis 아르시스	поднятие 포드냐티예	ἀνύψωση 아닙소세	隆起 (りゅうき) 류키	隆起 롱치
reflejo 래플레호	reverberatio 레베르베라치오	отражение 오트라제니예	ἀπαύγασμα 아파우가스마	反影 (はんえい) 한에이	反射 판서
reacción 레악시온	reactio 레악치오	реакция 레악치야	ἀντίδραση 안티드라세	反作用 (はんさよう) 한사요	反作用 판쭤융
acción 악시온	actio 악치오	акция 악치야	στρατεία 스트라테이아	作用 (さよう) 사요	作用 쭤융
radiación 라디아시온	radiatio 라디아치오	радиация 라지아치야	ραδιενέργεια 라디에네르게이아	輻射 (ふくしゃ) 후쿠샤	辐射 푸서
erupción 에룹시온	eruptio 에룹치오	извержение 이즈베르제니예	εξάνθημα 엑산테마	噴出 (ふんしゅつ) 훈슈쓰	喷出 펀추
colisión 콜리시온	collisio 콜리시오	коллизия 콜리지야	σύγκρουση 싱그루세	衝突 (しょうとつ) 쇼도쓰	冲突 충투

한국어	영어	독일어	프랑스어	이탈리아어
팽창 (膨脹)	expansion 익스팬전	Expansion 엑스판지온	expansion 엑스팡지옹	gonfiore 곤피오레
형성 (形成)	formation 포메이션	Gestaltung 게슈탈퉁	formation 포르마시옹	formazione 포르마치오네
기화 (氣化)	evaporation 이베퍼레이션	Verdampfung 페어담풍	vaporisation 바포리자시옹	evaporazione 에바포라치오네
응축 (凝縮)	condensation 컨덴세이션	Kondensation 콘덴자치온	condensation 콩당사시옹	condensazione 콘덴사치오네
삼투 (滲透)	osmosis 오즈모시스	osmose 오스모제	osmose 오스모스	osmosi 오즈모시
탄력 (彈力)	elasticity 일래스티시티	Elastizität 엘라스티치태트	élasticité 엘라스티시테	elasticità 엘라스티치타

1-32. 현상

현상 (現象)	phenomenon 피노미넌	Erscheinung 에어샤이눙	phénomène 페노멘	fenomeno 페노메노
순환 (循環)	circulation 서큘레이션	Kreislauf 크라이슬라우프	circulation 시르퀼라시옹	circolazione 치르콜라치오네
열 (熱)	warmth 웜스	Wärme 배르메	chaleur 샬뢰르	calore 칼로레
수증기 (水蒸氣)	vapor 베이퍼	Dampf 담프	vapeur 바푀르	vapore 바포레

스페인어	라틴어	러시아어	그리스어	일본어	중국어
expansión 엑스판시온	expansio 엑스판시오	распухание 라스푸하니예	εξάπλωση 엑사플로세	膨張 (ぼうちょう) 보초	膨胀 펑장
formación 포르마시온	formatio 포르마치오	формирование 포르미로바니예	συγκρότηση 싱그로테세	形成 (けいせい) 게이세이	形成 싱청
evaporación 에바포라시온	evaporatio 에바포라치오	выпаривание 비파리바니예	εξάτμιση 엑사트미세	気化 (きか) 기카	汽化 치화
condensación 콘덴사시온	condensatio 콘덴사치오	конденсация 콘덴사치야	συμπύκνωση 심비크노세	凝縮 (ぎょうしゅく) 교슈쿠	凝缩 닝쉬
ósmosis 오스모시스	osmosis 오스모시스	осмос 오스모스	ώσμωση 오스모세	浸透 (しんとう) 신토	渗透 선터우
elasticidad 엘라스티시다드	elasticitas 엘라스티치타스	упругость 우프리고스티	ελαστικότητα 엘라스티코테타	弾力 (だんりょく) 단료쿠	弾力 탄리
fenómeno 페노메노	epiphania 에피파니아	феномен 페노멘	ὁμοίωμα 오모이오마	現象 (げんしょう) 겐쇼	現象 셴샹
circulación 시르쿨라시온	circuitus 키르쿠이투스	циркуляция 치르쿨랴치야	κυκλοφορία 키클로포리오	循環 (じゅんかん) 준칸	循环 순환
calor 칼로르	calor 칼로르	теплота́ 테플로타	καῦμα 카우마	暖 (かさ) 가사	热 러
vapor 바포르	vapor 바포르	пар 파르	ατμός 아트모스	蒸気 (じょうき) 조키	水蒸气 수이정치

한국어	영어	독일어	프랑스어	이탈리아어
메아리	echo 에코	Widerhall 비더할	écho 에코	eco 에코
김	steam 스팀	Dunst 둔스트	fumée 퓌메	foschia 포스키아
신기루 (蜃氣樓)	mirage 미라지	Fata morgana 파타 모르가나	mirage 미라주	miraggio 미라조
습기 (濕氣)	humidity 휴미디티	Feuchtigkeit 포이히티히카이트	humidité 위미디테	umido 우미도
해돋이	sunrise 선라이즈	Sonnenaufgang 존넨아우프강	lever du soleil 르베 뒤 솔레유	sorgere 소르제레
관통 (貫通)	penetration 페니트레이션	Durchdringung 두르히드링궁	pénétration 페네트라시옹	penetrazione 페네트라치오네
새벽노을	rosy dawn 로지 돈	Morgenröte 모르겐뢰테	aurore 오로르	aurora 아우로라
어둠	darkness 다크니스	Finsternis 핀스터니스	ombre 옴브르	ombra 옴브라
녹	rust 러스트	Rost 로스트	rouille 루유	ruggine 루지네
연기 (煙氣)	smoke 스모크	Rauch 라우흐	fumée 퓌메	fumo 푸모

스페인어	라틴어	러시아어	그리스어	일본어	중국어
eco 에코	echo 에코	эхо 예호	ἀντίλαλος 안틸랄로스	山彦 (やまびこ) 야마비코	回音 후이인
vaho 바오	halitus 할리투스	туман 투만	ἀχλύς 아클리스	湯気 (ゆげ) 유게	蒸汽 정치
espejismo 에스페히스모	vana imago 바나 이마고	мираж 미라시	αντικατοπ- τρισμός 안티카토프트리스모스	蜃気楼 (しんきろう) 신키로	海市蜃楼 하이스 선러우
humedad 우메다드	umor 우모르	влажность 블라즈노스티	ἰκμάς 이크마스	湿気 (しっき) 싯키	湿气 스치
salida del sol 살리다 델 솔	solis ortus 솔리스 오르투스	восход солнца 보스호트 솔른차	ανατολή ηλίου 아나톨레 엘리우	日の出 (ひので) 히노데	日出 리추
penetración 페네트라시온	penetratio 페네트라치오	через 체레스	διαπέραση 디아페라세	貫通 (かんつう) 간쓰	贯通 관통
rosicler 로시클레르	aurora 아우로라	утренняя заря 우트렌냐야 자랴	ὄρθρος 오르트로스	朝焼け (あさやけ) 아사야케	朝霞 차오샤
oscuridad 오스쿠리다드	tenebrae 테네브라이	темнота 템노타	σκότος 스코토스	暗がり (くらがり) 구라가리	黑暗 헤이안
óxido 옥시도	rubigo 루비고	решётка 레숏카	σκωρία 스코리아	さび 사비	锈 슈
humo 우모	fumus 푸무스	дым 딤	καπνός 카프노스	煙 (けむり) 게무리	烟 옌

PART2

생명

생명 공통・사람 일반・사람 1 : 몸통・사람 2 : 머리・사람 3 : 얼굴・사람 4 : 손/팔・사람 5 : 발/다리・사람 6 : 뇌/혈관/피・사람 7 : 장부・사람 8 : 뼈/치아・사람 9 : 선/막/근/신경・사람 10 : 성/체액・사람 11 : 생리・사람 12 : 외형/외관・사람 13 : 감각・식물 일반・곡식・과일・꽃・나무 1 : 낙엽수・나무 2 : 상록수/침엽수・나무 3 : 기타・식물의 뿌리・식물의 열매・채소・풀・말류/균류・동물 일반・포유류 1 : 영장류・포유류 2 : 가축・포유류 3 : 대형・포유류 4 : 소형・새/가금・물고기・양서/파충류・절지/극피/갑각류 등・벌레・동물의 행태/생리/속성

2-1. 생명 공통

한국어	영어	독일어	프랑스어	이탈리아어
기준 (基準)	criterion 크라이테리언	Kriterium 크리테리움	critère 크리테르	criterio 크리테리오
분류 (分類)	taxonomy 택소너미	taxonomie 탁소노미	taxinomie 탁시노미	tassonomia 타소노미아
항목 (項目)	item 아이템	Punkt 풍트	point 푸앵	punto 푼토
종류 (種類)	sort 소트	Sorte 조르테	sorte 소르트	sorta 소르타
계 (界)	kingdom 킹덤	Reich 라이히	règne 렌	regno 레뇨
문 (門)	phylum 파일럼	Stamm 슈탐	embranche–ment 앙브랑슈망	phylum 필룸
강 (綱)	class 클라스	Klasse 클라세	classe 클라스	classe 클라세
목 (目)	order 오더	Ordnung 오르트눙	ordre 오르드르	ordine 오르디네
과 (科)	family 패밀리	Familie 파밀리에	famille 파미유	famiglia 파밀리아
속 (屬)	genus 지너스	Gattung 가퉁	genre 장르	genere 제네레
종 (種)	species 스페시즈	Art 아트	espèce 에스페스	specie 스페치에

스페인어	라틴어	러시아어	그리스어	일본어	중국어
criterio 크리테리오	criterium 크리테리움	характерис- тика 하락테리스티카	κριτήριο 크리테리오	基準 (きじゅん) 기준	标准 뱌오준
taxonomía 탁소노미아	taxinomia 탁시노미아	таксонómия 탁소노미야	ταξινομία 탁시노미아	分類 (ぶんるい) 분루이	分类 펀레이
punto 푼토	punctum 풍툼	точка 토치카	κομμάτι 코마티	項目 (こうもく) 고모쿠	项目 샹무
suerte 수에르테	genus 게누스	сорт 소르트	είδος 에이도스	種類 (しゅるい) 슈루이	种类 중레이
reino 레이노	regnum 레그눔	царство 차르스트보	βασίλειο 바실레이오	界 (かい) 가이	界 제
filo 필로	phylum 필룸	тип 티프	συνομοταξία 시노모탁시아	門 (もん) 몬	门 먼
clase 클라세	classis 클라시스	класс 클라스	ομοταξία 오모탁시아	綱 (こう) 고	纲 강
orden 오르덴	ordo 오르도	порядок 포랴도크	τάξη 탁세	目 (もく) 모쿠	目 무
familia 파밀리아	familia 파밀리아	семейство 세메이스트보	οικογένεια 오이코게네이아	科 (か) 가	科 커
genero 헤네로	genus 게누스	род 로트	γένος 게노스	属 (ぞく) 조쿠	属 수
especie 에스페시에	species 스페키에스	вид 비트	είδος 에이도스	種 (しゅ) 슈	种 중

한국어	영어	독일어	프랑스어	이탈리아어
유전 (遺傳)	heredity 히레디티	Vererbung 페어에르붕	hérédité 에레디테	ereditarietà 에레디타리에타
복제 (複製)	clone 클론	Klon 클론	clone 클론	clone 클로네
번식 (繁殖)	propagation 프로퍼게이션	Vermehrung 페어메룽	augmentation 오그망타시옹	aumento 아우멘토
우성 (優性)	dominance 도미넌스	Dominanz 도미난츠	supériorité 쉬페리오리테	dominanza 도미난차
공생 (共生)	symbiosis 심바이오시스	Symbiose 쥠비오제	symbiose 생비오즈	simbiosi 심비오지
유전자 (遺傳子)	gene 진	Gen 겐	géne 젠	gene 제네
염색체 (染色體)	chromosome 크로머좀	Chromosom 크로모좀	chromosome 크로모좀	cromosoma 크로모소마
세포 (細胞)	cell 셀	Zelle 첼레	cellule 셀륄	cellula 첼룰라
단백질 (蛋白質)	protein 프로틴	Protein 프로테인	protéine 프로테인	proteina 프로테이나
탄수화물 (炭水化物)	carbohydrate 카보하이드레이트	Kohlenhydrat 콜렌휘드라트	glucide 글뤼시드	carboidrato 카르보이드라토
생태 (生態)	ecology 에콜로지	Ökologie 외콜로기	écologie 에콜로지	ecologia 에콜로자

스페인어	라틴어	러시아어	그리스어	일본어	중국어
herencia 에렌시아	hereditas 헤레디타스	наслéдствен- ность 나슬렛스트벤노스티	κληρονομικό- τητα 클레로노미코테타	遺伝 (いでん) 이덴	遺传 이촨
clon 클론	clon 클론	клон 클론	κλώνος 클로노스	複製 (ふくせい) 후쿠세이	复制 푸즈
aumento 아우멘토	propagatio 프로파가치오	увеличение 우벨리체니예	διάδοση 디아도세	増殖 (ぞうしょく) 조쇼쿠	繁殖 판스
dominancia 도미난시아	dominatio 도미나치오	господство 고스폿스트보	επικράτηση 에피크라테세	優性 (ゆうせい) 유세이	优性 유싱
simbiosis 심비오시스	symbiosis 심비오시스	симбиоз 심비오스	συμβίωση 심비오세	共生 (きょうせい) 교세이	共生 궁성
gen 헨	genum 게눔	ген 겐	γένος 게노스	遺伝子 (いでんし) 이젠시	遺传子 이촨쯔
cromosoma 크로모소마	chromosoma 크로모소마	хромосóма 흐로모소마	χρωμόσωμα 크로모소마	染色体 (せんしょくたい) 센쇼쿠타이	染色体 란써티
célula 셀룰라	cella 켈라	клетка 클렛카	κελί 켈리	細胞 (さいぼう) 사이보	细胞 시바오
proteína 프로테이나	proteinum 프로테이눔	белóк 벨로크	πρωτεΐνη 프로테이네	蛋白質 (たんぱくしつ) 단포쿠시쓰	蛋白质 단바이즈
carbohidrato 카르보이드라토	–	углевóд 우글레보트	υδατάνθρα- κας 이다탄트라카스	炭水化物 (たんすいかぶつ) 단스이가부쓰	碳水化 合物 탄수이화 허우
ecología 에콜로히아	oecologia 오이콜로기아	экология 예콜로기야	οικολογία 오이콜로기아	生態 (せいたい) 세이타이	生态 성타이

한국어	영어	독일어	프랑스어	이탈리아어
생태계 (生態界)	ecosystem 에코시스템	Ökosystem 외코쥐스템	écosystème 에코시스템	ecosistema 에코시스테마

2-2. 사람 일반

한국어	영어	독일어	프랑스어	이탈리아어
사람/인간	human being 휴먼 비잉	Mensch 멘슈	être humain 에트르 위맹	essere umano 에세레 우마노
인류 (人類)	mankind 맨카인드	Menschheit 멘슈하이트	humanité 위마니테	umanità 우마니타
인종 (人種)	human race 휴먼 레이스	Menschengeschlecht 멘셴게슐레히트	race humain 라스 위맹	genere umano 제네레 우마노
황인 (黃人)	Mongoloid 몽골로이드	Mongoloide 몽골로이데	Asiatique 아시아티크	Mongoloide 몽골로이데
백인 (白人)	White people 화이트 피플	Weiße 바이세	Blanc 블랑	Bianco 비앙코
흑인 (黑人)	Negroid 니그로이드	Negride 네그리데	Noir 누아르	Negroide 네그로이데
성 (性)	sex 섹스	Geschlecht 게슐레히트	sexe 섹스	sesso 세소
여자 (女子)	woman 우먼	Frau 프라우	femme 팜	donna 돈나
남자 (男子)	man 맨	Mann 만	homme 옴	uomo 우오모

스페인어	라틴어	러시아어	그리스어	일본어	중국어
ecosistema 에코시스테마	oecosystema 오이코시스테마	экосистéма 예코시스체마	οικοσύστημα 오이코시스테마	生態系 (せいたいけい) 세이타이케	生态系统 성타이시퉁
ser humano 세르 우마노	homo 호모	человек 첼로베크	ἀνήρ 아네르	人間 (にんげん) 닌겐	人 런
humanidad 우마니다드	mundus 문두스	человечество 첼로베체스트보	ανθρώπινο είδος 안트로피노 에이도스	人類 (じんるい) 진루이	人类 런레이
género humano 헤네로 우마노	humanus 후마누스	человеческий род 첼로베체스키 로트	ἄνθρωπος 안트로포스	人種 (じんしゅ) 진슈	人种 런중
Mongoloide 몽골로이데	Phyle Mongoloidica 필레 몽골로이디카	Монголоидная раса 몽골로이드나야 라사	Μογγολάκι 몽골라키	モンゴロイド 몬고로이도	黄色人种 황서런중
Blanco 블랑코	Phyle Caucasia 필레 카우카시아	Белые люди 벨리예 류디	Λευκή φυλή 레우케 필레	コーカソイド 고카소이도	白人 바이런
Negro 네그로	Nigrita 니그리타	Негроидная раса 네그로이드나야 라사	Νεγροειδής 네그로에이데스	ネグロイド 네구로이도	黑人 헤이런
sexo 섹소	sexus 섹수스	пол 폴	γένος 게노스	性 (さが) 사가	性别 싱베
mujer 무헤르	femina 페미나	жена 제나	γυνή 기네	女人 (にょにん) 뇨닌	女子 뉘쯔
hombre 옴브레	vir 비르	мужчина 무시치나	ἄνθρωπος 안트로포스	男の人 (おとこのひと) 오토코노히토	男子 난쯔

한국어	영어	독일어	프랑스어	이탈리아어
쌍둥이	twin 트윈	Zwilling 츠빌링	jumeau 쥐모	gemelli 제멜리
분신 (分身)	double 더블	Doppelgänger 도펠갱어	sosie 소지	doppio 도피오

2-3. 사람 1 : 몸통

한국어	영어	독일어	프랑스어	이탈리아어
몸	body 보디	Körper 쾨르퍼	corps 코르	corpo 코르포
상체 (上體)	upper body 어퍼 보디	Oberkörper 오버쾨르퍼	buste 뷔스트	busto 부스토
가슴 [胸廓]	chest 체스트	Brustkasten 브루스트카스텐	thorax 토락스	torace 토라체
배 [腹]	belly 벨리	Bauch 바우흐	ventre 방트르	ventre 벤트레
허리	waist 웨이스트	Taille 탈리에	taille 타유	vita 비타
품	bosom 부점	Schoß 쇼스	poitrine 푸아트린	braccia 브라차
목	neck 네크	Hals 할스	cou 쿠	collo 콜로
목덜미	nape 네이프	Genick 게니크	nuque 뉘크	nuca 누카

스페인어	라틴어	러시아어	그리스어	일본어	중국어
gemelo 헤멜로	geminus 게미누스	близнец 블리즈네츠	δίδυμος 디디모스	双生児 (そうせいじ) 소세이지	双胞胎 쐉바오타이
doble 도블레	duplex 두플렉스	двойник 드보이니크	σωσίας 소시아스	生き写し (いきうつし) 이키우쓰시	酷似的人 쿠쓰더런
cuerpo 쿠에르포	corpus 코르푸스	тело 텔로	σῶμα 소마	体 (からだ) 가라다	身体 선티
busto 부스토	corpus superius 코르푸스 수페리우스	верхняя часть туловища 베르흐냐야 차스티 툴로비샤	πάνω μέρος του σώματος 파노 메로스 투 소마토스	上体 (じょうたい) 조타이	上身 상선
tórax 토락스	thorax 토락스	грудная клетка 그루드나야 클롓카	θώραξ 토락스	胸郭 (きょうかく) 교카쿠	胸 슝
vientre 비엔트레	abdomen 압도멘	душа 두샤	γαστήρ 가스테르	腹 (はら) 하라	肚子 두쯔
cintura 신투라	latus 라투스	талия 탈리야	οσφύς 오스피스	腰部 (ようぶ) 요부	腰 야오
brazos 브라소스	gremium 그레미움	колени 콜레니	μήτρα 메트라	懐 (ふところ) 후토코루	怀抱 화이바오
cuello 꾸에요	collus 콜루스	шея 셰야	λαιμός 라이모스	首 (くび) 구비	脖子 보쓰
nuca 누카	cervix 케르빅스	затылок 자틸로크	τράχηλος 트라켈로스	うなじ 우나지	脖颈儿 보겅얼

한국어	영어	독일어	프랑스어	이탈리아어
명치	solar plexus 솔라 플렉서스	Herzgrube 헤르츠그루베	plexus solaire 플렉쉬스 솔레르	plesso solare 플레소 솔라레
배꼽	navel 네이블	Nabel 나벨	nombril 농브리	ombelico 옴벨리코
유방 (乳房)	breast 브레스트	Brust 브루스트	sein 생	mammella 맘멜라
젖꼭지 [乳頭]	nipple 니플	Brustwarze 브루스트바르체	mamelon 마믈롱	capezzolo 카페촐로
볼기 (엉덩이)	buttock 버턱	Gesäß 게재스	fesse 페스	retro 레트로
어깨	shoulder 숄더	Schulter 슐터	épaule 에폴	spalla 스팔라
등	back 백	Rücken 뤼켄	dos 도	dorso 도르소
목구멍	throat 스로트	Kehle 켈레	gorge 고르주	gola 골라
겨드랑이	armpit 암핏	Achselhöhle 악셀횔레	aisselle 에셀	ascella 아셀라

2-4. 사람 2 : 머리

가발 (假髮)	wig 위그	Perücke 페뤼케	perruque 페뤼크	parrucca 파루카

스페인어	라틴어	러시아어	그리스어	일본어	중국어
plexo solar 플렉소 솔라르	fodina cordis 포디나 코르디스	подложечная ямка 포들로셰츠나야 얌카	ηλιακό πλέγμα 엘리아코 플레그마	鳩尾 (みずおち) 미즈오치	心窩 신워
ombligo 옴블리고	umbilicus 움빌리쿠스	вывод 비보트	αφαλός 아팔로스	臍 (へそ) 헤소	脐 전
mama 마마	mamma 맘마	грудь 그루지	στήθος 스테토스	乳房 (にゅうぼう) 뉴보	乳房 루팡
pezón 페손	mamilla 마밀라	сосок 소소크	μαστός 마스토스	乳首 (ちくび) 지쿠비	乳头 루터우
trasero 트라세로	clunis 클루니스	зад 자트	ποπός 포포스	尻 (しり) 시리	屁股 피구
hombro 옴브로	umerus 우메루스	плечо 플레초	ὦμος 오모스	肩 (かた) 가타	肩膀 젠방
espalda 에스팔다	tergum 테르굼	спина 스피나	νῶτος 노토스	背中 (せなか) 세나카	背 베이
garganta 가르간타	gula 굴라	горло 고를로	λάρυγξ 라링스	喉 (のど) 노도	咽喉 옌허우
axila 악실라	ascella 아스켈라	подмышка 포드미시카	μασχάλη 마스칼레	腋窩 (えきか) 에키카	腋 예

| peluca
펠루카 | galericulum
갈레리쿨룸 | парик
파리크 | περούκα
페루카 | かつら
가쓰라 | 假发
지아파 |

한국어	영어	독일어	프랑스어	이탈리아어
머리	head 헤드	Kopf 코프	tête 테트	capo 카포
관자놀이	temple 템플	Schläfe 슐래페	tempe 탕프	tempia 템피아
머리카락	hair 헤어	Kopfhaar 코프하	cheveu 슈뵈	capello 카펠로
곱슬머리	curl 컬	Locke 로케	boucle 부클	ricciolo 리촐로
뒤통수	occiput 옥시펏	Hinterkopf 힌터코프	occiput 옥시퓌트	occipite 오치피테
가르마	parting 파팅	Scheitel 샤이텔	raie 레	scriminatura 스크리미나투라
가마 (머리)	hair whorl 헤어 월	Haarwirbel 하비르벨	spirale du cheveu 스피랄 뒤 슈뵈	ciuffo di capelli 치추포 디 카펠리
파마	perm 펌	Dauerwelle 다우어벨레	permanent 페르마낭	permanente 페르마넨테
금발 (金髮)	blond 블론드	blond 블론트	blond 블롱	biondo 비온도

2-5. 사람 3 : 얼굴

얼굴	face 페이스	Gesicht 게지히트	figure 피귀르	faccia 파차

스페인어	라틴어	러시아어	그리스어	일본어	중국어
cabeza 카베사	caput 카푸트	голова 골로바	κεφάλι 케팔리	頭 (あたま) 아타마	头 터우
sien 시엔	tempus 템푸스	висóк 비소크	ιερόν 히에론	こめかみ 고메카미	太阳穴 타이양쉐
pelo 펠로	crinis 크리니스	волос 볼로스	μαλλί 말리	頭髪 (とうはつ) 도하쓰	头发 터우파
rizo 리소	cincinnus 킹킨누스	локон 로콘	μπούκλα 마푸클라	カール 가루	卷发 쥰파
occipucio 옥시푸시오	occipitium 오키피티움	затылок 자틸로크	ινίο 이니오	後頭部 (こうとうぶ) 고토부	后脑勺 허우나오사오
raya 라야	vertex 베르텍스	пробор 프로보르	χωρίστρα 코리스트라	分け目 (わけめ) 와케메	分开 펀카이
remolino 레몰리노	vertex capilli 베르텍스 카필리	завиток 자비토크	μεσουράνημα 메수라네마	旋毛 (つむじ) 쓰무지	旋 쉰
permanente 페르마넨테	undulatio permanens 운둘라치오 페르마넨스	химическая завивка 히미체스카야 자빕카	περμανάντ 페르마난트	パーマ 파마	烫发 탕파
rubio 루비오	flavus 플라부스	блондин 블론딘	ὡραῖος 호라이오스	ブロンド 부론도	金发 진파
cara 카라	vultus 불투스	зрение 즈레니예	ὄψις 오피스	顔 (かお) 가오	脸 롄

한국어	영어	독일어	프랑스어	이탈리아어
안색 (顔色)	complexion 컴플렉션	Gesichtsfarbe 게지히츠파르베	teint 탱	carnagione 카르나조네
이마	forehead 포어헤드	Stirn 슈티른	front 프롱	fronte 프론테
보조개	dimple 딤플	Grübchen 그뤼펜	fossette 포세트	fossetta 포세타
인중 (人中)	philtrum 필트럼	Philtrum 필트룸	philtrum 필트롬	prolabio 프롤라비오
눈 [眼]	eye 아이	Auge 아우게	œil 외유	occhio 오초
안구 (眼球)	eyeball 아이볼	Augapfel 아우크아펠	globe oculaire 글로브 오퀼레르	bulbo oculare 불보 오쿨라레
눈동자	pupil 퓨플	Augenstern 아우겐슈테른	pupille 퓌피이	pupilla 푸필라
홍채 (紅彩)	iris 아이리스	Regenbogen- haut 레겐보겐하우트	iris 이리스	iride 이리데
눈썹	eyebrow 아이브라우	Augenbraue 아우겐브라우에	sourcil 수르시	sopracciglio 소프라칠리오
속눈썹	eyelash 아일래시	Augenwimper 아우겐빔퍼	cils 실	ciglio 칠리오
눈꺼풀	eyelid 아일리드	Augenlid 아우겐리트	paupière 포피에르	palpebra 팔페브라

스페인어	라틴어	러시아어	그리스어	일본어	중국어
semblante 셈블란테	colos 콜로스	цвет лица́ 츠베트 리차	επιδερμίδα 에피데르미다	顔色 (かおいろ) 가오이로	脸色 롄써
frente 프렌테	frons 프론스	лоб 로프	μέτωπον 메토폰	額 (がく) 가쿠	额头 어터우
hoyuelo 오유엘로	fossula 포술라	ямочка 야모치카	γελασίνος 겔라시노스	靨 (えくぼ) 에쿠보	笑窝 샤오워
surco nasolabial 수르코 나솔라비알	philtrum 필트룸	губной желобок 구브노이 젤로보크	φίλτρον 필트론	鼻溝 (はなみぞ) 하나미조	人中 런중
ojo 오호	oculus 오쿨루스	глаз 글라스	ὄμμα 오마	眼 (まなこ) 마나코	眼睛 옌징
globo ocular 글로보 오쿨라르	ocellus 오켈루스	глазное я́блоко 글라즈노예 야블로코	βολβός 볼보스	眼球 (がんきゅう) 간큐	眼球 옌주
pupila 푸필라	pupula 푸풀라	зрачо́к 즈라초크	κόρη 코레	瞳 (ひとみ) 히토미	瞳孔 퉁콩
iris 이리스	iris 이리스	радужная оболочка 라두즈나야 오볼로치카	ίρις 이리스	虹彩 (こうさい) 고사이	虹膜 훙모
ceja 세하	supercilium 수페르킬리움	бровь 브로비	ὀφρύς 오프리스	眉 (まゆ) 마유	眉毛 메이마오
pestaña 페스타냐	clium oculi 킬리움 오쿨리	ресни́ца 레스니차	βλεφαρίδα 블레파리다	まつげ 마쓰게	眼睫毛 옌제마오
párpado 파르파도	palpebra 팔페브라	веко 베코	βλέφαρο 블레파로	まぶた 마부타	眼皮 옌피

한국어	영어	독일어	프랑스어	이탈리아어
귀	ear 이어	Ohr 오어	oreille 오레이	orecchio 오레키오
입	mouth 마우스	Mund 문트	bouche 부슈	bocca 보카
입술	lip 립	Lippe 리페	lèvre 레브르	labbro 라브로
잇몸	gum 검	Zahnfleisch 찬플라이슈	gencive 장시브	gengiva 젠지바
입천장	palate 팰럿	Gaumen 가우멘	palais 팔레	palato 팔라토
혀	tongue 텅	Zunge 충에	langue 랑그	linguetta 링구에타
코	nose 노즈	Nase 나제	nez 네	naso 나소
콧구멍	nostril 노스트럴	Nasenloch 나젠로흐	narine 나린	narice 나리체
턱	chin 친	Kinn 킨	menton 망통	mento 멘토
목젖	uvula 유불러	Zäpfchen 채펜	luette 뤼에트	ugola 우골라
후두 (喉頭)	larynx 래링스	Kehlkopf 켈코프	larynx 라랭스	laringe 라린제

스페인어	라틴어	러시아어	그리스어	일본어	중국어
oreja 오레하	auris 아우리스	ýхо 우호	ὠτίον 오티온	耳 (みみ) 미미	耳朵 얼둬
boca 보카	os 오스	рот 로트	στόμα 스토마	口 (くち) 구치	嘴 쭈이
labio 라비오	labium 라비움	губа 구바	χεῖλος 케일로스	口唇 (こうしん) 고신	唇 춘
encía 엔시아	gummis 굼미스	десна 데스나	οὖλο 울로	齒齦 (しぎん) 시긴	牙床 야촹
paladar 팔라다르	palatum 팔라툼	нёбо 뇨보	ουρανίσκος 우라니스코스	口蓋 (こうがい) 고가이	腭 어
lengüeta 렝구에타	glossa 글로사	язык 야지크	γλῶσσα 글로사	舌 (した) 시타	舌头 서터우
nariz 나리스	nasus 나수스	нос 노스	μύτη 미테	鼻 (はな) 하나	鼻子 비쯔
ventana de la nariz 벤타나 델라 나리스	naris 나리스	ноздря 노즈드랴	ρουθούνι 루투니	鼻孔 (びこう) 비코	鼻孔 비콩
barbilla 바르비야	gnathos 그나토스	подбородок 폿보로도크	σαγόνι 사고니	顎 (あご) 아고	颏 커
campanilla 캄파니야	suppositorium 수포시토리움	язычок 야지초크	σταφυλή 스타필레	のどちんこ 노도친코	小舌 샤오서
laringe 라링헤	larynx 라링스	гортань 고르탄	λάρυγγας 라링가스	喉頭 (こうとう) 고토	喉头 허우터우

한국어	영어	독일어	프랑스어	이탈리아어
성대 (聲帶)	vocal cords 보컬 코드	Stimmbänder 슈팀밴더	corde vocale 코르드 보칼	corda vocale 코르다 보칼레
수염(턱) (鬚髥)	beard 비어드	Bart 바트	barbe 바르브	barba 바르바
콧수염	mustache 머스타시	Schnurrbart 슈누어바트	moustache 무스타슈	baffi 바피
구레나룻	sideburns 사이드번	Backenbart 바켄바트	favoris 파보리	basette 바제테

2-6. 사람 4 : 손/팔

한국어	영어	독일어	프랑스어	이탈리아어
팔	arm 암	Arm 아름	bras 브라	braccio 브라초
팔꿈치	elbow 엘보	Ellbogen 엘보겐	coude 쿠드	gomito 고미토
팔뚝	forearm 포어암	Unterarm 운터아름	avant-bras 아방 브라	avambraccio 아밤브라초
손	hand 핸드	Hand 한트	main 맹	mano 마노
손바닥	palm 팜	Handfläche 한트플래헤	paume 폼	palmo della mano 팔모 델라 마노
손목	wrist 리스트	Handgelenk 한트겔렝크	poignet 푸아녜	polso 폴소

스페인어	라틴어	러시아어	그리스어	일본어	중국어
cuerda vocal 쿠에르다 보칼	chordae vocales 코르다이 보칼레스	голосовáя свя́зка 골로소바야 스뱌스카	φωνητικές χορδές 포네티케스 코르데스	声帯 (せいたい) 세타이	声带 성다이
barba 바르바	barba 바르바	бородá 보로다	γενειάδα 게네이아다	髭 (ひげ) 히게	胡子 후쯔
bigote 비고테	subium 수비움	усí 우시	μουστάκι 무스타키	鼻髭 (はなひげ) 하나히게	髭 쯔
patilla 파티야	barba genuina 바르바 게누이나	бакенбарды 바켄바르디	φαβορίτα 파보리타	頬髭 (ほおひげ) 호히게	腮须胡子 싸이수후쯔

스페인어	라틴어	러시아어	그리스어	일본어	중국어
brazo 브라소	brachium 브라키움	рукá 루카	βραχίων 브라키온	腕 (うで) 우데	胳臂 거비
codo 코도	cubitus 쿠비투스	лóкоть 로코티	αγκώνας 앙고나스	肘 (ひじ) 히지	胳膊肘兒 거보저우얼
antebrazo 안테브라소	antibrachium 안티브라키움	предплéчье 프렛플레치예	βραχίονας 브라키오나스	前腕 (ぜんわん) 젠완	前臂 첸비
mano 마노	manus 마누스	кисть 키스티	χείρ 케이르	手 (て) 데	手 서우
palma 팔마	palma 팔마	ладонь 라돈	παλάμη 팔라메	掌 (たなごころ) 다나고코로	手掌 서우장
muñeca 무녜카	articulatio manus 아르티쿨라치오 마누스	запястье 자퍄스트베	καρπός 카르포스	手首 (てくび) 데쿠비	腕 완

한국어	영어	독일어	프랑스어	이탈리아어
주먹	fist 피스트	Faust 파우스트	poing 푸앵	pugno 푸뇨
뼘	span 스팬	Handspanne 한트슈판네	envergure 앙베르귀르	spanna 스판나
손금	palm line 팜 라인	Handlinie 한틀리니에	ligne de la main 린 들라 맹	linea della mano 리네아 델라 마노
손가락	finger 핑거	Finger 핑거	doigt 두아	dito 디토
엄지	thumb 섬	Daumen 다우멘	pouce 푸스	pollice 폴리체
검지	forefinger 포어핑거	Zeigefinger 차이게핑거	index 앵덱스	indice 인디체
중지 (中指)	middle finger 미들 핑거	Mittelfinger 미텔핑거	majeur 마죄르	medio 메디오
약지 (藥指)	ring finger 링핑거	Ringfinger 링핑거	annulaire 아뉠레르	anulare 아눌라레
새끼손가락	little finger 리틀 핑거	kleiner Finger 클라이너 핑거	auriculaire 오리퀼레르	mignolo 미뇰로
손끝	fingertip 핑거팁	Fingerspitze 핑거슈피체	bout du doigt 부 뒤 두아	punta del dito 푼타 델 디토
손톱	fingernail 핑거네일	Fingernagel 핑거나겔	ongle 옹글	unghia 웅기아

스페인어	라틴어	러시아어	그리스어	일본어	중국어
puño 푸뇨	pugnus 푸그누스	кулак 쿨라크	μπουνιά 부니아	拳 (こぶし) 고부시	拳头 챤터우
palmo 팔모	palmus 팔무스	пролёт 프료료트	άνοιγμα 아노이그마	指幅 (ゆびはば) 유비하바	拃 자
lineas de palma 리네아스 데 팔마	palmetum 팔메툼	линия на ладони 리니야 나 라도니	παλάμη γραμμή 팔라메 그라메	手相 (てそう) 데소	掌纹 장원
dedo 데도	digitus 디기투스	палец 팔레츠	δάκτυλος 삭틸로스	指 (ゆび) 유비	手指 서우즈
pulgar 풀가르	pollex 폴렉스	большой палец 볼쇼이 팔레츠	αντίχειρας 안티케이라스	親指 (おやゆび) 오야유비	拇 무
dedo índice 데도 인디세	index 인덱스	указательный палец 우카자첼니 팔레츠	δείκτης 데익테스	食指 (しょくし) 쇼쿠시	食指 스즈
dedo medio 데도 데디오	digitus medius 디기투스 메디우스	средний палец 스레드니 팔레츠	μέσος 메소스	中指 (ちゅうし) 주시	中指 중즈
dedo anular 데도 아눌라르	digitus anularis 디기투스 아눌라리스	безымянный палец 베즈먀니 팔레츠	δακτυλιώτης 닥틸리오테스	薬指 (くすりゆび) 구수리유비	无名指 우밍즈
meñique 메니케	digitulus 디기툴루스	князёк 크냐조크	δαχτυλάκι 닥틸라키	小指 (こゆび) 고유비	小拇指 샤오무즈
yema del dedo 예마 델 데도	digitus extremus 디기투스 엑스트레무스	кончик пальца 콘치크 팔차	δακτύλου 닥틸루	指先 (ゆびさき) 유비사키	手指尖 서우즈젠
uña 우냐	unguiculus 웅구이쿨루스	ноготь 노고티	νύχι 니키	爪 (つめ) 쓰메	指甲 즈자

한국어	영어	독일어	프랑스어	이탈리아어
지문 (指紋)	fingerprint 핑거프린트	Fingerabdruck 핑거압드룩	empreinte digitale 앙프랭트 디지탈	impronta digitale 임프론타 디지탈레

2-7. 사람 5 : 발/다리

한국어	영어	독일어	프랑스어	이탈리아어
다리 [脚]	leg 레그	Bein 바인	jambe 장브	gamba 감바
발 [足]	foot 푸트	Fuß 푸스	pied 피에	piede 피에데
발목	ankle 앵클	Knöchel 크뇌헬	cheville 슈비유	caviglia 카빌리아
넓적다리	thigh 사이	Oberschenkel 오버솅켈	cuisse 퀴이스	coscia 코시아
무릎	knee 니	Knie 크니	genou 즈누	ginocchio 지노키오
종아리	calf 카프	Wade 바데	mollet 몰레	polpaccio 폴파초
정강이	shin 신	Schienbein 신바인	tibia 티비아	stinco 스팅코
발꿈치	heel 힐	Ferse 페르제	talon 탈롱	calcagno 칼카뇨
발바닥	sole 솔	Sohle 졸레	semelle 스멜	suola 수올라

스페인어	라틴어	러시아어	그리스어	일본어	중국어
huella dactilar 우에야 닥틸라르	impressio digitalis 임프레시오 디기타리스	отпеча́ток па́льца 옷페차토크 팔차	δακτυλικό αποτύπωμα 닥틸리코 아포티포마	指紋 (しもん) 시몬	指纹 즈원
hueso 우에소	crus 크루스	нога́ 노가	σκέλος 스켈로스	脚 (あし) 아시	腿 투이
pie 피에	pes 페스	ступня́ 스투프냐	πόδι 포디	足 (あし) 아시	足 쭈
tobillo 토비요	talus 탈루스	предплюсна 프렛플류스나	σφυδρόν 스피드론	足首 (あしくび) 아시쿠비	踝 화이
muslo 무슬로	femur 페무르	бедро 베드로	μηρός 메로스	太股 (ふともも) 후토모모	大腿 다투이
rodilla 로디야	poples 포플레스	колено 콜레노	γόνυ 고니	膝 (ひざ) 히자	膝盖 시가이
pantorrilla 판토리야	sura 수라	икра ноги 이크라 노기	μόσχος 모스코스	ふくらはぎ 후쿠라하기	小腿 샤오투이
tibia 티비아	tibia 티비아	большеберцо́вая кость 볼셰베르초바야 코스치	καλάμι 칼라미	脛 (すね) 스네	胫 징
talón 탈론	calx 칼크스	пята 퍄타	πτέρνα 프테르나	踵 (かかと) 가카토	脚跟 자오건
suela 수엘라	solum 솔룸	подо́шва 포도시바	πατούσα 파투사	足下 (あしもと) 아시모토	脚掌 자오장

한국어	영어	독일어	프랑스어	이탈리아어
발가락	toe 토	Zehe 체에	orteil 오르테유	dito del piede 디토 델 피에데

2-8. 사람 6 : 뇌/혈관/피

뇌 (腦)	brain 브레인	Gehirn 게히른	cerveau 세르보	cervello 체르벨로
뇌파 (腦波)	brainwave 브레인웨이브	Hirnwelle 히른벨레	onde cérébrale 옹드 세레브랄	lampo di genio 람포 디 제니오
피 [血]	blood 블러드	Blut 블루트	sang 상	sangue 상구에
혈관 (血管)	blood vessel 블러드 베슬	Blutgefäß 블루트게패스	vaisseau sanguin 베소 상긴	vaso sanguigno 바조 상귀뇨
동맥 (動脈)	artery 아터리	Schlagader 슐라크아더	artère 아르테르	arteria 아르테리아
대동맥 (大動脈)	aorta 아오르타	Hauptschlag–ader 하웁트슐락아더	aorte 아오르트	aorta 아오르타
정맥 (靜脈)	vein 베인	Vene 베네	veine 벤	vena 베나
백혈구 (白血球)	white blood corpuscle 화이트 블러드 코퍼슬	weißes Blutkörperchen 바이세스 블루트쾨르퍼헨	globule blanc 글로뷜 블랑	globulo bianco 글로불로 비앙코
적혈구 (赤血球)	red blood corpuscle 레드 블러드 코퍼슬	rotes Blutkörperchen 로테스 블루트쾨르퍼헨	globule rouge 글로뷜 루주	globulo rosso 글로불로 로소

스페인어	라틴어	러시아어	그리스어	일본어	중국어
dedo del pie 데도 델 피에	allus 알루스	па́лец ноги́й 팔레츠 노기	δάχτυλο ποδιού 닥틸로 포디우	足の指 (あしのゆび) 아시노유비	脚趾 자오즈
cerebro 세레브로	encephalon 엥케팔론	мозг 모즈크	εγκέφαλος 엥케팔로스	脳 (のう) 노	脑 나오
onde cerebrali 온데 세레브랄리	unda cerebrum 운다 케레브룸	волны мозга 볼니 모즈가	εγκεφαλικό κύμα 엥케팔리코 키마	脳波 (のうは) 노하	脑电波 나오뎬보
sangre 상그레	sanguis 상구이스	кровь 크로비	αἷμα 하이마	血 (ち) 지	血 셰
vaso sanguíneo 바소 상구이네오	vena 베나	кровено́сный сосу́д 크로베노스니 소수트	αιμοφόρο αγγείο 아이모포로 앙게이오	血管 (けっかん) 겟칸	血管 셰관
arteria 아르테리아	arteria 아르테리아	арте́рия 아르테리야	αρτηρία 아르테리아	動脈 (どうみゃく) 도먀쿠	动脉 동마이
aorta 아오르타	aorta 아오르타	аорта 아오르타	αόρτη 아오르테	大動脈 (だいどうみゃく) 다이도먀쿠	大动脉 다동마이
vena 베나	vena 베나	вена 베나	φλέβα 플레바	静脈 (じょうみゃく) 조먀쿠	静脉 징마이
glóbulo blanco 글로불로 블랑코	leucocytus 레우코키투스	лейкоциты 레이코치티	λευκοκύτταρο 레우코키타로	白血球 (はっけっきゅう) 핫켓큐	白血球 바이셰추
glóbulo rojo 글로불로 로호	erythrocytus 에리트로키투스	эритроцит 예리트로치트	ερυθρό αιμοσφαίριο 에리트로 아이모스파이리오	赤血球 (せっけっきゅう) 셋켓큐	赤血球 츠셰추

한국어	영어	독일어	프랑스어	이탈리아어
혈소판 (血小板)	blood platelet 블러드 플레이틀릿	Blutplättchen 블루트플래첸	plaquette sanguine 플라케트 상긴	piastrina 피아스트리나
혈청 (血淸)	blood serum 블러드 시어럼	Blutserum 블루트제룸	sérum sanguine 세롬 상긴	siero 시에로
혈장 (血漿)	blood plasma 블러드 플래즈머	Blutplasma 블루트플라즈마	plasma sanguin 플라스마 상긴	plasma 플라즈마
혈전 (血栓)	blood clot 블러드 클롯	Blutgerinnsel 블루트게린젤	caillot 카요	trombosi 트롬보시
혈액형 (血液型)	blood type 블러드 타입	Blutgruppe 블루트그룹페	groupe sanguin 그룹 상긴	gruppo sanguigno 그루포 상귀뇨

2-9. 사람 7 : 장부

기관 (器官)	organ 오건	Organ 오르간	organe 오르간	organo 오르가노
내장 (內臟)	intestines 인테스틴	Eingeweide 아인게바이데	entrailles 앙트라이	intestini 인테스티니
심장 (心臟)	heart 하트	Herz 헤르츠	cœur 쾨르	cuore 쿠오레
간 (肝)	liver 리버	Leber 레버	foie 푸아	fegato 페가토
허파 [肺]	lung 렁	Lunge 룽에	poumon 푸몽	polmone 폴모네

스페인어	라틴어	러시아어	그리스어	일본어	중국어
plaqueta 플라케타	thrombocytus 트롬보키투스	тромбоциты 트롬보치티	αιμοπετάλιο 아이모페탈리오	血小板 (けっしょうばん) 겟쇼판	血小板 셰샤오반
suero 수에로	serum sanguini 세룸 상구이니	сыворотка крови 스비보롯카 크로비	ορό του αίματος 오로 투 아이마토스	漿液 (しょうえき) 쇼에키	血清 셰칭
plasma 플라스마	plasma sanguini 플라스마 상구이니	плазма крови 플라즈마 크로비	πλάσμα αίματος 플라스마 아이마토스	血漿 (けっしょう) 겟쇼	血浆 셰장
trombosis 트롬보시스	blatta 블라타	тромбоз 트롬보스	θρόμβος 트롬보스	凝血 (ぎょうけつ) 교케쓰	血栓 셰솬
grupo sanguíneo 그루포 상구이네오	genus sanguinis 게누스 상구이니스	группа крови 그루파 크로비	ομάδα αίματος 오마다 아이마토스	血液型 (けつえきがた) 게쓰에키가타	血型 셰싱

órgano 오르가노	organum 오르가눔	орган 오르간	όργανο 오르가노	器官 (きかん) 기칸	器官 치관
entrañas 엔트라냐스	intestina 인테스티나	кишечник 키셰치니크	έντερο 엔테로	腸 (ちょう) 조	內脏 네이짱
corazón 코라손	cor 코르	сердце 세르체	καρδία 카르디아	心臓 (しんぞう) 신조	心脏 신짱
hígado 이가도	jecur 예쿠르	печень 페첸	ήπαρ 에파르	肝 (きも) 기모	肝 간
polmón 폴몬	pulmo 풀모	лёгкое 록코예	πνεύμονας 프네우모나스	肺 (はい) 하이	肺 페이

한국어	영어	독일어	프랑스어	이탈리아어
위 (胃)	stomach 스터먹	Magen 마겐	estomac 에스토마	pancia 판차
쓸개 [膽]	gall 골	Galle 갈레	bile 빌	bile 빌레
췌장 (膵臟)	pancreas 팽크리어스	Bauchspeichel– drüse 바우흐슈파이헬 드뤼제	pancréas 팡크레아스	pancreas 팡크레아스
지라 [脾臟]	spleen 스플린	Milz 밀츠	rate 라트	milza 밀차
콩팥 [腎臟]	kidney 키드니	Niere 니레	rein 랭	rene 레네
방광 (膀胱)	bladder 블래더	Harnblase 하른블라제	vessie 베시	vescica 베시카
기관지 (氣管支)	bronchial tube 브롱키얼 튜브	Bronchie 브론히에	bronche 브롱슈	bronco 브롱코
창자 [腸]	bowel 바우얼	Darm 다름	intestin 앵테스탱	intestino 인테스티노
큰창자 [大腸]	colon 콜런	Dickdarm 딕다름	gros intestin 그로 생테스탱	colon 콜론
작은창자 [小腸]	small intestine 스몰 인테스틴	Dünndarm 된다름	intestin grêle 앵테스탱 그렐	intestino tenue 인테스티노 테누에
직장 (直腸)	rectum 렉텀	Mastdarm 마스트다름	rectum 렉톰	retto 레토

스페인어	라틴어	러시아어	그리스어	일본어	중국어
estómago 에스토마고	gaster 가스테르	желудок 젤루도크	στόμαχος 스토마코스	胃 (い) 이	胃 웨이
bilis 빌리스	bilis 빌리스	жёлчь 졸치	χολή 콜레	胆囊 (たんのう) 단노	胆 단
páncreas 판크레아스	pancreas 판크레아스	поджелудоч- ная железа 폿젤루도치나야 젤레자	παγκρέας 팡그레아스	膵臓 (すいぞう) 스이조	胰腺 이셴
bazo 바소	lienis 리에니스	селезёнка 셀레죵카	σπλήνα 스플레나	脾臓 (ひぞう) 히조	脾脏 피짱
riñón 리뇬	rienes 리에네스	почка 포치카	νεφρό 네프로	腎臓 (じんぞう) 진조	肾脏 선짱
vejiga 베히가	fel 펠	раковина 라코비나	κύστη 키스테	膀胱 (ぼうこう) 보코	膀胱 팡광
bronquio 브롱키오	bronchium 브롱키움	бронхиола 브론히올라	βρόγχος 브롱고스	気管支 (きかんし) 기칸시	支气管 즈치관
intestino 인테스티노	intestinum 인테스티눔	кишка 키시카	έντερο 엔테로	腸 (ちょう) 조	肠子 창쯔
colon 콜론	colus 콜루스	ободная кишка 오보드나야 키시카	παχύ έντερο 파키 엔테로	大腸 (だいちょう) 다이초	大肠 다창
intestino delgado 인테스티노 델가도	intestino tenue 인테스티노 테누이	тонкая кишка 통카야 키시카	λεπτό έντερο 레프토 엔테로	小腸 (しょうちょう) 쇼초	小肠 샤오창
recto 렉토	intestinum rectum 인테스티눔 렉툼	прямáя кишкá 프랴마야 키시카	απευθυσμένο ορθό έντερο 아페우티스메노 오르토 엔테로	直腸 (ちょくちょう) 조쿠초	直肠 즈창

한국어	영어	독일어	프랑스어	이탈리아어
십이지장 (十二指腸)	duodenum 듀어디넘	Zwölffinger- darm 츠뵐프핑거다름	duodénum 뒤오데놈	duodeno 두오데노
맹장 (盲腸)	appendix 어펜딕스	Blinddarm 블린트다름	appendice 아팡디스	appendice 아펜디체

2-10. 사람 8 : 뼈/치아

한국어	영어	독일어	프랑스어	이탈리아어
뼈 [骨]	bone 본	Knochen 크노헨	os 오스	osso 오소
골격 (骨格)	physique 피지크	Körperbau 쾨르퍼바우	physique 피지크	corporatura 코르포라투라
관절 (關節)	joint 조인트	Gelenk 겔렝크	articulation 아르티쿨라시옹	articolazione 아르티콜라치오네
골반 (骨盤)	pelvis 펠비스	Becken 베켄	bassin 바생	bacino 바치노
물렁뼈 [軟骨]	cartilage 카틸리지	Knorpel 크노르펠	cartilage 카르틸라주	cartilagine 카르틸라지네
쇄골 (鎖骨)	collarbone 콜러본	Schlüsselbein 슐뤼셀바인	clavicule 클라비퀼	clavicola 클라비콜라
갈비뼈 [肋骨]	rib 립	Rippe 리페	côte 코트	costola 코스톨라
등뼈 [脊椎]	spine 스파인	Wirbelsäule 비르벨조일레	colonne vertébrale 콜론 베르테브랄	spina dorsale 스피나 도르살레

스페인어	라틴어	러시아어	그리스어	일본어	중국어
duodeno 두오데노	duodenum 두오데눔	двенадцатиперстная кишка 드베낫차티페르스트나야 키시카	δωδεκαδάκτυλο 도데카닥틸로	十二指腸 (じゅうにしちょう) 주니시초	十二指肠 스얼즈창
intestino ciego 인테스티노 시에고	appendix 아펜딕스	слепая кишка 슬레파야 키시카	απόφυση 아포피세	虫垂 (ちゅうすい) 주스이	盲肠 망창
hueso 우에소	os 오스	кость 코스티	οστέον 오스테온	骨 (こつ) 고쓰	骨头 구터우
constitución física 콘스티투시온 피시카	corporis figura 코르포리스 피구라	телосложе́ние 텔로슬로제니예	κατασκευή 카타스케우에	骨格 (こっかく) 곳카쿠	骨骼 구거
articulación 아르티쿨라시온	articulus 아르티쿨루스	звено 즈베노	αρμός 하르모스	関節 (かんせつ) 간세쓰	关节 관제
pelvis 펠비스	cymbalum 킴발룸	бассейн 바세인	πύελος 피엘로스	骨盤 (こつばん) 고쓰반	骨盆 구펀
cartílago 카르틸라고	cartilaginosus 카르틸라기노수스	хрящ 흐랴시	χόνδρος κρέατος 콘드로스 크레아토스	軟骨 (なんこつ) 난코쓰	软骨 롼구
clavícula 클라비쿨라	clavicula 클라비쿨라	ключица 클류치차	κλειδοκόκαλο 클레이도코칼로	鎖骨 (さこつ) 사코쓰	锁骨 쉬구
costilla 코스티야	costa 코스타	ребро 레브로	πλευρό 플레우로	肋骨 (あばらぼね) 아바라보네	肋骨 러구
espina dorsal 에스피마 도르살	spinalis 스피날리스	позвоночник 포즈보노치니크	σπονδυλική 스폰딜리케	脊椎 (せきつい) 세키쓰이	脊骨 지구

한국어	영어	독일어	프랑스어	이탈리아어
척수 (脊髓)	spinal cord 스파이늘 코드	Rückenmark 뤼켄마르크	moelle épinière 무알 에피니에르	midollo 미돌로
골수 (骨髓)	marrow 매로우	Knochenmark 크노헨마크	moelle osseuse 무알 오쇠즈	midollo osseo 미돌로 오세오
광대뼈	cheekbone 치크본	Backenknochen 바켄크노헨	pommette 포메트	zigomo 치고모
백골 (白骨)	skeleton 스켈리튼	Skelett 스켈레트	squelette 스컬레트	scheletro 스켈레트로
이빨	tooth 투스	Zahn 찬	dent 당	dente 덴테
앞니	incisor 인사이저	Schneidezahn 슈나이데찬	incisive 앵시지브	dente incisivo 덴테 인치지보
어금니	molar 몰러	Backenzahn 바켄찬	molaire 몰레르	dente molare 덴테 몰라레
사랑니	wisdom tooth 위즈덤 투스	Weisheitszahn 바이스하이츠찬	dent de sagesse 당 드 사제스	dente del giudizio 덴테 델 주디치오
송곳니	canine tooth 캐나인 투스	Eckzahn 에크찬	canine 카닌	dente canino 덴테 카니노
틀니	denture 덴처	Zahnprothese 찬프로테제	prothèse dentaire 프로테즈 당테르	dentiera 덴티에라

스페인어	라틴어	러시아어	그리스어	일본어	중국어
médula espinal 메둘라 에스피날	medulla spinalis 메둘라 스피날리스	спинной мозг 스피노이 모즈크	νωτιαίος μυελός 노티아이오스 미엘로스	脊髄 (せきずい) 세키즈이	脊髄 지수이
médula ósea 메둘라 오세아	medulla 메둘라	костный мозг 코스트니 모스크	μυελός 미엘로스	骨髄 (こつずい) 고쓰즈이	骨髄 구수이
pómulo 포물로	os genuinus 오스 게누이누스	скула 스쿨라	ζυγωματικών 지고마티콘	頬骨 (ほおぼね) 호보네	颧骨 촨구
esqueleto 에스켈레토	ossa 오사	скелет 스켈레트	σκελετός 스켈레토스	骸骨 (がいこつ) 가이코쓰	白骨 바이구
diente 디엔테	dens 덴스	зуб 주프	ὀδούς 오두스	歯 (は) 하	牙 야
diente incisivo 디엔테 인시시보	dens qui secat 덴스 쿠이 세카트	режущий зуб 레주시 주프	τομεύς 토메우스	門歯 (もんし) 몬시	門牙 먼야
muela 무엘라	molaris 몰라리스	коренной зуб 코레노이 주프	γομφίος 곰피오스	臼歯 (うすば) 우스바	臼齿 주츠
muela del juicio 무엘라 델 후이시오	genuinus 게누이누스	зуб мудрости 주프 무드로스치	φρονιμίτης 프로니미테스	親知らず (おやしらず) 오야시라즈	智齿 즈츠
colmillo 콜미요	dens caninus 덴스 카니누스	клык 클리크	κυνόδοντας 키노돈타스	犬歯 (けんし) 겐시	尖牙 젠야
dentadura postiza 덴타두라 포스티사	dens prothesis 덴스 프로테시스	ряд зубов 랴드 주보프	τεχνητή οδον τοστοιχία 테크네테 오돈토 스토이키아	入れ歯 (いれば) 이레바	假牙 자야

2-11. 사람 9 : 선/막/근/신경

한국어	영어	독일어	프랑스어	이탈리아어
편도선 (扁桃腺)	tonsil 톤슬	Mandel 만델	amygdale 아미달	tonsilla 톤실라
가로막 [橫膈膜]	midriff 미드리프	Zwerchfell 츠베르히펠	diaphragme 디아프라그므	diaframma 디아프람마
식도 (食道)	esophagus 이소퍼거스	Speiseröhre 슈파이제뢰레	œsophage 에조파주	esofago 에조파고
갑상선 (甲狀腺)	thyroid 사이로이드	Schilddrüse 쉴트드뤼제	thyroïde 티로이드	tiroide 티로이데
지방 (脂肪)	fat 팻	Fett 페트	graisse 그래스	grasso 그라소
인대 (靭帶)	ligament 리거먼트	Band 반트	ligament 리가망	legamento 레가멘토
점막 (粘膜)	mucous membrane 뮤커스 멤브레인	Schleimhaut 슐라임하우트	muqueuse 뮈쾨즈	mucosa 무코사
근육 (筋肉)	muscle 머슬	Muskel 무스켈	muscle 뮈스클	muscolo 무스콜로
신경 (神經)	nerve 너브	Nerv 네르프	nerf 네르	nervo 네르보
전립선 (前立腺)	prostate 프로스테이트	Prostata 프로스타타	prostate 프로스타트	prostata 프로스타타
힘줄	tendon 텐던	Sehne 제네	tendon 탕동	tendine 텐디네

스페인어	라틴어	러시아어	그리스어	일본어	중국어
amígdala 아미그달라	amygdalum 아미그달룸	минда́лина 민달리나	αμυγδαλή 아믹달레	扁桃腺 (へんとうせん) 헨토센	扁桃体 벤타오티
diafragma 디아프라그마	praecordia 프라이코르디아	диафра́гма 디아프라그마	διάφραγμα 디아프라그마	横隔膜 (おうかくまく) 오카쿠마쿠	横膈膜 헝거모
esófago 에소파고	cibalis 키발리스	пищевод 피셰보트	οισοφάγος 오이소파고스	食道 (しょくどう) 쇼쿠도	食道 스다오
glándula tiroides 글란둘라 티로이데스	glandula thyreoidea 글란둘라 티레오이데아	щитови́дная железа́ 시토비드나야 젤레자	θυροειδής αδένας 티로에이데스 아데나스	甲状腺 (こうじょうせん) 고조센	甲状腺 자좡셴
grasa 그라사	pinguis 핑구이스	смалец 스말레츠	λίπος 리포스	脂肪 (しぼう) 시보	脂肪 즈팡
ligamento 리가멘토	ligamentum 리가멘툼	свя́зка 스뱌즈카	σύνδεσμος 신데스모스	間膜 (かんまく) 간마쿠	韧带 런다이
mucosa 무코사	mucosa 무코사	слизистая оболочка 슬리지스타야 오볼로치카	βλεννογόνος 블레노고노스	粘膜 (ねんまく) 넨마쿠	黏膜 녠모
músculo 무스쿨로	musculus 무스쿨루스	мускул 무스쿨	μυς 미스	筋肉 (きんにく) 긴니쿠	筋肉 진류
nervio 네르비오	nervus 네르부스	нерв 네르프	νεύρο 네우로	神経 (しんけい) 신케이	神经 선징
próstata 프로스타타	prostata 프로스타타	проста́та 프로스타타	προστάτης 프로스타테스	前立腺 (ぜんりつせん) 젠릿센	前列腺 첸례셴
tendón 텐돈	tendo 텐도	сухожи́лие 수호질리예	τένων 테논	腱 (けん) 겐	筋 진

한국어	영어	독일어	프랑스어	이탈리아어
판막 (瓣膜)	valve 밸브	Klappe 클라페	valvule 발뷜	valva 발바
결막 (結膜)	conjunctiva 콘정타이버	Bindehaut 빈데하우트	conjonctif 콩종티프	congiuntiva 콘준티바
각막 (角膜)	cornea 코니어	Hornhaut 호른하우트	cornée 코르네	cornea 코르네아
망막 (網膜)	retina 레티너	Netzhaut 네츠하우트	rétine 레틴	retina 레티나
귀청 [鼓膜]	eardrum 이어드럼	Trommelfell 트롬멜펠	tympan 탱팡	timpano 팀파노

2-12. 사람 10 : 성/체액

고환 (睾丸)	testicle 테스티클	Hoden 호덴	testicule 테스티퀼	testicolo 테스티꼴로
양수 (羊水)	amniotic fluid 앰니오틱 플루이드	Fruchtwasser 프루흐트바서	liquide amniotique 리키드 암니오티크	liquido amniotico 리퀴도 암니오티코
태반 (胎盤)	placenta 플러센터	Mutterkuchen 무터쿠헨	placenta 플라상타	placenta 플라첸타
탯줄	navel string 네이블 스트링	Nabelschnur 나벨슈누어	cordon ombilical 코르동 옹빌리칼	cordore ombelicale 코르도레 옴벨리카레
자궁 (子宮)	womb 움	Gebärmutter 게배어무터	matrice 마트리스	matrice 마트리체

스페인어	라틴어	러시아어	그리스어	일본어	중국어
válvula 발불라	cymbalum 킴발룸	кла́пан 클라판	βαλβίδα 발비다	弁膜 (べんまく) 벤마쿠	瓣膜 반모
conjunctiva 콘훙티바	konjunktiva 코늉티바	конъюнктива 코늉티바	επιπεφυκώς 에피페피코스	結膜 (けつまく) 게쓰마쿠	结膜 제모
córnea 코르네아	cornea 코르네아	рогова́я оболо́чка 로고바야 오볼로치카	κερατοειδής χιτώνας 케라토에이데스 키토니스	角膜 (かくまく) 가쿠마쿠	角膜 자오모
retina 레티나	retina 레티나	сетча́тка 세챳카	αμφιβληστροε ιδής χιτώνας 암피블레스트로에이데스 키토니스	網膜 (もうまく) 모마쿠	网膜 왕모
tímpano 팀파노	membrana tympani 멤브라나 팀파니	бараба́нная перепо́нка 바라바냐야 페레폰카	τύμπανο 팀파노	鼓膜 (こまく) 고마쿠	耳鼓膜 얼구모

스페인어	라틴어	러시아어	그리스어	일본어	중국어
testículo 테스티쿨로	testis 테스티스	яи́чко 야이치코	όρχις 오르키스	睾丸 (こうがん) 고간	睾丸 가오완
líquido amniótico 리키도 암니오티코	liquor amnii 리쿠오르 암니이	амниотическая жидкость 암니오치체스카야 짓코스티	αμνιακό υγρό 암니아코 이그로	羊水 (ようすい) 요스이	羊水 양수이
placenta 플라센타	placenta 플라켄타	плацента 플라첸타	πλακούντας 플라쿤타스	胎盤 (たいばん) 다이반	胎盘 타이판
cordón umbilical 코르돈 움빌리칼	nervus umbilicaris 네르부스 움빌리카리스	пуповина 푸포비나	ομφάλι ος λώρος 옴팔리오스 로로스	臍帯 (さいたい) 사이타이	脐带 치다이
útero 우테로	uterus 우테루스	ма́тка 맛카	μήτρα 메트라	子宮 (しきゅう) 시큐	子宮 쯔궁

한국어	영어	독일어	프랑스어	이탈리아어
난소 (卵巢)	ovary 오버리	Eierstock 아이어슈톡	ovaire 오베르	ovaia 오바이아
난자 (卵子)	ovum 오붐	Eizelle 아이첼레	ovule 오뷜	ovulo 오불로
정자 (精子)	sperm 스펌	Sperma 슈페르마	sperme 스페름	sperma 스페르마
피지 (皮脂)	sebum 시범	Talg 탈크	sébum 세봄	grasso 그라소
호르몬	hormone 호르몬	Hormon 호르몬	hormone 오르몬	ormone 오르모네
눈물	tear 티어	Träne 트래네	larme 라름	lacrima 라크리마
점액 (粘液)	mucus 뮤커스	Schleim 슐라임	mucosité 뮈코지테	muco 무코
침 [唾液]	saliva 설라이버	Speichel 슈파이헬	salive 살리브	saliva 살리바
땀	sweat 스웨트	Schweiß 슈바이스	sueur 쉬외르	sudore 수도레

2-13. 사람 11 : 생리

식욕 (食慾)	appetite 애피타이트	Appetit 아페티트	appétit 아페티	appetito 아페티토

스페인어	라틴어	러시아어	그리스어	일본어	중국어
ovario 오바리오	ovarium 오바리움	яичник 야이치니크	ωοθήκη 오테케	卵巣 (らんそう) 란소	卵巢 롼차오
óvulo 오불로	ovulum 오불룸	яйцеклетка 야이체클렛카	ωάριο 오아리오	卵子 (らんし) 란시	卵子 롼쯔
esperma 에스페르마	sperma 스페르마	сперма 스페르마	σπέρμα 스페르마	精子 (せいし) 세시	精子 징쯔
grasa 그라사	sebum 세붐	сальные железы 살니예 젤레지	στέαρ 스테아르	皮脂 (ひし) 히시	皮脂 피즈
hormona 오르모나	hormonum 호르모눔	гормóн 고르몬	ορμόνη 오르모네	ホルモン 호루몬	激素 지쑤
lágrima 라그리마	lacrima 라크리마	слеза 슬레자	σχίσμα 스키스마	涙 (なみだ) 나미다	眼泪 옌레이
mucosidad 무코시다드	mucus 무쿠스	слизь 슬리지	βόρβορος 보르보로스	粘液 (ねんえき) 넨에키	黏液 녠예
saliva 살리바	sputum 스푸툼	слюна 슬류나	πτύσμα 프티스마	唾液 (だえき) 다에키	唾沫 튀모
sudor 수도르	sudor 수도르	пот 포트	ιδρώς 히드로스	汗 (あせ) 아세	汗 한

스페인어	라틴어	러시아어	그리스어	일본어	중국어
apetito 아페티토	appetitus 아페티투스	аппетит 아페티트	όρεξη 오렉세	食欲 (しょくよく) 쇼쿠요쿠	食欲 스위

한국어	영어	독일어	프랑스어	이탈리아어
하품	yawn 욘	Gähnen 개넨	bâillement 바이망	sbadiglio 즈바딜리오
소화 (消化)	digestion 다이제스천	Verdauung 페어다우웅	digestion 디제스티옹	digestione 디제스티오네
재채기	sneeze 스니즈	Niesen 니젠	éternuement 에테르뉘망	starnuto 스타르누토
허기 (虛飢)	hunger 헝거	Hunger 훙거	faim 팽	fame 파메
힘	power 파워	Kraft 크라프트	force 포르스	forza 포르차
딸꾹질	hiccup 히컵	Schluckauf 슐룩아우프	hoquet 오케	singhiozzo 싱기오초
면역 (免疫)	immunity 이뮤니티	Immunität 이무니태트	immunité 이뮈니테	immunità 임무니타
임신 (姙娠)	pregnancy 프레그넌시	Schwanger- schaft 슈방거샤프트	gestation 제스타시옹	gravidanza 그라비단차
배란 (排卵)	ovulation 오뷸레이션	Eisprung 아이슈프룽	ovulation 오뷜라시옹	ovulazione 오불라치오네
근시 (近視)	myopia 마이오피어	Kurzsichtig 쿠르츠지히티히	myope 미오프	meschino 메스키노
원시 (遠視)	longsighted 롱사이티드	weitsichtig 바이트지히티히	presbyte 프레스비트	presbite 프레즈비테

스페인어	라틴어	러시아어	그리스어	일본어	중국어
bostezo 보스테소	oscitatio 오스키타치오	зевать 제바티	χασμουρητό 카스무레토	欠伸 (あくび) 아쿠비	哈欠 하첸
digestión 디헤스티온	digestio 디게스치오	перевáривание 페레바리바니예	πέψη 펩세	消化 (しょうか) 쇼카	消化 샤오화
estornudo 에스토르누도	sternumentum 스테르누멘툼	чихáнье 치하니예	φτέρνισμα 프테르니스마	はくしょん 하쿠숀	喷嚏 펀티
hambre 암브레	fames 파메스	голод 골로트	λιμός 리모스	飢え (うえ) 우에	饿 어
fuerza 푸에르사	potestas 포테스타스	способность 스포소브노스티	ἐνέργημα 에네르게마	ちから 지카라	力气 리치
hipo 이포	singultus 싱굴투스	икота 이코타	λόξυγγας 록싱가스	しゃっくり 샷쿠리	呃 어
inmunidad 인무니다드	immunitas 임무니타스	иммунитет 이무니체트	ανοσία 아노시아	免疫 (めんえき) 멘에키	免疫 멘이
embarazo 엠바라소	cyesis 키에시스	беременность 세레메노스티	εγκυμοσύνη 엥기모시네	妊娠 (にんしん) 닌신	怀孕 화이윈
ovulación 오불라시온	ovulatio 오불라치오	овуля́ция 오불라치야	ωορρηξία 오렉시아	排卵 (はいらん) 하이란	排卵 파이롼
miope 미오페	myopia 미오피아	близорукий 블리조루키	μυωπία 미오피아	近視 (きんし) 긴시	近视 진스
présbita 프레스비타	longe prospiciens 롱게 프로스피키엔스	дальновидный 달노비드니	πρεσβυωπικός 프레스비오피코스	遠視 (えんし) 엔시	远视 위안스

한국어	영어	독일어	프랑스어	이탈리아어
갈증 (渴症)	thirst 서스트	Durst 두어스트	soif 수아프	sete 세테
잠꼬대	sleep-talking 슬리프-토킹	Somniloquie 좀닐로크비	somniloquie 솜닐로키	sonniloquio 손닐로퀴오
졸음	drowsiness 드라우지니스	Schläfrigkeit 슐래프리히카이트	somnolence 솜놀랑스	sonnolento 손놀렌토
기침	cough 코프	Husten 후스텐	toux 투	tosse 토세
현기증 (眩氣症)	dizziness 디지니스	Schwindel 슈빈델	vertige 베르티주	capogiro 카포지로
맥박 (脈搏)	pulse 펄스	Puls 풀스	pouls 푸	polso 폴소
박동(심장) (搏動)	palpitation 팰피테이션	Herzklopfen 헤르츠클로펜	palpitation 팔피타시옹	battito 바티토
원기 (元氣)	vigor 비거	Vitalität 비탈리태트	vivacité 비바시테	vitalità 비탈리타

2-14. 사람 12 : 외형/외관

거인 (巨人)	giant 자이언트	Riese 리제	géant 제앙	gigante 지간테
난장이	dwarf 드워프	Zwerg 츠베르크	nain 냉	nano 나노

스페인어	라틴어	러시아어	그리스어	일본어	중국어
sed 세드	sitis 시티스	жажда 자즈다	δίψος 딥소스	渇き (かわき) 가와키	渴 커
somniloquía 솜니롤키아	somniloqui 솜닐로쿠이	бред 브레트	ύπνου-μιλώντας 이프누밀론타스	寝言 (ねごと) 네고토	梦话 멍화
soñoliento 소뇰리엔토	somnolentus 솜놀렌투스	сонливый 손리비	νύστα 니스타	眠け (ねむけ) 네무케	困劲 쿤징
tos 토스	tussis 투시스	кашель 카셸	βήχας 베카스	咳 (せき) 세키	咳嗽 커슈
vahído 바이도	caligo 칼리고	головокруже-ние 골로보크루셰니예	ζαλάδα 잘라다	眩暈 (めまい) 메마이	头晕 터우윈
pulso 풀소	pulsus 풀수스	пульс 풀스	σφυγμός 스피그모스	脈拍 (みゃくはく) 먀쿠하쿠	脉搏 마이보
latido del corazón 라티도 델 코라손	palpitatio cordis 팔피타티오 코르디스	сердцебиение 세릇체비예니예	χτυποκάρδι 크티포카르디	動悸 (どうき) 도키	心搏 신보
vitalidad 비탈리다드	vigor 비고르	живучесть 지부체스티	ζωντάνια 존타니아	元気 (げんき) 겐키	元气 위안치
gigante 히간테	giganteus 기간테우스	стопа 스토파	γίγαντας 기간타스	巨人 (きょじん) 교진	巨人 주런
enano 에나노	pumilus 푸밀루스	карлик 카를리크	νάνος 나노스	小人 (こびと) 고비토	矮人 아이런

한국어	영어	독일어	프랑스어	이탈리아어
외모 (外貌)	appearance 어피어런스	Aussehen 아우스제엔	apparence 아파랑스	apparenza 아파렌차
자세 (姿勢)	posture 포스처	Haltung 할퉁	attitude 아티튀드	atteggiamento 아테자멘토
체형 (體型)	shape 셰이프	Figur 피구어	forme 포르므	figura 피구라
알몸	nude 누드	Akt 악트	nu 뉘	nudo 누도
키	height 하이트	Größe 그뢰세	stature 스타튀르	misura 미주라
관상 (觀相)	physiognomy 피지아너미	Physiogrnomie 퓌지오그노미	physionomie 피지오노미	fisionomia 피조노미아
컨디션	condition 컨디션	Kondition 콘디치온	condition 콩디시옹	condizione 콘디초네
살갗 [皮膚]	skin 스킨	Haut 하우트	peau 포	pelle 펠레
털 (짐승)	fur 퍼	Haar 하	poil 푸알	pelo 펠로
반점 (斑點)	spot 스팟	Fleck 플렉	tache 타슈	chiazza 키아차
주근깨	freckles 프레클	Sommersprosse 좀머슈프로세	tache de rousseur 타슈 드 루쇠르	lentiggine 렌티지네

스페인어	라틴어	러시아어	그리스어	일본어	중국어
apariencia 아파리엔시아	aspectus 아스펙투스	выражение 비라제니예	ὁμοίωμα 호모이오마	外見 (がいけん) 가이켄	外貌 와이마오
actitud 악티투드	gestus 게스투스	осанка 오산카	προσάγω 프로사고	姿勢 (しせい) 시세	姿势 쯔스
figura 피구라	figura 피구라	фигура 피구라	σχῆμα 스케마	形 (かたち) 가타치	体形 티싱
desnudo 데스누도	nudus 누두스	наголо 나골로	γυμνός 김노스	裸 (はだか) 하다카	裸体 뤄티
tamaño 타마뇨	sublimitas 수블리미타스	величие 벨리치예	ὕψος 휩소스	身長 (しんちょう) 신초	个子 거쯔
fisonomía 피소노미아	physionomia 피시오노미아	внешность 브네시노스티	φυσιογνωμία 피시오그노미아	人相 (にんそう) 닌소	观相 관샹
condición 콘디시온	habitus 하비투스	состояние 소스토야니예	κατάσταση 카타스타세	コンディション 콘디숀	状态 좡타이
piel 피엘	corium 코리움	шкура 시쿠라	δέρμα 데르마	皮膚 (ひふ) 히후	皮肤 피푸
pelo 펠로	rheno 레노	шерсть 셰르스티	θρίξ 트릭스	毛 (け) 게	毛 마오
mota 모타	macula 마쿨라	пятно 퍄트노	στίγμα 스티그마	斑点 (はんてん) 한텐	斑点 반뎬
peca 페카	lentigo 렌티고	веснушки 베스누시키	φακίδα 파키다	雀斑 (そばかす) 소바카스	雀斑 차오반

한국어	영어	독일어	프랑스어	이탈리아어
살	flesh 플레시	Fleisch 플라이슈	chair 셰르	carne 카르네
굳은살	callus 캘러스	Schwiele 슈빌레	callosité 칼로지테	callo 칼로
흉터	scar 스카	Narbe 나르베	cicatrice 시카트리스	cicatrice 치카트리체
멍	bruise 브루즈	blauer Fleck 블라우어 플렉	contusion 콩튀종	contusione 콘투지오네
문신 (文身)	tattoo 터투	Tattoo 타투	tatouage 타투아주	tatuaggio 타투아조

2-15. 사람 13 : 감각

한국어	영어	독일어	프랑스어	이탈리아어
감각 (感覺)	sense 센스	Sinn 진	sens 상스	senso 센소
느낌	feeling 필링	Gefühl 게퓔	sentiment 상티망	sentimento 센티멘토
본능 (本能)	instinct 인스팅트	Instinkt 인스팅트	instinct 앵스탱	istinto 이스틴토
감촉 (感觸)	touch 터치	Tastempfindung 타스트엠핀둥	sensation 상사시옹	tatto 타토
시각 (視覺)	visual sense 비주얼 센스	Gesichtssinn 게지히츠진	vue 뷔	senso visio 센소 비조

스페인어	라틴어	러시아어	그리스어	일본어	중국어
carne 카르네	carnis 카르니스	мясо 먀소	κρέας 크레아스	肉 (にく) 니쿠	肉 러우
callo 카요	callus 칼루스	мозоль 모졸	κάλος 칼로스	胼胝 (たこ) 다코	胼胝 펜즈
cicatriz 시카트리스	cicatricula 키카트리쿨라	шрам 시람	ουλή 울레	傷跡 (きずあと) 기즈아토	伤痕 상헌
contusión 콘투시온	cicatrix 키카트릭스	ушиб 우시프	μώλωψ 몰롭스	痣 (あざ) 아자	青肿 칭중
tatuaje 타투아헤	nota 노타	татуировка 타투이롭카	τατουάζ 타투아즈	入墨 (いれずみ) 이레즈미	文身 원선
sentido 센티도	sensus 센수스	чувство 춥스트보	νεφρός 네프로스	感覚 (かんかく) 강카쿠	感 간
sentimiento 센티미엔토	sententia 센텐치아	чутьё 추티요	αἰσθητήριον 아이스테테리온	感じ (かんじ) 간지	感觉 간줴
instinto 인스틴토	sagacitas 사가키타스	инстинкт 인스팅트	ἔνστικτο 엔스틱토	本能 (ほんのう) 혼노	本能 번넝
tacto 탁토	tactus 탁투스	осязание 오사자니예	άγγιγμα 앙기그마	感触 (かんしょく) 간쇼쿠	感触 간추
sentido visual 센티도 비수알	sensus visificus 센수스 비시피쿠스	визуальном мысле 비주알놈 스미슬레	όραση 오라세	視覚 (しかく) 시카쿠	时刻 스커

한국어	영어	독일어	프랑스어	이탈리아어
후각 (嗅覺)	olfactory sense 올팩터리 센스	Geruchssinn 게룩스진	odorat 오도라	odorato 오도라토
청각 (聽覺)	auditory sense 오디터리 센스	Gehörsinn 게회르진	ouïe 우이	senso uditivo 센소 우디티보
촉각 (觸覺)	tactual sense 택추얼 센스	Tastsinn 타스트진	toucher 투셰	senso del tatto 센소 델 타토
촉감 (觸感)	tactile impression 택타일 임프레션	Tastgefühl 타스트게퓔	sensation tactile 상사시옹 탁틸	impressione tattile 임프레시오네 타틸레
입맛	taste 테이스트	Geschmack 게슈막	goût 구	gusto 구스토
풍미 (風味)	flavor 플레이버	Nebengeschmack 네벤게슈막	arrière-goût 아리에르 구	retrogusto 레트로구스토
냄새	smell 스멜	Geruch 게루흐	odeur 오되르	odore 오도레
춥다	cold 콜드	kalt 칼트	froid 프루아	freddo 프레도
따뜻하다	warm 웜	warm 바름	chaud 쇼	tiepido 티에피도
덥다	hot 핫	heiß 하이스	torride 토리드	caldo 칼도
기쁘다	glad 글래드	froh 프로	content 콩탕	contento 콘텐토

스페인어	라틴어	러시아어	그리스어	일본어	중국어
olfato 올파토	odoratus 오도라투스	обоняние 오보냐니예	ὄσφρησις 오스프레시스	嗅覚 (きゅうかく) 규카쿠	嗅觉 슈줴
sentido auditivo 센티도 아우디티보	auditus 아우디투스	слух 슬루흐	ακουστική αίσθηση 아쿠스티케 아이스테세	聴覚 (ちょうかく) 조카쿠	听觉 팅줴
sentido del tacto 센티도 델 탁토	sensus 센수스	тактильные чувства 탁칠니예 춥스트바	αίσθηση της αφής 아이스테세 테스 아페스	触覚 (しょっかく) 숏카쿠	触觉 추줴
impresión táctil 임프레시온 탁틸	tactio 탁치오	чу́вство вку́са 춥스트보 브쿠사	αίσθηση αφής 아이스테세 아페스	触感 (しょっかん) 숏간	感觉 간줴
gusto 구스토	gustus 구스투스	вкус 브쿠스	γεύση 게우세	味 (あじ) 아지	口感 커우간
resabio 레사비오	sapor 사포르	привкус 프립쿠스	γεύση άρωμα 게우세 아로마	旨味 (うまみ) 우마미	风味 펑웨이
olor 올로르	odor 오도르	запах 자파흐	ὀσμή 오스메	匂い (におい) 니오이	气味 츠웨이
frio 프리오	frigus 프리구스	холод 홀로트	κρύος 크리오스	冷たい (つめたい) 쓰메타이	寒冷 한렁
tibio 티비오	calidus 칼리두스	тёплый 초플리	ἀπειλέω 아페일레오	暖かい (あたたかい) 아타타카이	温暖 원놘
cálido 칼리도	caldus 칼두스	жа́ркий 자르키	ἐκτενῶς 엑테노스	暑 (あつい) 아쓰이	暑 수
contento 콘텐토	laetus 라이투스	дово́льный 도볼니	λιπαρός 리파로스	喜ばしい (よろこばしい) 요로코바시이	兴 싱

한국어	영어	독일어	프랑스어	이탈리아어
슬프다	sad 새드	traurig 트라우리히	triste 트리스트	triste 트리스테
즐겁다	pleasant 플레즌트	erfreulich 에어프로일리히	réjouissant 레쥐상	piacevole 피아체볼레
화나다	angry 앵그리	ärgerlich 애르걸리히	embêtant 앙베탕	arrabbiato 아라비아토

2-16. 식물 일반

한국어	영어	독일어	프랑스어	이탈리아어
식물 (植物)	plant 플랜트	Pflanze 플란체	plante 플랑트	pianta 피안타
원예 (園藝)	horticulture 호티컬처	Gartenbau 가르텐바우	horticulture 오르티퀼튀르	giardinaggio 자르디나조
싹 [筍]	bud 버드	Knospe 크노스페	bourgeon 부르종	bocciolo 보촐로
잎	leaf 리프	Blatt 블라트	feuille 푀유	foglia 폴리아
씨 [種子]	seed 시드	Saat 자트	semence 스망스	semenza 세멘차
밑씨	ovule 오뷸	Samenanlage 자멘안라게	ovule 오뷜	ovulo 오불로
씨방	ovary 오버리	Fruchtknoten 프루흐트크노텐	ovaire 오베르	ovaia 오바이아

스페인어	라틴어	러시아어	그리스어	일본어	중국어
triste 트리스테	tristis 트리스티스	гру́стный 그루스트니	σκυθρωπός 스키트로포스	悲しい (かなしい) 가나시이	悲 베이
agradable 아그라다블레	dulcis 둘키스	прия́тный 프리야트니	ευχάριστος 에우카리스토스	楽しい (たのしい) 다노시이	乐 러
enojado 에노하도	iratus 이라투스	серди́тый 세르디티	διαβαίνω 디아바이노	怒る (いかる) 이카루	愤怒 펀누
planta 플란타	herba 헤르바	саженец 사제네츠	βοτάνη 보타네	植物 (しょくぶつ) 쇼쿠부쓰	植物 즈우
jardinería 하르디네리아	topiarius 토피아리우스	садоводство 사도봇스트보	κηπουρική 케푸리케	園芸 (えんげい) 엔게이	园艺 위안이
acodo 아코도	germen 게르멘	бутон 부톤	ὄμμα 오마	萌芽 (ほうが) 호가	芽 야
tabla 타블라	folium 폴리움	доска 도스카	φύλλον 필론	葉 (は) 하	叶子 예쯔
siembra 시엠브라	semen 세멘	се́мя 세먀	σπορά 스포라	種子 (しゅし) 슈시	种子 중쯔
óvulo 오불로	ovulum 오불룸	яйцеклетка 야이체클렛카	ωάριο 오아리오	胚珠 (はいしゅ) 하이슈	胚珠 페이주
ovario 오바리오	ovarium 오바리움	яичник 야이치니크	ωοθήκη 오테케	子房 (しぼう) 시보	子房 쯔팡

한국어	영어	독일어	프랑스어	이탈리아어
암술	pistil 피스틸	Stempel 슈템펠	pistil 피스틸	pistillo 피스틸로
수술	stamen 스테이먼	Staubblatt 슈타우프블라트	étamine 에타민	stame 스타메
꽃가루	pollen 폴런	Blütenstaub 블뤼텐슈타우프	pollen 폴렌	polline 폴리네
배아 (胚芽)	embryo 엠브리오	Embryo 엠브뤼오	embryon 앙브리용	embrione 엠브리오네
깍지 (콩)	pod 포드	Schote 쇼테	cosse 코스	baccello 바첼로
가루받이 (수정)	pollination 폴리네이션	Bestäubung 베슈토이붕	pollinisation 폴리니자시옹	impollinazione 임폴리나치오네
덩굴손	tendril 텐드럴	Ranke 랑케	vrille 브리유	vite 비테
꽃차례 [花序]	inflorescence 인플러레션스	Blütenstand 블뤼텐슈탄트	inflorescence 앵플로레상스	infiorescenza 인피오레셴차
엽록소 (葉綠素)	chlorophyll 클로러필	Blattgrün 블라트그륀	chlorophylle 클로로필	clorofilla 클로로필라
광합성 (光合成)	photosynthesis 포토신서시스	Photosynthese 포토쥔테제	photosynthèse 포토생테즈	fotosintesi 포토신테지
껍질 (과일 등)	peel 필	Schale 샬레	écorce 에코르스	buccia 부차

스페인어	라틴어	러시아어	그리스어	일본어	중국어
pistilo 피스틸로	pistillum 피스틸룸	пестик 페스티크	ύπερος άνθους 이페로스 안투스	雌蕊 (しずい) 시즈이	雌蕊 츠루이
estambre 에스탐브레	crocus 크로쿠스	тычинка 티친카	στημόνας 스테모나스	雄蕊 (おしべ) 오시베	蕊 루이
polen 폴렌	pollen 폴렌	пыльца 필차	γύρη 기레	花粉 (かふん) 가훈	花粉 화펀
embrión 엠브리온	embryo 엠브리오	эмбрион 엠브리온	ἔμβρυον 엠브리온	胚 (はい) 하이	胎儿 타이얼
vaina 바이나	lobus 로부스	стручок 스트루초크	λοβός 로보스	荚 (さや) 사야	豆荚 더우자
polinización 폴리니사시온	–	опыление 오필레니예	επικονίαση 에피코니아세	受粉 (じゅふん) 주훈	受粉 서우펀
tentáculo 텐타쿨로	pampinarium 팜피나리움	вьющийся стебель 비유시시야 스테벨	ψαλίδα 프살리다	巻き鬚 (まきひげ) 마키히게	卷须 쥰수
inflorescencia 인프로레스센시아	inflorescentia 인플로레스켄치아	соцветие 소츠베티예	εξάνθηση 엑산테세	花序 (かじょ) 가조	花序 화수
clorofila 클로로필라	chlorophyllum 클로로필룸	хлорофилл 흘로로필	χλωροφύλλη 클로로필레	葉緑素 (ようりょくそ) 요료쿠소	叶绿素 예위수
fotosíntesis 포토신테시스	photosynthesis 포토신테시스	фотосинтез 포토신테스	φωτοσύνθεση 포토신테세	光合成 (ひかりごうせい) 히카리고세이	光合作用 광허줘융
cáscara 카스카라	corium 코리움	кора 코라	φλούδα 플루다	皮 (かわ) 가와	外皮 와이피

한국어	영어	독일어	프랑스어	이탈리아어
까끄라기	awn 온	Granne 그란네	barbe 바르브	arista 아리스타

2-17. 곡식

한국어	영어	독일어	프랑스어	이탈리아어
곡식 (穀食)	grain 그레인	Korn 코른	grains 그랭	cereali 체레알리
작물 (作物)	crop 크롭	Feldfrucht 펠트프루흐트	culture 퀼튀르	coltura 콜투라
쌀	rice 라이스	Reis 라이스	riz 리	riso 리조
보리	barley 발리	Gerste 게르스테	orge 오르주	orzo 오르초
콩	bean 빈	Bohne 보네	haricot 아리코	fagiolo 파졸로
밀	wheat 휘트	Weizen 바이첸	froment 프로망	frumento 프루멘토
귀리	oat 오트	Hafer 하퍼	avoine 아부안	avena 아베나
옥수수	maize 메이즈	Mais 마이스	maïs 마이스	mais 마이스
조	foxtail millet 폭스테일 밀릿	Kolbenhirse 콜벤히르제	millet des oiseaux 미예 데 와조	setaria italica 세타리아 이탈리카

스페인어	라틴어	러시아어	그리스어	일본어	중국어
arista 아리스타	arista 아리스타	ость 오스티	άγανο 아가노	芒 (のぎ) 노기	麦芒 마이망
cereal 세레알	frumentum 프루멘툼	хлеб 흘레프	σπόρος 스포로스	穀物 (こくもつ) 고쿠모쓰	粮食 량스
cultivo 쿨티보	messis 메시스	урожáй 우로자이	σοδειά 소데이아	作り物 (つくりもの) 쓰쿠리모노	作物 줘우
arroz 아로스	oryza 오리자	рис 리스	ρύζι 리지	米 (こめ) 고메	米 미
cebada 세바다	hordeum 호르데움	ячмень 야치멘	κριθή 크리테	大麦 (おおむぎ) 오무기	大麦 다마이
judía 후디아	faba 파바	фасоль 파솔	φασόλι 파솔리	豆 (まめ) 마메	豆儿 더우얼
trigo 트리고	triticum 트리티쿰	пшеничная 프셰니치나야	σῖτος 시토스	小麦 (こむぎ) 고무기	小麦 샤오마이
avena 아베나	avena 아베나	овёс 오뵤스	βρώμη 브로메	燕麦 (えんばく) 엔바쿠	燕麦 옌마이
maíz 마이스	maizium 마이지움	кукуруза 쿠쿠루자	καλαμπόκι 칼람포키	玉蜀黍 (トウモロコシ) 도모로코시	玉米 위미
moha 모하	moharicum 모하리쿰	могар 모가르	κεχρί 케크리	粟 (アワ) 아와	蘗 미

한국어	영어	독일어	프랑스어	이탈리아어
메밀	buckwheat 벅휘트	Buchweizen 부흐바이첸	sarrasin 사라생	grano saraceno 그라노 사라체노
호밀	rye 라이	Roggen 로겐	seigle 세글	segala 세갈라
수수	sorghum 소검	Mohrenhirse 모렌히르제	sorgho commun 소르고 코뮌	sorghum vulgare 소르굼 불가레
완두 (豌豆)	pea 피	Erbse 에릅세	pois 푸아	pisello 피셀로
참깨	sesame 세서미	Sesam 제잠	sésame 세잠	sesamo 세자모
홉	hop 홉	Hopfen 호펜	houblon 우블롱	luppolo 루폴로
이삭	ear 이어	Ähre 애레	épi 에피	spiga 스피가
왕겨	chaff 차프	Spreu 슈프로이	balle 발	pula 풀라

2-18. 과일

과일	fruit 프루트	Obst 옵스트	fruit 프뤼이	frutta 프루타
수박	water melon 워터 멜런	Wassermelone 바서멜로네	pastèque 파스테크	cocomero 코코메로

스페인어	라틴어	러시아어	그리스어	일본어	중국어
alforfón 알포르폰	fagophrum 파고피룸	гречи́ха 그레치하	στάρι 스타리	そば 소바	荞麦 자오마이
centeno 센테노	secale 세칼레	рожь 로지	σίκαλη 시칼레	黒麦 (くろむぎ) 구로무기	黒麦 헤이마이
zahína 사이나	sorghum bicolor 소르굼 비콜로르	дурра 두라	σόργο 소르고	蜀黍 (モロコシ) 모로코시	高梁 가오량
guisante 기산테	pisum 피숨	горох 고로흐	μπιζέλι 비젤리	えんどう 엔도	豌豆 완더우
sésamo 세사모	sisamum 시사뭄	кунжут 쿤주트	σήσαμο 세사모	胡麻 (ごま) 고마	芝麻 즈마
lúpolo 루폴로	lúpolohumulus lupulus 루폴로후물루스 루풀루스	хмель 흐멜	λυκίσκος 리키스코스	ホップ 홋푸	合 거
espiga 에스피가	arista 아리스타	колос 콜로스	ὠτάριον 오타리온	耳 (みみ) 미미	稲穂 다오수이
barcia 바르시아	palea 팔레아	плёвел 플레벨	ἄχυρον 아키론	殻 (から) 가라	稲皮 추캉

스페인어	라틴어	러시아어	그리스어	일본어	중국어
fruta 프루타	fructus 프룩투스	фрукт 프룩트	φρούτο 프루토	果物 (くだもの) 구다모노	水果 수이궈
sandía 산디아	pepo 페포	арбуз 아르부스	καρπούζι 카르푸지	西瓜 (すいか) 스이카	西瓜 시과

한국어	영어	독일어	프랑스어	이탈리아어
복숭아	peach 피치	Pfirsich 피어지히	pêche 페슈	pesca 페스카
배	pear 페어	Birne 비르네	poire 푸아르	pera 페라
사과	apple 애플	Apfel 아펠	pomme 폼므	pomo 포모
포도 (葡萄)	grape 그레이프	Weintraube 바인트라우베	raisin 래쟁	uva 우바
감	persimmon 퍼시먼	Persimone 페르지모네	plaqueminier 플라크미니에	kaki 카키
귤 (橘)	mandarin 맨더린	Mandarine 만다리네	mandarine 망다린	mandarino 만다리노
석류 (石榴)	pomegranate 포미그래닛	Granatapfel 그라나트아펠	grenade 그르나드	melagrana 멜라그라나
대추	jujube 주주브	Brustbeere 브루스트베레	jujubier commun 쥐쥐비에 코묀	giuggiolo 주졸로
딸기	strawberry 스트로버리	Erdbeere 에르트베레	fraise 프레즈	fragola 프라골라
모과	chinese quince 차이니즈 퀸스	Quitte 크비테	cognassier 코냐시에	cotogno 코토뇨
다래	actinidia 액티니디어	Strahlengriffel 슈트랄렌그리펠	actinidia 악티니디아	actinidia 악티니디아

스페인어	라틴어	러시아어	그리스어	일본어	중국어
melocotón 멜로코톤	persicum 페르시쿰	персик 페르시크	ροδάκινο 로다키노	桃 (もも) 모모	桃子 타오쯔
pera 페라	pirum 피룸	груша 그루샤	αχλάδι 아클라디	梨 (なし) 나시	梨子 리쯔
manzana 만사나	malum 말룸	яблоко 야블로코	μήλο 멜로	林檎 (りんご) 링고	苹果 핑궈
uva 우바	acinus 아키누스	винный виноград 비니 비노그라트	σταφύλι 스타필리	葡萄 (ぶどう) 부도	蒲萄 푸타오
caqui 카키	diospyros kaki 디오스피로스 카키	хурма восточная 후르마 보스토치나야	διόσπυρος 디오스피포스	柿 (カキ) 가키	柿子 스쯔
tangerina 탕헤리나	mandarinum 만다리눔	мандарин 만다린	μανταρίνι 만다리니	蜜柑 (みかん) 미칸	橘子 주쯔
granada 그라나다	malogranatum 말로그라나툼	гранат обыкновенный 그라나트 오비크노벤니	ρόδι 로디	石榴 (ザクロ) 자쿠로	石榴 스류
azufaifo 아수파이포	ziziphum 지지품	зизифус настоящий 지지푸스 나스토야시	ζίζιφο 지지포	棗 (ナツメ) 나쯔메	大棗 다짜오
fresa 프레사	arbutus 아르부투스	клубника 클루브니카	φράουλα 프라울라	苺 (いちご) 이치고	草莓 차오메이
cydonia 시도니아	cydonia 키도니아	айва 아이바	κυδωνιά 키소니아	榠樝 (マルメロ) 마루메로	木瓜 무과
actinidia 악티니디아	actinidia 악티니디아	актинидия 악티니디야	ακτινίδιο 악티니디오	木天蓼 (マタタビ) 마타타비	獼猴桃 미허우타오

한국어	영어	독일어	프랑스어	이탈리아어
살구	apricot 에이프리콧	Aprikose 아프리코제	abricot 아브리코	albicocca 알비코카
무화과 (無花果)	fig 피그	Feige 파이게	figue 피그	fico 피코
파인애플	pineapple 파인애플	Ananas 아나나스	ananas 아나나	ananas 아나나스
바나나	banana 버너너	Banane 바나네	banane 바난	banana 바나나
레몬	lemon 레먼	Zitrone 치트로네	citron 시트롱	cedro 체드로
산딸기	raspberry 라즈버리	Himbeere 힘베레	framboise 프랑부아즈	lampone 람포네
멜론	melon 맬런	Melone 멜로네	melon 믈롱	melone 멜로네
오렌지	orange 오린지	Apfelsine 아펠지네	orange 오랑주	arancia 아란차
야자 (椰子)	palm 팜	Palme 팔메	palmier 팔미에	palma 팔마
오얏 (=자두)	plum 플럼	Pflaume 플라우메	prune 프륀	prugna 프루냐
건포도 (乾葡萄)	raisin 레이즌	Rosine 로지네	raisin sec 레쟁 세크	zibibbo 치비보

스페인어	라틴어	러시아어	그리스어	일본어	중국어
albaricoque 알바리코케	armeniacum 아르메니아쿰	абрикос 아브리코스	βερίκοκο 베리코코	杏子 (あんず) 안즈	杏 싱
higo 이고	ficus 피쿠스	фиговое дерево 피고보예 데레보	σῦκον 시콘	無花果 (いちじく) 이치지쿠	无花果 우화궈
piña 피냐	ananasa 아나나사	ананас 아나나스	ανανάς 아나나스	パイナップル 파이낫푸루	波罗 보뤄
plátano 플라타노	ariera 아리에라	банан 바난	μπανάνα 바나나	バナナ 바나나	香蕉 샹자오
cidra 시드라	citrum 키트룸	лимон 리몬	λεμόνι 레모니	レモン 레몬	柠檬 닝멍
frambuesa 프람부에사	batus 바투스	малина 말리나	βατόμουρο 바토무로	木莓 (きいちご) 기이치고	野草莓 예차오메이
melón 멜론	melo 멜로	дыня 디냐	πεπόνι 페포니	瓜 (うり) 우리	甜瓜 톈과
naranja 나랑하	arangia 아랑기아	апельсин 아뻴신	πορτοκάλι 포르토칼리	オレンジ 오렌지	橙子 청쯔
palmera 팔메라	palma 팔마	пальма 팔마	φοίνικας 포이니카스	椰子 (やし) 야시	椰子 예쯔
ciruela 시루엘라	prunum 프루눔	слива 슬리바	δαμάσκηνο 다마스케노	李 (すもも) 스모모	李子 리즈
pasa 파사	astaphis 아스타피스	изóминка 이주민카	σταφίδα 스타피다	干葡萄 (ほしぶどう) 호시부도	葡萄干 푸타오간

한국어	영어	독일어	프랑스어	이탈리아어
토마토	tomato 터마토	Tomate 토마테	tomate 토마트	pomodoro 포모도로
머루	wild grape 와일드 그레이프	Wildrebe 빌트레베	vigne de l'amour 비뉴 들라무르	vite dell'amur 비테 델라무르

2-19. 꽃

꽃	flower 플라워	Blume 블루메	fleur 플뢰르	fiore 피오레
무궁화	rose of sharon 로즈 어브 섀런	Eibisch 아이비슈	hibiscus 이비스퀴스	hibiscus 히비스쿠스
연꽃	lotus 로터스	Lotos 로토스	nélumbo 넬롱보	nelumbo 넬룸보
민들레	dandelion 덴딜라이언	Löwenzahn 뢰벤찬	pissenlit 피상리	tarassaco 타라사코
장미 (薔薇)	rose 로즈	Rose 로제	rose 로즈	rosa 로자
모란 [牧丹]	peony 피어니	Pfingstrose 핑스트로제	pivoine 피부안	peonia 페오니아
해바라기	sunflower 선플라워	Sonnenblume 존넨블루메	tournesol 투르느솔	girasole 지라솔레
나팔꽃	morning glory 모닝 글로리	Prunkwinde 프룽크빈데	ipomée 이포메	rivea corymbosa 리베아 코림보자

스페인어	라틴어	러시아어	그리스어	일본어	중국어
tomate 토마테	tomata 토마타	помидор 포미도르	τομάτα 토마타	トマト 도마토	西红柿 시훙스
vitis amurensis 비티스 아무렌시스	vitis amurensis 비티스 아무렌시스	виноград амурский 비노그라트 아무르스키	άγριο σταφύλι 아그리오 스타필리	山葡萄 (やまぶどう) 야마부도	山葡萄 산푸타오
flor 플로르	flos 플로스	цветок 츠베토크	Άνθος 안토스	花 (はな) 하나	花 화
hibiscus 이비스쿠스	hibiscus 히비스쿠스	гибискус 기시스쿠스	ιβίσκος 이비스코스	木槿 (むくげ) 무쿠게	木槿花 무진화
nelumbonáceas 넬룸보나세아스	lotus 로투스	лотос 로토스	λωτός 로토스	ハス 하스	莲花 렌화
diente de león 디엔테 델레온	taraxacum 타락사쿰	одуванчик 오두반치크	ραδίκι 라디키	蒲公英 (たんぽぽ) 단포포	蒲公英 푸궁잉
rosa 로사	rosa 로사	розе 로제	τριανταφυλλιά 트리안타필리아	薔薇 (バラ) 바라	玫瑰 메이구이
peonía 페오니아	aglaophotis 아글라오포티스	пион 피온	παιωνία 파이오니아	牡丹 (ぼたん) 보탄	牡丹 무단
achaguai 아차과이	helianthus annuus 헬리안투스 안누스	маслиичный 마슬리치나	ηλιοτρόπιο 엘리오트로피오	向日葵 (ヒマワリ) 히마와리	葵花 쿠이화
rivea corymbosa 리베아 코림보사	ipomoea nil 이포모이아 닐	утреннее сияние 우트렌니예 시야니예	περικοκλάδα 페리코클라다	朝顔 (アサガオ) 아사가오	牽牛花 첸뉴화

한국어	영어	독일어	프랑스어	이탈리아어
제비꽃	violet 바이얼럿	Veilchen 파일헨	violette 비올레트	viola 비올라
백일홍 (百日紅)	zinnia 지니어	Zinnie 친니에	zinnia 지니아	zinnia 친니아
할미꽃	pasqueflower 패스크플라워	Kuhschelle 쿠셸레	anémone sauvage 아네몬 소바주	pulsatilla 풀사틸라
수선화 (水仙花)	narcissus 나르시서스	Narzisse 나르치세	narcisse 나르시스	narciso 나르치조
나리 [百合]	lily 릴리	Lilie 릴리에	lis 리스	giglio 질리오
목련 (木蓮)	magnolia 매그놀리어	Magnolie 마그놀리에	magnolia 마뇰리아	magnolia 마뇰리아
붓꽃	iris 아이어리스	Schwertlilie 슈베르트릴리에	iris 이리스	iris 이리스
용담 (龍膽)	gentian 젠시언	Enzian 엔치안	gentiane 장시안	genziana 젠치아나
들장미	dogrose 도그로즈	Heckenrose 헤켄로제	églantine 에글랑틴	rosa canina 로자 카니나
국화 (菊花)	chrysanthe- mum 크리샌서멈	Chrysantheme 크뤼잔테메	chrysanthème 크리장템	crisantemo 크리산테모
면화 (棉花)	cotton 코튼	Baumwolle 바움볼레	coton 코통	ovatta 오바타

스페인어	라틴어	러시아어	그리스어	일본어	중국어
violeta 비올레타	viola 비올라	фиалка 피알카	βιολέτα 비올레타	すみれ 스미레	堇菜 진차이
zinnia 신니아	zinnia 진니아	ци́нния 친니야	ζίννια 지니아	ヒャクニチソウ 햐쿠니치소	百日红 바이리훙
pulsatilla 풀사티야	pulsatilla koreana 풀사틸라 코레아나	прострел 프로스트렐	είδος ανεμώνης 에이도스 아네모네스	翁草 (おきなぐさ) 오키나구사	白头翁 바이터우웡
narciso 나르시소	narcissus 나르키수스	нарцисс 나르치스	νάρκισσος 나르키소스	水仙 (すいせん) 스이센	水仙 수이센
lirio 리리오	lilium 릴리움	лилия 릴리야	κρίνον 크리논	百合 (ゆり) 유리	百合 바이허
magnolia 마그놀리아	magnolia 마그놀리아	магнолия 마그놀리야	μανόλια 마놀리아	モクレン 모쿠렌	木莲 무롄
flor de lis 플로르 델리스	iris 이리스	ирис 이리스	ίριδα 이리다	菖蒲 (アヤメ) 아야메	溪荪 시쑨
gentiana scabra 헨티아나 스카브라	gentiana 겐티아나	горечавка шероховатая 고레찹카 셰로호바타야	γεντιακή 겐티아케	竜胆 (リンドウ) 린도	龙胆 룽단
rosa salvaje 로사 살바헤	rosa corymbifera 로자 코림비페라	шиповник 시포브니크	αγριοτριαντάφυλλο 아그리오트리안타필로	のいばら 노이바라	野蔷薇 예창웨이
crisantemo 크리산테모	chrysanthe-mum 크리산테뭄	хризантема 흐리잔테마	χρυσάνθεμο 크리산테모	菊 (キク) 기쿠	菊花 주화
algodón 알고돈	gossypium 고시피움	вата 바타	βαμβακιά 밤바키아	木綿 (もめん) 모멘	棉花 몐화

한국어	영어	독일어	프랑스어	이탈리아어
동백 (冬柏)	camellia 커밀리어	Kamelie 카멜리에	camélia 카멜리아	camelia 카멜리아
초롱꽃	bellflower 벨플라워	Glockenblume 글로켄블루메	campanule 캉파뉠	campanula 캄파눌라
금잔화 (金盞花)	marigold 매리골드	Ringelblume 링겔블루메	calendule 칼랑뒬	calendula 칼렌둘라
진달래	azalea 어제일리어	Azalee 아찰레	azalée 아잘레	azalea 아찰레아
들국화	aster 애스터	Aster 아스터	aster 아스테르	astro 아스트로
아카시아	acacia 어케이셔	Akazie 아카치에	acacia 아카시아	acacia 아카차
칸나	canna 캐너	Blumenrohr 블루멘로어	canna 칸나	canna 칸나
코스모스	cosmos 코즈모스	Kosmee 코스메	cosmos 코스모스	cosmea 코즈메아
달리아	dahlia 데일리어	Dahlie 달리에	dahlia 달리아	dalia 달리아
히아신스	hyacinth 하이어신스	Hyazinthe 휘아친테	jacinthe 자생트	giacinto 자친토
라일락	lilac 라일럭	Flieder 플리더	lilas 릴라	lilla 릴라

스페인어	라틴어	러시아어	그리스어	일본어	중국어
camelia 카멜리아	camellia 카멜리아	камéлия 카멜리야	καμέλια 카멜리아	椿 (つばき) 쓰바키	山茶花 산차화
campánula rotundifolia 깜파눌라 로툰디폴리아	campanula 캄파눌라	колокольчик 콜로콜치크	καμπανούλα 캄파눌라	蛍袋 (ホタルブクロ) 호타루부쿠로	风铃草 펑링차오
caléndula 칼렌둘라	calta 칼타	ноготки 노곳키	ταγέτης 타게테스	金盞花 (きんせんか) 긴센카	金盏花 진잔화
azalea 아살레아	rhododendron 로도덴드론	азáлия 아잘리야	αζαλέα 아잘레아	つつじ 쓰쓰지	映山红 잉산훙
áster 아스테르	amellus 아멜루스	астра 아스트라	αστήρ 아스테르	嫁菜 (よめな) 요메나	野菊花 예주화
acacia 아카시아	acacia 아카키아	акация 아카치야	ακακία 아카키아	アカシア 아카시아	刺槐 츠화이
canna 칸나	cannaceae 칸나케아이	канна 칸나	τροπικό φυτό και άνθος 트로피코 피토 카이 안토스	カンナ 간나	美人蕉 메이런자오
cosmos 코스모스	cósmos 코스모스	космея 코스메야	κόσμος 코스모스	大春車菊 (オオハルシャギク) 오하루차기쿠	大波斯菊 다보쓰주
dalia 달리아	dalia 달리아	георгин 게오르긴	ντάλια 달리아	ダリヤ 다리야	大丽花 다리화
jacinto 하신토	hyacinthus 히아킨투스	гиацинт 기아친트	υάκινθος 히아킨토스	ヒヤシンス 히야신스	风信子 펑신쯔
lila 릴라	syringa 시링가	сирень 시렌	πασχαλιά 파스칼리아	ライラック 라이랏쿠	紫丁香 쯔딩샹

한국어	영어	독일어	프랑스어	이탈리아어
카네이션	carnation 카네이션	Nelke 넬케	œillet 외예	garofano 가로파노
달맞이꽃	evening primrose 이브닝 프림로즈	Nachtkerze 나흐트케르체	œnothère 에노테르	onagra 오라그라
데이지	daisy 데이지	Gänseblümchen 갠제블륌헨	pâquerette 파크레트	margheritina 마르게리티나
제라늄	geranium 지레이니엄	Storchschnabel 슈토르히슈나벨	pélargonium 펠라르고니옴	geranio 제라니오
팬지	pansy 팬지	Stiefmütterchen 슈티프뮈터헨	pensée 팡세	viola del pensiero 비올라 델 펜시에로
페튜니아	petunia 피튜니어	Petunie 페투니에	pétunia 페튀니아	petunia 페투니아
샐비어	salvia 샐비어	Salbei 잘바이	sauge 소주	salvia 살비아
튤립	tulip 튤립	Tulpe 툴페	tulipe 튈립	tulipano 툴리파노

2-20. 나무 1 : 낙엽수

나무	tree 트리	Baum 바움	arbre 아르브르	albero 알베로
낙엽수 (落葉樹)	deciduous tree 디시듀어스 트리	Laubbaum 라우프바움	arbre à feuilles 아르브르 아 푀예	albero da foglia 알베로 다 폴리아

스페인어	라틴어	러시아어	그리스어	일본어	중국어
clavel 클라벨	dianthus 디안투스	гвоздика 그보즈디카	γαριφαλιά 가리팔리아	カーネーション 가네숀	康乃馨 캉나이신
prímula 프리물라	primula 프리물라	ослинник 오슬리니크	νυχτολούλου- δου 닉토룰루두	月見草 (つきみそう) 쓰키미소	月見草 웨예젠차오
margarita 마르가리타	bellis perennis 벨리스 페레니스	маргаритка 마르가릿카	μαργαρίτα 마르가리타	デージー 데지	雏菊 추주
geranio 헤라니오	geranium 게라니움	герань 게란	γεράνι 게라니	ゼラニウム 제라니우무	大竺葵 다주쿠이
pensamiento 펜사미엔토	viola 비올라	анютины глазки 아뉴틴 글라즈키	πανσές 판세스	三色菫 (さんしきすみれ) 산시키스미레	三色菫 산서진
petunia 페투니아	petunia 페투니아	петуния 페투니야	πετούνια 페투니아	ペチュニア 페추니아	矮牵牛属 아이첸뉴수
salvia 살비아	salvia 살비아	шалфей 살페이	φασκομηλιά 파스코멜리아	アキギリ 아키기리	鼠尾草属 수웨이차오 수
tulipán 툴리판	tulipa 툴리파	тюльпан 튤판	τουλίπα 툴리파	チューリップ 추릿푸	郁金香 위진샹

스페인어	라틴어	러시아어	그리스어	일본어	중국어
árbol 아르볼	arbor 아르보르	дерево 데레보	δέντρο 덴드로	木 (き) 기	树 수
árbol de fronda 아르볼 데 프론다	deciduus arbor 데키두우스 아르보르	лиственное дерево 리스트벤노예 데레보	φυλλοβόλο δέντρο 필로볼로 덴드로	落葉樹 (らくようじゅ) 라쿠요주	落叶树 뤄예수

한국어	영어	독일어	프랑스어	이탈리아어
오리나무	alder 올더	Erle 에를레	aulne 온	ontano 온타노
자작나무	birch 버치	Birke 비르케	bouleau 불로	betulla 베툴라
참나무	oak 오크	Eiche 아이헤	chêne 셴	quercia 퀘르차
단풍나무	maple 메이플	Ahorn 아호른	érable 에라블	acero 아체로
물푸레나무	ash tree 애시 트리	Esche 에셰	frêne 프렌	frassino 프라시노
은행나무	maidenhair 메이든헤어	Gingko 깅코	ginkgo 쟁코	gingko 징코
밤나무	chestnut tree 체스넛 트리	Kastanienbaum 카스타니엔바움	marronnier 마로니에	castagna 카스타냐
팽나무	nettle tree 네틀 트리	Nesselbaum 네셀바움	ortie 오르티	ortica 오르티카
미루나무	poplar 포플러	Pappel 파펠	peuplier 푀플리에	pioppo 피오포
보리수 (菩提樹)	bodhi tree 보디 트리	Peepalbaum 페팔바움	pipal 피팔	albero della bodhi 알베로 델라 보디
플라타너스	platanus 플라태너스	Platane 플라타네	platane 플라탄	platanus 플라타누스

스페인어	라틴어	러시아어	그리스어	일본어	중국어
aliso 알리소	alnus 알누스	ольха 올하	σκλήθρα 스클레트라	榛の木 (ハンノキ) 한노키	赤杨 치양
abedul 아베둘	betula 베툴라	берёза 베료자	σημύδα 세미다	樺 (かば) 가바	白桦 바이화
roble 로블레	robus 로부스	дуб 두프	βελανιδιά 벨라니디아	柏 (かしわ) 가시와	橡树 샹수
acer 아세르	acer 아케르	клён 클룐	σφεντάμι 스펜타미	楓 (モミジ) 모미지	枫树 펑수
fresno 프레스노	ornus 오르누스	ясень 야센	φλαμουριά 필라무리아	木犀 (もくせい) 모쿠세이	花曲柳 화추류
gingko 힝코	gingko 깅코	гинкго 깅고	γκίγκο 깅고	公孫樹 (こうそんじゅ) 고손주	銀杏 인싱
castaña 카스타냐	castanea 카스타네아	каштан 카시탄	καστανιά 카스타니아	栗の木 (くりのき) 구리노키	栗子树 리쯔수
ortiga 오르티가	acalephe 아칼레페	крапива 크라피바	τσουκνίδα 추크니다	榎 (えのき) 에노키	朴树 포수
álamo 알라모	populus 포풀루스	тополь 토폴	λεύκα 레우카	ポプラ 포푸라	棉白杨 멘바이양
árbol bodhi 아르볼 보디	ficus religiosa 피쿠스 렐리기오사	фикус индийский 피쿠스 인디이스키	συκιά 시키아	菩提樹 (ぼだいじゅ) 보다이주	菩提树 푸티수
plátano 플라타노	platanus 플라타누스	платан 플라탄	πλάτανος 플라타노스	プラタナス 푸라타나스	悬铃木 솬링무

한국어	영어	독일어	프랑스어	이탈리아어
버드나무	willow 윌로우	Weide 바이데	saule 솔	salice 살리체
사시나무	aspen 애스펀	Espe 에스페	tremble 트랑블	tremula 트레물라
옻나무	lacquer tree 래커 트리	Lackbaum 라크바움	vernis du Japon 베르니 뒤 자퐁	lacca 라카

2-21. 나무 2 : 상록수/침엽수

한국어	영어	독일어	프랑스어	이탈리아어
상록수 (常綠樹)	evergreen 에버그린	Immergrün 이머그륀	semper virens 상페르 비랑스	sempreverdi 셈프레베르디
대나무	bamboo 뱀부	Bambus 밤부스	bambou 방부	bambù 밤부
고무나무	rubber tree 러버 트리	Gummibaum 구미바움	caoutchouc 카우추	caucciù 카우추
치자나무	gardenia 가디니어	Gardenie 가르데니	gardénia 가르데니아	gardenia 가르데니아
향나무	chinese juniper 차이니즈 주니퍼	Chinesischer Wacholder 히네지셔 바홀더	genévrier de Chine 즈네브리에 드 신	ginepro 지네프로
월계수 (月桂樹)	laurel 로렐	Lorbeer 로어베어	laurier 로리에	alloro 알로로
소철 (蘇鐵)	cycad 사이커드	Palmfarne 팔름파르네	sagou du Japon 사구 뒤 자퐁	cycas revoluta 치카스 레볼루타

스페인어	라틴어	러시아어	그리스어	일본어	중국어
sauce 사우세	salix 살릭스	ива 이바	νομή 노메	柳 (やなぎ) 야나기	柳树 류수
álamo temblón 알라모 템블론	populus tremula 포풀루스 트레물라	осина 오시나	λεύκη η τρέμουσα 레우케 에 트레무사	やまならし 야마나라시	山杨 산양
árbol de la laca 아르볼 델라 라카	toxicodendron vernicifluum 톡시코덴드론 베르니키플룸	лаковое дерево 라코보예 데레보	λάκα δέντρο 라카 덴드로	漆 (ウルシ) 우루시	漆树 치수
perennifolio 페레니폴리오	apharce 아파르케	вечнозелёные 베치노젤로니예	αειθαλής 아에이탈레스	常緑樹 (じょうりょくじゅ) 조료쿠주	常绿树 창뤼수
bambú 밤부	bambusa 밤부사	бамбук 밤부크	ινδοκάλαμος 인도칼라모스	竹 (たけ) 다케	竹 주
caucho 카우초	ficus elastica 피쿠스 엘라스티카	фикус каучуконосный 피쿠스 카우추코노스니	ελαστικός φίκος 엘라스티코스 피코스	ゴムの木 (ゴムのき) 고무노키	橡胶树 샹쟈오수
gardenia 가르데니아	gardenia 가르데니아	гардения 가르제니야	γαρδένια 가르데니아	くちなし 구치나시	栀子 쯔쯔
enebro de la china 에네브로 델라 치나	juniperus chinensis 유니페루스 키넨시스	можжевельник китайский 모제벨니크 키타이스키	κινέζικο αρκεύθου 키네지코 아르케우투	伊吹 (イブキ) 이부키	金叶桧 진예후이
laurel 라우렐	laurea 라우레아	лавр 라브르	δάφνη 다프네	月桂樹 (げっけいじゅ) 겟케이주	月桂树 웨구이수
cica 시사	cycas revoluta 키카스 레볼루타	саговник поникающий 사고브니크 포니카유시	κύκας 키카스	蘇鉄 (ソテツ) 소테쓰	苏铁 수톄

한국어	영어	독일어	프랑스어	이탈리아어
침엽수 (針葉樹)	conifer 코니퍼	Nadelbaum 나델바움	conifère 코니페르	conifera 코니페라
가문비나무	silver fir 실버 퍼	Silbertanne 질버탄네	sapin 사팽	abete 아베테
측백나무	arborvitae 아버바이티	Lebensbaum 레벤스바움	thuya 튀야	albero della vita 알베로 델라 비타
삼나무	cedar 시더	Zeder 체더	cèdre 세드르	cedro 체드로
소나무	pine 파인	Kiefer 키퍼	pin 팽	pino silvestre 피노 실베스트레

2-22. 나무 3 : 기타

한국어	영어	독일어	프랑스어	이탈리아어
관목 (灌木)	bush 부시	Busch 부시	buisson 뷔이송	cespuglio 체스풀리오
회양목	boxwood tree 박스우드 트리	Buchsbaumgewächs 북스바움게백스	buxaceae 뷕사케아	buxaceae 북사체아에
그루터기	stump 스텀프	Stumpf 슈툼프	souche 수슈	ceppo 체포
통나무	log 로그	Massivholz 마시프홀츠	rondin 롱댕	masselo 마셀로
계피 (桂皮)	cinnamon 시너먼	Zimt 침트	cannelle 카네유	cannella 칸넬라

스페인어	라틴어	러시아어	그리스어	일본어	중국어
árbol conífero 아르볼 코니페로	coniferales 코니페랄레스	хвойное дерево 흐보이노예 데레보	κωνοφόρο δέντρο 코노포로 덴드로	針葉樹 (しんようじゅ) 신요주	针叶树 전예수
abeto 아베토	abies 아비에스	ель 엘	ελάτης 엘라테스	蝦夷松 (えぞまつ) 에조마쓰	云杉 윈산
ciprés 시프레스	thuia 투이아	туя 투야	βιότοπος 비오토포스	糸杉 (いとすぎ) 이토스기	柏树 바이수
cedro 세드로	cedrus 케드루스	кедр 케드르	κέδρος 케드로스	杉 (すぎ) 스기	柳杉 류산
pino 피노	pinus 피누스	сосна 소스나	πεύκο 페우코	松 (まつ) 마쓰	松树 송수
ramita 라미타	arbuscula 아르부스쿨라	хворостина 흐보로스티나	φρύγανον 프리가논	低木 (ていぼく) 데이보쿠	灌木 관무
buxáceas 북사세아스	buxus 북수스	самшитовые 삼시토비예	πυξάρι δέντρο 픽사리 덴드로	黄楊 (つげ) 쓰게	黄杨 황양
tocón 토콘	cippus 키푸스	остаток 오스타토크	κορμός 코르모스	切り株 (きりかぶ) 기리카부	树墩 수둔
tronco 트롱코	sudis 수디스	бревно 브레브노	κούτσουρο 쿠추로	丸太 (まるた) 마루타	圆材 위안차이
canela 카넬라	cinnamomum 킨나모뭄	корица 코리차	κιννάμωμον 키나모몬	桂皮 (けいひ) 게히	桂皮 구이피

한국어	영어	독일어	프랑스어	이탈리아어
줄기	stem 스템	Stamm 슈탐	tronc 트롱	tronco 트롱코
가지 (소)	branch 브랜치	Ast 아스트	branche 브랑슈	nodo 노도
가지 (대)	bough 바우	Zweig 츠바이크	ramure 라뮈르	ramo 라모
옹이	knarl 나를	Maser 마저	madrure 마드뤼르	vertice 베르티체
수액 (樹液)	sap 샙	Saft 자프트	sève 세브	linfa 린파
접목 (接木)	graft 그라프트	Pfropfreis 프롭라이스	greffe 그레프	innesto 인네스토
휘묻이	layer 레이어	Ableger 아플레거	marcotte 마르코트	margottare 마르고타레
나이테	annual ring 에뉴얼 링	Jahresring 야레스링	anneaux de croissance 아노 드 크루아상스	anello legnoso 아넬로 레뇨소

2-23. 식물의 뿌리

뿌리	root 루트	Wurzel 부르첼	racine 라신	radice 라디체
감자	potato 포테이토	Kartoffel 카르토펠	pomme de terre 폼 드 테르	patata 파타타

스페인어	라틴어	러시아어	그리스어	일본어	중국어
zoquete 소케테	culmus 쿨무스	стёбель 스테벨	φυλή 필레	幹 (みき) 미키	干 간
ramificación 라미피카시온	ramulus 라물루스	ветвь 베트비	κλαδί 클라디	枝 (えだ) 에다	树枝 수즈
rama 라마	ramus 라무스	сук 수크	τρίβος 트리보스	枝 (えだ) 에다	枝 즈
nudo 누도	–	корь 코리	κόκκος 코코스	節 (ふし) 후시	节子 제쯔
savia 사비아	succus 수쿠스	сок 소크	χυμός 키모스	液汁 (えきじゅう) 에키주	树胶 수자오
injerto 잉헤르토	insitio 인시치오	привой 프리보이	μόσχευμα 모스케우마	接ぎ木 (つぎき) 쓰기키	接轨 제구이
acodo 아코도	plantare 플란타레	слой 슬로이	καταβολάδα 카타볼라다	取り木 (とりき) 도리키	压条 야탸오
anillo de crecimiento 아니요 데 크레시미엔토	anulus ligni 아눌루스 리그니	годичные кольца 고디치니예 콜차	ετήσιος δακτύλιος 에테시오스 닥틸리오스	年輪 (ねんりん) 넨린	年轮 녠룬
raíz 라이스	radix 라딕스	корень 코렌	ρίζα 리자	根 (ね) 네	根 건
patata 파타타	solanum tuberosum 솔라눔 투베로숨	картофель 카르토펠	πατάτα 파타타	じゃが芋 (じゃがいも) 자가이모	土豆 투더우

한국어	영어	독일어	프랑스어	이탈리아어
고구마	sweet potato 스위트 포테이토	Süßkartoffel 쥐스카르토펠	patate douce 파타트 두스	patata dolce 파타타 돌체
당근	carrot 캐럿	Möhre 뫼레	carotte 카로트	carota 카로타
우엉	greater burdock 그레이터 버독	große Klette 그로세 클레테	bardane 바르단	bardana maggiore 바르다나 마조레
마늘	garlic 갈릭	Knoblauch 크노블라우흐	ail 아유	aglio 알리오
무	radish 래디시	Rettich 레티히	radis 라디	ravanello 라바넬로
도라지	chinese bellflower 차이니즈 벨플라워	Ballonblume 발롱블루메	platycodon 플라티코동	campanula cinese 캄파눌라 치네세
생강 (生薑)	ginger 진저	Ingwer 잉버	gingembre 쟁잠브르	zenzero 첸체로
인삼 (人蔘)	ginseng 진셍	Ginseng 긴셍	ginseng 진셍	panax 파낙스

2-24. 식물의 열매

한국어	영어	독일어	프랑스어	이탈리아어
도토리	acorn 에이콘	Eichel 아이헬	gland de chêne 글랑 드 셴	ghianda 기안다
겨자	mustard 머스터드	Senf 젠프	moutarde 무타르드	senape 세나페

스페인어	라틴어	러시아어	그리스어	일본어	중국어
boniato 보니아토	ipomoea batatas 이포모이아 바타타스	батат 바타트	γλυκοπατάτα 글리코파타타	薩摩芋 (サツマイモ) 사시마이모	白薯 바이수
zanahoria 사나오리아	carota 카로타	морковь 모르코비	καρότο 카로토	人参 (にんじん) 닌진	胡萝卜 후뤄보
bardana 바르다나	arctium lappa 아르크티움 라파	лопух большой 로푸흐 볼쇼이	μεγαλύτερη κολλιτσίδα 메갈리테레 콜리치다	牛蒡 (ゴボウ) 고보	牛蒡 뉴방
ajo 아호	allium 알리움	чеснок 체스노크	σκόρδο 스코르도	大蒜 (にんにく) 닌니쿠	蒜 솬
rábano 라바노	raphanus 라파누스	редиска 레디스카	ραπάνι 라파니	大根 (だいこん) 다이콘	萝卜 뤄보
platycodon 플라티코돈	platycodon grandiflorus 플라티코돈 그란디플로루스	колокольчик 콜로콜치크	πλατυκώδων 플라티코돈	桔梗 (ききょう) 기쿄	桔梗 제겅
jengibre 헹히브레	zingiber 징기베르	имбирь 임비리	πιπερόριζα 피페로리자	生姜 (しょうが) 쇼가	生姜 성장
panax ginseng 파낙스 진셍	panax 파낙스	женьшень 젠셴	πάναξ σινσένγκ 파낙스 신셍	人参 (にんじん) 닌진	人参 런선

스페인어	라틴어	러시아어	그리스어	일본어	중국어
bellota 베요타	balanus 발라누스	жёлудь 졸루디	βελανίδι 벨라니디	団栗 (どんぐり) 돈구리	橡子 샹쯔
mostaza 모스타사	sinapis 시나피스	горчица 고르치차	μουστάρδα 무스타르다	洋芥子 (ようがらし) 요가라시	芥菜 제차이

한국어	영어	독일어	프랑스어	이탈리아어
개암	hazelnut 헤이즐넛	Haselnuss 하젤누스	noisette 누아제트	nocciola 노촐로
호두	walnut 월넛	Walnuss 발누스	noix 누아	noce 노체
솔방울	pinecone 파인콘	Kiefernzapfen 키페른차펜	pomme de pin 폼 드 팽	pigna 피냐
피마자	castor 캐스터	Rizinus 리치누스	ricin 리생	ricino 리치노
잣	pine nut 파인 넛	Pinienkern 피니엔케른	pignon 피뇽	pinolo 피놀로
버찌	cherry 체리	Kirsche 키르셰	cerise 스리즈	ciliegia 칠리에자
오디	mulberry 멀버리	Maulbeere 마울베레	mûrier 뮈리에	morus 모루스
월귤 (越橘)	cranberry 크랜버리	Preiselbeere 프라이젤베레	airelle rouge 에렐 루주	mirtillo rosso 미르틸로 로소
땅콩	peanut 피넛	Erdnuss 에르트누스	cacahuète 카카웨트	arachide 아라키데
탱자	trifoliate orange 트라이폴리어트 오린지	Dreiblättrige Orange 드라이블래트리게 오랑제	citronnier épineux 시트로니에 에피뇌	arancio trifogliato 아란초 트리폴리아토
유채 (油菜)	canola 캐널러	Raps 랍스	colza 콜자	ravizzone 라비초네

스페인어	라틴어	러시아어	그리스어	일본어	중국어
avellana 아베야나	nux avellana 눅스 아벨라나	орех 오레흐	φουντούκι 푼두키	榛 (はしばみ) 하시보미	榛子 전쯔
nuez 누에스	juglans 유글란스	орех грецкий 오레흐 그레츠키	καρύδι 카리디	胡桃 (くるみ) 구루미	胡桃 후타오
piña 피냐	conus pineus 코누스 피네우스	сосновая шишка 소스노바야 시시카	κουκουνάρι 쿠쿠나리	松毬 (まつかさ) 마쓰카사	松球 숭츄
ricino 리시노	cici 키키	касторовое 카스토로보예	καστόριο 카스토리오	蓖麻 (ひま) 히키	蓖麻 비마
piñón 피뇽	nucleus pineus 누클레우스 피네우스	кедровый орех 케드로비 오레흐	καρπός πεύκου 카르포스 페우쿠	松の実 (まつのみ) 마쓰노미	松仁 송런
cereza 세라사	cerasus 케라수스	вишня 비시냐	κεράσι 케라시	桜んぼ (さくらんぼ) 사쿠란보	櫻花 잉화
morus 모루스	morus 모루스	шелковица 셀코비차	μούρο 무로	桑実 (くわのみ) 구와노미	桑椹 상선
arándano rojo 아란다노 로호	vaccinium vitisidaea 바키니움 비티시다이아	брусника 스루스니카	φίγγι 핑기	苔桃 (こけもも) 고케모모	越橘 웨주
maní 마니	arachis 아라키스	земляной орех 젬랴노이 오레흐	φιστίκι 피스티키	落花生 (らっかせい) 락카세이	花生 화성
naranjo espinoso 나랑호 에스피노소	poncirus trifoliata 폰키루스 트리폴리아타	понцирус 폰치루스	τρίφυλλα πορτοκαλί 트리필라 포르토칼리	枳殻 (からたち) 가라타치	枳子 쯔쯔
nabo 나보	brassica napus 브라시카 나푸스	репа масличная 레파 마슬리치나야	ρέβα 레바	油菜 (あぶらな) 아부라나	油菜 유차이

한국어	영어	독일어	프랑스어	이탈리아어
핵과 (核果)	stone fruit 스톤 프루트	Steinfrucht 슈타인프루흐트	drupe 드뤼프	drupa 드루파

2-25. 채소

한국어	영어	독일어	프랑스어	이탈리아어
쑥	mugwort 머그워트	Beifuß 바이푸스	armoise 아르무아즈	artemisia 아르테미시아
가지	aubergine 오버진	Aubergine 오베르지네	aubergine 오베르진	melanzana 멜란차나
고추	chili 칠리	Chili 칠리	chile 실	cile 칠레
양배추	cabbage 캐비지	Kohl 콜	chou 슈	cavolo 카볼로
배추	chinese cabbage 차이니즈 캐비지	Chinakohl 히나콜	chou chinois 슈 시누아	cavolo cinese 카볼로 치네세
브로콜리	broccoli 브로콜리	Brokkoli 브로콜리	brocoli 브로콜리	broccoli 브로콜리
오이	cucumber 큐컴버	Gurke 구르케	concombre 콩콩브르	cetriolo 체트리올로
늙은호박	pumpkin 펌프킨	Kürbis 퀴르비스	courge 쿠르주	zucca 추카
애호박	courgette 코제트	Zucchini 추키니	courgette 쿠르제트	zucchino 추키노

스페인어	라틴어	러시아어	그리스어	일본어	중국어
drupa 드루파	pomum nukleus 포뭄 누클레우스	костянка 코스탼카	δρύπη 스리페	核果 (かくか) 가쿠카	核果 허궈
artemisa 아르테미사	artemisia 아르테미시아	полынь 폴린	αρτεμισία 아르테미시아	艾 (よもぎ) 요모기	蒿草 하오차오
berenjena 베렝헤나	melongena 멜롱게나	баклажа́н 바클라잔	μελιτζάνα 멜린자나	茄子 (なす) 나스	茄子 체쯔
chile 칠레	capsicum 캅시쿰	жгу́чий пе́рец 즈구치 페레치	τσίλι 칠리	唐辛子 (とうがらし) 도가라시	辣椒 라자오
col 콜	brassica 브라시카	капуста 카푸스타	λάχανο 라카노	玉菜 (たまな) 다마나	洋白菜 양바이차이
col china 콜 치나	brassica pekinensis 브라시카 페키넨시스	пекинская капуста 페키닌스카야 카푸스타	λάχανο πεκίνου 라카노 페키누	白菜 (はくさい) 하쿠사이	白菜 바이차이
brécol 브레콜	brassica italica 브라시카 이탈리카	бро́кколи 브로콜리	μπρόκολο 브로콜로	パンフレット 반후렛토	西兰花 시란화
pepino 페피노	cucumis 쿠쿠미스	огурец 오구레츠	αγγούρι 앙구리	黄瓜 (きゅうり) 규리	黄瓜 황과
calabaza 칼라바사	citrulus 키트룰루스	тыква 치크바	μυελός 미엘로스	南瓜 (かぼちゃ) 가보챠	老南瓜 라오난과
calabacine 칼라바시네	cucurbitula 쿠쿠르비툴라	кабачо́к 카바초크	κολοκύθα 콜로키타	ズッキーニ 즛키니	少南瓜 샤오난과

한국어	영어	독일어	프랑스어	이탈리아어
시금치	spinach 스피니지	Spinat 슈피나트	épinard 에피나르	spinaci 스피나치
고사리	bracken 브래큰	Adlerfarn 아들러파른	fougère aigle 푸제르 에글	felce aquilina 펠체 아퀼리나
상추	lettuce 레티스	Kopfsalat 코프잘라트	laitue pommée 레튀 포메	lattuga a capuccio 라투가 아 카푸초
채소 (菜蔬)	vegetable 베지터블	Gemüse 게뮈제	légume 레귐	ortaggi 오르타지
아욱	mallow 맬로우	Malve 말베	mauve 모브	malva 말바
양파	onion 어니언	Zwiebel 츠비벨	oignon 오뇽	cipolla 치폴라
파 [葱]	leek 리크	Lauch 라우흐	poireau 푸아로	porro 포로
토란 (土卵)	taro 타로	Kolokasie 콜로카지에	taro 타로	taro 타로
달래	cocktail onion 칵테일 어니언	Perlzwiebel 페를츠비벨	ail sauvage 아이 소바주	cipollina sottaceto 치폴리나 소타체토
피망	paprika 패프리카	Paprika 파프리카	piment 피망	peperone 페페로네

스페인어	라틴어	러시아어	그리스어	일본어	중국어
espinaca 에스피나카	spinacium 스피나키움	шпинат 시피나트	σπανάκι 스파나키	法蓮草 (ほうれんそう) 호렌소	菠菜 보차이
helecho águila 엘레초 아길라	pterídium aquilínum 프테리디움 아퀼리눔	орляк обыкновенный 오를랴크 오비크노벤니	φτέρη 프테레	蕨 (ワラビ) 와라비	蕨菜 쥐차이
lechuga 레추가	lactuca 락투카	салáт 살라트	μαρούλι 마룰리	萵苣 (ちしゃ) 지샤	萵苣 워주
verdura 베르두라	aristis 아리스티스	овощи 오보시	λάχανον 라카논	蔬菜 (そさい) 소사이	蔬菜 수차이
malva 말바	malva 말바	мальва 말바	μολόχα 몰로카	冬葵 (フユアオイ) 퓨아오이	露葵 루쿠이
cebolla 세보야	caepe 카이페	лук 루크	κρεμμύδι 크레미디	玉葱 (たまねぎ) 다마네기	洋葱 양충
puerro 푸에로	porrus 포루스	лук-порей 루크 포레이	πράσο 프라소	韮葱 (にらねぎ) 니라네기	葱 충
taro 타로	colocasia esculenta 콜로카시아 에스쿨렌타	таро 타로	τάρο 타로	里芋 (さといも) 사토이모	芋艿 위나이
cebolleta 세보예타	allium porrum 알리움 포룸	маринованный лук 마리노반니 루크	κρεμμύδι κοκτέιλ 크레미디 콕테일	野蒜 (のびる) 노비루	单花葱 단화충
pimentón dulce 피멘톤 둘세	capsicum 캅시쿰	пáприка 파프리카	πάπρικα 파프리카	パプリカ 파푸리카	柿子椒 스쯔자오

2-26. 풀

한국어	영어	독일어	프랑스어	이탈리아어
풀 [草]	grass 그라스	Gras 그라스	herbe 에르브	erba 에르바
골풀	rush 러시	Binse 빈제	jonc 종	canna 칸나
담쟁이	ivy 아이비	Efeu 에포이	lierre 리에르	edera 에데라
잡초 (雜草)	weed 위드	Unkraut 운크라우트	mauvaise herbe 모베즈 에르브	erbaccia 에르바차
박하 (薄荷)	peppermint 페퍼민트	Pfefferminze 페퍼민체	menthe 망트	menta 멘타
억새	silver grass 실버 그래스	Chinaschilf 히나쉴프	eulalia 욀랄리아	porcospino 포르코스피노
물망초 (勿忘草)	forget-me-not 포겟미낫	Vergissmein-nicht 페어기스마인니히트	myosotis 미오조티스	nontiscordar-dimè 논티스코르다르디메
난 (蘭)	orchid 오키드	Orchidee 오르히데	orchidée 오르키데	orchidea 오르키데아
쐐기풀	nettle 네틀	Nessel 네셀	ortie 오르티	ortica 오르티카
양귀비 (楊貴妃)	poppy 포피	Mohn 몬	pavot 파보	papavero 파파베로
질경이	plantain 플랜틴	Wegerich 베게리히	plantain 플랑탱	plantago 플란타고

스페인어	라틴어	러시아어	그리스어	일본어	중국어
hierba 이에르바	gramen 그라멘	трава́ 트라바	χόρτος 코르토스	草 (くさ) 구사	草 차오
junco 훙코	restis 레스티스	тростни́к 트로스트니크	ὁρμάω 호르마오	いぐさ 이구사	灯心草 덩신차오
hiedra 이에드라	hedera 헤데라	плющ 플류시	κισσός 키소스	蔦 (つた) 쓰타	地锦 디진
mala hierba 말라 이에르바	sario 사리오	сорная трава 소르나야 트라바	ζιζάνια 지자니아	雑草 (ざっそう) 잣소	杂草 짜차오
menta 멘타	mentha piperita 멘타 피페리타	мята 먀타	μέντα 멘타	薄荷 (はっか) 핫카	薄荷 보허
caña 카냐	miscanthus sinensis 미스칸투스 시넨시스	мискантус пурпурный 미스칸투스 푸르푸르니	ασημένια γρασίδι 아세메니아 그라시디	芒 (すすき) 스스키	紫芒 쯔망
miosotis 미오소티스	myosotis 미오소티스	незабудка 네자붓카	ηελοχάρης 엘로카레스	忘れな草 (わすれなぐさ) 와스레나구사	勿忘草 우왕차오
orquídea 오르키데아	cynosorchis 키노소르키스	орхидея 오르히데야	ορχιδέα 오르키데아	蘭 (らん) 란	兰 란
ortiga 오르티가	urtica 우르티카	крапива 크라피바	τσουκνίδα 추크니다	いらくさ 이라쿠사	荨麻 첸마
amapola 아마폴라	papaver 파파베르	мак 마크	παπαρούνα 파파루나	罌粟 (けし) 게시	罂粟 잉수
llantén 얀텐	plantago 플란타고	подорожник 포도로즈니크	πεντάνευρο 펜타네우로	大葉子 (おおばこ) 오바코	车前 처첸

한국어	영어	독일어	프랑스어	이탈리아어
감초 (甘草)	licorice 리커리스	Lakritze 라크리체	réglisse 레글리스	liquirizia 리쿼리차
갈대	reed 리드	Schilf 실프	roseau 로조	canna 칸나
사프란	saffron 새프런	Safran 자프란	safran 사프랑	zafferano 차페라노
버들강아지	pussy willow 퍼시 윌로우	Salweide 잘바이데	saule marsault 솔 마르소	salicone 살리코네
토끼풀	clover 클로버	Klee 클레	trèfle 트레플	trifoglio bianco 트리폴리오 비앙코
창포 (菖蒲)	sweet flag 스위트 플래그	Kalmus 칼무스	acore odorant 아코르 오도랑	calamo aromatico 칼라모 아로마티코
선인장 (仙人掌)	cactus 캑터스	Kaktus 칵투스	cactus 칵튀스	cacto 칵토
대마 (大麻)	hemp 헴프	Hanf 한프	chanvre 샹브르	canapa 카나파
엉겅퀴	thistle 시슬	Distel 디스텔	chardon 샤르동	cardo 카르도
끈끈이주걱	sundew 선듀	Sonnentau 존넨타우	droséra 드로제라	drosera 드로세라
잔디	lawn 론	Rasen 라젠	gazon 가종	erba 에르바

스페인어	라틴어	러시아어	그리스어	일본어	중국어
regaliz 레갈리스	adipson 아딥손	лакрица 라크리차	γλυκόριζα 글리코리자	甘草 (かんぞう) 간조	甘草 간차오
cañuela 카뉴엘라	avena 아베나	тростник 트로스니크	κάλαμος 칼라모스	葦 (あし) 아시	芦苇 루웨이
azafrán 아사프란	crocus 크로쿠스	шафра́н 샤프란	ζαφορά 자포라	サフラン 사후란	藏红花 짱훙화
zargatillo 사르가티요	salix caprea 살릭스 카프레아	бредина 브레디나	ιτιά μουνί 이티아 무니	柳のわた (やなぎのわた) 야나기노와타	柳絮 류수
trébol blanco 트레볼 블랑코	serta 세르타	клевер ползучий 클레베르 폴주치	τριφύλλι 트리필리	白詰草 (シロツメクサ) 시로쓰메쿠사	白三叶 바이산예
acorus calamus 아코루스 칼라무스	acorus calamus 아코루스 칼라무스	аир обыкно– венный 아이르 오비크노벤니	γλυκό σημαία 글리코 세마이아	菖蒲 (ショウブ) 쇼부	菖蒲 창푸
cactus 칵투스	cactaceae 칵타케아이	кактус 칵투스	κάκτος 칵토스	仙人掌 (さぼてん) 사보텐	仙人掌 셴런장
cáñamo 카냐모	cannabis 칸나비스	конопля 코노플랴	κάνναβη 카나비	麻 (あさ) 아사	大麻 다마
abrojo 아브로호	cirsium 키르시움	чертополо́х 체르토폴로흐	τρίβολος 트리볼로스	アザミ 아자미	蓟 지
rocío del sol 로시오 델 솔	drosera 드로세라	росянка 로샨카	δροσέρα 드로세라	毛氈苔 (もうせんごけ) 모센고케	茅膏菜 마오가오차이
césped 세스페드	caespes 카이스페스	газон 가존	γήπεδο 게페도	芝草 (しばくさ) 시바쿠사	草皮 차오피

한국어	영어	독일어	프랑스어	이탈리아어
건초 (乾草)	hay 헤이	Heu 호이	foin 푸앵	fieno 피에노
약초 (藥草)	herb 허브	Heilkraut 하일크라우트	simples 생플	erba medicinale 에르바 메디치날레
지푸라기	straw 스트로	Stroh 슈트로	paille 파유	paglia 팔리아

2-27. 말류/균류

한국어	영어	독일어	프랑스어	이탈리아어
바닷말 [海藻]	seaweed 시위드	Seetang 제탕	varech 바레크	alga marina 알가 마리나
녹조 (綠藻)	chlorophyta 클로로피터	Grünalge 그륀알게	algue vert 알그 베르	alga verde 알가 베르데
갈조 (褐藻)	brown alga 브라운 앨거	Braunalge 브라운알게	algue brune 알그 브륀	alga bruno 알가 브루노
홍조 (紅藻)	red alga 레드 앨거	Rotalge 로트알게	algue rouge 알그 루주	alga rosse 알가 로세
버섯	mushroom 머시룸	Pilz 필츠	champignon 샹피뇽	fungo 풍고
송이	pine mushroom 파인 머시룸	Kiefernpilz 키펀필츠	champignon des pins 샹피뇽 드 팽	fungo pina 풍고 피나
느타리	agaric 애거릭	Blätterpilz 블래터필츠	agaricales 아가리칼	agaricales 아가리칼레스

스페인어	라틴어	러시아어	그리스어	일본어	중국어
heno 에노	faenum 파이눔	сено 세노	χόρτος 코르토스	干し草 (ほしくさ) 호시쿠사	干草 간차오
hierba medicinal 이에르바 메디시날	herba 헤르바	лечéбное растéние 레체브노예 라스테니예	θεραπευτικό βότανο 테라페우티코 보타노	ハーブ 하부	药草 야오차오
paja 파하	avena 아베나	солóма 솔로마	άχυρο 아키로	藁屑 (わらくず) 와라쿠즈	稻草屑 다오차오셰
alga 알가	alga 알가	морская водоросль 모르스카야 보도로슬리	φύκι 피키	海藻 (かいそう) 가이소	海藻 하이자오
clorófitos 클로로피토스	chlorophyta 클로로피타	зелёные вóдоросли 젤료니예 보도로슬리	χλωροφύκη 클로로피케	緑藻植物 (りょくそうしょくぶつ) 료쿠소쇼쿠부쓰	绿藻 뤼자오
feofita 페오피타	phaeophyceae 파이오피케아이	бурые водоросли 부리예 보도로슬리	φαιοφύκι 파이오피키	褐藻 (かっそう) 갓소	褐藻 허자오
rodófita 로도피타	rhodophyta 로도피타	красные водоросли 크라스니예 보도로슬리	ερυθρόχρωμο φύκι 에리트로크로모 피키	紅藻 (こうそう) 고소	红藻 훙자오
seta 세타	fungus 풍구스	гриб 그리프	μανιτάρι 마니타리	茸 (きのこ) 기노코	蘑菇 모구
hongo pino 옹고 피노	fungus pini 풍구스 피니	мацутаке 마추타케	πεύκο μανιτάρι 페우코 마니타리	松茸 (まつたけ) 마쓰타케	松菇 송구
oronja falsa 오롱하 팔사	agaricum 아가리쿰	мухомор 무호모르	αγαρικό 아가리코	平茸 (ひらたけ) 히라타케	糙皮侧耳 차오피처얼

한국어	영어	독일어	프랑스어	이탈리아어
홀씨 [胞子]	spore 스포어	Spore 슈포레	spore 스포르	spora 스포라
이끼	moss 모스	Moos 모스	mousse 무스	muschio 무스키오
효모 (酵母)	yeast 이스트	Hefe 헤페	levure 르뷔르	lievito 리에비토
유산균 (乳酸菌)	lactobacillus 랙토버실러스	Milchsäurebak– terie 밀히조이레박테리에	ferments lactiques 페르망 락티크	lactobacillus 락토바칠루스

2-28. 동물 일반

한국어	영어	독일어	프랑스어	이탈리아어
동물 (動物)	animal 애니멀	Tier 티어	bête 베트	animale 아니말레
맹수 (猛獸)	predator 프레더터	Raubtier 라웁티어	fauve 포브	bestia 베스티아
초식동물 (草食動物)	herbivore 허비보어	Pflanzenfresser 플란첸프레서	herbivore 에르비보르	erbivoro 에르비보로
벌레 [昆蟲]	insect 인섹트	Insekt 인젝트	insecte 앵섹트	insetto 인세토
애벌레 [幼蟲]	larva 라버	Larve 라르페	larve 라르브	larva 라르바
물고기	fish 피시	Fisch 피슈	poisson 푸아송	pesce 페셰

스페인어	라틴어	러시아어	그리스어	일본어	중국어
espora 에스포라	–	спора 스포라	σπόρος 스포로스	胞子 (ほうし) 호시	胞子 바오쯔
musgo 무스고	muscus 무스쿠스	мох 모흐	μούσκλο 무스클로	苔 (こけ) 고케	苔蘚 타이셴
levadura 레바두라	fermentum 페르멘툼	дрожжи 드로지	ζύμη 지메	酵母 (こうぼ) 고보	酵母 자오무
lactobacilo 락토바실로	lactobacillus 락토바킬루스	лактобактерии 락토박테리	γαλακτοβάκιλ- λος 갈락토바킬로스	乳酸菌 (にゅうさんきん) 뉴산킨	乳酸菌 루솬준
animal 아니말	bestia 베스티아	зверь 즈베리	ζῶόον 조온	動物 (どうぶつ) 도부쓰	动物 둥우
animal de presa 아니말 데 프레사	bestia 베스티아	хищный зверь 히시니 즈베리	αρπακτικό ζώο 아르팍티코 조오	猛獣 (もうじゅう) 모주	猛兽 멍서우
herbívoro 에르비보로	herbivor 헤르비보르	травоя́дное живо́тное 트라보야드노예 지보트노예	φυτοφάγος 피토파고스	草食動物 (そうしょくどうぶつ) 소쇼쿠도부쓰	草食动物 차오스둥우
insecto 인섹토	bestiola 베스티올라	насекомое 나세코모예	έντομο 엔토모	昆虫 (こんちゅう) 곤추	虫子 충쯔
larva 라르바	vermiculus 베르미쿨루스	личинка 리친카	νύμφη 님페	仔虫 (しちゅう) 시추	幼虫 유충
pez 페스	piscis 피스키스	рыба 리바	ἰχθύς 익티스	魚 (うお) 우오	鱼 위

한국어	영어	독일어	프랑스어	이탈리아어
막 (膜)	membrane 멤브레인	Membran 멤브란	membrane 망브란	membrana 멤브라나
알	egg 에그	Ei 아이	œuf 외프	uovo 우오보

2-29. 포유류 1 : 영장류

포유류 (哺乳類)	mammal 매믈	Säugetier 조이게티어	mammifère 마미페르	mammifero 맘미페로
영장류 (靈長類)	primate 프라이메이트	Primat 프리마트	primate 프리마트	primates 프리마테스
고릴라	gorilla 거릴러	Gorilla 고릴라	gorille 고리유	gorilla 고릴라
침팬지	chimpanzee 침펀지	Schimpanse 심판제	chimpanzé 심판제	scimpanzè 심판체
원숭이	ape 에이프	Affe 아페	singe 생주	scimmia 심미아

2-30. 포유류 2 : 가축

가축 (家畜)	cattle 캐틀	Vieh 피	bétail 베타유	bestiame 베스티아메
수소	bull 불	Stier 슈티어	taureau 토로	toro 토로

스페인어	라틴어	러시아어	그리스어	일본어	중국어
membrana 멤브라나	membrana 멤브라나	мембрана 멤브라나	μεμβράνη 멤브라네	膜 (まく) 마쿠	膜 모
huevo 우에보	ovum 오붐	куриное яйцо 쿠리노예 야이초	ὠόν 오온	卵 (たまご) 다마고	卵 롼
mamífero 마미페로	mammalis 맘말리스	млекопитающе 믈레코피타유시예	θηλαστικό 텔라스티코	哺乳類 (ほにゅうるい) 호뉴루이	哺乳类 부루레이
primates 프리마테스	primates 프리마테스	приматы 프리마티	πρωτεύοντα 프로테우온타	霊長類 (れいちょうるい) 레이초루이	灵长类 링장레이
gorila 고릴라	gorilla 고릴라	горилла 고릴라	γορίλας 고릴라스	ゴリラ 고리라	大猩猩 다싱싱
chimpancé 침판세	sphinx 스핑스	шимпанзé 심판제	χιμπατζής 킴파제스	黒猩猩 (くろしょうじょう) 구로쇼조	黑猩猩 헤이싱싱
mono 모노	simius 시미우스	обезьяна 오베지야나	πίθηκος 피테코스	猿 (さる) 사루	猴子 허우쯔
ganado 가나도	pecus 페쿠스	скот 스코트	ζώα 조아	家畜 (かちく) 가치쿠	家畜 자추
toro 토로	taurus 타우루스	бык 비크	ταῦρος 타우로스	雄牛 (おうし) 오시	公牛 궁뉴

한국어	영어	독일어	프랑스어	이탈리아어
암소	cow 카우	Kuh 쿠	vache 바슈	mucca 무카
송아지	calf 카프	Kalb 칼프	veau 보	vitello 비텔로
돼지	swine 스와인	Schwein 슈바인	cochon 코숑	maiale 마이알레
개	dog 도그	Hund 훈트	chien 시앵	cane 카네
부리망	muzzle 머즐	Maulkorb 마울코어프	muselière 뮈젤리에르	museruola 무제루올라
염소	goat 고트	Ziege 치게	chèvre 셰브르	capra 카프라
말 [馬]	horse 호스	Pferd 페르트	cheval 슈발	cavallo 카발로
말굽쇠 [=편자]	horseshoe 호스슈	Hufeisen 후프아이젠	fer à cheval 페르 아 슈발	ferro di cavallo 페로 디 카발로
말뚝	stake 스테이크	Pfahl 팔	pieu 피외	palo 팔로
고삐	rein 레인	Zügel 취겔	bride 브리드	briglia 브릴리아
꼬리	tail 테일	Schwanz 슈반츠	queue 쾨	coda 코다

스페인어	라틴어	러시아어	그리스어	일본어	중국어
vaca 바카	vacca 바카	корова 코로바	βοῦς 부스	雌牛 (めうし) 메우시	母牛 무뉴
ternero 테르네로	vitulus 비툴루스	телёнок 텔료노크	μόσχος 모스코스	子牛 (こうし) 고시	牛犊 뉴두
cerdo 세르도	sus 수스	свинья 스빈야	χοῖρος 코이로스	豚 (ぶた) 부타	猪 주
perro 페로	canis 카니스	собака 소바카	κύων 키온	犬 (いぬ) 이누	狗 거우
bozal 보살	fiscella 피스켈라	намо́рдник 나모르드니크	φίμωτρο 피모트로	鼻面 (はなづら) 하나즈라	笼嘴 룽쭈이
abacora 아바코라	capra 카프라	коза 코자	ἐρίφιον 에리피온	山羊 (やぎ) 야기	野羊 예양
montura 몬투라	equus 에쿠우스	лошадь 로샤디	ἵππος 히포스	馬 (うま) 우마	马 마
herradura 에라두라	solea ferrea 솔레아 페레아	подкова 폿코바	πέταλο 페탈로	蹄鉄 (ていてつ) 데이데쓰	马蹄铁 마티테
estaca 에스타카	palus 팔루스	столб 스톨프	παλούκι 팔루키	杭 (くい) 쿠이	桩子 좡쯔
riendas 리엔다스	habena 하베나	по́вод 포보트	ηνίο 에니오	手綱 (たづな) 다즈나	缰绳 장성
coda 코다	coda 코다	хвост 흐보스트	ἀλέκτωρ 알렉토르	尾 (お) 오	尾巴 웨이바

한국어	영어	독일어	프랑스어	이탈리아어
뿔	horn 호른	Horn 호른	corne 코른	corno 코르노
망아지	pony 포니	Pony 포니	poney 포네	pony 포니
양 (羊)	sheep 시프	Schaf 샤프	mouton 무통	pecora 페코라
노새	mule 뮬	Maulesel 마울에젤	mulet 뮐레	mulo 물로
사슴	deer 디어	Hirsch 히르슈	cerf 세르	cervo 체르보
당나귀	donkey 동키	Esel 에젤	âne 안	asino 아시노
말총	horsehair 호스헤어	Rosshaar 로스하	crin 크랭	crino 크리노
갈기	mane 메인	Mähne 매네	crinière 크리니에르	criniera 크리니에라
굽 (말 따위의)	hoof 후프	Huf 후프	sabot 사보	zoccolo 초콜로

2-31. 포유류 3 : 대형

매머드	mammoth 매머스	Mammut 마무트	mammouth 마무트	mammut 맘무트

스페인어	라틴어	러시아어	그리스어	일본어	중국어
cuerno 쿠에르노	cornum 코르눔	горн 고른	κέρας 케라스	角 (かく) 가쿠	角 자오
potro 포트로	caballio 카발리오	пóни 포니	πόνυ 포뉘	小馬 (こうま) 고마	马驹 마주
oveja 오베하	pecus 페쿠스	баран 바란	πρόβατον 프로바톤	羊 (ひつじ) 히쓰지	羊 양
mulo 물로	mulus 물루스	мул 물	ημίονος 에미오노스	騾馬 (らば) 라바	骡子 뤄쯔
ciervo 시에르보	cervus 케르부스	северный олень 세베르니 올렌	ελάφι 엘라피	鹿 (しか) 시카	鹿 루
asno 아스노	asinus 아시누스	осёл 오숄	ὄνος 오노스	驢馬 (ろば) 로바	驴 뤼
cerda 세르다	juba 유바	щетина 셰티나	χοντρότριχες 콘트로트리케스	ばす 바스	马尾毛 마웨이마오
crin 크린	coma 코마	лак 라크	χαίτη 카이테	鬣 (たてがみ) 다테가미	鬃 쭝
casco 카스코	ungula 웅굴라	копыто 코피토	οπλή 오플레	蹄 (ひづめ) 히즈메	蹄 티

스페인어	라틴어	러시아어	그리스어	일본어	중국어
mamut 마무트	mammuthus 맘무투스	мамонт 마몬트	μαμούθ 마무트	マンモス 만모스	猛犸 멍마

한국어	영어	독일어	프랑스어	이탈리아어
코끼리	elephant 엘리펀트	Elefant 엘레판트	éléphant 엘레팡	elefante 엘레판테
상아 (象牙)	ivory 아이보리	Elfenbein 엘펜바인	ivoire 이부아르	avorio 아보리오
하마 (河馬)	hippopotamus 히퍼포터머스	Flusspferd 플루스페르트	hippopotame 이포포탐	ippopotamo 이포포따모
사자 (獅子)	lion 라이언	Löwe 뢰베	lion 리옹	leone 레오네
호랑이	tiger 타이거	Tiger 티거	tigre 티그르	tigre 티그레
코뿔소	rhinoceros 라이노서러스	Nashorn 나스호른	rhinocéros 리노세로스	rinoceronte 리노체론테
곰	bear 베어	Bär 배어	ours 우르스	orso 오르소
얼룩말	zebra 제브라	Zebra 체브라	zèbre 제브르	zebra 체브라
바다표범	seal 실	Seehund 제훈트	phoque 포크	foca 포카
표범	leopard 레퍼드	Leopard 레오파르트	léopard 레오파르	leopardo 레오파르도
캥거루	kangaroo 캥거루	Känguru 캥구루	kangourou 캉구루	canguro 캉구로

스페인어	라틴어	러시아어	그리스어	일본어	중국어
elefante 엘레판테	elephantus 엘레판투스	слон 슬론	ελέφαντας 엘레판타스	象 (しょう) 쇼	象 샹
marfil 마르필	ebur 에부르	слоновая кость 슬로노바야 코스티	ελεφαντόδον- το 엘레판토돈토	象牙 (ぞうげ) 조게	象牙 샹야
hipopótamo 이포포타모	hippopotamus 히포포타무스	гиппопотам 기포포탐	ιπποπόταμος 이포포타모스	河馬 (かば) 가바	河马 허마
león 레온	leo 레오	лев 레프	λέων 레온	獅子 (しし) 시시	獅子 스쯔
tigre 티그레	tigris 티그리스	тигр 티그르	τίγρης 티그레스	虎 (とら) 도라	虎 후
rinoceronte 리노세론테	rinoceros 리노케로스	носорог 노소로크	ρινόκερος 리노케로스	犀 (さい) 사이	犀牛 시뉴
oso 오소	ursus 우르수스	медведь 메드베디	ἄρκος 아르코스	熊 (くま) 구마	熊 슝
cebra 세브라	zebra 제브라	зебра 제브라	ζέβρα 제브라	縞馬 (しまうま) 시마우마	斑马 반마
foca 포카	phoca 포카	тюлень 튤렌	σφραγίς 스프라기스	アザラシ 아자라시	海豹 하이바오
leopardo 레오파르도	panthera 판테라	леопард 레오파르트	πάρδαλις 파르달리스	ひょう 히요	豹子 바오쯔
canguro 캉구로	halmaturus 할마투루스	кенгуру́ 켕구루	καγκουρώ 캉구로	カンガルー 간가루	袋鼠 다이수

한국어	영어	독일어	프랑스어	이탈리아어
늑대	wolf 울프	Wolf 볼프	loup 루	lupo 루포
낙타 (駱駝)	camel 캐믈	Kamel 카멜	chameau 샤모	cammello 카멜로
기린	giraffe 지래프	Giraffe 기라페	girafe 지라프	giraffa 지라파
코요테	coyote 코요트	Kojote 코요테	coyote 코요트	coyote 코요테

2-32. 포유류 4 : 소형

한국어	영어	독일어	프랑스어	이탈리아어
족제비	weasel 위즐	Wiesel 비젤	belette 블레트	donnola 돈놀라
오소리	badger 배저	Dachs 닥스	blaireau 블레로	tasso 타쏘
고양이	cat 캣	Kater 카터	chatte 샤트	gatto 가토
노루	roe deer 로 디어	Reh 레	chevreuil 셔브뢰유	capriolo 카프리올로
다람쥐	squirrel 스쿼럴	Eichhörnchen 아이히회른헨	écureuil 에퀴뢰유	scoiattolo 스코이아톨로
고슴도치	hedgehog 헤지호그	Igel 이겔	herisson 에리송	riccio 리초

스페인어	라틴어	러시아어	그리스어	일본어	중국어
lobo 로보	lupus 루푸스	волк 볼크	λύκος 리코스	狼 (おおかみ) 오카미	狼 랑
camello 카메요	camelus 카멜루스	верблюд 베르들류트	κάμηλος 카멜로스	駱駝 (らくだ) 라쿠다	骆驼 뤄퉈
jirafa 히라파	camelopardus 카멜로파르두스	жира́ф 지라프	καμηλοπάρ-δαλη 카멜로파르달레	麒麟 (きりん) 기린	长颈鹿 창징루
coyote 코요테	coiotes 코요테스	койот 코요트	κογιότ 코기오트	コヨーテ 고요테	郊狼 자오랑
comadreja 코마드레하	mustella 무스텔라	ласка 라스카	νυφίτσα 니피차	鼬 (いたち) 이타치	黄鼠狼 황수랑
tejón 테혼	hyrax 히락스	барсук 바르수크	ασβός 아스보스	穴熊 (あなぐま) 아나구마	獾 환
gato 가토	catus 카투스	кошка 코시카	γάτος 가토스	猫 (ねこ) 네코	猫 마오
corzo 코르소	caprea 카프레아	косуля 코술랴	ζαρκάδι 자르카시	ノロ 노로	獐子 장쯔
ardilla 아르디야	sciurus 스키우루스	белка 벨카	σκίουρος 스키우로스	木鼠 (きねずみ) 기네즈미	花鼠 화수
erizo 에리소	erinacius 에리나키우스	ёж 요시	σκαντζόχοι-ρος 스칸조코이로스	針鼠 (はりねずみ) 하리네즈미	刺猬 츠웨이

한국어	영어	독일어	프랑스어	이탈리아어
토끼	rabbit 래빗	Kaninchen 카닌헨	lapin 라팽	coniglio 코닐리오
수달 (水獺)	otter 오터	Otter 오터	loutre 루트르	lontra 론트라
나무늘보	sloth 슬로스	Faultier 파울티어	paresseux 파레소	pigrone 피그로네
너구리	racoon 러쿤	Waschbär 바슈베어	raton laveur 라통 라뵈르	procione 프로치오네
여우	fox 폭스	Fuchs 푹스	renard 르나르	volpe 볼페
설치류 (齧齒類)	rodent 로던트	Nagetier 나게티어	rongeur 롱죄르	roditor 로디토르
쥐	mouse 마우스	Maus 마우스	souris 수리	sorcio 소르초
두더지	mole 모울	Maulwurf 마울부르프	taupe 토프	talpa 탈파
밍크	mink 밍크	Nerz 네르츠	vison 비종	visone 비조네
담비	sable 세이블	Zobel 초벨	zibeline 지블린	sciabola 시아볼로

스페인어	라틴어	러시아어	그리스어	일본어	중국어
conejo 코네호	cuniculus 쿠니쿨루스	кролик 크롤리크	κουνέλι 쿠넬리	兎 (うさぎ) 우사기	兔子 투쯔
nutria 누트리아	lutra 루트라	выдра 비드라	βίδρα 비드라	川獺 (かわうそ) 가와우소	水獺 수이타
haragán 아라간	pigritia 피그리티아	ленивец 레니베츠	ημίονος 에미오노스	怠け者 (なまけもの) 나마케모노	二趾树懒 얼즈수란
mapache 마파체	procyon lotor 프로키온 로토르	енот 예노트	προκύων 프로키온	洗熊 (あらいぐま) 아라이구마	貉子 하오쯔
zorro 소로	vulpes 불페스	лис 리스	ἀλώπηξ 알로펙스	きつね 기쓰네	狐狸 후리
roedor 로에도르	rodentia 로덴치아	грызун 그리준	τρωκτικό 트록티코	齧歯類 (げっしるい) 겟시루이	啮齿类 녜츠레이
chumino 추미노	mus 무스	мышь 미시	ποντίκι 폰디키	鼠 (ねずみ) 네즈미	老鼠 라오수
topo 토포	talpa 탈파	крот 크로트	τυφλοπόντι- κας 티플로폰티카스	土龍 (もぐら) 모구라	鼹鼠 얀수
visón 비손	mustela lutreola 무스텔라 루트레올라	норка 노르카	βιζόν 비존	ミンク 밍쿠	水貂 쑤웨이 띠아오
sable 샤블레	zibellina 지벨리나	соболь 소볼	ζιμπελίνα 짐벨리나	くろてん 구로텐	貂 댜오

2-33. 새/가금

한국어	영어	독일어	프랑스어	이탈리아어
새	bird 버드	Vogel 포겔	oiseau 와조	uccello 우첼로
철새	bird of passage 버드 어브 패시지	Zugvogel 추크포겔	oiseau migrateur 와조 미그라퇴르	uccello migratore 우첼로 미그라토레
텃새	sedentary bird 세던터리 버드	Standvogel 슈탄트포겔	oiseau sédentaire 와조 세당테르	uccello sedentario 우첼로 세단타리오
날개	wing 윙	Flügel 플뤼겔	aile 엘	ala 알라
부리	beak 비크	Schnabel 슈나벨	bec 베크	becco 베코
깃털	feather 페더	Feder 페더	plume 플륌	piuma 피우마
가금 (家禽)	poultry 폴트리	Geflügel 게플뤼겔	volaille 볼라유	pollame 폴라메
메추라기	quail 퀘일	Wachtel 바흐텔	caille 카유	quaglia 콸리아
오리	duck 덕	Ente 엔테	canard 카나르	anatra 아나트라
물갈퀴	web 웹	Schwimmhaut 슈빔하우트	palmure 팔뮈르	pinna 핀나
닭 (수컷)	rooster 루스터	Hahn 한	coq 코크	gallo 갈로

스페인어	라틴어	러시아어	그리스어	일본어	중국어
ave 아베	avis 아비스	птица 프티차	ὄρνεον 오르네온	鳥 (とり) 도리	鸟 냐오
ave de paso 아베 데 파소	volucres 볼루크레스	миграция птица 미그라치야 프티차	πλανήτης 플라네테스	渡り鳥 (わたりどり) 와타리도리	候鸟 허우냐오
pajaro sedentario 파하로 세덴타리오	avis sedentarius 아비스 세덴타리우스	сидя́чий птица 시댜치 프티차	καθιστικός πουλί 카티스티코스 풀리	留鳥 (りゅうちょう) 류초	留鸟 류냐오
ala 알라	ala 알라	крыло́ 크릴로	πτέρυξ 프테릭스	翼 (つばさ) 쓰바사	翅膀 츠방
pico 피코	beccus 베쿠스	клюв 클류프	ράμφος 람포스	嘴 (くちばし) 구치바시	嘴 쮜이
pluma 플루마	pluma 플루마	перо 페로	πηγή 페게	羽 (はね) 하네	羽毛 위마오
aves 아베스	pennipotenses 펜니포텐세스	домашняя птица 도마시냐야 프티차	πουλερικά 풀레리카	家禽 (かきん) 가킨	家禽 자친
codorniz 코도르니스	coturnix 코투르닉스	тру́сить 트루시티	ορτύκι 오르티키	鶉 (うずら) 우즈라	鹌鹑 안춘
pato 파토	anas 아나스	утка 웃카	πάπια 파피아	鴨 (かも) 가모	鸭子 야쯔
aleta 알레따	plaga 플라가	плавательная перепонка 플라바텔냐야 페레폰카	νηκτική μεμβράνη 넥티케 멤브라네	水掻 (みずかき) 미즈카키	蹼 푸
gallo 가요	gallus 갈루스	пету́х 페투흐	ἀλέκτωρ 알렉토르	おんどり 온도리	公鸡 공지

한국어	영어	독일어	프랑스어	이탈리아어
닭 (암컷)	hen 헨	Henne 헨네	poule 풀	gallina 갈리나
병아리	chick 치크	Küken 퀴켄	poussin 푸생	pulcino 풀치노
벼슬 (닭)	comb 코움	Kamm 캄	peigne 페인	pettine 페티네
칠면조 (七面鳥)	turkey 터키	Truthahn 트루트한	dinde 댕드	tacchino 타키노
꿩	pheasant 페전트	Fasan 파잔	faisan 프장	fagiano 파자노
참새 (딱새)	sparrow 스패로우	Spatz 슈파츠	moineau 무아노	passero 파세로
독수리	eagle 이글	Adler 아들러	aigle 에글	aquila 아퀼라
알바트로스	albatross 앨버트로스	Albatros 알바트로스	albatros 알바트로스	albatro 알바트로
타조 (駝鳥)	ostrich 오스트리치	Strauß 슈트라우스	autruche 오트뤼슈	struzzo 스트루초
올빼미	towny owl 타우니 아울	Waldkauz 발트카우츠	chouette hulotte 슈에트 윌로트	allocco 알로코
황새	stork 스토크	Storch 슈토르히	cigogne 시고뉴	cicogna 치코냐

스페인어	라틴어	러시아어	그리스어	일본어	중국어
pollo 포요	gallina 갈리나	ку́рица 쿠리차	ὄρνις 오르니스	めんどり 멘도리	母鸡 무지
polluelo 포유엘로	pullus 풀루스	птене́ц 프테네츠	κλωσσοπούλι 클로소풀리	雛 (ひな) 히나	鸡雏 지추
peine 페이네	pecten 펙텐	расчёска 라스초스카	λοφίο 로피오	櫛 (くし) 구시	鸡冠子 지관쯔
pavo 파보	gallopavo 갈로파보	инде́йка 인데이카	διάνος 디아노스	七面鳥 (しちめんちょう) 시치멘초	吐绶鸡 투서우지
faisán 파이산	phasianus 파시아누스	фаза́н 파잔	φασιανός 파시아노스	雉子 (きじ) 기지	野鸡 예지
gorrión 고리온	passer 파세르	воробе́й 보로베이	στρουθίον 스트로티온	雀 (すずめ) 스즈메	麻雀 마췌
águila 아길라	aquila 아퀼라	орёл 오룔	ἀετός 아에토스	鷲 (わし) 와시	秃鹫 투주
albatros 알바트로스	diomedeidae 디오메데이다이	альба́тросы 알바트로시	άλμπατρος 알바트로스	信天翁 (あほうどり) 아호도리	信天翁 신톈웡
avestruz 아베스트루스	strutio 스트루티오	стра́ус 스트라우스	στρουθοκάμηλος 스트루토카멜로스	駝鳥 (だちょう) 다초	驼鸟 퉈냐오
cárabo común 카라보 코문	ulula 울룰라	обыкнове́нная 오비크노벤나야	χουχουριστής 쿠쿠리스테스	森梟 (モリフクロウ) 모리후쿠로	梟 샤오
cigüeña 시구에냐	ciconia 키코니아	аист 아이스트	πελαργός 펠라르고스	コウノトリ 고노토리	鹳 관

한국어	영어	독일어	프랑스어	이탈리아어
황조롱이	kestrel 케스트럴	Turmfalke 투름팔케	crécerelle 크레스렐	gheppio 게피오
수리부엉이	eagle-owl 이글-아울	Uhu 우후	grand-duc 그랑-뒥	gufo 구포
학 (鶴)	crane 크레인	Kranich 크라니히	grue 그뤼	gru 그루
왜가리	heron 헤런	Reiher 라이어	heron 에롱	airone
부엉이	owl 아울	Eule 오일레	hibou 이부	civetta 치베타
펭귄	penguin 펭귄	Pinguin 핑구인	manchot 망쇼	pinguino 핑귀노
공작 (孔雀)	peacock 피코크	Pfau 파우	paon 팡	pavone 파보네
크낙새	redheaded woodpecker 레드헤디드 우드페커	Weißbauch-specht 바이스바우흐슈페히트	pic à tête rouge 피카테트 루주	picchio testarossa 피키오 테스타로사
매	hawk 호크	Falke 팔케	faucon 포콩	falcone 팔코네
종다리	skylark 스카일라크	Feldlerche 펠틀레어헤	alouette des champs 알루에트 데 샹	allodola 알로돌라
할미새	wagtail 웨그테일	Bachstelze 바흐슈텔체	bergeronnette 베르즈로네트	cutrettola 쿠트레톨라

스페인어	라틴어	러시아어	그리스어	일본어	중국어
cernícalo 세르니칼로	falco tinnunculus 팔코 틴눙쿨루스	пустельга́ 푸스텔가	βραχοκιρκίνε–ζο 브라코키르키네조	チョウゲンボウ 초겐보	黃鷹 황잉
búho 부오	bubo 부보	филин 필린	μπούφος 부포스	ワリミミズク 와리미미즈쿠	角鴞 자오츠
grulla 그루야	grus 그루스	жура́вль 주라블	γερανός 게라노스	鶴 (つる) 쓰루	鶴 허
garza 가르사	ardea 아르데아	цапля 차플랴	ερωδιός 에로디오스	鷺 (さぎ) 사기	蒼鷺 창루
búho 부호	cicuma 키쿠마	сова 소바	κουκουβάγια 쿠쿠바기아	梟 (ふくろう) 후쿠로	猫头鹰 마오터우잉
pingüino 핑구이노	spheniscidae 스페니스키다이	пингвин 핑그빈	πιγκουίνος 핑구이노스	ペンギン 펭긴	企鹅 치어
pavo real 파보 레알	pavo 파보	павлин 파블린	παγώνι 파고니	孔雀 (くじゃく) 구자쿠	孔雀 콩췌
pipo 피포	dryocopus javensis 드리오코푸스 야벤시스	красноголо́–вый дятел 크라스노골로비 댜텔	κοκκινομάλλης τρυποκάρυδος 코키노말레스 트리포카리도스	頭赤啄木鳥 (ズアカキツツキ) 즈아카키쓰쓰키	白腹黑啄木鸟 바이푸헤이 줘무냐오
halcón 알콘	accipiter 아키피테르	ястреб 야스레프	γεράκι 게라키	鷹 (たか) 다카	鷹 잉
alondra común 알론드라 코문	alauda arvensis 알라우다 아르벤시스	полево́й жа́воронок 폴레보이 자보로노크	κορυδαλλός 코리달로스	雲雀 (ヒバリ) 히바리	云雀 윈췌
aguzanieves 아구사니에베스	motacilla alba 모타킬라 알바	трясогузка 트랴소구스카	σουσουράδα 수수라다	鶺鴒 (せきれい) 세키레이	鶺鴒 지링

한국어	영어	독일어	프랑스어	이탈리아어
원앙 (鴛鴦)	mandarin duck 맨더린 덕	Mandarinente 만다린엔테	canard mandarin 카나르 망다랭	anatra mandarina 아나트라 만다리나
카나리아	canary 커네어리	Kanarienvogel 카나리엔포겔	canari 카나리	canarino 카나리노
까마귀	crow 크로우	Rabe 라베	corbeau 코르보	corvo 코르보
뻐꾸기	cuckoo 쿠쿠	Kuckuck 쿡쿡	coucou 쿠쿠	cuculo 쿠쿨로
찌르레기	starling 스탈링	Star 슈타	étourneau 에투르노	stornello 스토르넬로
제비	swallow 스왈로우	Schwalbe 슈발베	hirondelle 이롱델	rondine 론디네
따오기	crested ibis 크레스티디 이비스	Nipponibis 니폰이비스	ibis nippon 이비스 니퐁	ibis crestato 이비스 크레스타노
갈매기	seagull 시걸	Möwe 뫼베	mouette 무에트	gabbiano 가비아노
앵무 (鸚鵡鳥)	parrot 패럿	Papagei 파파가이	perroquet 페로케	psittaciforme 프시타치포르메
사랑앵무 (=잉꼬)	parakeet 패러키트	Sittich 지티히	perruche 페뤼슈	pappagallo 파파갈로
소쩍새	scops-owl 스콥스-아울	Zwergohreule 츠베르크오어오일레	petit-duc scops 쁘띠 뒥 스콥스	assiolo 아시올로

스페인어	라틴어	러시아어	그리스어	일본어	중국어
pato mandarín 파토 만다린	aix galericulata 아익스 갈레리쿨라타	мандаринка 만다린카	μανταρίνι πάπια 만다리니 파피아	鴛鴦 (オシドリ) 오시도리	鸳鸯 위안양
canario 카나리오	canaria 카나리아	канарейка 카나레이카	καναρίνι 카나리니	カナリア 가나리아	金丝鸟 진쓰냐오
cuervo 쿠에르보	cornix 코르닉스	ворон 보론	κόραξ 코락스	烏 (からす) 가라스	乌鸦 우야
cuclillo 쿠클리요	cuculus 쿠쿨루스	кукушка 쿠쿠시카	κούκου 쿠쿠	杜鵑 (ほととぎす) 호토토기스	杜鹃鸟 두쟌냐오
estornino 에스토르니노	sturnus 스투르누스	катаракта 카타락타	ψαρόνι 파로니	ムクドリ 무쿠도리	椋鸟 량냐오
golondrina 골론드리나	hirundo 히룬도	ласточка 라스토치카	καταπίνω 카타피노	燕 (つばめ) 쓰바메	家燕 자오얀
ibis crestado japonés 이비스 크레스타도 하포네스	ibis 이비스	красноногий ибис 크라스노노기 이비스	ίβης 이세스	朱鷺 (トキ) 도키	朱鹮 주루
gaviota 가비오타	laros 라로스	чайка 차이카	γλάρος 글라로스	鴎 (かもめ) 가모메	海鸥 하이어우
papagayo 파파가요	psittacus 프시타쿠스	попугаеобра́зные 포푸가예오브라즈니예	παπαγάλος 파파갈로스	鸚鵡 (おうむ) 오무	鹦鹉 잉우
periquito 페리키토	psittacula krameri 프시타쿨라 크라메리	длиннохвостый попугай 들리노흐보스티 포푸가이	ψιττακός 피타코스	鸚哥 (いんこ) 인코	鹦哥 잉거
autillo europeo 아우티요 에우로페오	otus scops 오투스 스콥스	сплюшка 스플류시카	γκιώνης 기오네스	木葉木菟 (コノハズク) 고노하즈쿠	小杜鹃 샤오두쟌

한국어	영어	독일어	프랑스어	이탈리아어
딱따구리	woodpecker 우드페커	Specht 슈페히트	pic 피크	picchio 피키오
까치	magpie 매그파이	Elster 엘스터	pie 피	gazza 가차
비둘기	dove 도브	Taube 타우베	pigeon 피종	piccione 피초네
꾀꼬리	nightingale 나이팅게일	Nachtigall 나흐티갈	loriot 로리오	usignolo 우시뇰로
논병아리	little grebe 리틀 그리브	Zwergtaucher 츠베르크타우허	grèbe castagneux 그레브 카스타뇌	tuffetto 투페토
지빠귀	blackbird 블랙버드	Amsel 암젤	merle 메를	merlo 메를로
개똥지빠귀	thrush 스러시	Drossel 드로셀	grive 그리브	tordi 토르디
오목눈이	long-tailed tit 롱테일드 티트	Schwanzmeise 슈반츠마이제	mésange à longue queue 메상주 아 롱그 쾨	codibugnolo 코디부뇰로
자고	partridge 파트리지	Rebhuhn 렙훈	perdrix 페르드리	pernice 페르니체
되새	brambling 브램블링	Bergfink 베르크핑크	pinson du nord 팽송 뒤 노르	peppola 페폴라
악어새	egyptian plover 이집션 플러버	Krokodilwächter 크로코딜배히터	pluvian fluviatile 플뤼비앙 플뤼비아틸	guardiano dei coccodrilli 과르디아노 데이 코코드릴리

스페인어	라틴어	러시아어	그리스어	일본어	중국어
pájaro carpintero 파하로 카르핀테로	picus 피쿠스	дятел 댜텔	δρυοκολάπ-της 드리오콜랍테스	啄木鳥 (きつつき) 기쓰쓰키	啄木鸟 주워무니아오
urraca 우라카	pica 피카	сорока 소로카	καρακάξα 카라칵사	かささぎ 가사사기	喜鹊 시췌
paloma 팔로마	columba 콜룸바	голубь 골루비	περιστερά 페리스테라	鳩 (はと) 하토	鸽子 거쯔
ruiseñor 루이세뇨르	luscinia 루스키니아	соловей 솔로베이	αηδόνι 아에도니	黄鳥 (こうちょう) 고초	黄莺 황잉
zampullín chico 삼푸인 치코	tachybaptus ruficollis 타키밥투스 루피콜리스	малая поганка 말라야 포간카	κολύμβις 콜림비스	鳰 (カイツブリ) 가이쓰부리	小鸊鷉 샤오비쓰
mirlo 미를로	merula 메룰라	свиристель 스비리스텔	κότσυφας 코치파스	くろつぐみ 구로쓰구미	鶇 둥
tordo 토르도	turdus 투르두스	дрозд 드로스트	τσίχλα 치클라	つぐみ 쓰구미	画眉 화메이
mito 미토	aegithalos caudatus 아이기탈로스 카우다투스	длиннохвостая синица 들리노흐보스타야 시니차	αιγίθαλος 아이기탈로스	柄長 (エナガ) 에나가	银喉长尾山雀 인허우창웨이산췌
perdiz 페르디스	perdix 페르딕스	серая куропатка 세라야 쿠로팟카	πέρδικα 페르디카	鷓鴣 (しゃこ) 샤코	鷓鴣 저구
pinzón real 핀손 레알	fringilla montifringilla 프링길라 몬티프링길라	вьюрок 뷰로크	χειμωνόσπι-νος 케이모노스피노스	花鶏 (アトリ) 아토리	燕雀 옌췌
pluvial 플루비알	pluvianus aegyptius 플루비아누스 아이깁치우스	крокодилов сторож 크로코딜로프 스토로시	αιγυπτιακό βροχοπούλι 아이깁티아코 브로코풀리	ナイル千鳥 (ナイルチドリ) 나이루치도리	鳄鸟 어냐오

한국어	영어	독일어	프랑스어	이탈리아어
굴뚝새	wren 렌	Zaunkönig 차운쾨니히	troglodyte 트로글로디트	scricciolo 스크리촐로
박쥐	bat 배트	Fledermaus 플레더마우스	chauve-souris 쇼브-수리	pipistrello 피피스트렐로
어치	jay 제이	Eichelhäher 아이헬해어	geai 제	ghiandaia 기안다이아

2-34. 물고기

한국어	영어	독일어	프랑스어	이탈리아어
뱀장어	eel 일	Aal 알	anguille 앙기유	anguilla 앙구일라
잉어	carp 카프	Karpfen 카르펜	carpe 카르프	carpa 카르파
철갑상어	sturgeon 스터전	Stör 슈퇴어	esturgeon 에스튀르종	storioni 스토리오니
메기	catfish 캣피시	Wels 벨스	lotte 로트	bottatrice 보타트리체
금붕어	goldfish 골드피시	Goldfisch 골트피슈	poisson rouge 푸아송 루주	pesce rosso 페셰 로소
연어	salmon 새먼	Lachs 락스	saumon 소몽	salmone 살모네
송어 (松魚)	trout 트라우트	Forelle 포렐레	truite 트뤼이트	trota 트로타

스페인어	라틴어	러시아어	그리스어	일본어	중국어
carrizo 카리소	troglodytes 트로글로디테스	крапивник 크라피브니크	τρωγλοδύτης 트로글로디테스	鷦鷯 (みそさざい) 미소사자이	鷦鷯 자오랴오
murciélago 무르시엘라고	vespertilio 베스페르틸리오	летучая мышь 레투차야 미시	νυχτερίδα 닉테리다	蝙蝠 (こうもり) 고모리	蝙蝠 벤푸
arrendajo 아렌다호	garrulus glandarius 가룰루스 글란다리우스	сойка 소이카	κίσσα 키사	かけす 가케스	松鴉 숭야
anguila 앙길라	anguilla 앙귈라	угорь речной 우고리 레치노이	χέλι 켈리	鰻 (うなぎ) 우나기	鰻鱺 만리
carpa 카르파	carpa 카르파	карп 카르프	κυπρίνος 키프리노스	鯉 (こい) 고이	鯉魚 리위
acipenséridos 아시펜세리도스	carroco 카로코	осетровые 오세트로비예	οξύρρυγχος 옥시링고스	蝶鮫 (チョウザメ) 조자메	鱘魚 순위
lota 로타	siluridae 실루리다이	налим 날림	σίλουρος 실루로스	鯰 (なまず) 나키즈	鯰魚 녠위
pez de colores 페스 데 콜로레스	hippurus 히푸루스	золотая рыбка 졸로타야 립카	χρυσόψαρο 크리솝사로	金魚 (きんぎょ) 긴교	金魚 진위
salmón 살몬	esicia 에시키아	лосось 로소시	σαλμών 살몬	鮭 (さけ) 사케	大麻哈魚 다마하위
trucha 트루차	trutta 트루타	форель 포렐	πέστροφα 페스트로파	鱒 (ます) 마스	鱒魚 준위

한국어	영어	독일어	프랑스어	이탈리아어
민물고기	freshwater fish 프레시워터 피시	Süßwasserfisch 쥐스바서피슈	poisson d'eau douce 푸아송 도 두스	pesce d'acqua dolce 페셰 다쿠아 돌체
바닷물고기	sea fish 시 피시	Seefisch 제피슈	poisson de mer 푸아송 드 메르	pesce di mare 페셰 디 마레
멸치	anchovy 앤초비	Anschovis 안쇼비스	anchois 앙슈아	acciuga 아추가
고래	whale 웨일	Walfisch 발피슈	baleine 발렌	balena 발레나
도미	bream 브림	Brachse 브락세	brème 브렘	brema 브레마
돌고래	dolphin 돌핀	Delphin 델핀	dauphin 도팽	delfino 델피노
광어 (廣魚)	halibut 핼리벗	Heilbutt 하일부트	flétan 플레탕	ippoglosso 이포글로소
청어 (靑魚)	herring 헤링	Hering 헤링	hareng 아랑	aringa 아링가
해마 (海馬)	sea horse 시 호스	Seepferdchen 제페르트헨	hippocampe 이포캉프	cavalluccio marino 카발루초 마리노
고등어	mackerel 매크럴	Makrele 마크렐레	maquereau 마크로	maccarello 마카렐로
대구	codfish 코드피시	Dorsch 도르슈	morue 모뤼	merluzzo 메를루초

스페인어	라틴어	러시아어	그리스어	일본어	중국어
pez de agua dulce 페스 데 아구아 둘세	piscis fluviatilis 피스키스 플루비아틸리스	пресноводные рыбы 프레스노보드니예 리비	ψάρι του γλυκού νερού 프사리 투 글리쿠 네루	川,魚 (かわざかな) 가와자카나	淡水鱼 단수이위
pez marino 페스 마리노	piscis marinus 피스키스 마리누스	морская рыба 모르스카야 리바	θαλασσινό ψάρι 탈라시노 프사리	海,魚 (かいぎょ) 가이교	海鱼 하이위
anchoa 안초아	aphya 아피야	анчоус 안초우스	αντσούγια 안추기아	かたくちいわし 가타쿠치이와시	鳀鱼 티위
ballena 바예나	balaena 발라이나	кит 키트	κήτος 케토스	鯨 (くじら) 구지라	鲸鱼 징위
besugo 베수고	sparulus 스파룰루스	лещ 레시	είδος κυπρίνου 에이도스 키프리누	鯛 (たい) 다이	鲷鱼 댜오위
delfín 델핀	delphinus 델피누스	дельфин 델핀	δελφίνι 델피니	海豚 (いるか) 이루카	海豚 하이툰
rodaballo 로다바요	hippoglossus 히포글로수스	палтус 팔투스	ιππόγλωσσος 이포글로소스	オヒョウ 오효	比目鱼 비무위
arenque 아렝케	sarda 사르다	сельдь 셀디	ρέγκα 렝가	ニシン 고신	鲱鱼 페이위
caballito de mar 카바이토 데 마르	hippocampus 히포캄푸스	морской конёк 모르스코이 코뉴크	ιππόκαμπος 이포캄포스	竜の落し子 (たつのおとしご) 다쓰노오토시고	海马 하이마
caballa 카바야	scomber 스콤베르	макрель 마크렐	κολοιός 콜로이오스	鯖 (さば) 사바	青花鱼 칭화위
bacalao 바칼라오	callarias 칼라리아스	треска 트레스카	μπακαλιάριος 바칼리아리오스	鱈 (たら) 다라	鳕鱼 쉐위

한국어	영어	독일어	프랑스어	이탈리아어
숭어	grey mullet 그레이 멀릿	Meeräsche 메어애셰	muge 뮈즈	muggine 무지네
농어	perch 퍼치	Barsch 바르슈	perche 페르슈	pesce persico 페셰 페르시코
물개	seal 실	Robbe 로베	phoque 포크	foca 포카
오징어	squid 스퀴드	Tintenfisch 틴텐피슈	calmar 칼마르	calamaro 칼라마로
문어 (文魚)	giant octopus 자이언트 옥토퍼스	Riesenkalmare 리젠칼마레	pieuvre géante 피외브르 제앙트	polpo gigante 폴포 지간테
낙지	octopus 옥토퍼스	Krake 크라케	pieuvre 피외브르	octopoda 옥토포다
가자미	plaice 플레이스	Scholle 숄레	plie 플리	passera 파세라
날치	volans 볼런스	Fliegender Fisch 플리겐더 피슈	poisson volant 푸아송 볼랑	pesce volante 페셰 볼란테
가오리	ray 레이	Rochen 로헨	raie 레	razza 라차
상어	shark 샤크	Haifisch 하이피슈	requin 르캥	pescecane 페셰카네
정어리	sardine 사르딘	Sardine 자르디네	sardine 사르딘	sardina 사르디나

스페인어	라틴어	러시아어	그리스어	일본어	중국어
cabezudo 카베수도	mugilis 무길리스	кефа́ль 케팔	κέφαλος 케팔로스	鯔 (とど) 도도	鯔魚 쯔위
perca 페르카	perca 페르카	окунь 오쿤	πέρκα 페르카	鱸 (すずき) 스즈키	鱸魚 루위
foca 포카	otariidae 오타리다이	тюлень 튤렌	σφραγίς 스프라기스	膃肭臍 (オットセイ) 옷토세이	海狗 하이궈
pulpo 풀포	sepia 세피아	каракатица 카라카티차	καλαμάρι 칼라마리	烏賊 (いか) 이카	鱿鱼 유위
pulpo gigante 풀포 히간테	dofleini 도플레이니	гигантский осьминог 기간츠키 오시미노크	σουπιά 수피아	ミズダコ 미즈다코	章鱼 장위
octopoda 옥토포다	octopus 옥토푸스	осьминог 오시미노크	χταπόδι 크타포시	蛸 (タコ) 다코	蛸 샤오
platija 플라티하	placius 플라키우스	камбала 캄발라	πλευρονίκτας 플레우로니케타스	鰈 (かれい) 가레이	鰈 뎨
volador 볼라도르	exocoetidae 엑소코이티다이	летучая рыба 레투차야 리바	ιχθύς ιπτάμενος 익티스 입타메노스	飛魚 (とびうお) 도비오	飞鱼 페이위
raya 라야	batoidea 바토이데아	скат 스카트	βατίς 바티스	えい 에이	鰩 야오
tiburón 티부론	cetus 케투스	акула 아쿨라	καρχαρίας 카르카리아스	サメ 사메	鲨鱼 사위
sardina 사르디나	sardina 사르디나	сарди́на 사르디나	σαρδέλα 사르델라	イワシ 이와시	沙丁鱼 사딩위

한국어	영어	독일어	프랑스어	이탈리아어
참치	tuna 튜나	Thunfisch 툰피슈	thon 통	tonno 톤노
갈치	hairtail 헤어테일	Haarschwanz 하르슈반츠	sabre 사브르	pesce coltello 페세 콜텔로
북어	pollack 폴락	Seelachs 젤락스	merlan séché 메를랑 세슈	merlano nero 메를라노 네로
가시	fishbone 피슈본	Gräte 그래테	arête 아레트	lisca 리스카
아가미	gill 길	Kieme 키메	branchie 브랑시	branchia 브랑키아
비늘	scale 스캐일	Schuppe 슈페	écaille 에카유	scaglia 스칼리아
옆줄	lateral line 래터럴 라인	Seitenlinie 자이텐리니에	ligne latérale 리뉴 라테랄	linea laterale 리네아 라테랄레
지느러미	fin 핀	Flosse 플로세	nageoire 나주아르	pinna 핀나
부레	air bladder 에어 블래더	Schwimmblase 슈빔블라제	vessie natatoire 베시 나타투아르	vescica natatori 베시카 나타토리

2-35. 양서/파충류

양서류 (兩棲類)	amphibian 앰피비언	Amphibie 암피비	amphibie 앙피비	anfibio 안피비오

스페인어	라틴어	러시아어	그리스어	일본어	중국어
atún 아툰	thynnus 틴누스	тунец 투네츠	τόνος 토노스	マグロ 마구로	金枪鱼 진창위
espadín 에스파딘	trichiuridae 트리키우리다이	сабля-рыба 사블랴-리바	λεπτόψαρο 렙톱사로	タチウオ 다치오	带鱼 다이위
abadejo 아바데호	pollachius 폴라키우스	сайда 사이다	λαγός 라고스	タラ 다라	千明太鱼 간밍타이위
espina 에스피나	spina piscis 스피나 피스키스	рыбья кость 리비야 코스티	ψαροκόκκαλο 프사로코칼로	とげ 도게	鲠 겅
branquia 브랑키아	branchia 브랑키아	жабра 자브라	βράγχιο 브랑키오	えら 에라	鳃 사이
escama 에스카마	squama 스쿠아마	чешуя 체슈야	λεπις 레피스	鱗 (うろこ) 우로코	鳞 린
línea lateral 리네아 라테랄	linea lateralis 리네아 라테랄리스	боковая линия 보코바야 리니야	πλάγια γραμμή 플라기아 그라메	側線 (そくせん) 소쿠센	侧线 처셴
aleta 알레타	pinna 핀나	плавник 플라브니크	πτερύγιο 프테리기오	ひれ 히네	鳍 치
vejiga natatoria 베히가 나타토리아	–	плавательный пузырь 플라바텔니 푸지리	νηκτική κύστη 넥티케 키스테	鰾 (うきぶくろ) 우키부쿠로	鱼鳔 위뱌오

스페인어	라틴어	러시아어	그리스어	일본어	중국어
anfibio 안피비오	amphibia 암피비아	земноводный 젬노보드니	αμφίβιο 암피비오	両生類 (りょうせいるい) 료세루이	两栖类 량치레이

한국어	영어	독일어	프랑스어	이탈리아어
카멜레온	chameleon 커밀리언	Chamäleon 카멜레온	caméléon 카멜레옹	camaleonte 카말레온테
코브라 (안경뱀)	cobra 코브러	Brillenschlange 브릴렌슐랑에	cobra 코브라	naia 나이아
두꺼비	toad 토드	Kröte 크뢰테	crapaud 크라포	rospo 로스포
악어 (鰐魚)	crocodile 크로커다일	Krokodil 크로코딜	crocodile 크로코딜	coccodrillo 코코드릴로
개구리	frog 프로그	Frosch 프로슈	grenouille 그르누유	rana 라나
올챙이	tadpole 태드포울	Kaulquappe 카울크바페	têtard 테타르	girino 지리노
도마뱀	lizard 리저드	Eidechse 아이덱세	lézard 레자르	lucertola 루체르톨라
파충류 (爬蟲類)	reptile 렙타일	Kriechtier 크리히티어	reptile 렙틸	rettile 레틸레
도롱뇽	salamander 샐러맨더	Salamander 잘라만더	salamandre 살라망드르	salamandra 살라만드라
방울뱀	rattlesnake 래틀스네이크	Klapperschlange 클라퍼슐랑에	serpent à sonnettes 세르팡 아 소네트	serpente a sonagli 세르펜테 아 소날리
뱀	snake 스네이크	Schlange 슐랑에	serpent 세르팡	serpente 세르펜테

스페인어	라틴어	러시아어	그리스어	일본어	중국어
camaleón 카멜레온	chamaeleon 카마일레온	хамелеон 하멜레온	χαμαιλέοντας 카마일레온타스	カメレオン 가메레온	变色龙 볜서룽
serpiente de anteojos 세르피엔테 데 안테오호스	naja 나야	очко́вая змея́ 오치코바야 즈메야	γυαλάκιας 기알라키아스	コブラ 코부라	眼镜蛇 옌징서
sapo 사포	rubeta 루베타	жаба 자바	φρύνος 프리노스	ヒキガエル 히키가에루	蟾蜍 찬추
cocodrilo 코코드릴로	crocodilus 크로코딜루스	крокоди́л 크로코딜	κροκόδειλος 크로코데일로스	鰐 (わに) 와니	鳄鱼 어위
rana 라나	rana 라나	лягушка 랴구시카	βάτραχος 바트라코스	蛙 (かえる) 가에루	青蛙 칭와
renacuajo 레나쿠아호	ranunculus 라눙쿨루스	головастик 골로바스티크	γυρίνος 기리노스	御玉杓子 (おたまじゃくし) 오타마자쿠시	蝌蚪 커더우
lagartija 라가르티하	stellio 스텔리오	ящерица 야셰리차	σαύρα 사이라	トカゲ 도카게	蜥蜴 시이
reptil 렙틸	reptile 렙틸레	пресмыкаю–щееся 프레스미카유셰예샤	ἑρπετόν 헤르페톤	爬虫類 (はちゅうるい) 하추루이	爬虫类 파충레이
salamandra 살라만드라	salamandra 살라만드라	саламандра 살라만드라	σαλαμάνδρα 살라만드라	山椒魚 (さんしょううお) 산쇼우오	鲵 니
crótalo 크로탈로	serpentes tintinnabulati 세르펜테스 틴틴나불라티	гремучник 그레무치니크	κροταλίας 크로탈리아스	がらがら蛇 (がらがらへび) 가라가라헤비	响尾蛇 샹웨이서
serpiente 세르피엔테	serpens 세르펜스	очередь 오체레디	ὄφις 오피스	蛇 (へび) 헤비	蛇 서

한국어	영어	독일어	프랑스어	이탈리아어
거북이	turtle 터틀	Schildkröte 실트크로테	tortue 토르튀	tartaruga 타르타루가

2-36. 절지/극피/갑각류 등

조가비	shell 셸	Schale 샬레	coquille 코키유	guscio 구쇼
조개	mussel 머슬	Muschel 무셀	coquillage 코키아주	conchiglia 콩킬리아
꽃게	blue crab 블루 크랩	Blaukrabbe 블라우크라베	crabe bleu 크라브 블뢰	granchio reale 그랑키오 레알레
새우	shrimp 슈림프	Garnele 가르넬레	crevette 크르베트	gamberetto 감베레토
게	crab 크랩	Krabbe 크라베	crabe 크라브	aragostina 아라고스티나
갑각류 (甲殼類)	crustacean 크러스테이션	Krustentier 크루스텐티어	crustacé 크뤼스타세	crostaceo 크로스타체오
패류 (貝類)	shellfish 셸피시	Schalenweich-tier 샬렌바이히티어	coquillages 코키아주	conchifera 콩키페라
가재	crayfish 크레이피시	Krebs 크렙스	écrevisse 에크르비스	gambero 감베로
해면 (海綿)	sponge 스폰지	Schwamm 슈밤	éponge 에퐁주	spugna 스푸냐

스페인어	라틴어	러시아어	그리스어	일본어	중국어
tortuga 토르투가	testudo 테스투도	черепаха 체레파하	χελώνα 켈로나	亀 (かめ) 가메	乌龟 우구이
cubierta 쿠비에르타	crusta 크루스타	раковина 라코비나	όστρακο 오스트라코	貝殻 (かいがら) 가이가라	贝壳 베이커
almeja 알메하	spondulus 스폰둘루스	мидия 미디야	δίθυρο 디티로	貝 (かい) 가이	贝 베이
cangrejo azul 캉그레호 아술	caris venetus 카리스 베네투스	синева́ краб 시네바 크랍	γαλαζοκάβου- ρας 갈라조카바라스	蝤蛑 (がざみ) 가자미	蝤蛑 유머우
gamba 감바	squilla 스퀼라	креветка 크레벳카	γαρίδα 가리다	海老 (エビ) 에비	虾 샤
cámbaro 캄바로	caris 카리스	краб 크랍	καβούρι 카부리	蟹 (かに) 가니	蟹 셰
crustacéo 크루스타세오	crustatum 크루스타툼	ракообразное 라코오브라즈노예	καρκινοειδή 카르키노에이데	甲殻類 (こうかくるい) 고카쿠루이	甲壳类 자차오레이
conchifera 콘치페라	conchylium 콩킬리움	моллюск 몰류스크	οστρακόδερ- μα 오스트라코데르마	貝類 (かいるい) 가이루이	贝类 베이레이
langosta 랑고스타	cancer 캉케르	рак 라크	γάγγραινα 강그라이나	ザリガニ 자리가니	蝲蛄 라구
esponja 에스폰하	spongia 스폰기아	губка 굽카	σπόγγος 스폰고스	海綿 (かいめん) 가이멘	海绵 하이멘

한국어	영어	독일어	프랑스어	이탈리아어
불가사리	starfish 스타피시	Seestern 제슈테른	étoile de mer 에투알 드 메르	stella di mare 스텔라 디 마레
전복 (全鰒)	avalone 애벌로우니	Meerohr 메어오어	haliotis 알리오티스	haliotis 알리오티스
해삼 (海蔘)	sea cucumber 시 큐컴버	Seegurke 제구르케	holothurie 올로튀리	oloturia 올로투리아
굴 (石花)	oyster 오이스터	Auster 아우스터	huître 위이트르	ostrica 오스트리카
해파리	jellyfish 젤리피시	Qualle 크발레	méduse 메뒤스	medusa 메두자
말미잘	sea anemone 시 어네머니	Seerose 제로제	anémone de mer 아네몬 드 메르	giglio di palude 질리오 디 팔루데
성게	sea urchin 시 어친	Seeigel 제이겔	oursin 우르생	muggine 무지네
따개비	barnacle 바너클	Seepocken 제포켄	bernacle 베르나클	cirripede 치리페데
촉수 (觸鬚)	tentacle 텐터클	Tentakel 텐타켈	tentacule 탕타퀼	tentacolo 텐타콜로
소라	conch 콘치	Trompeten-schnecke 트롬페텐슈네케	conque 콩크	conchiglia di strombo 콘칠리아 디 스트롬보
산호 (珊瑚)	coral 코럴	Koralle 코랄레	corail 코라유	corallo 코랄로

스페인어	라틴어	러시아어	그리스어	일본어	중국어
estrellamar 에스트레야마르	asteroidea 아스테로이데아	морская звезда́ 모르스카야 즈베즈다	αστερίας 아스테리아스	海星 (ひとで) 히토데	海星 하이싱
haliotis 알리오티스	haliotis 할리오티스	галиотис 갈리오티스	αφτί της θάλασσας 압티 데스 살라사스	アワビ 아와비	鲍鱼 바오위
pinuca 피누카	holothuroidea 홀로투로이데아	голотурии 골로투리	ολοθούρια 올로투리아	海鼠 (ナマコ) 나마코	海参 하이선
ostra 오스트라	ostreum 오스트레움	устрица 우스트리차	στρείδι 스트레이디	牡蠣 (かき) 가키	牡蛎 무리
medusa 메두사	pulmo marinus 풀모 마리누스	медуза 메두자	τσούχτρα 축트라	水母 (くらげ) 구라게	海蜇 하이저
anémona de mar 아네모나 데 마르	actiniaria 악티니아리아	водяная лилия 보댜나야 릴리야	θαλάσσιος πολύπους 탈라시오스 폴리푸스	磯巾着 (いそぎんちゃく) 이소긴챠쿠	海葵 하이쿠이
cabezudo 카베수도	echinus 에키누스	морской ёж 모르스코이 요시	αχινός 아키노스	海胆 (うに) 우니	海胆 하이단
percebe 페르세베	balanidae 발라니다이	морская уточка 모르스카야 우토치카	στρείδι 스트레이디	亀の手 (かめのて) 가메노테	藤壺科 텅후커
tentáculo 텐타쿨로	bracchium 브라키움	щупальце 슈팔체	πλοκάμι 플로카미	触手 (しょくしゅ) 쇼쿠슈	触手 추서우
caracola 카라콜라	ostrea 오스트레아	раковина 라코비나	σαλιγκάρι 살링가리	法螺貝 (ほらがい) 호라가이	海螺 하이뤄
coral 코랄	coralium 코랄리움	коралловый 코랄로비	κλείς 클레이스	珊瑚 (さんご) 산고	珊瑚 산후

한국어	영어	독일어	프랑스어	이탈리아어
연체동물 (軟體動物)	mollusk 몰러스크	Weichtier 바이히티어	mollusque 몰뤼스크	mollusco 몰루스코

2-37. 벌레

한국어	영어	독일어	프랑스어	이탈리아어
거미	spider 스파이더	Spinne 슈핀네	araignée 아레녜	ragno 라뇨
지렁이	earthworm 어스웜	Regenwurm 레겐부름	asticot 아스티코	lombrico 롬브리코
달팽이	snail 스네일	Schnecke 슈네케	escargot 에스카르고	chiocciola 키오촐라
개미	ant 앤트	Ameise 아마이제	fourmi 푸르미	formica 포르미카
지네	centipede 센티피드	Tausendfüßler 타우젠트퓌슬러	mille-pattes 밀파트	millepiedi 밀레피에디
거머리	leech 리치	Blutegel 블루트에겔	sangsue 상쉬	sanguisuga 상귀수가
전갈	scorpion 스코르피언	Skorpion 스코르피온	scorpion 스코르피옹	scorpione 스코르피오네
흰개미	termite 터마이트	Termite 테르미테	termite 테르미트	termite 테르미테
개똥벌레 (=반딧불이)	firefly 파이어플라이	Leuchtkäfer 로이히트캐퍼	luciole 뤼시올	lucciola 루촐라

스페인어	라틴어	러시아어	그리스어	일본어	중국어
molusco 몰루스코	conculium 콩쿨리움	моллюск 몰류스크	μαλάκιο 말라키오	軟体動物 (なんたいどうぶつ) 난타이도부쓰	软体动物 롼티둥우
araña 아라냐	araneus 아라네우스	паук 파우크	αράχνη 아라크레	蜘蛛 (くも) 구모	蜘蛛 즈주
lombriz 롬브리스	lumbricus 룸브리쿠스	дождевой червяк 도즈데보이 체르뱌크	γεωσκώληκας 게오스콜레카스	蚯蚓 (みみず) 미미즈	蚯蚓 추인
caracol 카라콜	cochlea 코클레아	улитка 울릿카	σκώληξ 스콜렉스	蝸牛 (かぎゅう) 가규	蜗牛 워뉴
hormiga 오르미가	formica 포르미카	муравéй 무라베이	μυρμήγκι 미르멩기	蟻 (あり) 아리	蚂蚁 마이
milpiés 밀피에스	centipes 켄티페스	многоножки 므노고노시키	σαρανταποδα ρούσα 사란타포다루사	百足 (むかで) 무카데	蜈蚣 우궁
sanguijuela 상기후엘라	hirudo 히루도	пиявка 피압카	βδέλλα 브델라	蛭 (ひる) 히루	蛭 즈
escorpión 에스코르피온	scorpio 스코르피오	скорпион 스코르피온	σκορπίος 스코르피오스	蠍 (さそり) 사소리	蝎子 셰쯔
isópteros 이솝테로스	isoptera 이숍테라	термит 테르미트	τερμίτης 테르미테스	白蟻 (しろあり) 시로아리	白蚁 바이이
luciérnaga 루시에르나가	cicindela 키킨델라	светляк 스베틀랴크	πυγολαμπίδα 피골람비다	螢 (ほたる) 호타루	萤火虫 잉훠충

한국어	영어	독일어	프랑스어	이탈리아어
누에	silkworm 실크웜	Seidenraupe 자이덴라우페	ver à soie 베르 아 수아	baco da seta 바코 다 세타
벌	bee 비	Biene 비네	abeille 아베유	ape 아페
무당벌레	ladybird 레이디버드	Marienkäfer 마리엔캐퍼	coccinelle 콕시넬	coccinella 코치넬라
잠자리	dragonfly 드래건플라이	Libelle 리벨레	libellule 리벨륄	libellula 리벨룰라
나방	moth 모스	Motte 모테	mite 미트	tarma 타르마
파리	fly 플라이	Fliege 플리게	mouche 무슈	mosca 모스카
모기	mosquito 머스키토	Mücke 뮈케	moustique 무스티크	zanzara 찬차라
나비	butterfly 버터플라이	Schmetterling 슈메테를링	papillon 파피용	farfalla 파르팔라
풍뎅이	beetle 비틀	Käfer 캐퍼	scarabée 스카라베	scarafaggio 스카라파조
여왕벌	queen bee 퀸 비	Bienenkönigin 비넨쾨니긴	reine des abeilles 렌 데 사베유	ape regina 아페 레지나
매미	cicada 시카더	Zikade 치카데	cigale 시갈	cicala 치칼라

스페인어	라틴어	러시아어	그리스어	일본어	중국어
gusano de seda 구사노 데 세다	bombylius 봄빌리우스	шелкопряд 셸코프랴트	μεταξοσκώλη-κας 메탁소스콜레카스	蚕児 (さんじ) 산지	蚕 찬
abeja 아베하	apis 아피스	пчела 프첼라	μέλισσα 멜리사	蜂 (はち) 하치	蜂 펑
mariquita 마리키타	coccinella 코키넬라	божья коровка 보즈야 코롭카	πασχαλίτσα 파스칼리차	天道虫 (てんとうむし) 덴토무시	瓢虫 퍄오충
libélula 리벨룰라	libellulidae 리벨룰리다이	стрекоза 스트레코자	λιβελλούλα 리벨룰라	蜻蛉 (かげろう) 가게로	蜻蜓 칭팅
polilla 폴리야	tinea 티네아	мотылёк 모틸료크	σής 세스	蛾 (が) 가	飞蛾 페이어
mosca 모스카	musca 무스카	муха 무하	μύγα 미가	蠅 (はえ) 하에	苍蝇 창잉
bicho 비초	culex 쿨렉스	мошка 모시카	κώνωψ 코놉스	蚊 (か) 가	蚊子 원쯔
mariposa 마리포사	papilio 파필리오	бабочка 바보치카	πεταλούδα 페탈루다	蝶 (ちょう) 조	蝴蝶 후뎨
escarabajo 에스카라바호	coleopteron 콜레옵테론	жук 주크	σκαθάρι 스카타리	甲虫 (かぶとむし) 가부도무시	金龟子 진구이쯔
abeja reina 아베하 레이나	apis regina 아피스 레기나	пчелиная матка 프첼리나야 맛카	βασίλισσα μέλισσα 바실리사 멜리사	女王蜂 (じょおうばち) 조오바치	蜂王 펑왕
cigarra 시가라	cicada 키카다	цикáда 치카다	τζιτζίκι 지지키	蝉 (せみ) 세미	蝉 찬

한국어	영어	독일어	프랑스어	이탈리아어
귀뚜라미	cricket 크리킷	Grille 그릴레	grillon 그리용	grillo 그릴로
벼룩	flea 플리	Floh 플로	puce 퓌스	pulce 풀체
메뚜기	grasshopper 그래스호퍼	Heuschrecke 호이슈레케	sauterelle 소트렐	cavalletta 카발레타
더듬이	feeler 필러	Fühler 퓔러	antenne 앙텐	antenna 안텐나
고치	cocoon 커쿤	Kokon 코콘	cocon 코콩	bozzolo 보촐로
벌집	beehive 비하이브	Bienenstock 비넨슈톡	ruche 뤼슈	alveare 알베아레
숙주 (宿主)	host 호스트	Wirt 비어트	hôte 오트	ospite 오스피테
섬모 (纖毛)	cilium 실리엄	Zilie 칠리에	cil 실	ciglia 칠리아

2-38. 동물의 행태/생리/속성

교미 (交尾)	mating 메이팅	Paarung 파룽	copulation 코퓔라시옹	accoppiamento 아코피아멘토
부화 (孵化)	hatch 해치	Schlüpfen 슐륍펜	incubacion 앵퀴바시옹	incubazione 잉쿠바치오네

스페인어	라틴어	러시아어	그리스어	일본어	중국어
gríllidos 그리이도스	gryllus 그릴루스	сверчок 스베르초크	γρύλος 그릴로스	蟋蟀 (こおろぎ) 고로기	蟋蟀 시솨이
pulga 풀가	pulex 풀렉스	блохá 블로하	ψύλλος 프실로스	蚤 (のみ) 노미	跳蚤 탸오짜오
saltamontes 살타몬테스	caelifera 카일리페라	саранчá 사란차	ακρίδες 아크리데스	飛蝗 (バッタ) 밧타	蚱蜢 자멍
antena 안테나	antenna 안테나	щýпальце 슈팔체	κεραία 케라이아	触角 (しょっかく) 숏카쿠	触角 추자오
capullo 카푸요	bombylis 봄빌리스	кóкон 코콘	βομβύκιο 봄비키오	繭 (まゆ) 마유	茧 젠
colmena 콜메나	alvarium 알바리움	улей 울레이	κυψέλη 킵셀레	蜂の巣 (はちのす) 하치노스	蜂窝 펑우
huésped 우에스페드	hospes 호스페스	хозя́ин 호쟈인	ξενιστής 크세니스테스	宿主 (しゅくしゅ) 슈쿠슈	宿主 수주
cilio 실리오	cilium 킬리움	ресничку 레스니치쿠	τριχίδιο 트리키디오	纖毛 (せんもう) 센모	纤毛 셴마오
cópula 코풀라	copulatio 코풀라치오	копуляция 코풀랴치야	ζευγάρωμα 제우가로마	交配 (こうはい) 고하이	交尾 쟈오웨이
incubación 인쿠바시온	incubito 인쿠비토	инкубáция 인쿠바치야	επώαση 에포아세	孵化 (ふか) 후카	孵化 푸화

한국어	영어	독일어	프랑스어	이탈리아어
자웅동체 (雌雄同體)	hermaphrodite 허메프러다이트	Zwittertum 츠비터툼	hermaphrodi– sme 에르마프로디슴	monoicismo 모노이치즈모
단성생식 (單性生殖)	parthenogene– sis 파시너제니시스	Jungfernzeu– gung 융페른초이궁	parthénogenèse 파르테노제네즈	partenogenesi 파르테로제네지
겨울잠 [冬眠]	hibernation 하이버네이션	Winterschlaf 빈터슐라프	hibernation 이베르나시옹	ibernazione 이베르나치오네
탈바꿈 [變態]	metamorphosis 메타모퍼시스	Metamorphose 메타모르포제	métamorphose 메타모르포즈	metamorfosi 메타모르포지
포효 (咆哮)	roar 로어	Brüllen 브뤼렌	bruit 브뤼이	ruggito 루지토
회유 (回遊)	mirgation 미그레이션	Migration 미그라치온	migration 미그라시옹	migrazione 미그라치오네
야행성 (夜行性)	nocturnal 녹터늘	nachtaktiv 나흐트악티프	nocturne 녹튀른	notturno 노투르노

스페인어	라틴어	러시아어	그리스어	일본어	중국어
hermafroditismo 에르마프로디티스모	hermaphroditus 헤르마프로디투스	гермафродитизм 게르마프로디티즘	ερμαφρόδιτο 에르마프로디토	雌雄同体 (しゆうどうたい) 슈우도타이	雌雄同体 츠슝퉁티
partenogénesis 파르테노헤네시스	-	партеногенез 파르테노게네스	παρθενογένεση 파르테노게네세	単為生殖 (たんいせいしょく) 단이세쇼쿠	单性生殖 단싱성즈
hibernación 이베르나시온	somnus brumalis 솜누스 브루말리스	зимняя спячка 짐냐야 스퍄치카	χειμερία νάρκη 케이메리아 나르케	冬眠 (とうみん) 도민	冬眠 둥멘
metamorfosis 메타모르포시스	metamorphosis 메타모르포시스	метаморфóза 메타모르포자	μεταμόρφωση 메타모르포세	変態 (へんたい) 헨타이	变态 벤타이
bramido 브라미도	clamos 클라모스	крик 크리크	βρυχηθμός 브리케트모스	咆哮 (ほうこう) 호코	咆哮 파오샤오
migración 미그라시온	migratio 미그라치오	миграция 미그라치야	μετανάστευση 메타나스테우세	回游 (かいゆう) 가이유	回游 후이유
nocturno 녹투르노	nocturnus 녹투르누스	ночной 노치노이	νυκτόβιος 닉토비오스	夜行性 (やこうせい) 야코세	夜行性 예항싱

PART3

개인

개인/개인 소품・장신구/화장품・가구/가전제품・생활용품・위생용품・의 1 : 옷감・의 2 : 의류・의 3 : 바느질・식 1・음식・식 2 : 조미료/양념/기호품・식 3 : 주방・주 1 : 집/방・주 2 : 문/벽 등・주 3 : 난방/마당・지칭・신분/자아/관계・나이/이름・인생・가족・성품・태도・신체적 행위/능력・감정 1 : 호・감정 2 : 불호・꿈/이상・이념・마음/마음상태・생각/의도/추측・신뢰・성패/영욕・언어/표현 관련・지식/지혜

3-1. 개인/개인 소품

한국어	영어	독일어	프랑스어	이탈리아어
개인 (個人)	individual 인디비듀얼	Individuum 인디비두움	individu 앵디비뷰	individuo 인디비두오
물건 (物件)	thing 싱	Ding 딩	chose 쇼즈	cosa 코사
넥타이	necktie 넥타이	Krawatte 크라바테	cravate 크라바트	cravatta 크라바타
타이핀	tie pin 타이핀	Krawattennadel 크라바텐나델	épingle de cravate 에팽글 드 크라바트	fermacravatta 페르마크라바타
목도리	muffler 머플러	Schal 샬	cachenez 까슈네	scialle 시알레
스카프	scarf 스카프	Halttuch 할스투흐	écharpe 에샤르프	sciarpa 시아르파
멜빵 (바지)	suspenders 서스펜더	Hosenträger 호젠트래거	bretelles 브르텔	bretelle 브레텔레
모자 (帽子)	hat 햇	Hut 후트	chapeau 샤포	cappello 카펠로
밀짚모자	straw hat 스트로 햇	Strohhut 슈트로후트	chapeau de paille 샤포 드 페유	cappello di paglia 카펠로 디 팔리아
챙 (모자)	brim 브림	Krempe 크렘페	bord 보르	falda 팔다
귀마개	earplug 이어플러그	Geräuschschützer 게로이슈쉬처	béguin 베쟁	tappo per le orecchie 타포 페르 레 오레키에

스페인어	라틴어	러시아어	그리스어	일본어	중국어
individuo 인디비두오	individuum 인디비두움	личность 리치노스티	άτομο 아토모	個人 (こじん) 고진	个人 꺼런
cosa 코사	res 레스	предмет 프레드메트	πράγμα 프라그마	物 (もの) 모노	东西 동시
corbata 코르바타	focale 포칼레	галстук 갈스투크	γραβάτα 그라사타	ネクタイ 네쿠타이	领带 링다이
alfiler de corbata 알필레르 데 코르바타	acus focalei 아쿠스 포칼레이	галстук булавка 갈스툭 불랍카	καρφίτσα 카르피차	タイピン 다이빈	领针 링전
chal 찰	pannus collaris 판누스 콜라리스	шаль 샬	κασκόλ 카스콜	襟巻 (えりま) 에리마	围巾 웨이진
bufanda 부판다	amictorium 아믹토리움	шарф 샤르프	φουλάρι 풀라리	スカーフ 스카후	领巾 링진
tirantes 티란테스	ceruchus 케루쿠스	погоны 포고니	τιράντες 티란테스	サスペンダー 사스펜다	背带 베이다이
sombrero 솜브레로	capellus 카펠루스	шляпа 실랴파	καπέλο 카펠로	帽子 (ぼうし) 보시	帽子 마오쯔
sombrero de paja 솜브레로 데 파하	petasus stramineus 페타수스 스트라미네우스	соломенная шляпа 솔로멘나야 실랴파	ψάθινο καπέλο 프사티노 카펠로	麦稈帽子 (むぎわらぼうし) 무기와라보시	草帽 차오마오
ala 알라	labium capellus 라비움 카펠루스	поля 폴랴	χείλος 케일로스	つば 쓰바	太阳帽 타이양마오
tapón 타폰	aurem obturaculum 아우렘 옵투라쿨룸	затычка для ушей 자티치카 들랴 우셰이	ωτοασπίδας 오토아스피다스	耳栓 (みみせん) 미미센	耳套 얼타오

한국어	영어	독일어	프랑스어	이탈리아어
장갑 (掌匣)	glove 글러브	Handschuh 한트슈	gant 강	guanto 관토
부채 [扇]	fan 팬	Fächer 패허	éventail 에방타유	ventaglio 벤탈리오
손수건 (-手巾)	handkerchief 행커치프	Taschentuch 타셴투흐	mouchoir 무슈아르	fazzoletto 파촐레토
양말	sock 속	Socke 조케	chaussette 쇼세트	calzino 칼치노
신발	shoe 슈	Schuh 슈	chaussure 쇼쉬르	scarpa 스카르파
샌들	sandal 샌들	Sandale 잔달레	sandale 상달	sandalo 산달로
장화 (長靴)	boot 부트	Stiefel 슈티펠	botte 보트	stivale 스티발레
안경 (眼鏡)	spectacles 스펙터클	Brille 브릴레	lunettes 뤼네테	occhiali 오키알리
선글라스	sunglasses 선글래스	Sonnenbrille 존넨브릴레	lunettes de soleil 뤼네테 드 솔레유	occhiali da sole 오키알리 다 솔레
양산 (洋傘)	parasol 패러솔	Sonnenschirm 존넨시름	parasol 파라솔	parasole 파라솔레
우산 (雨傘)	umbrella 엄브렐러	Regenschirm 레겐시름	parapluie 파라플뤼이	ombrello 옴브렐로

스페인어	라틴어	러시아어	그리스어	일본어	중국어
guante 구안테	chirotheca 키로테카	перчатка 페르챳카	γάντι 간디	手袋 (てぶくろ) 데부쿠로	手套 서우타오
abanico 아바니코	flabellum 플라벨룸	веер 베예르	ανεμιστήρας 아네미스테라스	扇 (おうぎ) 오기	扇子 산쯔
pañuelo 파뉴엘로	sudarium 수다리움	носовой платок 노소보이 플라토크	μαντήλι 만텔리	手拭 (てぬぐい) 데누구이	手帕 서우파
calcetín 칼세틴	impilium 임필리움	носок 노소크	κάλτσα ανδρική 칼차 안드리케	靴下 (くつした) 구쓰시타	袜子 와쯔
zapato 사파토	calciatus 칼키아투스	туфля 투플랴	παπούτσι 파푸치	履物 (はきもの) 하키모노	鞋 셰
sandalia 산달리아	sandalium 산달리움	сандалия 산달리야	σανδάλιον 산달리온	サンダル 산다루	凉鞋 량셰
bota 보타	pero 페로	ботинки 보틴키	παπούτσι 파푸치	長靴 (ながぐつ) 나가구쓰	靴子 쉐쯔
gafas 가파스	perspicillum 페르스피킬룸	очки 오치키	δίοπτρα 디옵트라	眼鏡 (がんきょう) 간쿄	眼镜 옌징
gafas de sol 가파스 데 솔	–	солнцезащит-ные очки 솔른체자시트니예 오치키	γυαλιά ηλίου 기알리아 엘리우	サングラス 산구라스	太阳眼镜 타이양옌징
sombrilla 솜브리야	umbraculum 움브라쿨룸	зонтик от солнца 존티크 오트 솔른차	αλεξήλιο 알렉셀리오	洋傘 (ようがさ) 요가사	旱伞 한싼
paraguas 파라구아스	umbrella 움브렐라	зонт 존트	αλεξιβρόχιο 알레지브로키오	雨傘 (あまがさ) 아마가사	雨伞 위싼

한국어	영어	독일어	프랑스어	이탈리아어
가방 (핸드백)	handbag 핸드백	Handtasche 한트타셰	réticule 레티퀼	borsetta 보르세타
지갑 (紙匣)	wallet 월릿	Brieftasche 브리프타셰	portefeuille 포르트푀유	portafogli 포르타폴리
지팡이	stick 스틱	Stock 슈톡	bâton 바통	bastone 바스토네
머리핀	hairpin 헤어핀	Haarnadel 하나델	épingle à cheveux 에팽글 아 슈뵈	forcina 포르치나
배지	badge 배지	Abzeichen 압차이헨	insigne 앵시뉴	distintivo 디스틴티보
헤드폰	headphone 헤드폰	Kopfhörer 코프회러	casque 카스크	auricolare 아우리콜라레
이어폰	earphone 이어폰	Ohrhörer 오어회러	audiophone 오디오폰	cuffia 쿠피아
선물 (膳物)	gift 기프트	Geschenk 게솅크	cadeau 카도	dono 도노

3-2. 장신구/화장품

반지 (斑指)	ring 링	Ring 링	anneau 아노	anello 아넬로
브로치	brooch 브러우치	Brosche 브로셰	broche 브로슈	spilla 스필라

스페인어	라틴어	러시아어	그리스어	일본어	중국어
bolso 볼소	–	дамская сумочка 담스카야 수모치카	τσάντα 찬다	ハンドバッグ 한도밧구	手提包 서우티바오
cartera 카르테라	ascopa 아스코파	бумажник 두마즈니크	πορτοφόλι 포르토폴리	札入れ (さついれ) 사쓰이레	钱包 첸바오
vástago 바스타고	rudis 루디스	посох 포소흐	κλαδί 클라디	杖 (つえ) 쓰에	拐杖 과이장
horquilla 오르키야	acus 아쿠스	шпи́лька 시필카	φουρκέτα 푸르케타	ヘアピン 헤아빈	头发夹子 터우파자쯔
emblema 엠블레마	insigne 인시그네	почётный знак 포초트니 즈나크	σήμα 세마	バッジ 밧지	证章 정장
circumaurales 시르쿰아우랄레스	concha auditoria 콘차 아우디토리아	радионаушники 라디오나우시니키	ακουστικό 아쿠스티코	ヘッドホン 헷도혼	头戴耳机 터우다이얼지
audífono 아우디포노	–	нау́шники 나우시니키	ακουστικό 아쿠스티코	イヤホーン 이야혼	耳机 얼지
limosna 리모스나	donum 도눔	подарок 포다로크	δωρεά 도레아	贈りもの (おくりもの) 오쿠리모노	礼物 리우
anillo 아니요	anulus 아눌루스	трест 트레스트	δακτύλιος 닥틸리오스	指輪 (ゆびわ) 유비와	戒指 제지
broche 브로체	firmaculum 피르마쿨룸	брошка 브로시카	πόρπη 포르페	胸飾り (むねかざり) 무네카자리	胸针 슝전

한국어	영어	독일어	프랑스어	이탈리아어
팔찌	bracelet 브레이슬릿	Armband 아름반트	bracelet 브라슬레	braccialetto 브라찰레토
귀걸이	earring 이어링	Ohrring 오어링	boucle d'oreille 부클 도레유	orecchino 오레키노
목걸이	necklace 네클리스	Halskette 할스케테	collier 콜리에	collana 콜라나
로션	lotion 로션	Lotion 로치온	lotion 로시옹	lozione 로치오네
향수 (香水)	perfume 퍼퓸	Parfüm 파퓜	parfum 파르푕	profumo 프로푸모
화장품 (化粧品)	cosmetic 코즈메틱	Schminke 슈밍케	cosmétique 코스메티크	cosmetico 코즈메티코
화장 (化粧)	makeup 메이크업	Schminke 슈밍케	maquillage 마키아주	trucco 트루코
술 (장식)	tassel 태슬	Quaste 크바스테	gland 글랑	fiocco 피오코
장식 (裝飾)	ornament 오너먼트	Verzierung 페어치룽	décoration 데코라시옹	ornamento 오르나멘토
휘장 (徽章)	emblem 엠블럼	Emblem 엠블렘	emblème 앙블렘	emblema 엠블레마
귀중품 (貴重品)	valuables 밸류어블	Wertsache 베르트자헤	objets de valeur 오브제 드 발뢰르	valori 발로리

스페인어	라틴어	러시아어	그리스어	일본어	중국어
pulsera 풀세라	armilla 아르밀라	брасле́т 브라슬레트	περιβραχιόνιο 페리브라키오니오	腕輪 (うでわ) 우데와	手链 서우롄
pendiente 펜디엔테	elenchus 엘렝쿠스	серьга́ 세리가	σκουλαρίκι 스쿨라리키	耳当 (みみあて) 미미아테	耳环 얼환
collar 코야르	monile 모닐레	цепочка 체포치카	περιδέραιο 페리데라이오	首巻 (くびまき) 구비마키	项链 샹롄
loción 로시온	lotio 로치오	лосьо́н 로시온	λοσιόν 로시온	ローション 로숀	护肤液 후푸예
perfume 페르푸메	fragrantia 프라그란치아	духи 두히	μύρον 미론	香水 (こうすい) 고스이	香水 샹수이
cuidado de la belleza 쿠이다도 델라 베예사	cosmetica 코스메티카	косме́тика 코스메티카	καλλυντικό 칼린디코	化粧品 (けしょうひん) 게쇼힌	化妆品 화좡핀
maquillaje 마키야헤	purpurissum 푸르푸리숨	макия́ж 마키아시	μακιγιάζ 마키기아즈	化粧 (けしょう) 게쇼	化妆 화주앙
borla 보를라	sittybus 시티부스	кисточка 키스토치카	θύσανος 티사노스	総 (ふさ) 후사	酒 주
decoración 데코라시온	ornamentum 오르나멘툼	орнамент 오르나멘트	χάρις 카리스	装飾 (そうしょく) 소쇼쿠	装饰 좡시
cortina 코르티나	emblema 엠블레마	эмбле́ма 엠블레마	έμβλημα 엠블레마	徽章 (きしょう) 기쇼	帷帐 웨이장
objeto de valor 오브헤토 데 발로르	pensitatio 펜시타치오	ценности 첸노스티	τιμαλφή 티말페	バリュアブルズ 바류아부루즈	贵重品 구이중핀

3-3. 가구/가전제품

한국어	영어	독일어	프랑스어	이탈리아어
가구 (家具)	furniture 퍼니처	Möbel 뫼벨	meuble 뫼블	mobile 모빌레
옷장	wardrobe 워드로브	Kleiderschrank 클라이더슈랑크	penderie 팡드리	guardaroba 과르다로바
팔걸이	armrest 암레스트	Armlehne 아름레네	bras 브라	bracciolo 브라촐로
걸상 [椅子]	chair 체어	Stuhl 슈툴	chaise 셰즈	sedia 세디아
책상 (册床)	desk 데스크	Schreibtisch 슈라입티슈	bureau 뷔로	scrivania 스크리바니아
소파	sofa 소퍼	Sofa 조파	canapé 카나페	sofa 소파
침대 (寢臺)	bed 베드	Bett 베트	lit 리	letto 레토
탁자 (卓子)	table 테이블	Tisch 티슈	table 타블	tavolo 타볼로
서가 (書架)	shelf 셸프	Regal 레갈	étagère 에타제르	scaffale 스카팔레
서랍	drawer 드로어	Schublade 슈플라데	tiroir 티루아르	cassetto 카세토
벤치	bench 벤치	Bank 방크	banc 방	panca 팡카

스페인어	라틴어	러시아어	그리스어	일본어	중국어
mueble 무에블레	supellex 수펠렉스	мебельное изделие 메벨노예 이즈델리예	έπιπλο 에피플로	家具 (かぐ) 가구	家具 자주
guardarropa 과르다로파	vestiarium 베스티아리움	гардероб 가르데로프	βεστιάριο 베스티아리오	箪笥 (たんす) 단스	衣柜 이구이
brazo del sillón 브라소 델 시온	ancon 앙콘	ручка 루치카	βραχίων 브라키온	ひじかけ 히지카케	靠手 카오서우
silla 시야	sella 셀라	стул 스툴	κατασείω 카타세이오	椅子 (いす) 이스	凳子 덩쯔
escritorio 에스크리토리오	pulpitum 풀피툼	письменный стол 피시멘니이 스톨	γραφείο 그라페이오	机 (つくえ) 쓰쿠에	桌子 줘쯔
sofá 소파	lectus 렉투스	софа 소파	κλίνη 클리네	ソファー 소후아	沙发 사파
cama 카마	torus 토루스	постель 포스텔	κλινάριον 클리나리온	寝台 (しんだい) 신다이	床 촹
mesa 메사	mensa 멘사	стол 스톨	τράπεζα 트라페자	テーブル 데부루	桌 줘
scaffale 스카팔레	armarium 아르마리움	книжная полка 크니즈나야 폴카	εταζέρα 에타제라	本棚 (ほんだな) 혼다나	书架 수자
cajón 카혼	loculus 로쿨루스	ящик 야시크	συρτάρι 시르타리	引き出し (ひきだし) 히키다시	抽屉 처우티
banco 방코	bancus 방쿠스	скамья 스카미야	πάγκος 팡고스	ベンチ 벤치	板凳 반덩

한국어	영어	독일어	프랑스어	이탈리아어
캐비닛	cabinet 캐비닛	Schrank 슈랑크	armoire 아르무아르	armadio 아르마디오
냉장고 (冷藏庫)	refrigerator 리프리저레이터	Kühlschrank 퀼슈랑크	réfrigérateur 레프리제라퇴르	frigorifero 프리고리페로
에어컨	airconditioner 에어컨디셔너	klimaanlage 클리마안라게	climatiseur 클리마티죄르	impianto di aria condizionata 임피안토 디 아리아 콘디치오나타
비디오	video 비디오	Video 비데오	magnétoscope 마녜토스코프	video 비데오
진공청소기 (眞空淸掃器)	vacuum cleaner 배큐엄 클리너	Staubsauger 슈타웁자우거	aspirateur 아스피라퇴르	aspirapolvere 아스피라폴베레
텔레비전	television 텔리비전	Fernsehen 페른제엔	télévision 텔레비지옹	televisione 텔레비지오네
다리미	iron 아이언	Bügeleisen 뷔겔아이젠	fer à repasser 페르 아 르파세	ferro da stiro 페로 다 스티로
선풍기 (扇風機)	ventilator 벤틸레이터	Ventilator 벤틸라토어	ventilateur 방틸라퇴르	ventilatore 벤틸라토레
전축 (電蓄)	gramophone 그라모폰	Plattenspieler 플라텐슈필러	tourne-disque 투르네-디스크	giradischi 지라디스키
전화기 (電話機)	telephone 텔레폰	Telefon 텔레폰	téléphone 텔레폰	telefono 텔레포노

스페인어	라틴어	러시아어	그리스어	일본어	중국어
ropero 로페로	armarium 아르마리움	платяной шкаф 프라차노이 시카프	ερμάριο 에르마리오	キャビネット 갸비넷토	柜 구이
refrigerador 레프리헤라도르	frigidarium 프리기다리움	холодильник 홀로질니크	ψυγείο 프시게이오	冷蔵庫 (れいぞうこ) 레이조코	电冰箱 뎬빙샹
acondicionador 아콘디시오나도르	temperaculum aërium 템페라쿨룸 아에리움	кондиционер 콘디치오네르	αιρ-κοντίσιον 아이르콘디시온	エアコン 에아콘	空调 쿵탸오
vídeo 비데오	magneto scopium 마그네토 스코피움	видео 비데오	βίντεο 빈데오	ビデオ 비데오	录像机 루샹지
aspiradora 아스피라도라	hauritorium pulveris 하우리토리움 풀베리스	пылесос 필레소스	ηλεκτρική σκούπα 엘렉트리케 스쿠파	真空掃除機 (しんくうそうじき) 신쿠소지키	真空吸尘器 전쿵시천치
televisión 텔레비시온	televisio 텔레비지오	телевидение 텔레비데니예	τηλεόραση 텔레오라세	テレビ 데레비	电视 뎬시
plancha 플란차	ferrum politorium 페룸 폴리토리움	утюг 우추크	σίδερο σιδερώματος 시데로 시데로마토스	アイロン 아이론	熨斗 윈더우
ventilador 벤틸라도르	ventilatrum 벤틸라트룸	вентилятор 벤틸랴토르	ανεμιστήρ 아네미스테르	扇風機 (せんぷうき) 센푸키	电风扇 뎬펑산
tocadiscos 토카디스코스	discophonum 디스코포눔	граммофон 그람모폰	πικάπ 피카프	レコードプレーヤー 레코도푸레야	电唱机 뎬창지
teléfono 텔레포노	telephonum 텔레포눔	телефон 텔레폰	τηλέφωνο 텔레포노	電話 (でんわ) 덴와	电话机 뎬화지

3-4. 생활용품

한국어	영어	독일어	프랑스어	이탈리아어
화분 (花盆)	flowerpot 플라워폿	Blumentopf 블루멘토프	vase 바즈	vaso da fiori 바조 다 피오리
옹기 (甕器)	pottery 포터리	Töpferware 퇴퍼바레	poterie 포트리	ceramica 체라미카
자기 (瓷器)	porcelain 포슬린	Porzellan 포르첼란	porcelaine 포르설렌	porcellana 포르첼라나
석기 (石器)	stoneware 스톤웨어	Steingut 슈타인굿	faïence 파양스	terracotta 테라코타
요람 (搖籃)	cradle 크레이들	Wiege 비게	berceau 베르소	culla 쿨라
자루	sack 색	Sack 자크	sac 샤크	sacco 사코
자물쇠	lock 록	Schloss 슐로스	château 샤토	serratura 세라투라
열쇠	key 키	Schlüssel 슐뤼셀	clé 클레	chiave 키아베
깔때기	funnel 퍼늘	Trichter 트리히터	entonnoir 앙토누아르	imbuto 임부토
물뿌리개	watering can 워터링 캔	Gießkanne 기스칸네	arrosoir 아로수아르	innaffiatoio 인나피아토이오
초	candle 캔들	Kerze 케르체	bougie 부지	candela 칸델라

스페인어	라틴어	러시아어	그리스어	일본어	중국어
tiesto 티에스토	testa floralis 테스타 플로랄리스	цвето́чный горшо́к 츠베토치니 고르쇼크	γλάστρα 글라스트라	植木鉢 (うえきばち) 우에키바치	花盆 화펀
alfarería 알파레리아	figulina 피굴리나	гончарные изделия 곤차르니예 이즈델리야	είδη κεραμικής 에이데 케라미케스	陶磁器 (とうじき) 도지키	陶器 타오치
porcelana 포르셀라나	porcellana 포르켈라나	фарфор 파르포르	πορσελάνη 포르셀라네	磁器 (じき) 지키	瓷器 츠치
cerámica de gres 세라미카 데 그레스	vas lapideus 바스 라피데우스	фаянс 파얀스	πήλινα 펠리나	石器 (せっき) 셋키	石器 시치
cuna 쿠나	cunula 쿠눌라	колыбель 콜리벨	κούνια 쿠니아	揺り篭 (ゆりかご) 유리카고	摇篮 야오란
saco 사코	saccus 사쿠스	мешок 메쇼크	πήρα 페라	袋 (ふくろ) 후쿠로	袋子 다이쯔
castillo 카스티요	sera 세라	замок 자모크	κλειδώνω 클레이도노	錠 (じょう) 조	锁 쉬
clave 클라베	clavis 클라비스	ключ 클류치	κλείς 클레이스	鍵 (かぎ) 가기	钥匙 야오츠
embudo 엠부도	infundibulum 인푼디불룸	воронка 보론카	φουγάρο 푸가로	漏斗 (じょうご) 조고	漏斗 러우더우
jarra 하라	nassiterna 나시테르나	бидон 비돈	ποτιστήρι 포티스테리	ジョーロ 조로	喷壶 펀후
vela 벨라	candela 칸델라	свеча 스베차	λαμπάδα 람바다	蝋燭 (ろうそく) 로소쿠	蜡烛 라주

한국어	영어	독일어	프랑스어	이탈리아어
심지	wick 위크	Docht 도흐트	mèche 메슈	stoppino 스토피노
촛대	candlestick 캔들스틱	Kerzenhalter 케르첸할터	bougeoir 부주아르	candelabro 칸델라브로
성냥	match 매치	Streichholz 슈트라이히홀츠	allumette 알뤼메트	fiammifero 피암미페로
재떨이	ashtray 애시트레이	Aschenbecher 아셴베허	cendrier 상드리예	portacenere 포르타체네레
물통	bucket 버킷	Eimer 아이머	seau 소	secchio 세키오
거울	mirror 미러	Spiegel 슈피겔	glace 글라스	specchio 스페키오
건전지 (乾電池)	battery 배터리	Batterie 바테리	batterie 바트리	accumulatore 아쿠물라토르
깔개	mat 매트	Matte 마테	natte 나트	stuoia 스투오이아
깡통	can 캔	Blechdose 블레히도제	boîte 부아트	scatola vuota 스카톨라 부오타
바구니	basket 바스킷	Korb 코르프	panier 파니에	canestro 카네스트로
방석	cushion 쿠션	Sitzkissen 지츠키센	coussin 쿠생	cuscino 쿠시노

스페인어	라틴어	러시아어	그리스어	일본어	중국어
mecha 메차	ellychnium 엘리크니움	фити́ль 피틸	φυτίλι 피틸리	芯 (しん) 신	芯 신
candelero 칸델레로	ceroferarium 케로페라리움	подсвечник 포츠베치니크	πολύφωτο 폴리포토	燭台 (しょくだい) 쇼쿠다이	烛台 추타이
cerilla 세리야	ramentum flammiferum 라멘툼 플람미페룸	спи́чка 스피치카	σπίρτο 스피르토	マッチ 맛치	火柴 훠차이
cenicero 세니세로	cinerarium 키네라리움	пе́пельница 페펠니차	σταχτοδοχείο 스탁토도케이오	灰皿 (はいさら) 하이사라	烟缸 옌강
balde 발데	urna 우르나	ведро 베드로	ἄντλημα 안틀레마	桶 (おけ) 오케	水桶 수이통
espejo 에스페호	speculum 스페쿨룸	зеркало 제르칼로	ἔσοπτρον 에솝트론	鏡 (かがみ) 가가미	镜子 징쯔
pila 필라	pila electrica 필라 엘렉트리카	батарея 바타레야	αἰτίωμα 아이티오마	乾電池 (かんでんち) 간덴치	干电池 간뎬츠
estera 에스테라	matta 마타	спортивный мат 스포르티브니 마트	στρώμα 스트로마	敷物 (しきもの) 시키모노	垫子 뎬쯔
bote 보테	theca ferrea 테카 페레아	жестянка 제스탸카	δοχείο 도케이오	缶 (かん) 간	铁听 톄팅
carcasa 카르카사	corbis 코르비스	корзи́на 코르지나	κόφινος 코피노스	籠 (かご) 가고	篮子 란쯔
cohín 코힌	cussinus 쿠시누스	подушка 포두시카	καθίσματος 카티스마토스	座布団 (ざぶとん) 자부돈	坐垫 쮜뎬

한국어	영어	독일어	프랑스어	이탈리아어
배낭 (背囊)	backpack 백팩	Rucksack 룩자크	sac à dos 사크 아 도	zaino 차이노
병 (瓶)	bottle 보틀	Flasche 플라셰	bouteille 부테유	bottiglia 보틸리아
어항 (魚缸)	fishbowl 피슈보울	Fischglas 피슈글라스	bocal à poissons 보칼 아 푸아송	boccia per i pesci 보차 페르 이 페시
침낭 (寢囊)	sleeping bag 슬리핑 백	Schlafsack 슐라프자크	sac de couchage 사크 드 쿠샤주	sacco a pelo 사코 아 펠로
커튼	curtain 커튼	Vorhang 포어항	rideau 리도	tendina 텐디나
베개	pillow 필로우	Kopfkissen 코프키센	oreiller 오레예	capezzale 카페찰레
이불	blanket 블랭킷	Bettdecke 베트데케	couverture 쿠베르튀르	coperta 코페르타
시트	sheet 시트	Betttuch 베트투흐	drap 드라	lenzuolo 렌추올로
빨대	straw 스트로	Trinkhalm 트링크할름	fétu 페튀	cannuccia 칸누차
빗자루	broom 브룸	Besen 베젠	balai 발레	scopa 스코파
쓰레받기	dustpan 더스트팬	Kehrschaufel 케어샤우펠	pelle à poussière 펠 아 푸시에르	pattumiera 파투미에라

스페인어	라틴어	러시아어	그리스어	일본어	중국어
mochila 모칠라	mantica 만티카	рюкзак 류그자크	σακίδιο 사키디오	背嚢 (はいのう) 하이노	背包 베이바오
botella 보테야	lagona 라고나	бутылка 부틸카	μπουκαπόρτα 부카포르타	瓶 (かめ) 가메	瓶 핑
pecera 페세라	phialam piscis 피알람 피스키스	круглый аквариум 크루글리 아크바리움	γυάλα 기알라	金魚鉢 (きんぎょばち) 긴교바치	鱼缸 위강
saco de dormir 사코 데 도르미르	saccus dormitorius 사쿠스 도르미토리우스	спальный мешок 스팔니 메쇼크	υπνόσακος 이프노사코스	寝袋 (ねぶくろ) 네부쿠로	睡袋 수이다이
telon 텔론	cortina 코르티나	занавес 자나베스	κουρτίνα 쿠르티나	カーテン 가텐	窗帘 촹롄
almohada 알모아다	pulvinus 풀비누스	подушка 포두시카	προσκεφάλαι-ον 프로스케팔라이온	枕 (まくら) 마쿠라	枕头 전터우
manta 만타	toral 토랄	одеяло 오데얄로	κουβέρτα 쿠베르타	布団 (ふとん) 후톤	被子 베이쯔
sábana 사바나	stragulum 스트라굴룸	простыня 프로스티냐	οθόνη 오토네	シート 시토	褥单 루단
paja 파하	sipo 시포	соломинка 솔로민카	καλαμάκι 칼라마키	ストロー 스토로	吸管 시관
escoba 에스코바	scopae 스코파이	метла 메틀라	σάρωμα 사로마	帚 (ほうき) 호키	扫帚 싸오저우
recogedor 레코헤도르	vatillum 바틸룸	совок для мусора 소보크 들랴 무소라	φαράσι 파라시	ごみ取り (ごみとり) 고미토리	畚箕 번지

한국어	영어	독일어	프랑스어	이탈리아어
족집게	tweezers 트위저	Pinzette 핀체테	pincette 팽세트	tenaglie 테날리에
저울	balance 밸런스	Waage 바게	balance 발랑스	stadera 스타데라
사다리	ladder 래더	Leiter 라이터	éshelle 에셸	scala a pioli 스칼라 아 피올리
꼬챙이	skewer 스큐어	Spieß 슈피스	broche 브로슈	spiedo 스피에도
끈	string 스트링	Schnur 슈누어	ficelle 피셀	spago 스파고
마개	stopper 스토퍼	Stöpsel 슈퇍셀	bouchon 부숑	tappo 타포
해먹	hammock 해먹	Hängematte 행에마테	hamac 아마크	amaca 아마카

3-5. 위생용품

비누	soap 소프	Seife 자이페	savon 사봉	sapone 사포네
빗	comb 코움	Kamm 캄	peigne 펜뉴	pettine 페티네
수건 (手巾)	towel 타월	Handtuch 한트투흐	essuie-mains 에쉬이-맹	asciugamano 아슈가마노

스페인어	라틴어	러시아어	그리스어	일본어	중국어
pinza 핀사	volsella 볼셀라	пинцет 핀체트	τσιμπιδάκι 침비다키	けぬき 게누키	镊子 니에쯔
romana 로마나	statera 스타테라	безмен 베즈멘	ισοζύγιο 이소지기오	秤はかり 하카리	秤 청
escalera 에스칼레라	climacis 클리마키스	трап 트라프	σκάλα 스칼라	はしご 하시고	梯子 티쯔
lanza 란사	cuspis 쿠스피스	вертел 베르텔	λόγχη 롱케	串 (くし) 구시	扦子 첸쯔
cordón 코르돈	resticula 레스티쿨라	верёвка 베룝카	σειρά 세이라	紐 (ひも) 히모	绳子 성쯔
tapón 타폰	cortex 코르텍스	пробка 프롭카	τάπα 타파	せん (栓) 센	盖子 가이쯔
hamaca 아마카	lectulus pensilis 렉툴루스 펜실리스	гамак 가마크	αιώρα 아이오라	ハンモック 한못쿠	吊床 댜오촹
jabón 하본	sapo 사포	мыло 밀로	σαπούνι 사푸니	石鹸 (せっけん) 셋겐	肥皂 페이짜오
peine 페이네	pecten 펙텐	расчёска 라스초스카	χτένα 크테나	櫛 (くし) 구시	梳子 수쯔
toalla 토아야	manutergium 마누테르기움	полотенце 플로텐체	λέντιον 렌디온	手拭 (てぬぐい) 데누구이	手巾 서우진

한국어	영어	독일어	프랑스어	이탈리아어
치약 (齒藥)	toothpaste 투스페이스트	Zahnpasta 찬파스타	dentifrice 당티프리스	dentifricio 덴티프리초
칫솔	toothbrush 투스브러시	Zahnbürste 찬뷔어스테	brosse à ddents 브로스 아 당	spazzolino da denti 스파촐리노 다 덴티
면도기 (面刀器)	razor 레이저	Rasierer 라지어러	rasoir 라주아	rasoio 라소요
이쑤시개	toothpick 투스픽	Zahnstocher 찬슈토허	cure-dent 퀴르-당	stuzzicadenti 스투치카덴티
솔	brush 브러시	Bürste 뷔어스테	brosse 브로스	spazzola 스파촐라
방향제 (芳香劑)	deodorant 디오더런트	Deodorant 데오도란트	déodorant 데오도랑	deodorante 데오도란테
기저귀	diaper 다이어퍼	Windel 빈델	couche 쿠슈	pannolino 판놀리노
솜	cotton 코튼	Watte 바테	ouate 우아트	ovatta 오바타
반창고 (絆瘡膏)	plaster 플라스터	Pflaster 플라스터	pansement 팡서망	cerotto 체로토
붕대 (繃帶)	bandage 밴디지	Verband 페어반트	bandage 반다주	fasciatura 파샤투라

스페인어	라틴어	러시아어	그리스어	일본어	중국어
pasta dentífrica 파스타 덴티프리카	dentifricium 덴티프리키움	зубная паста 주브나야 파스타	οδοντόπαστα 오돈토파스타	歯磨 (はみがき) 하미가키	牙膏 야가오
cepillo de dientes 세피요 데 디엔테스	peniculus dentarius 페니쿨루스 덴타리우스	зубная щётка 주브나야 슛카	οδοντόβουρτσα 오돈도부르차	歯ブラシ (はブラシ) 하부라시	牙刷子 야솨쯔
navaja 나바하	cultellus 쿨텔루스	бритва 브릿바	ξυράφι 크시라피	かみ剃 (かみそり) 가미소리	剃须刀 티수다오
palillo 팔리요	dentiscalpium 덴티스칼피움	зубочистка 주보치스카	οδοντογλυφίδα 오돈도글리피다	楊枝 (ようじ) 요지	牙签 야첸
cepillo 세피요	peniculus 페니쿨루스	щётка 슛카	βούρτσα 부르차	刷毛 (はけ) 하케	刷子 솨쯔
desodorante 데소도란테	deodorantus 데오도란투스	дезодорант 데조도란트	αποσμητικό 아포스메티코	芳香剤 (ほうこうざい) 호코자이	芳香剂 팡샹지
pañal 파날	fascia 파스키아	пелёнка 펠룐카	πάνα 파나	御襁褓 (おむつ) 오무쓰	尿布 니부
algodón 알고돈	bombacinum 봄바키눔	вата 바타	βάμβαξ 밤박스	綿 (わた) 와타	棉花 몐화
esparadrapo 에스파라드라포	emplastrum 엠플라스트룸	пластырь 플라스티리	ἐπίβλημα 에피블레마	絆創膏 (ばんそうこう) 반소코	绊创膏 반촹가오
vendaje 벤다헤	fascia 파스키아	бинт 빈트	καταδέω 카타데오	繃帯 (ほうたい) 호타이	绷带 벙다이

3-6. 의 1 : 옷감

한국어	영어	독일어	프랑스어	이탈리아어
천 (옷감)	fabric 패브릭	Gewebe 게베베	tissu 티쉬	tessuto 테수토
섬유 (纖維)	textile 텍스타일	Stoff 슈토프	textile 텍스틸	stoffa 스토파
면 (綿)	cotton 코튼	Baumwolle 바움볼레	coton 코통	cotone 코토네
비단 (緋緞)	silk 실크	Seide 자이데	soie 수아	seta 세타
삼베	hemp 헴프	Hanf 한프	chanvre 샹브르	canapa 카나파
양모 (羊毛)	wool 울	Wolle 볼레	laine 렌	lana 라나
안감	lining 라이닝	Futter 푸터	doublure 두블뤼르	fodera 포데라
나일론	nylon 나일론	Nylon 나일론	nylon 닐롱	nailon 나일론
가죽	leather 레더	Leder 레더	cuir 퀴이르	cuoio 쿠오요
모피	fur 퍼	Pelz 펠츠	fourrure 푸뤼르	pelle 펠레

스페인어	라틴어	러시아어	그리스어	일본어	중국어
tela 텔라	tela 텔라	текстильный 텍스틸니	ύφασμα 이파스마	布地 (きれじ) 기레지	布 부
textil 텍스틸	textile 텍스틸레	ткань 트칸	υφαντό 이판도	繊維 (せんい) 센이	纤维 찬웨이
algodón 알고돈	gossypium 고시피움	хлопок 흘로포크	μπαμπάκι 밤비키	木綿 (もめん) 모멘	棉 멘
seda 세다	sericum 세리쿰	шёлк 숄크	σιρικός 시리코스	絹 (きぬ) 기누	绸缎 처우돤
cáñamo 카냐모	cannabis 칸나비스	конопля 코노플랴	κάναβις 카나비스	麻 (あさ) 아사	麻布 마부
lana 라나	lana 라나	шерсть 셰르스티	ἔριον 에리온	羊毛 (ようもう) 요모	毛 마오
forro 포로	subsumentum 숩수멘툼	подкладка 폿클랏카	υπόρραμμα 이포람마	裏地 (うらじ) 우라지	里料 리랴오
nylon 닐론	nylonium 닐로니움	нейлон 네일론	ναύλον 나일론	ナイロン 나이론	尼龙 니룽
cuero 쿠에로	corius 코리우스	кожа 코자	δέρμα 데르마	革 (かわ) 가와	皮 피
pelo 펠로	rheno 레노	пушнина 푸시니나	ἐπενδύτης 에펜디데스	毛皮 (けがわ) 게가와	毛皮 마오피

3-7. 의 2 : 의류

한국어	영어	독일어	프랑스어	이탈리아어
옷	clothes 클로즈	Kleid 클라이트	vêtement 베트망	vestiario 베스티아리오
저고리 (남성)	jacket 재킷	Jacke 야케	jaquette 자케트	giacca 자카
조끼	vest 베스트	Weste 베스테	gilet 질레	panciotto 판초토
카디건	cardigan 카디건	Wolljacke 볼야케	cardigan 카르디강	cardigan 카르디간
스커트	skirt 스커트	Rock 록	jupe 쥐프	gonna 곤나
속옷	underwear 언더웨어	Unterwäsche 운터배셰	sous-vêtements 수-베트망	biancheria intima 비앙케리아 인티마
블라우스	blouse 블라우스	Bluse 블루제	chemisier 슈미지에	blusa 블루자
바지	trousers 트라우저	Hose 호제	pantalon 팡탈롱	calzoni 칼초니
양복 (洋服)	suit 수트	Anzug 안추크	costume 코스튐	costume 코스투메
연미복 (燕尾服)	tailcoat 테일코트	Frack 프락	habit 아비	marsina 마르시나
외투 (外套)	overcoat 오버코트	Mantel 만텔	manteau 망토	cappotto 카포토

스페인어	라틴어	러시아어	그리스어	일본어	중국어
vestido 베스티도	vestis 베스티스	платье 플라티예	ἀμφιέννυμι 암피엔니미	衣服 (いふく) 이후쿠	衣服 이푸
chaqueta 차케타	jacca 야카	пиджак 핏자크	ἐπενδύτης 에펜디테스	上着 (うわぎ) 우와기	上衣 상이
chaleco 찰레코	thorax 토락스	жилет 질레트	γελέκο 겔레코	チョッキ 촛키	坎肩 칸젠
rebeca 레베카	cardigan 카르디간	кардиган 카르디간	πλεκτή ζακέτα 플렉테 자케타	カーディガン 가디간	毛衣 마오이
falda 팔다	toga 토가	юбка 윱카	φούστα 푸스타	スカート 스카토	裙子 춘쯔
ropa interior 로파 인테리오르	interula 인테룰라	нижнее бельё 니즈네예 벨리요	εσώρουχα 에소루카	下着 (したぎ) 시타기	内衣 네이이
blusa 블루사	pelusia 펠루시아	блуза 블루자	μπλούζα 블루자	ブラウス 부라우스	女衬衣 뉘천이
pantalón 판탈론	bracae 브라카이	брюки 브류키	περισκελίς 페리스켈리스	ズボン 즈본	裤子 쿠쯔
traje 트라헤	vestimentum 베스티멘툼	костюм 코스튬	κοστούμι 코스투미	洋服 (ようふく) 요후쿠	西裝 시장
frac 프라크	vestis caudata 베스티스 카우다타	фрак 프라크	φράκο 프라코	テールコート 데루코토	燕尾服 옌웨이푸
gabardina 가바르디나	amictus 아믹투스	шинель 시넬	φαιλόνης 파일로네스	外套 (がいとう) 가이토	外套 와이타오

한국어	영어	독일어	프랑스어	이탈리아어
제복 (制服)	uniform 유니폼	Uniform 우니포름	uniforme 위니포름	uniforme 우니포르메
청바지	blue jeans 블루 진	Jeanshose 진스호제	jean 진	calzoni di tela blu 깔초니 디 텔라 블루
레이스	lace 레이스	Spitze 슈피체	dentelle 당텔	trina 트리나
소매	sleeve 슬리브	Ärmel 애르멜	manche 망슈	manica 마니카
빨래	laundry 론드리	Wäsche 배셰	linge 랭주	biancheria 비앙케리아
다림질	ironing 아이어닝	Bügeln 뷔겔른	repassage 르파사주	stiratura 스티라투라
자국 (흔적)	mark 마크	Markierung 마키룽	marquage 마르카주	marcatura 마르카투라

3-8. 의 3 : 바느질

한국어	영어	독일어	프랑스어	이탈리아어
바늘 (바느질)	needle 니들	Nadel 나델	aiguille 에귀유	ago 아고
가위	scissors 시저	Schere 셰레	ciseaux 시소	forbici 포르비치
단추	button 버튼	Knopf 크노프	bouton 부통	bottone 보토네

스페인어	라틴어	러시아어	그리스어	일본어	중국어
uniforme 우니포르메	vertis militaris 베르티스 밀리타리스	униформа 우니포르마	στολή 스톨레	制服 (せいふく) 세후쿠	制服 지푸
vaqueros 바케로스	bracae caeruleus 브라카에 카에룰레우스	джинсы 진시	μπλουτζήν 블루진	ジーパン 지판	牛仔裤 뉴짜이쿠
encaje 엥카헤	denticulatum 덴티쿨라툼	кру́жево 크루제보	δαντέλλα 단델라	レース 레스	花边 화볜
manga 망가	manica 마니카	рукав 루카프	βραχίων 브라키온	袖 (そで) 소데	袖 슈
colada 콜라다	lintea 린테아	прачечная 프라체치나야	πλυσταριό 플리스타리오	洗濯物 (せんたくもの) 센타쿠모노	洗衣 시이
planchado 플란차도	levigare 레비가레	затирка 자티르카	πιέζω 피에조	アイロン 아이론	熨 윈
marca 마르카	vestigium 베스티기움	клеймление 클레이믈레니예	μάρκος 마르코스	痕 (あと) 아토	痕迹 헌지

스페인어	라틴어	러시아어	그리스어	일본어	중국어
aguja 아구하	acus 아쿠스	игла 이글라	βελόνη 벨로네	針 (はり) 하리	针 전
tijera 티헤라	forfex 포르펙스	ножницы 노즈니치	ψαλίδι 프살리디	鋏 (はさみ) 하사미	剪子 젠쯔
botón 보톤	bulla 불라	пуговица 푸고비차	κομβίο 콤비오	ボタン 보탄	扣子 커우쯔

한국어	영어	독일어	프랑스어	이탈리아어
땀 (바느질)	stitch 스티치	Stich 슈티히	point 푸앵	punto 푼토
매듭	knot 노트	Knoten 크노텐	nœud 뇌	nodo 노도
실 [絲]	thread 스레드	Faden 파덴	fil 필	fibbra 피브라
옷핀	pin 핀	Stecknadel 슈테크나델	épingle 에팽글	spillo 스필로
베틀	loom 룸	Webstuhl 벱슈툴	machine à tisser 마신 아 티세	telaio 텔라요
자수 (刺繡)	embroidery 임브로이더리	Stickerei 슈티커라이	broderie 브로드리	ricamo 리카모
주름 (바지의)	crease 크리스	Bügelfalte 뷔겔팔테	pli 플리	crespa 크레스파
구김살	crinkle 크링클	Knick 크닉	bavure 바뷔르	curvatura 쿠르바투라
지퍼	zipper 지퍼	Reißverschluss 라이스페어슐루스	fermeture éclair 페르메튀르 에클레르	chiusura lampo 키우수라 람포

3-9. 식 1 : 음식

식량 (食糧)	provisions 프러비전	Lebensmittel 레벤스미텔	provisions 프로비지옹	viveri 비베리

스페인어	라틴어	러시아어	그리스어	일본어	중국어
puntada 푼타다	sutura 수투라	укол 우콜	βελονιά 벨로니아	針目 (はりめ) 하리메	针线 젠셴
nudo 누도	nodus 노두스	нарост 나로스트	φύραμα 피라마	結び目 (むすびめ) 무스비메	结头 제터우
filamento 필라멘토	filum 필룸	пряжа 프랴자	σειρά 세이라	糸 (いと) 이토	丝 쓰
spillo 스피요	palus 팔루스	булавка 불랍카	καρφίτσα 카르피차	ピン 핀	别针 볘젼
telar 텔라르	insile 인실레	ткацкий станок 트카츠키 스타노크	αργαλειός 아르갈레이오스	織機 (しょっき) 숏키	纸布机 지부지
bordado 보르다도	acupictura 아쿠픽투라	вышивáние 비시바니예	κέντημα 켄데마	刺繡 (ししゅう) 시슈	刺绣 치슈
raya 라야	ruga 루가	фальц 팔츠	τσάκιση 차키세	折り目 (おりめ) 오리메	皱折 저우서
arruga 아루가	infringere 인프린게레	складка 스클라드카	ζάρωμα 자로마	しわ 시와	皱纹 저우원
cremallera 크레마예라	clusura tractilis 클루수라 트락틸리스	замок молния 자모크 몰니야	φερμουάρ 페르무아르	ジッパー 짓파	拉链 라롄

| viveres 비베레스 | ceterum 케테룸 | продовольствие 프로도볼스트비예 | τροφή 트로페 | 食糧 (しょくりょう) 쇼쿠료 | 食粮 시량 |

한국어	영어	독일어	프랑스어	이탈리아어
식품 (食品)	food 푸드	Nahrung 나룽	nourriture 누리튀르	nutrimento 누트리멘토
영양 (營養)	nutrition 뉴트리션	Ernährung 에어내룽	nutrition 뉘트리옹	nutrizione 누트리치오네
아침밥	breakfast 브렉퍼스트	Frühstück 프뤼슈튁	petit déjeuner 프티 데죄네	prima colazione 프리마 콜라치오네
점심밥	lunch 런치	Mittagessen 미타크에센	déjeuner 데죄네	colazione 콜라치오네
저녁밥	supper 서퍼	Abendessen 아벤트에센	dîner 디네	cena 체나
간식 (間食)	snack 스낵	Imbiss 임비스	collation 콜라시옹	merenda 메렌다
후식 (後食)	dessert 디저트	Nachtisch 나흐티슈	dessert 데세르	dessert 데세르트
광천수 (鑛泉水)	mineral water 미너럴 워터	Mineralwasser 미네랄바서	eau minérale 오 미네랄	acqua minerale 아쿠아 미네랄레
국수	noodle 누들	Nudel 누델	nouilles 누유	pasta 파스타
빵	bread 브레드	Brot 브로트	pain 팽	pane 파네
샐러드	salad 샐러드	Salat 잘라트	salade 살라드	insalata 인살라타

스페인어	라틴어	러시아어	그리스어	일본어	중국어
alimento 알리멘토	alimentum 알리멘툼	пища 피샤	διατροφή 디아트로페	食品 (しょくひん) 쇼쿠힌	食品 시핀
nutrición 누트리시온	nutricium 누트리키움	питáние 피타니예	τροφή 트로페	栄養 (えいよう) 에이요	营养 잉양
desayuno 데사유노	ientaculum 이엔타쿨룸	завтрак 잡트라크	ἄριστον 아리스톤	朝飯 (あさめし) 아사메시	早饭 짜오판
comida 코미다	prandium 프란디움	обéд 오베트	μεσημεριανό 메세메리아노	昼飯 (ひるめし) 히루메시	中饭 중판
cena 세나	cena 케나	ужин 우진	δεῖπνον 데이프논	夕飯 (ゆうめし) 유메시	晚饭 완판
merienda 메리엔다	collatio 콜라치오	закуска 자쿠스카	κολατσιό 콜라치오	間食 (かんしょく) 간쇼쿠	点心 뎬신
postres 포스트레스	bellaria 벨라리아	десéрт 데세르트	επιδόρπιο 에피도르피오	デザート 데자토	尾食 웨이시
agua mineral 아구아 미네랄	aqua mineralis 아쿠아 미네랄리스	минерáльная водá 미네랄나야 보다	μεταλλικό νερό 메탈리코 네로	ミネラルウォーター 미네라루워타	矿泉水 쾅첸수이
fideos 피데오스	farina subacta 파리나 수박타	лапша 랍샤	λαζάνια 라자니아	ヌードル 누도루	面条 멘탸오
pan 판	panis 파니스	хлеб 흘레프	άρτος 아르토스	パン 팡	面包 멘바오
ensalada 엔살라다	acetarium 아케타리움	салат 살라트	σαλάτα 살라타	サラダ 사라다	沙拉 사라

한국어	영어	독일어	프랑스어	이탈리아어
수프	soup 수프	Suppe 주페	potage 포타주	zuppa 추파
음료 (飮料)	beverage 베버리지	Getränk 게트랭크	boisson 부아송	bibita 비비타
잼	jam 잼	Marmelade 마르멜라데	marmelade 마르멜라드	marmellata 마르멜라타
즙 (汁)	juice 주스	Saft 자프트	jus 쥐	succo 수코
치즈	cheese 치즈	Käse 캐제	fromage 프로마주	formaggio 포르마조
해산물 (海産物)	seafood 시푸드	Meeresfrüchte 메레스프뤼히테	fruits de mers 프뤼이 드 메르	frutti di mare 프루티 디 마레
햄	ham 햄	Schinken 싱켄	jambon 장봉	prosciutto 프로슈토
소시지	sausage 소시지	Wurst 부어스트	saucisson 소시송	salame 살라메
버터	butter 버터	Butter 부터	beurre 뵈르	burro 부로
반죽	dough 도우	Teig 타이크	pâte 파트	mago 마고
효소 (酵素)	enzyme 엔자임	Enzym 엔췸	enzyme 앙짐	enzima 엔치마

스페인어	라틴어	러시아어	그리스어	일본어	중국어
sopa 소파	jusculum 유스쿨룸	суп 수프	σούπα 수파	スープ 스푸	羹 겅
bebida 바비다	potus 포투스	напи́ток 나피토크	πόσις 포시스	飲み物 (のみもの) 노미모노	饮料 인랴오
mermelada 메르멜라다	conditura 콘디투라	джем 젬	μαρμελάδα 마르멜라다	ジャム 자무	果酱 궈장
jugo 후고	sucus 수쿠스	сок 소크	χυμός 키모스	汁 (しる) 시루	汁 지
queso 케소	caseus 카세우스	сыр 시르	τυρί 티리	乾酪 (かんらく) 간라쿠	牛奶酥 뉴나이쑤
marisco 마리스코	fructus maritima 푸룩투스 마리티마	морепроду́кты 모레프로둑티	θαλασσινά 탈라시나	魚介類 (ぎょかいるい) 교카이루이	海物 하이우
jamón 하몬	perna 페르나	ветчина́ 벳치나	χοιρομέρι 코이로메리	ハム 하무	火腿 훠투이
embutido 엠부티도	farcimen 파르키멘	колбаса 콜바사	λουκάνικο 루카니코	ソーセージ 소세지	香肠 샹창
mantequilla 만테키야	butyrum 부티룸	масло 미슬로	βούτυρο 부티로	バター 바타	黄油 황유
masa 마사	massa 마사	тесто 테스토	ζύμη 지메	ドウ 도우	揉 러우
enzima 엔시마	enzymum 엔지뭄	энзим 엔짐	ένζυμο 엔지모	酵素 (こうそ) 고소	酶 메이

한국어	영어	독일어	프랑스어	이탈리아어
일인분 (一人分)	portion 포션	Portion 포르치온	portion 포르시옹	porzione 포르치오네
쇠고기	beef 비프	Rindfleisch 린트플라이슈	beouf 뵈프	carne bovina 카르네 보비나
흰자	egg white 에그 화이트	Eiweiß 아이바이스	blanc d'œuf 블랑 되프	chiara d'uovo 키아라 두오보
노른자	yolk 요크	Eigelb 아이겔프	jaune d'œuf 존 되프	tuorlo 투올로
비계	lard 라드	Speck 슈펙	lard 라르	lardo 라르도
꿀	honey 하니	Honig 호니히	miel 미엘	miele 미엘레
고기	meat 미트	Fleisch 플라이슈	viande 비앙드	carne 카르네
젖 [乳]	milk 밀크	Milch 밀히	lait 레	latte 라테
부스러기	crumb 크럼	Krümel 크뤼멜	miette 미에트	briciola 브리촐라

3-10. 식 2 : 조미료/양념/기호품

| 감미료
(甘味料) | sweetener
스위트너 | Süßstoff
쥐스슈토프 | édulcorant
에뒬코랑 | dolcificante
돌치피칸테 |

스페인어	라틴어	러시아어	그리스어	일본어	중국어
porción 포르시온	portio 포르치오	доля 돌랴	παρτίδα 파르티다	一人前 (いちにんまえ) 이치닌마에	一份 이펀
vaca 바카	bubula 부불라	говядина 고뱌디나	μοσχαρίσιο 모스카리시오	牛肉 (ぎゅうにく) 규니쿠	牛肉 니우로우
clara de huevo 클라라 데 우에보	albor 알보르	яичного белка 야이치노고 벨카	ασπράδι 아스프라디	卵白 (らんぱく) 란바쿠	蛋白 딴바이
yema de huevo 예마 데 우에보	vitellus 비텔루스	яичного желток 야이치노고 젤토크	κρόκος 크로코스	卵黄 (らんおう) 란오	蛋黄 딴후앙
manteca 만테카	lardum 라르둠	сало 살로	λίπος 리포스	脂肉 (あぶらにく) 아부라니쿠	肥肉 페이로우
miel 미엘	mel 멜	мёд 묘트	μέλι 멜리	蜂蜜 (はちみつ) 하치미쓰	蜜 미
carne 카르네	carnis 카르니스	мясо 먀소	κρέας 크레아스	肉 (にく) 니쿠	肉 로우
leche 레체	lacte 락테	молоко 몰로코	γάλα 갈라	乳 (ちち) 지치	奶 나이
miga 미가	mica 미카	крошка 크로시카	ψιχίον 프시키온	屑 (くず) 구즈	渣儿 자얼
sustancia edulcorante 수스탄시아 에둘코란테	–	заменитель сахара 자메니텔 사하라	γλυκαντική ουσία 글리칸티케 우시아	甘味料 (かんみりょう) 간미료	糖精 탕징

한국어	영어	독일어	프랑스어	이탈리아어
양념 [調味料]	spice 스파이스	Gewürz 게뷔르츠	épice 에피스	spezia 스페차
후추	pepper 페퍼	Pfeffer 페퍼	poivre 푸아브르	pepe 페페
녹말 (綠末)	starch 스타치	Stärke 슈태르케	fékule 페퀼	amido 아미도
기름	oil 오일	Öl 욀	huile 위일	olio 올리오
설탕	sugar 슈거	Zucker 추커	sucre 쉬크르	zucchero 추케로
소금	salt 솔트	Salz 잘츠	sel 셀	sale 살레
소스	sauce 소스	Soße 조세	sauce 소스	salsa 살사
식초 (食醋)	vinegar 비니거	Essig 에시히	vinaigre 비네그르	aceto 아체토
크림	cream 크림	Sahne 자네	crème 크렘	crema 크레마
껌	gum 검	Kaugummi 카우구미	gomme à mâcher 곰 아 마셰	gomma da masticare 곰마 다 마스티카레
사탕	candy 캔디	Bonbon 봉봉	bonbon 봉봉	confetto 콘페토

스페인어	라틴어	러시아어	그리스어	일본어	중국어
especia 에페시아	condimentum 콘디멘툼	спéция 스페치야	ἄρωμα 아로마	薬味 (やくみ) 야쿠미	调料 탸오랴오
pimienta 피미엔타	piper 피페르	перец 페레츠	πιπέρι 피페리	胡椒 (こしょう) 니쇼	胡椒 후지아오
almidón 알미돈	amilum 아밀룸	крахмáл 크라흐말	ἄμυλο 아밀로	澱粉 (でんぷん) 덴분	绿豆粉 뤼또우펀
aceite 아세이테	oleum 올레움	масло 마슬로	ἔλαιο 엘라이오	油 (あぶら) 아부라	油脂 유지
azúcar 아수카르	saccharum 사카룸	caxap 사하르	ζάχαρη 자카레	糖 (とう) 도	糖 탕
sal 살	salarius 살라리우스	соль 솔	ἅλας 할라스	塩 (えん) 엔	盐 옌
salsa 살사	embamma 엠밤마	соус 소우스	σάλτσα 살차	出し汁 (だしじる) 다시지루	沙司 사쓰
vinagre 비나그레	acetum 아케툼	уксус 욱수스	ξύδι 크시디	食酢 (しょくず) 쇼쿠즈	醋 추
nata 나타	cramum 크라뭄	сливки 슬립키	κρέμα γάλακτος 크레마 갈락토스	クリーム 구리무	奶油 나이유
chicle 치클레	masticatorium 마스티카토리움	жевательная резинка 제바텔나야 레진카	μαστίχα 마스티카	チューインガム 추인가무	口香糖 커우샹탕
caramelo 카라멜로	–	карамель 카라멜	γλυκό 글리코	飴玉 (あめだま) 아메다마	糖果 탕궈

한국어	영어	독일어	프랑스어	이탈리아어
코코아	cocoa 코우코우	Kakao 카카오	cacao 카카오	cacao 카카오
커피	coffee 커피	Kaffee 카페	café 카페	caffè 카페
초콜릿	chocolate 초컬럿	Schokolade 쇼콜라데	chocolat 쇼콜라	cioccolata 초콜라타
차 (茶)	tea 티	Tee 테	thé 테	tè 테
담배	cigarette 시거렛	Zigarette 치가레테	cigarette 시가레트	sigaretta 시가레타
흡연 (吸煙)	smoking 스모킹	Rauchen 라우헨	fumer 퓌메	fumatori 푸마토리
술 [酒]	alkohol 앨코홀	Alkohol 알코홀	alcool 알콜	spirito 스피리토
맥주 (麥酒)	beer 비어	Bier 비어	biére 비에르	birra 비라
생맥주 (生麥酒)	draft beer 드래프트 비어	Fassbier 파스비어	bière pression 비에르 프레시옹	birra alla spina 비라 알라 스피나
브랜디	brandy 브랜디	Weinbrand 바인브란트	cognac 코냑	acquavite 아쿠아비테
포도주 (葡萄酒)	wine 와인	Wein 바인	vin 뱅	vino 비노

스페인어	라틴어	러시아어	그리스어	일본어	중국어
cacao 카카오	cocoa 코코아	какао 카카오	κακάο 카카오	ココア 고코아	可可 커커
café 카페	cafea 카페아	кофе 코페	καφές 카페스	コーヒー 고히	咖啡 카페이
chocolate 초콜라테	socolata 소콜라타	шоколада 쇼콜라다	σοκολάτα 소콜라타	チョコレート 초코레토	巧克力 차오커리
té 테	thea 테아	чай 차이	τσάι 차이	お茶 (おちゃ) 오차	茶 차
cigarrillo 시가리요	sigarellum 시가렐룸	сигарета 시가레타	σιγαρέττο 시가레토	タバコ 다바코	香烟 샹옌
fumar 푸마르	fumo 푸모	курéние 쿠레니예	τύφομαι 티포마이	喫煙 (きつえん) 기쓰엔	吸烟 시옌
alcohol 알코올	vinum 비눔	спирт 스피르트	αλκοολούχο 알코올루코	酒 (さけ) 사케	酒 주
cerveza 세르베사	cervisia 케르비시아	пиво 피보	μπύρα 비라	麦酒 (ばくしゅ) 바쿠슈	啤酒 피주
cerveza de barril 세르바사 데 바릴	capturam cervisia 캅투람 케르비시아	бочечное пиво 보체치노예 피보	βαρελίσια μπίρα 바렐리시아 비라	なまビール 나마비루	生啤酒 성피주
aguardiente 아과르디엔테	coniacum 코니아쿰	коньяк 콘야크	κονιάκ 코니아크	ブランデー 부란데	白兰地 바이란디
vino 비노	vinum 비눔	вино 비노	οίνος 오이노스	葡萄酒 (ぶどうしゅ) 부도슈	葡萄酒 푸타오주

3-11. 식 3 : 주방

한국어	영어	독일어	프랑스어	이탈리아어
부엌 [廚房]	kitchen 키친	Küche 퀴헤	cuisine 퀴진	cucina 쿠치나
식단 [食單]	menu 메뉴	Speisekarte 슈파이제카르테	carte 카르트	carta delle vivande 카르타 델라 비반데
숟가락	spoon 스푼	Löffel 뢰펠	cuiller 퀴이예르	cucchiaio 쿠키아요
젓가락	chopstick 촙스틱	Essstäbchen 에스슈텝헨	baguettes 바게트	bacchetta 바케타
그릇	bowl 보울	Schüssel 쉬셀	saladier 살라디에	bacile 바칠레
접시	plate 플레이트	Teller 텔러	assiette 아시에트	piatto 피아토
냄비 (국)	casserole 캐서롤	Kasserolle 카세롤레	casserole 카스롤	casseruola 카세루올라
도마	chopping board 초핑 보드	Hackbrett 하크브레트	hachoir 아슈아르	tagliere 탈리에레
국자	ladle 레이들	Schöpflöffel 쇠플뢰펠	louche 루슈	mestolo 메스톨로
잔 (盞)	cup 컵	Tasse 타세	tasse 타스	tazza 타차
강판 (薑板)	grater 그레이터	Reibeisen 라이프아이젠	râpe 라프	grattugia 그라투자

스페인어	라틴어	러시아어	그리스어	일본어	중국어
cocina 코시나	culina 쿨리나	кухня 쿠흐냐	κουζίνα 쿠지나	台所 (だいどころ) 다이도코로	厨房 추팡
lista de platos 리스타 데 플라토스	index ciborum 인덱스 키보룸	меню 메뉴	μενού 메뉴	献立 (こんだて) 곤다테	菜单子 차이단쯔
cuchara 쿠차라	coclearium 코클레아리움	ложка 로시카	κουτάλι 쿠탈리	匙 (さじ) 사지	调羹 탸오겅
palillo 팔리요	bacillus 바킬루스	палочка для еды 팔로치카 들랴예디	ξυλάκι 크실라키	箸 (はし) 하시	筷子 콰이쯔
cuvette 쿠베테	patina 파티나	блюдо 블류도	παροψίς 파롭시스	鉢 (はち) 하치	碗 완
plato 플라토	lamina 라미나	тарелка 타렐카	πιάτο 피아토	皿 (さら) 사라	碟子 뎨쯔
cacerola 카세롤라	coctorium 콕토리움	кастрюля 카스트률랴	κατσαρόλα 카차롤라	鍋 (なべ) 나베	锅 궈
tabla de cocina 타블라 데 코시나	tabula secando serviens 타불라 세칸도 세르비엔스	кухонная доска 쿠혼나야 도스카	σανίδα κοπής 사니다 코페스	俎板 (まないた) 마나이타	菜板 차이반
cucharón 쿠차론	cyathus 쿠아투스	черпак 체르파크	κουτάλα 쿠탈라	ひしゃく 히샤쿠	勺子 사오쯔
taza 타사	scipus 스키푸스	чашка 차시카	ποτήριον 포테리온	杯 (さかずき) 사카즈키	杯子 베이쯔
rallador 라야도르	–	тёрка 툐르카	τρίφτης 트립테스	おろし器 (おろしき) 오로시키	擦菜板 차차이반

한국어	영어	독일어	프랑스어	이탈리아어
앞치마	apron 에이프런	Schürze 쉬르체	tablier 타블리에	grembiule 그렘비울레
조리 (笊籬)	strainer 스트레이너	Sieb 지프	passoire 파수아르	colabrodo 콜라브로도
주전자	kettle 케틀	Kochkessel 코흐케셀	bouilloire 부유아르	bollitore 볼리토레
믹서	mixer 믹서	Mixer 믹서	mixer 믹세르	mescolatore 메스콜라토레
찬장 (饌欌)	food cupboard 푸드 커버드	Geschirr-schrank 게시어슈랑크	garde-manger 가르드 망제	dispensa 디스펜사
걸레	rag 래그	Lappen 라펜	guenilles 게니유	brandello 브란델로

3-12. 주 1 : 집/방

한국어	영어	독일어	프랑스어	이탈리아어
집	house 하우스	Haus 하우스	maison 메종	casa 카사
아파트	flat 플랫	Apartment 아파트먼트	appartement 아파르터망	monolocale 모놀로칼레
주소 (住所)	address 어드레스	Anschrift 안슈리프트	adresse 아드레스	indirizzo 인디리초
저택 (邸宅)	villa 빌라	Villa 빌라	villa 빌라	villa 빌라

스페인어	라틴어	러시아어	그리스어	일본어	중국어
delantal 델란탈	praecinctorium 프라이킹토리움	передник 페레드니크	σιμικίνθιον 시미킨티온	前掛け (まえかけ) 마에카케	围裙 웨이췬
zaranda 사란다	colum 콜룸	сито 시토	σουρωτήρι 수로테리	米磨笊 (こめとぎざる) 고메토기자루	笊篱 자오리
olla 오야	cortina 코르티나	варочный котёл 바로치니이 코툘	καζάνι 카자니	湯沸 (ゆわかし) 유와카시	壺 후
mezclador 메스클라도르	machina mixtoria 마키나 믹스토리아	миксер 믹세르	αναμικτής 아나믹테스	ミキサー 미키사	搅拌机 자오반지
despensa 데스펜사	promtuarium 프롬투아리움	кладовая 클라도바야	ντουλάπι 둘라피	食器棚 (しょっきだな) 쇼키다나	碗柜 완구이
andrajo 안드라호	lacinia 라키니아	лоскут 로스쿠트	ράκος 흐라코스	雑巾 (ぞうきん) 조킨	抹布 마부
casa 카사	domus 도무스	дом 돔	δῶμα 도마	家 (いえ) 이에	家 자
piso 피소	contubernium 콘투베르니움	наёмная квартира 나욤나야 크바르티라	διαμέρισμα 디아메리스마	アパート 아파토	公寓 공위
dirección 디렉시온	inscriptio 인스크립치오	адрес 아드레스	διεύθυνση 디에우틴세	住所 (じゅうしょ) 주쇼	地址 디지
chalet 찰레트	villa 빌라	вилла 빌라	έπαυλη 에파울레	邸宅 (ていたく) 데이타쿠	宅子 자이쯔

한국어	영어	독일어	프랑스어	이탈리아어
정자 (亭子)	pavilion 퍼빌리언	Pavillon 파빌리옹	pavillon 파비용	padiglione 파딜리오네
오두막	cabin 캐빈	Hütte 휘테	cabane 카반	buco 부코
천막 (天幕)	tent 텐트	Zelt 첼트	tente 탕트	tenda 텐다
방 (房)	room 룸	Zimmer 침머	chambre 샹브르	camera 카메라
침실 (寢室)	bedroom 베드룸	Schlafzimmer 슐라프치머	chambre à coucher 샹브르 아 쿠셰	camera da letto 카메라 다 레토
거실 (居室)	living room 리빙 룸	Wohnzimmer 본치머	séjour 세주르	soggiorno 소조르노
현관 (玄關)	hallway 홀웨이	Diele 딜레	vestibule 베스티뷜	vestibolo 베스티볼로
욕실 (浴室)	bathroom 바스룸	Badezimmer 바데치머	salle de bain 살 드 뱅	stana da bagno 스타나 다 바뇨
욕조 (浴槽)	bathtub 바스터브	Badewanne 바데바네	baignoire 배뉴아르	bacinella 바치넬라
화장실 (化粧室)	toilet 토일렛	Toilette 토알레테	toilette 투알레트	toletta 톨레타
다락	attic 애틱	Dachkammer 다흐캄머	mansarde 망사르드	attico 아티코

스페인어	라틴어	러시아어	그리스어	일본어	중국어
pabellón 파베욘	papilio 파필리오	павильон 파빌리온	υπόστεγο 이포스테고	あずまや 아즈마야	亭子 팅쯔
cabaña 카바냐	tabernaculum 타베르나쿨룸	изба 이즈바	κλινίδιον 클리니디온	あばらや 아바라야	窩棚 워펑
tienda 티엔다	tentorium 텐토리움	палатка 팔랏카	σκήνωμα 스케노마	天幕 (てんまく) 덴마쿠	帐棚 장펑
cuarto 쿠아르토	membrum 멤브룸	горница 고르니차	οἴκημα 오이케마	部屋 (へや) 헤야	屋子 팡쯔
dormitorio 도르미토리오	cubiculum 쿠비쿨룸	спальня 스팔냐	κοιτών 코이톤	寝室 (しんしつ) 신시쓰	卧室 워시
sala de estar 살라 데 에스타르	aedis 아이디스	гостиная 고스티냐야	καθιστικό 카티스티코	居室 (きょしつ) 교시쓰	客厅 커팅
vestíbulo 베스티불로	andron 안드론	балка пола 발카 폴라	σανίς 사니스	玄関 (げんかん) 겐칸	门廊 먼랑
cuarto de baño 쿠아르토 데 바뇨	lavacrum 라바크룸	ванная 반나야	λούτρο 루트로	浴室 (よくしつ) 요쿠시쓰	浴室 위시
bañera 바녜라	lavabrum 라바브룸	ванна 반나	λουτρόν 루트론	浴槽 (よくそう) 요쿠소	浴槽 위차오
retrete 레트레테	sellarium 셀라리움	нужник 누즈니크	ἀφεδρών 아페드론	化粧室 (けしょうしつ) 게쇼시쓰	洗手间 시서우젠
desván 데스반	cenaculum 케나쿨룸	чердак 체르다크	σοφίτα 소피타	屋根裏 (やねうら) 야네우라	搁楼 거러우

한국어	영어	독일어	프랑스어	이탈리아어
헛간	barn 반	Scheune 쇼이네	grange 그랑주	granaio 그라나요
외양간	cowshed 카우셰드	Kuhstall 쿠슈탈	étable 에타블	establo 에스타블로
우리	cage 케이지	Käfig 캐피히	cage 카주	gabbia 가비아
둥지	nest 네스트	Nest 네스트	nid 니	nido 니도
마구간	stable 스테이블	Pferdestall 페르데슈탈	écurie 에퀴리	stalla 스탈라
무덤	grave 그레이브	Grab 그랍	tombe 통브	tomba 톰바

3-13. 주 2 : 문/벽 등

한국어	영어	독일어	프랑스어	이탈리아어
문 (門)	door 도어	Tür 튀어	porte 포르트	porta 포르타
손잡이	handle 핸들	Handgriff 한트그리프	poignée 푸아녜	maniglia 마닐리아
대문 (大門)	gateway 게이트웨이	Tor 토어	portail 포르타유	portone 포르토네
입구 (入口)	entrance 엔트런스	Eingang 아인강	entrée 앙트레	ingresso 잉그레소

스페인어	라틴어	러시아어	그리스어	일본어	중국어
granero 그라네로	horreum 호레움	сеновал 세노발	σταύλος γεωργού 스타울로스 게오르구	納屋 (なや) 나야	库房 쿠방
establo 에스타블로	bubile 부빌레	коровник 코로브니크	βουστάσιο 부스타시오	牛小屋 (うしごや) 우시고야	牛棚 뉴펑
jaula 하울라	carcer 카르케르	клетка 클렛카	κλωβός 클로보스	檻 (おり) 오리	圈舍 촨서
nido 니도	nidus 니두스	гнездо 그네즈도	φωλιά 폴리아	巣 (す) 스	窠 커
corral 코랄	stabulum 스타불룸	конюшня 코뉴시냐	στάβλος 스타블로스	馬小屋 (うまごや) 우마고야	马厩 마지우
tumba 툼바	sepulcrum 세풀크룸	копать 코파티	μνημεῖον 므네메이온	墓 (はか) 하카	坟墓 편무
cancela 칸셀라	foris 포리스	дверь 드베리	θύρα 티라	門 (もん) 몬	门 먼
asa 아사	manubrium 마누브리움	ручка 루치카	μανίκι 마니키	柄 (え) 에	手把儿 서우발
portezuela 포르테수엘라	porta 포르타	ворота 보로타	πύλη 필레	大門 (だいもん) 다이몬	大门 다먼
acceso 악세소	ostium 오스티움	вход 브호트	εἴσοδος 에이소도스	入り口 (いりぐち) 이리구치	入口 루커우

한국어	영어	독일어	프랑스어	이탈리아어
출구 (出口)	exit 엑싯	Ausgang 아우스강	sortie 소티	uscita 우시타
창문 (窓門)	window 윈도	Fenster 펜스터	fenêtre 퍼네트르	finestra 피네스트라
문턱	threshold 스레셔울드	Schwelle 슈벨레	seuil 쇠유	soglia 솔리아
벽 (壁)	wall 월	Wand 반트	paroi 파루아	parete 파레테
담	fence 펜스	Mauer 마우어	mur 뮈르	muro 무로
지붕	roof 루프	Dach 다흐	toit 투아	tetto 테토
천장 (天障)	ceiling 실링	Decke 데케	plafond 플라퐁	soffitto 소피토
기둥	pillar 필러	Säule 조일레	colonne 콜론	colonna 콜론나
굴뚝	chimney 침니	Schornstein 쇼른슈타인	avaloir 아발루아르	ciminiera 치미니에라
주춧돌	foundation stone 파운데이션 스톤	Grundstein 그룬트슈타인	première pierre 프르미에르 피에르	prima pietra 프리마 피에트라
계단 (階段)	stair 스테어	Treppe 트레페	escalier 에스칼리에	scala 스칼라

스페인어	라틴어	러시아어	그리스어	일본어	중국어
paseo 파세오	exitus 엑시투스	выход 비호트	ἔκβασις 에크바시스	出口 (でぐち) 데구치	出口 추커우
ventana 벤타나	fenestra 페네스트라	иллюминатор 일류미나토르	θυρίς 티리스	窓 (まど) 마도	窗户 촹후
choque 초케	limen 리멘	бугор 부고르	κατώφλι 카토플리	敷居 (しきい) 시키	门槛 먼칸
pared 파레드	murus 무루스	стена 스테나	τοῖχος 토이코스	壁 (かべ) 가베	壁 비
muro 무로	saepes 사이페스	каменная стена 카멘나야 스테나	φραγμός 프라그모스	塀 (へい) 헤이	墙 창
tejado 테하도	tectum 텍툼	крыша 크리샤	στέγη 스테게	屋根 (やね) 야네	房顶 팡띵
techo 테초	stroma 스트로마	потолок 포톨로크	ἐπενδύτης 에펜디테스	天井 (てんじょう) 덴조	顶棚 딩펑
columna 콜룸나	columna 콜룸나	колонна 콜론나	στῦλος 스틸로스	柱 (はしら) 하시라	柱子 주쯔
chimenea 치메네아	fumarium 푸마리움	дымоход 디모호트	καπνοδόχος 카프노도코스	煙突 (えんとつ) 엔도쓰	烟筒 옌퉁
piedra angular 피에드라 앙굴라르	saxum fundamentum 삭숨 푼다멘툼	фундаментный камень 푼다멘트니 카멘	ἀκρογωνιαῖος 아크로고니아 이오스	礎 (いしずえ) 이시즈에	础石 추시
escalera 에스칼레라	ascensio 아스켄시오	ступенька 스투펜카	ἀναβαθμός 아나바트모스	階段 (かいだん) 가이단	阶段 제돤

한국어	영어	독일어	프랑스어	이탈리아어
벽지 (壁紙)	wallpaper 월페이퍼	Tapete 타페테	papier peint 파피에 팽	tappezzeria 타페체리아

3-14. 주 3 : 난방/마당

벽난로 (壁煖爐)	fireside 파이어사이드	Kamin 카민	cheminée 슈미네	camino 카미노
난로 (煖爐)	stove 스토브	Heizgerät 하이츠게래트	âtre 아트르	fornello 포르넬로
난방 (暖房)	heating 히팅	Heizung 하이충	chauffage 쇼파주	riscaldamento 리스칼다멘토
양탄자	carpet 카핏	Teppich 테피히	tapis 타피	tappeto 타페토
층 (層)	story 스토리	Geschoss 게쇼스	étage 에타주	piano 피아노
마당	yard 야드	Hof 호프	cour 쿠르	corte 코르테
베란다	veranda 버랜더	Veranda 베란다	véranda 베랑다	veranda 베란다
테라스	terrace 테러스	Terrasse 테라세	terrasse 테라스	terraza 테라차
꽃밭 [花壇]	flower garden 플라워가든	Blumengarten 블루멘가르텐	plate-bande 플라트 방드	aiuola 아유올라

스페인어	라틴어	러시아어	그리스어	일본어	중국어
papel pintado 파펠 핀타도	tapes 타페스	обои 오본	ταπετσαρία 타페차리아	壁紙 (かべがみ) 가베가미	壁纸 비지
hogar 오가르	caminus 카미누스	печка 페치카	εστία 에스티아	ペチカ 페치카	壁炉 비루
cocina 코시나	caminus 카미누스	камин 카민	κουζίνα 쿠지나	ストーブ 스토부	暖炉 놘루
calentamiento 칼렌타미엔토	calefactio 칼레팍치오	обогревание 오보그레바니예	θέρμανση 테르만세	暖房 (だんぼう) 단보	供暖 공놘
alfombra 알폼브라	peripetasma 페리페타스마	ковёр 코뵤르	τάπης 타페스	カーペット 가펫토	地毯 디탄
planta 플란타	contabulatio 콘타불라치오	этаж 예타시	τρίστεγον 트리스테곤	階 (かい) 가이	层 청
corte 코르테	halos 할로스	двор 드보르	αὐλή 아울레	庭 (にわ) 니와	庭院 팅위안
veranda 베란다	chalcidicum 칼키디쿰	веранда 베란다	βεράντα 베란다	縁側 (えんがわ) 엔가와	阳台 양타이
terraza 테라사	xystus 크시스투스	терраса 체라사	επίπεδος στέγη 에피페도스 스테게	テラス 데라스	露台 루타이
arriate 아리아테	hortus florale 호르투스 플로랄레	цветник 츠베트니크	ανθόκηπος 안토케포스	花畑 (はなばたけ) 하나바타케	花园 화위안

한국어	영어	독일어	프랑스어	이탈리아어
뜰 [庭園]	garden 가든	Garten 가르텐	jardin 자르댕	giardino 자르디노
웅덩이	puddle 퍼들	Pfütze 퓌체	flaque 플라크	pozzanghera 포창게라
구덩이	pit 피트	Grube 그루베	fosse 포스	fossa 포사
구멍	hole 홀	Loch 로흐	trou 트루	buco 부코

3-15. 지칭

한국어	영어	독일어	프랑스어	이탈리아어
숙녀 (淑女)	lady 레이디	Dame 다메	dame 담	dama 다마
신사 (紳士)	gentleman 젠틀맨	Herr 헤어	monsieur 머쇠	signore 시뇨레
아마추어	amateur 애머터	Novize 노비체	amateur 아마퇴르	laico 라이코
전문가 (專門家)	expert 엑스퍼트	Fachmann 파흐만	spécialiste 스페시알리스트	esperto 에스페르토
길잡이	guide 가이드	Leiter 라이터	guide 기드	guida 구이다
지도자 (指導者)	leader 리더	Führer 퓌러	leader 리되르	capo 카포

스페인어	라틴어	러시아어	그리스어	일본어	중국어
jardín 하르딘	gardinum 가르디눔	огород 오고로트	κῆπος 케포스	庭 (にわ) 니와	院落 위안뤄
charco 차르코	lustrum 루스트룸	пляма 플랴먀	βούρκος 부르코스	水たまり (みずたまり) 미주타마리	坑 컹
hoyo 오요	barathrum 바라트룸	котлован 코틀로반	βόθυνος 보티노스	くぼみ 구보미	坑 컹
escotadura 에스코타두라	cavus 카부스	дыра 디라	τρυμαλιά 트리말리아	穴 (あな) 아나	孔 콩

스페인어	라틴어	러시아어	그리스어	일본어	중국어
dama 다마	domina 도미나	шашки 샤시키	κυρία 키리아	淑女 (しゅくじょ) 슈쿠조	淑女 수뉘
señor 세뇨르	dominus 도미누스	господин 고스포딘	κύριος 키리오스	紳士 (しんし) 신시	绅士 선스
lego 레고	amator 아마토르	дилетант 딜레탄트	ερασιτέχνης 에라시테크네스	素人 (しろうと) 시로토	业余的 예위더
experto 엑스페르토	magister 마기스테르	мастеровой 마스테로보이	ειδικός 에이디코스	専門 (せんもん) 센몬	专家 좐자
guía 기아	dux 둑스	гид 기트	ξεναγός 크세나고스	引き (てびき) 데비키	向导 샹다오
líder 리데르	ductor 둑토르	лидер 리데르	ἡγεμών 헤게몬	指導者 (しどうしゃ) 시도샤	指导者 즈다오저

한국어	영어	독일어	프랑스어	이탈리아어
후견인 (後見人)	guardian 가디언	Vormund 포어문트	tuteur 튀퇴르	tutore 투토레
투사 (鬪士)	fighter 파이터	Kämpfer 캠퍼	combattant 콩바탕	combattente 콤바텐테
개척자 (開拓者)	pioneer 파이어니어	Pionier 피오니어	pionnier 피오니에	pioniero 피오니에로
유모 (乳母)	wet nurse 웻 너스	Amme 암메	nourrice 누리스	balia 발리아
주부 (主婦)	housewife 하우스와이프	Hausfrau 하우스프라우	ménager 메나제	casalinga 카살링가
달인 (達人)	adept 애댑트	Kenner 켄너	connaisseur 코네쇠르	conoscitore 코노시토레
신동 (神童)	child prodigy 차일드 프로디지	Wunderkind 분더킨트	enfant prodige 앙팡 프로디주	bambino prodigio 밤비노 프로디조
천재 (天才)	genius 지녀스	Genie 제니	génie 제니	genio 제니오
장난꾸러기	cheeky monkey 치키 몽키	Frechdachs 프레히닥스	garnement 가르느망	mascalzone 마스칼초네
개구쟁이	rascal 라스컬	Schlingel 슐링겔	farceur 파르쇠르	birichino 비리키노
영웅 (英雄)	hero 히어로	Held 헬트	héros 에로	eroe 에로에

스페인어	라틴어	러시아어	그리스어	일본어	중국어
cuidador 쿠이다도르	curatoria 쿠라토리아	опекун 오페쿤	ἐπίτροπος 에피트로포스	後見 (こうけん) 고켄	保护人 바오후런
combatiente 콤바티엔테	pugnator 푸그나토르	борец 보레츠	μαχητής 마케테스	闘士 (とうし) 도시	斗士 더우스
pionero 피오네로	praecursor 프라이쿠르소르	первооткрыватель 페르보옷크리바첼	πρωτοπόρος 프로토포로스	開拓者 (かいたくしゃ) 가이타쿠샤	拓荒者 퉈황저
nodriza 노드리사	altrix 알트릭스	кормилица 코르밀리차	παραμάνα 파라마나	乳母 (うば) 우바	乳母 루무
ama de casa 아마 데 카사	era 에라	домохозяйка 도모호자이카	νοικοκυρά 노이코키라	主婦 (しゅふ) 슈후	主妇 주푸
conocedor 코노세도르	homo peritus 호모 페리투스	знаток 즈나토크	γνώστης 그노스테스	達人 (たつじん) 다쓰진	达人 다런
niño prodigio 니뇨 프로디히오	prodigium 프로디기움	вундеркинд 분데르킨트	παιδί θαύμα 파이디 타우마	天才児 (てんさいじ) 덴사이지	神童 선퉁
genio 헤니오	genius 게니우스	гений 게니	διάνοια 디아노이아	天才 (てんさい) 덴사이	天才 텐차이
tunante 투난테	verna 베르나	нахал 나할	ζιζάνιο 지자니오	いたずらっこ 이타주랏코	调皮鬼 탸오피구이
pícaro 피카로	mastigia 마스티기아	плут 플루트	διαβολόπαιδο 디아볼로파이도	ごろつき 고로쓰키	小淘气 샤오타오치
héroe 에로에	heros 헤로스	герой 게로이	ἥρωας 에로아스	英雄 (えいゆう) 에이유	英雄 잉슝

한국어	영어	독일어	프랑스어	이탈리아어
조수 (助手)	assistant 어시스턴트	Assistent 아시스텐트	assistant 아시스탕	aiuto 아유토
회원 (會員)	member 멤버	Mitglied 밋글리트	membre 망브르	membro 멤브로
장인 (匠人)	craftsman 크랩츠맨	Handwerker 한트베르커	artisan 아르티장	artigiano 아르티자노
기술자 (技術者)	engineer 엔지니어	Ingenieur 인제뇌어	ingénieur 앵제니외르	ingegnere 인제네레
사업가 (事業家)	businessman 비즈니스맨	Geschäftsmann 게셉츠만	homme d'affaires 옴 다페르	uomo d'affari 우오모 다파리

3-16. 신분/자아/관계

한국어	영어	독일어	프랑스어	이탈리아어
자아 (自我)	self 셀프	Selbst 젤프스트	même 멤	stesso 스테소
인격 (人格)	personality 퍼스낼리티	Persönlichkeit 페르죈리히카이트	personnalité 페르소날리테	personalità 페르소날리타
신원 (身元)	identity 아이덴티티	Identität 이덴티탯	identité 이당티테	identità 이덴티타
지위 (地位)	position 퍼지션	Position 포지치온	position 포지시옹	posizione 포지치오네
자격 (資格)	qualification 퀄리피케이션	Qualifikation 크발리피카치온	qualification 칼리피카시옹	competenza 콤페텐차

스페인어	라틴어	러시아어	그리스어	일본어	중국어
ayudante 아유단테	amminister 암미니스테르	сотрудник 소트루드니크	βonθός 보에토스	助手 (じょしゅ) 조슈	助手 주서우
miembro 미엠브로	sodalis 소달리스	член 칠렌	μέλος 멜로스	会員 (かいいん) 가이인	会员 후이위안
artesano 아르테사노	artifex 아르티펙스	ремесленник 레메슬레니크	τεχνίτης 테크니테스	匠人 (しょうじん) 쇼진	匠人 장런
ingeniero 잉헤니에로	mechanicus 메카니쿠스	инженер 인제네르	μηχανικός 메카니코스	技術者 (ぎじゅつしゃ) 기주쓰샤	技术人员 지수런위안
hombre de negocios 옴브레 데 네고시오스	negotiator 네고치아토르	деловой человек 델로보이 첼로베크	επιχειρηματίας 에피케이레마티아스	事業家 (じぎょうか) 지교카	事业家 스예자

스페인어	라틴어	러시아어	그리스어	일본어	중국어
mismo 미스모	ipsum 입숨	сам 삼	αὐτός 아우토스	自我 (じが) 지가	自我 쯔우
personalidad 페르소날리다드	persona 페르소나	характер 하락테르	προσωπικότητα 프로소피코테타	人格 (じんかく) 진카쿠	人格 런거
identidad 이덴티다드	identitas 이덴티타스	идентичность 이덴티치노스티	ταυτότητα 타우토테타	身元 (みもと) 미모토	恒等式 헝덩스
posición 포시시온	positio 포시치오	положение 폴로제니예	θέση 테세	地位 (ちい) 지이	地位 디웨이
competencia 콤페텐시아	exceptio 엑스켑치오	заслуга 자슬루가	πρόκριση 프로크리세	資格 (しかく) 시카쿠	资格 쯔거

한국어	영어	독일어	프랑스어	이탈리아어
신분 (身分)	status 스테이터스	Status 슈타투스	statut 스타튀	stato 스타토
관계 (關係)	relation 릴레이션	Beziehung 베치웅	relation 를라시옹	relazione 렐라치오네
접촉 (接觸)	contact 콘택트	Kontakt 콘탁트	contact 콩탁트	contatto 콘타토
벗	friend 프렌드	Freund 프로인트	ami 아미	amico 아미코
또래	peer 피어	Altersgenosse 알터스게노세	pair 페르	pari 파리
동료 (同僚)	colleague 콜리그	Kollege 콜레게	collègue 콜레그	collega 콜레가
짝	pair 페어	Paar 파르	paire 페르	paio 파요
상사 (上司)	boss 보스	Chef 셰프	chef 셰프	superiore 수페리오레
소비자 (消費者)	consumer 컨슈머	Verbraucher 페어브라우허	consommateur 콩소마퇴르	consumatore 콘수마토레
생산자 (生産者)	producer 프러듀서	Hersteller 헤어슈텔러	producteur 프로뒥퇴르	fattore 파토레
임차인 (賃借人)	tenant 테넌트	Mieter 미터	locataire 로카테르	locatario 로카타리오

스페인어	라틴어	러시아어	그리스어	일본어	중국어
estatus 에스타투스	status 스타투스	состояние 소스토야니예	καθεστώς 카테스토스	身分 (みぶん) 미분	身份 선펀
relación 렐라시온	affinis 아피니스	пропорция 프로포르치야	ὁδός 호도스	関係 (かんけい) 간케이	关系 관시
contacto 콘탁토	contactus 콘탁투스	соприкосно- вение 소프리코스노베니예	ὁμιλία 호밀리아	接触 (せっしょく) 셋쇼쿠	接触 제추
amigo 아미고	amicus 아미쿠스	друг 드루그	ἑταῖρος 헤타리로스	友 (とも) 도모	朋友 펑유
coetáneo 코에타네오	par 파르	ровесник 로베스니크	συνηλικιώτης 시넬리키오테스	同輩 (どうはい) 도하이	同辈 퉁베이
colega 콜레가	collega 콜레가	коллега 콜레가	συνάδελφος 시나델포스	同僚 (どうりょう) 도료	同龄人 퉁링런
par 파르	par 파르	пара 파라	ζευγάρι 제우가리	組 (くみ) 구미	伴侣 반뤼
jefe 헤페	demarchus 데마르쿠스	заведующий 자베두유시	ἐπιστάτης 에피스타테스	上司 (じょうし) 조시	上司 상쓰
consumidor 콘수미도르	consumptor 콘숨토르	потребитель 포트레비텔	καταναλωτής 카타날로테스	消費者 (しょうひしゃ) 쇼히샤	消费者 샤오페이즈
fabricante 파브리칸테	ordinator 오르디나토르	изготовитель 이즈고토비텔	κατασκευασ- τής 카타스케우아스테스	生産者 (せいさんしゃ) 세산샤	生产者 성찬저
inquilino 잉킬리노	colonus 콜로누스	арендатор 아렌다토르	ενοικιαστής 에노이키아스테스	賃借人 (ちんしゃくにん) 진샤쿠닌	租赁人 주린런

한국어	영어	독일어	프랑스어	이탈리아어
임대인 (賃貸人)	landlord 랜들로드	Vermieter 페어미터	loueur 루외르	locatore 로카토레
주인 (主人)	owner 오너	Eigentümer 아이겐튀머	propriétaire 프로프리예테르	portatore 포르타토레
이웃	neighbor 네이버	Nachbar 나흐바	voisin 부아쟁	vicino 비치노
화해 (和解)	reconciliation 레컨실리에이션	Versöhnung 페어죄눙	réconciliation 레콩실리아시옹	riconciliazione 리콘칠리아초네
약속 (約束)	appointment 어포인트먼트	Verabredung 페어아프레둥	rendez-vous 랑데부	appuntamento 아푼타멘토
양해 (諒解)	understanding 언더스탠딩	Verständnis 페어슈텐트니스	compréhension 콩프레앙시옹	comprensione 콤프렌시오네
요청 (要請)	demand 디맨드	Forderung 포더룽	demande 드망드	domanda 도만다
직접 (直接)	direct 디렉트	unmittelbar 운미텔바	direct 디렉트	diretto 디레토
간접 (間接)	indirect 인디렉트	mittelbar 미텔바	indirect 앵디렉트	indiretto 인디레토
초대 (招待)	invitation 인비테이션	Einladung 아인라둥	invitation 앵비타시옹	chiamata 키아마타

스페인어	라틴어	러시아어	그리스어	일본어	중국어
dueño 두에뇨	locarius 로카리우스	землевладéлец 제믈레블라델레츠	εκμισθωτής 에크미스토테스	賃貸人 (ちんたいにん) 진타이닌	出租人 추쭈런
portador 포르타도르	dominus 도미누스	владелец 블라델레츠	κτήτωρ 크테토르	主 (あるじ) 아루지	主人 주런
vecino 베시노	accola 아콜라	сосед 소세트	γείτονας 게이토나스	近所の人 (きんじょのじん) 긴조노진	街坊 제팡
conciliación 콘실리아시온	reconciliatio 레콩킬리아치오	примирение 프리미레니예	ἱλασμός 힐라스모스	和解 (わかい) 와카이	和解 허제
cita 시타	condictum 콘딕툼	встреча 브스트레차	συμφώνησις 딤포네시스	約束 (やくそく) 야쿠소쿠	约定 웨딩
comprensión 콤프렌시온	comprehensio 콤프레헨시오	понима́ние 포니마니예	κατανόηση 카타노이시	諒解 (りょうかい) 료카이	谅解 량제
demanda 데만다	postulatum 포스툴라툼	тре́бование 트레보바니예	χειρόγραφον 케이로그라폰	要請 (ようせい) 요세이	要求 야오치오우
directo 디렉토	directus 디렉투스	немедленный 네메들렌니	ὀρθός 오르토스	直接 (ちょくせつ) 조쿠세쓰	直接 지제
indirecto 인디렉토	indirectus 인디렉투스	косвенный 코스벤니	ἔμμεσος 엠메소스	間接 (かんせつ) 간세쓰	间接 젠제
llamada 야마다	invitatio 인비타치오	приглаше́ние 프리글라셰니예	πρόσκλησιν 프로스클레세	招待 (しょうたい) 쇼타이	邀请 야오칭

3-17. 나이/이름

한국어	영어	독일어	프랑스어	이탈리아어
나이	age 에이지	Alter 알터	âge 아주	età 에타
어른	adult 어덜트	Erwachsener 에어박세너	adulte 아뒬트	adulta 아둘타
어린이	child 차일드	Kind 킨트	enfant 앙팡	bambino 밤비노
아기	baby 베이비	Baby 베비	bébé 베베	bebè 베베
소년 (少年)	lad 래드	Junge 융에	gamin 가맹	ragazzo 라가초
꼬마	kid 키드	Knabe 크나베	garçon 가르송	ragazzino 라가치노
아가씨	lass 래스	Mädchen 매텐	jeune femme 죈 펨	fanciulla 판출라
청소년 (靑少年)	youth 유스	Jugend 유겐트	jeunesse 죄네스	gioventù 조벤투
미성년 (未成年)	minor 마이너	minderjährig 민더예리히	mineur 미뇌르	minorenne 미노렌네
성년 (成年)	major 메이저	volljährig 폴예리히	majeur 마죄르	maggiorenne 마조렌네
젖먹이	suckling 서클링	Säugling 조이클링	nourrisson 누리송	lattante 라탄테

스페인어	라틴어	러시아어	그리스어	일본어	중국어
edad 에다드	saeculum 사이쿨룸	старость 스타로스티	ἡλικία 헬리키아	年齢 (ねんれい) 넨레이	年龄 녠링
adulto 아둘토	adultus 아둘투스	взрослый 브즈로슬리	ενήλικος 에넬리코스	成人 (せいじん) 세이진	大人 다런
criatura 크리아투라	infans 인판스	ребёнок 레뵤노크	παιδίον 파이디온	子供 (こども) 고도모	儿童 얼퉁
niño 니뇨	infantulus 인판툴루스	младéнец 믈라데네츠	βρέφος 브레포스	嬰児 (えいじ) 에이지	婴儿 잉얼
muchacho 무차초	puer 푸에르	мальчик 말치크	νεαρός 네아로스	豎子 (じゅし) 슈시	少年 샤오녠
niñito 니니토	hedus 헤두스	малыш 말리시	παῖς 파이스	童子 (どうじ) 도지	小鬼 샤오구이
muchacha 무차차	puera 푸에라	девочка 데보치카	κοράσιον 코라시온	おばこ 오바코	小姐 샤오제
juventud 후벤투드	juventas 유벤타스	молодёжь 몰로됴지	νεανίσκος 네아니스코스	青少年 (せいしょうねん) 세이쇼넨	青少年 칭샤오녠
menor 메노르	adolescens 아돌레스켄스	несовершенно- лéтний 네소베르셴놀레트니	ανήλικος 아넬리코스	未成年 (みせいねん) 미세이넨	未成年 웨이청녠
mayor 마요르	natus 나투스	совершенноле- тний 소베르셴놀레트니	ενήλικος 에넬리코스	成年 (せいねん) 세이넨	成年 청녠
lactante 락탄테	lactens 락텐스	младенец 믈라데네츠	νήπιος 네피오스	赤ん坊 (あかんぼう) 아칸보	婴孩 잉하이

한국어	영어	독일어	프랑스어	이탈리아어
노인 (老人)	old person 올드 퍼슨	Greis 그라이스	vieillard 비에야르	vecchio 베키오
처녀 (處女)	virgin 버진	Jungfrau 융프라우	vierge 비에르주	vergine 베르지네
총각 (總角)	bachelor 배철러	Junggeselle 융게젤레	vieux garçon 비외 갸르송	celibe 첼리베
이름	name 네임	Name 나메	nom 농	nome 노메
이름 [名]	forename 포어네임	Vorname 포어나메	prénom 프레농	prenome 프레노메
성 (姓)	surname 서네임	Nachname 나흐나메	nom de famille 농 드 파미유	cognome 코뇨메
익명 (匿名)	anonymous 어노니머스	anonym 아노뉨	anonyme 아노님	anonimo 아노니모
가명 (假名)	pseudonym 수더님	Deckname 데크나메	pseudonyme 프쇠도님	pseudonimo 프세우도니모
애칭 (愛稱)	pet name 패트네임	Kosename 코제나메	sobriquet 소브리케	nomignolo 노미뇰로
별명 (別名)	nickname 닉네임	Spitzname 슈피츠나메	surnom 쉬르농	soprannome 소프란노메
칭호 (稱號)	title 타이틀	Titel 티텔	titre 티트르	titolo 티톨로

스페인어	라틴어	러시아어	그리스어	일본어	중국어
anciano 안시아노	senex 세넥스	старик 스타리크	πρεσβύτης 프레스비테스	年寄り (としより) 도시요리	老人 라오런
virgen 비르헨	virgo 비르고	девица 데비차	παρθένος 파르테노스	処女 (しょじょ) 쇼조	处女 추뉘
soltero 솔테로	caeleps 카일렙스	холостяк 홀로스탸크	εργένης 에르게네스	やもめ 야모메	小伙子 샤오훠쯔
nombre 놈브레	nomen 노멘	имя 이먀	ὄνομα 오노마	名前 (なまえ) 나마에	姓名 싱밍
nombre de pila 놈브레 데 필라	praenomen 프라이노멘	название 나즈바니예	μικρό όνομα 미크로 오노마	名 (な) 나	名子 밍쯔
apellido 아페이도	cognomen 코그노멘	фамилия 파밀리야	επώνυμο 에포니모	姓 (せい) 세이	姓 싱
anónimo 아노니모	anonymus 아노니무스	безымянный 베짐야니	ανώνυμος 아노니모스	匿名 (とくめい) 도쿠메이	匿名 니밍
seudónimo 세우도니모	pseudonymum 프세우도니뭄	псевдоним 프셉도님	ψευδώνυμο 프세우도니모	仮名 (かな) 가나	假名 지아밍
apodo cariñoso 아포도 카리뇨소	nomen blandum 노멘 블란둠	ласкательное имя 라스카텔노예 이먀	παρατσούκλι 파라추클리	愛称 (あいしょう) 아이쇼	爱称 아이청
sobrenombre 소브레놈브레	agnomen 아그노멘	прозвище 프로즈비셰	υποκοριστικό όνομα 이포코리스티코 오노마	渾名 (あだな) 아다나	別名 비에밍
título 티툴로	titulus 티툴루스	заглавие 자글라비예	ἐπικάλυμμα 에피칼리마	タイトル 다이토루	称号 청하오

한국어	영어	독일어	프랑스어	이탈리아어
예명 (藝名)	stage name 스테이지 네임	Künstlername 퀸스틀러나메	nom de plume 농 드 플륌	nome d'arte 노메 다르테

3-18. 인생

한국어	영어	독일어	프랑스어	이탈리아어
넋	soul 소울	Seele 젤레	âme 암	anima 아니마
후천성 (後天性)	acquired 어콰이어드	erworben 에어보르벤	acquis 아키	acquisito 아퀴지토
선천성 (先天性)	congenital 컨제니틀	angeboren 안게보렌	congénital 콩제니탈	congenito 콘제니토
입양 (入養)	adoption 어돕션	Adoption 아돕치온	adoption 아돕시옹	adozione 아도치오네
경력 (經歷)	career 커리어	Karriere 카리에레	carrière 카리에르	carriera 카리에라
청혼 (請婚)	proposal 프러포즐	Heiratsantrag 하이라츠안트락	demande en mariage 드망드 앙 마리아주	proposta di matrimonio 프로포스타 디 마트리모니오
수명 (壽命)	lifespan 라이프스팬	Lebensdauer 레벤스다우어	durée de vie 뒤레 드 비	vita 비타
출생 (出生)	birth 버스	Geburt 게부어트	naissance 네상스	nascita 나시타
다산 (多産)	fecundity 피컨디티	Fruchtbarkeit 프루흐트바카이트	fécondité 페콩디테	fertilità 페르틸리타

스페인어	라틴어	러시아어	그리스어	일본어	중국어
nombre artístico 놈브레 아르티스티코	adhuc nomen 아드후크 노멘	псевдоним 프셉도님	καλλιτεχνικό όνομα 칼리테크니코 오노마	芸名 (げいめい) 게메	艺名 이밍
alma 알마	anima 아니마	душа 두샤	πνεῦμα 프네우마	霊魂 (れいこん) 레이콘	灵魂 링훈
adquirido 아드키리도	acquisitum 아쿠이시툼	приобретённый 프리오브레툐니	επίκτητος 에픽테토스	後天的 (こうてんてき) 고텐테키	后天 허우톈
congénito 콩헤니토	congenitus 콩게니투스	врождённый 브로즈됸니	φυσικῶς 피시코스	先天的 (せんてんてき) 센텐테키	先天 셴톈
adopción 아돕시온	adoptio 아돕치오	приспособление 프리스포소블레니예	υιοθεσία 이이오테시아	養子縁組 (ようしえんぐみ) 요시엔구미	收养 서우양
carrera 카레라	vita 비타	карьера 카리예라	σταδιοδρομία 스타디오드로미아	経歴 (けいれき) 게이레키	经历 징리
petición 페티시온	latio 라치오	предложение 프레들로제니예	πρόταση 프로타세	求婚 (きゅうこん) 규콘	求婚 추훈
vida 비다	fatum 파툼	долговечность 돌고베치노스티	διάρκεια ζωής 디아르케이아 조에스	寿命 (じゅみょう) 주묘	寿命 서우밍
nacimiento 나시미엔토	genes 게네스	рождéние 로즈데니예	κατάβασις 카타바시스	誕生 (たんじょう) 단조	出生 추성
fertilidad 페르틸리다드	fecunditas 페쿤디타스	плодородие 플로도로디예	γονιμότης 고니모테스	多産 (たさん) 다산	多产 둬찬

한국어	영어	독일어	프랑스어	이탈리아어
장수 (長壽)	longevity 론제비티	Langlebigkeit 랑레비히카이트	longévité 롱제비테	longevità 론제비타
일부일처 (一夫一妻)	monogamy 모노가미	Monogamie 모노가미	monogamie 모노가미	monogamia 모노가미아
중매 (仲媒)	matchmaking 매치메이킹	Ehevermittlung 에페어미틀룽	médiation 메디아시옹	mediazione 메디아치오네
혼인 (婚姻)	marriage 매리지	Heirat 하이라트	mariage 마리아주	matrimonio 마트리모니오
회춘 (回春)	rejuvenation 리주버네이션	Verjüngung 페어윙궁	rajeunissement 라죄니스망	ringiovanimento 린조바니멘토
회생 (回生)	revival 리바이블	Wiederbelebung 비더벨레붕	réanimation 레아니마시옹	revival 레비발
신랑 (新郞)	bridegroom 브라이드그룸	Bräutigam 브로이티감	marié 마리에	fidanzato 피단차토
신부 (新婦)	bride 브라이드	Braut 브라우트	mariée 마리에	fidanzata 피단차타
밀월 (蜜月)	honeymoon 허니문	Flitterwochen 플리터보헨	lune de miel 륀 드 미엘	luna di miele 루나 디 미엘레
기혼 (旣婚)	married 매리드	verheiratet 페어하이라텟	marié 마리에	sposato 스포자토
약혼자 (約婚者)	fiancé 피앙세이	Verlobter 페얼롭터	fiancé 피앙세	sposo 스포조

스페인어	라틴어	러시아어	그리스어	일본어	중국어
longevidad 롱헤비다드	cervinus senectus 케르비누스 세넥투스	долголе́тие 돌골레티예	μακροβιότης 마크로비오테스	長命 (ちょうめい) 조메	长寿 창서우
monogamía 모노가미아	monogamia 모노가미아	монога́мия 모노가미야	μονογαμία 모노가미아	一夫一婦 (いっぷいっぷ) 잇푸잇푸	一夫一妻 이푸이치
acoplamiento 아코플라미엔토	intercessio 인테르케시오	брокераж 브로케라시	προξενίο 프록세니오	媒酌 (ばいしゃく) 바이샤쿠	媒介 메이제
matrimonio 마트리모니오	matrimonium 마트리모니움	брак 브라크	γάμος 가모스	結婚 (けっこん) 겟콘	婚姻 훈인
rejuvenecimien- to 레후베네시미엔토	renovatio 레노바치오	омоложение 오몰로셰니예	ξανάνιωμα 크사나니오마	若返り (わかがえり) 와카가에리	回春 후이춘
resucitación 레수시타시온	regeneratio 레게네라치오	возвраще́ние созна́ния 보즈브라셰니예 소즈나니야	ἀνάστασις 아나스타시스	復活 (ふっかつ) 훗카쓰	回生 후이성
novio 노비오	sponsus 스폰수스	молодожён 몰로도존	νυμφίος 님피오스	花婿 (はなむこ) 하나무코	新郎 신랑
novia 노비아	sponsa 스폰사	невеста 네베스타	νύμφη 님페	花嫁 (はなよめ) 하나요메	新娘 신냥
luna de miel 루라 데 미엘	luna mellis 루나 멜리스	медовый месяц 메도비 메샤츠	μήνας του μέλιτος 메나스 투 멜리토스	新婚旅行 (しんこんりょこう) 신콘료코	蜜月 미웨
casado 카사도	maritus 마리투스	женатый 제나티	ὕπανδρος 히판드로스	既婚 (きこん) 기콘	己婚 이훈
futuro 푸투로	conjux 콘육스	помолвленный 포몰블레니	ἀρραβωνιαστι- κός 아라보니아스티코스	フィアンセ 휘안세	未婚夫 웨이훈푸

한국어	영어	독일어	프랑스어	이탈리아어
약혼녀 (約婚女)	fiancée 피앙세이	Verlobte 페얼롭테	fiancée 피앙세	sposa 스포자
인생 (人生)	life 라이프	Leben 레벤	vie 비	vita 비타
죽음	death 데스	Tod 토트	mort 모르	morte 모르테
이민 (移民)	emigration 에미그레이션	Auswanderung 아우스반더룽	émigration 에미그라시옹	emigrazione 에미그라치오네
작별 (作別)	farewell 페어웰	Abschied 압시트	adieux 아듀	addio 아디오
만남	encounter 인카운터	Begegnung 베게그눙	rencontre 랑콩트르	incontro 잉콘트로
평생 (平生)	lifelong 라이프롱	lebenslang 레벤슬랑	pour la vie 푸를라비	di tutta la vita 디 투따 라 비타
유산 (遺産)	legacy 레거시	Erbe 에르베	héritage 에리타주	eredità 에레디타

3-19. 가족

가족 (家族)	family 패밀리	Familie 파밀리에	famille 파미유	famiglia 파밀리아
원조 (元祖)	originator 오리지네이터	Urheber 우어헤버	fondateur 퐁다퇴르	fondatore 폰다토레

스페인어	라틴어	러시아어	그리스어	일본어	중국어
futura 푸투라	consponsata 콘스폰사타	помолвленная 포몰블렌나야	αρραβωνιαστι-κιά 아라보니아스티키아	フィアンシ 휘안시	未婚妻 웨이훈치
vida 비다	vita 비타	жизнь 지즌	βίος 비오스	人生 (じんせい) 진세이	命 밍
muerte 무에르테	mors 모르스	смерть 스메르티	θάνατος 타나토스	死 (し) 시	死 쓰
emigración 에미그라시온	emigratio 에미그라치오	эмиграция 예미그라치야	εκπατρισμός 엑파트리스모스	移民 (いみん) 이민	移民 이민
adiós 아디오스	discessus 디스케수스	прощáние 프로샤니예	αποχαιρετισ-μός 아포카이레티스모스	いとまごい 이토마고이	离别 리베
encuentro 엥쿠엔트로	caetus 카이투스	встреча 브스트레차	ἀπάντησις 아판테시스	遭遇 (そうぐう) 소구	会晤 후이우
toda la vida 토달라비다	sempiternus 셈피테르누스	вся жизнь 브사 지즌	ισόβια 이소비아	終身 (しゅうしん) 슈신	一生 이성
herencia 에렌시아	hereditas 헤레디타스	наследство 나슬레츠트보	κληρονόμος 클레로노모스	遺産 (いさん) 이산	遺产 이찬
familia 파밀리아	familia 파틸리아	семья 세미야	οἶκος 오이코스	家族 (かぞく) 가조쿠	家族 자주
fundador 푼다도르	genitor 게니토르	основатель 오스노바텔	δημιουργός 세미우르고스	元祖 (がんそ) 간소	鼻祖 비주

한국어	영어	독일어	프랑스어	이탈리아어
시조 (始祖)	progenitor 프러제니터	Ahnherr 안헤어	ancêtre 앙세트르	progenitore 프로제니토레
조상 (祖上)	ancestor 앤세스터	Ahn 안	aïeul 아이욀	antenato 안테나토
세대 (世代)	generation 제너레이션	Generation 게네라치온	génération 제네라시옹	generazione 제네라치오네
씨족 (氏族)	clan 클랜	Sippe 지페	clan 클랑	clan 클란
가계 (家計)	household 하우스홀드	Haushalt 하우스할트	économie domestique 에코노미 도메스티크	governo della casa 고베르노 델라 카사
모계 (母系)	maternal 머터늘	mütterlich 뮈털리히	maternel 마테르넬	materno 마테르노
부계 (父系)	paternal 퍼터늘	väterlich 패털리히	paternel 파테르넬	paterno 파테르노
자손 (子孫)	descendant 디센던트	Nachkomme 나흐콤메	descendant 데상당	discendente 디센덴테
후계자 (後繼者)	successor 석세서	Nachfolger 나흐폴거	successeur 쉭세쇠르	successore 수체소레
부부 (夫婦)	married couple 매리드 커플	Ehepaar 에파	couple 쿠플	coppia 코피아
아내 [妻]	wife 와이프	Ehefrau 에프라우	épouse 에푸즈	moglie 몰리에

스페인어	라틴어	러시아어	그리스어	일본어	중국어
antecesor 안테세소르	sator 사토르	прародитель 프라로디텔	πρόγονος 프로고노스	始祖 (しそ) 시소	始祖 스주
antepasado 안테파사도	abavus 아바부스	пре́док 프레도크	προπάτωρ 프로파토르	先祖 (せんぞ) 센조	祖先 주셴
generación 헤네라시온	generatio 게네라치오	поколение 포콜레니예	γενεά 게네아	世代 (せだい) 세다이	世代 스다이
clan 클란	gens 겐스	клан 클란	φυλή 필레	部族 (ぶぞく) 부조쿠	氏族 스주
gobierno de la casa 고비에르노 델라 카사	res domestica 레스 도메스티카	домашнее хозяйство 도마시네예 호자이스트보	οἰκεῖος 오이케이오스	家計 (かけい) 가케이	家計 자지
maternal 마테르날	maternus 마테르누스	материнский 마테린스키	μητρικός 메트리코스	母方 (ははかた) 하하카타	母系 무시
paternal 파테르날	paternus 파테르누스	отеческий 오테체스키	πατρικός 파트리코스	父方 (ちちかた) 지치카타	父系 푸시
descendiente 데스센디엔테	descendens 데스켄덴스	потомок 포토모크	γέννημα 게네마	子孫 (しそん) 시손	子孙 쯔순
sucesor 수세소르	diadochus 디아도쿠스	следователь 슬레도바텔	διάδοχος 디아도코스	後継者 (こうけいしゃ) 고케이샤	继乘人 지천런
matrimonio 마트리모니오	coniuges 코니우게스	супруги 수프루기	ανδρόγυνο 안드로기노	夫妻 (ふさい) 후사이	夫妇 푸푸
mujer 무헤르	domina 도미나	жена́ 제나	γυναίκα 기나이카	かみさん 가미산	老婆 라오포

한국어	영어	독일어	프랑스어	이탈리아어
남편 (男便)	husband 허즈번드	Ehemann 에만	époux 에푸	consorte 콘소르테
어버이	parent 페어런트	Eltern 엘턴	parent 파랑	genitori 제니토리
어머니	mother 마더	Mutter 무터	mère 메르	madre 마드레
아버지	father 파더	Vater 파터	père 페르	padre 파드레
가장 (家長)	paterfamilias 페이터퍼밀리애스	Familienober-haupt 파밀리엔오버하웁트	chef de famille 셰프 드 파미유	capofamiglia 카포파밀리아
딸	daughter 도터	Tochter 토흐터	fille 피유	figlia 필리아
아들	son 선	Sohn 존	fils 피스	figlio 필리오
오누이	brothers & sisters 브러더 앤드 시스터	Geschwister 게슈비스터	frères et sœurs 프레르 에 쇠르	fratelli e sorelle 프라텔리 에 소렐레
형제 (兄弟)	brothers 브러더	Gebrüder 게브뤼더	frère 프레르	fratello 프라텔로
누나/언니	elder sister 엘더 시스터	ältere Schwester 앨테레 슈베스터	sœur aînée 쇠르 에네	sorella maggiore 소렐라 마조레
누이	sister 시스터	Schwester 슈베스터	sœur 쇠르	sorella 소렐라

스페인어	라틴어	러시아어	그리스어	일본어	중국어
esposo 에스포소	baro 바로	муж 무시	σύζυγος 시지고스	夫の君 (せのきみ) 세노키미	丈夫 장푸
padres 파드레스	parens 파렌스	родители 로디텔리	πρόγονος 프로고노스	親 (おや) 오야	父母 푸무
madre 마드레	mater 마테르	мама 마마	μήτηρ 메테르	母 (はは) 하하	妈妈 마마
padre 파드레	pater 파테르	отец 오테츠	πατήρ 파테르	父 (ちち) 지치	爸爸 바바
pater familias 파테르 파밀리아스	pater familias 파테르 파밀리아스	отец семейства 오테츠 세메이스트바	οικογενειάρ- χης 오이코게네이아르케스	家長 (かちょう) 가초	家长 자장
hija 이하	filia 필리아	дочь 도치	θυγάτηρ 티가테르	娘 (むすめ) 무스메	女儿 뉘얼
hijo 이호	filius 필루스	сын 신	υιός 휘오스	息子 (むすこ) 무스코	儿子 얼쯔
hermanos 에르마노스	consanguineus 콘상구이네우스	братья и сестры 브라티야 이 세스트리	αδέρφια 아데르피아	妹背 (いもせ) 이모세	兄妹 슝메이
hermano 에르마노	frater 프라테르	брат 브라트	αδερφός 아데르포스	兄弟 (きょうだい) 교다이	兄弟 슝디
hermana mayor 에르마나 마요르	–	старший сестра 스타르시 세스트라	παλαιότερη αδελφή 팔라이오테레 아델페	姉 (あね) 아네	姐姐 제제
hermana 에르마나	soror 소로르	сестра 세스트라	αδερφή 아데르페	姉(あね) 아네 妹(いもうと) 이모토	姐妹 제메이

한국어	영어	독일어	프랑스어	이탈리아어
형/오빠	elder brother 엘더 브러더	ältere Bruder 엘테레 브루더	frère aîné 프레르 에네	fratello maggiore 프라텔로 마조레
아우/여동생	younger brother/sister 영거 브러더/시스터	jüngere Geschwister 윙거레 게슈비스터	frère cadet 프레르 카데	fratello minore 프라텔로 미노레
조부모	grandparent 그랜드페어런트	Großeltern 그로스엘테른	grands–parent 그랑 파랑	nonni 논니
할머니	grandmother 그랜드마더	Großmutter 그로스무터	grand–mère 그랑메르	nonna 논나
할아버지	grandfather 그랜드파더	Großvater 그로스파터	grand–père 그랑페르	nonno 논노
손녀 (孫女)	granddaughter 그랜드도터	Enkeltochter 엥켈토흐터	petite–fille 프티 피이	nipotina 니포티나
손자 (孫子)	grandson 그랜드선	Enkelsohn 엥켈존	petit–fils 프티 피스	nipote 니포테
친척 (親戚)	relative 렐러티브	Verwandter 페어반터	apparenté 아파랑테	parente 파렌테
삼촌 (三寸)	uncle 엉클	Onkel 옹켈	oncle 옹클	zio 치오
숙모	aunt 안트	Tante 탄테	tante 탕트	zia 치아
질녀 (姪女)	niece 니스	Nichte 니히테	nièce 니에스	nipote di zio 니포테 디 치오

스페인어	라틴어	러시아어	그리스어	일본어	중국어
hermano mayor 에르마노 마요르	–	ста́рший брат 스타르시 브라트	μεγαλύτερος αδελφός 메갈리테로스 아델포스	兄 (あに) 아니	哥哥 거거
hermano menor 에르마노 메노르	–	мла́дший брат 믈라지 브라트	νεώτερος αδελφός 네오테로스 아델포스	弟 (おと) 오토	弟弟 디디
abuelos 아부엘로스	avi 아비	бабушка и дедушка 바부시카 이 데두시카	παππούς και γιαγιά 파푸스 카이 기아기아	祖父母 (そふぼ) 소후보	祖父母 주푸무
abuela 아부엘라	avia 아비아	бабушка 바부시카	γιαγιά 기아기아	お婆さん (おばあさん) 오바산	奶奶 나이나이
abuelo 아부엘로	avus 아부스	дедушка 데두시카	παππούς 파푸스	お爺さん (おじいさん) 오지산	爷爷 예예
nieta 니에타	neptis 넵티스	внучка 브누치카	εγγονή 엥고네	孫娘 (まごむすめ) 마고무스메	孙女 순뉘
nieto 니에토	nepos 네포스	внук 브누크	εγγονός 엥고노스	孫息子 (まごむすこ) 마고무스코	孙子 순쯔
familiar 파밀리아르	cognatus 코그나투스	родственник 롯스트벤니크	συγγενής 싱게네스	親戚 (しんせき) 신세키	亲戚 친치
tío 티오	patruus 파트루스	дядя 댜댜	θείος 테이오스	おっさん 옷산	叔叔 수수
tía 티아	amita 아미타	тётя 툐탸	θεία 테이아	おば 오바	叔母 슈무
sobrina 소브리나	filia fratris 필리아 프라트리스	племянница 플레먄니차	ανιψιά 아닙시아	姪 (めい) 메이	侄女 즈뉘

한국어	영어	독일어	프랑스어	이탈리아어
조카	nephew 네퓨	Neffe 네페	neveu 느뵈	nipote di zio 니포테 디 치오
사촌(남) (四寸)	cousin 카즌	Vetter 페터	cousin 쿠쟁	cugino 쿠지노
사촌(여) (四寸)	female cousin 피매일 카즌	Cousine 쿠지네	cousine 쿠진	cugina 쿠지나
며느리	daughter in law 도터인로	Schwiegertoch-ter 슈비거토흐터	belle-fille 벨피에	nuora 누오라
사위	son in law 선인로	Schwiegersohn 슈비거존	gendre 장드르	genero 제네로

3-20. 성품

한국어	영어	독일어	프랑스어	이탈리아어
친화력 (親和力)	affinity 어피너티	Wahlverwand-schaft 발페어반트샤프트	affinité 아피니테	affinità 아피니타
적성 (適性)	aptitude 앱티튜드	Eignung 아이크눙	aptitude 압티튀드	attitudine 아티투디네
융통성 (融通性)	flexibility 플렉시빌리티	Flexibilität 플렉시빌리태트	flexibilité 플렉시빌리테	flessibilità 플레시빌리타
개성 (個性)	individuality 인디비듀앨리티	Persöhnlichkeit 페르죈리히카이트	personnalité 페르소날리테	personalità 페르소날리타
성격 (性格)	character 캐릭터	Charakter 카락터	caractère 카락테르	carattere 카라테레

스페인어	라틴어	러시아어	그리스어	일본어	중국어
sobrino 소브리노	filius fratris 필리우스 프라트리스	племя́нник 플레먄니크	ανιψιός 아닙시오스	甥 (おい) 오이	侄子 쯔쯔
primo 프리모	consobrinus 콘소브리누스	кузен 쿠젠	εξάδελφος 엑사델포스	いとこ 이토코	堂弟 탕디
prima 프리마	amitina 아미티나	кузена 쿠제나	εξαδέλφη 엑사델페	いとこ 이토코	堂姐 탕제
nuera 누에라	nurus 누루스	сноха 스노하	νύφη 니페	嫁 (よめ) 요메	儿媳妇 얼시푸
yerno 예르노	gener 게네르	зять 자티	γαμπρός συγγένεια 감브로스 싱게네이아	婿 (むこ) 무코	女婿 뉘수
afinidad 아피니다드	affinitas 아피니타스	аффинность 아핀노스티	έλξη 엘렉세	親近感 (しんきんかん) 신킨칸	亲和力 친허리
aptitud 압티투드	aptitudo 압티투도	спосо́бность 스포소브노스티	καταλληλότητα 카탈렐로테타	適性 (てきせい) 데키세이	适性 스싱
flexibilidad 플렉시빌리다드	flexibilitas 플렉시빌리타스	податливость 포다틀리보스티	ευελιξία 에우엘릭시아	融通性 (ゆうずうせい) 유주세이	灵活性 링훠싱
personalidad 페르소날리다드	individualitas 인디비두알리타스	индивидуа́льность 인지비두알노스티	ατομικότητα 아토미코테타	個性 (こせい) 고세이	个性 거싱
carácter 카락테르	indoles 인돌레스	хара́ктер 하락테르	χαρακτήρας 카락테라스	性格 (せいかく) 세이카쿠	性格 싱거

한국어	영어	독일어	프랑스어	이탈리아어
지구력 (持久力)	staying power 스테잉 파워	Ausdauer 아우스다우어	endurance 앙뒤랑스	costanza 코스탄차
심미적 (審美的)	esthetic 이스세틱	ästhetisch 애스테티슈	esthétique 에스테티크	estetico 에스테티코
겸손 (謙遜)	modesty 모디스티	Bescheidenheit 베샤이덴하이트	modestie 모데스티	modestia 모데스티아
수동적 (受動的)	passive 패시브	passiv 파시프	passif 파시프	passivo 파시보
끈기	patience 페이션스	Geduld 게둘트	patience 파시앙스	pazienza 파첸차
카리스마	charisma 커리즈머	Charisma 카리스마	rayonnement 레요느망	carisma 카리스마
실용적 (實用的)	practical 프랙티클	praktisch 프락티슈	pratique 프라티크	pratico 프라티코
검소하다	frugal 프루갈	genügsam 게뉘크잠	modeste 모데스트	modesto 모데스토
절약 (節約)	economical 이코노미클	sparsam 슈파르잠	économe 에코놈	economo 에코노모
호사 (豪奢)	luxury 럭셔리	Luxus 룩수스	luxe 뤽스	lusso 루소

스페인어	라틴어	러시아어	그리스어	일본어	중국어
duración 두라시온	perseverantia 페르세베란티아	вынóсливости 비노슬리보스티	ὑπομονή 후포모네	持久力 (じきゅうりょく) 지큐료쿠	耐力 나이리
estético 에스테티코	aestheticus 아이스테티쿠스	эстетичный 예스테치치니	αισθητικός 아이스테티코스	耽美的 (たんびてき) 단비테키	审美的 선메이더
modestia 모데스티아	modestia 모데스치아	покорность 포코르노스티	ἀφελότης 아펠로테스	謙遜 (けんそん) 겐손	谦逊 첸순
passivo 파시보	inactivus 인악티부스	пассивный 파시브니	παθητικός 파테티코스	受動的 (じゅどうてき) 주도데키	被动 베이둥
paciencia 파시엔시아	patientia 파치엔치아	терпение 테르페니예	μακροθυμία 마크로티미아	根気 (こんき) 곤키	恒性 헝싱
carisma 카리스마	charisma 카리스마	харúзма 하리즈마	χάρισμα 카리스마	カリスマ 가리스마	领袖风范 링슈펑판
práctico 프락티코	practicus 프락티쿠스	практический 프락티체스키	πρακτικός 프락티코스	実用的 (じつようてき) 지쓰요데키	实用的 스융더
modesto 모데스토	frugi 프루기	невзыскатель– ный 네브지스카텔니	ολιγαρκής 올리가르케스	俊しい (つましい) 쓰마시이	俭朴 젠푸
económico 에코노미코	diligens 딜리겐스	бережлúвый 베레즐리비	οικονομικός 오이코노미코스	節約 (せつやく) 세쓰야쿠	节约 제웨
lujo 루호	luxuria 룩수리아	блеск 블레스크	πλησμονή 플레스모네	おごり 오고리	豪奢 하오서

3-21. 태도

한국어	영어	독일어	프랑스어	이탈리아어
자의적 (恣意的)	arbitrary 아비트러리	willkürlich 빌퀴얼리히	arbitraire 아르비트레르	arbitrario 아르비트라리오
친절 (親切)	kindness 카인드니스	Freundlichkeit 프로인틀리히카이트	amabilité 아마빌리테	amabilità 아마빌리타
부지런	diligence 딜리전스	Fleiß 플라이스	application 아플리카시옹	diligenza 딜리젠차
태도 (態度)	attitude 애티튜드	Haltung 할퉁	attitude 아티튀드	portamento 프로타멘토
배짱	audacity 오데서티	Verwegenheit 페어베겐하이트	bravoure 브라부르	retribuzione 레트리부치오네
용기 (勇氣)	courage 카리지	Mut 무트	courage 쿠라주	coraggio 코라조
눈치 (점잖음)	tact 택트	Taktgefühl 탁트게퓔	décence 데상스	decenza 데첸차
위엄 (威嚴)	dignity 디그니티	Würde 뷔르데	dignité 디니테	dignità 디니타
열정적 (熱情的)	ardent 아던트	inbrünstig 인브륀스티히	enthousiaste 앙투지아스트	entusiastico 엔투지아스티코
정숙 (貞淑)	chastity 채스티티	Keuschheit 코이슈하이트	innocence 이노상스	innocenza 인노첸차
친밀 (親密)	intimacy 인티머시	Intimität 인티미탯	intimité 앵티미테	familiarità 파밀리아리타

스페인어	라틴어	러시아어	그리스어	일본어	중국어
arbitrario 아르비트라리오	arbitrarius 아르비트라리우스	самовольный 사모볼니	αυθαίρετος 아우타이레토스	任意 (にんい) 닌이	恣意 쯔이
amabilidad 아마빌리다드	beneficium 베네피쿰	приве́тливость 프리베틀리보스티	ἐπιείκεια 에피에이케이아	親切 (しんせつ) 신세쓰	亲切 친체
diligencia 딜리헨시아	diligentia 딜리겐치아	усердие 우세르디예	σπουδή 스푸데	勤勉 (きんべん) 긴벤	勤快 친콰이
actitud 악티투드	positio 포시치오	осанка 오산카	προσάγω 프로사고	態度 (たいど) 다이도	态度 타이두
bravura 브라부라	audacia 아우다키아	отвага 옷바가	παρρησία 파레시아	太っ腹 (ふとっぱら) 후톳파라	胆量 단량
coraje 코라헤	fortitudo 포르티투도	смелость 스멜로스티	θάρρος 타로스	勇気 (ゆうき) 유키	勇气 융치
decencia 데센시아	modestia 모데스치아	приличие 프릴리치예	λεπτότητα 렙토테타	目端 (めはし) 메하시	眼力见儿 엔리잘
dignidad 디그니다드	decus 데쿠스	достоинство 도스토인스트보	σεμνότης 셈노테스	威厳 (いげん) 이겐	威严 웨이옌
animado 아니마도	ardens 아르덴스	восхищённый 보스히숀니	ἐκτενῶς 엑테노스	熱烈 (ねつれつ) 네쓰레쓰	热情的 러칭더
inocencia 이노센시아	castimonia 카스티모니아	невиновность 네비노브노스티	ἁγνότης 하그노테스	貞潔 (ていけつ) 데이케쓰	贤淑 셴수
intimidad 인티미다드	familiaritas 파밀리아리타스	инти́мность 인팀노스티	οικειότητα 오이케이오테타	親密 (しんみつ) 신미쓰	亲密 친미

한국어	영어	독일어	프랑스어	이탈리아어
수줍음	shyness 샤이니스	Scheu 쇼이	timidité 티미디테	timidezza 티미데차
관용 (寬容)	tolerance 톨러런스	Toleranz 톨레란츠	tolérance 톨레랑스	tolleranza 톨레란차
아양	coquetry 코키트리	Koketterie 코케테리	vanité 바니테	vanità 바니타
스타일	style 스타일	Stil 슈틸	style 스틸	stile 스틸레
순결 (純潔)	purity 퓨리티	Reinheit 라인하이트	pureté 퓌르테	pulizia 풀리치아
애교 (愛嬌)	charm 참	Charme 샤름	charme 샤름	fascino 파시노

3-22. 신체적 행위/능력

한국어	영어	독일어	프랑스어	이탈리아어
행위 (行爲)	deed 디드	Tat 타트	action 악시옹	azzione 아치오네
활동 (活動)	activity 액티비티	Tätigkeit 태티히카이트	activité 악티비테	attività 아티비타
동작 (動作)	motion 모션	Bewegung 베베궁	mouvement 무브망	movimento 모비멘토
속기 (速記)	stenography 스테노그러피	Stenografie 슈테노그라피	sténo 스테노	stenografia 스테노그라피아

스페인어	라틴어	러시아어	그리스어	일본어	중국어
miedo 미에도	reverentia 레베렌치아	застенчивость 자스텐치보스티	συστολή 시스톨레	はにかみ 하니카미	害羞 하이슈
tolerancia 톨레란시아	paciencia 파키엔키아	выносливость 비노슬리보스티	ανοχή 아노케	寛容 (かんよう) 간요	宽容 콴룽
vanidad 바니다드	placendi studiosus 플라켄디 스투디오수스	кокетство 코켓스트보	κοκεταρία 코케타리아	媚態 (びたい) 비타이	撒娇 사자오
estilo 에스틸로	filum 필룸	стиль 스틸	στυλ 스틸	様式 (ようしき) 요시키	风采 펑차이
pureza 푸레사	pudicitia 푸디키치아	чистота́ 치스토타	παρθενικότητα 파르테니코테타	純潔 (じゅんけつ) 준케쓰	纯洁 춘제
encanto 엔칸토	suavitas 수아비타스	обаяние 오바야니예	γοητεία 고에테이아	愛嬌 (あいきょう) 아이쿄	娇气 자오치
acción 악시온	actus 악투스	действие 데이스트비예	πρᾶξις 프락시스	行為 (こうい) 고이	行为 싱웨이
actividad 악티비다드	agilitas 아길리타스	прилежание 프릴레자니예	πραγματεία 프라그마테이아	活動 (かつどう) 가쓰도	活动 훠둥
movimiento 모비미엔토	motus 모투스	движение 드비제니예	κατασείω 카타세이오	動作 (どうさ) 도사	动作 둥줘
taquigrafía 타키그라피아	stenographia 스테노그라피아	стенография 스테노그라피야	στενογραφία 스테노그라피아	速記 (そっき) 솟키	速记 수지

한국어	영어	독일어	프랑스어	이탈리아어
손재주	dexterity 덱스테리티	Gewandtheit 게반트하이트	agilité 아질리테	destrezza 데스트레차
손뼉	applause 어플로즈	Applaus 아플라우스	applaudissement 아플로디스망	applauso 아플라우조
낮잠	nap 냅	Nickerchen 니커헨	assoupissement 아수피스망	pisolino 피졸리노
목욕 (沐浴)	bath 바스	Bad 바트	bain 뱅	bagno 바뇨
일광욕 (日光浴)	sunbath 선바스	Sonnenbad 존넨바트	bain de soleil 뱅 드 솔레유	bagno di sole 바뇨 디 솔레
입맞춤	kiss 키스	Kuss 쿠스	baiser 베제	bacio 바초
이발 (理髮)	haircut 헤어컷	Haarschnitt 하르슈니트	coupe de cheveux 쿠프 드 슈뵈	taglio di capelli 탈리오 디 카펠리
샤워	shower 샤워	Dusche 두셰	douche 두슈	doccia 도차
발자국	footprint 풋프린트	Fußspur 푸스슈푸어	empreinte de pied 앙프랭트 드 피에	impronta del piede 임프론타 델 피에데
몸짓	gesture 제스처	Geste 게스테	geste 제스트	gesto 제스토
울음	weeping 위핑	Weinen 바이넨	larmes 라르므	pianto 피안토

스페인어	라틴어	러시아어	그리스어	일본어	중국어
destreza 데스트레사	dexteritas 덱스테리타스	ло́вкость 롭코스티	προθυμία 프로티미아	熟練 (じゅくれん) 주쿠렌	手艺 서우이
aplauso 아플라우소	plausus 플라우수스	аплодисменты 아플로디스멘티	χειροκρότημα 케이로크로테마	拍手 (はくしゅ) 하쿠슈	巴掌 바장
cabezada 카베사다	meridiatio 메리디아치오	дрёма 드료마	υπνάκος 이프나코스	昼寝 (ひるね) 히루네	午觉 우자오
baño 바뇨	balneum 발네움	купание 쿠파니예	λουτρόν 루트론	浴 (よく) 요쿠	洗澡 시짜오
baño de sol 바뇨 데 솔	apricatio 아프리카치오	солнечная ванна 솔네치나야 반나	ηλιοθεραπεία 엘리오테라페이아	日光浴 (にっこうよく) 닛코요쿠	日光浴 르광위
beso 베소	savatio 사바치오	поцелуй 포첼루이	φίλημα 필레마	口付け (くちづけ) 구치즈께	接吻 제원
corte de pelo 코르테 데 펠로	tonsura 톤수라	стри́жка 스트리시카	κούρεμα 쿠레마	理髪 (りはつ) 리하쓰	理发 리파
ducha 두차	imber 임베르	душ 두시	ὄμβρος 옴브로스	シャワー 샤와	淋浴 린위
huella 우에야	vestigium 베스티기움	след ноги́ 슬레드 노기	ἴχνος 이크노스	足跡 (あしあと) 아시아토	脚印 자오인
gesto 헤스토	gestus 게스투스	жест 제스트	χειρονομία 케이로노미아	身振り (みぶり) 미부리	身段 선딴
llanto 얀토	fletus 플레투스	плач 플라치	κλαίων 클라이온	泣き (なき) 나키	哭 쿠

한국어	영어	독일어	프랑스어	이탈리아어
윙크	wink 윙크	Zwinkern 츠빙케른	clin d'œil 클랭 되유	ammicco 암미코
걸음	step 스텝	Schritt 슈리트	pas 파	passo 파소
휘파람	whistle 휘슬	Pfeife 파이페	pipe 피프	pipa 피파
악수 (握手)	handshake 핸드셰이크	Händedruck 핸데드룩	poignée de main 푸아녜 드 맹	stretta di mano 스트레타 디 마노
숨	breath 브레스	Atem 아템	respiration 레스피라시옹	respiro 레스피로
절 (인사)	bow 바우	Verbeugung 페어보이궁	révérence 레베랑스	arco 아르코
웃음	laugh 래프	Lachen 라헨	rire 리르	riso 리소
잠	sleep 슬리프	Schlaf 슐라프	sommeil 소메유	sonno 손노
미소 (微笑)	smile 스마일	Lächeln 래헬른	sourire 수리르	sorriso 소리소
변장 (變裝)	disguise 디스가이즈	Verkleidung 페어클라이둥	déguisement 데기즈망	travestimento 트라베스티멘토
물구나무	handstand 핸드스탠드	Handstand 한트슈탄트	appui renversé 아퓌이 랑베르세	verticale 베르티칼레

스페인어	라틴어	러시아어	그리스어	일본어	중국어
guiño 기뇨	nictus 닉투스	мига́ние 미가니예	κλείσιμο 클레이시모	瞬き (またたき) 마타타키	使眼色 스옌써
paso 파소	passus 파수스	шаг 샤크	βαθμός 바트모스	歩 (ふ) 후	步子 부쯔
silbato 실바토	sibilatio 시빌라치오	шипение 시페니예	σφυρίχτρα 스피릭트라	口笛 (くちぶえ) 구치부에	口哨 커우샤오
apretón de manos 아프레톤 데 마노스	–	рукопожатие 루코포자티예	χειραψία 케이랍시아	握手 (あくしゅ) 아쿠슈	握手 우서우
aliento 알리엔토	spiritus 스피리투스	дыхание 디하니예	πνοή 프노에	息 (いき) 이키	呼吸 후시
saludo 살루도	corporio inclinatio 코르포리오 인클리나치오	поклóн 포클론	υπόκλιση 이포클리세	お辞儀 (おじぎ) 오지기	行礼 싱리
risa 리사	cachinnus 카킨누스	смех 스메흐	γέλως 겔로스	笑い (わらい) 와라이	笑 샤오
sueño 수에뇨	somnus 솜누스	сон 손	ὕπνος 히프노스	眠り (ねむり) 네무리	睡觉 수이자오
sonrisa 손리사	subrideo 수브리데오	усмешка 우스메시카	χαμόγελο 카모겔로	微笑 (びしょう) 비쇼	微笑 웨이샤오
encofrado 엔코프라도	fucus 푸쿠스	драпировка 드라피롭카	σκέπασμα 스케파스마	変装 (へんそう) 헨소	化装 화장
pino 피노	–	стойк на руках 스토이카 나 루카흐	κατακόρυ 카타코리	逆立ち (さかだち) 사카다치	头倒立 터우다오리

한국어	영어	독일어	프랑스어	이탈리아어
헹가래	tossing 토싱	Hochwerfen 호흐베르펜	bernement 베르냐망	sballottamento 즈발로타멘토
고함 (高喊)	shout 샤우트	Schrei 슈라이	cri 크리	grido 그리도
안내 (案內)	guidance 가이던스	Führung 퓌룽	conduite 콩뒤이트	guida 구이다
위로 (慰勞)	consolation 컨설레이션	Trost 트로스트	consolation 콩솔라시옹	consolazione 콘솔라치오네
중단 (中斷)	interruption 인터럽션	Unterbrechung 운터브레흥	interruption 앵테흡시옹	ripresa 리프레사
탈출 (脫出)	escape 이스케이프	Flucht 플루흐트	fuite 프뤼이트	fuga 푸가
헌신 (獻身)	dedication 데디케이션	Widmung 비드뭉	dédicace 데디카스	dedica 데디카

3-23. 감정 1 : 호

한국어	영어	독일어	프랑스어	이탈리아어
쾌락 (快樂)	pleasure 플레저	Vergnügen 페어크뉘겐	amusement 아뮈즈망	gioia 조야
편안하다 (便安)	comfortable 콤퍼터블	bequem 베크벰	confortable 콩포르타블	comodo 코모도
만족 (滿足)	satisfaction 새티스팩션	Zufriedenheit 추프리덴하이트	satisfaction 사티스팍시옹	soddisfazione 소디스파치오네

스페인어	라틴어	러시아어	그리스어	일본어	중국어
manteo 만테오	–	подбрасыва– ние 포드브라시바니예	πετώντας 페톤다스	胴揚げ (どうあげ) 도아게	升起 성치
canto 칸토	clamos 클라모스	клич 클리치	κραυγή 크라이게	叫び (さけび) 사케비	高喊 가오한
orientación 오리엔타시온	ducamen 두카멘	руководство 루코보츠트보	ὁδηγέω 호데게오	誘導 (ゆうどう) 유도	引导 인다오
consuelo 콘수엘로	consolatio 콘솔라치오	утешение 우체셰니예	παρηγορία 파레고리아	慰め (なぐさめ) 나구사메	慰劳 웨이라오
entracte 엔트락테	intercapedo 인테르카페도	прерывание 프레리바니예	ἄνεσις 아네시스	中断 (ちゅうだん) 주단	中断 중돤
fuga 푸가	fuga 푸가	бегство 벡스트보	απόδραση 아포드라세	逸出 (いっしゅつ) 잇슈쓰	出逃 추타오
dedicatoria 데디카토리아	dedicatio 데디카치오	посвящение 포스뱌셰니예	ἐπιγραφή 에피그라페	献身 (けんしん) 겐신	献身 셴션
gusto 구스토	delicia 델리키아	потеха 포테하	ἡδονή 헤도네	快楽 (かいらく) 가이라쿠	快乐 콰이러
confortable 콘포르타블레	conveniens 콘베니엔스	удобный 우도브니	ἑτοίμως 헤토이모스	安楽な (あんらくな) 안라쿠나	舒服 수푸
satisfacción 사티스팍시온	satisfactio 사티스팍치오	удовлетворé– ние 우도블레트보레니예	παραμυθία 파라미티아	満足 (まんぞく) 만조쿠	满意 만이

한국어	영어	독일어	프랑스어	이탈리아어
고마움	gratitude 그래티튜드	Dankbarkeit 당크바카이트	reconnaissance 르코네상스	riconoscenza 리코노셴차
행복 (幸福)	happiness 해피니스	Glücklichkeit 글뤼클리히카이트	bonheur 보뇌르	felicità 펠리치타
공감 (共感)	sympathy 심퍼시	Mitgefühl 밋게퓔	compassion 콩파시옹	simpatia 심파티아
자신감 (自信感)	self-confidence 셀프-컨피던스	Selbstvertrauen 젤프스트페어트라우엔	confiance en soi 콩피앙스 앙 수아	fiducia in sé 피두차 인 세
안락 (安樂)	comfort 컴포트	Komfort 콤포어	confort 콩포르	comfort 콤포르트
아늑하다	cosy 코지	behaglich 베하클리히	douillet 두예	confortevole 콘포르테볼레
감정 (感情)	emotion 이모션	Emotion 에모치온	émotion 에모시옹	emozione 에모치오네
환희 (歡喜)	delight 딜라이트	Wonne 본네	joie 주아	fascino 파시노
정열 (情熱)	passion 패션	Leidenschaft 라이덴샤프트	passion 파시옹	passione 파시오네
기쁨	pleasure 플레저	Freude 프로이데	plaisir 플레지르	piacere 피아체레
경축 (慶祝)	celebration 셀리브레이션	Feier 파이어	célébration 셀레브라시옹	celebrazione 첼레브라치오네

스페인어	라틴어	러시아어	그리스어	일본어	중국어
gratitud 그라티투드	gracia 그라키아	благода́рность 블라고다르노스티	ευγνωμοσύνη 에우그노모시네	感謝 (かんしゃ) 간샤	感谢 간셰
felicidad 펠리시다드	felicitas 펠리키타스	удача 우다차	ευτυχία 에우티키아	幸福 (こうふく) 고후쿠	幸福 싱푸
simpatía 심파티아	sympathia 심파티아	симпатия 심파티야	συμπάθεια 심파테이아	思いやり (おもいやり) 오모이야리	同感 퉁간
confianza en sí mismo 콘피안사 엔 시미스모	confidentia 콘피덴치아	самоуверенность 사모우베렌노스티	αυτοπεποίθηση 아우토페포이테세	自信 (じしん) 지신	自信 쯔신
comodidad 코모디다드	solacium 솔라키움	удобство 우돕스트보	άνεση 아네세	安楽 (あんらく) 안라쿠	宴乐 옌러
lujoso 루후소	amoenus 아모이누스	ласковый 라스코비	άνετος 아네토스	こぢんまりした 고진마리시타	幽静 유징
emoción 에모시온	emotio 에모치오	эмоция 예모치야	συναίσθημα 시나이스테마	感情 (かんじょう) 간조	感情 간칭
encanto 엔칸토	delecto 델렉토	восторг 보스토르그	χαρά 카라	悦び (よろこび) 요로코비	欢喜 환시
pasión 파시온	aestus 아이스투스	страсть 스트라스티	πάθος 파토스	情熱 (じょうねつ) 조네쓰	热情 러칭
placer 플라세르	voluptas 볼룹타스	радость 라도스티	ιλαρότης 힐라로테스	喜 (び) 비	喜 시
celebración 셀레브라시온	celebritas 켈레브리타스	пра́зднование 프라즈드노바니예	εορτασμός 에오르타스모스	祝賀 (しゅくが) 슈쿠가	庆祝 칭주

한국어	영어	독일어	프랑스어	이탈리아어
가장 좋다	best 베스트	best 베스트	le meilleur 르 메이외르	il migliore 일 밀리오레
더 좋다	better 베터	besser 베서	meilleur 메이외르	migliore 밀리오레
좋다	good 굿	gut 굿	bien 비앵	buono 부오노
황홀 (恍惚)	rapture 랩쳐	Entzücken 엔트취켄	extase 엑스타즈	esaltazione 에잘타치오네
사랑	love 러브	Liebe 리베	amour 아무르	amore 아모레
호의 (好意)	favor 페이버	Gunst 군스트	faveur 파뵈르	favore 파보레

3-24. 감정 2 : 불호

한국어	영어	독일어	프랑스어	이탈리아어
그리움	longing 롱잉	Sehnsucht 젠주흐트	désir 데지르	brama 브라마
연민 (憐憫)	commiseration 커미저레이션	Mitleid 미틀라이트	compassion 콩파시옹	compassione 콤파시오네
반감 (反感)	antipathy 앤티퍼시	Antipathie 안티파티	antipathie 앙티파티	antipatia 안티파티아
서러움	sorrow 소로우	Kummer 쿰머	chagrin 샤그랭	pena 페나

스페인어	라틴어	러시아어	그리스어	일본어	중국어
el mejor 엘 메호르	prima 프리마	наилу́чший 나일루치시	άριστα 아리스타	最上 (もがみ) 모가미	最好的 쭈이하오더
mejor 메호르	melior 멜리오르	лу́чше 루치셰	κομψότερον 콤프소테론	よりよい 요리요이	更好 겅하오
bueno 부에노	bonus 보누스	хоро́ший 호로시	ύγιής 히기에스	良い (いい) 이이	好 하오
arrobo 아로보	extasis 엑스타시스	неистовство 네이스톱스트보	ἔκστασις 엑스타시스	恍惚 (こうこつ) 고고쓰	神情恍惚 선칭황후
amor 아모르	amor 아모르	любо́вь 류보비	αγάπη 아가페	愛 (あい) 아이	愛 아이
bondad 본다드	venia 베니아	одолже́ние 오돌제니예	εύνοια 에우노이아	好意 (こうい) 고이	好意 하오이
añoranza 아뇨란사	desiderium 데시데리움	тоска́ 토스카	νοσταλγία 노스탈기아	憧れ (あこがれ) 아코가레	眷恋 쥔롄
compasión 콤파시온	sympathia 심파티아	жа́лость 잘로스티	ἔλεος 엘레오스	哀れみ (あわれみ) 아와레미	怜悯 롄민
antipatía 안티파티아	antipathia 안티파티아	антипа́тия 안티파티야	αντιπάθεια 안티파테이아	反感 (はんかん) 한칸	反感 팡간
cuidado 쿠이다도	aegritudo 아이그리투도	скорбь 스코르비	ὀδύνη 오디네	悲しみ (かなしみ) 가나시미	悲伤 베이샹

한국어	영어	독일어	프랑스어	이탈리아어
부러움 (샘)	envy 엔비	Neid 나이트	envie 앙비	invidia 인비디아
흥분 (興奮)	excitement 익사이트먼트	Aufregung 아우프레궁	excitation 엑시타시옹	eccitazione 에치타치오네
향수 (鄕愁)	homesickness 홈시크니스	Heimweh 하임베	mal du pays 말 뒤 페이	nostalgia 노스탈자
우수 (憂愁)	melancholy 멜런컬리	Melancholie 멜랑콜리	mélancolie 멜랑콜리	malinconia 말링코니아
뉘우침	contrition 컨트리션	Reue 로이에	pénitence 페니탕스	pentimento 펜티멘토
두려움	fear 피어	Furcht 푸르히트	peur 푀르	paura 파우라
염치 (廉恥)	shame 셰임	Schamgefühl 샴게퓔	pudeur 뛰되르	infamia 인파미아
분노 (憤怒)	wrath 래스	Zorn 초른	rage 라주	seccatura 세카투라
외로움	loneliness 론리니스	Einsamkeit 아인잠카이트	solitude 솔리튀드	solitudine 솔리투디네
걱정	worry 워리	Sorge 조르게	souci 수시	pensiero 펜시에로
괴로움	suffering 서퍼링	Leiden 라이덴	souffrance 수프랑스	sofferenza 소페렌차

스페인어	라틴어	러시아어	그리스어	일본어	중국어
envidia 엔비디아	invidentia 인비덴치아	зависть 자비스티	φθόνος 프토노스	妬み (ねたみ) 네타미	羨慕 셴무
excitación 엑시타시온	commotio 콤모치오	возбуждение 보즈부즈데니예	αναστάτωση 아나스타토세	興奮 (こうふん) 고훈	兴奋 싱펀
nostalgia 노스탈히아	desiderium patriae 데시데리움 파트리아이	тоска по родине 토스카 포 로디네	νοσταλγία 노스탈기아	望郷 (ぼうきょう) 보쿄	乡愁 샹처우
melancolía 멜랑콜리아	melancholia 멜랑콜리아	депрессия 데프레시야	μελαγχολία 멜랑콜리아	憂愁 (ゆうしゅう) 유슈	忧愁 유처우
arrepentimien- to 아레펜티미엔토	paenitentia 파이니텐치아	раскаяние 라스카야니예	μετάνοια 메타노이아	悔い (くい) 구이	悔悟 후이우
miedo 미에도	timeo 티메오	опасение 오파세니예	φόβος 포보스	恐れ (おそれ) 오소레	害怕 하이파
vergüenza 베르구엔사	pudor 푸도르	стыд 스티트	ἐντροπή 엔트로페	はじらい 하지라이	廉耻 롄츠
pesar 페사르	bilis 빌리스	гнев 그넵	ὀργή 오르게	憤懣 (ふんまん) 훈만	愤怒 펀누
soledad 솔레다드	solitudo 솔리투도	одиночество 오디노체스트보	μοναξιά 모낙시아	孤独 (こどく) 고도쿠	孤独 구두
tristeza 트리스테사	cura 쿠라	забота 자보타	κόπος 코포스	心配 (しんぱい) 신파이	担忧 단유
sufrimiento 수프리미엔토	conditio 콘디치오	страдание 스트라다니예	βάσανος 바사노스	苦しみ (くるしみ) 구루시미	痛苦 통쿠

한국어	영어	독일어	프랑스어	이탈리아어
놀람	surprise 서프라이즈	Überraschung 위버라슝	surprise 쉬르프리즈	sorpresa 소르프레사
슬픔	grief 그리프	Trauer 트라우어	tristesse 트리테스	tristezza 트리스테차
미움	hatred 헤이트리드	Hass 하스	haine 엔	odio 오디오
공황 (恐惶)	panic 패닉	Panik 파닉	panique 파니크	panico 파니코

3-25. 꿈/이상/이념

한국어	영어	독일어	프랑스어	이탈리아어
꿈	dream 드림	Traum 트라움	rêve 레브	sogno 소뇨
이상 (理想)	ideal 아이디얼	Ideal 이데알	modéle 모델	idolo 이돌로
희망 (希望)	hope 호프	Hoffnung 호프눙	espérance 에스페랑스	speranza 스페란차
소원 (所願)	wish 위시	Wunsch 분슈	souhait 수에	augurio 아우구리오
가능성 (可能性)	possibility 파서빌리티	Möglichkeit 뫼클리히카이트	possibilité 포시빌리테	possibilità 포시빌리타
목표 (目標)	goal 골	Ziel 칠	but 뷔	obiettivo 오비에티보

스페인어	라틴어	러시아어	그리스어	일본어	중국어
sorpresa 소르프레사	admiratio 아드미라치오	неожиданность 네오지단노스티	ἔκστασις 엑스타시스	驚き (おどろき) 오도로키	惊 징
dolor 돌로르	luctus 룩투스	депрессия 데프레시야	λύπη 리페	悲嘆 (ひたん) 히탄	悲哀 베이아이
odio 오디오	invidia 인비디아	ненависть 네나비스티	μίσος 미소스	憎しみ (にくしみ) 니쿠시미	讨厌 타오옌
pánico 파니코	pavor 파보르	паника 파니카	πανικός 파니코스	パニック 파닛쿠	恐慌 쿵황
sueño 수에뇨	somnium 솜니움	сновидéние 스노비데니예	ὄναρ 오나르	夢 (ゆめ) 유메	夢 멍
ideal 이데알	idea 이데아	идеал 이데알	ιδανικός 이다니코스	理想 (りそう) 리소	理想 리샹
esperanza 에스페란사	spes 스페스	желание 젤라니예	ελπίδα 엘피다	希望 (きぼう) 기보	希望 시왕
deseo 데세오	votum 보툼	прóсьба 프로시바	αἴτημα 아이테마	願い (ねがい) 네가이	凤愿 쑤위안
posibilidad 포시빌리다드	possibilitas 포시빌리타스	возможность 보즈모즈노스티	συγκυρία 싱기리아	可能性 (かのうせい) 가노세	可能性 커넝싱
objetivo 오브헤티보	intentio 인텐치오	намерение 나메레니예	ἀποτελέω 아포텔레오	目標 (もくひょう) 모쿠효	目标 무뱌오

한국어	영어	독일어	프랑스어	이탈리아어
비전	vision 비전	Vision 비지온	vision 비지옹	visione 비지오네
낭만	romanticism 로맨티시즘	Romantik 로만틱	romantisme 로망티슴	romanticismo 로만티치즈모
야망 (野望)	ambition 앰비션	Ehrgeiz 에르가이츠	ambition 앙비시옹	ambizione 암비치오네
욕망 (慾望)	desire 디자이어	Verlangen 페얼랑엔	désir 데지르	desiderio 데시데리오
우정 (友情)	friendship 프랜드십	Freundschaft 프로인트샤프트	amitié 아미티에	amicizia 아미치치아
목가적 (牧歌的)	pastoral 파스터럴	idyllisch 이뒬리시	idyllique 이딜리크	idillico 이딜리코
악몽 (惡夢)	nightmare 나이트메어	Alptraum 알프트라움	cauchemar 코슈마르	incubo 잉쿠보
채식주의자 (菜食主義者)	vegetarian 베지테리언	Vegetarier 베게타리어	végétarien 베제타리앵	vegetariano 베제타리아노
환영 (幻影)	phantom 팬텀	Trugbild 트룩빌트	illusion 일뤼지옹	illusione 일루지오네
기회 (機會)	opportunity 오퍼튜니티	Gelegenheit 겔레겐하이트	occasion 오카지옹	occasione 오카지오네

스페인어	라틴어	러시아어	그리스어	일본어	중국어
visión 비시온	visio 비시오	мечта́ 메치타	ὅραμα 호라마	ビジョン 비존	梦见 멍젠
romanticismo 로만티시스모	motus romanticus 모두스 로만티쿠스	романти́зм 로만티즘	ρομαντισμός 로만티스모스	浪漫主義 (ろまんしゅぎ) 로만슈기	浪漫 랑만
ambición 암비시온	ambitio 암비치오	честолюбие 체스톨류비예	ἐριθεία 에리테이아	野望 (やぼう) 야보	野心 예신
añoranza 아뇨란사	lubido 루비도	жела́ние 젤라니예	ἐπιθυμία 에피티미아	願望 (がんぼう) 간보	欲望 위왕
amistad 아미스타드	amicitia 아미키치아	дружба 드루즈바	φιλία 필리아	友情 (ゆうじょう) 유조	友谊 유이
idílico 이딜리코	pastoralis 파스토랄리스	идиллический 이딜리체스키	ειδυλλιακός 에이딜리아코스	牧歌的 (ぼっかて) 봇카테	牧人的 무런더
pesadilla 페사디야	suppressio 수프레시오	кошмар 코시마르	εφιάλτης 에피알테스	悪夢 (あくむ) 아쿠무	恶梦 어멍
vegetariano 베헤타리아노	vegetarius 베게타리우스	вегетарианец 베게타리아네츠	χορτοφάγος 코르토파고스	菜食主義者 (さいしょくしゅぎしゃ) 사이쇼쿠슈기샤	素食者 수스저
fantasma 판타스마	phantasma 판타스마	иллюзия 일류지야	αυταπάτη 아이타파테	幻影 (げんえい) 겐에	欢迎 환잉
ocasión 오카시온	opportunitas 오포르투니타스	случай 슬루차이	ὁδός 호도스	機会 (きかい) 기카이	机会 지후이

3-26. 마음/마음상태

한국어	영어	독일어	프랑스어	이탈리아어
마음	mind 마인드	Herz 헤르츠	cœur 쾨르	cuore 쿠오레
감수성 (感受性)	sensibility 센시빌리티	Empfindlichkeit 엠핀틀리히카이트	sensibilité 상시빌리테	sensibilità 센시빌리타
일관성 (一貫性)	consistency 컨시스턴시	Konsistenz 콘시스텐츠	consistance 콩시스탕스	consistenza 콘시스텐차
욕심 (慾心)	greed 그리드	Gier 기어	avidité 아비디테	avidità 아비디타
착각 (錯覺)	illusion 일루즌	Sinnestäu- schung 진네스토이슝	hallucination 알뤼시나시옹	illusione 일루지오네
인상 (印象)	impression 임프레션	Eindruck 아인드룩	impression 앵프레시옹	impressione 임프레시오네
유혹 (誘惑)	temptation 템테이션	Verlockung 페얼로쿵	séduction 세튁시옹	seduzione 세두치오네
충동 (衝動)	impulse 임펄스	Impuls 임풀스	impulsion 앵퓔시옹	impulso 임풀소
영감 (靈感)	inspiration 인스피레이션	Inspiration 인스피라치온	inspiration 앵스피라시옹	ispirazione 이스피라치오네
직관 (直觀)	intuition 인튜이션	Intuition 인투이치온	intuition 앵튀이시옹	intuizione 인투이치오네
평정 (平靜)	composure 컴포저	Gelassenheit 겔라센하이트	calme 칼름	calma 칼마

스페인어	라틴어	러시아어	그리스어	일본어	중국어
corazón 코라손	animus 아니무스	сердце 세르체	σπλάγχνον 스플랑크논	心 (こころ) 고코로	心 신
sensibilidad 센시빌리다드	stomachus 스토마쿠스	чувствитель– ность 춉스트비텔노스티	ευαισθησία 에우아이스테시아	感受性 (かんじゅせい) 간주세	感受性 간서우싱
consistencia 콘시스텐시아	constantia 콘스탄치아	консистенция 콘시스텐치야	σύσταση 시스타세	一貫性 (いっかんせい) 잇칸세	一致性 이즈싱
codicia 코디시아	aviditas 아비디타스	жа́дность 자드노스티	απληστία 아플레스티아	貪慾 (どんよく) 돈요쿠	贪心 탄신
ilusión 일루시온	illusio 일루시오	иллю́зия 일류지야	παραίσθηση 파라이스테세	迷夢 (めいむ) 메무	错觉 춰줴
impresión 임프레시온	inpressio 임프레시오	впечатление 브페차틀레니예	εντύπωση 엔티포세	印象 (いんしょう) 인쇼	印象 인샹
seducción 세둑시온	tentatio 텐타치오	собла́зн 소블라즌	πειρασμός 페이라스모스	誘惑 (ゆうわく) 유와쿠	诱惑 유훠
impulso 임풀소	citatus 키타투스	и́мпульс 임풀스	ὁρμή 호르메	衝動 (しょうどう) 쇼도	冲动 충둥
inspiración 인스피라시온	inspiratio 인스피라치오	инспирация 인스피라치야	έμπνευση 엠브넵세	靈感 (れいかん) 레이칸	灵感 링간
intuición 인투이시온	intuitio 인투이치오	интуиция 인투이치야	διαίσθηση 디아이스테세	直覺 (ちょっかく) 좃카쿠	直观 즈관
reposo 레포소	animaequitas 아니마이퀴타스	поко́й 포코이	εὐδία 에우디아	平気 (へいき) 헤이키	平静 핑징

한국어	영어	독일어	프랑스어	이탈리아어
집중 (集中)	concentration 컨센트레이션	Konzentration 콘첸트라치온	concentration 콩상트라시옹	concentrazione 콘첸트라치오네
양심 (良心)	conscience 컨시언스	Gewissen 게비센	conscience 콩시앙스	coscienza 코셴차
의식 (意識)	consciousness 컨시어스니스	Bewusstsein 베부스트자인	connaissance 코내상스	consapevolezza 콘사페볼레차
창의성 (創意性)	creativity 크리에이티비티	Kreativität 크레아티비탯	créativité 크레이티비테	creatività 크레아티비타
호기심 (好奇心)	curiosity 큐어리오서티	Neugier 노이기어	curiosité 퀴리오지테	curiosità 쿠리오시타
얼	spirit 스피릿	Geist 가이스트	esprit 에스프리	spirito 스피리토
버릇	habit 해빗	Gewohnheit 게본하이트	habitude 하비튀드	abitudine 아비투디네
심상 (心象)	image 이미지	Image 이미지	image 이마주	immagine 임마지네
관심 (關心)	interest 인터레스트	Interesse 인테레세	intérêt 앵트레	interesse 인테레세
사명 (使命)	vocation 보케이션	Berufung 베루풍	vocation 보카시옹	vocazione 보카치오네
자존심 (自尊心)	self-respect 셀프-리스펙트	Selbstachtung 젤프스트아흐퉁	respect de soi 레스페 드수아	autostima 아우토스티마

스페인어	라틴어	러시아어	그리스어	일본어	중국어
concentración 콘센트라시온	intensio 인텐시오	концентрация 콘첸트라치야	συγκέντρωση 싱겐드로세	集中 (しゅうちゅう) 슈추	集中 지중
conciencia 콘시엔시아	conscientia 콘스키엔치아	совесть 소베스티	συνείδησις 시네이데시스	良心 (りょうしん) 료신	良心 량신
conocimiento 코노시미엔토	animus 아니무스	сознательность 소즈나텔노스티	συνείδηση 시네이데세	意識 (いしき) 이시키	意识 이스
creatividad 크레아티비다드	artifex 아르티펙스	творчество 트보르체스트보	δημιουργικότητα 데미우르기코테타	創造性 (そうぞうせい) 소조세	创新 촹신
curiosidad 쿠리오시다드	curiositas 쿠리오시타스	любознательность 류보즈나텔노스티	περιέργεια 페리에르게이아	物好き (ものずき) 모노즈키	好奇心 하오치신
espíritu 에스피리투	anima 아니마	дух 두흐	πνεῦμα 프네우마	精神 (せいしん) 세이신	灵魂 링훈
hábito 아비토	consuetudo 콘수에투도	привычка 프리비치카	ἔθος 에토스	癖 (くせ) 구세	习惯 시관
imagen 이마헨	imago 이마고	имидж 이미지	πλάσμα 플라스마	像 (ぞう) 조	心像 신샹
interés 인테레스	interest 인테레스트	интерес 인테레스	ἐπιμέλεια 에피멜레이아	関心 (かんしん) 간신	关心 관신
vocación 보카시온	vocatio 보카치오	призвание 프리즈바니예	κλήση 클레세	使命 (しめい) 시메이	使命 스밍
autoestima 아우토에스티마	reverentia sui 레베렌치아 수이	самоуважение 사모우바제니예	αυτοσεβασμός 아우토세바스모스	自尊心 (じそんしん) 지손신	自尊心 쯔쭌신

한국어	영어	독일어	프랑스어	이탈리아어
덕 (德)	virtue 버추	Tugend 투겐트	vertu 베르튀	virtù 비르투
집착 (執着)	attachment 어태치먼트	Anhaften 안하프텐	adhérence 아데랑스	adesione 아데지오네

3-27. 생각/의도/추측/신뢰

한국어	영어	독일어	프랑스어	이탈리아어
연상 (聯想)	association 어소시에이션	Assoziation 아소치아치온	association 아소시아시옹	associazione 아소치아치오네
음모 (陰謀)	conspiracy 컨스피러시	Komplott 콤플로트	complot 콩플로	complotto 콤플로토
신뢰 (信賴)	trust 트러스트	Vertrauen 페어트라우엔	confiance 콩피앙스	fiducia 피두차
짐작 (斟酌)	conjecture 컨젝처	Vermutung 페어무퉁	conjecture 콩젝튀르	sospetto 소스페토
신조 (信條)	creed 크리드	Kredo 크레도	credo 크레도	credo 크레도
믿음	belief 빌리프	Glaube 글라우베	croyance 크루아양스	credenza 크레덴차
의심	doubt 다우트	Zweifel 츠바이펠	doute 두트	dubbio 두비오
상상 (想像)	imagination 이매지네이션	Einbildung 아인빌둥	imagination 이마지나시옹	immaginazione 임마지나치오네

스페인어	라틴어	러시아어	그리스어	일본어	중국어
virtud 비르투드	virtus 비르투스	добродетель 도브로데텔	ἀρετή 아레테	徳 (とく) 도쿠	德 더
adherencia 아데렌시아	attachiamen- tum 아타키아멘툼	привя́занность 프리뱌잔노스티	δεσμός 데스모스	執着 (しゅうじゃく) 슈쟈쿠	执着 즈줘
asociación 아소시아시온	associatio 아소키아치오	ассоциация 아소치아치야	συνειρμός 시네이르모스	連想 (れんそう) 렌소	联想 롄샹
complot 콤플로트	conspiratio 콘스피라치오	за́говор 자고보르	συνωμοσία 시노모시아	陰謀 (いんぼう) 인보	阴谋 인머우
confianza 콘피안사	fides 피데스	дове́рие 도베리예	πίστις 피스티스	信頼 (しんらい) 신라이	信赖 신라이
sospecha 소스페차	conjectura 코녝투라	предположе́- ние 프레드폴로제니예	ὑπόνοια 히포노이아	推測 (すいそく) 스이소쿠	估摸 구모
credo 크레도	credo 크레도	кредо 크레도	πιστεύω 피스테보	信条 (しんじょう) 신조	信条 신탸오
fe 페	assensus 아센수스	вера 베라	πίστη 피스테	信念 (しんねん) 신넨	信任 신런
duda 두다	dubitatio 두비타치오	сомне́ние 솜녜니예	διστάζω 디스타조	疑い (うたがい) 우타가이	疑心 이신
imaginación 이마히나시온	imaginatio 이마기나치오	воображе́ние 보브라제니예	κενοδοξία 케노독시아	想像 (そうぞう) 소조	想像 샹샹

한국어	영어	독일어	프랑스어	이탈리아어
의뭉스럽다	insidious 인시디어스	hinterhältig 힌터핼티히	sournois 수르누아	insidioso 인시디오조
의도 (意圖)	intention 인텐션	Absicht 압지히트	intention 앵탕시옹	intento 인텐토
선의 (善意)	goodwill 굿윌	Wohlwollen 볼볼렌	bienveillance 비앵배양스	benevolenza 베네볼렌차
수수께끼	riddle 리들	Rätsel 래첼	énigme 에니그므	indovinello 인도비넬로
결심 (決心)	decision 디시전	Entscheidung 엔트샤이둥	décision 데시지옹	decisione 데치지오네
맹세 (盟誓)	vow 바우	Gelübde 겔륍데	vœu 뵈	voto 보토
예상 (豫想)	expectation 엑스펙테이션	Erwartung 에어바르퉁	attente 아탕트	aspettativa 아스페타티바
의지 (意志)	will 윌	Wille 빌레	volonté 볼롱테	volontà 볼론타

3-28. 성패/영욕

성공 (成功)	success 석세스	Erfolg 에어폴크	succès 쉭세	successo 수체소
업적 (業績)	achievement 어치브먼트	Leistung 라이스퉁	exploit 엑스플루아	prestazione 프레스타치오네

스페인어	라틴어	러시아어	그리스어	일본어	중국어
corvo 코르보	insidiose 인시디오세	коварный 코바르니	δόλιος 돌리오스	狡い (ずるい) 즈루이	阴险 인셴
intención 인텐시온	propositum 프로포시툼	замысел 자미셀	πρόθεσις 프로테시스	意図 (いと) 이토	意图 이투
buena voluntad 부에나 볼룬타드	gracia 그라키아	добросердечие 도브로세르데치예	ἐπιείκεια 에피에이케이아	善意 (ぜんい) 젠이	善意 산이
enigma 에니그마	enigma 에니그마	загáдка 자갓카	μυστήριον 미스테리온	謎 (なぞ) 나조	谜语 미위
decisión 데시시온	consultum 콘술툼	решéние 레셰니예	διάγνωσις 디아그노시스	決心 (けっしん) 겟신	决心 줴신
voto 보토	votum 보툼	обéт 오베트	όρκος 오르코스	誓い (ちかい) 지카이	发誓 파스
expectación 엑스펙타시온	expectatio 엑스펙타치오	ожидáние 오지다니예	προσδοκία 프로스도키아	予想 (よそう) 요소	预想 위샹
voluntad 볼룬타드	voluntas 볼룬타스	воля 볼랴	θέληση 텔레세	意志 (いし) 이시	意志 이즈
suerte 수에르테	successus 수케수스	успéх 우스페흐	τιμιότης 티미오테스	成功 (せいこう) 세이코	成功 청궁
rendimiento 렌디미엔토	consummatio 콘숨마치오	достижéние 도스티제니예	λειτουργία 레이투르기아	業績 (ぎょうせき) 교세키	业绩 예지

한국어	영어	독일어	프랑스어	이탈리아어
칭찬 (稱讚)	praise 프레이즈	Lob 로프	éloge 엘로주	lode 로데
영광 (榮光)	glory 글로리	Ehre 에레	gloire 글루아르	gloria 글로리아
명예 (名譽)	fame 페임	Ruhm 룸	honneur 오뇌르	fama 파마
갈채 (喝采)	ovation 오베이션	Ovation 오바치온	ovation 오바시옹	ovazione 오바치오네
명성 (名聲)	reputation 레퓨테이션	Ruf 루프	réputation 레퓌타시옹	reputazione 레푸타치오네
추앙 (推仰)	veneration 베너레이션	Verehrung 페어에룽	vénération 베네라시옹	rispetto 리스페토
공로 (功勞)	credit 크레딧	verdienst 페어딘스트	mérite 메리트	merito 메리토
자랑	pride 프라이드	Stolz 슈톨츠	fierté 피에르테	orgoglio 오로골리오
완성 (完成)	completion 컴플리션	Vollendung 폴엔둥	achèvement 아셰브망	compimento 콤피멘토
결과 (結果)	result 리절트	Resultat 레줄타트	résultat 레쥘타	risultato 리술타토
실패 (失敗)	failure 페일러	Misserfolg 미스에어폴크	revers 르베르	contrarietá 콘트라리에타

스페인어	라틴어	러시아어	그리스어	일본어	중국어
elogio 엘로히오	laus 라우스	хвала 흐발라	ἔπαινος 에파이노스	称賛 (しょうさん) 쇼산	称赞 청짠
gloria 글로리아	gloria 글로리아	великолéпие 벨리콜레피예	τιμή 티메	栄光 (えいこう) 에이코	光荣 광룽
fama 파마	fama 파마	слáва 슬라바	κλέος 클레오스	名誉 (めいよ) 메이요	名誉 밍위
ovación 오바시온	ovatio 오바치오	овáция 오바치야	επευφημία 에페우페미아	喝采 (かっさい) 갓사이	叫好 자오하오
reputación 레푸타시온	titulus 티툴루스	репутáция 레푸타치야	φήμη 페메	盛名 (せいめい) 세메	名声 밍성
respeto 레스페토	veneratio 베네라치오	благоговéние 블라고고베니예	θρησκεία 트레스케이아	尊崇 (そんすう) 손스	景仰 징양
hasaña 아사냐	meritum 메리툼	почтéние 포치테니예	ἔπαινος 에파이노스	功労 (こうろう) 고로	功劳 궁라오
soberbia 소베르비아	glorior 글로리오르	гóрдость 고르도스티	ὑπερηφανία 히페레파니아	得意 (とくい) 도쿠이	骄傲 자오아오
finalización 피날리사시온	perfectio 페르펙치오	завершéние 자베르셰니예	τελείωσις 텔레이오시스	完成 (かんせい) 간세이	完成 완청
resultado 레술타도	proventus 프로벤투스	результáт 레줄타트	αποτέλεσμα 아포텔레스마	結果 (けっか) 겟카	结果 제궈
adversidad 아드베르시다드	defectus 데펙투스	провáл 프로발	ἥττημα 헤테마	失敗 (しっぱい) 싯파이	失败 스바이

한국어	영어	독일어	프랑스어	이탈리아어
탄식 (歎息)	lamentation 레먼테이션	Klage 클라게	lamentation 라망타시옹	lamento 라멘토
약점 (弱點)	weakness 위크니스	Schwäche 슈배헤	faiblesse 페블레스	debolezza 데볼레차
사과 (謝過)	apology 어팔러지	Entschuldigung 엔트슐디궁	excuse 엑스퀴즈	scusa 스쿠자
실수 (失手)	error 에러	Fehler 펠러	défaut 데포	colpa 콜파
어려움	difficulty 디피컬티	Schwierigkeit 슈비어리히카이트	difficulté 디피퀄테	difficoltà 디피콜타
시련 (試鍊)	ordeal 오딜	Elend 엘렌트	misère 미제르	dolore 돌로레
재능 (才能)	talent 탤런트	Talent 탤런트	talent 탈랑	talento 탈렌토

3-29. 언어/표현 관련

거짓말	lie 라이	Lüge 뤼게	mensonge 망송주	menzogna 멘초냐
우스갯소리	jest 제스트	Spaß 슈파스	rigolade 리골라드	celia 첼리아
농담 (弄談)	joke 조크	Scherz 셰르츠	plaisanterie 플레장트리	scherzo 스케르초

스페인어	라틴어	러시아어	그리스어	일본어	중국어
reto 레토	lamentatio 라멘타치오	жалоба 잘로바	ὀδύνη 오디네	嘆き (なげき) 나게키	叹息 탄시
adinamia 아디나미아	debilitas 데빌리타스	слабость 슬라보스티	ἀσθένημα 아스테네마	弱み (よわみ) 요와미	弱点 뤄뎬
excusa 엑스쿠사	apologia 아폴로기아	извинение 이즈비네니예	συγγνώμη 싱노메	謝罪 (しゃざい) 샤자이	道歉 다오첸
culpa 쿨파	erratum 에라툼	опечатка 오페찻카	πλάνη 플라네	誤り (あやまり) 아야마리	疏失 수스
dificultad 디피쿨타드	difficultas 디피쿨타스	хлопотливость 흘로포틀리보스티	ἀποτομία 아포토미아	難しさ (むずかしさ) 무즈카시사	困难 쿤난
miseria 미세리아	miseria 미세리아	бедность 베드노스티	ἀνάγκη 아낭게	試練 (しれん) 시렌	考验 카오옌
talento 탈렌토	talentum 탈렌툼	талант 탈란트	τάλαντον 탈란돈	才能 (さいのう) 사이노	オカ 차이리
mentira 멘티라	mendacium 멘다키움	ложь 로지	ψεῦσμα 프세우스마	嘘 (うそ) 우소	谎言 황옌
broma 브로마	jocatio 요가치오	увеселение 우베셀레니예	πλάκα 플라카	諧謔 (かいぎゃく) 가이갸쿠	笑语 샤오화
chanza 찬사	jocus 요쿠스	шутка 슛카	αστείο 아스테이오	冗談 (じょうだん) 조단	玩话 완화

한국어	영어	독일어	프랑스어	이탈리아어
헛소리	drivel 드리블	Quatsch 크바치	baliverne 발리베른	chiacchiere 키아키에레
수다	prattle 프래틀	Geplapper 게플라퍼	bavardage 바바르다주	cicaleccio 치칼레초
환담 (歡談)	confabulation 컨패뷸레이션	Plauderei 플라우더라이	causerie 코즈리	chiacchierata 키아키에라타
좌우명 (座右銘)	motto 모토	Motto 모토	devise 드비즈	motto 모토
연설 (演說)	speech 스피치	Rede 레데	discours 디스쿠르	discorso 디스코르소
달변 (達辯)	eloquence 엘러퀀스	Redegewandt- heit 레데게반트하이트	élocution aisée 엘로퀴시옹 에제	eloquenza 엘로퀜차
일기 (日記)	diary 다이어리	Tagebuch 타게부흐	journal 주르날	diario 디아리오
핑계	pretext 프리텍스트	Vorwand 포어반트	prétexte 프레텍스트	pretesto 프레테스토
물음 [質問]	question 퀘스천	Frage 프라게	question 케스티옹	domanda 도만다
꾸지람	scolding 스콜딩	Schelte 셸테	remontrances 르몽트랑스	rimando 리만도
침묵 (沈默)	silence 사일런스	Schweigen 슈바이겐	silence 실랑스	silenzio 실렌초

스페인어	라틴어	러시아어	그리스어	일본어	중국어
pega 페가	ineptiae 이넵치아이	ерунда́ 예룬다	περικάθαρμα 페리카타르마	たわごと 다와고토	胡话 후화
parloteo 파를로테오	blateratus 블라테라투스	болтовня 볼토브냐	ενοφωνία 에노포니아	喋り (しゃべり) 샤베리	唠叨 라오다오
charla 차를라	garritus 가리투스	разговор 라즈고보르	ψιθυριστής 프시티리스테스	歓談 (かんだん) 간단	畅谈 창탄
lema 레마	muttum 무툼	девиз 데비스	σύνθημα 신테마	標語 (ひょうご) 효고	座右铭 쮜유밍
habla 아블라	oratio 오라치오	обращение 오브라셰니예	ομιλία 오밀리아	演説 (えんぜつ) 엔제쓰	演说 옌숴
elocuencia 엘로쿠엔시아	eloquentia 엘로쿠엔치아	красноречие 크라스노레치예	ευφράδεια 에우프라데이아	達弁 (たつべん) 다쓰벤	善辩 산볜
diario 디아리오	diarium 디아리움	дневник 드네브닉	δοκός 도코스	日記 (にっき) 닛키	日记 르지
pretexto 프레텍스토	praetextum 프라이텍스툼	отговорка 옷고보르카	πρόφασις 프로파시스	理由 (りゆう) 리유	借口 제커우
asunto 아순토	quaestio 콰이스치오	вопрос 보프로스	ερώτηση 에로테세	質問 (しつもん) 시쓰몬	提问 티원
regaño 레가뇨	vituperatio 비투페라치오	упрёк 우프료크	κατσάδα 카차다	叱咤 (しった) 싯타	数落 수쉬
silencio 실렌시오	silentium 실렌치움	тишина 티시나	ἡσυχία 헤시키아	沈黙 (ちんもく) 진모쿠	沉默 천모

한국어	영어	독일어	프랑스어	이탈리아어
서명 (署名)	signature 시그너처	Unterschrift 운터슈리프트	signature 시냐튀르	firmato 피르마토
유머	humor 휴머	Humor 후모어	humour 위무르	umore 우모레
위트	wit 위트	Witz 비츠	blague 블라그	spirito 스피리토
필적 (筆跡)	handwriting 핸드라이팅	Handschrift 한트슈리프트	écriture 에크리튀르	scrittura 스크리투라
의견 (意見)	opinion 어피니언	Meinung 마이눙	opinion 오피니옹	opinione 오피니오네
요약 (要約)	summary 서머리	Zusammenfas–sung 추잠멘파숭	résumé 레쥐메	sommario 솜마리오
화제 (話題)	topic 토픽	Thema 테마	thème 템	tema 테마
주장 (主張)	assertion 어서션	Behauptung 베하웁퉁	affirmation 아피르마시옹	affermazione 아페르마치오네
호소 (呼訴)	appeal 어필	Appell 아펠	appel 아펠	appello 아펠로
설득 (說得)	persuasion 퍼수에이전	Überredung 위버레둥	persuasion 페르쉬아지옹	persuasione 페르수아지오네
수락 (受諾)	acceptance 억셉턴스	Zusage 추자게	consentement 콩상트망	conferma 콘페르마

스페인어	라틴어	러시아어	그리스어	일본어	중국어
firmado 피르마도	subscriptio 숩스크립치오	подпись 폿피시	υπογραφή 이포그라페	署名 (しょめい) 쇼메이	签名 첸밍
humor 우모르	humor 후모르	юмор 유모르	χιούμορ 키우모르	こっけい 곳케이	幽默 유모
chiste 치스테	facetia 파케치아	насмешка 나스메시카	γελάω 겔라오	知恵 (ちえ) 지에	机智 지즈
manuscrito 마누스크리토	chirographus 키로그라푸스	по́черк 포체르크	χείρ 케이르	筆跡 (ひっせき) 힛세키	笔迹 비지
opinión 오피니온	existimatio 엑시스티마치오	мне́ние 므네니예	ἀπόκριμα 아포크리마	意見 (いけん) 이켄	意见 이젠
compendio 콤펜디오	conjectio 코넥티오	сво́дка 스봇카	περίληψη 페릴렙세	要約 (ようやく) 요야쿠	摘要 자이야오
tópico 토피코	materia 마테리아	тема 테마	κατασείω 카타세이오	話題 (わだい) 와다이	话题 화티
afirmación 아피르마시온	enuntiatio 에눈치아치오	выска́зывание 비스카지바니예	ισχυρισμός 이오키리스모스	主張 (しゅちょう) 슈초	主张 주장
apelación 아펠라시온	appellatio 아펠리치오	призы́в 프리지프	έκκληση 에클레세	懇請 (こんせい) 곤세	号召 하오자오
persuasión 페르수아시온	suada 수아다	убежде́ние 우베즈데니예	πεισμονή 페이스모네	説得 (せっとく) 셋토쿠	说服 쉬푸
compromiso 콤프로미소	ascitus 아스키투스	обещание 오베샤니예	ὑπόστασις 히포스타시스	受諾 (じゅだく) 주다쿠	接受 제서우

한국어	영어	독일어	프랑스어	이탈리아어
허락 (許諾)	permission 퍼미션	Genehmigung 게네미궁	permission 페르미씨옹	permesso 페르메소

3-30. 지식/지혜

지식 (知識)	knowledge 놀리지	Kenntnis 켄트니스	connaissance 코네상스	conoscenza 코노센차
상식 (常識)	common sense 카먼 센스	gesunder Men- schenverstand 게준더 멘셴페어슈탄트	bon sens 봉 상스	senso comune 센소 코무네
능력 (能力)	ability 어빌리티	Fähigkeit 패이히카이트	capacité 카파시테	capacità 카파치타
통찰 (洞察)	insight 인사이트	Einsicht 아인지히트	entendement 앙탕드망	intuito 인투이토
아이디어	idea 아이디어	Idee 이데	idée 이데	idea 이데아
지능 (知能)	intelligence 인텔리전스	Intelligenz 인텔리겐츠	intelligence 앵텔리장스	intelligenza 인텔리젠차
지각 (知覺)	perception 퍼셉션	Wahrnehmung 바네뭉	perception 페르셉시옹	percezione 페르체치오네
이성 (理性)	reason 리즌	Vernunft 페어눈프트	raison 레종	ragione 라조네
각성 (覺醒)	awakening 어웨이크닝	Aufwachen 아우프바헨	réveil 레베유	risveglio 리즈벨료

스페인어	라틴어	러시아어	그리스어	일본어	중국어
permiso 페르미소	permissus 페르미수스	согласие 소글라시예	ἀποδοχή 아포도케	許可 (きょか) 교카	許可 수커
conocimiento 코노시미엔토	conscientia 콘스키엔치아	знание 즈나니예	ἐπίγνωσις 에피그노시스	知識 (ちしき) 지시키	知识 즈스
sentido común 센티도 코문	sensus communis 센수스 콤무니스	здравый смысл 즈드라비 스미슬	κοινός νους 코이노스 누스	常識 (じょうしき) 조시키	常识 창스
fécula 페쿨라	captus 캅투스	умение 우메니예	ικανότητα 이카노테타	能力 (のうりょく) 노료쿠	能力 넝리
discernimiento 디스세르니미엔토	acuitas 아퀴타스	догадка 도갓카	προσαγωγή 프로사고게	洞察 (どうさつ) 도사쓰	洞察 둥차
idea 이데아	idea 이데아	идея 이데야	ιδέα 이데아	思い付き (おもいつき) 오모이쓰키	观念 관녠
inteligencia 인텔리헨시아	intelligentia 인텔리겐치아	сметливость 스메틀리보스티	νοημοσύνη 노에모시네	英知 (えいち) 에이치	智能 즈넝
percepción 페르셉시온	conspectus 콘스펙투스	ощущение 오슈세니예	αἰσθητήριον 아이스테테리온	知覚 (ちかく) 지카쿠	知觉 즈줴
razón 라손	mens 멘스	сознание 소즈나니예	λογική 로기케	理性 (りせい) 리세이	理性 리싱
despertar 데스페르타르	evigilatio 에비길라치오	пробуждение 프로부즈데니예	αφύπνηση 아피프네세	目ざめ (めざめ) 메자메	苏醒 수싱

한국어	영어	독일어	프랑스어	이탈리아어
앎	knowing 노잉	Wissen 비센	savoir 사부아르	sapere 사페레
오해 (誤解)	misunderstanding 미스언더스탠딩	Missverständnis 미스페어슈탠트니스	malentendu 말랑탕뒤	malinteso 말린테소
이해 (理解)	comprehension 컴프리헨션	Verständnis 페어슈탠트니스	compréhension 콩프레앙시옹	comprensione 콤프렌시오네
구분 (區分)	classification 클래시피케이션	Aufgliederung 아우프글리더룽	classification 클라시피카시옹	spartizione 스파르티치오네
혼동 (混同)	confusion 컨퓨전	Verwirrung 페르비룽	confusion 콩퓌지옹	confusione 콘푸지오네
장점 (長點)	merit 메릿	Vorzug 포어추크	mérite 메리트	pregio 프레조

스페인어	라틴어	러시아어	그리스어	일본어	중국어
saber 사베르	scientia 스키엔치아	знание 즈나니예	γνώση 그노세	知識 (ちしき) 지시키	知道 즈다오
malentendido 말렌텐디도	error 에로르	недоразуме́ние 네도라주메니예	παρεξήγηση 파렉세게세	誤解 (ごかい) 고카이	误解 우제
comprensión 콤프렌시온	conprehensio 콘프레헨시오	понима́ние 포니마니예	έννοια 에노이아	理解 (りかい) 리카이	理解 리제
cribado 크리바도	discriptio 디스크립치오	классифика- ция 클라시피카시야	ἐφημερία 에페메리아	分別 (ふんべつ) 훈베쓰	区分 추펀
confusión 콘푸시온	tumultus 투물투스	замешательст- во 자메샤텔스트보	μπέρδεμα 베르데마	混同 (こんどう) 곤도	混同 훈퉁
mérito 메리토	laus 라우스	досто́инства 도스토인스트바	ὠφέλεια 오펠레이아	とりえ 도리에	优点 유뎬

PART 4

사회

학문 일반・학교・문구・서류/문건・언어/심리・문학・철학/논리・역사/지리・고고학・수리/통계・물리/화학/생물・문화예술 일반・취미/오락・음악・악기・미술・연극/영화・춤・종교 일반・종교 1: 기독교・종교 2: 천주교・종교 3: 불교 등・종교 4: 무속・풍속/의례・스포츠 일반/관련 인물・스포츠 1: 용품・스포츠 2: 종목・상상의 존재・공동체/집단・사회 일반/질서/가치・노동/복지/환경・언론・출판・정보/통신・약・의료용품/진료과목・의료인・의료행위・길/다리/역/주차장・육상 교통・자동차・항공 교통・해상 교통・산업 일반・1차 산업・농사/수렵도구・광공업・기계/금속・건설・건축/목공 재료・공구・전기/전자 산업・경제 1: 기업・경제 2: 사람・경제 3: 제품・경제 4: 거래・경제 5: 금융/재무・경제 6: 돈・경제 7: 경기・경제 8: 경제활동 공간・국가/행정 1: 국가・국가/행정 2: 행정・국가/행정 3: 외교・국가/행정 4: 공직자・정치/입법・사법/법률・경찰/소방・군대 일반・군대 1: 부대・군대 2: 계급・군대 3: 병과/군인・군대 4: 무기・군대 5: 군장/시설・봉건제

4-1. 학문 일반

한국어	영어	독일어	프랑스어	이탈리아어
교육 (教育)	education 에듀케이션	Erziehung 에어치웅	éducation 에듀카시옹	educazione 에두카치오네
과학 (科學)	science 사이언스	Wissenschaft 비센샤프트	science 시앙스	scienza 시엔차
연구 (研究)	research 리서치	Forschung 포르슝	recherche 르셰르슈	ricerca 리체르카
조사 (調査)	investigation 인베스티게이션	Untersuchung 운터주훙	enquête 앙케트	indagine 인다지네
이론 (理論)	theory 시어리	Theorie 테오리	théorie 테오리	teoria 테오리아
연습 (練習)	exercise 엑서사이즈	Übung 위붕	exercice 에그제르시스	esercizio 에제르치초
방법 (方法)	method 메서드	Methode 메토데	méthode 메토드	metodo 메토도
주제 (主題)	theme 심	Thema 테마	sujet 쉬제	tema 테마
문제 (問題)	problem 프로블럼	Problem 프로블렘	problème 프로블렘	problema 프로블레마
참고 (參考)	reference 레퍼런스	Referenz 레페렌츠	référence 레페랑스	referenza 레페렌차
인용 (引用)	quotation 코테이션	Zitat 치타트	citation 시타시옹	citazione 치타치오네

스페인어	라틴어	러시아어	그리스어	일본어	중국어
educación 에두카시온	eruditio 에두디치오	воспитание 보스피타니예	αγωγή 아고게	教育 (きょういく) 쿄이쿠	教育 쟈오위
ciencia 시엔시아	scientia 스키엔치아	наука 나우카	επιστήμη 에피스테메	科学 (かがく) 가가쿠	科学 커쉐
estudio 에스투디오	exquisitio 엑스퀴시치오	изучéние 이주체니예	έρευνα 에레브나	研究 (けんきゅう) 겐큐	研究 옌주
investigación 인베스티가시온	investigatio 인베스티가치오	исследование 이슬레도바니예	ἐπερώτημα 에페로테마	調査 (ちょうさ) 조사	调查 댜오차
teoría 테오리아	theoria 테오리아	теория 테오리야	θεωρία 테오리아	理論 (りろん) 리론	理论 리룬
ejercicio 에헤르시시오	exercitium 엑세르키치움	обучение 오부체니예	εξάσκηση 엑사스케세	練習 (れんしゅう) 렌슈	练习 롄스
método 메토도	modus 모두스	метод 메토트	μέθοδος 메토도스	方法 (ほうほう) 호호	方法 팡파
tema 테마	thema 테마	тема 테마	κατασείω 카타세이오	主題 (しゅだい) 슈다이	主题 주티
problema 프로블레마	problema 프로블레마	трудность 트루드노스티	κόπος 코포스	問題 (もんだい) 몬다이	问题 원티
referencia 레페렌시아	commendatrix 콤멘다트릭스	оценка 오첸카	σύσταση 시스타세	参考 (さんこう) 산코	参考 찬카오
cita 시타	verba allata 베르바 알라타	цитата 치타타	παράθεμα 파라테마	引用 (いんよう) 인요	引用 인융

한국어	영어	독일어	프랑스어	이탈리아어
각주 (脚註)	footnote 푸트노트	Fußnote 푸스노테	annotation 아노타시옹	annotazione 안노타치오네
미학 (美學)	aesthetics 어스세틱스	Ästhetik 애스테틱	esthétique 에스테틱	estetica 에스테티카
공학 (工學)	engineering 엔지니어링	Ingenieurwesen 인제뇌어베젠	technologie 테크놀로지	ingegneria 인제녜리아
천문학자 (天文學者)	astronomer 어스트로너머	Astronom 아스트로놈	astronome 아스트로놈	astronomo 아스트로노모
천문학 (天文學)	astronomy 어스트로너미	Astronomie 아스트로노미	astronomie 아스트로노미	astronomia 아스트로노미아
천문대 (天文臺)	observatory 업저버터리	Observatorium 옵제르바토리움	observatoire 옵세르바투아르	osservatorio 오세르바토리오
지구과학 (地球科學)	earth science 어스 사이언스	Geowissen-schaft 게오비센샤프트	sciences de la terre 시앙스 들라테르	scienze della terra 시엔체 델라 테라
교육학 (敎育學)	pedagogy 페더고지	Pädagogik 패다고긱	pédagogie 페다고지	pedagogia 페다고자
의학 (醫學)	medicine 메디신	Heilkunde 하일쿤데	médecine 메드신	medicina 메디치나
생리학 (生理學)	physiology 피지알러지	Physiologie 퓌지올로기	physiologie 피지올로지	fisiologia 피졸로자
법학 (法學)	law 로	Jura 유라	droit 드루아	giurisprudenza 주리스프루덴차

스페인어	라틴어	러시아어	그리스어	일본어	중국어
nota 노타	adnotatio 아드노타티오	оговорка 오고보르카	υποσημείωση 이포세메이오세	脚注 (きゃくちゅう) 갸쿠추	脚注 쟈오주
estética 에스테티카	aesthetica 아이스테티카	эстетика 예스테티카	αισθητική 아이스테티케	美学 (びがく) 비가쿠	美学 메이쉐
tecnología 테크놀로히아	technologia 테크놀로기아	технология 테흐놀로기야	μηχανολογία 메카놀로기아	工学 (こうがく) 고가쿠	工学 궁쉐
astrónomo 아스트로노모	astrologus 아스트롤로구스	астроно́м 아스트로놈	αστρονόμος 아스트로노모스	天文学者 (てんもんがくしゃ) 덴몬가쿠샤	天文学家 텐원쉐자
astronomia 아스트로노미아	astrologia 아스트롤로기아	астрономия 아스트로노미야	αστρονομία 아스트로노미아	天文学 (てんもんがく) 덴몬가쿠	天文学 텐원쉐
observatorio 옵세르바토리오	observatorium 옵세르바토리움	обсерватория 옵세르바토리야	αστεροσκο- πείο 아스테로스코페이오	天文台 (てんもんだい) 덴몬다이	天文台 텐원타이
geociencia 헤오시엔시아	scientia terra 스키엔치아 테라	науки о земле 나우키 오 젬레	γεωεπιστήμες 게오에피스테메스	地学 (ちがく) 지가쿠	地球科学 디추커쉐
pedagogía 페다고히아	paedagogia 파이다고기아	педагогика 페다고기카	παιδαγωγική 파이다고기케	教育学 (きょういくがく) 교이쿠가쿠	教育学 쟈오위쉐
medicina 메디시나	medicina 메디키나	медици́на 메지치나	ιατρική 이아트리케	医学 (いがく) 이가쿠	医学 이쉐
fisiología 피시올로히아	physiologia 피지올로기아	физиология 피지올로기야	φυσιολογία 피시올로기아	生理学 (せいりがく) 세리가쿠	生理学 성리쉐
derecho 데레초	lex 렉스	правоведение 프라보베데니예	νόμος 노모스	法学 (ほうがく) 호가쿠	法学 파쉐

한국어	영어	독일어	프랑스어	이탈리아어
입문 (入門)	introduction 인트러덕션	Einführung 아인퓌룽	introduction 앵트로튁시옹	introduzione 인트로두치오네

4-2. 학교

한국어	영어	독일어	프랑스어	이탈리아어
학교 (學校)	school 스쿨	Schule 슐레	école 에콜	scuola 스쿠올라
유치원 (幼稚園)	kindergarten 킨더가튼	Kindergarten 킨더가르텐	jardin d'enfants 자르댕 당팡	asilo infantile 아질로 인판틸레
초등학교 (初等學校)	elementary school 엘리멘터리 스쿨	Grundschule 그룬트슐레	école primaire 에콜 프리메르	scuola elementare 스쿠올라 엘레멘타레
학생 (學生)	student 스튜던트	Schüler 쉴러	élève 엘레브	allievo 알리에보
교사 (敎師)	teacher 티처	Lehrer 레러	enseignant 앙세냥	maestro 마에스트로
급우 (級友)	classmate 클래스메이트	Klassenkamerad 클라센카메라트	camarade de classe 카마라드 드 클라스	compagno di classo 콤파뇨 디 클라소
학기 (學期)	semester 시메스터	Semester 제메스터	semestre 스메스트르	semestre 세메스트레
출석 (出席)	attendance 어텐던스	Anwesenheit 안베젠하이트	présence 프레장스	frequenza 프레퀜차
받아쓰기	dictation 딕테이션	Diktat 딕타트	dictée 딕테	dettato 데타토

스페인어	라틴어	러시아어	그리스어	일본어	중국어
introducción 인트로둑시온	prohemium 프로헤미움	введе́ние 베데니예	εισαγωγή 에이사고게	入門 (にゅうもん) 뉴몬	入门 루먼
escuela 에스쿠엘라	schola 스콜라	шко́ла 시콜라	σχολείο 스콜레이오	学校 (がっこう) 갓코	学校 쉐샤오
jardín de infancia 하르딘 데 인판시아	hortus infantium 호르투스 인판치움	де́тский сад 젯스키 사트	παιδικός σταθμός 파이디코스 스타트모스	幼稚園 (ようちえん) 요치엔	幼儿园 유얼위안
escuela primaria 에스쿠엘라 프리마리아	ludus litterarius 루두스 리테라리우스	нача́льная шко́ла 나찰나야 시콜라	δημοτικό σχολείο 데모티코 스콜레이오	小学校 (しょうがっこう) 쇼갓코	初小 추샤오
escolar 에스콜라르	discipulus 디스키풀루스	учени́к 우체니크	μαθητής 마테테스	学生 (がくせい) 가쿠세이	学生 쉐성
adestrador 아데스트라도르	doctor 독토르	учи́тель 우치텔	παιδευτής 파이데우테스	先生 (せんせい) 센세이	教师 자오스
compañero de clase 콤파녜로 데 클라세	condiscipulus 콘디스키풀루스	однокла́ссник 오드노클라스니크	συμμαθητής 시마테테스	級友 (きゅうゆう) 규유	同窗 퉁촹
semestre 세메스트레	sexmensis 섹스멘시스	семе́стр 세메스트르	εξάμηνο 엑사메노	学期 (がっき) 갓키	学期 쉐치
asistencia 아시스텐시아	assiduitas 아시두이타스	прису́тствие 프리수츠트비예	πρόσωπον 프로소폰	出席 (しゅっせき) 슛세키	出席 추시
dictado 딕타도	dictatio 딕타치오	дикта́нт 딕탄트	άσκηση ορθογραφίας 아스케세 오르토그라피아스	書き取り (かきとり) 가키토리	听写 팅세

한국어	영어	독일어	프랑스어	이탈리아어
숙제 (宿題)	homework 홈워크	Hausgaufgabe 하우스아우프가베	devoir 드부아르	compiti 콤피티
성적 (成績)	grade 그레이드	Note 노테	note 노트	grado 그라도
칠판 (漆板)	blackboard 블랙보드	Tafel 타펠	tableau 타블로	tavola 타볼라
교과서 (敎科書)	coursebook 코스북	Lehrbuch 레어부흐	livre de classe 리브르 드 클라스	libro di testo 리브로 디 테스토
졸업 (卒業)	graduation 그레듀에이션	Abschluss 압슐루스	fin d'études 팽 데튀드	cerimonia di laurea 체리모니아 디 라우레아
대학교 (大學校)	university 유니버시티	Hochschule 호흐슐레	université 위니베르시테	università 우니베르시타
상아탑 (象牙塔)	ivory tower 아이보리 타워	Elfenbeinturm 엘펜바인투름	tour d'ivoire 투르 디부아르	torre d'avorio 토레 다보리오
강당 (講堂)	hall 홀	Halle 할레	hall 올	aula 아울라
연단 (演壇)	podium 포디엄	Podium 포디움	estrade 에스트라드	podio 포디오
교실 (敎室)	classroom 클래스룸	Klassenzimmer 클라센치머	salle de classe 살 드 클라스	classe 클라세
도서관 (圖書館)	library 라이브러리	Bücherei 뷔허라이	bibliothèque 비블리오테크	biblioteca 비블리오테카

스페인어	라틴어	러시아어	그리스어	일본어	중국어
deberes 데베레스	pensum 펜숨	дома́шнее зада́ние 도마시네예 자다니예	μαθήματα 메테마타	宿題 (しゅくだい) 슈쿠다이	作业 쮜예
nota 노타	gradualitas 그라두알리타스	отме́тка 오트멧카	βαθμός 바트모스	成績 (せいせき) 세이세키	成绩 청지
pizarra 피사라	tabella 타벨라	кла́ссная доска́ 클라스나야 도스카	πίναξ 피낙스	黒板 (こくばん) 고쿠반	黑板 헤이반
libro de texto 리브로 데 텍스토	commentatio 콤멘타치오	учебник 우체브니크	διδακτικό βιβλίο 디닥티코 비블리오	教科書 (きょうかしょ) 교카쇼	教科书 자오커수
graduación 그라두아시온	finis 피니스	окончание 오콘차니예	ἀπαρτισμός 아파르티스모스	卒業 (そつぎょう) 소쓰교	毕业 비예
universidad 우니베르시다드	universitas 우니베르시타스	университе́т 우니베르시테트	ἀνώτατη σχολή 아노타테 스콜레	大学 (だいがく) 다이가쿠	大学 다쉐
torre de marfil 토레 데 마르필	turris eboris 투리스 에보리스	башня из сло- новой кости 바시냐 이즈 슬로노보이 코스티	διανοουμενίς- τικος 디아노우메니스티코스	象牙の塔 (ぞうげのとう) 조게노토	象牙之塔 샹야스타
aula 아울라	aula 아울라	актовый зал 악토비 잘	ἀκροατήριον 아크로아테리온	ホール 호루	礼堂 리탕
tablado 타블라도	anabathra 아나바트라	кузов- платформа 쿠조프-플랏포르마	ἵστημι 히스테미	演壇 (えんだん) 엔단	讲台 쟝타이
clase 클라세	conclave scholare 콘클라베 스콜라레	классная комната 클라스나야 콤나타	δωμάτιο σχολείου 도마티오 스콜레이우	教室 (きょうしつ) 교시쓰	教室 자오스
biblioteca 비블리오테카	bibliotheca 비블리오테카	библиоте́ка 비블리오테카	βιβλιοθήκη 비블리오테케	図書館 (としょかん) 도쇼칸	图书馆 투수관

한국어	영어	독일어	프랑스어	이탈리아어
사서 (司書)	librarian 라이브래리언	Bibliothekar 비블리오테카르	bibliothékaire 비블리오테케르	bibliotecario 비블리오테카리오
대학생 (大學生)	student 스튜던트	Student 슈투덴트	étudiant 에튀디앙	studente 스투덴테
등록 (대학) (登錄)	matriculation 매트리큘레이션	Immatrikulation 이마트리쿨라치온	inscription 앵스크립시옹	immatricolazione 임마트리콜라치오네
신입생 (新入生)	freshman 프레시맨	Erstsemester 에어스트제메스터	bizuth 비쥐트	matricola 마트리콜라
전공 (專攻)	major 메이저	Hauptfach 하웁트파흐	matière principale 마티에르 프랭시팔	specializzazione 스페찰리자치오네
학과 (學科)	department 디파트먼트	Fach 파흐	branche 브랑슈	dipartimento 디파르티멘토
학점 (學點)	credit 크레딧	Schein 샤인	unité de valeur 위니테 드 발뢰르	credito 크레디토
학위 (學位)	degree 디그리	Grad 그라트	degré 데그레	grado 그라도
학자 (學者)	scientist 사이언티스트	Wissenschaftler 비센샤프틀러	savant 사방	scienzato 센차토
강사 (講師)	lecturer 렉처러	Dozent 도첸트	chargé de cours 샤르제 드 쿠르	docente 도첸테
교장 (校長)	principal 프린시플	Schulleiter 슐라이터	directeur d'école 디렉퇴르 데콜	preside 프레시데

스페인어	라틴어	러시아어	그리스어	일본어	중국어
bibliotecario 비블리오테카리오	bibliothecarius 비블리오테카리우스	библиоте́карь 비블리오테카리	βιβλιοθηκάρι-ος 비블리오테카리오스	司書 (ししょ) 시쇼	司书 쓰수
estudiante 에스투디안테	scolasticus 스콜라스티쿠스	студент 스투덴트	φοιτητής 포이테테스	大学生 (だいがくせい) 다이가쿠세	大学生 다쉐성
matrícula 마트리쿨라	inscriptio 인스크립치오	зачисле́ние 자치슬레니예	εγγραφή 엥그라피	入学 (にゅうがく) 뉴가쿠	注册 주처
novato 노바토	novicius 노비키우스	первокурсник 페르보쿠르스니크	πρωτοετής φοιτητής 프로토에테스 포이테테스	新入生 (しんにゅうせい) 신뉴세	新生 신성
especialidad 에스페시알리다드	–	специальность 스페치알노스티	ειδίκευση 에이디케우세	専攻 (せんこう) 센세	专业 좐예
departamento 데파르타멘토	disciplina 디스키플리나	ка́федра 카페드라	ἐφημερία 에페메리아	学科 (がっか) 갓카	学科 쉐커
crédito 크레디토	testimonium 테스티모니움	кредит 크레지트	μονάδα 모나다	単位 (たんい) 단이	学分 쉐펀
grado 그라도	quantitas 콴티타스	градус 그라두스	τίτλος 티틀로스	学位 (がくい) 가쿠이	学位 쉐웨이
científico 시엔티피코	naturalis 나투랄리스	учёный 우초니	επιστήμονας 에피스테모나스	学者 (がくしゃ) 가쿠샤	学者 쉐저
profesor 프로페소르	doctor 독토르	преподава́тель 프레포다바텔	καθηγητής 카테게테스	講師 (こうし) 고시	讲师 쟝스
director 디렉토르	principalis 프링키팔리스	дире́ктор 디렉토르	γυμνασιάρχης 김나시아르케스	校長 (こうちょう) 고초	校长 샤오장

한국어	영어	독일어	프랑스어	이탈리아어
학장 (學長)	dean 딘	Dekan 데칸	doyen 두아앵	preside di facoltà 프레시데 디 파콜타
교수 (敎授)	professor 프로페서	Professor 프로페소어	professeur 프로페쇠르	professore 프로페소레
장학금 (奬學金)	scholarship 스칼러쉽	Stipendium 슈티펜디움	bourse d'étude 부르스 데튀드	borsa di studio 보르사 디 스투디오
박사 (博士)	doctor 닥터	Doktor 독토어	docteur 독퇴르	dottore 도토레
석사 (碩士)	master 마스터	Magister 마기스터	maîtrise 메트리즈	master 마스테르
시험 (試驗)	examination 이그제미네이션	Prüfung 프뤼풍	examen 에그자맹	esame 에자메

4-3. 문구

문구 (文具)	stationery 스테이셔너리	Schreibwaren 슈라이프바렌	articles de papeterie 아르티클르 드 파페트리	cancelleria 칸첼레리아
만년필 (萬年筆)	fountain pen 파운틴 펜	Füller 퓔러	stylo 스틸로	penna stilografica 펜나 스틸로그라피카
볼펜	ballpoint pen 볼포인트 펜	Kugelschreiber 쿠겔슈라이버	stylo à bille 스틸로 아 비유	penna a sfera 펜나 아 스페라
분필 (粉筆)	chalk 초크	Kreide 크라이데	craie 크레	creta 크레타

스페인어	라틴어	러시아어	그리스어	일본어	중국어
decano 데카노	decanus 데카누스	декáн 데칸	κοσμήτορας 코스메토라스	学部長 (がくぶちょう) 가쿠부초	校长 시아오장
catedrático 카테드라티코	professor 프로페소르	профéссор 프로페소르	καθηγητής 카테게테스	教授 (きょうじゅ) 교주	教授 자오서우
beca 베카	litteratura 리테라투라	стипéндия 스티펜디야	υποτροφία 이포트로피아	奨学金 (しょうがくきん) 쇼가쿠킨	奖学金 장쉐진
doctor 독토르	doctor 독토르	дóктор 독토르	διδάκτορας 디닥토라스	博士 (はかせ) 하카세	博士 보스
master 마스테르	magister 마기스테르	магистр 마기스트르	πτυχιούχος 프티키우코스	修士 (しゅうし) 슈시	硕士 쉬스
examen 엑사멘	examinatio 엑사미나치오	экзáмен 예그자멘	εξέταση 엑세타세	試験 (しけん) 시켄	考试 카오시

스페인어	라틴어	러시아어	그리스어	일본어	중국어
artículos de escritorio 아르티쿨로스 데 에스크리토리오	merces scriptoriae 메르케스 스크립토리아이	канцеля́рские това́ры 칸첼랴르스키에 토바리	χαρτικά 카르티카	文房具 (ぶんぼうぐ) 분보구	文具 원주
pluma estilográfica 플루마 에스틸로그라피카	stilographium 스틸로그라피움	заполнитель 자폴니텔	στιλό 스틸로	万年筆 (まんねんひつ) 만넨히쓰	钢笔 강비
bolígrafo 볼리그라포	sphaeristilus 스파이리스틸루스	шарик 샤리크	στυλό διάρκειας 스틸로 디아르케이아스	ボールペン 보루펜	圆珠笔 위안주비
creta 크레타	creta 크레타	мел 멜	κιμωλία 키몰리아	白墨 (はくぼく) 하쿠보쿠	粉笔 펀비

한국어	영어	독일어	프랑스어	이탈리아어
붓	brush 브러시	Pinsel 핀젤	pinceau 팽소	pennello 펜넬로
샤프	mechanical pencil 미케니클 펜슬	Druckbleistift 드룩블라이슈티프트	portemine 포르트민	portamina 포르타미나
연필 (鉛筆)	pencil 펜슬	Bleistift 블라이슈티프트	crayon 크레용	matita 마티타
촉(펜의)	nib 닙	Feder 페더	plume 플룀	punta 푼타
공책 (空册)	notebook 노트북	Notizbuch 노티츠부흐	agenda 아장다	agenda 아젠다
먹지	carbon paper 카본 페이퍼	Kohlepapier 콜레파피어	papier carbone 파피에 카르본	carta carbone 카르타 카르보네
모눈종이	graph paper 그래프 페이퍼	Diagrammpapier 디아그람파피어	papier pour enregistreur 파피에 푸르 앙르지스트뢰르	carta millimetrata 카르타 밀리메트라타
종이	paper 페이퍼	Papier 파피어	papier 파피에	carta 카르타
판지 (板紙)	cardboard 카드보드	Pappe 파페	carton 카르통	cartone 카르토네
복사 (複寫)	copy 카피	Kopie 코피	copie 코피	copia 코피아
풀 (접착제)	adhesive 어데시브	Klebstoff 클렙슈토프	colle 콜	adesivo 아데시보

스페인어	라틴어	러시아어	그리스어	일본어	중국어
pincel 핀셀	penicillus 페니킬루스	кисть 키스티	πινέλο 피넬로	筆 (ふで) 후데	笔 비
portaminas 포르타미나스	–	механический карандаш 메하니체스키 카란다시	μηχανικό μολύβι 메카니코 몰리시	シャープ 샤푸	自动铅笔 쯔동첸비
lapicero 라피세로	stilus 스틸루스	карандаш 카란다시	μολύβι 몰리시	鉛筆 (えんぴつ) 엔피쓰	铅笔 첸비
plumín 플루민	calamus 칼라무스	перо 페로	πένα 페나	ペン先 (ペンさき) 펜사키	笔尖 비젠
libreta 리브레타	commentarius 콤멘타리우스	записная книжка 자피스나야 크니시카	τετράδιο 테트라디오	ノート 노토	本子 번쯔
papel carbón 파펠 카르본	charta carbo 카르타 카르보	копировальная бумага 코피로발나야 부마가	καρμπό 카르보	カーボン紙 (カーボンかみ) 가본카미	复写纸 푸셰지
papel para diagramas 파펠 파라 디아그라마스	chartus graphium 카르투스 그라피움	диаграммная бумага 디아그람나야 부마가	διάγραμμα 디아그람마	方眼紙 (ほうがんし) 호간시	方格纸 팡거지
titulo 티툴로	charta 카르타	бумага 부마가	χάρτης 카르테스	紙 (かみ) 가미	纸 지
cartulina 카르툴리나	charta densata 카르타 덴사타	картон 카르톤	χαρτόνι 카르토니	板紙 (いたがみ) 이타가미	板纸 반지
copia 코피아	effigies 에피기에스	копия 코피야	υπόδειγμα 히포데이그마	複写 (ふくしゃ) 후쿠샤	复印 푸인
pegamento 페가멘토	glutinum 글루티눔	клеевой материал 클레예보이 마테리알	αυτοκόλλητο 아우토콜레토	糊 (のり) 노리	粘貼 잔톄

한국어	영어	독일어	프랑스어	이탈리아어
지우개	eraser 이레이저	Radiergummi 라디어구미	gomme 곰므	gomma 곰마
책갈피	bookmark 북마크	Lesezeichen 레제차이헨	marque-page 마르크 파주	segnalibro 세날리브로
카드	card 카드	Karte 카르테	carte 카르트	cartolina 카르톨리나
자 [尺]	ruler 룰러	Lineal 리네알	règle 레글	riga 리가
잉크	ink 잉크	Tinte 틴테	encre 앙크르	inchiostro 잉키오스트로
아교 (阿膠)	glue 글루	Leim 라임	gélatine 젤라틴	colla 콜라
압정 (押釘)	thumbtack 섬택	Reißnagel 라이스나겔	punaise 퓌네즈	perno 페르노
클립	clip 클립	Büroklammer 뷔로클라머	trombone 트롱본	accoppiamento 아코피아멘토
컴퍼스	compass 컴퍼스	Zirkel 치르켈	compas 콩파	compasso 콤파소
주판 (珠板)	abacus 애버커스	Rechenbrett 레헨브레트	boulier 불리에	pallottoliere 팔로톨리에레
각도기 (角度器)	protractor 프로트랙터	Winkelmesser 빙켈메서	arc gradué 아르크 그라뒤에	arco graduato 아르코 그라두아토

스페인어	라틴어	러시아어	그리스어	일본어	중국어
goma de borrar 고마 데 보라르	cummis deletilis 쿰미스 델레틸리스	резинка 레진카	γόμα 고마	けしゴム 게시고무	擦子 차쯔
marcador de libro 마르카도르 델리브로	–	закладка 자클랏카	σελιδοδείκτης 셀리도데익테스	文挟み (ふみばさみ) 후미바사미	书签 수첸
billete 비예테	charta 카르타	план 플란	δελτάριο 델타리오	カード 가도	卡片 카펜
linear 리네아르	regula 레굴라	линейка 리네이카	δυνάστης 디나스테스	定規 (じょうぎ) 조기	尺子 처쯔
tinta 틴타	atramentum 아트라멘툼	чернила 체르닐라	μελάνι 멜라니	インク 인쿠	墨水 모수이
cola 콜라	glutinum 글루티눔	связующее 스바주유셰에	κόλλα 콜라	阿膠 (あきょう) 아쿄	阿胶 어자오
espiga 에스피가	–	кнопка 크놉카	πινέζα 피네자	おしピン 오시핀	图钉 투딩
acoplamiento 아코플라미엔토	fibula 피불라	скрепка 스크렙카	συνδετήρας 신데테라스	クリップ 구릿푸	夹子 자쯔
compás 콤파스	circinus 키르키누스	циркуль 치르쿨	διαβήτης 디아베테스	コンパス 곤파스	双脚规 솽자오구이
ábaco 아바코	abacus 아바쿠스	счёты 스초티	άβακας 아바카스	算盤 (そろばん) 소로반	算盘 쏸판
arco graduado 아르코 그라두아도	–	гониометр 고니오메트르	γωνιόμετρο 고니오메트로	分度器 (ぶんどき) 분도키	量角器 량자오치

4-4. 서류/문건

한국어	영어	독일어	프랑스어	이탈리아어
서류 (書類)	document 도큐먼트	Schriftstück 슈리프트슈튁	document 도퀴망	documento 도쿠멘토
서식 (書式)	form 폼	Vordruck 포어드룩	formulaire 포르뮐레르	formulario 포르물라리오
자료 (資料)	material 머테어리얼	Material 마테리알	matériau 마테리오	materiale 마테리알레
전단 (傳單)	leaflet 리플릿	Prospekt 프로스펙트	dépliant 데플리앙	opuscolo 오푸스콜로
목록 (目錄)	catalog 캐털로그	Katalog 카탈로크	catalogue 카탈로그	catalogo 카탈로고
사본 (寫本)	copy 코피	Abschrift 압슈리프트	duplicata 뒤플리카타	duplicato 두플리카토
복권 (福券)	lottery 로터리	Lotterie 로테리	loterie 로트리	lotteria 로테리아
증서 (證書)	certificate 서티피컷	Urkunde 우어쿤데	acte 악트	attestato 아테스타토
초안 (草案)	draft 드래프트	Entwurf 엔트부르프	esquisse 에스키스	progetto 프로제토
펼침막	placard 플래카드	Plakat 플라카트	affiche 아피슈	affisso 아피소
유언(유언장) (遺言)	last will 라스트 윌	Testament 테스타멘트	testament 테스타망	testamento 테스타멘토

스페인어	라틴어	러시아어	그리스어	일본어	중국어
escrito 에스크리토	caudex 카우덱스	набор 나보르	ἔγγραφο 엥그라포	書類 (しょるい) 쇼루이	文件 원졘
impreso 임프레소	forma 포르마	давление на входе 다블레니예 나 브호데	αἴτηση 아이테세	書式 (しょしき) 쇼시키	表格 뱌오거
material 마테리알	materia 마테리아	сведения 스베데니야	υλικό 일리코	資料 (しりょう) 시료	資料 쯔랴오
folleto 포예토	libellus 리벨루스	брошюра 브로슈라	φυλλάδιο 필라디오	散らし (ちらし) 지라시	传单 촨단
catálogo 카탈로고	index 인덱스	каталог 카탈로크	κατάλογος 카탈로고스	目録 (もくろく) 모쿠로쿠	目录 무루
duplicado 두플리카도	effigies 에피기에스	дубликат 두블리카트	ὑπόδειγμα 히포데이그마	写本 (しゃほん) 샤혼	写本 셰번
lotería 로테리아	sortium alea 소르치움 알레아	лотерея 로테레야	λοτταρία 로타리아	宝籤 (たからくじ) 다카라쿠지	彩票 차이퍄오
certificado 세르티피카도	consignatio 콘시그나치오	свидетельство 스비데텔스트보	ἔργον 에르곤	証書 (しょうしょ) 쇼쇼	证书 정수
esbozo 에스보소	dilectus 딜렉투스	чертёж 체르초시	ἐνεδρεύω 에네드레우오	草案 (そうあん) 소안	草案 차오안
anuncio 아눈시오	titulus 티툴루스	плакат 플라카트	τοιχοκόλλημα 토이코콜레마	プラカード 푸라카도	广告 광가오
testamento 테스타멘토	testamentum 테스타멘툼	завещание 자베샤니예	διαθήκη 디아테케	遺言 (ゆいごん) 유이곤	遺言 이옌

한국어	영어	독일어	프랑스어	이탈리아어
원본 (原本)	original 오리지널	Original 오리기날	original 오리지날	originale 오리지날레
이력서 (履歷書)	curriculum vitae 커리큘럼 바이티	Lebenslauf 레벤슬라우프	curriculum vitae 퀴리퀼롬 비테	curriculum vitae 쿠리쿨룸 비타에
달력	calendar 캘린더	Kalender 칼렌더	calendrier 칼랑드리예	calendario 칼렌다리오
여권 (旅券)	passport 패스포트	Reisepass 라이제파스	passe-port 파스포르	passaporto 파사포르토
쪽	page 페이지	Seite 자이테	page 파주	pagina 파지나

4-5. 언어/심리

한국어	영어	독일어	프랑스어	이탈리아어
심리학 (心理學)	psychology 사이칼러지	Psychologie 프쥐휼로기	psychologie 프시콜로지	psicologia 프시콜로자
최면 (催眠)	hypnosis 히프노시스	Hypnose 휘프노제	hypnose 이프노즈	ipnosi 이프노지
긍정 (肯定)	affirmation 애퍼메이션	Affirmation 아피르마치온	affirmation 아피르마시옹	affermazione 아페르마치오네
세뇌 (洗腦)	brainwashing 브레인워싱	Gehirnwäsche 게히른배셰	lavage de cerveau 라바주 드 세르보	lavaggio del cervello 라바조 델 체르벨로
언어 (言語)	language 랭귀지	Sprache 슈프라헤	langue 랑그	lingua 링구아

스페인어	라틴어	러시아어	그리스어	일본어	중국어
original 오리히날	primarius 프리마리우스	оригинал 오리기날	πρωτότυπο 프로토티포	原本 (げんぽん) 겐폰	原本 위안번
curriculum vitae 쿠리쿨룸 비타에	curriculum vitae 쿠리쿨룸 비타이	карьера жизни 카르베라 지즈니	βιογραφία 비오그라피아	履歴書 (りれきしょ) 리레키쇼	履历 뤼리
calendario 칼렌다리오	fasti 파스티	календарь 칼렌다리	καζαμίας 카자미아스	暦 (こよみ) 고요미	日历 리리
pasaporte 파사포르토	syngrafus 싱그라푸스	паспорт 파스포르트	διαβατήριο 디아바테리오	旅券 (りょけん) 료켄	护照 후자오
página 파히나	pagina 파기나	страни́ца 스트라니차	πλευρά 플레우파	ページ 페지	页 예
psicología 프시콜로히아	psychologia 프시콜로기아	психология 프시홀로기야	ψυχολογία 프시콜로기아	心理学 (しんりがく) 신리가쿠	心理学 신리쉐
hipnosis 이프노시스	hypnosis 히프노시스	гипноз 기프노스	ύπνωση 이프노세	催眠 (さいみん) 사이민	催眠 추이몐
afirmación 아피르마시온	affirmatio 아피르마치오	утвердитель- ный 웃베르디텔니	βεβαίωση 베바이오세	肯定 (こうてい) 고테이	肯定 컨딩
lavado de cerebro 라바도 데 세레브로	lavatio cerebri 라바치오 케레브리	промывание мозгов 프롬바니예 모즈곱	πλύση εγκεφάλου 플리세 엥게팔루	洗脳 (せんのう) 센노	洗脑 시나오
habla 아블라	lingua 링구아	речь 레치	λαλιά 랄리아	言語 (げんご) 겐고	言语 옌위

한국어	영어	독일어	프랑스어	이탈리아어
글자	letter 레터	Buchstabe 뷰흐슈타베	lettre 레트르	lettera 레테라
문자 (文字)	script 스크립트	Schrift 슈리프트	écriture 에크리튀르	scrittura 스크리투라
철자 (綴字)	alphabet 앨퍼벳	Alphabet 알파벳	alphabet 알파베	alfabeto 알파베토
점자 (點字)	braille 브레일	Blindenschrift 블린덴슈리프트	braille 브라유	scrittura braille 스크리투라 브라일레
방언 (方言)	dialect 다이얼렉트	Dialekt 디알렉트	dialecte 디알렉트	dialetto 디알레토
낱말	word 워드	Wort 보르트	mot 모	parola 파롤라
발음 (發音)	pronunciation 프러넌시에이션	Aussprache 아우스슈프라헤	prononciation 프로농시아시옹	pronuncia 프로눈차
맞춤법	orthography 오소그러피	Rechtschrei- bung 레히트슈라이붕	orthographe 오르토그라프	ortografia 오르토그라피아
어감 (語感)	nuance 뉴앙스	Nuance 뉘앙세	nuance 뉘앙스	sfumatura 스푸마투라
약어 (略語)	abbreviation 어브리비에이션	Abkürzung 압퀴르충	abréviation 아브레비아시옹	abbreviazione 아브레비아치오네
개요 (槪要)	outline 아우틀라인	Übersicht 위버지히트	vue d'ensemble 뷔 당상블	vista generale 비스타 제네랄레

스페인어	라틴어	러시아어	그리스어	일본어	중국어
letra 레트라	syllaba 실라바	бу́ква 부크바	ἐπιστολή 에피스톨레	字 (じ) 지	字 쯔
escritura 에스크리투라	littera 리테라	шрифт 시리프트	γραφή 그라페	文字 (もじ) 모지	文字 원쯔
alfabeto 알파베토	alphabetum 알파베툼	алфавит 알파비트	αλφαβήτα 알파베타	綴り字 (つづりじ) 쓰즈리지	拼写 핀셰
cecografía 세코그라피아	scriptura caecorum 스크립투라 카이코룸	шрифт для слепых 시리프트 들랴 슬레피흐	σύστημα μπράιγ 시스테마 브레이	点字 (てんじ) 덴지	盲字 망쯔
dialecto 디알렉토	dialectos 디알렉토스	диалект 디알렉트	διάλεκτος 디알렉토스	方言 (ほうげん) 호겐	方言 팡옌
palabra 팔라브라	verbum 베르붐	слово 슬로보	ρῆμα 레마	単語 (たんご) 단고	单词 단츠
pronunciación 프로눈시아시온	appellatio 아펠라치오	произношение 프로이즈노셰니예	συνομιλέω 시노밀레오	発音 (はつおん) 하쓰온	发音 파인
ortografía 오르토그라피아	orthographia 오르토그라피아	правописание 프라보피사니예	ορθογραφία 오르토그라피아	正字法 (せいじほう) 세지호	正字法 정쯔파
matiz 마티스	–	оттенок 오테노크	απόχρωση 아포크로세	意味合い (いみあい) 이미아이	语感 위간
abreviatura 아브레비아투라	abbreviatio 아브레비아치오	сокращение 소크라셰니예	συντομογρα- φία 신도모그라피아	略語 (りゃくご) 랴쿠고	略语 뤠위
resumen 레수멘	breviarium 브레비아리움	обозрение 오보즈레니예	πίνακας 피나카스	アウトライン 아우토라인	概要 가이야오

한국어	영어	독일어	프랑스어	이탈리아어
내용 (内容)	content 컨텐트	Inhalt 인할트	contenu 콩트뉘	contenuto 콘테누토
어원 (語源)	etymology 에티몰러지	Etymologie 에튀몰로기	étymologie 에티몰로지	etimologia 에티몰로자
관용구 (慣用句)	idiom 이디엄	Redewendung 레데벤둥	locution 로퀴시옹	locuzione 로쿠치오네
문단 (文段)	paragraph 패러그라프	Absatz 압자츠	paragraphe 파라그라프	paragrafo 파라그라포
장 (章)	chapter 챕터	Kapitel 카피텔	chapitre 샤피트르	capitolo 카피톨로
장황하다 (張皇)	tedious 티디어스	langweilig 랑바일리히	ennuyeux 앙뉘이외	tedioso 테디오소
간결 (簡潔)	brevity 브레버티	Kürze 퀴르체	brièveté 브리에브테	brevità 브레비타
문장 (文章)	sentence 센턴스	Satz 자츠	phrase 프라즈	frase 프라제
유의어 (類義語)	synonym 시너님	Synonym 쥐노님	synonyme 시노님	sinonimo 시노니모
기호 (記號)	sign 사인	Zeichen 차이헨	signe 시뉴	sintomo 신토모
괄호 (括弧)	parenthesis 퍼렌서시스	Parenthese 파렌테제	parenthèse 파랑테즈	parantesi 파란테지

스페인어	라틴어	러시아어	그리스어	일본어	중국어
contenido 콘테니도	argumentum 아르구멘툼	содержáние 소데르자니예	ὑπόστασις 히포스타시스	内容 (ないよう) 나이요	内容 네이룽
etimología 에티몰로히아	etymologia 에티몰로기아	этимолóгия 예티몰로기야	ετυμολογία 에티몰로기아	語源 (ごげん) 고겐	语源 위위안
modismo 모디스모	idioma 이디오마	идиома 이디오마	ιδιωματισμός 이디오마티스모스	慣用語句 (かんようごく) 간요고쿠	慣用语 관용위
párrafo 파라포	paragraphus 파라그라푸스	абзáц 압자츠	ἄρθρο 아르트로	段落 (だんらく) 단라쿠	语段 위돤
capítulo 카피툴로	capitulum 카피툴룸	глава 글라바	κεφάλαιο 케팔라이오	章 (しょう) 쇼	章 장
aburrido 아부리도	perlongus 페를롱구스	нýдный 니드니	βαρετός 바레토스	冗漫だ (じょうまんだ) 조만다	冗长地 룽창더
brevedad 브레베다드	brevitas 브레비타스	крáткость 크랏코스티	βραχυλογία 브라킬로기아	簡潔 (かんけつ) 간케쓰	精练 징롄
sentido 센티도	sententia 센텐치아	предложение 프레들로제니예	ἀπόκριμα 아포크리마	文 (ふみ) 후미	文章 원장
sinónimo 시노니모	synonymum 시노니뭄	синоними́чес-кий 시노니미체스키	συνώνυμο 시노니모	類義語 (るいぎご) 루이기고	同义词 퉁이쯔
síntoma 신토마	symptoma 심프토마	знак 즈나크	σημεῖον 세메이온	符号 (ふごう) 후고	记号 지하오
paréntesis 파렌테시스	interpositio 인테르포시치오	скобка 스콥카	παρένθεση 파렌테세	括弧 (かっこ) 갓코	括号 쿼하오

한국어	영어	독일어	프랑스어	이탈리아어
쉼표	comma 코머	Komma 콤마	virgule 비르귈	virgola 비르골라
회화 (會話)	conversation 콘버세이션	Konversation 콘베르자치온	conversation 콩베르사시옹	conversazione 콘베르사치오네
표어 (標語)	slogan 슬로건	Schlagwort 슐락보르트	slogan 슬로강	slogan 즐로간
언어학 (言語學)	linguistics 링귀스틱스	Sprachwissen-schaft 슈프라흐비센샤프트	linguistique 랭귀스티크	linguistica 링구이스티카
상형문자 (象形文字)	hieroglyph 하이어러글리프	Hieroglyphe 히에로글뤼페	hiéroglyphe 예로글리프	geroglifico 제로글리피코
외국어 (外國語)	foreign language 포린 랭귀지	Fremdsprache 프렘트슈프라헤	langue étrangère 랑그 에트랑제르	lingua straniera 링구아 스트라니에라
프랑스말	French 프렌치	Französisch 프란최지슈	français 프랑세	francese 프란체제
문법 (文法)	grammar 그래머	Grammatik 그라마틱	grammaire 그라메르	grammatica 그람마티카
파생 (派生)	derivation 데리베이션	Ableitung 아플라이퉁	dérivation 데리바시옹	derivazione 데리바치오네
합성 (合成)	composition 컴퍼지션	Zusammenset-zung 추잠멘제충	composition 콩포지시옹	composto 콤포스토
명사 (名詞)	noun 나운	Substantiv 좁스탄티브	substantif 쉽스탕티프	sostantivo 소스탄티보

스페인어	라틴어	러시아어	그리스어	일본어	중국어
coma 코마	comma 콤마	запятая 자퍄타야	κόμμα 콤마	休止符 (きゅうしふ) 규시후	逗号 떠하오
conversación 콘베르사시온	colloquium 콜로퀴움	разговор 라즈고보르	συνομιλία 시노밀리아	会話 (かいわ) 가이와	会话 후이화
slogan 슬로간	dictum 딕툼	ключевóе слóво 클류체보예 슬로보	σλόγκαν 슬로간	標語 (ひょうご) 효고	标语 뱌오위
lingüística 링구이스티카	linguistica 링구이스티카	лингвистика 링그비스티카	γλωσσολογία 글로솔로기아	言語学 (げんごがく) 겐고가쿠	语言学 위옌쉐
jeroglífico 헤로글리피코	hieroglyphum 히에로글리품	иероглиф 이예로글리프	ιερογλυφικά 이에로글리피카	象形文字 (しょうけいもじ) 쇼케이모지	象形文字 샹싱원쯔
lengua extranjera 렝구아 엑스트랑헤라	lingua barbarus 링구아 바르바루스	иностранный язык 이노스트란니 야지크	ξένη γλώσσα 크세네 글로사	外国語 (がいこくご) 가이코쿠고	外国语 와이궈위
francés 프란세스	lingua francogallica 링구아 프랑코갈리카	французский язык 프란추스키 야지크	γαλλικός 갈리코스	フランス語 (フランスご) 후란스고	法语 파위
gramática 그라마티카	grammatica 그람마티카	грамматика 그람마티카	γραμματική 그라마티케	文法 (ぶんぽう) 분포	语法 위파
derivación 데리바시온	derivatio 데리바치오	вывод 비보트	ἀσωτία 아소티아	派生 (はせい) 하세이	派生 파이성
composición 콤포시시온	compositio 콤포시치오	композиция 콤포지치야	σύνθεση 신테세	合成 (ごうせい) 고세이	合成 허청
sustantivo 수스탄티보	nomen 노멘	существительное 수셰스트비텔노예	ουσιαστικό 우시아스티코	名詞 (めいし) 아이시	名词 밍츠

한국어	영어	독일어	프랑스어	이탈리아어
품사 (品詞)	part of speech 파트 오프 스피치	Wortart 보르트아르트	partie du discours 파르티 뒤 디스쿠르	parte del discorso 파르테 델 디스코르소
형용사 (形容詞)	adjective 애직티브	Adjektiv 아드옉티프	adjectif 아젝티프	aggettivo 아제티보
동사 (動詞)	verb 버브	Verb 베르프	verbe 베르브	verbo 베르보
부사 (副詞)	adverb 애드버브	Adverb 아드베어프	adverbe 아드베르브	avverbio 아브베르비오
관사 (冠詞)	article 아티클	Artikel 아르티켈	article 아르티클	articolo 아르티콜로
감탄사 (感歎詞)	interjection 인터젝션	Interjektion 인터옉치온	interjection 앵테르젝시옹	interiezione 인테리에치오네
접속사 (接續詞)	conjunction 컨정션	Konjunktion 콘융치온	conjonction 콩종시옹	congiunzione 콘준치오네
전치사 (前置詞)	preposition 프리포지션	Präposition 프래포지치온	préposition 프레포지시옹	preposizione 프레포지치오네
대명사 (代名詞)	pronoun 프로나운	Fürwort 퓌어보르트	pronom 프로농	pronome 프로노메
주어 (主語)	subject 섭젝트	Subjekt 주프옉트	sujet 쉬제	soggetto 소제토
서술어 (敍述語)	predicate 프레디컷	Prädikat 프래디카트	prédicat 프레디카	predicato 프레디카토

스페인어	라틴어	러시아어	그리스어	일본어	중국어
parte de la oración 파르테 델라 오라시온	pars orationis 파르스 오라치오니스	часть речи 차스티 레치	μέρος του λόγου 메로스 투 로구	品詞 (ひんし) 힌시	词类 츠레이
adjetivo 아드헤티보	adjectivus 아드옉티부스	прилагатель- ное 프릴라가텔노예	επίθετο 에피테토	形容詞 (けいようし) 게이요시	形容词 싱룽츠
verbo 베르보	verbum 베르붐	глагол 글라골	ρήμα 레마	動詞 (どうし) 도시	动词 둥츠
adverbio 아드베르비오	adverbium 아드베르비움	наречие 나레치예	επίρρημα 에피레마	副詞 (ふくし) 후쿠시	副词 푸츠
artículo 아르티쿨로	caput 카푸트	артикль 아르티클	άρθρο 아르트로	冠詞 (かんし) 간시	冠词 관츠
interjección 인테르헥시온	interjectio 인테르엑치오	восклицание 보스클리차니예	επιφώνημα 에피포네마	感嘆詞 (かんたんし) 간탄시	叹词 탄츠
conjunción 콩훙시온	conjunctio 콘융치오	союз 소유스	σύνδεσμος 신데스모스	接続詞 (せつぞくし) 세쓰조쿠시	连词 롄츠
preposición 프레포시시온	praepositio 프라이포시치오	предлог 프레들로크	πρόθεση 프로테세	前置詞 (ぜんちし) 젠치시	前置词 첸즈츠
pronombre 프로놈브레	pronomen 프로노멘	местоимение 메스토이메니예	αντωνυμία 안도니미아	代名詞 (だいめいし) 다이메이시	代名词 다이밍츠
sujeto 수헤토	subiectus 수비엑투스	подлежащее 포들레자셰예	υποκείμενο 이포키메노	主語 (しゅご) 슈고	主语 주위
predicado 프레디카도	praedicatum 프라이디카툼	сказуемое 스카주예모예	κατηγόρημα 카테고레마	述語 (じゅつご) 주쓰고	谓语 웨이위

한국어	영어	독일어	프랑스어	이탈리아어
보어 (補語)	complement 컴플리먼트	Ergänzung 에어갠충	complément 콩플레망	complemento 콤플레멘토
분사 (分詞)	participle 파티시플	Partizip 파티칩	participe 파르티시프	participio 파르티치피오
자음 (子音)	consonant 컨서넌트	Konsonant 콘조난트	consonne 콩손	consonante 콘소난테
모음 (母音)	vowel 바월	Vokal 보칼	voyelle 부아옐	vocale 보칼레
음절 (音節)	syllable 실러블	Silbe 질베	syllable 실라블	sillaba 실라바
성조 (聲調)	intonation 인터네이션	Tonfall 톤팔	intonation 앵토나시옹	accento 아첸토
격 (格)	case 케이스	Kasus 카주스	cas 카	caso 카소
주격 (主格)	nominative 노미너티브	Nominativ 노미나티프	nominatif 노미나티프	nominativo 노미나티보
의성어 (擬聲語)	onomatopoeia 오너매터피어	Onomatopöie 오노마토푀이	onomatopée 오노마토페	onomatopea 오노마토페아
의미 (意味)	meaning 미닝	Bedeutung 베도이퉁	signification 시니피카시옹	significato 시니피카토
시제 (時制)	tense 텐스	Tempus 템푸스	temps 탕	tempo 템포

스페인어	라틴어	러시아어	그리스어	일본어	중국어
complemento 콤플레멘토	complementum 콤플레멘툼	добавление 도바블레니예	συμπλήρωμα 심블레로마	補語 (ほご) 호고	补语 부위
participio 파르티시피오	participium 파르티키피움	причáстие 프리차스티예	μετοχή 메토케	分詞 (ぶんし) 분시	分词 펀츠
consonante 콘소난테	consonans 콘소난스	соглáсный 소글라스니	σύμφωνο 심포노	子音 (しいん) 시인	子音 쯔인
vocal 보칼	vocalis 보칼리스	глáсный 글라스니	φωνήεν 포니엔	母音 (ぼいん) 보인	母音 무인
sílaba 실라바	syllaba 실라바	слог 슬로크	συλλαβή 실라베	音節 (おんせつ) 온세쓰	音节 인제
dejo 데호	accentiuncula 아켄치웅쿨라	акцент 악첸트	προφορά 프로포라	抑揚 (よくよう) 요쿠요	声调 성댜오
caso 카소	casus 카수스	падéж 파데시	ἀγρυπνία 아그리프니아	格 (かく) 가쿠	格 거
nominativo 노미나티보	nominativus 노미나티부스	именительный 이메니텔니	ονομαστική 오노마스티케	主格 (しゅかく) 슈카쿠	主格 주거
onomatopeya 오노마토페야	–	звукоподражá– ние 즈부코포드라자니예	ονοματοποιία 오노마토피아	オノマトペ– 오노마토페	拟声词 니성츠
sentido 센티도	definitio 데피니치오	значение 즈나체니예	λογίζομαι 로기조마이	意味 (いみ) 이미	意思 이쓰
tiempo 티엠포	tempus 템푸스	врéмя 브레먀	χρόνος 크로노스	時制 (じせい) 지세	时态 스타이

한국어	영어	독일어	프랑스어	이탈리아어
태 (態)	voice 보이스	Genus Verbi 게누스 베르비	voix 부아	forma 포르마
복수 (複數)	plural 플루럴	Plural 플루랄	pluriel 플뤼리엘	plurare 플루라레
강세 (强勢)	accent 액선트	Akzent 악첸트	accent 악상	accento 아첸토
접사 (接辭)	affix 어픽스	Affix 아픽스	affixe 아픽스	affisso 아피소
접두사 (接頭辭)	prefix 프리픽스	Vorsilbe 포어질베	préfixe 프레픽스	prefisso 프레피소
접미사 (接尾辭)	suffix 서픽스	Nachsilbe 나흐질베	suffixe 쉬픽스	suffisso 수피소
어미 (語尾)	ending 엔딩	Endung 엔둥	terminaison 테르미네종	desinenza 데시넨차
이것	this 디스	dieser 디저	ceci 서시	questo 퀘스토
저것	that 댓	jener 예너	ça 사	quello 퀠로
그것	it 잇	es 에스	ce 서	lui 루이
누구	who 후	wer 베어	qui 키	chi 키

스페인어	라틴어	러시아어	그리스어	일본어	중국어
voz 보스	activum 악티붐	залог 잘로크	φωνή 포네	態 (たい) 다이	语态 위타이
plural 플루랄	pluralis 플루랄리스	множествен- ное 므노제스트벤노예	πληθυντικός 플레틴디코스	複数 (ふくすう) 후쿠스	复数 푸수
acento 아센토	accentus 아켄투스	ударе́ние 우다레니예	προφορά 프로포라	語勢 (ごせい) 고세이	重音 중인
afijo 아피호	affixum 아픽숨	аффикс 아픽스	πρόσφυμα 프로스피마	接辞 (せつじ) 세쓰지	词缀 츠주이
prefijo 프레피호	praeverbium 프라이베르비움	приста́вка 프리스탑카	πρόθεμα 프로테마	接頭辞 (せっとうじ) 셋토지	前缀 첸주이
postfijo 포스트피호	suffixus 수픽수스	су́ффикс 수픽스	πρόσθημα 프로스테마	接尾辞 (せつびじ) 세쓰비지	后缀 허우주이
desinencia 데시넨시아	extremitas 엑스트레미타스	оконча́ние 오콘차니예	κατάληξη 카탈렉세	語尾 (ごび) 고비	词尾 츠웨이
este 에스테	hic 힉	этот 예토트	οὗτος αὕτη 후토스 하우테	これ 고레	这个 저거
aquél 아켈	iste 이스테	э́то 예토	εκείνος 에케이노스	あれ 아레	那个 나거
ese 에세	is 이스	оно 오노	αυτό 아우토	それ 소레	它 타
quién 키엔	quis 쿠이스	который 코토리	ποιος 포이오스	たれ 다레	谁 세이

한국어	영어	독일어	프랑스어	이탈리아어
무엇	what 홧	was 바스	que 크	che 케
언제	when 웬	wann 반	quand 캉	quando 콴도
어디	where 웨어	wo 보	où 우	dove 도베
어찌	how 하우	wie 비	quel 켈	come 코메
어느	which 위치	welch 벨히	lequel 르켈	quale 괄레
얼마	how much 하우 머치	wieviel 비필	combien 콩비앵	quanto 콴토
오직	only 온리	nur 누어	seulement 쇨망	unicamente 우니카멘테
제발	please 플리즈	bitte 비테	s'il vous plaît 실부플레	per favore 페르 파보레
야호	hurrah 후라	hurra 후라	vive 비브	viva 비바
아니오	no 노	nein 나인	non 농	no 노
예	yes 예스	ja 야	oui 위	si 시

스페인어	라틴어	러시아어	그리스어	일본어	중국어
que 케	quid 쿠이드	что 치토	τι 티	なに 나니	什么 선머
cuándo 콴도	quom 쿠옴	когда 코그다	πότε 포테	いつ 이쓰	何时 허스
donde 돈데	qua 콰	где 그데	πού 푸	いずく 이즈쿠	哪里 나리
cómo 코모	quomodo 쿠오모도	как 카크	πώς 포스	どんなに 돈나니	怎么 전머
cuál 쿠알	uter 우테르	какая 카카야	ποιος 포이오스	どれ 도레	哪个 나거
cuánto 콴토	quanti 쿠안티	сколько 스콜코	πόσο 포소	いくら 이쿠라	多少 둬사오
apenas 아페나스	modo 모도	только 톨코	μόνο 모노	だけ 다케	唯有 웨이유
por favor 포르 파보르	quaeso 쿠아이소	пожалуйста 포잘루이스타	παρακαλώ 파라칼로	どうか 도카	千万 첸완
viva 비바	ehoi 에호이	ура́ 우라	ζήτω 제토	万歳 (ばんざい) 반자이	哟呵 요허
no 노	non 논	нет 네트	όχι 오키	いいえ 이이에	不 부
sí 시	vero 베로	да 다	ναι 네	はい 하이	是 스

한국어	영어	독일어	프랑스어	이탈리아어
나	I 아이	ich 이히	je 주	io 이오
우리	we 위	wir 비어	nous 누	noi 노이
너	you 유	du 두	tu 튀	tu 투
너희	you 유	ihr 이어	vous 부	voi 보이
그여자	she 시	sie 지	elle 엘	essa 에사
그남자	he 히	er 에어	il 일	egli 엘리
그들	they 데이	sie 지	ils/elles 일/엘	esse 에세
자기 (自己)	self 셀프	Selbst 젤프스트	même 멤	stesso 스테소
상대 (相對)	counterpart 카운터파트	Gegenstück 게겐슈튁	pendant 팡당	conformità 콘포르미타
남 [他人]	others 아더즈	andere 안데레	autre 오트르	altro 알트로

스페인어	라틴어	러시아어	그리스어	일본어	중국어
yo 요	ego 에고	я 야	εγώ 에고	わたし 와타시	我 워
nosotros 노소트로스	nos 노스	мы 미	εμείς 에메이스	わたしたち 와타시타치	我们 워먼
tú 뚜	tu 투	ты 티	εσύ 에시	きみ 기미	你 니
vosotros 보소트로스	vos 보스	вы 비	εσείς 에세이스	きみたち 기미타치	你们 니먼
ella 에야	ea 에아	она 오나	εκείνη 에케이네	かのじょ 가노조	她 타
el 엘	is 이스	он 온	αυτός 아우토스	かれ 가레	他 타
ellas 에야스	ei 에이	они 오니	αυτοί 아우토이	かれら 가레라	他们 타먼
mismo 미스모	ipsum 입숨	сам 삼	ίδιος 이디오스	自己 (じこ) 지코	自己 쯔지
correspondencia 코레스폰덴시아	homologus 호몰로구스	копия 코피야	αντίστοιχο 안디스토이코	相対 (そうたい) 소타이	対象 두이샹
otro 오트로	ceterus 케테루스	иной 이노이	έτερος 헤테로스	他人 (あだびと) 아다비토	別人 베런

4-6. 문학

한국어	영어	독일어	프랑스어	이탈리아어
문학 (文學)	literature 리터러처	Literatur 리테라투어	littérature 리테라튀르	letteratura 레테라투라
운문 (韻文)	verse 버스	Vers 페어스	vers 베르	verso 베르소
시 (詩)	poem 포임	Gedicht 게디히트	poème 포엠	poesia 포에지아
소설 (小說)	novel 노블	Roman 로만	roman 로망	romanzo 로만초
동화 (童話)	fairy tale 페어리 테일	Märchen 매르헨	conte 콩트	fiaba 피아바
희곡 (戲曲)	drama 드라머	Drama 드라마	drame 드람	dramma 드람마
서사시 (敍事詩)	epos 에포스	Epos 에포스	épopée 에포페	epopea 에포페아
수필 (隨筆)	essay 에세이	Essay 에세	essai 에세	saggio 사조
우화 (寓話)	fable 페이블	Fabel 파벨	fable 파블	favola 파볼라
허구 (虛構)	fiction 픽션	Fiktion 픽치온	fiction 픽시옹	finzione 핀치오네
신화 (神話)	myth 미스	Mythos 뮈토스	mythe 미트	mito 미토

스페인어	라틴어	러시아어	그리스어	일본어	중국어
literatura 리테라투라	litteratura 리테라투라	литерату́ра 리체라투라	λογοτεχνία 로고테크니아	文学 (ぶんがく) 분가쿠	文学 원쉐
verso 베르소	versus 베르수스	стихи́ 스티히	στροφή 스트로페	韻文 (いんぶん) 인분	韵文 원원
poema 포에마	poema 포에마	стихотворе́ние 스티호트보레니예	ποίημα 포이에마	詩 (し) 시	诗 스
novela 노벨라	fabula romanensis 파불라 로마넨시스	рома́н 로만	μυθιστόρημα 미티스토레마	小説 (しょうせつ) 쇼세쓰	长篇小说 창펜샤오쉬
cuento 쿠엔토	apologus 아폴로구스	ска́зка 스카스카	παραμύθι 파라미티	童話 (どうわ) 도와	童话 퉁화
drama 드라마	drama 드라마	дра́ма 드라마	δράμα 드라마	戯曲 (ぎきょく) 기쿄쿠	戏剧 시쥐
epopeya 에포페야	epos 에포스	эпос 예포스	επικό ποίημα 에피코 포이에마	叙事詩 (じょじし) 조지시	叙事诗 쉬스스
ensayo 엔사요	progymnasma 프로김나스마	эссе 예세	δοκίμιο 도키미오	随筆 (ずいひつ) 주이히쓰	随笔 쑤이비
fábula 파불라	fabulatio 파불라치오	ба́сня 바스냐	μῦθος 미토스	寓話 (ぐうわ) 구와	寓言 위옌
ficción 픽시온	commentum 콤멘툼	фи́кция 픽치야	εφεύρημα 에페우레마	作り話 (つくりばなし) 쓰쿠리바나시	虚构 쉬거우
mito 미토	mythos 미토스	миф 미프	μύθος 미토스	神話 (しんわ) 신와	神话 선화

한국어	영어	독일어	프랑스어	이탈리아어
전설 (傳說)	legend 레전드	Legende 레겐데	légende 레장드	leggenda 레젠다
문인 (文人)	literary man 리터러리 맨	Literat 리테라트	homme de lettres 옴 들레트르	letterato 레테라토
작가 (作家)	writer 라이터	schriftsteller 슈리프트슈텔러	écrivain 에크리뱅	autore 아우토레
소설가 (小說家)	novelist 노블리스트	Romanschrift-steller 로망슈리프트슈텔러	romancier 로망시에	romanziere 로만치에레
시인 (詩人)	poet 포잇	Dichter 디히터	poète 포에트	poeta 포에타
고전 (古典)	classic 클래식	Klassiker 클라시커	classique 클라시크	classico 클라시코
희극 (喜劇)	comedy 코미디	Lustspiel 루스트슈필	comédie 코메디	voglia 볼리아
은유 (隱喩)	metaphor 메터퍼	Metapher 메타퍼	métaphore 메타포르	metafora 메타포라
풍자 (諷刺)	satire 새타이어	Satire 자티레	satire 사티르	satira 사티라
아이러니	irony 아이러니	Ironie 이로니	ironie 이로니	ironia 이로니아
운율 (韻律)	meter 미터	Metrum 메트룸	métrique 메트리크	metrica 메트리카

스페인어	라틴어	러시아어	그리스어	일본어	중국어
leyenda 레엔다	fabula 파불라	легенда 레겐다	θρύλος 트릴로스	伝説 (でんせつ) 덴세쓰	传说 촨쉬
hombre literario 옴브레 리테라리오	perscriptor 페르스크립토르	литератор 리테라토르	λογοτέχνης 로고테크네스	文人 (ぶんじん) 분진	文人 원런
autor 아우토르	scriptor 스크립토르	писа́тель 피사첼	συγγραφέας 싱그라페아스	作家 (さっか) 삿카	作家 쭤자
novelista 노벨리스타	romanciator 로망키아토르	романи́ст 로마니스트	μυθιστοριο-γράφος 미티스토리오그라포스	小説家 (しょうせつか) 쇼세쓰카	小说家 샤오숴자
poeta 포에타	poeta 포이타	поэ́т 포예트	ποιητής 포이에테스	詩人 (しじん) 시진	诗人 스런
clásico 클라시코	anticus 안티쿠스	кла́ссик 클라시크	κλασικός 클라시코스	古典 (こてん) 고텐	古典 구뎬
farsa 파르사	comoedia 코모이디아	комедия 코메디야	κωμῳδία 코모디아	喜劇 (きげき) 기게키	喜剧 스주
metáfora 메타포라	metaphora 메타포라	мета́фора 메타포라	μεταφορά 메타포라	隠喩 (いんゆ) 인유	隐喻 인위
sátira 사티라	satura 사투라	сати́ра 사티라	σάτιρα 사티라	諷刺 (ふうし) 후시	讽刺 펑츠
ironía 이로니아	ironia 이로니아	иро́ния 이로니야	ειρωνεία 에이로네이아	反語 (はんご) 한고	反语 판위
métrica 메트리카	metrum 메트룸	метр 메트르	μέτρον 메트론	韻律 (いんりつ) 인리쓰	韵律 윈뤼

한국어	영어	독일어	프랑스어	이탈리아어
운 (韻)	rhyme 라임	Reim 라임	rime 림	rima 리마
메시지	message 메시지	Botschaft 보트샤프트	message 메사주	messaggio 메사조
격언 (格言)	maxim 맥심	Maxime 막시메	maxime 막심	massima 마시마
경구 (驚句)	epigram 에피그램	Epigramm 에피그람	aphorisme 아포리슴	aforisma 아포리즈마
문맥 (文脈)	context 콘텍스트	Kontext 콘텍스트	contexte 콩텍스트	contesto 콘테스토
결말 (結末)	epilog 에필로그	Epilog 에필로크	épilogue 에필로그	epilogo 에필로고
표현 (表現)	expression 익스프레션	Ausdruck 아우스드룩	expression 엑스프레시옹	espressione 에스프레시오네
독백 (獨白)	monolog 모놀로그	Monolog 모놀로크	monologue 모놀로그	monologo 모놀로고
어조 (語調)	tone 톤	Ton 톤	ton 통	tono 토노

4-7. 철학/논리

논리 (論理)	logic 로직	Logik 로긱	logique 로지크	logica 로지카

스페인어	라틴어	러시아어	그리스어	일본어	중국어
rima 리마	rima 리마	рифма 리프마	ρίμα 리마	韻 (いん) 인	韵 윈
mensaje 멘사헤	informatio 인포르마치오	известие 이즈베스티예	ἀγγελία 앙겔리아	言付け (ことづけ) 고토즈케	口信 커우신
máxima 막시마	dictamen 딕타멘	máксима 막시마	αρχή 아르케	格言 (かくげん) 가쿠겐	格言 거옌
sentencia 센텐시아	epigramma 에피그람마	эпигрáмма 예피그람마	επίγραμμα 에피그라마	警句 (けいく) 게이쿠	警句 징주
contexto 콘텍스토	contextus 콘텍스투스	контéкст 콘텍스트	συμφραζόμε-να 심프라조메나	文脈 (ぶんみゃく) 분먀쿠	文脉 원마이
epílogo 에필로고	epilogus 에필로구스	эпилог 예필로크	επίλογος 에필로고스	結語 (けつご) 게쓰고	结局 제주
expresión 엑스프레시온	significatio 시그니피카치오	выражéние 비라제니예	έκφραση 엑프라세	表現 (ひょうげん) 효겐	表现 뱌오셴
monólogo 모놀로고	canticum 칸티쿰	монолóг 모놀로크	μονόλογος 모놀로고스	独り言 (ひとりごと) 히토리고토	独白 두바이
tono 토노	tonus 토누스	нюанс 뉴안스	τόνος 토노스	音調 (おんちょう) 온초	语气 위치

| lógica
로히카 | logica
로기카 | логика
로기카 | λογική
로기케 | 論理
(ろんり)
론리 | 逻辑
뤄지 |

한국어	영어	독일어	프랑스어	이탈리아어
철학 (哲學)	philosophy 필로소피	Philosophie 필로조피	philosophie 필로조피	filosofia 필로조피아
개념 (概念)	concept 컨셉트	Begriff 베그리프	notion 노시옹	concetto 콘체토
전제 (前提)	premise 프레미스	Prämisse 프레미세	prémisse 프레미스	premessa 프레메사
귀납 (歸納)	induction 인덕션	Induktion 인둑치온	induction 앵튁시옹	induzione 인두치오네
연역 (演繹)	deduction 디덕션	Deduktion 데둑치온	déduction 데튁시옹	deduzione 데두치오네
조건 (條件)	condition 컨디션	Bedingung 베딩궁	condition 콩디시옹	condizione 콘디치오네
추론 (推論)	inference 인퍼런스	Schlussfolge- rung 슐루스폴거룽	conclusion 콩클뤼지옹	conclusione 콩클루지오네
확실성 (確實性)	certainty 서튼티	Gewissheit 게비스하이트	certitude 세르티튀드	certezza 체르테차
개연성 (蓋然性)	probability 프라버빌러티	Wahrscheinlich- keit 바샤인리히카이트	probabilité 프로바빌리테	probabilità 프로바빌리타
가설 (假說)	hypothesis 하이파시시스	Hypothese 휘포테제	hypothèse 이포테즈	ipotesi 이포테지
참	true 트루	wahr 바	vrai 브레	vero 베로

스페인어	라틴어	러시아어	그리스어	일본어	중국어
filosofía 필로소피아	philosophia 필로소피아	философия 필로소피야	φιλοσοφία 필로소피아	哲学 (てつがく) 데쓰가쿠	哲学 쥐셰
idea 이데아	definitio 데피니치오	концепция 콘쳅치야	αἴσθησις 아이스테시스	概念 (がいねん) 가이렌	概念 가이녠
premisa 프레미사	praemissum 프라이미숨	посылка 포실카	δεδομένο 데도메노	前提 (ぜんてい) 젠테이	前提 첸티
induccion 인둑시온	inductio 인둑치오	причинность 프리친노스티	επαγωγή 에파고게	帰納 (きのう) 기노	归纳 구이나
deducción 데둑시온	deductio 데둑치오	вывод 비보트	παραγωγικός συλλογισμός 파라고기코스 실로기스모스	演繹 (えんえき) 엔에키	演绎 옌이
condición 콘디시온	conditio 콘디치오	принуждение 프리누즈테니예	όρος 오로스	条件 (じょうけん) 조켄	条件 탸오젠
conclusión 콩클루시온	conjectatio 코넥타치오	заключéние 자클류체니예	συμπέρασμα 심베라스마	推論 (すいろん) 스이론	推论 투이룬
certeza 세르테사	certitudo 케르티투도	несомнéнно-сть 네솜넨노스티	ἀσφάλεια 아스팔레이아	確実性 (かくじつせい) 가쿠지쓰세이	准头 준터우
probabilidad 프로바빌리다드	probabilitas 프로바빌리타스	вероятность 베로야트노스티	πιθανότητα 피타노테타	蓋然性 (がいぜんせい) 가이젠세이	盖然性 가이란싱
hipótesis 이포테시스	hypothesis 히포테시스	гипотеза 기포체자	υπόθεση 이포테세	仮説 (かせつ) 가세쓰	假说 자서
verosímil 베로시밀	verus 베루스	вéрный 베르니	ἀληθινός 알레티노스	真 (しん) 신	真正 전정

한국어	영어	독일어	프랑스어	이탈리아어
거짓	false 폴스	falsch 팔슈	faux 포	falso 팔소
가정 (假定)	assumption 어섬션	Annahme 안나메	supposition 쉬포지시옹	supposizione 수포지치오네
사상 (思想)	thought 소우트	Gedanke 게당케	pensée 팡세	pensiero 펜시에로
역설 (逆說)	paradox 패러독스	Paradox 파라독스	paradoxe 파라독스	paradosso 파라도소
이념 (理念)	ideology 아이디올러지	Ideologie 이데올로기	idéologie 이데올로지	ideologia 이데올로지아
정의 (正義)	justice 저스티스	Gerechtigkeit 게레히티히카이트	justice 쥐스티스	giustizia 주스티치아
자유 (自由)	freedom 프리덤	Freiheit 프라이하이트	liberté 리베르테	libertà 리베르타
교훈 (敎訓)	moral 마럴	Moral 모랄	morale 모랄	morale 모랄레
윤리 (倫理)	ethics 에식스	Ethik 에틱	éthique 에티크	etica 에디카
관념 (觀念)	idea 아이디어	Idee 이데	idée 이데	idea 이데아
객관성 (客觀性)	objectivity 압젝티비티	Objektivität 오브젝티비탯	impartialité 앵파르샬리테	obiettività 오비에티비타

스페인어	라틴어	러시아어	그리스어	일본어	중국어
falso 팔소	falsus 팔수스	ло́жный 로즈니	πλαστός 플라스토스	偽 (ぎ) 기	虚假 수자
presunción 프레순시온	assumptio 아슘치오	предположе́ние 프레드폴로제니예	υἱοθεσία 휘오테시아	仮定 (かてい) 가테이	临时决定 린스줴딩
pensamiento 펜사미엔토	intuitio 인투이치오	мысль 미슬	ἐπίνοια 에피노이아	思想 (しそう) 시소	思想 쓰샹
paradoja 파라도하	paradoxum 파라독숨	парадокс 파라독스	παράδοξο 파라독소	逆説 (ぎゃくせつ) 갸쿠세쓰	歪理 와이리
ideología 이데올로히아	ideologia 이데올로기아	идеология 이데올로기야	ιδεολογία 이데올로기아	イデオロギー 이데오로기	理念 리녠
justicia 후스티시아	justitia 유스티치아	справедли́вость 스프라베들리보스티	δίκη 디케	正義 (せいぎ) 세이기	正义 정이
libertad 리베르타드	libertas 리베르타스	свобода 스보보다	ἐλευθερία 엘레우테리아	自由 (じゆう) 지유	自由 쯔유
moral 모랄	moralis 모랄리스	мораль 모랄	δίδαγμα 디다그마	教訓 (きょうくん) 교쿤	教訓 자오순
ética 에티카	ethicum 에티쿰	этика 예티카	ηθική 에티케	倫理 (りんり) 린리	伦理 룬리
idea 이데아	sententia 센텐치아	идея 이데야	ιδέα 이데아	観念 (かんねん) 간넨	观念 관녠
imparcialidad 임파르시알리다드	objectivitas 오브옉티비타스	объективность 오비옉치브노스티	αντικειμενικότητα 안디키메니코테타	客観性 (きゃっかんせい) 갓칸세이	客观性 커관싱

한국어	영어	독일어	프랑스어	이탈리아어
해석 (解釋)	interpretation 인터프리테이션	Interpretation 인터프레타치온	interprétation 앵테르프레타시옹	interpretazione 인테르프레타치오네
일원론 (一元論)	monism 모니즘	Monismus 모니스무스	monisme 모니슴	monismo 모니즈모
이원 (二元)	dual 듀얼	dual 두알	binaire 비네르	duplice 두플리체
이원론 (二元論)	dualism 듀얼리즘	Dualismus 두알리스무스	dualisme 뒤알리슴	dualismo 두알리즈모
범주 (範疇)	category 카테고리	Kategorie 카테고리	catégorie 카테고리	categoria 카테고리아
인식 (認識)	cognition 코그니션	Erkenntnis 에어켄트니스	connaissance 코네상스	cognizione 코니치오네
확신 (確信)	conviction 컨빅션	Überzeugung 위버초이궁	conviction 콩빅시옹	convinzione 콘비치오네
정의 (定義)	definition 데피니션	Definition 데피니치온	définition 데피니시옹	definizione 데피니치오네
분석 (分析)	analysis 어낼리시스	Analyse 아날뤼제	analyse 아날리즈	analisi 아날리지
목적 (目的)	purpose 퍼퍼스	Zweck 츠벡	but 뷔	oggetto 오제토
수단 (手段)	means 민즈	Mittel 미텔	moyen 무아앵	mezzi 메치

스페인어	라틴어	러시아어	그리스어	일본어	중국어
interpretación 인테르프레타시온	interpretatio 인테르프레타치오	толкова́ние 톨코바니예	ἑρμηνεία 헤르메네이아	解釈 (かいしゃく) 가이샤쿠	解释 제스
monismo 모니스모	monismus 모니스무스	монизм 모니즘	ενισμός 에니스모스	一元論 (いちげんろん) 이치겐론	一元论 이위안문
binario 비나리오	dualis 두알리스	двоичный 드보이치니	δυϊκός 디이코스	二元 (にげん) 니겐	二元 얼위안
dualismo 두알리스모	dualismus 두알리스무스	дуалйзм 두알리즘	δυαδισμός 디아디스모스	二元論 (にげんろん) 니겐론	二元论 얼위안문
categoría 카테고리아	categoria 카테고리아	вид 비트	ἐφημερία 에페메리아	範疇 (はんちゅう) 한추	范畴 판처우
conocimiento 코노시미엔토	cognitio 코그니치오	познание 포즈나니예	αἴσθησις 아이스테시스	認識 (にんしき) 닌시키	认识 런스
convencimiento 콘벤시미엔토	coargutio 코아르구치오	убеждение 우베즈데니예	πίστις 피스티스	確信 (かくしん) 가쿠신	确信 췌신
definición 데피니시온	definitio 데피니치오	определéние 오프레델레니예	ορισμός 오리스모스	定義 (ていぎ) 데이기	定义 딩이
análisis 아날리시스	analysis 아날리시스	анализ 아날리스	ανάλυση 아날리세	分析 (ぶんせき) 분세키	分析 펀시
finalidad 피날리다드	intentio 인텐치오	намéрение 나메레니예	πρόθεσις 프로테시스	目的 (もくてき) 모쿠테키	目的 무디
instrumento 인스트루멘토	materies 마테리에스	средство 스레츠트보	τρόπος 트로포스	手段 (しゅだん) 슈단	手段 서우돤

한국어	영어	독일어	프랑스어	이탈리아어
까닭	reason 리즌	Grund 그룬트	raison 레종	motivo 모티보
혼돈 (混沌)	chaos 케이오스	Chaos 카오스	chaos 카오	caos 카오스
선 (善)	goodness 굿니스	Güte 귀테	bonté 봉테	bontà 본타
존재 (存在)	existence 이그지스턴스	Existenz 엑시스텐츠	existence 에그지스탕스	esistenza 에지스텐차
부재 (不在)	absence 앱선스	Abwesneheit 압베젠하이트	absence 압상스	assenza 아센차
우연 (偶然)	chance 찬스	Zufall 추팔	hasard 아자르	coincidenza 코인치덴차
필연 (必然)	necessity 니세시티	Notwendigkeit 노트벤디히카이트	nécessité 네세시테	necessità 네체시타
합리주의 (合理主義)	rationalism 래셔널리즘	Rationalismus 라치오날리스무스	rationalisme 라시오날리슴	razionalismo 라치오날리즈모
차이 (差異)	difference 디퍼런스	Unterschied 운터시트	différence 디페랑스	differenza 디페렌차
차별 (差別)	discrimination 디스크리미네이션	Diskriminie- rung 디스크리미니룽	discrimination 디스크리미나시옹	discriminazione 디스크리미나치오네
패러다임	paradigm 패러다임	Paradigma 파라디그마	paradigme 파라디그머	paradigma 파라디그마

스페인어	라틴어	러시아어	그리스어	일본어	중국어
causa 카우사	causa 카우사	причина 프리치나	αἰτία 아이티아	理由 (りゆう) 리유	缘故 위안구
caos 카오스	chaos 카오스	хаос 하오스	χάος 카오스	混沌 (こんとん) 곤톤	混沌 훈둔
bondad 본다드	bonitas 보니타스	доброта 도브로타	χρηστότης 크레스토테스	善 (ぜん) 젠	善 산
existencia 엑시스텐시아	exsistentia 엑시스텐치아	существовá- ние 수셰스트보바니예	ὕπαρξις 히파르크시스	存在 (そんざい) 손자이	存在 춘짜이
ausencia 아우센시아	absentia 압센치아	отсу́тствие 오추츠트비예	ἀπουσία 아푸시아	不在 (ふざい) 후자이	不在 부짜이
casualidad 카수알리다드	fors 포르스	слу́чай 슬루차이	συγκυρία 싱기리아	偶然 (ぐうぜん) 구젠	偶然 어우란
necesario 네세사리오	necessitas 네케시타스	необходимо- сть 네옵호디모스티	ἀνάγκη 아낭게	必然 (ひつぜん) 히쓰젠	必然 비란
racionalismo 라시오날리스모	rationalismus 라티오날리스무스	рационали́зм 라치오날리즘	ορθολογισμός 오르톨로기스모스	合理主義 (ごうりしゅぎ) 고리슈기	合理主义 허리주이
diferencia 디페렌시아	differentia 디페렌치아	различие 라즐리치예	διαστολή 디아스톨레	差異 (さい) 사이	差异 차이
discriminación 디스크미나시온	discriminatio 디스크리미나치오	дискримина- ция 디스크리미나치야	διάκριση 디아크리세	差別 (さべつ) 사베쓰	差别 차볘
paradigma 파라디그마	formula 포르물라	парадигма 파라디그마	παράδειγμα 파라데이그마	パラダイム 파라다이무	典范 뎬판

한국어	영어	독일어	프랑스어	이탈리아어
가치 (價値)	value 밸류	Wert 베르트	valeur 발뢰르	valore 발로레
염세주의 (厭世主義)	pessimism 페시미즘	Pessimismus 페시미스무스	pessimisme 페시미슴	pessimismo 페시미즈모
낙관론 (樂觀論)	optimism 옵티미즘	Optimismus 옵티미스무스	optimisme 옵티미슴	ottimismo 오티미즈모
현실 (現實)	reality 리얼리티	Realität 레알리탯	réalité 레알리테	realtà 레알타
정확하다	exact 이그잭트	exakt 엑삭트	exact 에그자	esatto 에자토
이기주의 (利己主義)	egoism 에고이즘	Egoismus 에고이스무스	égoïsme 에고이슴	egoismo 에고이즈모
이타주의 (利他主義)	altruism 앨트루이즘	Altruismus 알트루이스무스	altruisme 알트뤼이슴	altruismo 알트루이즈모
쾌락주의 (快樂主義)	hedonism 히더니즘	Hedonismus 헤도니스무스	hédonisme 에도니슴	edonismo 에도니즈모
대상 (對象)	object 옵직트	Gegenstand 게겐슈탄트	objet 오브제	oggetto 오제토

4-8. 역사/지리/고고학

역사 (歷史)	history 히스토리	Geschichte 게시히테	histoire 이스투아르	storia 스토리아

스페인어	라틴어	러시아어	그리스어	일본어	중국어
valer 발레르	aestumatio 아이스투마치오	стоимость 스토이모스티	σημεῖον 시메이온	価値 (かち) 가치	价值 자즈
pesimismo 페시미스모	pessimismus 페시미스무스	пессимизм 페시미즘	απαισιοδοξία 파이시오독시아	厭世主義 (えんせいしゅぎ) 엔세이슈기	厌世主义 엔스주이
optimismo 옵티미스모	optimismus 옵티미스무스	оптимизм 옵티미즘	αισιοδοξία 아이시오독시아	楽観 (らっかん) 랏칸	乐观论 러관룬
realidad 레알리다드	realitas 레알리타스	реальность 레알노스티	πραγματικότητα 프라그마티코테타	現実 (げんじつ) 겐지쓰	现实 셴스
exacto 엑삭토	exactus 엑삭투스	точный 토치니	ἀκριβής 아크리베스	正確 (せいかく) 세이카쿠	精确 징췌
egoísmo 에고이스모	egoismus 에고이스무스	эгоизм 예고이즘	εγωισμός 에고이스모스	主我主義 (しゅがしゅぎ) 슈가슈기	利己主义 리지주이
altruismo 알트루이스모	altruismus 알트루이스무스	альтруизм 알트루이즘	αλτρουισμός 알트루이스모스	愛他主義 (あいたしゅぎ) 아이타슈기	利他主义 리타주이
hedonismo 에도니스모	hedonia 헤도니아	гедонизм 게도니즘	ἡδονισμός 헤도네이스모스	快楽主義 (かいらくしゅぎ) 가이라쿠슈기	快乐主义 콰이러주이
objeto 오브헤토	res 레스	объект 오브옉트	στόχος 스토코스	対象 (たいしょう) 다이쇼	对象 두이샹
historia 이스토리아	historia 히스토리아	история 이스토리야	διήγησις 디에게시스	歴史 (れきし) 레키시	历史 리스

한국어	영어	독일어	프랑스어	이탈리아어
유물 (遺物)	relic 렐릭	Relikt 렐릭트	relique 를리크	reliquia 렐리퀴아
유적 (遺蹟)	ruins 루인	Ruine 루이네	ruine 뤼인	rovine 로비네
고고학 (考古學)	archaeology 아케올로지	Archäologie 아르헤올로기	archéologie 아르케올로지	archeologia 아르케올로지아
지리학 (地理學)	geography 지오그러피	Erdkunde 에르트쿤데	géographie 제오그라피	geografia 제오그라피아
지도 (地圖)	map 맵	Landkarte 란트카르테	carte 카르트	carta 카르타
골동품 (骨董品)	antique 앤티크	Antiquität 안티크비탯	antiquité 앙티키테	antichità 안티키타
전통 (傳統)	tradition 트래디션	Tradition 트라디치온	tradition 트라디시옹	tradizione 트라디치오네
족보 (族譜)	genealogy 지니앨러지	Genealogie 게네알로기	généalogie 제네알로지	genealogia 제네알로지아
박물관 (博物館)	museum 뮤지엄	Museum 무제움	musée 뮈제	museo 무제오
보물 (寶物)	treasure 트레저	Schatz 샤츠	trésor 트레조르	tesoro 테소로
미라	mummy 머미	Mumie 무미에	momie 모미	mummia 뭄미아

스페인어	라틴어	러시아어	그리스어	일본어	중국어
reliquia 렐리키아	reliquia 렐리퀴아	реликвия 렐리크비야	απομεινάρι 아포메이나리	遺物 (いぶつ) 이부쓰	遺物 이우
ruina 루이나	fragmen 프라그멘	развалины 라즈발리니	ὄλεθρος 올레트로스	遺跡 (いせき) 이세키	遺址 이즈
arqueología 아르케올로히아	archaeologia 아르카이올로기아	археология 아르헤올로기야	αρχαιολογία 아르카이올로기아	考古学 (こうこがく) 고코가쿠	考古学 카오구쉐
geografía 헤오그라피아	geographia 게오그라피아	география 게오그라피야	γεωγραφία 게오그라피아	地理学 (ちりがく) 지리가쿠	地理学 디리쉐
mapa 마파	tabula 타불라	план 플란	χάρτης 카르테스	地図 (ちず) 지즈	地图 디투
antigüedad 안티구에다드	antiquus 안티쿠우스	антикварная вещь 안티크바르나야 베시	αρχαιότητα 아르카이오테타	骨董品 (こっとうひん) 곳토힌	古董 구둥
tradición 트라디시온	traditio 트라디치오	предание 프레다니예	παράδοσις 파라도시스	伝統 (でんとう) 덴토	传统 촨퉁
genealogía 헤네알로히아	genealogia 게네알로기아	генеалогия 게네알로기야	γενεαλογία 게네알로기아	族譜 (ぞくふ) 조쿠후	族谱 쭈푸
museo 무세오	museum 무세움	музей 무제이3	μουσείο 무세이오	博物館 (はくぶつかん) 하쿠부쓰칸	博物馆 보우관
tesoro 테소로	thesaurus 테사우루스	сокровище 소크로비셰	θησαυρίζω 테사우리조	宝物 (ほうもつ) 호모쓰	宝物 바오우
momia 모미아	mumia 무미아	мумия 무미야	μούμια 무미아	ミイラ 미라	木乃伊 무나이이

한국어	영어	독일어	프랑스어	이탈리아어
피라미드	pyramid 피러미드	Pyramide 퓌라미데	pyramide 피라미드	piramide 피라미데

4-9. 수리/통계

수학 (數學)	mathematics 매서매틱스	Mathematik 마테마틱	mathématiques 마테마티크	matematica 마테마티카
도형 (圖形)	figure 피거	Figur 피구어	figure 피귀르	figura 피구라
통계 (統計)	statistics 스태티스틱스	Statistik 슈타티스틱	statistique 스타티스티크	statistica 스타티스티카
기하학 (幾何學)	geometry 지오메트리	Geometrie 게오메트리	géométrie 제오메트리	geometria 제오메트리아
산수 (算數)	arithmatic 어리스머틱	Arithmetik 아리트메틱	arithmétique 아리트메티크	aritmetica 아리트메티카
구구단 (九九段)	multiplication table 멀티플리케이션 테이블	Einmaleins 아인말아인스	table des matières 타블 데 마티에르	abbaco 아바코
덧셈	addition 어디션	Addition 아디치온	addition 아디시옹	addizione 아디치오네
뺄셈	subtraction 섭트렉션	Subtraktion 줍트락치온	soustraction 수스트락시옹	sottrazione 소트라치오네
곱셈	multiplication 멀티플리케이션	Multiplikation 물티플리카치온	multiplication 뮐티플리카시옹	moltiplicazione 몰티플리카치오네

스페인어	라틴어	러시아어	그리스어	일본어	중국어
pirámide 피라미데	pyramis 피라미스	пирами́да 피라미다	πυραμίδα 피라미다	ピラミッド 피라밋도	金字塔 진쯔타
matemática 마테마티카	mathematica 마테마티카	матема́тика 마테마티카	μαθηματικά 마테마티카	数学 (すうがく) 스가쿠	数学 수쉐
figura 피구라	figura 피구라	рису́нок 리수노크	σχήμα 스케마	図形 (ずけい) 즈케이	图形 투싱
estadística 에스타디스티카	statistica 스타티스티카	статистика 스타티스티카	στατιστική 스카티스티케	統計 (とうけい) 도케이	统计 퉁지
geometría 헤오메트리아	geometria 게오메트리아	геометрия 게오메트리야	γεωμετρία 게오메트리아	幾何学 (きかがく) 기카가쿠	几何学 지허쉐
aritmética 아리트메티카	arithmetica 아리트메티카	арифме́тика 아리프메티카	αριθμητική 아리트메티케	算数 (さんすう) 산스	算术 쏸수
tabla de multiplicar 타블라 데 물티플리카르	tabula pythagorica 타불라 피타고리카	таблица умножения 타블리차 움노제니야	προπαίδεια 프로파이디아	九九の表 (くくのひょう) 구쿠노효	九九歌 주주거
adición 아디시온	additio 아디치오	сложе́ние 슬로제니예	πρόσθεση 프로스테세	足し算 (たしざん) 다시잔	加法 쟈파
sustracción 수스트락시온	subtractio 숩트락치오	вычита́ние 비치타니예	αφαίρεση 아파이레세	引き算 (ひきざん) 히키잔	减法 젠파
multiplicación 물티플리카시온	multiplicatio 물티플리카치오	умножение 움노제니예	πολλαπλασι- ασμός 폴라플라시아스모스	掛け算 (かけざん) 가케잔	乘法 청파

한국어	영어	독일어	프랑스어	이탈리아어
나눗셈	division 디비전	Division 디비지온	division 디비지옹	divisione 디비지오네
몫	quotient 코션트	Quotient 크보치엔트	quotient 코시앙	quoziente 쿠오첸테
분수 (分數)	fraction 프랙션	Bruch 브루흐	fraction 프락시옹	frazione 프라치오네
분모 (分母)	denominator 디노미네이터	Nenner 네너	dénominateur 데노미나퇴르	denominatore 데노미나토레
분자 (分子)	numerator 뉴머레이터	Zähler 챌러	numérateur 뉘메라퇴르	numeratore 누메라토레
공배수 (公倍數)	common multiple 커먼 멀티플	gemeinsames Vielfache 게마인자메스 필파헤	multiple commun 뮐티플 코묑	multiplo comune 물티플로 코무네
대칭 (對稱)	symmetry 시메트리	Symmetrie 쥐메트리	symétrie 시메트리	simmetria 심메트리아
비례 (比例)	proportion 프러포션	Verhältnis 페어핼트니스	proportion 프로포르시옹	proporzione 프로포르치오네
공약수 (公約數)	common divisor 커먼 디바이저	gemeinsame Nenner 게마인자머 네너	diviseur commun 디비죄르 코묑	divisore comune 디비조레 코무네
실수 (實數)	real number 리얼 넘버	reelle Zahl 레엘레 찰	nombre réel 농브르 레엘	numero reale 누메로 레알레
유리수 (有理數)	rational number 래셔널 넘버	rationale Zahl 라치오날레 찰	nombre rationnel 농브르 라시오넬	numero razionale 누메로 라치오날레

스페인어	라틴어	러시아어	그리스어	일본어	중국어
división 디비시온	divisio 디비시오	деление 젤레니예	διαίρεση 디에레세	除算 (じょざん) 조잔	除法 추파
cociente 코시엔테	quotum 쿠오툼	частное 차스트노예	πηλίκο 펠리코	商 (しょう) 쇼	商 상
fracción 프락시온	fractio 프락치오	дробь 드로비	κλάσμα 클라스마	分数 (ぶんすう) 분스	分数 펀수
denominador 데노미나도르	denominator 데노미나토르	знаменатель 즈나메나텔	παρονομασ- τής 파로노마스테스	分母 (ぶんぼ) 분보	分母 펀무
numerador 누메라도르	numerator 누메라토르	числитель 치슬리텔	αριθμητής 아리트메테스	分子 (ぶんし) 분시	分子 펀쯔
común múltiplo 코문 물티플로	multis in commune 물티스 인 코무네	общее кратное 옵셰예 크라트노예	κοινό πολλαπλάσιο 코이노 폴라플라시오	公倍数 (こうばいすう) 고바이스	公倍数 궁베이수
simetría 시메트리아	symmetria 심메트리아	симметрия 심메트리야	συμμετρία 시메트리아	対称 (たいしょう) 다이쇼	対称 두이천
proporción 프로포르시온	proportio 프로포르치오	пропорция 프로포르치야	ἀναλογία 아날로기아	比例 (ひれい) 히레이	比例 비리
común divisor 코문 디비소르	–	общий делитель 옵시 델리텔	κοινός παρο- νομαστής 코이노스 파로노마스테스	公約数 (こうやくすう) 고야쿠스	公約数 궁웨수
número real 누메로 레알	numerus realis 누메루스 레알리스	вещественное число 베셰스벤노예 치슬로	πραγματικός αριθμός 프라그마티코스 아리트모스	実数 (じっすう) 짓스	実数 스수
número racional 누메로 라시오날	numerus ration alis 누메루스 라치오날리스	рациональное число 라치오날노예 치슬로	ρητός αριθμός 레토스 아리트모스	有理数 (ゆうりすう) 유리스	有理数 유리수

한국어	영어	독일어	프랑스어	이탈리아어
무리수 (無理數)	irrational Number 이래셔널 넘버	irrationale Zahl 이라치오날레 찰	nombre irrationnel 농브르 이라시오넬	numero irrazionale 누메로 이라치오날레
자연수 (自然數)	natural number 내처럴 넘버	natürliche Zahl 나튀얼리헤 찰	nombre naturel 농브르 나튀렐	numero naturale 누메로 나투랄레
정수 (整數)	integer 인티저	ganze Zahl 간체 찰	entier 앙티에	numero intero 누메로 인테로
소수 (素數)	prime 프라임	Primzahl 프림찰	nombre premier 농브르 프르미에	numero primo 누메로 프리모
소수 (小數)	decimal 데시멀	Dezimalzahl 데치말찰	nombre décimal 농브르 데시말	numero decimale 누메로 데치말레
수열 (數列)	progression 프로그레션	Reihe 라이에	progression 프로그레시옹	serie 세리에
조합 (調合)	combination 콤비네이션	Kombination 콤비나치온	combinaison 콩비네종	combinazione 콤비나치오네
방정식 (方程式)	equation 이퀘이션	Gleichung 글라이훙	équation 에콰시옹	equazione 에콰치오네
제곱	square 스퀘어	Quadrat 크바드라트	carré 카레	quadrato 콰드라토
제곱근	square root 스퀘어 루트	Quadratwurzel 크바드라트부르첼	racine carrée 라신 카레	radice quadrata 라디체 콰드라타
절댓값	absolute value 앱설루트 밸류	absoluter Betrag 압졸루터 베트라크	valeur absolue 발뢰르 압솔뤼	valore assoluto 발로레 아솔루토

스페인어	라틴어	러시아어	그리스어	일본어	중국어
número irracional 누메로 이라시오날	numerus irrationalis 누메루스 이라치오날리스	иррациональ- ное число 이라치오날노예 치슬로	άρρητος αριθμός 아레토스 아리트모스	無理数 (むりすう) 무리스	无理数 우리수
número natural 누메로 나투랄	numerus naturalis 누메루스 나투랄리스	натуральные число 나투랄니예 치슬로	φυσικός αριθμός 피시코스 아리트모스	自然数 (しぜんすう) 시젠스	自然数 쯔란수
número entero 누메로 엔테로	numerus interger 누메루스 인테르게르	целое 첼로예	ακέραιος αριθμός 이케라이오스 아리트모스	整数 (せいすう) 세이스	整数 정수
número primo 누메로 프리모	numerus primus 누메루스 프리무스	простое число 프로스토예 치슬로	πρώτος αριθμός 프로토스 아리트모스	素数 (そすう) 소스	素数 쑤수
número decimal 누메로 데시말	numerus decimalis 누메루스 데키말리스	десятичный число 데샤티치니 치슬로	δεκαδικός αριθμός 데카디코스 아리트모스	小数 (しょうすう) 쇼스	小数 샤오수
progresión 프로그레시온	sequentia 세쿠엔치아	последователь- ность 포슬레도바텔노스티	πρόοδος 프로오도스	数列 (すうれつ) 스레쓰	数列 수례
combinación 콤비나시온	combinatio 콤비나치오	сочетание 소체타니예	συσχέτιση 시스케티세	調合 (ちょうごう) 조고	配剂 페이즈
ecuación 에쿠아시온	aequationum 아이쿠아치오눔	уравнение 우라브네니예	εξίσωση 엑시소세	方程式 (ほうていしき) 호테이시키	方程式 팡청스
cuadrado 쿠아드라도	quadratus 쿠아드라투스	квадрат 크바드라트	τετράγωνο 테트라고노	自乗 (じじょう) 지조	平方 핑팡
raíz cuadrado 라이스 쿠아드라도	radix 라딕스	квадратный корень 크바드라트니 코렌	τετραγωνική ρίζα 테트라고니케 리자	平方根 (へいほうこん) 헤이호콘	平方根 핑팡건
valor absoluto 발로르 압솔루토	magnitudo absoluta 마그니투도 압솔루타	абсолютная величина 압솔류트나야 벨리치나	απόλυτη τιμή 아폴리티 티메	絶対値 (ぜったいち) 젯타이치	絶対値 줴두리즈

한국어	영어	독일어	프랑스어	이탈리아어
적분 (積分)	integral 인티그를	Integral 인테그랄	intégrale 앵테그랄	integrale 인테그랄레
미분 (微分)	differential 디퍼렌셜	Differenzial 디페렌치알	différentielle 디페랑시엘	differenziale 디페렌치알레
함수 (函數)	function 펑션	Funktion 풍치온	fonction 퐁시옹	funzione 풍치오네
변수 (變數)	variable 베어리어블	Variable 바리아블레	variable 바리아블	variabile 바리아빌레
쌍곡선	hyperbola 하이퍼벌러	Hyperbel 휘퍼벨	hyperbole 이페르볼	iperbole 이페르볼레
그래프	graph 그래프	Graph 그라프	graphique 그라피크	grafico 그라피코
꼭짓점	vertex 버텍스	Eckpunkt 에크풍트	sommet 소메	vertice 베르티체
정삼각형 (正三角形)	equilateral triangle 이퀄러터럴 트라이앵글	gleichseitiges Dreieck 글라이히자이티게스 드라이에크	triangle rectangle 트리앙글 렉탕글	triangolo rettangolo 트리앙골로 레탕골로
좌표 (座標)	coordinate 코오디넛	Koordinate 코오디나테	coordonné 코오르도네	coordinata 코오르디나타
경우 (境遇)	case 케이스	Fall 팔	cas 카	caso 카소
확률 (確率)	probability 프라버빌리티	Wahrscheinlichkeit 바샤인리히카이트	probabilité 프로바빌리테	probabilità 프로바빌리타

스페인어	라틴어	러시아어	그리스어	일본어	중국어
integral 인테그랄	integrale 인테그랄레	интеграл 인테그랄	ολοκλήρωμα 올로클레로마	積分 (せきぶん) 세키분	积分 지펀
diferencial 디페렌시알	differentiale 디페렌치알레	дифференциал 디페렌치알	διαφορικό 디아포리코	微分 (びぶん) 비분	微分 웨이펀
función 풍시온	functio 풍치오	функция 풍치야	συνάρτηση 시나르테세	関数 (かんすう) 간스	函数 한수
variable 바리아블레	variabilis 바리아빌리스	переме́нная 페레멘나야	μεταβλητή 메타블레테	変数 (へんすう) 헨스	变数 볜수
hipérbola 이페르볼라	hyperbole 히페르볼레	гипербола 기페르볼라	υπερβολή 이페르볼레	双曲線 (そうきょくせん) 소쿄쿠센	双曲线 솽추셴
gráfico 그라피코	graphium 그라피움	планирование 플라니로바니예	γράφημα 그라페마	グラフ 구라후	图表 투뱌오
vértice 베르티세	vertex 베르텍스	вершина 베르시나	κορυφή 코리페	頂点 (ちょうてん) 조텐	顶点 상뎬
triángulo rectángulo 트리앙굴로 렉탕굴로	triangulum rectum 트리앙굴룸 렉툼	правильный треугольник 프라빌니 트레우골니크	ισοσκελές τρίγωνο 이소스켈레스 트리고노	正三角形 (せいさんかくけい) 세산카쿠케	正三角形 정산자오싱
coordenado 코오르데나도	coordinata 코오르디나타	координа́та 코오르디나타	συντεταγμένη 신데타그메네	座標 (ざひょう) 자효	坐标 쭤뱌오
caso 카소	causa 카우사	слу́чай 슬루차이	πτώση 프토세	場合 (ばあい) 바아이	情况 칭콴
probabilidad 프로바빌리다드	probabilitas 프로바빌리타스	вероя́тность 베로야트노스티	πιθανότητα 피타노테타	確率 (かくりつ) 가쿠리쓰	概率 가이뤼

한국어	영어	독일어	프랑스어	이탈리아어
오차 (誤差)	error 에러	Abweichung 압바이훙	erreur 에뢰르	errore 에로레
평균 (平均)	average 애버리지	Durchschnitt 두르히슈니트	moyenne 무아앤	media 메디아
십진법 (十進法)	decimal system 데시멀 시스템	Dezimalsystem 데치말쥐스템	système décimal 시스템 데시말	sistema decimale 시스테마 데치말레
이진법 (二進法)	binary system 바이너리 시스템	Binärsystem 비내어쥐스템	système binaire 시스템 비네르	sistema binario 시스테마 비나리오
정리 (定理)	theorem 시어럼	Theorem 테오렘	théorème 테오렘	teorema 테오레마
계산기 (計算機)	calculator 캘큘레이터	Rechner 레히너	calculatrice 칼퀼라트리스	calcolatore 칼콜라토레
자취 [迹]	trace 트레이스	Spur 슈푸어	trace 트라스	traccia 트라차

4-10. 물리/화학/생물

물리학 (物理學)	physics 피직스	Physik 퓌지크	physique 피지크	fisica 피지카
화학 (化學)	chemistry 케미스트리	Chemie 헤미	chimie 시미	chimica 키미카
생화학 (生化學)	biochemistry 바이오케미스트리	Biochemie 비오헤미	biochimie 비오시미	biochimica 비오키미카

스페인어	라틴어	러시아어	그리스어	일본어	중국어
error 에로르	erratum 에라툼	оши́бка 오십카	απόκλιση 아포클리세	誤差 (ごさ) 고치	误差 우차
promedio 프로메디오	mediocris 메디오크리스	сре́днее 스레드네예	μέσος όρος 메소스 오로스	平均 (ならし) 나라시	平均 핑쥔
sistema decimal 시스테마 데시말	systema decimalis 시스테마 데키말리스	десятичная сис-тема счисления 데샤티치나야 시스테마 스치슬레니야	δεκαδικό σύστημα 데카디코 시스테마	十進法 (じっしんほう) 짓신호	十进制 스진즈
sistema binario 시스테마 비나리오	systema binarium 시스테마 비나리움	двоичная сис-тема счисления 드보이치나야 시스테마 스치슬레니야	δυαδικό σύστημα 디아디코 시스테마	二進法 (にしんほう) 니신호	二进位制 얼진웨이즈
teorema 테오레마	theorema 테오레마	теоре́ма 테오레마	θεώρημα 테오레마	定理 (ていり) 데이리	定理 딩리
calculadora 칼쿨라도라	calculo 칼쿠도	счётчик 스촛치크	αριθμομηχανή 아리트모메카네	計算機 (けいさんき) 게이산키	计算机 지쏸지
huella 우에야	vestigium 베스티기움	след 슬레트	τύπος 티포스	跡 (あと) 아토	轨迹 구이치

스페인어	라틴어	러시아어	그리스어	일본어	중국어
física 피시카	physicum 피시쿰	фи́зика 피지카	φυσική 피시케	物理学 (ぶつりがく) 부쓰리가쿠	物理学 우리쉐
química 키미카	chemia 케미아	химия 히미야	χημεία 케메이아	化学 (かがく) 가가쿠	化学 화쉐
bioquímica 비오키미카	biochemia 비오케미아	биохи́мия 비오히미야	βιοχημεία 비오케메이아	生化学 (せいかがく) 세이카가쿠	生物化学 성우화쉐

한국어	영어	독일어	프랑스어	이탈리아어
생물학 (生物學)	biology 바이알러지	Biologie 비올로기	biologie 비올로지	biologia 비올로지아
실험 (實驗)	experiment 익스페리먼트	Experiment 엑스페리멘트	expérience 엑스페리앙스	esperimento 에스페리멘토
역학 (力學)	mechanics 미케닉스	Mechanik 메햐닉	mécanique 메카니크	meccanica 메카니카
원리 (原理)	principle 프린시플	Prinzip 프린칩	principe 프랭시프	principio 프린치피오
상대성 (相對性)	relativity 렐러티비티	Relativität 렐라티비탯	relativité 렐라티비테	proporzionalità 프로포르치오날리타
분광 (分光)	spectrum 스펙트럼	Spektrum 슈펙트룸	spectre 스펙트르	spettro 스페트로
가속도 (加速度)	acceleration 억셀러레이션	Beschleuligung 베슐로이니궁	accélération 악셀레라시옹	accelerazione 아첼레라치오네
반감기 (半減期)	half life 하프 라이프	Halbwertszeit 할베르츠차이트	demi-vie 드미비	periodo di dimezzamento 페리오도 디 디메차멘토
방사능 (放射能)	radioactivity 레이디오액티비티	Radioaktivität 라디오악티비탯	radioactivité 라디오악티비테	radioattività 라디오아티비타
융합 (融合)	fusion 퓨즌	Fusion 푸지온	fusion 퓌지옹	fusione 푸지오네
분열 (分裂)	fission 피션	Spaltung 슈팔퉁	fission 피시옹	fissione 피시오네

스페인어	라틴어	러시아어	그리스어	일본어	중국어
biología 비올로히아	biologia 비올로기아	биология 비올로기야	βιολογία 비올로기아	生物学 (せいぶつがく) 세부쓰가쿠	生物学 성우쉐
experimento 엑스페리멘토	experimentum 엑스페리멘툼	эксперимéнт 엑스페리멘트	πείραμα 페이라마	実験 (じっけん) 짓켄	实验 스옌
mecánica 메카니카	mechanica 메카니카	механика 메하니카	μηχανική 메카니케	力学 (りきがく) 리키가쿠	力学 리쉐
principio 프린시피오	principium 프링키피움	инструкция 인스트룩치야	ἔνταλμα 엔달마	原理 (げんり) 겐리	原理 위안리
relatividad 릴라티비다드	relativitas 렐라티비타스	относительно– сти 오트노시텔노스티	σχετικότητα 스케티코테타	相対性 (そうたいせい) 소타이세	相対性 샹두이싱
espectro 에스펙트로	spectrum 스펙트룸	спектр 스펙트르	φάσμα 파스마	分光 (ぶんこう) 분고	分光 펑광
aceleración 아셀레라시온	acceleratio 아켈레라치오	ускорéние 우스코레니예	επιτάχυνση 에피타킨세	加速度 (かそくど) 가소쿠도	加速度 자쑤두
vida media 비다 메디아	–	период полураспада 페리오트 폴루라스파다	χρόνος υποδι– πλασιασμού 크로노스 이포디플라시아스무	半減期 (はんげんき) 한겐키	半衰減期 반솨이젠치
radioactividad 라디오악티비다드	radioactivitas 라디오악티비타스	радиоакти́в- ность 라디오악티브노스티	ραδιοενέργεια 라디오에네르게이아	放射能 (ほうしゃのう) 호샤노	放射性 팡서싱
fusión 푸시온	fusio 푸시오	сплавление 스플라블레니예	συγχώνευση 싱코네우세	融合 (ゆうごう) 유고	融合 롱허
fisión 피시온	schisma 스키스마	деление ядра 델레니예 야드라	τάγμα 타그마	分裂 (ぶんれつ) 분레쓰	裂变 례볜

한국어	영어	독일어	프랑스어	이탈리아어
음파 (音波)	sound wave 사운드 웨이브	Schallwelle 샬벨레	onde sonore 옹드 소노르	onda sonora 온다 소노라
초음파 (超音波)	ultrasound 울트라사운드	Ultraschall 울트라샬	ultra-son 윌트라 송	ultrasuono 울트라수오노
자기장 (磁氣場)	magnetic field 매그네틱 필드	Magnetfeld 마그네트펠트	champ magnétique 샹 마그네티크	campo magnetico 캄포 마녜티코
관찰 (觀察)	observation 압서베이션	Beobachtung 베옵아흐퉁	égard 에가르	osservanza 오세르반차
발산 (發散)	emission 이미션	Emission 에미시온	émission 에미시옹	emissione 에미시오네
조사 (照射)	irradiation 이래디에이션	Bestrahlung 베슈트랄룽	irradiation 이라디아시옹	irradiazione 이라디아치오네
시금석 (試金石)	touchstone 터치스톤	Probierstein 프로비어슈타인	pierre de touchau 피에르 드 투쇼	pietra di paragone 피에트라 디 파라고네
진자 (振子)	pendulum 펜듈럼	Pendel 펜델	pendule 팡뒬	pendolo 펜돌로
레이저	laser 레이저	Laser 레저	laser 라제	laser 라제르
아날로그	analog 애널로그	analog 아날로크	analogue 아날로그	analogo 아날로고
차원 (次元)	dimension 디멘션	Dimension 디멘지온	dimension 디망시옹	dimensione 디멘시오네

스페인어	라틴어	러시아어	그리스어	일본어	중국어
onda sonora 온다 소노라	onda sonora 온다 소노라	звуковая волна 즈부코바야 볼나	ηχητικό κύμα 에케티코 키마	音波 (おんぱ) 온파	声波 성보
ultrasonido 울트라소니도	onda ultrasonora 온다 울트라소노라	ультразвук 울트라즈부크	υπέρηχος 이페레코스	超音波 (ちょうおんぱ) 조온파	超声波 차오성보
campo magnético 캄포 마그네티코	campus magneticus 캄푸스 마그네티쿠스	магнитного поля 마그니트노고 폴랴	μαγνητικό φάσμα 마그네티코 파스마	磁場 (じば) 지바	磁场 츠창
observación 옵세르바시온	observatio 옵세르바치오	учёт 우쵸트	παρατήρησις 파라테레시스	観察 (かんさつ) 간사쓰	观察 관차
emisión 에미시온	emissio 에미시오	выделéние 비젤레니예	εκπομπή 에크폼베	放射 (ほうしゃ) 호샤	发散 파싼
irradiación 이라디아시온	irradiatio 이라디아치오	освещение 오스베셰니예	ακτινοβολία 악티노볼리아	照射 (しょうしゃ) 쇼샤	照射 자오서
piedra de toque 피에드라 데 토케	coticula 코티쿨라	пробный камень 프로브니 카멘	λύδια λίθος 리디아 리토스	試金石 (しきんせき) 시킨세키	试金石 스진스
péndulo 펜둘로	pendulus 펜둘루스	маятник 마야트니크	εκκρεμές 에크레메스	振り子 (ふりこ) 후리코	振子 전쯔
láser 라세르	laser 라세르	лазер 라제르	λέιζερ 레이제르	レーザ 레자	激光 지광
análogo 아날로고	analogia 아날로기아	аналог 아날로크	ανάλογος 아날로고스	アナログ 아나로구	模拟物 모니우
dimensión 디멘시온	dimensio 디멘시오	размер 라즈메르	διάσταση 디아스타세	次元 (じげん) 지겐	线度 셴두

한국어	영어	독일어	프랑스어	이탈리아어
절연 (絕緣)	insulation 인설레이션	Isolierung 이졸리어룽	isolation 이졸라시옹	isolamento 이졸라멘토
반응 (反應)	reaction 리액션	Reaktion 레악치온	réaction 레악시옹	reazione 레아치오네
발효 (醱酵)	fermentation 퍼멘테이션	Gärung 개룽	fermentation 페르망타시옹	fermentazione 페르멘타치오네
산화 (酸化)	oxidation 옥시데이션	Oxidation 옥시다치온	oxydation 옥시다시옹	ossidazione 오시다치오네
표백 (漂白)	bleaching 블리칭	Bleichen 블라이헨	blanchiment 블랑시망	varechina 바레키나
용매 (溶媒)	solvent 솔번트	Lösungsmittel 뢰중스미텔	solvant 솔방	solvente 솔벤테
전기분해 (電氣分解)	electrolysis 일렉트롤리시스	Elektrolyse 엘렉트롤뤼제	électrolyse 엘렉트롤리즈	elettrolisi 엘레트롤리지
촉매 (觸媒)	catalyst 캐털리스트	Katalysator 카탈뤼자토어	catalyseur 카탈뤼죄르	catalizzatore 카탈리차토레
성분 (成分)	component 컴포넌트	Bestandteil 베슈탄트타일	composante 콩포장트	componente 콤포넨테
시료 (試料)	sample 샘플	Probe 프로베	échantillon 에샹티용	prova 프로바
플라스틱	plastic 플라스틱	Kunststoff 쿤스트슈토프	matière plastique 마티에르 플라스티크	plastica 플라스티카

스페인어	라틴어	러시아어	그리스어	일본어	중국어
aislamiento 아이슬라미엔토	segregatio 세그레가치오	изоляция 이졸랴치야	μόνωση 모노세	絶縁 (ぜつえん) 제쓰엔	絶缘 줴위안
reacción 레악시온	reactio 레악치오	реакция 레악치야	αντίδραση 안디드라세	反応 (はんのう) 한노	反应 판잉
fermentación 페르멘타시온	fermentum 페르멘툼	ферментация 페르멘타시야	ζύμωση 지모세	醗酵 (はっこう) 핫코	发酵 파자오
oxidación 옥시다시온	–	окисления 오키슬레니야	οξείδωση 옥세이도세	酸化 (さんか) 산카	氧化 양화
blanqueo 블랑케오	–	отбеливатель 오트벨리바텔	λευκαίνω 레우카이노	漂白 (ひょうはく) 효하쿠	漂白 퍄오바이
solvente 솔벤테	solvens 솔벤스	растворитель 라스트보리텔	διαλυτικό μέσο 디알루티코 메소	ソルベント 소루벤토	溶媒 룽메이
electrólisis 엘렉트롤리시스	electrolysis 엘렉트롤리시스	электролиз 엘렉트롤리스	ηλεκτρόλυση 엘렉트롤리세	電気分解 (でんきぶんかい) 덴키분카이	电气分解 뎬지펀제
catalizador 카탈리사도르	–	катализатор 카탈리자토르	καταλύτης 카탈리테스	触媒 (しょくばい) 쇼쿠바이	催化剂 추이화지
constituyente 콘스티투엔테	elementum 엘레멘툼	вещество 베셰스트보	εκλογεύς 에클로게우스	成分 (せいぶん) 세이분	成分 청펀
prueba 프루에바	proba 프로바	проба 프로바	τεκμήριον 테크메리온	試料 (しりょう) 시료	标本 뱌오번
plástico 플라스티코	plasticus 플라스쿠스	пластмасса 플라스트마사	πλαστικό 플라스티코	プラスチック 푸라스칫쿠	塑料 수랴오

한국어	영어	독일어	프랑스어	이탈리아어
가소성 (可塑性)	plasticity 플래스티시티	Plastizität 플라스티치탯	déformation plastique 데포르마시옹 플라스티크	plasticità 플라스티치타
용해도 (溶解度)	solubility 솔류빌리티	Löslichkeit 뢰슬리히카이트	solubilité 솔뤼빌리테	solubilità 솔루빌리타
포화 (飽和)	saturation 새튜레이션	Sättigung 재티궁	saturation 사튀라시옹	saturazione 사투라치오네
환원 (還元)	reduction 리덕션	Reduktion 레둑치온	réduction 레튁시옹	riduzione 리두치오네
비중 (比重)	specific gravity 스페시픽 그래비티	spezifisches Gewicht 슈페치피셰스 게비히트	poids spécifique 푸아 스페시피크	peso specifico 페소 스페치피코
치환 (置換)	permutation 퍼뮤테이션	Permutation 페르무타치온	permutation 페르뮈타시옹	permutazione 페르무타치오네
중화 (中和)	neutralization 뉴트럴라이제이션	Neutralisation 노이트랄리자치온	neutralisation 뇌트랄리자시옹	neutralizzazio– ne 네우트랄리자치오네
추출 (抽出)	extraction 익스트렉션	Extraktion 엑스트락치온	extraction 엑스트락시옹	estrazione 에스트라치오네
원인 (原因)	cause 코즈	Ursache 우어자헤	cause 코즈	movente 모벤테
진화 (進化)	evolution 에벌루션	Evolution 에볼루치온	évolution 에볼뤼시옹	evoluzione 에볼루치오네
자극 (刺戟)	stimulus 스티뮬러스	Reiz 라이츠	stimulus 스티뮐뤼스	stimolo 스티몰로

스페인어	라틴어	러시아어	그리스어	일본어	중국어
plasticidad 플라스티시다드	–	пластичность 플라스티치노스티	πλαστικότητα 플라스티코테타	可塑性 (かそせい) 가소세	可塑性 커수싱
solubilidad 솔루빌리다드	solubilitas 솔루빌리타스	раствори́мость 라스트보리모스티	διαλυτότητα 디알리토테타	溶解度 (ようかいど) 요카이도	溶解度 룽제두
saturación 사투라시온	saturatio 사투라치오	насыщение 나시셰니예	κορεσμός 코레스모스	飽和 (ほうわ) 호와	饱和 바오허
reducción 레둑시온	reduktio 레둑치오	восстановле́ние 보스타노블레니예	αποξείδωση 아폭세이도세	還元 (かんげん) 간겐	还原 환위안
peso específico 페소 에스페시피코	gravitas specialis 그라비타스 스페키알리스	удельный вес 우델니 베스	ειδικό βάρος 에이디코 바로스	比重 (ひじゅう) 히주	比重 비중
permutación 페르무타시온	permutatio 페르무타치오	перестано́вка 페레스타놉카	μετάθεση 메타테세	置換 (ちかん) 지칸	置換 즈환
neutralización 네우트랄리사시온	neutralisatio 네우트랄리사치오	нейтрализа́ция 네이트랄리자치야	εξουδετέρωση 엑수데테로세	中和 (ちゅうわ) 주와	中和 중허
extracción 엑스트락시온	extractio 엑스트락치오	добы́ча 도비차	απόσπαση 아포스파세	抽出 (ちゅうしゅつ) 주슈쓰	抽出 처루추
motivo 모티보	causa 카우사	причи́на 프리치나	χειρόγραφον 케이로그라폰	原因 (げんいん) 겐인	原因 위안인
evolución 에볼루시온	evolutio 에볼루치오	развитие 라즈비티예	εξέλιξη 엑셀릭세	進化 (しんか) 신카	进化 진화
estímulo 에스티물로	stimulus 스티물루스	стимул 스티물	ερέθισμα 에레티스마	刺戟 (しげき) 시게키	刺激 츠지

한국어	영어	독일어	프랑스어	이탈리아어
현미경 (顯微鏡)	microscope 마이크로스코프	Mikroskop 미크로스코프	microscope 미크로스코프	microscopio 미크로스코피오
망원경 (望遠鏡)	telescope 텔리스코프	Fernrohr 페른로어	télescope 텔레스코프	cannocchiale 칸노키알레
쌍안경 (雙眼鏡)	binoculars 비노큘러	Fernglas 페른글라스	jumelles 쥐멜	binocolo 비노콜로

4-11. 문화예술 일반

한국어	영어	독일어	프랑스어	이탈리아어
문화 (文化)	culture 컬처	Kultur 쿨투어	culture 퀼튀르	cultura 쿨투라
예술 (藝術)	art 아트	Kunst 쿤스트	art 아르	arte 아르테
관객 (觀客)	audience 오디언스	Zuschauer 추사우어	spectateur 스펙타퇴르	spettatore 스페타토레
주인공 (主人公)	main character 메인 캐릭터	Hauptfigur 하웁트피구어	personnage principal 페르소나주 프랭시팔	protagonista 프로타고니스타
거장 (巨匠)	master 마스터	Meister 마이스터	maître 메트르	mastro 마스트로
걸작 (傑作)	masterpiece 마스터피스	Meisterwerk 마이스터베르크	chef d'œuvre 셰되브르	capolavoro 카폴라보로
장르	genre 장러	Gattung 가퉁	genre 장르	genere 제네레

스페인어	라틴어	러시아어	그리스어	일본어	중국어
microscopio 미크로스코피오	microscopium 미크로스코피움	микроскоп 미크로스코프	μικροσκόπιο 미크로스코피오	顕微鏡 (けんびきょう) 겐비쿄	显微镜 셴웨이징
anteojo 안테오호	telescopium 텔레스코피움	под-зóрная трубá 포트-조르나야 트루바	τηλεσκόπιο 텔레스코피오	望遠鏡 (ぼうえんきょう) 보엔쿄	望远镜 왕위안징
prismáticos 프리스마티코스	binoculum 비노쿨룸	бинокль 비노클	διόπτρες 디옵트레스	双眼鏡 (そうがんきょう) 소간쿄	双筒望远镜 솽통왕위안징
cultura 쿨투라	humanitas 후마니타스	культýра 쿨투라	πολιτισμός 폴리티스모스	文化 (ぶんか) 분카	文化 원화
arte 아르테	ars 아르스	искусство 이스쿠스트보	τέχνη 테크네	芸術 (げいじゅつ) 게이주쓰	艺术 이수
espectador 에스펙타도르	adcessus 아드케수스	обозреватель 오보즈레바텔	θεατής 테아테스	観客 (かんきゃく) 간캬쿠	观众 관중
protagonista 프로타고니스타	heros 헤로스	главное лицо 글라브노예 리초	κεντρικός ήρωας 켄드리코스 에로아스	主人公 (しゅじんこう) 슈진코	主人公 주런궁
maestro 마에스트로	magister 마기스터	мáстер 마스테르	είδικός 에이디코스	巨匠 (きょしょう) 교쇼	巨匠 주장
obra maestra 오브라 마에스트라	palmarium 팔마리움	шедéвр 셰데브르	αριστούργημα 아리스투르게마	傑作 (けっさく) 겟사쿠	杰作 제쭤
género 헤네로	genus 게누스	жанр 잔르	είδος 에이도스	ジャンル 잔루	体裁 티차이

한국어	영어	독일어	프랑스어	이탈리아어
바로크	baroque 바로크	Barock 바로크	baroque 바로크	barocco 바로코
고딕	gothic 고딕	Gotik 고틱	gothique 고티크	gotico 고티코
고전주의 (古典主義)	classicism 클래시시즘	Klassizismus 클라시치스무스	classicisme 클라시시슴	classicismo 클라시치즈모
낭만주의 (浪漫主義)	romanticism 로맨티시즘	Romantik 로만틱	romantisme 로망티슴	romanticismo 로만티치즈모
자연주의 (自然主義)	naturalism 내처럴리즘	Naturalismus 나투랄리스무스	naturalisme 나튀랄리슴	naturalismo 나투랄리즈모
인상주의 (印象主義)	impressionism 임프레셔니즘	Impressionismus 임프레시오니스무스	impressionnisme 앵프레시오니슴	impressionismo 임프레시오니즈모
표현주의 (表現主義)	expressionism 익스프레셔니즘	Expressionismus 엑스프레시오니스무스	expressionnisme 엑스프레시오니슴	espressionismo 에스프레시오니즈모
사실주의 (寫實主義)	realism 리얼리즘	Realismus 레알리스무스	réalisme 레알리슴	realismo 레알리즈모
초현실주의 (超現實主義)	surrealism 서리얼리즘	surrealismus 주르레알리스무스	surréalisme 쉬르레알리슴	surrealismo 수르레알리즈모
전위 (前衛)	avantgarde 애방가드	Vorhut 포어후트	avantgarde 아방가르드	avanguardia 아방구아르디아
입체파 (立體派)	cubism 큐비즘	Kubismus 쿠비스무스	cubisme 퀴비슴	cubismo 쿠비즈모

스페인어	라틴어	러시아어	그리스어	일본어	중국어
barroco 바로코	ars baroca 아르스 바로카	барокко 바로코	μπαρόκ 바로크	バロック 바롯쿠	巴罗克 바뤄커
gótico 고티코	ars gothica 아르스 고티카	гóтика 고티카	γοτθικός ρυθμός 고티코스 리트모스	ゴシック 고싯쿠	哥特式 거터스
classicismo 클라시시스모	classicus 클라시쿠스	классицизм 클라시치즘	κλασικισμός 클라시키스모스	古典主義 (こてんしゅぎ) 고텐슈기	古典主义 구뎬주이
romanticismo 로만티시스모	romanticus 로만티쿠스	романтизм 로만치즘	ρομαντισμός 로만디스모스	浪漫主義 (ろまんしゅぎ) 로만슈기	浪漫主义 랑만주이
naturalismo 나투랄리스모	naturalismus 나투랄리스무스	натурали́зм 나투랄리즘	νατουραλισμός 나투랄리스모스	自然主義 (しぜんしゅぎ) 시젠슈기	自然主义 쯔란주이
impressionismo 임프레시오니스모	impressionismus 임프레시오니스무스	импрессиони́зм 임프레시오니즘	ιμπρεσιονισμός 임프레시오니스모스	印象主義 (いんしょうしゅぎ) 인쇼슈기	印象主义 인샹주이
espressionismo 에스프레시오니스모	expressionismus 엑스프레시오니스무스	экспрессиони́зм 엑스프레시오니즘	εξπρεσιονισμός 엑스프레시오니스모스	表現主義 (ひょうげんしゅぎ) 효겐슈기	表现主义 뱌오셴주이
realismo 레알리스모	realismus 레알리스무스	реали́зм 레알리즘	ρεαλισμός 레알리스모스	写実主義 (しゃじつしゅぎ) 샤지쓰슈기	写实主义 셰스주이
surrealismo 수르레알리스모	superrealismus 수페르레알리스무스	сюрреализм 슈르레알리즘	υπερρεαλισμός 이페르레알리스모스	シュルレアリスム 슈루레아리스무	超现实主义 차오셴스주이
vanguardia 방과르디아	agmen primum 아그멘 프리뭄	авангарда 아방가르다	πρωτοπορία 프로토포리아	アバンギャルド 아방갸루도	前卫 첸웨이
cubismo 쿠비스모	cubismus 쿠비스무스	куби́зм 쿠비즘	κυβισμός 키비스모스	立体派 (りったいは) 릿타이하	立体派 리티파이

한국어	영어	독일어	프랑스어	이탈리아어
야수파 (野獸派)	fauvism 포비즘	Fauvismus 포비스무스	fauvisme 포비슴	fauves 파우베스
초연 (初演)	premiere 프레미에어	Premiere 프레미에레	première 프르미에르	prima 프리마
인기 (人氣)	popularity 포퓰레리티	Popularität 포폴라리태트	popularité 포퓔라리테	popolarità 포폴라리타
과장 (誇張)	exaggeration 이그재저레이션	Übertreibung 위버트라이붕	exagération 에그자제라시옹	esagerazione 에자제라치오네
복고 (復古)	restoration 레스터레이션	Restaurierung 레스타우리어룽	restauration 레스토라시옹	restauro 레스타우로
유행 (流行)	vogue 보그	Mode 모데	vogue 보그	moda 모다
트렌드	trend 트렌드	Trend 트렌트	tendance 탕당스	tendenza 텐덴차
정수 (精髓)	essence 에센스	Essenz 에센츠	essence 에상스	essenza 에센차

4-12. 취미/오락

낚시	angling 앵글링	Angeln 앙엘른	pêche à la ligne 페슈 알 라리뉴	pesca con lenza 페스카 콘 렌차
낚시꾼	angler 앵글러	Angler 앙글러	pêcheur 페쇠르	pescatore con lenza 페스카토레 콘 렌차

스페인어	라틴어	러시아어	그리스어	일본어	중국어
fovismo 포비스모	fauvismus 파우비스무스	фовизм 포비즘	φωβισμός 포비스모스	野獸派 (やじゅうは) 야주하	野兽派 예서우파이
estreno 에스트레노	-	премьера 프레미예라	πρεμιέρα 프레미에라	初演 (しょえん) 쇼엔	首演 서우옌
popularidad 포풀라리다드	gratia 그라치아	популя́рность 포풀랴르노스치	δημοτικότητα 데모티코테타	人気 (にんき) 닌키	齐名 치밍
exageración 엑사헤라시온	hyperbole 히페르볼레	преувеличе́ние 프레우벨리체니예	υπερβολή 이페르볼레	誇張 (こちょう) 고초	夸张 콰장
restauración 레스타우라시온	refectio 레펙치오	реставрация 레스타브라치야	ἀποκατάστα– σις 아포카타스타시스	復活 (ふっかつ) 훗카쓰	复古 푸구
moda 모다	celebratio 켈레브라치오	мода 모다	μόδα 모다	流行 (はや) 하야	流行 류싱
tendencia 텐덴시아	propensio 프로펜시오	направле́ние 나프라블레니예	τάση 타세	傾向 (けいこう) 게이코	潮流 차오류
esencia 에센시아	essentia 에센치아	эссенция 예센치야	ουσία 우시아	精髄 (せいずい) 세즈이	精髓 징쑤이

스페인어	라틴어	러시아어	그리스어	일본어	중국어
pesca con caña 페스카 콘 카냐	aucupium 아우쿠피움	ужение 우제니예	ἁλιεύω 할리에우오	釣り (つり) 쓰리	垂钓 추이댜오
pescador de caña 페스카도르 데 카냐	hamiota 하미오타	удильщик 우딜시크	ἁλιεύς 할리에우스	釣り人 (つりにん) 쓰리닌	钓鱼人 댜오위런

한국어	영어	독일어	프랑스어	이탈리아어
오락 (娛樂)	amusement 어뮤즈먼트	Unterhaltung 운터할퉁	amusement 아뮈즈망	divertimento 디베르티멘토
취미 (趣味)	hobby 하비	Hobby 호비	hobby 오비	hobby 호비
놀이	play 플레이	Spiel 슈필	jeu 죄	gioco 조코
파티	party 파티	Party 파티	boum 붐	festino 페스티노
축전 (祝典)	festival 페스티블	Fest 페스트	festival 페스티발	festival 페스티발
건배 (乾杯)	toast 토스트	Prosit 프로지트	toast 토스트	brindisi 브린디지
잔치	ceremony 세리머니	Feier 파이어	fête 페트	festa 페스타
장난감	toy 토이	Spielzeug 슈필초이크	jouet 주에	balocchi 발로키
인형 (人形)	doll 돌	Puppe 푸페	poupée 푸페	bambola 밤볼라
연 (鳶)	kite 카이트	Drachen 드라헨	cerf-volant 세르볼랑	aguilone 아귈로네
미끄럼틀	slide 슬라이드	Rutschbahn 루치반	toboggan 토보강	scivolo 시볼로

스페인어	라틴어	러시아어	그리스어	일본어	중국어
diversión 디베르시온	delectamentum 델렉타멘툼	развлечение 라즈블레체니예	συνομιλέω 시노밀레오	もてなし 모테나시	娱乐 위러
afición 아피시온	deliciae 델리키아이	увлечение 우블레체니예	χόμπι 콤비	趣味 (しゅみ) 슈미	趣味 추웨이
juego 후에고	ludus 루두스	игра 이그라	παιχνίδι 파이크니디	遊び (あそび) 아소비	游戏 유쓰
guateque 과테케	festum 페스툼	пирушка 피루시카	συμπόσιον 심보시온	パーティー 파티	宴会 옌후이
fiesta 피에스타	festum 페스툼	фестива́ль 페스티발	ἑορτή 헤오르테	祝祭 (しゅくさい) 슈쿠사이	庆典 칭뎬
brindis 브린디스	biscoctus 비스콕투스	тост 토스트	πρόποση 프로포세	乾杯 (かんぱい) 간파이	干杯 간베이
festividad 페스티비다드	celebratio 켈레브라치오	праздник 프라즈드니크	γιορτή 기오르테	宴 (うたげ) 우타게	筵席 옌쓰
jugete 후헤테	crepundium 크레푼디움	игрушка 이그루시카	παιχνίδι 파이크니디	おもちゃ 오모차	玩具 완주
bibelot 비벨로트	pupa 푸파	кукла 쿠클라	κούκλα 쿠클라	人形 (にんぎょう) 닌교	娃娃 와와
milocha 밀로차	draco volans 드라코 볼란스	воздушный змей 보즈두시니 즈메이	χαρταετός 카르타에토스	鳶 (たこ) 다코	风筝 펑정
tobogán 토보간	delabaculum 델라바쿨룸	каток 카토크	τσουλήθρα 출레트라	すべり台 (すべりだい) 스베리다이	滑梯 화티

한국어	영어	독일어	프랑스어	이탈리아어
그네	swing 스윙	Schaukel 샤우켈	bascule 바스퀼	altalena 알탈레나
썰매	sleigh 슬레이	Schlitten 슐리텐	traîneau 트레노	slitta 슬리타
주사위	dice 다이스	Würfel 뷔르펠	dé 데	dado 다도
구슬	bead 비드	Glasperle 글라스페를레	perle 페를	perlina 페를리나
풍선 (風扇)	balloon 벌룬	Luftballon 루프트발론	ballon 발롱	palloncino 팔론치노
팽이	top 톱	Kreisel 크라이젤	toupie 투피	trottola 트로톨라
술래잡기	tag 태그	Fangen 팡엔	jeu du loup 죄 뒬루	acchiappino 아키아피노
널뛰기	seesaw 시소	Wippe 비페	tapecul 탑퀴	altalena a bilico 알탈레나 아 빌리코
숨바꼭질	hide-and-seek 하이드 앤 시크	Versteckspiel 페어슈텍슈필	cache-cache 카슈-카슈	nascondino 나스콘디노
공중제비	somersault 사머솔트	Purzelbaum 푸르첼바움	culbute 퀼뷔트	ruzzolone 루촐로네
곡예 (曲藝)	circus 서커스	Zirkus 치르쿠스	cirque 시르크	circo 치르코

스페인어	라틴어	러시아어	그리스어	일본어	중국어
columpio 콜룸피오	oscillum 오스킬룸	качание 카차니예	κούνια 쿠니아	ぶらんこ 부란코	秋千 추첸
trineo 트리네오	sclodia 스클로디아	салазки 살라즈키	έλκηθρο 엘케트로	そり 소리	雪橇 쉐차오
dado 다도	alea 알레아	игра́льные кости 이그랄니예 코스티	ζάρια 자리아	さいころ 사이코로	骰子 터우쯔
abalorio 아발로리오	faba 파바	бу́сина 부시나	χάντρα 칸드라	玉 (たま) 다마	球子 주쯔
globo 글로보	vesica 베시카	воздушный шар 보즈두시니 샤르	αερόστατο 아에로스타토	風船 (ふうせん) 후센	气球 치추
peonza 페온사	rhombus 롬부스	волчок 볼초크	σβούρα 스부라	こま 고마	陀螺 퉈뤄
juegos de persecución 후에고스 데 페르세쿠시온	capere 카페레	салочки 살로치키	αμπάριζα 암바리자	鬼ごっこ (おにごっこ) 오니곳코	藏猫猫 창마오마오
balancín 발란신	oscillum 오스킬룸	балансир 발란시르	τραμπάλα 트람발라	シーソー 시소	跳板 탸오반
escondite 에스콘디테	ludus latibulum 루두스 라티불룸	пря́тки 프럇키	κρυφτούλι 크립툴리	隠れん坊 (かくれんぼ) 가쿠렌보	捉迷藏 줘미창
tumbo 툼보	cernulus 케르눌루스	кувырок 쿠비로크	τούμπα 툼바	宙返り (ちゅうがえり) 주가에리	翻跟头 판건터우
circo 시르코	circus 키르쿠스	цирк 치르크	τσίρκο 치르코	曲馬 (きょくば) 교쿠바	杂技 짜지

한국어	영어	독일어	프랑스어	이탈리아어
폭죽 (爆竹)	firecracker 파이어크래커	Böller 뵐러	pétard 페타르	petardo 페타르도
회전목마 (回轉木馬)	merry-go-round 메리고라운드	Karussell 카루셀	carrousel 카루셀	giostra 조스트라
재미	fun 펀	Spaß 슈파스	rigolade 리골라드	barzellata 바르첼라타
꼭두각시	marionette 매리어넷	marionette 마리오네테	marionnette 마리오네트	burattino 부라티노

4-13. 음악

한국어	영어	독일어	프랑스어	이탈리아어
음악 (音樂)	music 뮤직	Musik 무직	musique 뮈지크	musica 무지카
지휘자 (指揮者)	conductor 컨덕터	Dirigent 디리겐트	chef d'orchestre 셰프 도르케스트르	direttore 디레토레
작곡가 (作曲家)	composer 컴포우저	Komponist 콤포니스트	compositeur 콩포지퇴르	compositore 콤포지토레
가수 (歌手)	singer 싱어	Sänger 쟁어	chanteur 샹퇴르	cantante 칸탄테
고수 (鼓手)	drummer 드러머	Schlagzeuger 슐락초이거	batteur 바퇴르	batterista 바테리스타
소프라노	soprano 소프라노	Sopran 조프란	soprano 소프라노	soprano 소프라노

스페인어	라틴어	러시아어	그리스어	일본어	중국어
petardo 페타르도	ignes artificiosi 이그네스 아르티피키오시	фейерверк 페이예르베르크	χαρτοροκέττα 카르토로케타	爆竹 (ばくちく) 보쿠치쿠	鞭炮 볜파오
carrusel 카루셀	commisatio 콤미사치오	карусель 카루셀	αλογάκια 알로가키아	メリーゴーラウンド 메리고라운도	旋转木马 솬좐무마
canallada 카나야다	delicia 델리키아	проделка 프로델카	γελάω 겔라오	ふざけ 후자케	有趣 유추
marioneta 마리오네타	pupa 푸파	марионетка 마리오넷카	νευρόσπαστο 네우로스파스토	傀儡 (かいらい) 가이라이	木偶 무어우
música 무시카	musica 무시카	музыка 무지카	μουσική 무시케	音楽 (おんがく) 온가쿠	音乐 인웨
director 디렉토르	praefecus musicus 프라이페쿠스 무시쿠스	дирижёр 디리죠르	διευθυντής 디에우틴데스	指揮者 (しきしゃ) 시키샤	指挥 지후이
compositor 콤포시토르	compositor 콤포시토르	композитор 콤포지토르	συνθέτης 신테테스	作曲家 (さっきょくか) 삿쿄쿠카	作曲家 쮜추자
cantante 칸탄테	cantator 칸타토르	певец 페베츠	τραγουδιστής 트라구디스테스	歌手 (かしゅ) 가슈	歌手 거서우
tambor 탐보르	tympanista 팀파니스타	ударник 우다르니크	ντράμερ 드라메르	鼓手 (こしゅ) 고슈	鼓手 구서우
soprano 소프라노	supranistria 수프라니스트리아	сопрано 소프라노	υψίφωνος 입시포노스	ソプラノ 소푸라노	女高音 뉘가오인

한국어	영어	독일어	프랑스어	이탈리아어
테너	tenor 테너	Tenor 테노어	ténor 테노르	tenore 테노레
알토	alto 앨토	Alt 알트	alto 알토	contralto 콘트랄토
바리톤	baritone 바리톤	Bariton 바리톤	baryton 바리통	baritono 바리토노
가극 (歌劇)	opera 오퍼러	Oper 오퍼	opéra 오페라	opera 오페라
협주곡 (協奏曲)	concerto 컨체르토	Konzert 콘체르트	concerto 콩세르토	concerto 콘체르토
앙상블	ensemble 앙상블	Ensemble 앙상블	ensemble 앙상블	complesso 콤플레소
서곡 (序曲)	overture 오버튜어	Ouvertüre 우버튀레	ouverture 우베르튀르	ouverture 오우베르투레
전주곡 (前奏曲)	prelude 프렐류드	Vorspiel 포어슈필	prélude 프렐뤼드	preludio 프렐루디오
간주곡 (間奏曲)	interlude 인털루드	Zwischenspiel 츠비셴슈필	interlude 앵테를뤼드	intermezzo 인테르메초
변주곡 (變奏曲)	variation 배리에이션	Variation 바리아치온	variation 바리아시옹	variazione 바리아치오네
편곡 (編曲)	arrangement 어레인지먼트	Arrangement 아랑주망	arrangement 아랑주망	arrangiamento 아란자멘토

스페인어	라틴어	러시아어	그리스어	일본어	중국어
tenor 테노르	tenorista 테노리스타	тенор 테노르	οξύφωνος 옥시포노스	テナー 테나	男高音 난가오인
contralto 콘트랄토	altistria 알티스트리아	альт 알트	κοντράλτο 콘드랄토	アルト 아루토	女低音 뉘디인
baritono 바리토노	barytonista 바리토니스타	баритон 바리톤	βαρύτονος 바리토노스	バリトン 바리톤	男中音 난중인
ópera 오페라	melodrama 멜로드라마	ópera 오페라	όπερα 오페라	歌劇 (かげき) 가게키	歌剧 거주
concierto 콘시에르토	symphonia 심포니아	концерт 콘체르트	συναυλία 시나블리아	コンチェルト 곤체루토	协奏曲 셰쮜추
compañia 콤파니아	grex 그렉스	ансамбль 안삼블	μουσικό σύνολο 무시코 시놀로	アンサンブル 안산부루	合唱 허창
obertura 오베르투라	antecantamen- tum 안테칸타멘툼	увертюра 우베르튜라	ουβερτούρα 우베르투라	序曲 (じょきょく) 조쿄쿠	序曲 수추
preludio 프렐루디오	preludium 프렐루디움	прелюдия 프렐류디야	εισαγωγή 에이사고게	前奏曲 (ぜんそうきょく) 젠소쿄쿠	前奏 첸쮜
interludio 인테를루디오	interludium 인테르룰디움	перерыв 페레리프	διάλειμμα 디알레이마	間奏曲 (かんそうきょく) 간소쿄쿠	间奏曲 젠쮜추
variación 바리아시온	variatio 바리아치오	флуктуация 플룩투아치야	παραλλαγή 파랄라게	変奏曲 (へんそうきょく) 헨소쿄쿠	变奏曲 벤쮜추
arreglo 아레글로	conpositio 콘포시치오	компоновка 콤포놉카	διασκευή 디아스케우에	編曲 (へんきょく) 헨쿄쿠	编曲 벤추

한국어	영어	독일어	프랑스어	이탈리아어
사중주 (四重奏)	quartet 콰르텟	Quartett 크바르텟	quatuor 콰튀오르	quartetto 콰르테토
삼중주 (三重奏)	trio 트리오	Trio 트리오	trio 트리오	trio 트리오
왈츠	waltz 월츠	Walzer 발처	valse 발스	valzer 발체르
탱고	tango 탱고	Tango 탕고	tango 탕고	tango 탕고
노래	song 송	Lied 리트	chanson 샹송	canto 칸토
콧노래	humming 허밍	Summen 줌멘	fredonner 프르도네	ronzio 론치오
아리아	aria 아리아	Arie 아리에	air 애르	aria 아리아
자장가	lullaby 럴러바이	Wiegenlied 비겐리트	berceuse 베르쇠즈	ninna nanna 닌나 난나
찬가 (讚歌)	hymn 힘	Hymne 휨네	hymne 임느	inno 인노
음자리표	clef 클레프	Notenschlüssel 노텐슐뤼셀	clef 클레	chiave 키아베
음계 (音階)	musical scale 뮤지컬 스케일	Tonleiter 톤라이터	gamme 감	scala musicale 스칼라 무지칼레

스페인어	라틴어	러시아어	그리스어	일본어	중국어
cuarteto 쿠아르테토	quadricinium 쿠아드리키니움	квартет 크바르테트	κουαρτέτο 쿠아르테토	四重奏 (しじゅうそう) 시주소	四重奏 쓰충쭤
trío 트리오	trio 트리오	трио 트리오	τρίο 트리오	三重奏 (さんじゅうそう) 산주소	三重奏 싼충쭤
vals 발스	valsa 발사	вальс 발스	βαλς 발스	ワルツ 와루쓰	华尔兹 화얼쯔
tango 탕고	tango 탕고	танго 탕고	ταγκό 탕고	タンゴ 단고	探戈舞 탄거우
canción 칸시온	cantus 칸투스	песенка 페센카	τραγούδι 트라구디	歌 (うた) 우타	歌 거
zumbido 숨비도	fremitus 프레미투스	жужжание 주자니예	βουίζω 부이조	鼻歌 (はなうた) 하나우타	哼歌 헝거
aria 아리아	canticum 칸치쿰	ария 아리야	μονωδία 모노디아	詠唱 (えいしょう) 에이쇼	咏叹调 융탄댜오
canción de cuna 칸시온 데 쿠나	nenia 네니아	колыбельная 콜리벨나야	νανούρισμα 나누피스마	子守歌 (こもりうた) 고모리우타	摇篮曲 야오란추
himno 임노	hymnus 힘누스	гимн 김느	ύμνος 임노스	賛歌 (さんか) 산카	赞歌 짠거
clave 클라베	clavis 클라비스	ключ 클류치	μουσικό κλειδί 무시코 클레이디	音部記号 (おんぶきごう) 온부키고	谱号 푸하오
escala 에스칼라	sonorum gradus 소노룸 그라두스	музыкальной гаммы 무지칼노이 감미	κλίμακα 클리마카	音階 (おんかい) 온카이	音阶 인제

한국어	영어	독일어	프랑스어	이탈리아어
장조 (長調)	major 메이저	Dur 두어	majeur 마죄르	maggiore 마조레
단조 (短調)	minor 마이너	Moll 몰	mineur 미뇌르	minore 미노레
조율 (調律)	tuning 튜닝	Stimmen 슈팀멘	accordement 아코르드망	accordatura 아코르다투라
화음 (和音)	chord 코드	Akkord 아코르트	accord 아코르	accordo 아코르도
반주 (伴奏)	accompaniment 어컴퍼니먼트	Begleitung 베글라이퉁	accompagne- ment 아콩파뉴망	accompagna- mento 아콤파냐멘토
앙코르	encore 앙코르	Zugabe 추가베	encore 앙코르	bis 비스
연주 (演奏)	play 플레이	Spiel 슈필	exécution 에그제퀴시옹	esecuzione 에제쿠치오네
악단 (樂團)	band 밴드	Band 벤트	groupe 그루프	banda 반다
선율 (旋律)	melody 멜러디	Melodie 멜로디	mélodie 멜로디	melodia 멜로디아
악장 (樂章)	movement 무브먼트	Satz 자츠	mouvement 무브망	movimento 모비멘토
옥타브	octave 옥티브	Oktave 옥타베	octave 옥타브	ottava 오타바

스페인어	라틴어	러시아어	그리스어	일본어	중국어
mayor 마요르	–	мажор 마조르	μείζων 메이존	長調 (ちょうちょう) 조초	长调 창댜오
menor 메노르	–	минóрный 미노르니	ελάσσων 엘라손	短調 (たんちょう) 단초	小调 샤오댜오
afinación 아피나시온	tendere 텐데레	настройка 나스트로이카	κούρδισμα 쿠르디스마	調律 (ちょうりつ) 조리쓰	调音 탸오인
acorde 아코르데	fidis 피디스	аккорд 아코르트	συγχορδία 싱코르디아	和音 (わおん) 와온	和声 허성
acompañamien- to 아콤파냐미엔토	adsociatio 아드소키아치오	аккомпане- мент 아콤파네멘트	υπόκρουση 이포크루세	伴奏 (ばんそう) 반소	伴奏 반쩌우
bis 비스	mantisa 만티사	бис 비스	ανκόρ 앙코르	アンコール 앙코루	重演 충옌
ejecución 에헤쿠시온	ludus 루두스	игра 이그라	παίξιμο 파익시모	演奏 (えんそう) 엔소	演奏 옌쩌우
banda 반다	grex musicorum 그렉스 무시코룸	бáнд 반트	συγκρότημα 싱그로테마	楽団 (がくだん) 가쿠단	乐团 웨퇀
melodía 멜로디아	melus 멜루스	мелодия 멜로지야	μελωδία 멜로디아	旋律 (せんりつ) 센리쓰	旋律 쏸뤼
movimiento 모비미엔토	–	часть 차스치	μέρος 메로스	楽章 (がくしょう) 가쿠쇼	乐章 웨장
octava 옥타바	oktava 옥타바	октава 옥타바	ογδόη 오그도이	オクターブ 오쿠타부	八音度 빠인두

한국어	영어	독일어	프랑스어	이탈리아어
리듬	rhythm 리듬	Rhythmus 뤼트무스	rythme 리듬	ritmo 리트모
악보 (樂譜)	musical score 뮤지클 스코어	Partitur 파티투어	partition 파르티시옹	partitura 파르티투라
가사 (歌詞)	word 워드	Text 텍스트	texte 텍스트	testo 테스토
음악회 (音樂會)	concert 콘서트	Konzert 콘체르트	concert 콩세르	concerto 콘체르토
음반 (音盤)	record 레코드	schallplatte 샬플라테	disque 디스크	disco 디스코
붙임줄	tie 타이	Haltebogen 할테보겐	liaison 리에종	ligatura 리가투라

4-14. 악기

악기 (樂器)	music instrument 뮤직 인스트루먼트	Musikinstrument 무직인스트루멘트	instrument de musique 앵스트뤼망 드 뮈지크	strumento musicale 스트루멘토 무지칼레
타악기 (打樂器)	percussion instrument 퍼커션 인스트루먼트	Schlagzeug 슐락초이크	instrument de percussion 앵스트뤼망 드 페르퀴시옹	strumento a percussione 스트루멘토 아 페르쿠시오네
북 [鼓]	drum 드럼	Trommel 트롬멜	tambour 탕부르	tamburo 탐부로
바이올린	violin 바이얼린	Geige 가이게	violon 비올롱	violino 비올리노

스페인어	라틴어	러시아어	그리스어	일본어	중국어
ritmo 리트모	rhythmus 리트무스	ритма 리트마	ρυθμός 리트모스	リズム 리즈무	节奏 제쩌우
partitura 파르티투라	–	партитура 파르티투라	παρτιτούρα 파르티투라	総譜 (そうふ) 소후	乐谱 웨푸
texto 텍스토	carmen 카르멘	текст 텍스트	στίχοι 스티코이	歌詞 (かし) 가시	歌词 거츠
concierto 콘시에르토	concentus musicus 콘켄투스 무시쿠스	концерт 콘체르트	συναυλία 시나블리아	音楽会 (おんがくかい) 온가쿠카이	音乐会 인웨후이
disco 디스코	discus sonitus 디스쿠스 소니투스	пластинка 플라스친카	δίσκος 디스코스	音盤 (おんばん) 온반	唱片 창펜
ligadura 리가두라	interductus 인테르둑투스	связующая лига 스뱌주유샤야 리가	ενωτικό 에노티코	タイ 다이	连音符 렌인푸
instrumento musical 인스트루멘토 무시칼	instrumentum musica 인스트루멘툼 무시카	инструмент 인스트루멘트	μουσικό όργανο 무시코 오르가노	楽器 (がっき) 갓키	乐器 웨치
instrumento de percusión 인스트루멘토 데 페르쿠시온	tintinnabula 틴틴나불라	ударные инструменты 우다르니예 인스트루멘티	κρουστά 크루스타	打楽器 (だがっき) 다갓키	打击乐器 다지웨치
tambor 탐보르	typanum 티파눔	барабан 바라반	τύμπανο 팀바노	鼓 (つづみ) 쓰즈미	鼓 구
violín 비올린	violina 비올리나	скрипка 스크립카	βιολί 비올리	バイオリン 바이오린	小提琴 샤오티친

한국어	영어	독일어	프랑스어	이탈리아어
비올라	viola 비올러	Bratsche 브라체	viole 비올	viola 비올라
첼로	cello 첼로	Cello 첼로	violoncelle 비올롱셀	violoncello 비올론첼로
피아노 건반	piano key 피에노 키	Klaviertaste 클라비어타스테	clavier 클라비에	tastiera 타스티에라
피아노	piano 피에노	Klavier 클라비어	piano 피아노	piano 피아노
풍금 (風琴)	organ 오건	Orgel 오르겔	orgue 오르그	organo 오르가노
클라리넷	clarinet 클래리넷	Klarinette 클라리네테	clarinette 클라리네트	clarinetto 클라리네토
트럼펫	trumpet 트럼핏	Trompete 트롬페테	trompette 트롱페트	tromba 트롬바
플루트	flute 플루트	Flöte 플뢰테	flûte 플뤼테	flauto 플라우토
색소폰	saxophone 색서폰	Saxophon 작소폰	saxophone 삭소폰	sassofono 사소포노

4-15. 미술

미술 (美術)	fine arts 파인 아트	schöne Künste 쇠네 퀸스테	beaux–arts 보자르	belle arti 벨레 아르티

스페인어	라틴어	러시아어	그리스어	일본어	중국어
viola 비올라	viola 비올라	альт 알트	viola 비올라	ビオラ 비오라	中提琴 중티칭
violoncelo 비올론셀로	violoncellum 비올롱켈룸	виолончель 비올론첼	τσέλο 첼로	チェロ 체로	大提琴 다티칭
teclas del piano 테클라스 델 피아노	-	клáвиша 클라비샤	πιάνο κλειδί 피아노 클레이디	鍵盤 (けんばん) 겐반	钢琴 간친
piano 피아노	claviarium 클라비아리움	пианино 피아니노	πιάνο 피아노	ピアノ 피아노	钢琴键盘 간친젠판
órgano 오르가노	organum 오르가눔	орган 오르간	όργανο 오르가노	オルガン 오루간	风琴 펑친
clarinete 클라리네테	-	кларнéт 클라르네트	κλαρίνο 클라리노	クラリネット 구라리넷토	单簧管 단황관
trompeta 트롬페타	bucina 부키나	труба 트루바	σάλπιγξ 살핑스	トランペット 도람펫토	小号 샤오하오
flauta 플라우타	tibia 티비아	флейта 플레이타	αὐλός 아블로스	フルート 후루토	长笛 창디
saxofón 삭소폰	saxophonum 삭소포눔	саксофóн 삭소폰	σαξόφωνο 삭소포노	サクソフォン 사쿠소혼	萨克斯管 사커쓰관
bellas artes 베야스 아르테스	artes liberales 아르테스 리베랄레스	изящные искусства 이자시니예 이스쿠스트바	καλές τέχνες 칼레스 테크네스	美術 (びじゅつ) 비주쓰	美术 메이수

한국어	영어	독일어	프랑스어	이탈리아어
그림	picture 픽처	Gemälde 게맬데	peinture 팽튀르	pittura 피투라
화가 (畵家)	painter 페인터	Maler 말러	peintre 팽트르	pittore 피토레
소묘 (素描)	sketch 스케치	Skizze 스키체	esquisse 에스키스	schizzo 스키초
삽화 (揷畵)	illustration 일러스트레이션	Illustration 일루스트라치온	illustration 일뤼스트라시옹	illustrazione 일루스트라치오네
모자이크	mosaic 모제이익	Mosaik 모자이크	mosaïque 모자이크	mosaico 모자이코
파노라마	panorama 패너라머	Panorama 파노라마	panorama 파노라마	panorama 파노라마
대비 (對比)	contrast 컨트라스트	Kontrast 콘트라스트	contraste 콩트라스트	contrasto 콘트라스토
원근법 (遠近法)	perspective 퍼스펙티브	Perspektive 페르스펙티베	perspective 페르스펙티브	prospettiva 프로스페티바
배경 (背景)	background 백그라운드	Hintergrund 힌터그룬트	fond 퐁	retroscena 레트로셰나
추상미술 (抽象美術)	abstract art 앱스트랙트 아트	abstrakte Kunst 압스트락테 쿤스트	abstraction 압스트락시옹	astrazione 아스트라치오네
구상미술 (具象美術)	figurative art 피거러티브 아트	bildende Kunst 빌덴데 쿤스트	art figuratif 아르 피귀라티프	arte figurativo 아르테 피구라티보

스페인어	라틴어	러시아어	그리스어	일본어	중국어
pintura 핀투라	pictura 픽투라	картина 카르치나	ζωγραφιά 조그라피아	絵 (え) 에	图画 투화
pintor 핀토르	pictor 픽토르	маляр 말랴르	ζωγράφος 조그라포스	画家 (がか) 가카	画家 화자
bosquejo 보스케호	adumbratio 아둠브라치오	чертёж 체르초시	σκίτσο 스키초	素描 (そびょう) 소뵤	素描 수먀오
ilustración 일루스트라시온	illustratio 일루스트라치오	иллюстрация 일류스트라치야	εικονογράφη-ση 에이코노그라페세	挿し絵 (さしえ) 사시에	插画 차화
mosaico 모사이코	emblema 엠블레마	мозаика 모자이카	λιθόστρωτος 리토스트로토스	モザイク 모자이쿠	马赛克 마사이커
panorama 파노라마	despectus 데스펙투스	панорáма 파노라마	πανόραμα 파노라마	パノラマ 파노라마	全景 촨징
contraste 콘트라스테	contrarium 콘트라리움	разница 라즈니차	αντίθεση 안디테세	対比 (たいひ) 다이히	对比 두이비
perspectiva 페르스펙티바	perspectiva 페르스펙티바	перспектива 페르스펙티바	προοπτική 프로옵티케	遠近法 (えんきんほう) 엔킨호	远近法 위안진파
fondo 폰도	recessus 레케수스	задний план 자드니 플란	φόντο 폰도	背景 (はいけい) 하이케이	布景 부징
abstracción 압스트락시온	ars abstracta 아르스 압스트락타	абстрáкция 압스트락치야	αφηρημένη τέχνη 아페레메네 테크네	抽象美術 (ちゅうしょうびじゅつ) 주쇼비주쓰	抽象美术 처우샹메이수
arte figurativo 아르테 피구라티보	ars figura 아르스 피구라	фигуративизм 피구라티비즘	εικαστικές τέχνες 에이카스티케스 테크네스	具象美術 (ぐしょうびじゅつ) 구쇼비주쓰	具象美术 주샹메이수

한국어	영어	독일어	프랑스어	이탈리아어
초상화 (肖像畵)	portrait 포트레이트	Porträt 포트래트	portrait 포르트레	ritratto 리트라토
자화상 (自畵像)	self-portrait 셀프-포트레이트	Selbstbildnis 젤프스트빌트니스	auto-portrait 오토포르트레	immagine di sé 임마지네 디 세
화가 (畵架)	easel 이즐	Staffelei 슈타펠라이	chevalet 슈발레	cavalletto 카발레토
그림물감	color 컬러	Farbe 파르베	colorant 콜로랑	colorante 콜로란테
색소 (色素)	pigment 피그먼트	Pigment 피그멘트	pigment 피그망	pigmento 피그멘토
파스텔	pastel 패스텔	Pastell 파스텔	pastel 파스텔	pastello 파스텔로
팔레트	palette 팰릿	Palette 팔레테	palette 팔레트	paletta 팔레타
구도 (構圖)	composition 컴퍼지션	Komposition 콤포지치온	composition 콩포지시옹	composizione 콤포시치오네
화랑 (畵廊)	gallery 갤러리	Galerie 갈레리	galerie 갈르리	galleria 갈레리아
만화 (漫畵)	comic 코믹	Comics 코믹스	bande dessinée 방드 데시네	fumetto 푸메토
조각가 (彫刻家)	sculptor 스컬퍼	Bildhauer 빌트하우어	sculpteur 스퀼프퇴르	scultore 스쿨토레

스페인어	라틴어	러시아어	그리스어	일본어	중국어
retrato 레트라토	effigies 에피기에스	портрет 포르트레트	προσωπογρα– φία 프로소포그라피아	肖像画 (しょうぞうが) 쇼조가	肖像画 샤오샹화
autorepresenta– ción 아우토레프레센타시온	suipicta 수이픽타	автопортрéт 압토포르트레트	αυτοπροσωπο– γραφία 아우토프로소포그라피아	自画像 (じがぞう) 지가조	自画像 쯔화샹
caballete 카바예테	machina pictoria 마키나 픽토리아	мольбéрт 몰베르트	στρίποδο 스트리포도	画架 (がか) 가카	画架 화자
tinte 틴테	colos 콜로스	краска 크라스카	σημαία 세마이아	染料 (せんりょう) 센료	绘画颜料 후이화옌랴오
pigmento 피그멘토	pigmentum 피그멘툼	краситель 크라시텔	μπογιά 보기아	色素 (しきそ) 시키소	色素 써쑤
pastel 파스텔	–	пастéль 파스텔	παστέλ 파스텔	パステル 파스테루	彩色粉笔 차이써펀비
paleta 팔레타	–	палúтра 팔리트라	παλέτα 팔레타	パレット 파렛토	调色板 탸오써반
compuesto 콤푸에스토	compositio 콤포시치오	композиция 콤포지치야	σύνθεση 신테세	構図 (こうず) 고즈	构图 거우투
galería de arte 갈레리아 데 아르테	pinacotheca 피나코테카	галерея 갈레레야	γαλαρία 갈라리아	画廊 (がろう) 가로	画廊 화랑
historieta 이스토리에타	comicus 코미쿠스	комикс 코믹스	κωμικός 코미코스	漫画 (まんが) 만가	漫画 만화
escultor 에스쿨토르	sculptor 스쿨프토르	ваятель 바야텔	γλύπτης 글립테스	彫刻師 (ちょうこくし) 조코쿠시	刻工 커궁

한국어	영어	독일어	프랑스어	이탈리아어
조각 (彫刻)	sculpture 스컬프처	Skulptur 스쿨프투어	sculpture 스퀼프튀르	scultura 스쿨투라
상 (像)	statue 스테추	Statue 슈타투에	statue 스타튀	statua 스타투아
도예 (陶藝)	pottery 포터리	Töpferei 퇴퍼라이	art céramique 아르 세라미크	ceramica 체라미카
유약 (釉藥)	glaze 글레이즈	Glasur 글라주어	vernis 베르니	vetratura 베트라투라
공예 (工藝)	handicraft 핸디크래프트	Kunsthandwerk 쿤스트한트베르크	artisanat d'art 아르티자나 다르	artigianato artistico 아르티자나토 아르티스티코
사진기	camera 카메라	Fotoapparat 포토아파라트	appareil photo 아파레유 포토	macchina fotografica 마키나 포토그라피카
조리개 (카메라)	diaphragm 다이어프램	Blende 블렌데	diaphragme 디아프라그머	diaframma 디아프람마
사진첩	album 앨범	Album 알붐	album 알봄	album 알붐
사진작가 (寫眞作家)	photographer 포토그래퍼	Fotograf 포토그라프	photographe 포토그라프	fotografo 포토그라포
사진 (寫眞)	photography 포토그라피	Fotografie 포토그라피	photographie 포토그라피	fotografia 포토그라피아

스페인어	라틴어	러시아어	그리스어	일본어	중국어
escultura 에스쿨투라	statuaria 스타투아리아	изваяние 이즈바야니예	γλυπτό 글립토	彫刻 (ちょうこく) 조코쿠	雕刻 댜오커
estatua 에스타투아	statua 스타투아	статуя 스타투야	ἄγαλμα 아갈마	像 (ぞう) 조	像 샹
alfarería 알파레리아	figulina 피굴리나	керáмика 케라미카	κεραμική 케라미케	陶芸 (とうげい) 도게	陶艺 타오이
vidrios 비드리오스	testa 테스타	глазурование 글라주로바니예	στίλβωση 스틸보세	釉薬 (うわぐすり) 우와구스리	釉药 유야오
artesanía 아르테사니아	ars manus 아르스 마누스	худóжествен-ное ремеслó 후도제스트벤노예 레메슬로	χειροτεχνία 케이로테크니아	手工芸 (しゅこうげい) 슈코게이	工艺 공이
aparato fotográfico 아파라토 포로그라피코	photomachina 포토마키나	фотокамера 포토카메라	φωτογραφική μηχανή 포토그라피케 메카네	写真機 (しゃしんき) 샤신키	照相机 자오샹지
diafragma 디아프라그마	diaphragma 디아프라그마	диафрагма 디아프라그마	ἐπικάλυμμα 에피칼리마	ダイアフラム 다이아후라무	光圈 광촨
álbum 알붐	album 알붐	альбóм 알봄	ἄλμπουμ 알붐	アルバム 아루바무	像册 샹처
fotógrafo 포토그라포	photographus 포토그라푸스	фотóграф 포토그라프	φωτογράφος 포토그라포스	写真家 (しゃしんか) 샤신카	摄影作家 서잉줘자
fotografía 포토그라피아	photographia 포토그라피아	фотография 포토그라피야	φωτογραφία 포토그라피아	写真 (しゃしん) 샤신	照片 자오펜

4-16. 연극/영화/춤

한국어	영어	독일어	프랑스어	이탈리아어
배우 (俳優)	actor 액터	Schauspieler 사우슈필러	acteur 악퇴르	attore 아토레
역할 (役割)	role 롤	Rolle 롤레	rôle 롤	ruolo 루올로
무대 (舞臺)	stage 스테이지	Bühne 뷔네	estrade 에스트라드	palco 팔코
각본 (脚本)	scenario 시나리오	Szenario 스체나리오	scénario 세나리오	sceneggiatura 셰네자투라
무언극 (無言劇)	pantomime 팬터마임	Pantomime 판토미메	geste 제스트	gesto 제스토
단막극 (單幕劇)	one-act play 원-액트 플레이	Einakter 아인악터	pièce en un acte 피에스 앙 욍 악트	atto unico 아토 우니코
장면 (場面)	scene 신	Szene 스체네	scène 센	scena 셰나
절정 (絶頂)	climax 클라이맥스	Höhepunkt 회에풍트	clou 클루	apice 아피체
막간 (幕間)	intermission 인터미션	Pause 파우제	entracte 앙트락트	intervallo 인테르발로
각광 (脚光)	footlights 푸틀라이트	Rampenlicht 람펜리히트	feux de la rampe 푀 들라랑프	luci della ribalta 루치 델라 리발타
탈 [假面]	mask 매스크	Maske 마스케	masque 마스크	maschera 마스케라

스페인어	라틴어	러시아어	그리스어	일본어	중국어
actor 악토르	actor 악토르	актёр 악툐르	ηθοποιός 에토포이오스	俳優 (はいゆう) 하이유	演员 옌위안
papel 파펠	pars 파르스	роль 롤	ρόλος 롤로스	役割 (やくわり) 야쿠와리	作用 쭤용
escenario 에스세나리오	pulpitum 풀피툼	сцена 스체나	σκηνή 스케네	舞台 (ぶたい) 부타이	舞台 우타이
guión 기온	scaenarium 스카이나리움	сцена́рий 스체나리	σενάριο 세나리오	脚本 (きゃくほん) 갸쿠혼	脚本 자오번
gesto 헤스토	chironomon 키로노몬	жест 제스트	παντομίμα 판도미마	無言劇 (むごんげき) 무곤게키	哑剧 야쥬
obra de un acto 오브라 데 운 악토	–	одноактная пьеса 오드노악트나야 피예사	μονόπρακτο 모노프락토	一幕物 (ひとまくもの) 히토마쿠모노	独幕剧 두무주
escena 에스세나	spectamen 스펙타멘	сцена 스체나	σκηνή 스케네	場面 (ばめん) 바멘	场面 창몐
clímax 클리막스	gradatio 그라다치오	высшая точка 비스야 토치카	ύψωμα 힙소마	絶頂 (ぜっちょう) 젯초	绝顶 줴딩
intermedio 인테르메디오	intermissio 인테르미시오	пауза 파우자	ἄνεσις 아네디스	幕間 (まくあい) 모쿠아이	幕间 무젠
candilejas 칸딜레하스	–	свет рампы 스베트 람피	φώτα του προσκήνιου 포타 투 프로스케니우	フットライト 훗토라이토	脚灯 자오덩
máscara 마스카라	larua 라루아	маска 마스카	μάσκα 마스카	仮面 (かめん) 가멘	[假面] 자몐주

한국어	영어	독일어	프랑스어	이탈리아어
연극 (演劇)	theater 시어터	Theater 테아터	théâtre 테아트르	teatro 테아트로
광대	clown 클라운	Clown 클라운	clown 클룬	pagliaccio 팔리아초
공원 (公園)	park 파크	Park 파크	parc 파르크	parco 파르코
광장 (廣場)	square 스퀘어	Platz 플라츠	place 플라스	piazza 피아차
영화 (映畵)	movie 무비	Film 필름	film 필름	cinema 치네마
자막 (字幕)	subtitle 서브타이틀	Untertitel 운터티텔	sous-titre 수티트르	sottotitolo 소토티톨로
더빙	dubbing 더빙	Synchronisation 정크로니자치온	synchronisation 싱크로니자시옹	sincronizzazione 싱크로니자치오네
춤	dance 댄스	Tanz 탄츠	danse 당스	danza 단차
안무 (按舞)	choreography 코리오그러피	Choreographie 코레오그라피	chorégraphie 코레그라피	coreografia 코레오그라피아
발레	ballet 밸레이	Ballett 발레트	ballet 발레	balletto 발레토

스페인어	라틴어	러시아어	그리스어	일본어	중국어
teatro 테아트로	theatrum 테아트룸	театр 테아트르	θέατρο 테아트로	演劇 (えんげき) 엔게키	话剧 화쥬
payaso 파야소	maccus 마쿠스	балда 발다	κλόουν 클로운	ピエロ 피에로	艺人 이런
parque 파르케	hortus 호르투스	парк 파르크	δενδρόκηπος 덴드로케포스	公園 (こうえん) 고엔	公园 궁위안
plaza 플라사	forum 포룸	место 메스토	οἴκημα 오이케마	広場 (ひろば) 히로바	广场 광창
filme 필메	taenia 타이니아	фильм 필름	ταινία 타이니아	映画 (えいが) 에이가	电影 뎬잉
subtítulo 숩티툴로	subtitulus 숩티툴루스	подзаголовок 포자골로보크	υπότιτλος 이포티틀로스	字幕 (じまく) 지마쿠	字幕 쯔무
sincronización 싱크로니사시온	synchronisatio 싱크로니사치오	синхрониза- ция 싱흐로니자치야	μεταγλώττιση 메타글로티세	吹き替え (ふきかえ) 후키카에	配音 페이인
danza 단사	tripodo 트리포도	танец 타네츠	χορός 코로스	踊り (おどり) 오도리	舞蹈 우다오
coreografía 코레오그라피아	ars scaenicae saltationis 아르스 스카이니카 이 살타치오니스	хореография 호레오그라피야	χορογραφία 크로그라피아	振り付け (ふりつけ) 후리쓰케	编舞 볜우
ballet 발레	–	балет 발레트	μπαλέτο 발레토	バレエー 바레	芭蕾舞 바레이우

4-17. 종교 일반

한국어	영어	독일어	프랑스어	이탈리아어
종교 (宗敎)	religion 릴리전	Religion 렐리기온	religion 를리지옹	religione 렐리조네
신앙 (信仰)	faith 페이스	Glaube 글라우베	croyance 크루아양스	credenza 크레덴차
영혼 (靈魂)	soul 소울	Seele 젤레	âme 암	anima 아니마
저승	beyond 비욘드	Jenseits 옌자이츠	au–delà 오들라	aldilà 알딜라
이승	this world 디스 월드	Diesseits 디즈자이츠	ce monde 서 몽드	questo mondo 퀘스토 몬도
운명 (運命)	destiny 데스티니	Schicksal 시크잘	destin 데스탱	destino 데스티노
신 (神)	god 갓	Gott 고트	dieu 디외	dio 디오
여신 (女神)	godess 가디스	Göttin 괴틴	déesse 데에스	dea 데아
악마 (惡魔)	devil 데블	Teufel 토이펠	diable 디아블	diavolo 디아볼로
기적 (奇蹟)	miracle 미러클	Wunder 분더	merveille 메르베유	meraviglia 메라빌리아
기도 (祈禱)	prayer 프레어	Gebet 게베트	prière 프리예르	preghiera 프레기에라

스페인어	라틴어	러시아어	그리스어	일본어	중국어
religión 렐리히온	religio 렐리기오	религия 렐리기야	θρησκεία 트레스케이아	宗教 (しゅうきょう) 슈쿄	宗教 쭝자오
confianza 콘피안사	fides 피데스	вера 베라	πίστη 피스테	信仰 (しんこう) 신코	信仰 신양
alma 알마	animus 아니무스	душа 두샤	ψυχή 프시케	霊魂 (れいこん) 레이콘	灵魂 링훈
otro mundo 오트로 문도	caelum 카일룸	потусторонний мир 포투스토로니 미르	ὑπερέκεινα 히페레케이나	あの世 (あのよ) 아노요	阴间 인젠
este mundo 에스테 문도	cis 키스	этот свет 예토트 스베트	τα εγκόσμια 타 엥고스미아	現し世 (うつしよ) 우쓰시요	今生 진성
suerte 수에르테	fatum 파툼	судьба́ 수디바	κλῆρος 클레로스	運命 (うんめい) 운메이	命运 밍윈
dios 디오스	deus 데우스	бог 보크	θεός 테오스	神 (かみ) 가미	神 선
diosa 디오사	dea 데아	богиня 보기냐	θεά 테아	女神 (めがみ) 메가미	女神 뉘선
diablo 디아블로	diabolus 디아볼루스	дьявол 지야볼	διάβολος 디아볼로스	悪魔 (あくま) 아쿠마	恶魔 어모
prodigio 프로디히오	miraculum 미라쿨룸	чудо 추도	θαῦμα 타우마	奇跡 (きせき) 기세키	奇迹 치지
oración 오라시온	prex 프렉스	моли́тва 몰리트바	ἱκετηρία 히케테리아	祈り (いのり) 이노리	祈祷 치다오

한국어	영어	독일어	프랑스어	이탈리아어
경배 (敬拜)	worship 워십	Verehrung 페어에룽	vénération 베네라시옹	omaggio 오마조
진리 (眞理)	truth 트루스	Wahrheit 바하이트	vérité 베리테	verità 베리타
순교 (殉敎)	martyrdom 마터덤	Martyrium 마르튀리움	martyre 마르티르	martirio 마르티리오
금기 (禁忌)	taboo 터부	Tabu 타부	tabou 타부	tabù 타부
미신 (迷信)	superstition 수퍼스티션	Aberglaube 아버글라우베	superstition 쉬페르스티시옹	superstizione 수페르스티치오네
광신 (狂信)	fanaticism 퍼내티시즘	Fanatismus 파나티스무스	fanatisme 파나티슴	fanatismo 파나티즈모
개종 (改宗)	conversion 컨버션	Konversion 콘페르지온	conversion 콘베르시옹	conversione 콘베르시오네
광배 (光背)	halo 헤일로	Heiligenschein 하일리겐샤인	auréole 오레올	aureola 아우레올라
금욕 (禁慾)	celibacy 셀리버시	Zölibat 쵤리바트	célibat 셀리바	celibato 첼리바토

4-18. 종교 1 : 기독교

| 기독교 | Christianity 크리스티애니티 | Christentum 크리스텐툼 | Christianisme 크리스티아니슴 | Cristianesimo 크리스티아네지모 |

스페인어	라틴어	러시아어	그리스어	일본어	중국어
admiración 아드미라시온	cultus 쿨투스	благоговение 블라고고베니예	θρησκεία 트레스케이아	崇拝 (すうはい) 스하이	膜拜 모바이
verdad 베르다드	veritas 베리타스	правдивость 프라브디보스티	ἀσφάλεια 아스팔레이아	真理 (しんり) 신리	真理 전리
martirio 마르티리오	martyrium 마르티리움	мученичество 무체니체스트보	μαρτύριο 마르티리오	殉難 (じゅんなん) 준난	殉教 순자오
tabú 타부	religiosus 렐리기오수스	табу 타부	ταμπού 탐부	禁止 (きんし) 긴시	禁忌 진즈
superstición 수페르스티시온	superstitio 수페르스티치오	суеверие 수예베리예	πρόληψη 프롤렙세	迷信 (めいしん) 메이신	迷信 미신
fanatismo 파나티스모	fanatismus 파나티스무스	фанатизм 파나치즘	φανατισμός 파나티스모스	狂信 (きょうしん) 교신	狂热信奉 광러신펑
conversión 콘베르시온	versio 베르시오	обращение 오브라셰니예	αλλαξοπιστία 알락소피스티아	改宗 (かいしゅう) 가이슈	改教 가이자오
nimbo 님보	aureola 아우레올라	ореол 오레올	κλέος 클레오스	円光 (えんこう) 엔코	光环 광환
celibato 셀리바토	caelibatus 카일리바투스	безбрачие 베즈브라치예	αγαμία του κλήρου 아가미아 투 클레루	禁欲 (きんよく) 긴요쿠	禁欲 진위
Cristianismo 크리스티아니스모	Christianitas 크리스티아니타스	Христианство 흐리스티안스트보	χριστιανισμός 크리스티아니스모스	キリスト教 (キリストきょう) 기리스토쿄	基督教 지두자오

한국어	영어	독일어	프랑스어	이탈리아어
교회 (敎會)	church 처치	Kirche 키르헤	église 에글리즈	chiesa 키에자
그리스도	Christ 크라이스트	Christus 크리스투스	Christ 크리스트	Cristo 크리스토
구세주 (救世主)	savior 세이비어	Heiland 하일란트	sauveur 소뵈르	salvatore 살바토레
천국 (天國)	heaven 헤븐	Himmel 힘멜	ciel 시엘	cielo 첼로
복음 (福音)	gospel 가스펠	Evangelium 에방겔리움	évangile 에방질	vangelo 반젤로
성경 (聖經)	bible 바이블	Bibel 비벨	bible 비블	bibbia 비비아
창세기 (創世記)	Genesis 제너시스	Genesis 게네시스	Genèse 제네즈	Genesi 제네지
세례 (洗禮)	baptism 뱁티즘	Taufe 타우페	baptême 밥템	battesimo 바테지모
천사 (天使)	angel 에인절	Engel 엥엘	ange 앙주	angelo 안젤로
은총 (恩寵)	grace 그레이스	Gnade 그나데	grâce 그라스	grazia 그라차
선교 (宣敎)	mission 미션	Mission 미시온	mission 미시옹	missione 미시오네

스페인어	라틴어	러시아어	그리스어	일본어	중국어
iglesia 이글레시아	ecclesia 에클레시아	цéрковь 체르코비	ἐκκλησία 에클레시아	教会 (きょうかい) 교카이	教会 자오후이
Cristo 크리스토	Christus 크리스투스	Христóс 흐리스토스	Χριστός 크리스토스	キリスト 기리스토	天主 톈주
salvador 살바도르	salvator 살바토르	спасúтель 스파시텔	λυτρωτής 립토테스	救世主 (きゅうせいしゅ) 규세이슈	救世主 주스주
cielo 시엘로	caelum 카일룸	нéбо 네보	οὐρανός 우라노스	天国 (てんごく) 덴고쿠	天国 톈궈
evangelio 에방헬리오	evangelium 에방겔리움	евангелие 예반겔리예	εὐαγγέλιον 에방겔리온	福音 (ふくいん) 후쿠인	福音 푸인
biblia 비블리아	biblium 비블리움	библия 비블리야	βίβλος 비블로스	聖書 (せいしょ) 세이쇼	圣经 성징
Génesis 헤네시스	Genesis 게네시스	Кни́га Бытия́ 크니가 비티야	Γένεσις 게네시스	創世記 (そうせいき) 소세이키	创世纪 촹스지
bautismo 바우티스모	baptismus 밥티스무스	крестины 크레스티니	βάπτισμα 밥티스마	洗礼 (せんれい) 센레	洗礼 시리
ángel 앙헬	angelus 앙겔루스	ангел 앙겔	ἄγγελος 앙겔로스	天使 (てんし) 덴시	天使 톈스
clemencia 클레멘시아	gratia 그라치아	милость 밀로스티	ἔλεος 엘레오스	恩寵 (おんちょう) 온초	恩宠 언충
misión 미시온	missio 미시오	миссия 미시야	ἀποστολή 아포스톨레	宣教 (せんきょう) 센쿄	传教 촨쟈오

한국어	영어	독일어	프랑스어	이탈리아어
낙원 (樂園)	paradise 패러다이스	Paradies 파라디즈	paradis 파라디	paradiso 파라디조
섭리 (攝理)	providence 프로비던스	Vorsehung 포어제웅	providence 프로비당스	fato 파토
회개 (悔改)	repentance 리펜턴스	Reue 로이에	pénitence 페니탕스	pentimento 펜티멘토
찬송가 (讚頌歌)	psalm 삼	Psalm 프살름	psaume 프솜	salmo 살모
계시 (啓示)	divine revelation 디바인 레벌레이션	Offenbarung 오펜바룽	révélation 레벨라시옹	rivelazione 리벨라치오네
설교 (說敎)	sermon 서먼	Predigt 프레디히트	sermon 세르몽	predica 프레디카
신학 (神學)	theology 시알러지	Theologie 테올로기	théologie 테올로지	teologia 테올로지아
사도 (使徒)	apostle 어포슬	Apostel 아포스텔	apôtre 아포트르	apostolo 아포스톨로
기독교도 (基督敎徒)	Christian 크리스천	Christ 크리스트	Chrétien 크레티앵	Cristiano 크리스티아노
목사 (牧師)	pastor 파스터	Pastor 파스토어	pasteur 파스퇴르	pastore 파스토레
안식일 (安息日)	sabbath 새버스	Sabbat 자바트	sabbat 사바	shabbat 샤바트

스페인어	라틴어	러시아어	그리스어	일본어	중국어
paraíso 파라이소	paradisus 파라디수스	рай 파이	παράδεισος 파라데이소스	楽園 (らくえん) 라쿠엔	乐园 러위안
providencia 프로비덴시아	providentia 프로비덴치아	провидéние 프로비데니예	πρόνοια 프로노이아	摂理 (せつり) 세쓰리	意旨 이즈
arrepentimien– to 아레펜티미엔토	paenitentia 파이니텐치아	раскаяние 라스카야니예	μετάνοια 메타노이아	悔い改め (くいあらため) 구이아라타메	悔改 후이가이
salmo 살모	psalmus 프살무스	псалóм 프살롬	ψαλμός 프살모스	賛美歌 (さんびか) 산비카	赞美歌 짠메이거
revelación 레벨라시온	revelatio 레벨라치오	явление 야블레니예	ἀποκάλυψις 아포칼립시스	啓示 (けいじ) 게이지	默示 모스
predicador 프레디카도르	contio 콘치오	проповедь 프로포베디	κήρυγμα 케리그마	説教 (せっきょう) 셋쿄	说教 쉬자오
teología 테올로히아	theologia 테올로기아	богословие 보고슬로비예	θεολογία 테올로기아	神学 (しんがく) 신가쿠	神学 선쉐
apóstol 아포스톨	apostolus 아포스톨루스	апóстол 아포스톨	ἀπόστολος 아포스톨로스	使徒 (しと) 시토	使徒 스투
Cristiano 크리스티아노	Christianus 크리스티아누스	христианин 흐리스티아닌	Χριστιανός 크리스티아노스	耶蘇教徒 (ヤソきょうと) 야소쿄토	基督徒 지두투
ministro 미니스트로	pastor 파스토르	пастор 파스토르	πάστορας 파스토라스	牧師 (ぼくし) 보쿠시	牧师 무스
sabbat 사바트	sabbatum 사바툼	шаббáт 샤바트	κυριακή 키리아케	安息日 (あんそくじつ) 안소쿠지쓰	安息日 안시르

한국어	영어	독일어	프랑스어	이탈리아어
우상 (偶像)	idol 아이돌	Abgott 압고트	idole 이돌	idolo 이돌로
피조물 (被造物)	creature 크리처	Geschöpf 게쇱프	créature 크레아튀르	creatura 크레아투라
부활절 (復活節)	Easter 이스터	Ostern 오스턴	Pâques 파크	Pasqua 파스콰
성령강림절 (聖靈降臨節)	Whitsun 윗슨	Pfingsten 핑스텐	Pentecôte 팡트코트	Pentecoste 펜테코스테
크리스마스	Christmas 크리스머스	Weihnachten 바이나흐텐	Noël 노엘	Natale 나탈레
예배 (禮拜)	service 서비스	Gottesdienst 고테스딘스트	messe 메스	messa 메사
축도 (祝禱)	benediction 베니딕션	Segnung 제크눙	bénédiction 베네딕시옹	benedizione 베네디치오네
구세군 (救世軍)	Salvation Army 샐베이션 아미	Heilsarmee 하일스아르메	Armée du Salut 아르메 뒤 살뤼	Esercito della Salveza 에제르치토 델라 살베차

4-19. 종교 2 : 천주교

천주교도 (天主敎徒)	catholic 캐설릭	Katholik 카톨릭	catholique 카톨리크	cattolico 카톨리코
교황 (敎皇)	pope 포프	Papst 팝스트	pape 파프	pontefice 폰테피체

스페인어	라틴어	러시아어	그리스어	일본어	중국어
ídolo 이돌로	idolum 이돌룸	идол 이돌	είδωλο 에이돌로	偶像 (ぐうぞう) 구조	神像 선샹
criatura 크리아투라	creatura 크레아투라	зверь 즈베리	κτίσμα 크티스마	被造物 (ひぞうぶつ) 히조부쓰	造化之物 짜오화즈우
Pascua 파스쿠아	Pascha 파샤	Пáсха 파스하	Πάσχα 파스카	復活節 (ふっかつせつ) 훗카쓰세쓰	复活节 푸휘제
Pentecostés 펜테코스테스	Pentecoste 펜테코스테	Трóица 트로이차	Πεντηκοστή 펜데코스테	聖霊降臨祭 (せいれいこうりんさい) 세레코린사이	五旬节 우순제
Navidad 나비다드	Christmas 크리스마스	рождество 로즈데스트보	Χριστούγεννα 크리스투게나	クリスマス 구리스마스	圣诞节 성단제
servicio religioso 세르비시오 렐리히오소	res divinae 레스 디비나이	богослужение 보고슬루제니예	λατρεία 라트레이아	礼拝 (れいはい) 레이하이	礼拜 리바이
bendición 벤디시온	benedictio 베네딕치오	благословение 블라고슬로베니예	μακαρισμός 마카리스모스	祝禱 (しゅくとう) 슈쿠토	祝福 주푸
Ejército de Salvación 에헤르시토 데 살바시온	Exercitus Salvationis 엑세르키투스 살바치오니스	Армия спасения 아르미야 스파세니야	Στρατός Σωτηρίας 스트라토스 소테리아스	救世軍 (きゅうせいぐん) 규세군	救世军 주스준
católico 카톨리코	catholicus 카톨리쿠스	католический 카톨리체스키	καθολικός 카톨리코스	カトリックきょうと 가토릿쿠쿄토	天主教徒 텐주자오투
papa 파파	pontifex 폰티펙스	папа римский 파파 림스키	πάπας 파파스	教皇 (きょうこう) 쿄코	教皇 자오황

한국어	영어	독일어	프랑스어	이탈리아어
성인 (聖人)	saint 세인트	Heiliger 하일리거	saint 생	santo 산토
추기경 (樞機卿)	cardinal 카디늘	Kardinal 카르디날	cardinal 카르디날	cardinale 카르디날레
성상 (聖像)	icon 아이콘	Ikone 이코네	icône 이콘	icona 이코나
대주교 (大主教)	archbishop 아치비숍	Erzbischof 에르츠비쇼프	archevêque 아르슈베크	arcivescovo 아르치베스코보
주교 (主教)	bishop 비숍	Bischof 비쇼프	évêque 에베크	vescovo 베스코보
신부 (神父)	father 파더	Pater 파터	père 페르	padre 파드레
수사 (修士)	monk 멍크	Mönch 뫤히	moine 무안	monaco 모나코
수녀 (修女)	nun 넌	Nonne 논네	religieuse 를리지외즈	monaca 모나카
대모 (代母)	godmother 갓마더	Patin 파틴	marraine 마랭	madrina 마드리나
대부 (代父)	godfather 갓파더	Pate 파테	parrain 파랭	padrino 파드리노
청교도 (淸教徒)	puritan 퓨리턴	Puritaner 푸리타너	puritain 퓌리탱	puritano 푸리타노

스페인어	라틴어	러시아어	그리스어	일본어	중국어
santo 산토	sanctus 상투스	святой 스뱌토이	άγιος 아기오스	聖人 (せいじん) 세진	圣人 성런
cardenal 카르데날	cardinalis 카르디날리스	кардинал 카르디날	καρδινάλιος 카르디날리오스	枢機卿 (すうききょう) 스키쿄	红衣主教 훙이주자오
icono 이코노	icon 이콘	икона 이코나	εικόνα 에이코나	聖像 (せいぞう) 세조	圣像 성샹
arcipreste 아르시프레스테	archiepiscopus 아르키에피스코푸스	архиепископ 아르히예피스코프	αρχιεπίσκο- πος 아르키에피스코 포스	大司教 (だいしきょう) 다이시쿄	大主教 다주자오
obispo 오비스포	episcopus 에피스코푸스	епископ 예피스코프	επίσκοπος 에피스코포스	司教 (しきょう) 시쿄	主教 주자오
padre 파드레	pater 파테르	батюшка 바추시카	πατήρ 파테르	神父 (しんぷ) 신푸	神父 선푸
monje 몽헤	monachus 모나쿠스	монах 모나흐	μοναχός 모나코스	修道士 (しゅうどうし) 슈도시	修士 슈스
monja 몽하	monacha 모나카	монáхиня 모나히냐	μοναχή 모나케	修道女 (しゅうどうじょ) 슈도조	修女 슈뉘
madrina 마드리나	commaterr 콤마테르	крёстная 크료스트나야	ανάδοχη 아나도케	代母 (だいぼ) 다이보	教母 자오무
padrino 파드리노	compater 콤파테르	крёстный 크료스트니	ανάδοχος 아나도코스	名付け親 (なづけおや) 나즈케오야	教父 자오푸
puritano 푸리타노	puritanus 푸리타누스	пуритáнин 푸리타닌	πουριτανός 푸리타노스	清教徒 (せいきょうと) 세이쿄토	清教徒 칭자오투

한국어	영어	독일어	프랑스어	이탈리아어
묵주 (默珠)	rosary 로저리	Rosenkranz 로젠크란츠	chapelet 샤플레	rosario 로자리오
이교 (異敎)	heresy 헤리시	Ketzerei 케처라이	hérésie 에레지	eresia 에레시아
고해 (告解)	confession 컨페션	Beichte 바이히테	confession 콩페시옹	confessione 콘페시오네
십자군 (十字軍)	crusader 크루세이더	Kreuzritter 크로이츠리터	croisé 크루아제	crociato 크로차토
십자가 (十字架)	cross 크로스	Kreuz 크로이츠	croix 크루아	croce 크로체
전지적 (全知的)	omniscient 옴니센트	allwissend 알비센트	omniscient 옴니시앙	onnisciente 온니센테
종탑 (鐘塔)	belfry 벨프리	Glockenturm 글로켄투름	clocher 클로셰	campanile 캄파닐레

4-20. 종교 3 : 불교 등

한국어	영어	독일어	프랑스어	이탈리아어
지혜 (智慧)	wisdom 위즈덤	Weisheit 바이스하이트	sagesse 사제스	saggezza 사게차
유교 (儒敎)	Confucianism 컨퓨셔니즘	Konfuzianis- mus 콘푸치아니스무스	Confucianisme 콩퓌시아니슴	Confucianismo 콘푸치아니즈모
불교 (佛敎)	Buddhism 부디즘	Buddhismus 부디스무스	Bouddhisme 부디슴	Buddismo 부디즈모

스페인어	라틴어	러시아어	그리스어	일본어	중국어
rosario 로사리오	rosarium 로사리움	чётки 촛키	κομποσκοίνι 콤보스코이니	ロザリオ 로자리오	圣珠 성주
herejía 에레히아	haeresis 하이레시스	ёресь 예레시	αίρεση 아이레세	異教徒 (いきょうと) 이쿄토	异教 이자오
confesión 콘페시온	confessio 콘페시오	признание 프리즈나니예	ὁμολογία 호몰로기아	告解 (こっかい) 곳카이	自供状 쯔궁좡
cruzado 크루사도	crucesignatus 크루케시그나투스	крестоносец 크레스토노세츠	σταυροφόρος 스타브로포로스	十字軍 (じゅうじぐん) 주지군	十字军 스쯔준
cruz 크루스	crux 크룩스	крест 크레스트	σταυρός 스타브로스	十字架 (じゅうじか) 주지카	十字架 스쯔자
sabelotodo 사벨로토도	omnisciens 옴니스키엔스	всезнающий 브세즈나유시	παντογνώστης 판도그노스테스	全知 (ぜんち) 젠치	无所不知 우쒀부즈
campanario 캄파나리오	campana 캄파나	колокольня 콜로콜냐	κωδωνοστάσιο 코도노스타시오	鐘楼 (しょうろう) 쇼로	钟塔 중타
sabiduría 사비두리아	sapientia 사피엔치아	мудрость 무드로스티	σοφία 소피아	知恵 (ちえ) 지에	智慧 즈후이
Confucianismo 콘푸시아니스모	Confucianismus 콘푸키아니스무스	конфуцианство 콘푸치안스트보	Κομφουκιανισμός 콤푸키아니스모스	儒教 (じゅきょう) 주쿄	儒教 루자오
Budismo 부디스모	Buddhismus 부디스무스	буддизм 부디즘	Βουδισμός 부디스모스	仏教 (ぶっきょう) 붓쿄	佛教 포자오

한국어	영어	독일어	프랑스어	이탈리아어
도교 (道敎)	Taoism 타오이즘	Daoismus 다오이스무스	Taoïsme 타오이슴	Taoismo 타오이즈모
자비 (慈悲)	compassion 컴패션	Erbarmen 에어바르멘	compassion 콩파시옹	compassione 콤파시오네
보시 (布施)	donation 도네이션	Spende 슈펜데	don 동	offerta 오페르타
명상 (冥想)	meditation 메디테이션	Meditation 메디타치온	méditation 메디타시옹	meditazione 메디타치오네
화신 (化身)	incarnation 인카네이션	Inkarnation 인카나치온	personnification 페르손니피카시옹	incarnazione 인카르나치오네
탑 (塔)	tower 타워	Turm 투름	tour 투르	torre 토레
종 (鍾)	bell 벨	Glocke 글로케	cloche 클로슈	campana 캄파나
환생 (還生)	reincarnation 리인카네이션	Wiedergeburt 비더게부어트	réincarnation 레앵카르나시옹	reincarnazione 레인카르나치오네
모스크	mosque 모스크	Moschee 모셰	mosquée 모스케	moschea 모스케아

4-21. 종교 4 : 무속

점 (占)	divination 디비네이션	Weissagung 바이스자궁	prévision 프레비지옹	presagio 프레사조

스페인어	라틴어	러시아어	그리스어	일본어	중국어
Taoísmo 타오이스모	Daoismus 다오이스무스	даосизм 다오시즘	Ταοϊσμός 타오이스모스	道教 (どうきょう) 도쿄	道教 다오쟈오
compasión 콤파시온	misericordia 미세리코르디아	милосердие 밀로세르디예	ἔλεος 엘레오스	慈悲 (じひ) 지히	慈悲 츠베이
donativo 도나티보	donatio 도나치오	дар 다르	κοινωνία 코이노니아	布施 (ふせ) 후세	布施 부스
meditación 메디타시온	meditatio 메디타치오	медитация 메디타시야	διαλογισμός 디알로기스모스	冥想 (めいそう) 메소	冥想 밍샹
encarnación 엔카르나시온	incarnatio 인카르나치오	воплощéние 보플로셰니예	ενσάρκωση 엔사르코세	化身 (けしん) 게신	化身 화선
torre 토레	turris 투리스	башня 바시냐	πύργος 피르고스	塔 (とう) 도	塔 타
campana 캄파나	campana 캄파나	звонок 즈보노크	καμπανάκι 캄바나키	鐘 (かね) 가네	钟 중
reencarnación 레엔카르나시온	reincarnatio 레인카르나치오	перевоплощé– ние 페레보플로셰니예	παλιγγενεσία 팔링게네시아	再来 (さいらい) 사이라이	轮回 룬후이
mezquita 메스키타	meschita 메스키타	мечеть 메체티	τέμενος 테메노스	モスク 모스쿠	清真寺 칭전쓰
adivinación 아디비나시온	divinatio 디비나치오	гадание 가다니예	προφητεία 프로페테이아	占い (うらない) 우라나이	占卦 잔과

한국어	영어	독일어	프랑스어	이탈리아어
무속 (巫俗)	shamanism 샤머니즘	Schamanismus 샤마니스무스	chamanisme 샤마니슴	sciamanismo 샤마니즈모
마술 (魔術)	magic 매직	Zauber 차우버	magie 마지	magia 마자
마술사 (魔術師)	wizard 위저드	Zauberer 차우버러	magicien 마지시앵	mago 마고
마녀 (魔女)	witch 위치	Hexe 헥세	sorcière 소르시에르	strega 스트레가
요술 (妖術)	sorcery 소서리	Zauberei 차우버라이	sorcellerie 소르셀리	sortilegio 소르틸레조
유령 (幽靈)	ghost 고스트	Gespenst 게슈펜스트	spectre 스펙트르	spettro 스페트로
부적 (符籍)	amulet 애뮬릿	Talisman 탈리스만	amulette 아뮐레트	portafortuna 포르타포르투나
주문 (呪文)	incantation 인캔테이션	Zauberspruch 차우버슈프루흐	incantation 앵캉타시옹	incantesimo 잉칸테지모
점쟁이*	diviner 디바이너	Wahrsager 바자거	voyant 부아양	indovino 인도비노
신전 (神殿)	temple 템플	Tempel 템펠	temple 탕플	tempio 템피오
제단 (祭壇)	altar 올터	Altar 알타	autel 오텔	altare 알타레

스페인어	라틴어	러시아어	그리스어	일본어	중국어
chamanismo 차마니스모	–	шаманизм 샤마니즘	σαμανισμός 사마니스모스	シャーマニズム 샤마니즈무	黃教 황자오
hechizo 에치소	magicus 마기쿠스	волшебство 볼솁스트보	μαγεία 마게이아	魔法 (まほう) 마호	魔术 모수
hechicero 에치세로	magus 마구스	фокусник 포쿠스니크	μάγος 마고스	魔法使い (まほうつかい) 마호쓰카이	魔术师 모수스
hechicera 에치세라	incantatrix 인칸타트릭스	ведьма 베디마	μάγισσα 마기사	魔女 (まじょ) 마조	魔女 모뉘
sortilegio 소르틸레히오	magia 마기아	чародейство 차로데이스트보	φάρμακον 파르마콘	魔術 (まじゅつ) 마주쓰	妖术 야오수
espectro 에스펙트로	phasma 파스마	привидéние 프리비데니예	πνεῦμα 프네우마	幽霊 (ゆうれい) 유레이	幽灵 유링
talismán 탈리스만	amuletum 아물레툼	амулéт 아물레트	φυλαχτό 필락토	護符 (ごふ) 고후	护身符 후선푸
encanto 엔칸토	incantatio 인칸타치오	обаяние 오바야니예	μαγικά λόγια 마기카 로기아	呪文 (じゅもん) 주몬	咒语 저우위
adivino 아디비노	ariolus 아리올루스	гадалка 가달카	μάντης 만데스	占い師 (うらないし) 우라나이시	算命先生 솬밍셴성
templo 템플로	templum 템플룸	храм 흐람	ναός 나오스	神殿 (しんでん) 신덴	神殿 선덴
altar 알타르	ara 아라	алтарь 알타리	θυσιαστήριον 티시아스테리온	祭壇 (さいだん) 사이단	祭坛 지탄

한국어	영어	독일어	프랑스어	이탈리아어
점성술 (占星術)	astrology 어스트랄러지	Astrologie 아스트롤로기	astrologie 아스트롤로지	astrologia 아스트롤로자
신비 (神秘)	mystery 미스터리	Mysterium 뮈스테리움	mystère 미스테르	mistero 미스테로

4-22. 풍속/의례

한국어	영어	독일어	프랑스어	이탈리아어
풍속 (風俗)	customs 커스텀	Brauch 브라우흐	coutume 쿠튐	costume 코스투메
민속 (民俗)	folklore 폴클로어	Volkskunde 폴크스쿤데	folklore 폴크로르	folclore 폴크로레
의식 (儀式)	ceremony 세레머니	Zeremonie 체레모니	cérémonie 세레모니	cerimonia 체리모니아
에티켓	etiquette 에티켓	Etikette 에티케테	étiquette 에티케트	etichetta 에티케타
격식 (格式)	formality 포맬리티	Formalität 포르말리탯	formalité 포르말리테	formalità 포르말리타
예의 (禮儀)	decorum 디코럼	Anständigkeit 안슈탠디히카이트	désence 데상스	decenza 데첸차
조의 (弔意)	condolence 컨돌런스	Beileid 바일라이트	condoléance 콩돌레앙스	consolazione 콘솔라치오네
매장 (埋葬)	burial 베리얼	Begräbnis 베그래프니스	enterrement 앙테르망	sepoltura 세폴투라

스페인어	라틴어	러시아어	그리스어	일본어	중국어
astrología 아스트롤로히아	astrologia 아스트롤로기아	астрология 아스트롤로기야	αστρολογία 아스트롤로기아	占星術 (せんせいじゅつ) 센세주쓰	占星术 잔싱수
misterio 미스테리오	mysterium 미스테리움	тайна 타이나	μυστήριον 미스테리온	神秘 (しんぴ) 신피	神秘 선미
costumbre 코스툼브레	institutum 인스치투툼	обычай 오비차이	ἔθος 에토스	風俗 (ふうぞく) 후조쿠	风俗 펑수
folclore 폴클로레	scientia popularis 스키엔치아 포풀라리스	фольклор 폴클로르	λαογραφία 라오그라피아	民俗 (みんぞく) 민조쿠	民俗 민수
ceremonia 세레모니아	ceremonia 케레모니아	церемония 체레모니야	τελετουργία 텔레투르기아	儀式 (ぎしき) 기시키	仪式 이스
rótulo 로툴로	morum elegantia 모룸 엘레칸치아	этикет 에티케트	πρωτόκολλο 프로토콜로	礼儀作法 (れいぎさほう) 레이기사호	礼节 리제
formalidad 포르말리다드	justificatio 유스티피카치오	формальность 포르말노스티	διατύπωση 디아티포세	格式 (かくしき) 가쿠시키	格式 거스
decencia 데센시아	decorum 데코룸	приличие 프릴리치예	εὐθύτης 에우티테스	礼節 (れいせつ) 레이세쓰	礼貌 리마오
consuelo 콘수엘로	consolatio 콘솔라치오	утешение 우테셰니예	συλλυπητήρια 실리페테리아	哀悼 (あいとう) 아이토	吊唁 댜오옌
entierro 엔티에로	sepultura 세풀투라	похороны 포호로니	ἐνταφιασμός 엔다피아스모스	埋葬 (まいそう) 마이소	掩埋 옌마이

한국어	영어	독일어	프랑스어	이탈리아어
장례 (葬禮)	funeral 퓨너럴	Beisetzung 바이제충	funérailles 퓌네라유	funerali 푸네랄리

4-23. 스포츠 일반/관련 인물

스포츠	sports 스포츠	Sport 슈포르트	sport 스포르	sport 스포르트
경기 (競技)	game 게임	Spiel 슈필	match 마추	partita 파르티타
경주 (競走)	race 레이스	Wettlauf 베틀라우프	course 쿠르스	corsa 코르사
경쟁 (競爭)	competition 컴피티션	Wettbewerb 벳베베르프	compétition 콩페티시옹	competizione 콤페티치오네
우승 (優勝)	championship 챔피언십	Meisterschaft 마이스터샤프트	championnat 샹피오나	campionato 캄피오나토
결승전 (決勝戰)	final 파이늘	Endspiel 엔트슈필	finale 피날	finale 피날레
준결승 (準決勝)	semi-final 세미-파이늘	Halbfinale 할프피날네	demi-finale 드미피날	semifinale 세미피날레
도전 (挑戰)	challenge 챌린지	Herausforde- rung 헤라우스포더룽	défi 데피	sfida 스피다
수비 (守備)	defense 디펜스	Abwehr 압베어	défense 데팡스	difesa 디페사

스페인어	라틴어	러시아어	그리스어	일본어	중국어
funerales 푸네랄레스	funus 푸누스	панихи́да 파니히다	ταφή 타페	葬式 (そうしき) 소시키	葬礼 짱리
deporte 데포르테	athletica 아틀레티카	спорт 스포르트	ἀθλητισμός 아틀레티스모스	スポーツ 스포쓰	体育 티위
juego 후에고	ludus 루두스	игра́ 이그라	ἀγώνας 아고나스	試合 (しあい) 시아이	比賽 비사이
carrera 카레라	curriculum 쿠리쿨룸	го́нка 곤카	ἀγώνας δρόμου 아고나스 드로무	競走 (きょうそう) 쿄소	賽跑 사이파오
competición 콤페티시온	contentio 콘텐치오	сопе́рничество 소페르니체스트보	ἄθλησις 아틀레시스	競争 (きょうそう) 쿄소	竞赛 징사이
campeonato 캄페오나토	principatus 프린키파투스	пе́рвенство 페르벤스트보	πρωτάθλημα 프로타틀레마	優勝 (ゆうしょう) 유쇼	优胜 유성
partido final 파르티도 피날	ludus ultimus 루두스 울티무스	финал 피날	τελικός ἀγώνας 텔리코스 아고나스	決勝 (けっしょう) 겟쇼	决赛 줴사이
semifinal 세미피날	semiultimus 세미울티무스	полуфина́л 폴루피날	ἡμιτελικός 에미텔리코스	準決勝 (じゅんけっしょう) 준겟쇼	半决赛 반줴사이
desafío 데사피오	provocatio 프로보카치오	вы́зов 비제오프	παροξυσμός 파록시스모스	挑戦 (ちょうせん) 조센	挑战 탸오잔
protección 프로텍시온	defensio 데펜시오	оборо́на 오보로나	ἔχθρα 엑트라	守り (まもり) 마모리	防守 팡서우

한국어	영어	독일어	프랑스어	이탈리아어
주먹질	punch 펀치	Faustschlag 파우스트슐라크	coup de poing 쿠 드 푸앵	cazzotto 카초토
월드컵	Worldcup 월드컵	Weltpokal 벨트포칼	championnat du monde 샹피오나 뒤 몽드	campionato mondiale 캄피오나토 몬디알레
단식 (單式)	single 싱글	Einzel 아인첼	simple 생플	singolare 싱골라레
복식 (複式)	double 더블	Doppel 도펠	double 두블	doppio 도피오
안마 (按摩)	massage 메사지	massage 마사제	massage 마사주	massaggio 마사조
등산 (登山)	climbing 클라이밍	Bergsteigen 베르크슈타이겐	alpinisme 알피니슴	alpinismo 알피니즈모
선수 (選手)	player 플레이어	Spieler 슈필러	joueur 주외르	giocatore 조카토레
심판 (審判)	umpire 엄파이어	Schiedsrichter 시츠리히터	arbitre 아르비트르	arbitro 아르비트로
챔피언	champion 챔피언	Meister 마이스터	champion 샹피옹	campione 캄피오네
코치	coach 코치	Trainer 트레너	entraîneur 앙트레뇌르	allenatore 알레나토레
승리자 (勝利者)	winner 위너	Sieger 지거	vainqueur 뱅쾨르	vincitore 빈치토레

스페인어	라틴어	러시아어	그리스어	일본어	중국어
cazzotto 카소토	colaphus 콜라푸스	кулачный удар 쿨라치니 우다르	μπουνιά 부니아	パンチ 판치	拳头 촨터우
campeonato del mundo 캄페오나토 델 문도	scyphus mundi 스키푸스 문디	чемпионат мира 쳄피오나트 미라	μουντιάλ 문디알	ワールドカップ 와루도캇푸	世界杯 스제베이
individual 인디비두알	simplex 심플렉스	одиночная игра 오디노치나야 이그라	απλό 아플로	単式 (たんしき) 단시키	单打 단다
doble 도블레	duplex 두플렉스	парная 파르나야	διπλό 디플로	複式 (ふくしき) 후쿠시키	双打 쐉다
masaje 마사헤	frictio 프릭치오	массаж 마사시	μασάζ 마사즈	按摩 (あんま) 안마	按摩 안모
montañismo 몬타니스모	montium ascensio 몬치움 아스켄시오	альпинизм 알피니즘	ορειβασία 오레이바시아	登山 (とざん) 도잔	爬山 파산
jugador 후가도르	lusor 루소르	игрок 이그로크	παίκτης 파익테스	選手 (せんしゅ) 센슈	选手 솬서우
árbitro 아르비트로	diaeteta 디아이테타	арбитр 아르비트르	διαιτητής 디에테테스	審判 (しんぱん) 신판	审判 선판
campeón 캄페온	campio 캄피오	мастер 마스테르	δεσπότης 데스포테스	覇者 (はしゃ) 하샤	冠军的 관준더
entrenador 엔트레나도르	exercitor 엑세르키토르	тренер 트레네르	προπονητής 프로포네테스	コーチ 고치	教练 자오롄
vencedor 벤세도르	hieronica 히에로니카	победитель 포베디텔	νικητής 비케테스	勝利者 (しょうりしゃ) 쇼리샤	胜利者 성리저

한국어	영어	독일어	프랑스어	이탈리아어
궁수 (弓手)	archer 아처	Bogenschütze 보겐쉬체	archer 아르셰	arciere 아르치에레
포수 (捕手)	catcher 캐처	Fänger 팽어	receveur 르스뵈르	ricevitore 리체비토레
투수 (投手)	pitcher 피처	Werfer 베르퍼	lanceur 랑쇠르	lanciatore 란차토레
기수 (騎手)	jockey 조키	Rennreiter 렌라이터	cavalier 카발리에	fantino 판티노

4-24. 스포츠 1 : 용품

공 [球]	ball 볼	Ball 발	balle 발	palla 팔라
바톤 (육상)	baton 배턴	Staffelstab 슈타펠슈탑	témoin 테무앵	testimone 테스티모네
셔틀콕	shuttlecock 셔틀콕	Federball 페더발	volant 볼랑	gioco del volano 조코 델 볼라노
채 (테니스)	racket 래킷	Schläger 슐래거	raquette 라케트	racchetta 라케타
방망이 (야구)	bat 배트	Schläger 슐래거	batte 바트	mazza 마차
활	bow 보우	Bogen 보겐	arc 아르크	arco 아르코

스페인어	라틴어	러시아어	그리스어	일본어	중국어
arquero 아르케로	sagittarius 사기타리우스	лучник 루치니크	δεξιολάβος 덱시올라보스	射手 (いて) 이테	弓箭手 궁젠서우
receptor 레셉토르	auceps 아우켑스	кетчер 켓체르	ρισίβερ 리시베르	捕手 (ほしゅ) 호슈	捕手 부서우
lanzador 란사도르	iaculator 이아쿨라토르	питчер 핏체르	ξέστης 크세스테스	投手 (とうしゅ) 도슈	投手 터우서우
jinete 히네테	equester 에쿠에스테르	жокéй 조케이	ιππηλάτης εν ιπποδρόμιω 이펠라테스 엔 이포드로미오	騎手 (きしゅ) 기슈	騎手 치서우
pelota 펠로타	pila 필라	мяч 므야치	μπάλα 발라	球 (きゅう) 규	球 추
testigo 테스티고	scipio 스키피오	эстафétная пáлочка 예스타페트나야 팔로치카	σκυτάλη 스키탈레	バトン 바톤	接力棒 제리방
plumilla 플루미야	pila pinnata 필라 핀나타	волáн 볼란	μπαλάκι του μπάντμιντον 발라키 투 반드민돈	シャトルコック 샤토루콧쿠	羽毛球 위마오추
raqueta 라케타	reticulum 레티쿨룸	ракéтка 라켓카	ρακέτα 라케타	ラケット 라켓토	网球拍 왕추파이
bate 바테	baculum 바쿨룸	клюшка 클류시카	ρόπαλο 로팔로	バット 밧토	棒球棍 방추군
arco 아르코	arcus 아르쿠스	лук 루크	τόξο 톡소	弓 (ゆみ) 유미	弓 궁

한국어	영어	독일어	프랑스어	이탈리아어
화살	arrow 애로우	Pfeil 파일	flèche 플레슈	freccia 프레차
활시위	bowstring 보우스트링	Bogensehne 보겐제네	corde d'un arc 코르드 된 아르크	corda 코르다
과녁	target 타깃	Zielscheibe 칠샤이베	cible 시블르	bersaglio 베르살료
원반 (圓盤)	discus 디스커스	Diskus 디스쿠스	disque 디스크	disco 디스코
곤봉 (棍棒)	club 클럽	Keule 코일레	massue 마쉬	bocce 보체
금메달	gold medal 골드 메들	Goldmedaille 골드메달리에	médaille d'or 메다유 도르	medaglia d'oro 메달리아 도로
스톱워치	stopwatch 스톱워치	stoppuhr 슈토프우어	chronomètre 크로노메트르	cronometro 크로로메트로
메달	medal 메들	Madaille 메달리에	médaille 메다유	medaglia 메달리아
트로피	trophy 트로피	Trophäe 트로패에	trophée 트로페	trofeo 트로페오
체육관 (體育館)	gymnasium 짐네이지엄	Sporthalle 슈포르트할레	gymnase 짐나즈	palazzo dello sport 팔라초 델로 스포르트
경기장 (競技場)	stadium 스테이디엄	Stadion 슈타디온	stade 스타드	stadio 스타디오

스페인어	라틴어	러시아어	그리스어	일본어	중국어
flecha 플레차	sagitta 사기타	стрела 스트렐라	βέλος 벨로스	矢 (や) 야	箭 젠
cuerda 쿠에르다	nervus 네르부스	тетива́ 테티바	χορδή 코르데	弓弦 (ゆみづる) 유미즈루	弓弦 궁셴
objetivo 오브헤티보	destinatum 데스티나툼	мишень 미셴	σκοπός 스코포스	的 (まと) 마토	靶子 바쯔
disco 디스코	discus 디스쿠스	диск 디스크	δισκοβολία 디스코볼리아	円盤 (えんばん) 엔반	铁饼 테빙
bolo 볼로	clava 클라바	бита 비타	σκέλος 스켈로스	棍棒 (こんぼう) 곤보	棍棒 군방
medalla de oro 메다야 데 오로	clipeus aureus 클리페우스 아우레우스	золотая медаль 졸로타야 메달	χρυσό μετάλλιο 크리소 메탈리오	金牌 (きんぱい) 긴파이	金牌 진파이
cronómetro 크로노메트로	chronoscopium 크로노스코피움	секундомер 세쿤도메르	χρονόμετρο αγώνων 크로노메트로 아고논	ストップウォッチ 스톳푸웟치	秒表 마뱌오
medalla 메다야	clipeus 클리페우스	медаль 메달	μετάλλιο 메탈리오	メダル 메다루	牌 파이
trofeo 트로페오	tropaeum 트로파이움	трофей 트로페이	τρόπαιο 트로파이오	トロフィー 도로휘	奖杯 장베이
polideportivo 폴리데포르티보	gymnasium 김나시움	гимнастичес-кий зал 김나스티체스키 잘	γυμναστήριο 김나스테리오	体育館 (たいいくかん) 다이이쿠칸	体育馆 티위관
estadio 에스타디오	stadium 스타디움	стадион 스타디온	στάδιο 스타디오	スタジアム 스타지아무	赛场 싸이창

한국어	영어	독일어	프랑스어	이탈리아어
채찍	whip 휩	Peitsche 파이체	fouet 푸에	frusta 프루스타

4-25. 스포츠 2 : 종목

육상 (陸上)	athletics 애슬레틱스	Leichtathletik 라이히트아틀레틱	athlétisme 아틀레티슴	atletica leggera 아틀레티카 레제라
이어달리기 [繼走]	relay 릴레이	Staffel 슈타펠	relais 를레	staffetta 스타페타
달리기 (단거리)	sprint 스프린트	Sprint 슈프린트	sprint 스프린트	sprint 스프린트
달리기	run 런	Lauf 라우프	course 쿠르스	corsa 코르사
장대높이뛰기	pole vault 폴 볼트	Stabhoch- sprung 슈탑호흐슈프룽	saut à la perche 소탈라페르슈	salto collasta 살토 콜라스타
높이뛰기	high jump 하이 점프	Hochsprung 호흐슈프룽	saut en hauteur 소앙오퇴르	salto in alto 살토 인 알토
멀리뛰기	broad jump 브로드 점프	Weitsprung 바이트슈프룽	saut en longueur 소앙롱죄르	salto in lungo 살토 인 룽고
장애물경기 (障碍物競技)	hurdle race 허들 레이스	Hürdenlauf 휘르덴라우프	course de haies 쿠르스 드 에	corsa a ostacoli 코르사 아 오스타콜리
마라톤	marathon 매러선	marathon 마라톤	marathon 마라통	maratona 마라토나

스페인어	라틴어	러시아어	그리스어	일본어	중국어
látigo 라티고	flagellum 플라겔룸	плеть 플레티	μάστιξ 마스틱스	鞭 (むち) 무치	鞭子 볜쯔
atletismo 아틀레티스모	athletismus 아틀레티스무스	лёгкая атлетика 룍카야 아틀레티카	στίβος 스티보스	陸上 (りくじょう) 리쿠죠	田径 톈징
carrera de relevos 카레라 데 렐레보스	-	эстафета 예스타페타	ομάδα 오마다	継走 (けいそう) 게이소	接力 제리
esprint 에스프린트	-	спринт 스프린트	δρόμος ταχύτητας 드로모스 타키테타스	スプリント 스푸린토	短跑 돤파오
carrera 카레라	cursus 쿠르수스	бег 베크	τρέξιμο 트렉시모	走ること (はしること) 하시루코토	跑 파오
salto de pértiga 살토 데 페르티가	saltus perticarius 살투스 페르티카리우스	прыжок с шестом 프리조크 스 셰스톰	άλμα επί κοντώ 알마 에피 콘도	棒高跳び (ぼうたかとび) 보타카토비	撑杆跳 청간탸오
salto de altura 살토 데 알투라	saltus in altum 살투스 인 알툼	прыжок в высоту 프리조크 브 비소투	άλμα εις ύψος 알마 에이스 입소스	高跳び (たかとび) 다카토비	跳高 탸오가오
salto de longitud 살토 데 롱히투드	saltus in longum 살투스 인 롱굼	прыжок в длину 프리조크 브 들리누	άλμα εις μήκος 알마 에이스 메코스	幅跳び (はばとび) 하바토비	跳远 탸오웬
carrera de vallas 카레라 데 바야스	cursus saeptum 쿠르수스 사입툼	бег с препятствиями 베크 스 프레퍗스트비야미	δρόμος μετ' εμποδίων 드로모스 메트 엠보디온	ハードル競走 (ハードルきょうそう) 하도루쿄소	障碍赛跑 장아이싸이파오
maratón 마라톤	marathon 마라톤	марафонец 마라포네츠	μαραθώνιος 마라토니오스	マラソン 마라손	马拉松 마라쑹

한국어	영어	독일어	프랑스어	이탈리아어
줄넘기	ropeskipping 로프스키핑	Seilspringen 자일슈프링엔	corde à sauter 코르다소테	corda per saltare 코르다 페르 살타레
체조 (體操)	gymnastics 짐내스틱스	Gymnastik 굄나스틱	gymnastique 짐나스티크	ginnastica 진나스티카
구기 (球技)	ball game 볼 게임	Ballspiel 발슈필	jeu de balle 죄드발	gioco della palla 조코 델라 팔라
축구 (蹴球)	soccer 사커	Fußball 푸스발	football 풋볼	calcio 칼초
배구 (排球)	volleyball 발리볼	Volleyball 볼리발	volley-ball 볼레볼	pallavolo 팔라볼로
송구 (送球)	handball 핸드볼	Handball 한트발	handball 앙드볼	palla a mano 팔라 아 마노
테니스	tennis 테니스	Tennis 테니스	tennis 테니스	tennis 텐니스
탁구 (卓球)	table tennis 테이블 테니스	Tischtennis 티슈테니스	ping-pong 핑퐁	tennis da tavola 텐니스 다 타볼로
농구 (籠球)	basketball 바스킷볼	Basketball 바스켓발	basket-ball 바스켓볼	pallacannestro 팔라칸네스트로
수영 (水泳)	swimming 스위밍	Schwimmen 슈빔멘	nage 나주	nuoto 누오토
배영 (背泳)	backstroke 백스트로크	Rückenschwimmen 뤼켄슈빔멘	nage sur le dos 나주 쉬르르도	nuoto sul dorso 누오토 술 도르소

스페인어	라틴어	러시아어	그리스어	일본어	중국어
saltar a la comba 살타르 알라콤바	–	скакалка 스카칼카	παίζω σκοινάκι 파이조 스코이나키	縄跳び (なわとび) 나와토비	跳绳 탸오성
gimnasia 힘나시아	certamina gymnica 케르타미나 김니카	гимнастика 김나스티카	γυμναστική 김나스티케	体操 (たいそう) 다이소	体操 티차오
deporte de pelota 데포르테 데 펠로타	ludus pilae 루두스 필라이	игры с мячом 이그리 스 먀촘	παιχνίδι με μπάλα 파이크니디 메 발라	球技 (きゅうぎ) 규기	球类 추레이
fútbol 풋볼	pediludus 페딜루두스	футбол 푸트볼	ποδόσφαιρο 포도스파이로	蹴球 (しゅうきゅう) 슈큐	足球 주추
voleibol 볼레이볼	follis volatilis 폴리스 볼라틸리스	волейбол 볼레이볼	βόλεϊ 볼레이	バレーボール 바레보루	排球 파이추
balonmano 발론마노	follis 폴리스	ручной мяч 푸치노이 먀치	χάντμπολ 칸드볼	ハンドボール 한도보루	手球 서우추
tenis 테니스	tenisia 테니시아	теннис 텐니스	τένις 테니스	庭球 (ていきゅう) 데이큐	网球 왕추
tennis de mesa 테니스 데 메사	tenisia mensalis 테니시아 멘살리스	настольный теннис 나스톨니 테니스	επιτραπέζιο τένις 에피트라페지오 테니스	卓球 (たっきゅう) 닷큐	乒乓球 핑팡추
baloncesto 발론세스토	canistriludium 카니스트릴루디움	баскетбол 바스케트볼	μπάσκετ 바스케트	バスケットボール 바스켓토보루	篮球 란추
nadar 나다르	natatus 나타투스	плавание 플라바니예	λούω 루오	水泳 (すいえい) 스이에이	游泳 유융
braza de espalda 브라사 데 에스팔다	natatio supina 나타치오 수피나	плавание на спине 플라바니예 나 스피네	ύπτιο 입티오	背泳ぎ (せおよぎ) 세오요기	仰泳 앙융

한국어	영어	독일어	프랑스어	이탈리아어
평영 (平泳)	breaststroke 브레스트스트로크	Brustschwimmen 브루스트슈빔멘	brasse 브라스	nuoto a rana 누오토 아 라나
배드민턴	badminton 배드민턴	Federball 페더발	badminton 바드민통	volano 볼라노
당구 (撞球)	billiard 빌리어드	Billard 빌야트	billard 비야르	biliardo 빌리아르도
볼링	bowling 볼링	Kegel 케겔	bowling 볼링	bowling 볼링
하키	hockey 하키	Hockey 호키	hockey sur gazon 오케 쉬르 가종	hockey 오케이
아이스하키	ice hockey 아이스 하키	Eishockey 아이스호키	hockey sur glace 오케 쉬르 글라스	hockey sul ghiaccio 오케이 술 갸초
스케이트	ice-skating 아이스-스케이팅	Eislauf 아이슬라우프	patinage 파티나주	pattinaggio 파티나조
피겨	figure skating 피겨 스케이팅	Eiskunstlauf 아이스쿤스틀라우프	patinage artistique 파티나주 아르티스티크	pattinaggio di figura 파티나조 디 피구라
권투 (拳鬪)	boxing 복싱	Boxkampf 복스캄프	boxe 복스	pugilato 푸질라토
펜싱	fencing 펜싱	Fechten 페히텐	escrime 에스크림	scherma 스케르마
레슬링	wrestling 레슬링	Ringen 링엔	lutte 뤼트	lotta 로타

스페인어	라틴어	러시아어	그리스어	일본어	중국어
braza 브라사	natatio prona 나타치오 프로나	брасс 브라스	πρόσθια κολύμβηση 프로스티아 콜림베세	平泳ぎ (ひらおよぎ) 히라오요기	蛙泳 와용
bádminton 바드민톤	–	бадминтóн 바드민톤	μπάντμιντον 바드민돈	バドミントン 바도민톤	羽毛球 위마오추
billar 비야르	ludus trusatilis 루두스 트루사틸리스	билья́рд 빌야르트	μπιλιάρδο 빌리아르도	ビリヤード 비리야도	台球 타이추
jugar a los bolos 후가르 알로스 볼로스	conus 코누스	кегли 케글리	μπόουλινγκ 보울링그	ボーリング 보린구	保龄球 바오링추
hockey 오케이	hocceus 호케우스	хоккéй 호케이	χόκεϊ 코케이	ホッケー 홋케	曲棍球 추군추
hockey sobre hielo 오케이 소브레 이엘로	alsulegia glacialis 알술레기아 글라키알리스	хоккей на льду 호케이 날두	χόκεϊ επί πάγου 코케이 에피 파구	氷球 (ひょうきゅう) 효큐	冰球 빙추
patinaje 파티나헤	patinatio 파티나치오	катание на коньках 카타니예 나 콘카호	πατινάζ 파티나즈	氷滑り (こおりすべり) 고오리스베리	滑冰 화빙
patinaje artístico 파티나헤 아르티스티코	patinatio artificiosa 파티나치오 아르티피키오사	фигурное катание 피구르노예 카타니예	καλλιτεχνικό πατινάζ 칼리테크니코 파티나즈	フィギュアスケート 휘규아스케토	花样滑冰 화양화빙
boxeo 복세오	pugilatus 푸길라투스	бокс 복스	πυγμαχία 피그마키아	拳闘 (けんとう) 겐토	拳击 찬지
esgrima 에스그리마	battualia 바투알리아	фехтование 페흐토바니예	ξιφασκία 에이파스키아	剣術 (けんじゅつ) 겐주쓰	击剑 지젠
lucha 루차	conluctatio 콘룩타치오	борьба 보리바	πάλη 팔레	レスリング 레스린구	摔交 솨이자오

한국어	영어	독일어	프랑스어	이탈리아어
역도 (力道)	weight lifting 웨이트리프팅	Gewichtheben 게비히트헤벤	haltérophilie 알테로필리	pesistica 페시스티카
활쏘기	archery 아처리	Bogenschießen 보겐시센	arc 아르크	tiro con l'arco 티로 콘 라르코
승마 (乘馬)	riding 라이딩	Reiten 라이텐	équitation 에키타시옹	equitazione 에퀴타치오네
조정 (漕艇)	regatta 리게터	Regatta 레가타	régate 레가트	regata 레가타

4-26. 상상의 존재

한국어	영어	독일어	프랑스어	이탈리아어
도깨비	goblin 고블린	Kobold 코볼트	lutin 뤼탱	folletto 폴레토
신데렐라	Cinderella 신더렐러	Aschenputtel 아셴푸텔	Cendrillon 상드리용	Cenerentola 체네렌톨라
용 (龍)	dragon 드래건	Drache 드라헤	dragon 드라공	drago 드라고
일각수 (一角獸)	unicorn 유니콘	Einhorn 아인호른	licorne 리코른	unicorno 우니코르노
메두사	medusa 메두사	Meduse 메두제	méduse 메뒤즈	medusa 메두사
인어 (人魚)	mermaid 머메이드	Meerjungfrau 메어융프라우	sirène 시렌	sirena 시레나

스페인어	라틴어	러시아어	그리스어	일본어	중국어
halterofilia 알테로필리아	–	тяжёлая атле́тика 탸졸라야 아틀레티카	άρση βαρών 아르세 바론	重量挙げ (じゅうりょうあげ) 주료아게	举重 주중
tiro con arco 티로 콘 아르코	sagittatio 사기타치오	стрельба из лука 스트렐바 이즐루카	τοξοβολία 톡소볼리아	弓術 (きゅうじゅつ) 규주쓰	射箭 서젠
equitación 에키타시온	equitatio 에쿠이타치오	ездить верхом 예즈디티 베르홈	ιππασία 이파시아	乗馬 (じょうば) 조바	骑马 치마
regata 레가타	certamen navigiorum 케르타멘 나비기오룸	рега́та 레가타	λεμβοδρομία 렘보드로미아	レガッタ 레갓타	赛艇 싸이팅

스페인어	라틴어	러시아어	그리스어	일본어	중국어
gnomo 그노모	daemon 다이몬	домовой 도모보이	καλικάντζα- ρος 칼리칸차로스	お化け (おばけ) 오바케	鬼 구이
Cenicienta 세니시엔타	Cinerella 키네렐라	Золушка 졸루시카	Σταχτοπούτα 스탁토푸타	シンデレラ 신데레라	灰姑娘 후이구낭
dragón 드라곤	draco 드라코	дракон 드라콘	δράκων 드라콘	竜 (たつ) 다쓰	龙 룽
unicorno 우니코르노	monoceros 모노케로스	единоро́г 예디노로크	μονόκερος 모노케로스	一角獣 (いっかくじゅう) 잇카쿠주	独角兽 두자오서우
medusa 메두사	gorgo 고르고	медуза 메두자	μέδουσα 메두사	メドゥーサ 메두사	美杜莎 메이두사
sirena 시레나	syreni 시레니	русалка 루살카	γοργόνα 고르고나	人魚 (にんぎょ) 닌교	人鱼 런위

한국어	영어	독일어	프랑스어	이탈리아어
스핑크스	sphinx 스핑스	Sphinx 스핑크스	sphinx 스팽스	sfinge 스핀제
천마 (天馬)	Pegasus 페가서스	Dichterross 디히터로스	Pégase 페가즈	Pegaso 페가소
꼬마요정	elf 엘프	Elf 엘프	sylphide 실피드	silfide 실피데
요정 (妖精)	nymph 님프	Nymphe 뉨페	nymphe 냉프	ninfa 닌파
불사조 (不死鳥)	phoenix 피닉스	Phönix 푀닉스	phénix 페닉스	fenice 페니체

4-27. 공동체/집단

한국어	영어	독일어	프랑스어	이탈리아어
사회 (社會)	society 소사이어티	Gesellschaft 게젤샤프트	société 소시에테	società 소치에타
구조 (構造)	structure 스트럭처	Bau 바우	structure 스트뤽튀르	struttura 스트루투라
공동체 (共同體)	community 커뮤니티	Gemeinde 게마인데	commune 코뮌	municipio 무니치피오
마을	village 빌리지	Dorf 도르프	village 빌라주	villaggio 빌라조
도시 (都市)	city 시티	Stadt 슈타트	ville 빌	città 치타

스페인어	라틴어	러시아어	그리스어	일본어	중국어
esfinge 에스핑헤	sphinx 스핑스	сфинкс 스핑크스	σφίγγα 스핑가	スフィンクス 스휜쿠스	狮身人面 스선런몐
Pegaso 페가소	Pegasus 페가수스	Пегас 페가스	Πήγασος 페가소스	天馬 (てんば) 덴바	飞马 페이마
sílfide 실피데	-	эльф 엘프	ξωτικό 에오티코	妖精 (ようせい) 요세이	小饭店 샤오판뎬
ninfa 닌파	nympha 님파	нимфа 님파	νύμφη 님페	仙女 (せんじょ) 센조	妖精 야오징
fénix 페닉스	phoenix 포이닉스	феникс 페닉스	φοίνικας 포이니카스	不死鳥 (ふしちょう) 후시초	火凤凰 휘펑황

스페인어	라틴어	러시아어	그리스어	일본어	중국어
sociedad 소시에다드	societas 소키에타스	общество 옵셰스트보	κοινωνία 코이노니아	社会 (しゃかい) 샤카이	社会 서후이
estructura 에스트룩투라	structura 스트룩투라	строение 스트로예니예	διάρθρωση 디아르트로세	構造 (こうぞう) 고조	构造 거우짜오
municipio 무니시피오	communitas 콤무니타스	коммуна 코무나	κοινότητα 코이노테타	共同体 (きょうどうたい) 교도타이	共同体 궁퉁티
aldea 알데아	pagus 파구스	деревня 데레브냐	κώμη 코메	村 (むら) 무라	村子 춘쯔
ciudad 시우다드	civitas 키비타스	город 고로트	πόλις 폴리스	都市 (とし) 도시	市 스

한국어	영어	독일어	프랑스어	이탈리아어
민족 (民族)	nation 내이션	Volk 폴크	nation 나시옹	popolo 포폴로
부족 (部族)	tribe 트라이브	Stamm 슈탐	tribu 트리뷔	tribù 트리부
종족 (種族)	race 레이스	Rasse 라세	race 라스	razza 라차
족장 (族長)	patriarch 페이트리아크	Patriarch 파트리아르히	patriarche 파트리아르슈	patriarca 파트리아르카
원주민 (原住民)	native 네이티브	Ureinwohner 우어아인보너	autochtone 오톡톤	indigeno 인디제노
외국인 (外國人)	foreigner 포리너	Ausländer 아우슬랜더	étranger 에트랑제	estero 에스테로
아시아인	asian 에이시언	Asiat 아지아트	asiatique 아지아티크	asiatico 아지아티코
유럽인	european 유러피언	Europäer 오이로패어	européen 외로페앵	europeo 에우로페오
바이킹	viking 바이킹	Wikinger 비킹거	viking 비킹	vichingo 비킹고
재단 (財團)	foundation 파운데이션	Stiftung 슈티프퉁	fondation 퐁다시옹	fondazione 폰다치오네
협회 (協會)	association 어소시에이션	Verein 페라인	association 아소시아시옹	associazione 아소치아치오네

스페인어	라틴어	러시아어	그리스어	일본어	중국어
pueblo 푸에블로	natio 나치오	народ 나로트	ἔθνος 에트노스	民族 (みんぞく) 민조쿠	民族 민쭈
estirpe 에스티르페	tribus 트리부스	племя 플레먀	φυλή 필레	部族 (ぶぞく) 부조쿠	部族 부쭈
raza 라사	progenies 프로게니에스	порода 포로다	ράτσα 라차	種族 (しゅぞく) 슈조쿠	种族 중쭈
patriarca 파트리아르카	patriarcha 파트리아르카	патриарх 파트리아르흐	πατριάρχης 파트리아르케스	家長 (かちょう) 가초	族长 쭈장
indígena 인디헤나	indigenus 인디게누스	коренной житель 코렌노이 지텔	ιθαγενής 이타게네스	原住民 (げんじゅうみん) 겐주민	原住民 위안주민
extranjero 엑스트랑헤로	alienus 알리에누스	иностранец 이노스트라네츠	πάροικος 파로이코스	外国人 (がいこくじん) 가이코쿠진	外国人 와이궈런
asiático 아시아티코	asianus 아시아누스	азиат 아지아트	ασιάτης 아시아테스	アジアじん 아지아진	亚洲人 야저우런
europeo 에우로페오	europide 에우로피데	европейский 예브로페이스키	ευρωπαίος 에우로파이오스	欧州人 (おうしゅうじん) 오슈진	欧洲人 어우저우런
vikingo 비킹고	viccingi 비킹기	викинг 비킹	βίκινγκ 비킹	バイキング 바이킨구	維京人 웨이징런
fundación 푼다시온	conciliatio 콩킬리아치오	фонд 폰트	θεμέλιος 테멜리오스	財団 (ざいだん) 자이단	财团 차이퇀
asociación 아소시아시온	sodalitas 소달리타스	ассоциация 아소치아치야	σύλλογος 실로고스	協会 (きょうかい) 교카이	协会 셰후이

한국어	영어	독일어	프랑스어	이탈리아어
주류 (主流)	mainstream 메인스트림	Hauptströmung 하웁트슈트뢰뭉	courant dominant 쿠랑 도미낭	corrente principale 코렌테 프린치팔레
설립 (設立)	establishment 이스태블리시먼트	Gründung 그륀둥	fondation 퐁다시옹	istituzióne 이스티투치오네
선동 (煽動)	agitation 애지테이션	Agitation 아기타치온	agitation 아지타시옹	agitazione 아지타치오네
선전 (宣傳)	propaganda 프라퍼갠더	Propaganda 프로파간다	propagande 프로파강드	propaganda 프로파간다
데모	demonstration 데먼스트레이션	Kundgebung 쿤트게붕	manifestation 마니페스타시옹	dimostrazione 디모스트라치오네
무리 [集團]	crowd 크라우드	Masse 마세	foule 풀	massa 마사
집회 (集會)	assembly 어셈블리	Versammlung 페어자믈룽	assemblée 아상블레	assemblea 아셈블레아
캠페인	campaign 캠페인	Kampagne 캄파녀	campagne 캉파뉴	campagna 캄파냐

4-28. 사회 일반/질서/가치

한국어	영어	독일어	프랑스어	이탈리아어
평등 (平等)	equality 이퀄리티	Gleichheit 글라이히하이트	égalité 에갈리테	uguglianza 우굴리안차
조화 (調和)	harmony 하모니	Einklang 아인클랑	harmonie 아르모니	armonia 아르모니아

스페인어	라틴어	러시아어	그리스어	일본어	중국어
corriente dominante 코리엔테 도미난테	proclivitas principalis 프로클리비타스 프링키팔리스	основной поток 오스노브노이 포토크	επικρατών 에피크라톤	主流 (しゅりゅう) 슈류	主流 주류
establecimiento 에스타블레시미엔토	conditus 콘디투스	основание 오스노바니예	οργάνωση 오르가노세	設立 (せつりつ) 세쓰리쓰	设立 서리
agitación 아히타시온	aestus 아이스투스	агитация 아기타치야	δημαγωγία 데마고기아	煽動 (せんどう) 센도	鼓动 구둥
propaganda 프로파간다	propaganda 프로파간다	пропага́нда 프로파간다	προπαγάνδα 프로파간다	宣伝 (せんでん) 센덴	宣传 솬촨
manifestación 마니페스타시온	demonstratio 데몬스트라치오	высказывание 비스카지바니예	συλλαλητήριο 실라게테리오	デモンストレーション 데몬스토레숀	示威 스웨이
masa 마사	caterva 카테르바	толпа 톨파	πλήθος 플레토스	群衆 (ぐんしゅう) 군슈	群众 췬중
asamblea 아삼블레아	ecclesia 에클레시아	сбор 스보르	ἐκκλησία 에클레시아	集会 (しゅうかい) 슈카이	集会 지후이
campaña 캄파냐	actio 악치오	кампа́ния 캄파니야	στρατεία 스트라테이아	キャンペーン 갼펜	运动 윈둥

스페인어	라틴어	러시아어	그리스어	일본어	중국어
igualdad 이괄다드	aequalitas 아이쿠알리타스	равноправие 라브노프라비예	ἰσότης 이소테스	平等 (びょうどう) 효도	平等 핑덩
concordia 콩코르디아	harmonia 하르모니아	гармония 가르모니야	αρμονία 아르모니아	調和 (ちょうわ) 조와	调和 탸오허

한국어	영어	독일어	프랑스어	이탈리아어
질서 (秩序)	order 오더	Ordnung 오르트눙	ordre 오르드르	ordine 오르디네
평화 (平和)	peace 피스	Frieden 프리덴	paix 페	pace 파체
안전 (安全)	safety 세이프티	Sicherheit 지혀하이트	sécurité 세퀴리테	sicurezza 시쿠레차
안정 (安定)	stability 스태빌리티	Stabilität 슈타빌리탯	stabilité 스타빌리테	stabilità 스타빌리타
비판 (批判)	criticism 크리티시즘	Kritik 크리틱	critique 크리티크	critica 크리티카
도덕 (道德)	morality 모랠리티	Moral 모랄	moralité 모랄리테	moralità 모랄리타
책임 (責任)	responsibility 리스판서빌리티	Verantwortung 페어안트보르퉁	responsabilité 레스퐁사빌리테	responsabilità 레스폰사빌리타
유지 (維持)	maintenance 메인터넌스	Bewahrung 베바룽	maintenance 맹트낭스	mantenimento 만테니멘토
위험 (危險)	danger 데인저	Gefahr 게파	danger 당제	pericolo 페리콜로
충격 (衝擊)	shock 쇼크	Schock 쇼크	choc 쇼크	trauma 트라우마
위기 (危機)	crisis 크라이시스	Krise 크리제	crise 크리즈	crisi 크리지

스페인어	라틴어	러시아어	그리스어	일본어	중국어
orden 오르덴	ordo 오르도	коррекция 코렉치야	τάγμα 타그마	秩序 (ちつじょ) 지쓰조	秩序 즈수
paz 파스	pax 팍스	мир 미르	εἰρήνη 에이레네	平和 (へいわ) 헤이와	和平 허핑
seguridad 세구리다드	securitas 세쿠리타스	безопасность 베조파스노스티	πληροφορία 플레로포리아	安全 (あんぜん) 안젠	安全 안촨
estabilidad 에스타빌리다드	stabilitas 스타빌리타스	неизменность 네이즈멘노스티	στηριγμός 스테리그모스	安定 (あんてい) 안테이	安静 안징
critica 크리티카	criticum 크리티쿰	критика 크리티카	κριτική 크리티케	批判 (ひはん) 히한	批判 피판
moral 모랄	moralitas 모랄리타스	приличие 프릴리치예	ηθική 에티케	道徳 (どうとく) 도토쿠	道德 다오더
responsabilidad 레스폰사빌리다드	pietas 피에타스	ответственность 옷벳스트벤노스티	αἰτίωμα 아이티오마	責任 (せきにん) 세키닌	责任 쩌런
mantenimiento 만테니미엔토	conservatio 콘세르바치오	сохранение 소흐라네니예	περιποίησις 페리포이에시스	維持 (いじ) 이지	维持 웨이츠
peligro 펠리그로	periculum 페리쿨룸	опасность 오파스노스티	κίνδυνος 킨디노스	危険 (きけん) 기켄	危险 웨이셴
choque 초케	impulsus 임풀수스	шок 쇼크	σοκ 소크	衝撃 (しょうげき) 쇼게키	冲击 충지
crisis 크리시스	discrimen 디스크리멘	кризис 크리지스	κρίση 크리세	危機 (きき) 기키	危机 웨이지

한국어	영어	독일어	프랑스어	이탈리아어
준비 (準備)	preparation 프레퍼레이션	Vorbereitung 포어베라이퉁	préparation 프레파라시옹	preparazione 프레파라치오네
제어 (制御)	control 컨트롤	Kontrolle 콘트롤레	contrôle 콩트롤	controllo 콘트롤로
확인 (確認)	confirmation 컨퍼메이션	Bestätigung 베슈태티궁	confirmation 콩피르마시옹	conferma 콘페르마
감독 (監督)	supervision 수퍼비전	Aufsicht 아우프지히트	surveillance 쉬르베양스	sorveglianza 소르벨리안차
자율 (自律)	autonomy 오토너미	Autonomie 아우토노미	autonomie 오토노미	autonomia 아우토노미아
다양성 (多樣性)	diversity 다이버시티	Vielfalt 필팔트	divergence 디베르장스	diversità 디베르시타
격차 (隔差)	gap 갭	Kluft 클루프트	gouffre 구프르	abisso 아비소
동질성 (同質性)	homogeneity 하머지니이티	Homogenität 호모게니탯	homogénéité 오모제네이테	uniformità 우니포르미타
예외 (例外)	exception 익셉션	Ausnahme 아우스나메	exception 엑셉시옹	eccezione 에첸치오네
규칙적 (規則的)	regular 레귤러	regelmäßig 레겔매시히	régulier 레귈리에	regolare 레골라레
최적 (最適)	optimum 옵티멈	Optimum 옵티뭄	optimum 옵티뭄	optimum 옵티뭄

스페인어	라틴어	러시아어	그리스어	일본어	중국어
preparación 프레파라시온	praeparatio 프라이파라치오	подготовка 포드고톱카	ἑτοιμασία 헤토이마시아	準備 (じゅんび) 준비	准备 준베이
cuidado 쿠이다도	compesco 콤페스코	досмотр 도스모트르	ἔλεγχος 엘렝고스	統制 (とうせい) 도세이	控制 쿵즈
confirmación 콘피르마시온	confirmatio 콘피르마치오	подтвержде́ние 폿트베르즈데니예	βεβαίωσις 베바이오시스	確認 (かくにん) 가쿠닌	确认 췌런
supervision 수페르비시온	exactio 엑삭치오	надсмо́тр 나츠모트르	αἰτίωμα 아이티오마	監督 (かんとく) 간토쿠	监理 젠리
autonomia 아우토노미아	autonomia 아우토노미아	автономия 압토노미야	αυτονομία 아우토노미아	自律 (じりつ) 지리쓰	自律 쯔뤼
diversidad 디베르시다드	variantia 바리안치아	неравенство 네라벤스트보	ποικιλία 포이킬리아	多樣性 (たようせい) 다요세이	多样性 둬양싱
abismo 아비스모	gula 굴라	пещера 페셰라	χάσμα 카스마	切れ目 (きれめ) 기레메	级差 지차
homogeneidad 오모헤네이다드	homogeneitas 호모게네이타스	гомогенность 고모겐노스티	ομοιογένεια 오모이오게네이아	均質性 (きんしつせい) 긴시쓰세이	同质性 퉁즈싱
excepción 엑셉시온	aberratio 아베라치오	исключе́ние 이스클류체니예	εξαίρεση 엑세레세	例外 (れいがい) 레이가이	例外 리와이
regular 레굴라르	compostus 콤포스투스	пра́вильный 프라빌니	ομαλός 오말로스	規則的 (きそくてき) 기소쿠테키	有节的 유제더
optimo 옵티모	optimus 옵티무스	оптимум 옵티뭄	βέλτιστο 벨티스토	最適 (さいてき) 사이테키	最佳 쭈이자

한국어	영어	독일어	프랑스어	이탈리아어
영향 (影響)	influence 인플루언스	Einfluß 아인플루스	influence 앵플뤼앙스	influenza 인플루엔차
효과 (效果)	effect 이펙트	Wirkung 비르쿵	effet 에페	effetto 에페토

4-29. 노동/복지/환경

한국어	영어	독일어	프랑스어	이탈리아어
노동 (勞動)	labor 레이버	Arbeit 아르바이트	travail 트라바유	lavoro 라보로
복지 (福祉)	welfare 웰페어	Wohl 볼	bienfaisance 비엥퍼장스	benessere 베네세레
직업 (職業)	occupation 오큐페이션	Beruf 베루프	métier 메티에	mestiere 메스티에레
노동자 (勞動者)	laborer 레이버러	Arbeiter 아르바이터	ouvrier 우브리에	lavoratore 라보라토레
급여 (給與)	salary 샐러리	Gehalt 게할트	rémunération 레뮈네라시옹	stipendio 스티펜디오
부 (富)	wealth 웰스	Reichtum 라이히툼	richesse 리셰스	ricchezza 리케차
소득 (所得)	income 인컴	Einkommen 아인콤멘	revenu 레브뉘	reddito 레디토
은퇴 (隱退)	retirement 리타이어먼트	Ruhestand 루에슈탄트	retraite 레트레트	riposo 리포소

스페인어	라틴어	러시아어	그리스어	일본어	중국어
influencia 인플루엔시아	auctoritas 아욱토리타스	состояние 소스토야니예	επιρροή 에피로에	影響 (えいきょう) 에이쿄	影响 잉샹
efecto 에펙토	consequtio 콘세쿠이티오	результат 레줄타트	συνέπεια 시네페이아	効果 (こうか) 고카	效果 샤오궈

스페인어	라틴어	러시아어	그리스어	일본어	중국어
trabajo 트라바호	labor 라보르	работа 라보타	ἔργον 에르곤	勤労 (きんろう) 긴로	劳动 라오둥
beneficencia 베네피센시아	sospitas 소스피타스	благосостоя- ние 블라고소스토야니예	καλό 칼로	福祉 (ふくし) 후쿠시	福祉 푸즈
vocación 보카시온	occupatio 오쿠파치오	профессия 프로페시야	επάγγελμα 에팡겔마	職業 (しょくぎょう) 쇼쿠교	职业 즈예
trabajador 트라바하도르	operarius 오페라리우스	рабочий 라보치	ἐργάτης 에르가테스	労働者 (ろうどうしゃ) 로도샤	工人 궁런
sueldo 수엘도	merces 메르케스	зарплата 자르플라타	αμοιβή 아모이베	給料 (きゅうりょう) 규료	津贴费 진톄페이
riqueza 리케사	divitia 디비치아	богатство 보갓스트보	πλούτος 플루토스	富 (とみ) 도미	财富 차이푸
ingresos 잉그레소스	reditus 레디투스	доход 도호트	εισόδημα 에이소데마	収入 (しゅうにゅう) 슈뉴	收入 서우루
retiro 레티로	anachoresis 아나코레시스	отставка 옷스탑카	σύνταξη 신닥세	隠退 (いんたい) 인타이	隐退 인투이

한국어	영어	독일어	프랑스어	이탈리아어
파업 (罷業)	strike 스트라이크	Streik 슈트라이크	grève 그레브	sciopero 시오페로
실업 (失業)	unemployment 언임플로이먼트	Arbeitslosigkeit 아르바이츨로지히카이트	chômage 쇼마주	disoccupazione 디소쿠파치오네
노동쟁의 (勞動爭議)	labor dispute 레이버 디스퓨트	Arbeitskampf 아르바이츠캄프	conflit social 콩플리 소시알	conflitto sindacale 콘플리토 신다칼레
참여 (參與)	participation 파티시페이션	Teilnahme 타일나메	participation 파르티시파시옹	partecipazione 파르테치파치오네
개입 (介入)	intervention 인터벤션	Einmischung 아인미슝	intervention 앵테르방시옹	intervento 인테르벤토
투쟁 (鬪爭)	struggle 스트러글	Kampf 캄프	combat 콩바	lotta 로타
환경 (環境)	environment 인바이어런먼트	Umwelt 움벨트	environnement 앙비론망	ambiente 암비엔테
재활용 (再活用)	recycling 리사이클링	Wiederverwer- tung 비더페어베르퉁	recyclage 르시클라주	riciclaggio 리치클라조
오염 (汚染)	pollution 폴루션	Verschmutzung 페어슈무충	pollution 폴뤼시옹	contaminazione 콘타미나치오네
정화 (淨化)	purification 퓨리피케이션	Reinigung 라이니궁	nettoyage 네투아아주	pulizia 풀리치아
오용 (誤用)	misuse 미스유즈	Missbrauch 미스브라우흐	abus 아뷔	abuso 아부소

스페인어	라틴어	러시아어	그리스어	일본어	중국어
huelga 우엘가	operistitium 오페리스티티움	забастовка 자바스톱카	περιπίπτω 페리피프토	ストライク 스토라이쿠	罢工 바궁
desempleo 데셈플레오	inopia operarum 이노피아 오페라룸	безработица 베즈라보티차	ανεργία 아네르기아	失業 (しつぎょう) 시쓰교	失业 스예
lucha laboral 루차 라보랄	pugna operaria 푸그나 오페라리아	трудовой конфликт 트루도보이 콘플릭트	εργατικός αγώνας 에르가티코스 아고나스	労働争議 (ろうどうそうぎ) 로도소기	劳资纠纷 라오쯔지우 펀
participación 파르티시파시온	participio 파르치키피오	участие 우차스티예	συμμετοχή 시메토케	参与 (さんよ) 산요	参加 찬자
intervención 인테르벤시온	interventus 인테르벤투스	вмешательство 브메샤텔스트보	ανάμειξη 아나메익세	介入 (かいにゅう) 가이뉴	介入 제루
lucha 루차	contentio 콘텐치오	сражение 스라제니예	ἄθλησις 아틀레시스	争闘 (そうとう) 소토	斗争 더우정
ambiente 암비엔테	circumiectum 키르쿠미엑툼	окружéние 오크루제니예	περιβάλλο 페리발로	環境 (かんきょう) 간쿄	环境 환징
reciclaje 레시클라헤	redivivus 레디비부스	циркуляция 치르쿨라치야	ανακύκλωση 아나키클로세	再生利用 (さいせいりよう) 사이세이리요우	可回收 커후이서우
ensuciamiento 엔수시아미엔토	pollutio 폴루치오	испорченность 이스포르첸노스티	ρύπος 리포스	汚染 (おせん) 오센	污染 우란
purificación 푸리피카시온	ablutio 아블루치오	расчистка 라스치슷카	καθαρισμός 카타리스모스	浄化 (じょうか) 조카	净化 징화
abuso 아부소	abusus 아부수스	злоупотре– блéние 즐로우포트레블레니예	λοιδορία 로이도리아	悪用 (あくよう) 아쿠요	误用 우융

한국어	영어	독일어	프랑스어	이탈리아어
풍요 (豊饒)	abundance 어번던스	Fülle 퓔레	rondeur 롱되르	abbondanza 아본단차

4-30. 언론

방송	broadcasting 브로드캐스팅	Rrundfunk 룬트풍크	radiodiffusion 라디오디퓌시옹	radiodiffusione 라디오디푸지오네
뉴스	news 뉴스	Nachricht 나흐리히트	nouvelle 누벨	notizia 노티차
프로그램	program 프로그램	Programm 프로그람	programme 프로그람	programma 프로그람마
채널	channel 채늘	Kanal 카날	canal 카날	canale 카날레
아나운서	announcer 어나운서	Ansager 안자거	speaker 스피커르	annunciatore 안눈차토레
보도 (報道)	report 리포트	Bericht 베리히트	reportage 르포르타주	servizio 세르비초
사회자 (司會者)	anchor 앵커	Moderator 모데라토어	présentateur 프레장타퇴르	conduttrice 콘두트리체
사실 (事實)	fact 팩트	Faktum 팍툼	donnée 도네	fatto 파토
형평 (衡平)	balance 밸런스	Gleichgewicht 글라이히게비히트	équilibre 에킬리브르	equilibrio 에퀼리브리오

스페인어	라틴어	러시아어	그리스어	일본어	중국어
abundancia 아분단시아	abundantia 아분단치아	изобилие 이조빌리예	ἁδρότης 하드로테스	豊富 (ほうふ) 호후	富饶 푸라오
radio 라디오	radiophonia 라디오포니아	радиостанция 라디오스탄치야	ραδιοφωνία 라디오포니아	放送 (ほうそう) 호소	广播 광보
noticia 노티시아	nuntium 눈치움	новость 노보스티	είδηση 에이데세	消息 (しょうそく) 쇼소쿠	新闻 신원
programa 프로그라마	programma 프로그람마	программа 프로그람마	κανάλι 카날리	プログラム 푸로구라무	节目 제무
canal 카날	canalis 카날리스	канал 카날	δίαυλος 디아플로스	チャンネル 찬네루	频道 핀다오
comentarista 코멘타리스타	annunciator 안눈키아토르	диктор 딕토르	φανέρωσις 파네로시스	アナウンサー 아나운사	广播员 광보위안
reportage 레포르타헤	renuntiatio 레눈치아치오	рапорт 라포르트	φάσις 파시스	報道 (ほうどう) 호도	报道 바오다오
presentador 프레센타도르	moderator 모데라토르	модератор 모데라토르	ἄγκυρα 앙기라	アンカ 안카	主持人 주츠런
verdad 베르다드	veritas 베리타스	факт 팍트	γεγονός 게고노스	事実 (じじつ) 지지쓰	事实 스스
equilibrio 에킬리브리오	libra 리브라	баланс 발란스	ισορροπία 이소로피아	釣り合い (つりあい) 쓰리아이	平衡 핑헝

한국어	영어	독일어	프랑스어	이탈리아어
광고 (廣告)	advertisement 애드버타이즈먼트	Werbung 베르붕	publicité 퓌블리시테	pubblicità 푸블리치타
신문 (新聞)	newspaper 뉴스페이퍼	Zeitung 차이퉁	journal 주르날	giornale 조르날레
기자 (記者)	journalist 저널리스트	Journalist 주르날리스트	journaliste 주르날리스트	giornalista 조르날리스타
특파원 (特派員)	correspondent 코리스폰던트	Korrespondent 코레스폰덴트	correspondant 코레스퐁당	corrispondente 코리스폰덴테
사설 (社說)	editorial 에디토리얼	Leitartikel 라이트아르티켈	éditorial 에디토리알	editoriale 에디토리알레
관점 (觀點)	viewpoint 뷰포인트	Gesichtspunkt 게지히츠풍트	point de vue 푸앵 드 뷔	punto di vista 푼토 디 비스타
칼럼	column 칼럼	Kolumne 콜룸네	colonne 콜론	colonna 콜론나
기사 (記事)	article 아티클	Artikel 아르티켈	article 아르티클	articolo 아르티콜로
논평 (論評)	comment 코멘트	Kommentar 코멘타르	commentaire 코망테르	commento 콤멘토
논쟁 (論爭)	debate 디베이트	Debatte 데바테	débat 데바	dibattito 디바티토
특종 (特種)	exclusive 익스클루시브	exklusiv 엑스클루시프	exclusif 엑스클루시프	esclusivo 에스클루지보

스페인어	라틴어	러시아어	그리스어	일본어	중국어
publicidad 푸블리시다드	praeconium 프라이코니움	рекламирова- ние 레클라미로바니예	διαφήμιση 디아페미세	広告 (こうこく) 고코쿠	广告 광가오
diario 디아리오	ephemeris 에페메리스	газета 가제타	εφημερίδα 에페메리다	新聞 (しんぶん) 신분	报纸 바오즈
periodista 페리오디스타	diurnarius 디우르나리우스	журналист 주르날리스트	δημοσιογρά- φος 세모시오그라포스	記者 (きしゃ) 기샤	记者 지저
corresponsal 코레스폰살	correspondens 코레스폰덴스	корреспондéнт 코레스폰덴트	ανταποκριτής 안타포크리테스	特派員 (とくはいん) 도쿠하인	特派员 터파이위안
editorial 에디토리알	redactionis 레닥치오니스	передовúца 페레도비차	κύριο άρθρο 키리오 아르트로	社説 (しゃせつ) 샤세쓰	社论 서룬
punto de vista 푼토 데 비스타	aspectus 아스펙투스	точка зрения 토치카 즈레니야	σκοπιά 스코피아	観点 (かんてん) 간텐	观点 관뎬
columna 콜룸나	columna 콜룸나	колонка 콜롱카	στήλη 스텔레	囲み記事 (かこみきじ) 가코미키지	专栏 좐란
artículo 아르티쿨로	capitulum 카피툴룸	статья́ 스타티야	άρθρο 아르트로	記事 (きじ) 기지	记事 지스
comentario 코멘타리오	annotatio 안노타치오	комментарий 콤멘타리	σχόλιο 스콜리오	論評 (ろんぴょう) 론표	评论 핑룬
debate 데바테	disceptio 디스켑치오	диспут 디스푸트	συζήτηση 시제테세	付議 (ふぎ) 후기	争论 정룬
exclusivo 엑스클루시보	eximius 엑시미우스	едúнственный 예딘스트벤니	αποκλειστι- κός 아포클레이스티코스	特種 (とくだね) 도쿠다네	特种 터중

한국어	영어	독일어	프랑스어	이탈리아어
앙케트	survey 서베이	Umfrage 움프라게	enquête 앙케트	inchiesta 잉키에스타
연감 (年鑑)	yearbook 이어북	Jahrbuch 야르부흐	annuaire 아뉘에르	annuario 안누아리오
소문 (所聞)	rumor 루머	Gerücht 게뤼히트	rumeur 뤼뫼르	diceria 디체리아
염문 (艶聞)	love affair 러브 어페어	Liebesverhält-nis 리베스페어핼트니스	romance 로망스	romanza 로만차
인정 (認定)	approval 어프루블	Anerkennung 안에어켄눙	reconnaissance 르코네상스	apprezzamento 아프레차멘토
비교 (比較)	comparison 컴패리슨	Vergleich 페어글라이히	comparaison 콩파레종	comparazione 콤파라치오네
상 (賞)	prize 프라이즈	Preis 프라이스	prix 프리	premio 프레미오
낙인 (烙印)	stigma 스티그머	Stigma 슈티그마	stigmate 스티그마트	stigma 스티그마
전형적 (典型的)	typical 티피클	typisch 튀피슈	typique 티피크	tipico 티피코
부차적 (副次的)	secondary 세컨더리	sekundär 제쿤대어	secondaire 스공데르	secondario 세콘다리오
이점 (利點)	advantage 어드밴티지	Vorteil 포어타일	avantage 아방타주	vantaggio 반타조

스페인어	라틴어	러시아어	그리스어	일본어	중국어
encuesta 엥쿠에스타	quaestio 쿠아이스치오	спросить 스프로시치	δημοσκόπηση 데모스코페세	アンケート 안케토	问卷 원콴
anuario 아누아리오	liber annalis 리베르 안날리스	ежегодник 예제고드니크	ετήσιο ημερολόγιο 에테시오 에메롤로기오	年鑑 (ねんかん) 넨칸	年鉴 녠젠
rumor 루모르	rumor 루모르	слух 슬루흐	φήμη 페메	噂 (うわさ) 우와사	传闻 촨원
romance 로만세	amor 아모르	любовная связь 류보브나야 스뱌지	ερωτική σχέση 에로티케 스케세	艶聞 (えんぶん) 엔분	桃色新闻 타오써신원
aprobación 아프로바시온	probatio 프로바치오	одобрéние 오도브레니예	ἔπαινος 에파이노스	認定 (にんてい) 닌테이	认定 런딩
comparación 콤파라시온	conparatio 콘파라치오	сравнение 스라브네니예	ὁμοιόω 호모이오	比較 (ひかく) 히카쿠	比较 비자오
precio 프레시오	praemium 프라이미움	приз 프리스	βραβεῖον 브라베이온	賞 (しょう) 쇼	赏 상
estigma 에스티그마	stigma 스티그마	стигма 스티그마	ὄνειδος 오네이도스	烙印 (らくいん) 라쿠인	烙印 라오인
típico 티피코	typicus 티피쿠스	типичный 티피치니	τυπικός 티피코스	典型的 (てんけいてき) 덴케테키	典型的 뎬싱더
secundario 세쿤다리오	incidentalis 잉키덴탈리스	вторичный 브토리치니	δευτερεύων 데프테레본	副次的 (ふくじてき) 후쿠지테키	次要的 츠야오더
ventaja 벤타하	commodum 콤모둠	выгода 비고다	τόκος 토코스	利点 (りてん) 리텐	好处 하오추

4-31. 출판

한국어	영어	독일어	프랑스어	이탈리아어
出刊 (出刊)	publication 퍼블리케이션	Veröffentlich-ung 페어외펜틀리훙	publication 퓌블리카시옹	pubblicazione 푸블리카치오네
출판사 (出版社)	publishers 퍼블리셔	Verlag 페얼라크	maison d'édition 매종 데디시옹	casa editrice 카사 에디트리체
저자 (著者)	author 오서	Verfasser 페어파서	auteur 오퇴르	scrittore 스크리토레
독자 (讀者)	reader 리더	Leser 레저	lecteur 렉퇴르	lettore 레토레
번역가 (翻譯家)	translator 트랜슬레이터	Übersetzer 위버제처	traducteur 트라뒥퇴르	traduttore 트라두토레
번역 (翻譯)	translation 트랜슬레이션	Übersetzung 위버제충	traduction 트라뒥시옹	traduzione 트라두치오네
엮은이	editor 에디터	Herausgeber 헤라우스게버	éditeur 에디퇴르	editore 에디토레
책 (册)	book 북	Buch 부흐	livre 리브르	libro 리브로
사전 (辭典)	dictionary 딕셔너리	Wörterbuch 뵈르터부흐	dictionnaire 딕시오네르	dizionario 디초나리오
잡지 (雜誌)	magazine 매거진	Zeitschrift 차이트슈리프트	revue 르뷔	periodico 페리오디코
백과사전 (百科事典)	encyclopaedia 엔사이클러피디어	Enzyklopädie 엔취클로패디	encyclopédie 앙시클로페디	enciclopedia 엔치클로페디아

스페인어	라틴어	러시아어	그리스어	일본어	중국어
publicación 푸블리카시온	publicatio 푸블리카치오	опубликова́ние 오푸블리코바니예	φανέρωσις 파네로시스	刊行 (かんこう) 간코	出刊 추칸
editorial 에디토리알	editor 에디토르	издание 이즈다니예	εκδοτικός οίκος 엑도티코스 오이코스	出版社 (しゅっぱんしゃ) 슛판샤	出版社 추반서
escritor 에스크리토르	scriptor 스크립토르	а́втор 압토르	συγγραφέας 싱그라페아스	著者 (ちょしゃ) 조샤	著者 쮜저
lector 렉토르	lector 렉토르	чита́тель 치타텔	αναγνώστης 아나그노스테스	読者 (どくしゃ) 도쿠샤	读者 두저
traductor 트라둑토르	interpres 인테르프레스	перево́дчик 페레봇치크	μεταφραστής 메타프라스테스	翻訳家 (ほんやくか) 혼야쿠카	翻译家 판이자
traducción 트라둑시온	translatio 트란슬라치오	перевод 페레보트	μετάφραση 메타프라세	翻訳 (ほんやく) 혼야쿠	翻译 판이
editor 에디토르	redactor 레닥토르	издатель 이즈다텔	εκδότης 엑도테스	編集者 (へんしゅうしゃ) 헨슈샤	编者 벤저
libro 리브로	liber 리베르	кни́га 크니가	βίβλος 비블로스	本 (ほん) 혼	书 수
diccionario 딕시오나리오	dictionarium 딕치오나리움	слова́рь 슬로바리	λεξικό 렉시코	辞典 (じてん) 지텐	词典 츠뎬
revista 레비스타	periodicum 페리오디쿰	журнал 주르날	περιοδικό 페리오디코	雜誌 (ざっし) 잣시	杂志 짜즈
enciclopedia 엔시클로페디아	encyclopaedia 엔키클로파이디아	энциклопедия 엔치클로페디야	εγκυκλοπαίδεια 엥기클로파이데이아	百科事典 (ひゃっかじてん) 핫카지텐	百科事典 바이커스뎬

한국어	영어	독일어	프랑스어	이탈리아어
자서전 (自敍傳)	autobiography 오토바이오그러피	Autobiographie 아우토비오그라피	autobiographie 오토비오그라피	autobiografia 아우토비오그라피아
전기 (傳記)	biography 바이오그러피	Biographie 비오그라피	biographie 비오그라피	biografia 비오그라피아
일화 (逸話)	anecdote 애닉도트	Anekdote 아넥도테	anecdote 아넥도트	aneddoto 아네도토
에피소드	episode 에피소드	Episode 에피조데	épisode 에피조드	episodio 에피조디오
제목 (題目)	title 타이틀	Titel 티텔	titre 티트르	titolo 티톨로
부제 (副題)	subtitle 서브타이틀	Untertitel 운터티텔	sous-titre 수티트르	sottotitolo 소토티톨로
인쇄 (印刷)	printing 프린팅	Drucken 드루켄	impression 앵프레시옹	pressione 프레시오네
판 (版)	edition 에디션	Auflage 아우플라게	édition 에디시옹	tiratura 티라투라
초판 (初版)	first edition 퍼스트 에디션	Erstausgabe 에어스트아우스가베	édition originale 에디시옹 오리지날	editio princeps 에디티오 프린쳅스
저작권 (著作權)	copyright 카피라이트	Urheberrecht 우어헤버레히트	droits d'auteur 드루아 도퇴르	diritto d'autore 디리토 다우토레
인세 (印稅)	royalty 로열티	Tantieme 탄티메	tantième 탕티엠	percentuale 페르첸투알레

스페인어	라틴어	러시아어	그리스어	일본어	중국어
autobiografía 아우토비오그라피아	autobiographia 아우토그라피아	автобиогра-фия 압토비오그라피야	αυτοβιογρα-φία 아우토비오그라피아	自叙伝 (じじょでん) 지조덴	自传 쯔좐
biografía 비오그라피아	biographia 비오그라피아	биография 비오그라피야	βιογραφία 비오그라피아	伝記 (でんき) 덴키	传记 좐지
anécdota 아넥도타	narratiuncula 나라티운쿨라	анекдот 아넥도트	ευθυμογράφη-μα 에우티모그라페마	逸話 (いつわ) 이쓰와	轶事 이스
episodio 에피소디오	interludium 인테를루디움	эпизод 예피조드	επεισόδιο 에페이소디오	挿話 (そうわ) 소와	插曲 차추
título 티툴로	titulus 티툴루스	заглавие 자글라비예	ἐπικάλυμμα 에피칼리마	題 (だい) 다이	题目 티무
subtítulo 숩티툴로	subtitulus 숩티툴루스	подзаголовок 포자골로보크	υπότιτλος 이포티틀로스	副題 (ふくだい) 후쿠다이	副题 푸티
presión 프레시온	typographeum 티포그라페움	давление 다블레니예	τυπογραφία 티포그라피아	印刷 (いんさつ) 인사쓰	印刷 인솨
tirada 티라다	editio 에디치오	тираж 티라시	έκδοση 엑도세	版 (はん) 한	版 반
edición príncipe 에디시온 프린시페	editio princeps 에디치오 프링켑스	инкунабула 인쿠나불라	πρώτη έκδοση 프로테 엑도세	初版 (しょはん) 쇼한	初版 추반
derecho de autor 데레초 데 아우토르	ius auctoris 이우스 아욱토리스	авторское право 압토르스코예 프라보	συγγραφικό δικαίωμα 싱그라피코 디카이오마	著作権 (ちょさくけん) 조사쿠켄	著作权 주쭤촨
derechos de autor 데레초스 데 아우토르	dicaeoma 디카이오마	тантьема 탄티예마	ποσοστό 포소스토	印税 (いんぜい) 인제이	版税 반수이

한국어	영어	독일어	프랑스어	이탈리아어
서문 (序文)	prolog 프롤로그	Prolog 프롤로크	prologue 프롤로그	prologo 프롤로고
후기 (後記)	epilogue 에필로그	Nachwort 나흐보르트	épilogue 에필로그	epilogo 에필로고
활자 (活字)	type 타이프	Type 튀페	type 팁	carattere tipografico 카라테레 티포그라피코
색인 (索引)	index 인덱스	Index 인덱스	index 앵덱스	indice 인디체
목차 (目次)	table of contents 테이블 어브 컨텐츠	Inhaltsverzeichnis 인할츠페어차이히니스	table des matières 타블 데 마티에르	catalogo 카탈로고

4-32. 정보/통신

한국어	영어	독일어	프랑스어	이탈리아어
소통 (疏通)	communication 커뮤니케이션	Verständigung 페어슈탠디궁	communication 코뮈니카시옹	comunicazione 코무니카치오네
통신 (通信)	telecommunication 텔리커뮤니케이션	Fernmeldeverkehr 페른멜데페어케어	télécommunication 텔레코뮈니카시옹	telecomunicazione 텔레코무니카치오네
우체국 (郵遞局)	post office 포스트 오피스	Postamt 포스트암트	bureau de poste 뷔로 드 포스트	ufficio postale 우피초 포스탈레
우표 (郵票)	postage stamp 포스티지 스탬프	Briefmarke 브리프마르케	timbre 탱브르	francobollo 프랑코볼로
전보 (電報)	telegram 텔리그램	Telegramm 텔레그람	télégramme 텔레그람	telegramma 텔레그람마

스페인어	라틴어	러시아어	그리스어	일본어	중국어
prólogo 프롤로고	prologus 프롤로구스	пролог 프롤로크	πρόλογος 프롤로고스	序文 (じょぶん) 조분	序言 수얀
epílogo 에필로고	epilogus 에필로구스	послесловие 포슬레슬로비예	επίλογος 에필로고스	後記 (こうき) 고키	后记 허우지
letra de molde 레트라 데 몰데	typus mobilis 티푸스 모빌리스	ли́тера 리테라	χαρακτήρας 카락테라스	活字 (かつじ) 가쓰지	活字 훠쯔
índice 인디세	index 인덱스	индекс 인덱스	ευρετήριο 에우레테리오	索引 (さくいん) 사쿠인	索引 쒀인
directorio 디렉토리오	index generalis 인덱스 게네랄리스	оглавление 오글라블레니예	περιεχόμενα 페리에코메나	目次 (もくじ) 모쿠지	目次 무츠

스페인어	라틴어	러시아어	그리스어	일본어	중국어
comunicación 코무니카시온	communicatio 콤무니카치오	коммуника́ции 콤무니카치	επικοινωνία 에피코이노니아	疎通 (そつう) 소쓰	疏通 수퉁
telecomunicación 텔레코무니카시온	telecommunicatio 텔레콤무니카치오	телекоммуника́ция 텔레콤무니카치야	τηλεπικοινωνίες 텔레피코이노니에스	情報通信 (じょうほうつうしん) 조호쓰신	通信 퉁신
apartado postal 아파르타도 포스탈	diribitorium tabellarium 디리비토리움 타벨라리움	почтовое отделение 포치토보예 옷델리니예	ταχυδρομείο 타키드로메이오	郵便局 (ゆうびんきょく) 유빈쿄쿠	邮局 유주
sello 세요	pittacium epistulare 피타키움 에피스툴라레	ма́рка 마르카	χάραγμα 카라그마	切手 (きって) 깃테	邮票 유퍄오
telegrama 텔레그라마	telegraphema 텔레그라페마	телеграмма 텔레그람마	τηλεγράφημα 텔레그라페마	電報 (でんぽう) 덴포	电报 덴바오

한국어	영어	독일어	프랑스어	이탈리아어
우편 (郵便)	post 포스트	Post 포스트	poste 포스트	posta 포스타
엽서 (葉書)	postcard 포스트카드	Postkarte 포스트카르테	carte postale 카르트 포스탈	cartolina postale 카르톨리나 포스탈레
편지 (片紙)	letter 레터	Brief 브리프	lettre 레트르	lettera 레테라
소포 (小包)	parcel 파슬	Postpaket 포스트파케트	colis postal 콜리 포스탈	impallaggio 임팔라조
속달 (速達)	express parcel 익스프레스 파슬	Eilpacket 아일파켓	colis exprès 콜리 엑스프레스	pacco espresso 파코 에스프레소
소인 (消印)	postmark 포스트마크	Poststempel 포스트슈템펠	cachet de la poste 카슈 들라포스트	timbro postale 팀브로 포스탈레
수신 (受信)	reception 리셉션	Empfang 엠프팡	réception 레셉시옹	ricezione 리체치오네
답신 (答信)	reply 리플라이	Antwort 안트보르트	réponse 레퐁스	risposta 리스포스타
추신 (追伸)	postscript 포스트스크립트	Nachschrift 나흐슈립트	post–scriptum 포스트–스크립톰	poscritto 포스크리토
네트워크	network 네트워크	Netzwerk 네츠베르크	réseau 레조	rete 레테
전화 통화	telephone call 텔리폰 콜	Telefonat 텔레포나트	conversation téléphonique 콩베르자시옹 텔레포니크	telefonata 텔레포나타

스페인어	라틴어	러시아어	그리스어	일본어	중국어
correo 코레오	cura 쿠라	по́чта 포치타	ταχυδρομείο 타키드로메이오	郵便 (ゆうびん) 유빈	邮件 유젠
postal 포스탈	charta tabellaria 카르타 타벨라리아	откры́тка 옷크릿카	καρτ–ποστάλ 카르트 포스탈	葉書 (はがき) 하가키	明信片 밍신펜
carta 카르타	littera 리테라	письмо́ 피시모	ἐπιστολή 에피스톨레	書簡 (しょかん) 쇼칸	书信 수신
embalaje 엠발라헤	fascis 파스키스	посы́лка 고실카	πακέτο 파케토	小包 (こづつみ) 고즈쓰미	包裹 바오궈
paquete urgente 파케테 우르헨테	epistula citata 에피스툴라 키타타	э́кстренная по́чта 엑스트렌나야 포치타	εξπρές 엑스프레스	速達 (そくたつ) 소쿠타쓰	快信 콰이신
sello postal 세요 포스탈	–	почто́вый штéмпель 포치토비 시템펠	ταχυδρομική σφραγίδα 타키드로미케 스프라기다	消し印 (けしいん) 게시인	邮戳 유춰
recepción 레셉시온	ascitus 아스키투스	приём 프리옴	αποδοχή 아포도케	受信 (じゅしん) 주신	领取 링추
respuesta 레스푸에스타	responsum 레스폰숨	отклик 옷클리크	απάντηση 아판데세	返答 (へんとう) 헨토	回信 후이신
posdata 포스다타	postscriptum 포스트스크립툼	постскриптум 포스트스트립툼	υστερόγραφο 이스테로그라포	追伸 (ついしん) 쓰이신	又及 유지
enrejado 엔레하도	cratis 크라티스	сеть 세티	δίκτυο 딕티오	網 (あみ) 아미	网络 왕뤄
llamada telefónica 야마다 텔레포니카	telephonema 텔레포네마	телефо́нный звоно́к 텔레폰니 즈보노크	τηλεφώνημα 텔레포네마	通話 (つうわ) 쓰와	电话 뎬화

한국어	영어	독일어	프랑스어	이탈리아어
핸드폰	mobile 모바일	handy 핸디	mobile 모빌	telefonino 텔레포니노
신호 (信號)	signal 시그늘	Signal 지그날	signal 시냘	segnale 세냘레
징조 (徵兆)	omen 오먼	Vorzeichen 포어차이헨	augure 오귀르	auspicio 아우스피초
깃발	flag 플래그	Flagge 플라게	drapeau 드라포	bandiera 반디에라
횃불	torch 토치	Fackel 파켈	flambeau 플랑보	torcia 토르차
호루라기	whistle 휘슬	Pfeife 파이페	sifflet 시플레	fischio 피스키오
봉화 (烽火)	beacon 비컨	Signalfeuer 지그날포이어	feu d'alarme 푀 달라름	razzo 라초
포스터	poster 포스터	Plakat 플라카트	affiche 아피슈	cartello 카르텔로
사이렌	siren 사이런	Sirene 지레네	sirène 시렌	sirena 시레나
통역 (通譯)	interpretation 인터프리테이션	Dolmetschen 돌메첸	interprétation 앵테르프레타시옹	interpretazione 인테르프레타치오네
대화 (對話)	conversation 컨버세이션	Gespräch 게슈프레히	entretien 앙트르티앵	colloquio 콜로퀴오

스페인어	라틴어	러시아어	그리스어	일본어	중국어
teléfono celular 텔레포노 셀룰라르	telephonum gestabile 텔레포눔 게스타빌레	сотовый телефон 소토비 첼레폰	κινητό 키네토	携帯電話 (けいたいでんわ) 게이타이덴와	手机 서우지
señal 세냘	significatio 시그니피카치오	сигнал 시그날	σήμα 세마	信号 (しんごう) 신고	信号 신하오
signo 시그노	omen 오멘	предзнаменова– ние 프레즈나메노바니예	οιωνός 오이오노스	兆候 (ちょうこう) 조코	预兆 위자오
bandera 반데라	vexillum 벡실룸	флаг 플라크	σημαία 세마이아	旗 (はた) 하타	旗子 치쯔
antorcha 안토르차	facula 파쿨라	факел 파켈	λαμπάς 람바스	松明 (たいまつ) 타이마쓰	火炬 훠주
pito 피토	fistula 피스툴라	свисток 스비스토크	σφυρίκτρα 스피릭트라	呼び子 (よびこ) 요비코	哨子 사오쯔
almenara 알메나라	ignis signum 이그니스 시그눔	сигнáльный огóнь 시그날니 오곤	φρυκτωρίες 프릭토리에스	烽火 (のろし) 노로시	烽火 펑훠
cartel 카르텔	libellus publice affixus 리벨루스 푸블리케 아픽수스	афи́ша 아피샤	αφίσα 아피사	ポスター 포스타	海报 하이바오
sirena 시레나	siren 시렌	сирена 시레나	σειρήνα 세이레나	サイレン 사이렌	汽笛 치디
interpretación 인테르프레타시온	interpretatio 인테르프레타치오	толкование 톨코바니예	ἑρμηνεύω 헤르메네우오	通訳 (つうやく) 쓰야쿠	口译 커우이
conversación 콘베르사시온	conlocutio 콘로쿠치오	разговор 라즈고보르	συνομιλέω 시노밀레오	対話 (たいわ) 다이와	对话 두이화

한국어	영어	독일어	프랑스어	이탈리아어
그래픽	graphic 그래픽	grapisch 그라피슈	graphique 그라피크	grafico 그라피코
하드디스크	hard disk 하드 디스크	Festplatte 페스트플라테	disque dur 디스크 뒤르	disco rigido 디스코 리지도
정보 (情報)	inforamtion 인포메이션	Auskunft 아우스쿤프트	information 앵포르마시옹	informazione 인포르마치오네
컴퓨터	computer 컴퓨터	Computer 콤퓨터	ordinateur 오르디나퇴르	computer 콤푸테르
모니터	monitor 모니터	Monitor 모니토어	monitor 모니토르	monitor 모니토르
화면 (畵面)	screen 스크린	Bildschirm 빌트시름	écran 에크랑	schermo 스케르모
데이터	data 데이터	Daten 다텐	données 도네	dati 다티
다운로드	download 다운로드	herunterladen 헤룬털라덴	télécharger 텔레샤르제	scaricare 스카리카레
호환성 (互換性)	compatibility 컴패터빌리티	Kompatibilität 콤파티빌리탯	compatibilité 콩파티빌리테	comptabilità 콤타빌리타
타자 (打字)	typing 타이핑	Tippen 티펜	dactylographie 닥틸로그라피	dattilografia 다틸로그라피아
입력 (入力)	input 인풋	Eingabe 아인가베	intrant 앵트랑	carattere 카라테레

스페인어	라틴어	러시아어	그리스어	일본어	중국어
gráfico 그라피코	graphicus 그라피쿠스	графика 그라피카	γραφικός 그라피코스	グラフィック 구라힛쿠	图像 투샹
disco fijo 디스코 피호	discus durus 디스쿠스 두루스	жёсткий диск 조스트키 디스크	σκληρός δίσκος 스클레로스 디스코스	ハードディスク 하도디스쿠	硬磁盘 잉츠판
información 인포르마시온	informatio 인포르마치오	информация 인포르마치야	πληροφορία 플레로포리아	情報 (じょうほう) 조호	情报 칭바오
computadora 콤푸타도라	calculo 칼쿨로	компьютер 콤피유테르	υπολογιστής 이폴로기스테스	コンピュータ 곤퓨타	电脑 뎬나오
monitor 모니토르	–	монитор 모니토르	οθόνη 오토네	モニター 모니타	显示器 셴스치
pantalla 판타야	album visificum 알붐 비시피쿰	дисплейный 디스플레이니	θυρίς 티리스	画面 (がめん) 가멘	画面 화몐
datos 다토스	data 다타	данные 단니예	δεδομένα 데도메나	資料 (しりょう) 시료	数据 수주
descargas 데스카르가스	–	загружáть 자그루자티	κατεβάζω 카테바조	ダウンロード 다운로도	下载 샤짜이
compatibilidad 콤파티빌리다드	placidus 플라키두스	смешиваемо–сть 스메시바예모스티	συμβατότητα 심바토테타	互換性 (ごかんせい) 고칸세이	互换性 후환싱
mecanografía 메카노그라피아	–	треск 트레스카	δακτυλογρα–φώ 닥틸로그라포	タイピング 다이빈구	打字 다쯔
entrada 엔트라다	libellus 리벨루스	ввод 브보트	εισέρχομαι 에이세르코마이	入力 (にゅうりょく) 뉴료쿠	输入 수루

한국어	영어	독일어	프랑스어	이탈리아어
출력 (出力)	output 아웃풋	Ausgabe 아우스가베	déboucher 데부셰	uscita 우시타
자판 (字板)	keyboard 키보드	Tastatur 타스타투어	clavier 클라비에	tastiera 타스티에라
인쇄기 (印刷機)	printer 프린터	Drucker 드루커	imprimante 앵프리망트	stampante 스탐판테
화소 (畵素)	pixel 픽슬	Bildpunkt 빌트풍트	pixel 픽셀	pixel 픽셀
해상도 (解像度)	resolution 레절루션	Auflösung 아우플뢰숭	définition d'écran 데피니시옹 데크랑	risoluzione 리솔루치오네

4-33. 약

한국어	영어	독일어	프랑스어	이탈리아어
약 (藥)	drug 드러그	Arzneimittel 아르츠나이미텔	médicament 메디카망	medicina 메디치나
알약	tablet 테블릿	Tablette 타블레테	comprimé 콩프리메	pastiglia 파스틸랴
백신	vaccine 백신	Impfstoff 임프슈토프	vaccin 박생	vaccino 바치노
연고 (軟膏)	ointment 오인트먼트	Salbe 잘베	pommade 포마드	unguento 웅구엔토
항생제 (抗生劑)	antibiotic 앤티바이오틱	Antibiotikum 안티비오티쿰	antibiotique 앙티비오티크	antibiotico 안티비오티코

스페인어	라틴어	러시아어	그리스어	일본어	중국어
salida 살리다	produco 프로두코	вы́пуск 비푸스크	έξοδος 엑소도스	出力 (しゅつりょく) 슈쓰료쿠	输出 수추
teclado 테클라도	claviatura 클라비아투라	клавиатура 클라비아투라	πληκτρολόγιο 플렉트롤로기오	キーボード 기보도	键盘 젠판
impresor 임프레소르	typographus 티포그라푸스	при́нтер 프린테르	εκτυπωτής 엑티포테스	印刷機 (いんさつき) 인사쓰키	印刷机 인쇄지
píxel 픽셀	–	пиксель 픽셀	εικονοστοιχείο 에이코노스토이케이오	画素 (がそ) 가소	象素 샹쑤
resolución 레솔루시온	resolutio 레솔루치오	разреше́ние 라즈레셰니예	αποφασιστικότητα 아포파시스티코테타	解像度 (かいぞうど) 가이조도	分辨率 펀벤뤼

fármaco 파르마코	medicamen 메디카멘	лека́рство 레카르스트보	πλάξ 플락스	薬 (くすり) 구스리	药 야오
pastilla 파스티야	tabletta 타블레타	пилюля 필륄랴	χάπι 카피	丸薬 (がんやく) 간야쿠	丸剂 완지
vacuna 바쿠나	vaccina 바키나	вакци́на 박치나	εμβόλιο 엠볼리오	ワクチン 와쿠친	病毒 빙두
ungüento 웅구엔토	unguentum 웅구엔툼	мазь 마지	μύρον 미론	軟膏 (なんこう) 난코	软膏 롼가오
antibiótico 안티비오티코	antibioticum 안티비오티쿰	антибиотик 안티비오티크	αντιβιοτικό 안티비오티코	抗生剤 (こうせいざい) 고세자이	抗生素 캉성쑤

한국어	영어	독일어	프랑스어	이탈리아어
해열제 (解熱劑)	antipyretic 앤티파이레틱	Fiebermittel 피버미텔	antipyrétique 앙티피레티크	antipiretico 안티피레티코
소화제 (消化劑)	digestive 다이제스티브	verdauungsför- derndes Mittel 페어다우웅스푀더른 데스 미텔	digestif 디제스티프	digestivo 디제스티보
진통제 (鎭痛劑)	painkiller 페인킬러	Schmerzmittel 슈메르츠미텔	analgésique 아날제지크	analgesico 아날제지코
비타민	vitamin 바이터민	Vitamin 비타민	vitamine 비타민	vitamina 비타미나
독 (毒)	poison 포이즌	Gift 기프트	poison 푸아종	veleno 벨레노
아편	opium 오피엄	Opium 오피움	opium 오피옴	oppio 오피오
해독 (解毒)	detoxification 디톡시피케이션	Entgiftung 엔트기프퉁	désintoxication 데쟁톡시카시옹	disintossicazio- ne 디진토시카치오네

4-34. 의료용품/진료과목

청진기 (聽診器)	stethoscope 스테서스코프	Hörrohr 회어로어	stéthoscope 스테토스코프	stetofonendo- scopio 스테토포넨도스코 피오
주사기 (注射器)	syringe 시린지	Spritze 슈프리체	seringue 서랭그	siringa 시링가
목발	crutch 크러치	Krücke 크뤼케	béquille 베키유	gruccia 그루차

스페인어	라틴어	러시아어	그리스어	일본어	중국어
antipirético 안티피레티코	antipyreticum 안티피레티쿰	антипиретики 안티피레티키	αντιπυρετικό 안티피레티코	解熱剤 (げねつざい) 게네쓰자이	退烧药 투이사오야오
digestivo 디헤스티보	digestivus 디게스티부스	дижестив 디제스티프	πεπτικός 펩티코스	消化剤 (しょうかざい) 쇼카자이	消化剂 샤오화지
analgésico 아날헤시코	anodynum 아노디눔	болеутоляю–щее 볼레우톨랴유셰예	παυσίπονο 파우시포노	鎮痛剤 (ちんつうざい) 진쓰자이	镇痛剂 전퉁지
vitamina 비타미나	vitaminum 비타미눔	витамин 비타민	βιταμίνη 비타미네	ビタミン 비타민	维生素 웨이성쑤
tóxico 톡시코	venenum 베네눔	отрáва 오트라바	δηλητήριο 델레테리오	毒 (どく) 도쿠	毒 두
opio 오피오	opium 오피움	опий 오피	όπιο 오피오	阿片 (あへん) 아헨	鸦片 야피엔
desintoxicación 데신톡시카시온	detoxicum 데톡시쿰	дегазация 데가자치야	αποτοξίνωση 아포톡시노세	解毒 (げどく) 게도쿠	解毒 지에두

스페인어	라틴어	러시아어	그리스어	일본어	중국어
estetoscopio 에스테토스코피오	stethoscopium 스테토스코피움	стетоскóп 스테토스코프	στηθοσκόπιο 스테토스코피오	聽診器 (ちょうしんき) 조신키	听筒 팅퉁
jeringa 헤링가	clyster 클리스터	шприц 시프리츠	σύριγγα 수링가	注射器 (ちゅうしゃき) 주샤키	注射器 주서치
muleta 물레타	baculum 바쿨룸	костыль 코스틸	δεκανίκι 데카니키	松葉杖 (まつばづえ) 마쓰바즈에	拐子 과이쯔

한국어	영어	독일어	프랑스어	이탈리아어
들것	stretcher 스트레처	Tragbahre 트라크바레	brancard 브랑카르	barella 바렐라
약국 (藥局)	drugstore 드럭스토어	Apotheke 아포테케	pharmacie 파르마시	farmacia 파르마치아
병원 (病院)	hospital 호스피틀	Krankenhaus 크랑켄하우스	hôpital 오피탈	ospedale 오스페달레
구급차 (救急車)	ambulance 앰뷸런스	Krankenwagen 크랑켄바겐	ambulance 앙뷜랑스	ambulanza 암불란차
표본 (標本)	sample 샘플	Musterbeispiel 무스터바이슈필	éprouvette 에프루베트	esempio 에젬피오
외과 (外科)	surgery 서저리	Chirurgie 히루르기	chirurgie 시루르지	chirurgia 키루르자
정형외과 (整形外科)	orthopaedics 오서피딕스	Orthopädie 오르토패디	orthopédie 오르토페디	ortopedia 오르토페디아
정신과 (精神科)	psychiatry 사이카이어트리	Psychiatrie 프쥐햐트리	psychiatrie 프시키아트리	psichiatra 프시키아트라
내과 (內科)	internal medicine 인터널 메디신	innere Medizin 인네레 메디친	médecine interne 메드신 앵테르른	medicina interna 메디치나 인테르나
치과 (齒科)	dentistry 덴티스트리	Zahnmedizin 찬메디친	médecine dentaire 메드신 당테르	odontoiatria 오돈토이아트리아
소아과 (小兒科)	pediatrics 페디애트릭스	Kinderheilkunde 킨더하일쿤데	pédiatrie 페디아트리	pediatria 페디아트리아

스페인어	라틴어	러시아어	그리스어	일본어	중국어
camilla 카미야	ferculum 페르쿨룸	носилки 노실키	τεντώνων 텐도논	担架 (たんか) 단카	担架 단자
farmacia 파르마시아	apotheca 아포테카	аптека 압테카	φαρμακείο 파르마케이오	薬局 (やっきょく) 얏쿄쿠	药店 야뎬
hospital 오스피탈	valetudinarium 발레투디나리움	больница 볼니차	νοσοκομείο 노소코메이오	病院 (びょういん) 뵤인	医院 이위안
ambulancia 암불란시아	ambulans 암불란스	скорая помощь 스코라야 포모시	άμαξα νοσοκομείου 아막사 노소코메이우	救急車 (きゅうきゅうしゃ) 큐큐샤	救护车 지우후처
muestra de prueba 무에스트라 데 프루에바	exemplum 엑셈플룸	образец 오브라제츠	δείγμα 데이그마	試料 (しりょう) 시료	标本 뺘오번
cirugía 시루히아	chirurgia 키루르기아	хирургия 히루르기야	χειρουργική 케이루르기케	外科 (げか) 게카	外科 와이커
ortopedia 오르토페디아	orthopaedia 오르토파이디아	ортопедия 오르토페디야	ορθοπεδική 오르토페디케	整形外科 (せいけいげか) 세이케이게카	整形外科 정싱와이커
psiquiatría 프시키아트리아	psychiatria 프시키아트리아	психиатрия 프시히아트리야	ψυχιατρική 프시키아트리케	精神科 (せいしんか) 세신카	精神科 징선커
medicina interna 메디시나 인테르나	medicina interna 메디키나 인테르나	внутренние болезни 브누트렌니예 볼레즈니	εσωτερική παθολογία 에소테리케 파톨로기아	内科 (ないか) 나이카	内科 네이커
odontología 오돈톨로히아	odontologia 오돈톨로기아	стоматология 스토마톨로기야	οδοντιατρική 오돈디아트리케	歯科 (しか) 시카	牙科 야커
pediatría 페디아트리아	paediatria 파이디아트리아	педиатрия 페디아트리야	παιδιατρική 파이디아트리케	小児科 (しょうにか) 쇼니카	小儿科 샤오얼커

한국어	영어	독일어	프랑스어	이탈리아어
안과 (眼科)	ophthalmology 옵탈몰로지	Augenheilkun- de 아우겐하일쿤데	ophtalmologie 옵탈몰로지	oculistica 오쿨리스티카

4-35. 의료인

의사 (醫師)	doctor 닥터	Arzt 아르츠트	médecin 메드생	medico 메디코
안과의사 (眼科醫師)	oculist 오큐리스트	Augenarzt 아우겐아르츠트	oculiste 오퀴리스트	oculista 오쿨리스타
주치의 (主治醫)	family doctor 패밀리 닥터	Hausarzt 하우스아르츠트	médecin de famille 메드생 드 파미유	medico di famiglia 메디코 디 파밀리아
병리과의사 (病理科醫師)	pathologist 퍼슬러지스트	Pathologe 파톨로게	pathologiste 파톨로지스트	patologo 파톨로고
소아과의사 (小兒科醫師)	paediatrician 피디어트리션	Kinderarzt 킨더아르츠트	pédiatre 페디아트르	pediatra 페디아트라
외과의사 (外科醫師)	surgeon 서전	Chirurg 히루어크	chirurgien 시뤼르지앵	chirurgo 키루르고
치과의사 (齒科醫師)	dentist 덴티스트	Zahnarzt 찬아르츠트	dentiste 당티스트	dentista 덴티스타
내과의사 (內科醫師)	internist 인터니스트	Internist 인터니스트	interniste 앵테르니스트	internista 인테르니스타
정신과의사 (精神科醫師)	psychiatrist 사이카이어트리스트	Psychologe 프쉬홀로게	psychologue 프시콜로그	psicologo 프시콜로고

스페인어	라틴어	러시아어	그리스어	일본어	중국어
oftalmología 옵탈몰로히아	ophthalmologia 옵탈몰로기아	офтальмоло́гия 옵탈몰로기야	οφθαλμιατρική 옵탈미아트리케	眼科 (がんか) 간카	眼科 옌커

médico 메디코	medicus 메디쿠스	врач 브라치	ιατρός 이아트로스	医師 (いし) 이시	医生 이성
oftalmólogo 옵탈몰로고	ophthalmicus 옵탈미쿠스	окулист 오쿨리스트	οφθαλμίατρος 옵탈미아트로스	眼医者 (めいしゃ) 메이샤	眼科医生 옌커이성
médico de cabecera 메디코 데 카베세라	medicus domesticus 메디쿠스 도메스티쿠스	домашний доктор 도마시니 독토르	οικογενειακός γιατρός 오이코게네이아코스 기아트로스	主治医 (しゅじい) 슈지이	主治医生 주즈이성
patólogo 파톨로고	pathologus 파톨로구스	пато́лог 파톨로크	νεκροτόμος 네크로토모스	病理科医 (びょうりかい) 뵤리카이	病理科医生 빙리커이성
pediatra 페디아트라	paediater 파이디아테르	педиа́тр 페디아트르	παιδίατρος 파이디아트로스	小児科医 (しょうにかい) 쇼니카이	小儿科医生 시아오얼커이성
cirujano 시루하노	chirurgus 키루르구스	хиру́рг 히루르크	χειρούργος 케이루르고스	外科医 (げかい) 게카이	外科医生 와이커이성
dentista 덴티스타	dentista 덴티스타	дантист 단티스트	οδοντίατρος 오돈디아트로스	歯科医 (しかい) 시카이	牙医生 야이성
internista 인테르니스타	internista 인테르니스타	терапевт 테라펩트	ειδικός παθολόγος 에이디코스 파톨로고스	内科医 (ないかい) 나이카이	内科医生 네이커이성
psicólogo 프시콜로고	psychiater 프시키아테르	психо́лог 프시홀로크	ψυχολόγος 프시콜로고스	精神医学者 (せいしんいがくしゃ) 세신이가쿠샤	精神科医生 징선커이성

한국어	영어	독일어	프랑스어	이탈리아어
약사 (藥師)	pharmacist 파머시스트	Apotheker 아포테커	pharmacien 파르마시앵	farmacista 파르마치스타
간호사 (看護師)	nurse 너스	Krankenschwe- ster 크랑켄슈베스터	infirmier 앵피르미에	infermiera 인페르미에라
조산원 (助産員)	midwife 미드와이프	Hebamme 헵암메	accoucheuse 아쿠쇠즈	levatrice 레바트리체
치료사 (治療士)	therapist 세러피스트	Therapeut 테라포이트	thérapeute 테라푀트	terapeuta 테라페우타
수의사 (獸醫師)	veterinarian 베터리내리언	Tierarzt 티어아르츠트	vétérinaire 베테리네르	veterinario 베테리나리오

4-36. 의료행위

한국어	영어	독일어	프랑스어	이탈리아어
치료 (治療)	cure 큐어	Heilung 하일룽	guérison 게리종	cura 쿠라
처치 (處置)	treatment 트리트먼트	Behandlung 베한틀룽	soins 수엥	trattamento 트라타멘토
침술 (鍼術)	acupuncture 애큐펑처	Akupunktur 아쿠풍투어	acuponcture 아퀴퐁튀르	agopuntura 아고푼투라
진단 (診斷)	diagnosis 다이어그노시스	Diagnose 디아그노제	diagnostic 디아그노스티크	diagnosi 디아뇨지
수술 (手術)	operation 오퍼레이션	Operation 오페라치온	opération 오페라시옹	operazione 오페라치오네

스페인어	라틴어	러시아어	그리스어	일본어	중국어
farmacéutico 파르마세우티코	pharmacopola 파르마코폴라	фармацевт 파르마쳅트	φαρμακοποι- ός 파르마코포이오스	薬剤師 (やくざいし) 야쿠자이시	药师 야오스
enfermera 엔페르메라	nutrix 누트릭스	медицинская сестра 메디친스카야 세스트라	νοσοκόμα 노소코마	看護婦 (かんごふ) 간고후	护士 후스
partera 파르테라	obstitrix 옵스티트릭스	акушерка 아쿠셰르카	μαμή 마메	助産婦 (じょさんぷ) 조산푸	产院 찬위엔
terapeuta 테라페우타	therapeuta 테라페우타	терапевт 테라펩트	θεραπευτής 테라페우테스	セラピスト 세라피스토	治疗专家 즈리아오주 안지아
veterinario 베테리나리오	veterinarius 베테리나리우스	ветеринар 베테리나르	κτηνίατρος 크테니아트로스	獣医 (じゅうい) 주이	兽医 쏘우이

curation 쿠라시온	sanatio 사나치오	средство 스렛스트보	γιατρειά 기아트레이아	治癒 (ちゆ) 지유	治疗 질랴오
tratamiento 트라타미엔토	medela 메델라	лечéние 레체니예	θεραπεία 테라페이아	療法 (りょうほう) 료호	疗程 랴오청
acupuntura 아쿠푼투라	acupunctura 아쿠풍투라	акупунктура 아쿠풍투라	βελονισμός 벨로니스모스	鍼術 (しんじゅつ) 신주쓰	针术 쩐수
diagnosis 디아그노시스	diagnosis 디아그노시스	диагноз 디아그노스	διάγνωση 디아그노세	診断 (しんだん) 신단	诊断 전뚜안
operación 오페라시온	operatio 오페라치오	операция 오페라치야	εγχείρηση 엥게이레세	手術 (しゅじゅつ) 슈주쓰	手术 쏘우수

한국어	영어	독일어	프랑스어	이탈리아어
주사 (注射)	injection 인젝션	Injektion 인엑치온	piqûre 피퀴르	spruzzatore 스프루차토레
처방 (處方)	prescription 프리스크립션	Verschreibung 페어슈라이붕	prescription 프레스크립시옹	prescrizione 프레스크리치오네
검역 (檢疫)	quarantine 쾌런틴	Quarantäne 카란태네	quarantaine 카랑텐	quarantena 콰란테나
재활 (再活)	rehabilitation 리해빌리테이션	Rehabilitation 레하빌리타치온	réadaptation 레아답시옹	riabilitazione 리아빌리타치오네
요법 (療法)	therapy 세러피	Therapie 테라피	thérapie 테라피	terapia 테라피아
수혈 (輸血)	transfusion 트랜스퓨전	Bluttransfusion 블루트트란스푸지온	transfusion 트랑스퓌지옹	trasfusione 트라스푸지오네
접종 (接種)	inoculation 이노큘레이션	Impfung 임풍	vaccination 박시나시옹	inoculazione 이노쿨라치오네
찜질	fomentation 포먼테이션	Bähung 배웅	fomentation 포망타시옹	fomentazione 포멘타치오네
위생 (衛生)	hygiene 하이진	Hygiene 휘기네	hygiène 이지앵	igiene 이제네
보건 (保健)	health 헬스	Gesundheit 게준트하이트	santé 상테	salute 살루테
살균 (殺菌)	sterilization 스테릴라이제이션	Sterilisation 슈테릴리자치온	stérilisation 스테릴리자시옹	sterilizzazione 스테릴리차치오네

스페인어	라틴어	러시아어	그리스어	일본어	중국어
inyección 인옉시온	enema 에네마	укол 우콜	ένεση 에네세	注射 (ちゅうしゃ) 주샤	注射 쭈서
prescripción 프레스크립시온	dictamen 딕타멘	рецепт 레쳅트	συνταγή 신다지	処方 (しょほう) 쇼호	处方 추팡
cuarentena 쿠아렌테나	quadragena 쿠아드라게나	карантин 카란틴	καραντίνα 카란디나	検疫 (けんえき) 겐에키	检疫 지옌이
rehabilitación 레아빌리타시온	restitutio 레스티투치오	перевоспита́ние 페레보스피타니예	αποκατάσταση 아포카타스타세	更生 (こうせい) 고세이	康复 캉푸
terapéutica 테라페우티카	therapia 테라피아	терапия 테라피야	θεραπεία 테라페이아	治療 (ちりょう) 지료	疗法 리아오파
transfusión 뜨란스푸시온	transfusio 트란스푸시오	перелива́ние 페렐리바니예	μετάγγιση αίματος 메탕기세 아이마토스	輸血 (ゆけつ) 유케쓰	输血 수쉬에
vacunación 바쿠나시온	inoculatio 이노쿨라치오	прививка 프리핍카	εμβολιασμός 엠볼리아스모스	接種 (せっしゅ) 셋슈	预防接种 위팡지에종
fomento 포멘토	fomentatio 포멘타치오	припарка 프리파르카	υπόθαλψη 이포탈프세	湿布 (しっぷ) 싯푸	敷 푸
higiene 이히에네	hygiena 히기에나	здравоохранение 즈드라보오흐라네니예	υγιεινή 이기에이네	衛生 (えいせい) 에세	卫生 웨이성
salud 살루드	salus 살루스	благосостоя́ние 블라고소스토야니예	υγεία 이게이아	保健 (ほけん) 호켄	保健 빠오찌엔
esterilización 에스테릴리사시온	sterilizatio 스테릴리자치오	стерилизация 스체릴리자치야	αποστείρωση 아포스테이로세	殺菌 (さっきん) 삿킨	杀菌 샤쥔

한국어	영어	독일어	프랑스어	이탈리아어
예방 (豫防)	prevention 프리벤션	Vorbeugung 포어보이궁	prévention 프레방시옹	prevenzione 프레벤치오네
격리 (隔離)	isolation 아이설레이션	Isolierung 이졸리어룽	isolation 이졸라시옹	isolante 이졸란테
회복 (回復)	recovery 리커버리	Erholung 에어홀룽	rétablissement 레타블리스망	represa 리프레사
재기 (再起)	come-back 컴백	Rückkehr 뤽케어	retour 르투르	ritorno 리토르노

4-37. 길/다리/역/주차장

한국어	영어	독일어	프랑스어	이탈리아어
교통 (交通)	traffic 트래픽	Verkehr 페어케어	circulation 시르퀼라시옹	traffico 트라피코
길	way 웨이	Weg 베크	chemin 셔맹	passaggio 파사조
거리 [街]	street 스트리트	Straße 슈트라세	rue 루	strada 스트라다
다리 [橋]	bridge 브리지	Brücke 브뤼케	pont 퐁	piattaforma 피아타포르마
간선도로 (幹線道路)	main road 메인 로드	Hauptstraße 하웁트슈트라세	rue principale 뤼 프랭시팔	strada principale 스트라다 프린치팔레
고속도로 (高速道路)	highway 하이웨이	Autobahn 아우토반	autoroute 오토루트	autostrada 아우토스트라다

스페인어	라틴어	러시아어	그리스어	일본어	중국어
prevención 프레벤시온	prohibitio 프로히비치오	предупрежде́ние 프레두프레즈데니예	πρόληψη 프롤렙세	予防 (よぼう) 요보	预防 위팡
aislador 아이슬라도르	loginquitas 로깅쿠이타스	изолирование 이졸리로바니예	απομόνωση 아포모노세	隔離 (かくり) 가쿠리	隔离 꺼리
recuperación 레쿠페라시온	recuperatio 레쿠페라치오	отдых 옷디흐	ἀνάπαυσις 아나파이시스	回復 (かいふく) 가이후쿠	恢复 후웨푸
regreso 레그레소	regressio 레그레시오	возвраща́ться 보즈브라샤티스야	ἀμοιβή 아모이베	再起 (さいき) 사이키	再起 짜이치

스페인어	라틴어	러시아어	그리스어	일본어	중국어
tráfico 트라피코	commercium 콤메르키움	транспорт 트란스포르트	κυκλοφοριακό 키클로포리아코	交通 (こうつう) 고쓰	交通 자오퉁
paso 파소	via 비아	дорога 도로가	ὁδός 호도스	道 (みち) 미치	路 루
carretera 카레테라	platea 플라테아	улица 울리차	ἀμφόδον 암포돈	街路 (がいろ) 가이로	街 제
embarcadero 엠바르카데로	pons 폰스	бридж 브리지	γέφυρα 게피라	橋 (はし) 하시	桥 차오
calle principal 카예 프린시팔	platea 플라테아	главная улица 그라브나야 울리차	κεντρικός δρόμος 켄드리코스 드로모스	幹線道路 (かんせんどうろ) 간센도로	干线公路 간샹궁루
autopista 아우토피스타	strata autocinetica 스트라타 아우토키네티카	шоссе 쇼세	λεωφόρος 레오포로스	高速道路 (こうそくどうろ) 고소쿠도로	高速公路 가오수궁루

한국어	영어	독일어	프랑스어	이탈리아어
고가로 (高架路)	overpass 오버패스	Überführung 위버퓌룽	transfert 트랑스페르	trasporto 트라스포르토
네거리	crossroad 크로스로드	Kreuzung 크로이충	carrefour 카르푸르	incrocio 인크로초
차선 (車線)	lane 래인	Fahrbahn 파르반	voie 부아	carreggiata 카레자타
철로 (鐵路)	rail 레일	Bahngleis 반글라이스	voie ferrée 부아 페레	binario 비나리오
터널	tunnel 터늘	Tunnel 투넬	tunnel 튀넬	galleria 갈레리아
수도 (水道)	water pipe 워터 파이프	Wasserleitung 바설라이퉁	conduite dèau 콩뒤이트 도	conduttura dell'acqua 콘두투라 델라쿠아
수로 (水路)	water way 워터 웨이	Wasserstraße 바서슈트라세	voie d'eau 부아 도	via d'acqua 비아 다쿠아
인도 (人道)	footpath 풋패스	Bürgersteig 뷔르거슈타이크	trottoir 트로투아르	marciapiede 마르차피에데
지름길	short cut 쇼트 컷	Abkürzung 압퀴르충	raccourci 라쿠르시	scorciatoia 스코르차토이아
교각 (橋脚)	bridge pier 브릿지 피어	Brückenpfeiler 브뤼켄파일러	pilier de pont 필레 드 퐁	ponte molo 폰테 몰로
굴다리	underpass 언더패스	Unterführung 운터퓌룽	passage souterrain 파사주 수테랭	sottopassaggio 소토파사조

스페인어	라틴어	러시아어	그리스어	일본어	중국어
paso elevado 파소 엘레바도	supratransitus 수프라트란시투스	эстака́да 예스타카다	υπερυψωμένη διάβαση 이페립소메네 디아바세	跨線橋 (こせんきょう) 고센쿄	以高价 이가오자
incrocio 인크로시오	decussatio 데쿠사치오	пересечение 페레세체니예	σταυροδρόμι 스타우로드로미	四つ辻 (よつつじ) 요쓰쓰지	十字路 스쯔루
carril 카릴	angiportus 앙기포르투스	переулок 페레울로크	ρύμη 흐리메	車線 (しゃせん) 샤센	车道线 처다오센
ferrocarril 페로카릴	via ferrata 비아 페라타	рельс 렐스	ράγα 라가	鉄路 (てつろ) 데쓰로	铁路 테루
galería 갈레리아	cuniculus 쿠니쿨루스	тоннель 톤넬	σήραγγα 세랑가	トンネル 돈네루	隧道 수이다오
cañería 카녜리아	aquaeductus 아쿠아이둑투스	водопровод 보드프로보드	υδροσωλήνας 이드로솔레나스	水道 (すいどう) 스이도	水道 수이다오
vía fluvial 비아 플루비알	via aquai 비아 아쿠아이	водный путь 보드니 푸티	ποταμός 포타모스	水路 (すいろ) 스이로	水路 수이루
sendero 센데로	trames 트라메스	тропа́ 트로파	μονοπάτι 모노파티	歩道 (ほどう) 호도	人行道 런싱다오
atajo 아타호	abbreviatio 아브레비아치오	аббревиатура 아브레비아투라	σύντομος δρόμος 신도모스 드로모스	近道 (ちかみち) 지카미치	近路 진루
puente de muelle 푸엔테 데 무에예	crepido 크레피도	бык 비크	μεσόβαθρο 메소바트로	橋脚 (きょうきゃく) 교캬쿠	桥脚 차오자오
paso subterráneo 파소 숩테라네오	subtertransitus 숩테르트란시투스	подземный ход 포젬니 호트	διάβαση 디아바세	陸橋 (りっきょう) 릿쿄	地下通道 디샤퉁다오

한국어	영어	독일어	프랑스어	이탈리아어
차도 (車道)	roadway 로드웨이	Autostraße 아우토슈트라세	chaussée 쇼세	corsia 코르시아
항로 (航路)	air route 에어 루트	Flugroute 플루크루테	ligne aérienne 리뉴 아에리엔	via aerea 비아 아에레아
미로 (迷路)	maze 메이즈	Irrgarten 이르가르텐	labyrinthe 라비랭트	labirinto 라비린토
역 (驛)	station 스테이션	Bahnhof 반호프	gare 갸르	stazione 스타치오네
주차장 (駐車場)	car park 카 파크	Parkplatz 파크플라츠	parking 파르킹	piazzola 피아촐라
차고 (車庫)	garage 개라지	Garage 가라제	garage 가라주	autorimessa 아우토리메사
플랫폼	platform 플랫폼	Bahnsteig 반슈타이크	plate-form 플라트포름	banchina 방키나
정거장(버스)	stop 스톱	Haltestelle 할테슈텔레	arrêt 아레	fermata 페르마타
이정표 (里程標)	milestone 마일스톤	meilenstein 마일렌슈타인	borne routière 보른 루티에르	pietra miliare 피에트라 밀리아레
보관함 (保管函)	locker 로커	Schließfach 슐리스파흐	boîte postale 부아트 포스탈	casella postale 카셀라 포스탈레
차표 (車票)	ticket 티킷	Fahrkarte 파르카르테	billet 비예	biglietto 빌리에토

스페인어	라틴어	러시아어	그리스어	일본어	중국어
calzada 칼사다	gestatio 게스타치오	шоссе 쇼세	οδόστρωμα 오도스트로마	車道 (しゃどう) 샤도	车道 처다오
via aérea 비아 아에레아	iter caeli 이테르 카일리	воздухопровод 보즈두호프로보트	αεροπορική γραμμή 아에로포리케 그라미	航路 (こうろ) 고로	航道 항다오
laberinto 라베린토	labyrinthus 라비린투스	лабиринт 라비린트	λαβύρινθος 라비린토스	迷路 (めいろ) 메이로	迷宫 미궁
estación 에스타시온	statio 스타치오	станция 스탄치야	σιδηροδρομι- κός σταθμός 시데로드로미코스 스타트모스	駅 (えき) 에키	车站 처잔
aparcamiento 아파르카미엔토	locus stativus 로쿠스 스타티부스	стоянка 스토얀카	χώρος στάθμευσης 코로스 스타트메우세스	駐車場 (ちゅうしゃじょう) 주샤조	停车场 팅처창
garaje 가라헤	stabulum 스타불룸	гараж 가라시	γκαράζ 가라즈	車庫 (しゃこ) 샤코	车库 처쿠
andén 안덴	constratum 콘스트라툼	перрон 페론	πλατφόρμα 플라트포르마	駅頭 (えきとう) 에키토	站台 잔타이
apeadero 아페아데로	statio 스타치오	место остановки 메스토 오스타놉키	στάση λεωφορείου 스타세 레오포레이우	停留所 (ていりゅうじょ) 데류조	车站 처잔
miliario 밀리아리오	milliarium 밀리아리움	веха 베하	μιλιοδείκτης 밀리오데익테스	マイルストーン 마이루스톤	路表 루뱌오
apartado postal 아파르타도 포스탈	depositerium 데포시테리움	шкафчик 시캅치크	αποθήκη 아포테케	ラッカー 랏카	保管箱 바오관샹
billete 비예테	pittacium 피타키움	билет 빌레트	εισιτήριο 에이시테리오	札 (ふだ) 후다	车票 처퍄오

4-38. 육상 교통

한국어	영어	독일어	프랑스어	이탈리아어
자동차 (自動車)	car 카	Auto 아우토	voiture 부아튀르	macchina 마키나
버스	bus 버스	Bus 부스	bus 뷔스	autobus 아우토부스
지프	jeep 지프	Geländewagen 겔랜데바겐	voiture tout terrain 부아튀르 투 테랭	tuttoterreno 투토테레노
택시	taxi 택시	Taxi 탁시	taxi 탁시	tassi 타시
트럭	truck 트럭	Lastwagen 라스트바겐	camion 카미옹	vagone 바고네
자전거 (自轉車)	bicycle 바이시클	Fahrrad 파라트	vélo 벨로	bici 비치
마차 (馬車)	coach 코치	Kutsche 쿠체	diligence 딜리장스	carozza 카로차
안장 (鞍裝)	saddle 새들	Sattel 자텔	selle 셀	sella 셀라
유모차 (乳母車)	pram 프램	Kinderwagen 킨더바겐	landau 랑도	carrozzelle 카로첼레
휠체어	wheelchair 휠체어	Rollstuhl 롤슈툴	fauteuil roulant 포퇴유 룰랑	sedia a rotelle 세디아 아 로텔레
열차 (列車)	train 트레인	Zug 추크	train 트랭	treno 트레노

스페인어	라틴어	러시아어	그리스어	일본어	중국어
automóvil 아우토모빌	autoraeda 아우토라이다	автомобиль 압토모빌	αυτοκίνητο 아우토키네토	車 (くるま) 구루마	汽车 치처
autobús 아우토부스	laophoron 라오포론	автобус 아브토부스	λεωφορείο 레오포레이오	乗合 (のりあい) 노리아이	公共汽车 궁궁치처
automóvil todoterreno 아우토모빌 토도테레노	vehiculim locarum 베히쿨룸 로카룸	внедорожник 브네도로즈니크	τζιπ 지프	ジープ 지푸	吉普 지푸
taxi 탁시	taxiraeda 탁시라이다	такси 탁시	ταξί 탁시	タクシー 다쿠시	出租汽车 추쭈치처
camión 카미온	autocarrum 아우토카룸	грузовик 그루조비크	φορτηγάκι 포르테가키	トラック 도랏쿠	货车 훠처
bicicleta 비시클레타	birota 비로타	велосипед 벨로시페트	ποδήλατο 포델라토	自転車 (じてんしゃ) 지텐샤	自行车 쯔싱처
diligencia 딜리헨시아	petorritum 페토리툼	дилижáнс 딜리잔스	ῥέδη 흐레데	馬車 (ばしゃ) 바샤	马车 마처
silla 시야	sagma 상마	седло 세들로	σέλα 셀라	鞍 (くら) 구라	鞍子 안쯔
cochetico de niño 코체티코 데 니뇨	chiramaxium 키라막시움	детская коляска 뎃스카야 콜랴스카	καροτσάκι 카로차키	乳母車 (うばぐるま) 우보구루마	婴儿车 잉거처
silla de ruedas 시야 데 루에다스	sella rotalis 셀라 로탈리스	кресло-каталка 크레슬로-카탈카	αναπηρική καρέκλα 아나페리케 카레클라	車椅子 (くるまいす) 구루마이스	轮椅 룬이
tren 트렌	tramen 트라멘	поезд 포예즈트	σιδηρόδρομος 시데로드로모스	列車 (れっしゃ) 렛샤	列车 례처

한국어	영어	독일어	프랑스어	이탈리아어
전차 (電車)	tram 트램	Straßenbahn 슈트라센반	tramway 트람우에	tram 트람
지하철	subway 서브웨이	U-bahn 우반	métro 메트로	sotterranea 소테라네아
객차 (客車)	passenger train 패신저 트레인	Personenzug 페르조넨추크	train de voyageurs 트랭 드 봐야죄르	treno passeggeri 트레노 파세제리
기관차 (機關車)	locomotive 로커머티브	Lokomotive 로코모티베	locomotive 로코모디브	locomotiva 로코모티바
급행열차 (急行列車)	express train 익스프레스 트레인	Schnellzug 슈넬추크	train rapide 트랭 라피드	rapido 라피도
에스컬레이터	escalator 에스컬레이터	Rolltreppe 롤트레페	escalier roulant 에스칼리에 룰랑	scala mobile 스칼라 모빌레
화물 (貨物)	freight 프레이트	Fracht 프라흐트	charge 샤르주	affrancatura 아프랑카투라
승강기 (昇降機)	elevator 엘리베이터	Aufzug 아우프추크	ascenseur 아상쇠르	ascensore 아셴소레
객실(기차)	compartment 컴파트먼트	Abteil 압타일	compartiment 콩파르티망	compartimento 콤파르티멘토
송유관 (送油管)	pipeline 파이플라인	Pipeline 파이플라인	oléoduc 올레오뒤크	oleodotto 올레오도토
가로등 (街路燈)	road lamp 로드램프	Straßenlampe 슈트라센람페	réverbère 레베르베르	lampione 람피오네

스페인어	라틴어	러시아어	그리스어	일본어	중국어
tranvía 트란비아	ferrivia strataria 페리비아 스트라타리아	трамвайная линия 트람바이나야 리니야	τροχιόδρομος 트로키오드로모스	電車 (でんしゃ) 덴샤	电车 뎬처
metro 메트로	ferrivia subterranea 페리비아 숩테르라네아	метро 메트로	μετρό 메트로	地下鉄 (ちかてつ) 지카테쓰	地铁 디톄
tren de pasajeros 트렌 데 파사헤로스	tramen personarum 트라멘 페르소나룸	пассажирский поезд 파사지르스키 포예즈트	επιβατική αμαξοστοιχία 에피바티케 아막소스토이키아	客車 (きゃくしゃ) 갸쿠샤	客车 커처
locomotora 로코모토라	machina vectrix 마키나 벡트릭스	локомотив 로코모티프	μηχανή τρένου 메카네 트레누	機関車 (きかんしゃ) 기칸샤	机车 지처
rápido 라피도	tramen rapidum 트라멘 라피둠	скорый поезд 스코리 포예즈트	ταχεία 타케이아	急行 (きゅうこう) 규코	快车 콰이처
escalera mecánica 에스칼레라 메카니카	scalae volubiles 스칼라이 볼루빌레스	эскалатор 예스칼라토르	κινούμενη κλίμακα 키누메네 클리마카	エスカレーター 에스카레타	自动楼梯 쯔둥푸티
carga 카르가	onus 오누스	фрахт 프라흐트	γόμος 고모스	貨物 (かもつ) 가모쓰	货物 훠우
ascensor 아스센소르	teleferica 텔레페리카	декель 데켈	ασανσέρ 아산세르	昇降機 (しょうこうき) 쇼코키	升降机 성장지
compartimento 콤파르티멘토	zeta 제타	кабина 카비나	θάλαμος 탈라모스	車室 (しゃしつ) 샤시쓰	客舱 커창
oleoducto 올레오둑토	oleiductus 올레이둑투스	нефтепровод 녭테프로보트	γραμμή σωλήνων 그라메 솔레논	パイプライン 파이푸라인	输油管 수유관
farol 파롤	lanterna strataria 란테르나 스트라타리아	уличный фонарь 울리치니 포나리	λάμπα δρόμου 람바 드로무	街灯 (がいとう) 가이토	路灯 루덩

한국어	영어	독일어	프랑스어	이탈리아어
운수 (運輸)	transportation 트랜스포테이션	Beförderung 베푀어더룽	transport 트랑스포르	trasporto 트라스포르토
나그네	wanderer 원더러	Wanderer 반더러	vagabond 바가봉	viandante 비안단테
행인 (行人)	pedestrian 피데스트리언	Fußgänger 푸스갱거	piéton 피에통	pedone 페도네
운전사 (運轉士)	driver 드라이버	Fahrer 파러	chauffeur 쇼푀르	autista 아우티스타
운하 (運河)	canal 커낼	Kanal 카날	canal 카날	canale 카날레
여정 (旅程)	itinerary 아이티너러리	Reiseroute 라이제루테	itinéraire 이티네레르	itinerario 이티네라리오
여행 (旅行)	travel 트레블	Reise 라이제	voyage 부아야주	viaggio 비아조
관광 (觀光)	tourism 투어리즘	Tourismus 투리스무스	tourisme 투리슴	turismo 투리즈모
탐험 (探險)	expedition 엑스피디션	Expedition 엑스페디치온	expédition 엑스페디시옹	spedizione 스페디치오네

4-39. 자동차

| 엔진 | engine 엔진 | Motor 모토어 | moteur 모퇴르 | motore 모토레 |

스페인어	라틴어	러시아어	그리스어	일본어	중국어
promoción 프로모시온	comportatio 콤포르타치오	продвижение 프로드비제니예	μεταφορά 메타포라	交通 (こうつう) 고쓰	运输 윈수
caminante 카미난테	erro 에로	странник 스트란닉	πλανήτης 플라니테스	漂泊者 (ひょうはくしゃ) 효하쿠샤	游子 유쯔
peatón 페아톤	pedes 페데스	пешеход 페셰호트	πεζός 페조스	歩行者 (ほこうしゃ) 호코샤	行人 싱런
chófer 초페르	raedarius 라이다리우스	шофёр 쇼표르	οδηγός 오데고스	運転手 (うんてんしゅ) 운텐슈	司机 쓰지
canal 카날	canalis 카날리스	канал 카날	κανάλι 카날리	運河 (うんが) 운가	运河 윈허
itinerario 이티네라리오	itiner 이티네르	маршрут 마르시루트	δρομολόγιο 드로몰로기오	旅程 (りょてい) 료테이	行程 싱청
caminata 카미나타	iter 이테르	поездка 포예즈카	πορεία 포레이아	旅行 (りょこう) 료코	旅行 뤼싱
turismo 투리스모	periegesis 페리에게시스	путешествие 푸테셰스트비예	τουρισμός 투리스모스	観光 (かんこう) 간코	观光 광광
expedición 엑스페디시온	expeditio 엑스페디치오	экспедиция 엑스페디치야	στράτευμα 스트라테우마	探険 (たんけん) 단켄	探险 탄셴

| motor 모토르 | machina 마키나 | двигатель 드비가텔 | μηχανή 메카네 | エンジン 엔진 | 引擎 인칭 |

한국어	영어	독일어	프랑스어	이탈리아어
운전대 (運轉-)	steering wheel 스티어링 휠	Lenkrad 렝크라트	volant 볼랑	volante 볼란테
브레이크	brake 브레이크	Bremse 브렘제	frein 프랭	freno 프레노
안전띠	safety belt 세이프티 벨트	Sicherheitsgurt 지혀하이츠구어트	ceinture de sécurité 생튀르 드 세퀴리테	cintura di sicirezza 친투라 디 시치레차
전조등 (前照燈)	headlight 헤들라이트	Scheinwerfer 샤인베르퍼	phare 파르	faro 파로
클러치	clutch 클러치	Kupplung 쿠플룽	embrayage 앙브레아주	frizione 프리치오네
뒷유리	rear window 리어 윈도우	Heckscheibe 헥샤이베	lunette arrière 뤼네트 아리에르	lunotto 루노토
변속기 (變速器)	gearshift 기어시프트	Schalthebel 샬트헤벨	levier de vitesse 르비에 드 비테스	leva del cambio 레바 델 캄비오
기어 (자동차)	gear 기어	Gang 강	vitesse 비테스	marcia 마르차
앞유리	windscreen 윈드스크린	Windschutz-scheibe 빈트슈츠샤이베	pare-brise 파르-브리즈	parabrezza 파라브레차
와이퍼	windscreen wiper 윈드스크린 와이퍼	Scheibenwischer 샤이벤비셔	essuie-glace 에쉬이-글라스	tergicristallo 테르지크리스탈로
깜빡이	indicator 인디케이터	Blinker 블링커	clignotant 클리뇨탕	paraocchi 파라오키

스페인어	라틴어	러시아어	그리스어	일본어	중국어
volante 볼란테	rota moderatrix 로타 모데트릭스	баранка 바란카	τιμόνι οχήματος 티모니 오케마토스	運転台 (うんてんだい) 운텐다이	操纵台 차오쭝타이
freno 프레노	oestrus 오이스트루스	тормоз 토르모스	φρένο 프레노	制動機 (せいどうき) 사이도키	刹车 사처
cinturón de seguridad 신투론 데 세구리다드	cingulum 킹굴룸	ремень безопасности 레멘 베조파스노스티	ζώνη ασφαλείας 조네 아스팔레이아스	あんぜんベルト 안젠베루토	保险带 바오셴다이
faro delantero 파로 델란테로	lucerna 루케르나	прожектор 프로젝토르	προβολέας 프로볼레아스	前照灯 (ぜんしょうとう) 젠쇼토	大灯 다덩
embrague 엠브라게	copulatio 코풀라치오	переключатель 페레클류차텔	λαβή 라베	クラッチ 쿠랏치	离合器 리허치
cristal tracero 크리스탈 트라세로	fenestra avorsus 페네스트라 아보르수스	заднего стекла 자드네고 스테클라	πίσω παράθυρο 피소 파라티로	リアウインドー 리아우인도	后风档 허우펑당
palanca de embrague 팔랑카 데 엠브라게	vectis commutatorius 벡티스 콤무타토리우스	рычаг передачи 리차크 페레다치	λεβιές ταχυτήτων 레비에스 타키테톤	チェンジギア 첸지기아	变速器 볜수치
marcha 마르차	choragium 코라기움	передача 페레다차	γρανάζι 그라나지	ギヤ 기야	齿轮 츠룬
parabrisas 파라브리사	vitrum anterius 비트룸 안테리우스	ветровое стекло 베트로보예 스테클로	παρμπρίζ 파르브리즈	フロントガラス 후론토가라스	前风档 첸펑당
limpiaparabrisa 림피아파라브리사	vitriterstrum 비트리테르스트룸	стеклоочиститель 스체클로오치스티텔	υαλοκαθαριστήρας 이알로카타리스테라스	ワイパー 와이파	雨刮器 위과치
luz intermitente 루스 인테르미텐테	demonstrator 데몬스트라토르	указатель поворота 우카자텔 포보로타	ανεξάρτητα 아넥사르테타	ウインカー 윈카	护目镜 후무징

한국어	영어	독일어	프랑스어	이탈리아어
바퀴	tyre 타이어	Reifen 라이펜	pneu 프뇌	pneumatico 프네우마티코
배기통	exhaust 이그조스트	Auspuff 아우스푸프	échappement 에샤퍼망	scarico 스카리코
트렁크	trunk 트렁크	Kofferraum 코퍼라움	coffre 코프르	portabagagli 포르타바갈리
범퍼	bumper 범퍼	Stoßstange 슈토스슈탕에	pare-chocs 파르-쇼크	paraurti 파라우르티
번호판	number plate 넘버 플레이트	Nummern-schild 누머른실트	plaque d'imma-triculation 플라크 댕마트리퀼라시옹	targa automolistica 타르가 아우토몰리스티카
사고 (事故)	accident 액시던트	Unfall 운팔	accident 악시당	infortunio 인포르투니오
출발 (出發)	start 스타트	Start 슈타르트	commencement 코망스망	inizio 이니초
도착 (到着)	arrival 어라이블	Ankunft 안쿤프트	arrivée 아리베	arrivo 아리보

4-40. 항공 교통

한국어	영어	독일어	프랑스어	이탈리아어
항공 (航空)	aviation 에이비에이션	Luftfahrt 루프트파르트	aviation 아비아시옹	aeronautica 아에로나우티카
조종 (操縱)	piloting 파일러팅	Steuerung 슈토이어룽	pilotage 필로타주	controllo 콘트롤로

스페인어	라틴어	러시아어	그리스어	일본어	중국어
neumático 네우마티코	cantus pneumaticus 칸투스 프네우마티쿠스	автомобильная шина 압토모빌나야 시나	τυρός 티로스	タイア 다이아	轮子 룬쯔
escape 에스카페	emissarium 에미사리움	выхлопная труба 비홀로프나야 트루바	εξάτμιση 엑사트미세	エグゾースト・マニフォールド 에구조스토 마니호루도	排气筒 파이치통
maletero 말레테로	scrinium 스크리니움	багажник 바가즈니크	κιβώτιο 키보티오	トランク 도란쿠	后背箱 허우샹
amortiguador 아모르티과도르	pulsabulum 풀사불룸	буфер 부페르	ποτήριο πλήρες 포테리오 플레레스	緩衝器 (かんしょうき) 간쇼키	保险杠 바오셴강
matrícula 마트리쿨라	notaculum 노타쿨룸	номерной знак 노메르노이 즈나크	αριθμός κυκλοφορίας 아리트모스 키클로포리아스	ナンバープレート 난바푸레토	车牌 처파이
desgracia 데스그라시아	accidens 아키덴스	несчастный случай 네스차스트니 슬루차이	κακοπαθέω 카코파테오	事故 (じこ) 지코	事故 스구
comienzo 코미엔소	profectio 프로펙치오	отправле́ние 옷프라블레니예	εκκίνηση 에키네세	出発 (しゅっぱつ) 슛파쓰	出发 추파
arribo 아리보	adventus 아드벤투스	прибы́тие 프리비티예	άφιξη 아픽세	到着 (とうちゃく) 도차쿠	到达 다오다

aeronaútica 아에로나우티카	aerinavigatio 아이리나비가치오	авиация 아비아치야	αερόπλοια 아에로플로이아	航空 (こうくう) 고쿠	航空 항쿵
navegación 나베가시온	gubernatio 구베르나치오	контроль 콘트롤	οδήγηση 오데게세	操縦 (そうじゅう) 소주	操纵 차오쭝

한국어	영어	독일어	프랑스어	이탈리아어
비행기 (飛行機)	airplane 에어플레인	Flugzeug 플룩초이크	avion 아비옹	aeroplano 아에로플라노
헬리콥터	helicopter 헬리콥터	Hubschrauber 홉슈라우버	hélicoptère 엘리콥테르	elicottero 엘리코테로
비행 (飛行)	flight 플라이트	Flug 플루크	vol 볼	volo 볼로
이륙 (離陸)	takeoff 테이크오프	Abheben 압헤벤	décollage 데콜라주	decollo 데콜로
착륙 (着陸)	landing 랜딩	Landung 란둥	atterrissage 아테리사주	atterraggio 아테라조
프로펠러	propeller 프러펠러	Propeller 프로펠러	hélice 엘리스	elica 엘리카
활주로 (滑走路)	runway 런웨이	Landebahn 란데반	piste d'aéroport 피스트 다에로포르	pista d'atterraggio 피스타 다테라조
공항 (空港)	airport 에어포트	Flughafen 플룩하펜	aéroport 아에로포르	aeroporto 아에로포르토
우주비행사 (宇宙飛行士)	astronaut 애스트러놋	Astronaut 아스트로나우트	astronaute 아스트로노트	astronauta 아스트로나우타
승객 (乘客)	passenger 패신저	Passagier 파사기어	passager 파사제	passeggero 파세제로
승무원 (乘務員)	crew 크루	Besatzung 베자충	équipage 에키파주	equipaggio 에퀴파조

스페인어	라틴어	러시아어	그리스어	일본어	중국어
avión 아비온	aëroplanum 아에로플라눔	самолёт 사몰료트	αεροπλάνο 아에로플라노	飛行機 (ひこうき) 히코키	飞机 페이지
helicóptero 엘리콥테로	helicopterum 헬리콥테룸	вертолёт 베르톨료트	ελικόπτερο 엘리콥테로	ヘリコプター 헤리코푸타	直升飞机 즈성페이지
vuelo 부엘로	volatus 볼라투스	полёт 폴료트	πέταγμα 페타그마	飛行 (ひこう) 히코	飞行 페이싱
despegue 데스페게	avolare 아볼라레	взлёт 브즐료트	απογείωση 아포게이오세	離陸 (りりく) 리리쿠	起飞 치페이
aterrizaje 아테리사헤	appulsus 아풀수스	посадка 포삿카	προσγείωση 프로스게이오세	着陸 (ちゃくりく) 차쿠리쿠	着陆 줘루
hélice 엘리세	helix 헬릭스	пропеллер 프로펠레르	έλικας 엘리카스	プロペラ 푸로페라	螺旋桨 뤄쉬안장
pista de aterrizaje 피스타 데 아테리사헤	via appulsus 비아 아풀수스	взлётная дорожка 브즐료트나야 도로시카	διάδρομος αεροδρομίου 디아드로모스 아에로드로미우	滑走路 (かっそうろ) 갓소로	跑道 파오다오
aeropuerto 아에로푸에르토	aëroportus 아에로포르투스	аэропорт 아예로포르트	αερολιμένας 아에롤리메나스	空港 (くうこう) 구코	机场 즈창
astronauta 아스트로나우타	astronauta 아스트로나우타	астронавт 아스트로납트	αστροναύτης 아스트로나우테스	宇宙飛行士 (うちゅうひこうし) 우추히코시	宇航员 위항위안
pasajero 파사헤로	vector 벡토르	пассажир 파사지르	επιβάτης 에피바테스	乗客 (じょうかく) 조카쿠	乘客 청커
tripulación 트리풀라시온	chors 코르스	экипаж 예키파스	πλήρωμα 플레로마	乗組 (のりくみ) 노리쿠미	乘务员 청우위안

한국어	영어	독일어	프랑스어	이탈리아어
조종사 (操縱士)	pilot 파일럿	Pilot 필로트	pilote 필로트	pilota 필로타
기장 (機長)	captain 캡틴	Kapitän 카피탄	capitaine 카피텐	condottiero 콘도티에로

4-41. 해상 교통

한국어	영어	독일어	프랑스어	이탈리아어
배 [船]	ship 십	Schiff 시프	bateau 바토	navata 나바타
돛배 [帆船]	sailboat 세일보트	Segelboot 제겔보트	barque 바르크	barca a vela 바르카 아 벨라
뗏목	raft 라프트	Floß 플로스	radeau 라도	zattera 차테라
카누	canoe 커누	Kanu 카누	canoë 카노에	canoa 카노아
유조선 (油槽船)	oil tanker 오일 탱커	Tanker 탱커	pétrolier 페트롤리에	petroliera 페트롤리에라
선체 (船體)	hull 헐	Rumpf 룸프	coque 코크	scafo 스카포
스크루 (선박)	screw 스크루	Schiffsschraube 쉽스슈라우베	hélice 엘리스	elica 엘리카
선실 (船室)	stateroom 스테이트룸	Kabine 카비네	cabine 카빈	cabina 카비나

스페인어	라틴어	러시아어	그리스어	일본어	중국어
piloto 필로토	aëroplaniga 아에로플라니가	пилот 필로트	πιλότος 필로토스	飛行士 (ひこうし) 히코시	司机 쓰지
capitán 카피탄	capitaneus 카피타네우스	капитан 카피탄	κυβερνήτης 키베르네테스	機長 (きちょう) 기초	机长 지장
embarcación 엠바르카시온	navis 나비스	вельбот 벨보트	ναῦς 나우스	船 (ふね) 후네	船 촨
velero 벨레로	cumba velifera 쿰바 벨리페라	па́русная ло́дка 파루스나야 롯카	ιστιοφόρο σκάφος 이스티오포로 스카포스	帆船 (ほぶね) 호부네	帆船 판촨
balsa 발사	ratis 라티스	плот 플로트	βάρκα 바르카	筏 (いかだ) 이카다	木排 무파이
canoa 카노아	alveus 알베우스	каноэ 카노예	μονόξυλο 모노실로	カヌー 가누	皮艇 피팅
petrolero 페트롤레로	navis cisternata 나비스 키스테르나타	танкер 탕케르	δεξαμενόπλοιο 덱사메노플로이오	タンカー 단카	运油船 윈유촨
casco 카스코	alvus 알부스	ко́рпус 코르푸스	σκαρί 스카리	船体 (せんたい) 센타이	船体 촨티
hélice 엘리세	coclea 코클레아	винт 빈트	ἕλιξ 엘릭스	スクリュー 스쿠류	船只 촨즈
camarote 카마로테	zaeta 자이타	каюта 카유타	καμπίνα 캄비나	船室 (せんしつ) 센시	船舱 촨창

한국어	영어	독일어	프랑스어	이탈리아어
기관 (汽罐)	steam boiler 스팀 보일러	Dampfkessel 담프케셀	chaudière 쇼디에르	caldaia a vapore 칼다이아 아 바포레
이물	stem 스템	Bug 부크	proue 프루	prua 프루아
고물	stern 스턴	Heck 헤크	poupe 푸프	poppa 포파
노 (櫓)	oar 오어	Ruder 루더	rame 람	remo 레모
돛	sail 세일	Segel 제겔	voile 브왈	vela 벨라
닻	anchor 앵커	Anker 앙커	ancre 앙크르	ancora 앙코라
나침반 (羅針盤)	compass 컴퍼스	Kompass 콤파스	boussole 부솔	bussola 부솔라
등대 (燈臺)	lighthouse 라이트하우스	Leuchtturm 로이히트투름	phare 파르	faro 파로
항해 (航海)	voyage 보이지	Seereise 제라이제	voyage par mer 부아야주 파르 메르	viaggio 비아조
부두 (埠頭)	wharf 워프	Kai 카이	quai 케	molo 몰로
항구 (港口)	harbor 하버	Hafen 하펜	port 포르	porto 포르토

스페인어	라틴어	러시아어	그리스어	일본어	중국어
caldera de vapor 칼데라 데 바포르	machina vaporaria 마키타 바포라리아	паровой котёл 파로보이 코톨	ατμολέβητας 아트몰레베타스	汽缶 (きかん) 기칸	机关 지관
proa 프로아	prora 프로라	нос 노스	τόξον 톡손	へさき 헤사키	异物 이우
popa 포파	puppis 푸피스	кормá 코르마	ουρά 우라	とも 도모	船艄 촨사오
remo 레모	remus 레무스	руль 룰	πηδάλιον 페달리온	櫓 (ろ) 로	桨 장
vela 벨라	velum 벨룸	пáрус 파루스	άρμενο 아르메노	帆 (ほ) 호	帆 판
ancla 앙클라	ancora 앙코라	якорь 야코리	άγκυρα 앙기라	錨 (いかり) 이카리	锚 마오
brújula 브루훌라	pyxis nautica 픽시스 나우티카	кóмпас 콤파스	πυξίδα 픽시다	羅針盤 (らしんばん) 라신반	罗盘 뤄판
faro 파로	pharus 파루스	маяк 마야크	φάρος 파로스	灯台 (とうだい) 도다이	灯塔 덩타
viaje 비아헤	navigatio 나비가치오	морское путешествие 모르스코예 푸테셰스트비예	θαλασσινό ταξίδι 탈라시노 탁시디	航海 (こうかい) 고카이	航海 항하이
molo 몰로	crepido 크레피도	набережная 나베레즈나야	αποβάθρα 아포바트라	波止場 (はとば) 하토바	码头 마터우
puerto 푸에르토	portus 포르투스	открытый порт 옷크리티 포르트	λιμένας 리메나스	港口 (こうこう) 고코	港口 강커우

한국어	영어	독일어	프랑스어	이탈리아어
선장 (船長)	captain 캡틴	Kapitän 카피탠	capitaine 카피텐	capitano 카피타노
선원 (船員)	sailor 세일러	Matrose 마트로제	matelot 마틀로	marinaio 마리나이오
사공 (沙工)	ferryman 페리먼	Fährmann 패어만	passeur 파쇠르	traghettatore 트라게타토레
잔해 (殘骸)	wreck 렉	Wrack 브락	épave 에파브	relitto 렐리토

4-42. 산업 일반

한국어	영어	독일어	프랑스어	이탈리아어
경영 (經營)	management 매니지먼트	Geschäftslei- tung 게셉츌라이퉁	management 마나주망	management 매니지먼트
경쟁력 (競爭力)	competitiveness 컴페터티브니스	Wettbewerbsfä- higkeit 벳베베릅스패이히카이트	compétitivité 콩페티티비테	competitività 콤페티티비타
경제 (經濟)	economy 이코너미	Wirtschaft 비르트샤프트	économie 에코노미	economia 에코노미아
기능 (技能)	skill 스킬	Geschick 게시크	habileté 아빌테	perizia 페리차
기능 (機能)	function 펑션	Funktion 풍치온	fonction 퐁시옹	funzione 푼치오네
기술 (技術)	technique 테크닉	Technik 테크닉	technique 테크니크	tecnica 테크니카

스페인어	라틴어	러시아어	그리스어	일본어	중국어
capitán 카피탄	capitaneus 카피타네우스	капитан 카피탄	καπετάνιος 카페타니오스	船長 (せんちょう) 센초	船长 촨장
marinero 마리네로	navita 나비타	матрос 마트로스	ναύτης 나우테스	船員 (せんいん) 센인	海员 하이위안
balsero 발세로	porthmeus 포르트메우스	лодочник 로도츠니크	βαρκάρης 바르카레스	渡し守 (わたしもり) 와타시모리	船夫 촨푸
buque abandonado 부케 아반도나도	fragmen 프라그멘	обломки 오블롬키	ρῆγμα 흐레그마	残骸 (ざんがい) 잔가이	残骸 찬하이

스페인어	라틴어	러시아어	그리스어	일본어	중국어
gestión 헤스티온	procuratio 프로쿠라치오	управление 우프라블레니예	διαχείριση 디아케이리세	経営 (けいえい) 게이에이	经营 징잉
competitividad 콤페티티비다드	competitivitas 콤페티티비타스	конкурентоспособность 콘쿠렌토스포소브노스티	ανταγωνιστικότητα 안다고니스티코테타	競争力 (きょうそうりょく) 교소료쿠	竞争力 징정리
economia 에코노미아	oeconomia 오이코노미아	хозяйство 호쟈이스트보	οικονομία 오이코노미아	経済 (けいざい) 게이자이	经济 징지
peritaje 페리타헤	ars 아르스	мастерство 마스테르스트보	δεξιότητα 덱시오테타	技能 (ぎのう) 기노	技能 지넝
función 푼시온	munus 무누스	должность 돌즈노스티	χρῆσις 크레시스	機能 (きのう) 기노	机能 지넝
técnica 테크니카	technica 테크니카	технология 테흐놀로기야	τεχνική 테크니케	技術 (ぎじゅつ) 기주쓰	技术 지수

한국어	영어	독일어	프랑스어	이탈리아어
능률 (能率)	efficiency 이피션시	Leistungsfähig-keit 라이스퉁스패이히카이트	efficience 에피시앙스	efficienza 에피치엔차
발견 (發見)	discovery 디스커버리	Entdeckung 엔트데쿵	découverte 데쿠베르트	scoperta 스코페르타
발명 (發明)	invention 인벤션	Erfindung 에어핀둥	invention 앵방시옹	invenzione 인벤치오네
부산물 (副産物)	byproduct 바이프로덕트	Nebenprodukt 네벤프로둑트	sous-produit 수프로뒤이	prodotto secondario 프로도토 세콘다리오
분업 (分業)	division of labor 디비전 어브 레이버	Arbeitsteilung 아르바이츠타일룽	division du travail 디비지옹 뒤 트라바유	divisione del lavoro 디비지오네 델 라보로
산업 (産業)	industry 인더스트리	Industrie 인두스트리	industrie 앵뒤스트리	industria 인두스트리아
상업 (商業)	commerce 카머스	Handel 한델	commerce 코메르스	commercio 콤메르초
상표 (商標)	trademark 트레이드마크	Markenzeichen 마르켄차이헨	marque 마르크	marchio 마르키오
서비스	service 서비스	Dienstleistung 딘스틀라이스퉁	service 세르비스	servizio 세르비초
이익 (利益)	profit 프라핏	Gewinn 게빈	gain 갱	guadagno 과다뇨
첨단 (尖端)	cutting edge 커팅 에지	Spitze 슈피체	pointe 푸앵트	pizzo 피초

스페인어	라틴어	러시아어	그리스어	일본어	중국어
eficiencia 에피시엔시아	efficacitas 에피카키타스	делови́тость 델로비토스티	ἱκανότης 히카노테스	能率 (のうりつ) 노리쓰	效率 샤오뤼
encuentro 엥쿠엔트로	repertum 레페르툼	откры́тие 옷크리티예	ανακάλυψη 아나칼립세	発見 (はっけん) 핫켄	发现 파셴
invención 인벤시온	inventio 인벤치오	изобретение 이조브레테니예	εφεύρεση 에페우레세	発明 (はつめい) 하쓰메이	发明 파밍
subproducto 숩프로둑토	fructus secundarius 프룩투스 세쿤다리우스	побочный продукт 포보치니 프로둑트	παραπροϊόν 파라프로이온	副産物 (ふくさんぶつ) 후쿠산부쓰	副产物 푸찬우
división del trabajo 디비시온 델 트라바호	divisio laboris 디비시오 라보리스	разделение труда 라즈델레니예 트루다	καταμερισμός εργασίας 카타메리스모스 에르가시아스	分業 (ぶんぎょう) 분교	分工 펀궁
industria 인두스트리아	industria 인두스트리아	промышленность 프로미실렌노스티	βιομηχανία 비오메카니아	産業 (さんぎょう) 산교	产业 찬예
comercio 코메르시오	commercium 콤메르키움	магазин 마가진	εμπόριο 엠보리오	商業 (しょうぎょう) 쇼교	商业 상예
marca 마르카	genus fabricationis 게누스 파브리카치오니스	товарный знак 토바르니 즈나크	σῆμα εργοστάσιου 세마 에르고스타시우	商標 (しょうひょう) 쇼효	商标 상뱌오
servicio 세르비시오	servitium 세르비치움	сéрвис 세르비스	λειτουργία 레이투르기아	サービス 사비스	服务 푸우
provecho 프로베초	lucrum 루크룸	польза 폴자	ὠφέλεια 오펠레이아	利潤 (りじゅん) 리준	利益 리이
encaje 엥카헤	cuspis 쿠스피스	передний край 페레드니 크라이	πτερύγιον 프테리기온	尖端 (せんたん) 센탄	尖端 젠돤

한국어	영어	독일어	프랑스어	이탈리아어
컨설팅	consulting 컨설팅	Beratung 베라퉁	consultation 콩쉴타시옹	conseil 콘세일
평가 (評價)	evaluation 이밸류에이션	Bewertung 베베르퉁	estimation 에스티마시옹	valutazione 발루아치오네
표준 (標準)	standard 스탠더드	Standard 슈탄다르트	standard 스탕다르	standard 스탄다르드
협력 (協力)	cooperation 코오퍼레이션	Zusammenar- beit 추잠멘아르바이트	coopération 코오페라시옹	collaborazione 콜라보라치오네
원자재 (原資材)	raw material 로 머티리얼	Rohstoff 로슈토프	matière première 마티에르 프레미에르	materia prima 마테리아 프리마
활성화 (活性化)	activation 액티베이션	Aktivierung 악티비어룽	activation 악티바시옹	avviamento 아비아멘토

4-43. 1차 산업

한국어	영어	독일어	프랑스어	이탈리아어
거름	manure 머뉴어	Stallmist 슈탈미스트	amendement 아망드망	letame 레타메
관개 (灌漑)	irrigation 이리게이션	Bewässerung 베배서룽	irrigation 이리가시옹	irrigazione 이리가치오네
낙농 (酪農)	dairy 데어리	Molkerei 몰커라이	laiterie 레트리	latteria 라테리아
농부 (農夫)	farmer 파머	Bauer 바우어	paysan 페이장	contadino 콘타디노

스페인어	라틴어	러시아어	그리스어	일본어	중국어
consulenza 콘술렌사	consilatio 콘실라치오	консультáция 콘술타치야	βουλή 불레	コンサルティング 곤사루틴구	咨询 즈순
valoración 발로라시온	aestimatio 아이스티마치오	óтзыв 옷지프	αξιολόγηση 악시올로게세	評価 (ひょうか) 효카	评价 핑자
estandard 에스탄다르드	norma 노르마	стандарт 스탄다르트	στάνταρ 스탄다르	標準 (ひょうじゅん) 효준	标准 뱌오준
colaboración 콜라보라시온	conviventia 콘비벤치아	сотрýдничество 소트루드니체스트보	συνεργασία 시네르가시아	協力 (きょうりょく) 교료쿠	合作 허쭤
materia prima 마테리아 프리마	materia crudus 마테리아 크루두스	месторождение 메스토로즈데니예	πρώτη ύλη 프로테 일레	原資材 (げんしざい) 겐시자이	原材料 위안차이랴오
activación 악시바시온	excitatio 엑스키타치오	активизáция 악티비자치야	δραστηριοποί- ηση 드라스테리오포이 에세	活性化 (かっせいか) 갓세이카	激活 지훠
estiércol 에스티에르콜	stercus 스테르쿠스	удобрение 우도브레니예	κόπριον 코프리온	肥やし (こやし) 고야시	堆肥 두이페이
riego 리에고	inrigatio 인리가치오	орошение 오로셰니예	άρδευση 아르데우세	灌漑 (かんがい) 간가이	灌溉 관가이
vaquería 바케리아	officina casearia 오피키나 카세아리아	маслобойный завод 마슬로보이니 자보트	γαλακτοκο- μείο 갈락토코메이오	酪農 (らくのう) 라쿠노	酪农 라오농
campesino 캄페시노	agricola 아그리콜라	крестьянин 크레스티야닌	γεωργός 게오르고스	農夫 (のうふ) 노후	农夫 농푸

한국어	영어	독일어	프랑스어	이탈리아어
농업 (農業)	agriculture 애그리컬처	Landwirtschaft 란트비르트샤프트	agriculture 아그리퀼튀르	agricoltura 아그리콜투라
농장 (農場)	farm 팜	Bauernhof 바우언호프	ferme 페름	fattoria 파토리아
농토 (農土)	farm land 팜 랜드	Ackerland 악컬란트	terres cultivés 테르 퀄티베	terra coltivabile 테라 콜티바빌레
밭	field 필드	Feld 펠트	champ 샹	campo 캄포
비료 (肥料)	fertilizer 퍼틸라이저	Dünger 뒹거	engrais 앙그레	concime 콘치메
사냥	chase 체이스	Jagd 야크트	chasse 샤스	caccia 카차
사냥꾼 (포수)	hunter 헌터	Jäger 얘거	chasseur 샤쇠르	cacciatore 카차토레
수확 (收穫)	harvest 하비스트	Ernte 에른테	récolte 레콜트	raccolta 라콜타
양봉 (養蜂)	bee-keeping 비-키핑	Imkerei 임커라이	apiculture 아피퀼튀르	apicoltura 아피콜투라
어부 (漁夫)	fisherman 피셔먼	Fischer 피셔	pêcheur à la ligne 페쇠르 알라리뉴	pescatore 페스카토레
어업 (漁業)	fishery 피셔리	Fischerei 피셔라이	pêche 페슈	pesca 페스카

스페인어	라틴어	러시아어	그리스어	일본어	중국어
agricultura 아그리쿨투라	agricultura 아그리쿨투라	земледелие 젬레델리예	γεωργία 게오르기아	農業 (のうぎょう) 노교	农业 농예
granja 그란하	fundus 푼두스	фéрма 페르마	αγρόκτημα 아그로크테마	農場 (のうじょう) 노조	农场 농창
labrantío 라브란티오	arvum 아르붐	двор фéрмы 드보르 페름	ἀγρός 아그로스	田地 (でんち) 덴치	农田 농톈
campo 캄포	ager 아게르	поле 폴레	χωράφι 코라피	畑 (はたけ) 하타케	旱地 한디
fertilizantes 페르틸리산테스	stercus 스테르쿠스	удобрéние 우도브레니예	κόπριον 코프리온	肥料 (ひりょう) 히료	肥料 페이랴오
caza 카사	venatio 베나치오	охота 오호타	ρήγνυμι 흐레그니미	狩リ (かり) 가리	狩猎 서우례
cazador 카사도르	venator 베나토르	охотник 오호트니크	κυνηγός 키네고스	狩人 (かりゅうど) 가류도	猎人 례런
siega 시에가	messis 메시스	урожáй 우로자이	θερισμός 테리스모스	収穫 (しゅうかく) 슈카쿠	收获 서우훠
apicultura 아피쿨투라	apicultura 아피쿨투라	пчеловодство 프첼로봇스트보	μελισσοκομία 멜리소코미아	養蜂 (ようほう) 요호	养蜂 양펑
pescador 페스카도르	piscator 피스카토르	рыбак 리박	άλιεύς 할리에우스	漁師 (りょうし) 료시	渔夫 위푸
pesca 페스카	piscatus 피스카투스	рыбалка 리발카	αλιεία 알리에이아	漁業 (ぎょぎょう) 교교	渔业 위예

한국어	영어	독일어	프랑스어	이탈리아어
여물	chaff 차프	Häcksel 핵셀	bouillie 부이	tritume di paglia 트리투메 디 팔리아
온실 (溫室)	green house 그린 하우스	Treibhaus 트라입하우스	serre 세르	serratura 세라투라
유목민 (遊牧民)	nomad 노매드	Nomade 노마데	nomade 노마드	nomade 노마데
임업 (林業)	forestry 포리스트리	Forstwirtschaft 포어스트비르트샤프트	sylviculture 실비퀼튀르	economia forestale 에코노미아 포레스탈레
축산업 (畜産業)	livestock industry 라이브스톡 인더스트리	Viehzucht 피추흐트	élevage 엘레바주	allevamento 알레바멘토
콤바인	combine harvester 컴파인 하베스터	Mähdrescher 매드레셔	moissonneuse-batteuse 무아소뇌즈-바퇴즈	trebbiatrice 트레비아트리체
트랙터	tractor 트랙터	Traktor 트락토어	tracteur agricole 트락퇴르 아그리콜	trattore agricolo 트라토레 아그리콜로

4-44. 농사/수렵도구

삽	shovel 셔블	Schaufel 사우펠	pelle 펠	pala 팔라
허수아비	scarecrow 스케어크로	Vogelscheuche 포겔쇼이헤	épouvantail 에푸방타유	spaventapasseri 스파벤타파세리
도끼	axe 액스	Axt 악스트	hache 아슈	scure 스쿠레

스페인어	라틴어	러시아어	그리스어	일본어	중국어
picadura 피카두라	palea 팔레아	сечка 세치카	άχυρο 아키로	馬草 (まぐさ) 마구사	草料 차오랴오
invernadero 인베르나데로	conservatorium 콘세르바토리움	теплица 테플리차	θερμοκήπιο 테르모케피오	温室 (おんしつ) 온시쓰	温室 원스
nómada 노마다	nomas 노마스	кочевник 코체브니크	νομάδας 노마다스	ゆう-ぼくの民 (ゆうぼくのたみ) 유보쿠노타미	游牧民 유무민
silvicultura 실비쿨투라	–	лесное хозяйство 레스노예 호쟈이스트보	δασοπονία 다소포니아	林業 (りんぎょう) 린교	林业 린예
ganadería 가나데리아	pecuaria 페쿠아리아	животноводство 지보트노봇스트보	κτηνοτροφία 크테노트로피아	畜産業 (ちくさんぎょう) 지쿠산교	畜牧业 수무예
cosechadora 코세차도라	machina messoria 마키나 메소리아	зерноуборочный комбайн 제르노우보로치니 콤바인	θεριζοαλωνιστική μηχανή 테리조알로니스티케 메카네	コンバインハーベスタ 곤바인하베스타	康拜因 캉바이인
tractor 트락토르	tractorium 트락토리움	трактор 트락토르	τρακτέρ 트락테르	トラクター 도라쿠타	拖拉机 퉈라지
pala 팔라	rutrum 루트룸	лопата 로파타	άντλημα 안들레마	ショベル 쇼베루	铲子 찬쯔
espantapájaros 에스판타파하로스	terriculum 테리쿨룸	огородное пугало 오고로드노예 푸갈로	φόβητρο 포베트로	案山子 (かかし) 가카시	稻草人 다오차오런
hacha 아차	ascia 아스키아	топор 토포르	ἀξίνη 악시네	斧 (おの) 오노	斧子 푸쯔

한국어	영어	독일어	프랑스어	이탈리아어
낫	sickle 시클	Sichel 지헬	faucille 포시유	falce 팔체
곡괭이	pickaxe 픽액스	Spitzhacke 슈피츠하케	pioche 피오슈	piccone 피코네
갈퀴	rake 레이크	Harke 하르케	râteau 라토	rastrello 라스트렐로
쟁기	plow 플라우	Pflug 플루크	charrue 샤뤼	aratro 아라트로
호미	hoe 호	Schuffel 슈펠	sarcloir 사르클루아르	zappa 차파
흙손	trowel 트라우얼	Kelle 켈레	truelle 트뤼엘	cazzuola 카추올라
그물 (고기잡이)	net 네트	Netz 네츠	filet 필레	rete 레테
미끼	bait 베이트	Köder 쾨더	appât 아파	esca 에스카
작살	harpoon 하푼	Harpune 하르푸네	harpon 아르퐁	rampone 람포네
통발	weir 위어	Fischreuse 피시로이제	nasse 나스	nassa 나사
미늘	barb 바브	Widerhaken 비더하켄	barbillon 바르비용	ardiglione 아르딜리오네

스페인어	라틴어	러시아어	그리스어	일본어	중국어
hoz 오스	falx 팔크스	серп 세르프	δρέπανον 드레파논	鎌 (かま) 가마	鐮刀 롄다오
piqueta 피케타	opupa 오쿠파	кирка́ 키르카	αξίνα 악시나	鶴嘴 (つるはし) 쓰루하시	铁镐 톄가오
rastrillo 라스티요	rastellus 라스텔루스	гра́бли 그라블리	τσουγκράνα 충그라나	熊手 (くまで) 구마데	耙 바
arado 아라도	aratrum 아라트룸	плуг 플루그	άροτρο 아로트로	犁 (すき) 스키	犁 리
azada 아사다	sarrio 사리오	моты́га 모티가	σκαπάνη 스카파네	鍬 (くわ) 구와	锄 추
cazo 카소	trulla 트룰라	мастеро́к 마스테로크	εκφυτευτήριο 엑피테우테리오	土ごて (つちごて) 쓰치고테	抹子 모쯔
red 레드	retis 레티스	сеть 세티	θήρα 테라	網 (あみ) 아미	网 왕
cebo 세보	esca 에스카	прима́нка 프리만카	δόλωμα 돌로마	餌 (えさ) 에사	鱼饵 위얼
arpón 아르폰	fuscina 푸스키나	гарпу́н 가르푼	καμάξ 카막스	銛 (もり) 모리	鱼叉 위차
nasa 나사	nassa 나사	рыба ловушку 리바 로부시쿠	ιχθυοφράγμα 익티오프라그마	筌 (うえ) 우에	狸藻 리짜오
púa 푸아	uncus 웅쿠스	колю́чка 콜류치카	άγκιστρο 앙기스트로	かかり 가카리	鳞片 린펜

한국어	영어	독일어	프랑스어	이탈리아어
덫	trap 트랩	Falle 팔레	piège 피에주	trappola 트라폴라
올가미	noose 누스	Schlinge 슐링에	tendu 탕뒤	cappio 카피오
구유	trough 트로프	Trog 트로크	auge 오주	trogolo 트로골로

4-45. 광공업

한국어	영어	독일어	프랑스어	이탈리아어
공장 (工場)	factory 팩터리	Fabrik 파브릭	usine 위진	fabbrica 파브리카
공정 (工程)	process 프로세스	Verfahren 페어파렌	procédé 프로세데	procedimento 프로체디멘토
광부 (鑛夫)	miner 마이너	Bergarbeiter 베르크아르바이터	mineur 미뇌르	minatore 미나토레
광업 (鑛業)	mining industry 마이닝 인더스트리	Bergbau 베르크바우	industrie extractive 앵뒤스트리 엑스트락티브	industria mineraria 인두스트리아 미네라리아
광학 (光學)	optics 옵틱스	Optik 옵틱	optique 옵티크	ottica 오티카
도금 (鍍金)	galvanization 갤버나이제이션	Galvanisieren 갈바니지에렌	galvanisation 갈바니자시옹	galvanizzazione 갈바니차치오네
방적 (紡績)	spinning 스피닝	Spinnerei 슈핀너라이	filature 필라튀르	filanda 필란다

스페인어	라틴어	러시아어	그리스어	일본어	중국어
trampa 트람파	muscipula 무스키풀라	западня 자파드냐	παγίς 파기스	陷穽 (かんせい) 간세	陷阱 셴징
bucle 부클레	laqueus 라쿠에우스	завитушка 자비투시카	βρόχος 브로코스	わな 와나	套索 타오쉭
comedero 코메데로	alveus 알베우스	корыто 코리토	ὑπολήνιον 히폴레니온	飼い桶 (かいおけ) 가이오케	槽 차오

스페인어	라틴어	러시아어	그리스어	일본어	중국어
fábrica 파브리카	fabrica 파브리카	фабрика 파브리카	εργοστάσιο 에르고스타시오	工場 (こうじょう) 고조	工厂 궁창
procedimiento 프로세디미엔토	praxis 프락시스	процесс 프로체스	διαδικασία 디아디카시아	工程 (こうてい) 고테	工序 궁수
minero 미네로	cunicularius 쿠니쿨라리우스	шахтёр 샤흐툐르	ανθρακωρύ– χος 안트라코리코스	鉱夫 (こうふ) 고후	矿工 쾅궁
minería 미네리아	ars metallica 아르스 메탈리카	горное дело 고르노예 델로	ανθρακωρυ– χία 안트라코리키아	鉱業 (こうぎょう) 고교	矿业 쾅예
óptica 옵티카	optice 옵티케	óптика 옵티카	οπτική 옵티케	光学 (こうがく) 고가쿠	光学 광셰
galvanizar 갈바니사르	–	гальванопла с– тика 갈바노플라스티카	γαλβανισμός 갈바니스모스	鍍金 (めっき) 멧키	镀金 두진
hilandería 일란데리아	circumitus 키르쿠미투스	прядильная фабрика 프랴딜나야 파브리카	νηματουργία 네마투르기아	紡績 (ぼうせき) 보세키	纺线 팡셴

한국어	영어	독일어	프랑스어	이탈리아어
배관공 (配管工)	plumber 플러머	Klempner 클렘프너	plombier 플롱비에	lattonaio 라토나이오
생산 (生産)	production 프러덕션	Produktion 프로둑치온	production 프로뒥시옹	produzione 프로두치오네
생산성 (生産性)	productivity 프러덕티비티	produktivität 프로둑티비탯	productivité 프로뒥티비테	produttività 프로두티비타
석공 (石工)	stonemason 스톤메이슨	Steinmetz 슈타인메츠	tailleur de pierre 타이외르 드 피에르	scalpellino 스칼펠리노
압축 (壓縮)	compression 컴프레션	Zusammenpres-sung 추잠멘프레숭	compression 콩프레시옹	compressione 콤프레시오네
야금 (冶金)	metallurgy 메탈러지	Metallurgie 메탈루르기	métallurgie 메탈뤼르지	metallurgia 메탈루르쟈
양조 (釀造)	brewage 브루이지	Brauerei 브라우어라이	brasserie 브라스리	birreria 비레리아
용접 (鎔接)	welding 웰딩	Schweißen 슈바이센	soudage 수다주	saldatura 살다투라
제련소 (製鍊所)	refinery 리파이너리	Raffinerie 라피네리	raffinerie 라피네리	raffineria 라피네리아
조립 (組立)	assembly 어셈블리	Zusammenbau 추잠멘바우	montage 몽타주	montaggio 몬타조
조선 (造船)	shipbuilding 십빌딩	Schiffbau 쉬프바우	construction navale 콩스트뤽시옹 나발	costruzione navale 코스트루치오네 나발레

스페인어	라틴어	러시아어	그리스어	일본어	중국어
fontanero 폰타네로	plumbarius 플룸바리우스	жестянщик 제스타니시크	υδραυλικός 이드라울리코스	配管工 (はいかんこう) 하이칸코	管道修理工 관다오슈리궁
producción 프로둑시온	productio 프로둑치오	продукция 프로둑치야	παραγωγή 파라고게	生産 (せいさん) 세이산	生产 성찬
productividad 프로둑티비다드	fecunditas 페쿤디타스	продукти́вность 프로둑티브노스티	παραγωγικότητα 파라고기코테타	生産性 (せいさんせい) 세산세	生产率 성찬뤼
picapedrero 피카페드레로	latomus 라토무스	ка́менщик 카멘시크	λιθοξόο 리톡소	石工 (いしく) 이시쿠	石匠 스장
compresión 콤프레시온	compressio 콤프레시오	сжатие 스자티예	συμπίεση 심비에세	圧縮 (あっしゅく) 앗슈쿠	压缩 야쒀
metalurgía 메탈루르히아	metallicam 메탈리캄	металлургия 메탈루르기야	μεταλλουργία 메탈루르기아	冶金 (やきん) 야킨	冶金 예진
cervecería 세르베세리아	febrica cervisiae 파브리카 세르비시아이	пивоварня 피보바르냐	ζυθοποιία 지토포이이아	醸造 (じょうぞう) 조조	酿造 냥짜오
soldadura 솔다두라	ferruminare 페루미나레	сварка 스바르카	συγκόλληση 싱골레세	熔接 (ようせつ) 요세쓰	焊接 한제
refinería 레피네리아	aeraria 아이라리아	рафинировочный завод 라피니로보치니자보트	διυλιστήριο 디일리스테리오	精錬所 (せいれんしょ) 세렌쇼	冶炼厂 예롄창
montaje 몬타헤	fabrica 파브리카	установка 우스타놉카	ἐκκλησία 에클레시아	組立 (くみたて) 구미타테	装配 쫭페이
construcción naval 콘스트룩시온 나발	constructio navis 콘스트룩치오 나비스	кораблестроение 코라블레스트로예니예	ναυπηγική 나우페기케	造船 (ぞうせん) 조센	造船 짜오촨

한국어	영어	독일어	프랑스어	이탈리아어
주물 (鑄物)	casting 카스팅	Gussstück 구스슈틱	pièce coulée 피에스 쿨레	getto 제토
합금 (合金)	alloy 앨로이	Legierung 레기룽	alliage 알리아주	lega 레가

4-46. 기계/금속

한국어	영어	독일어	프랑스어	이탈리아어
기계 (機械)	machine 머신	Maschine 마시네	machine 마신	macchina 마키나
작동 (作動)	operation 오퍼레이션	Betrieb 베트리프	opération 오페라시옹	operazione 오페라치오네
풍차 (風車)	windmill 윈드밀	Windmühle 빈트뮐레	moulin à vent 물랭 아 방	mulino a vento 물리노 아 벤토
보일러	boiler 보일러	Heizkessel 하이츠케셀	chaudière 쇼디에르	caldaia 칼다이아
여과기 (濾過器)	filter 필터	Filter 필터	filtre 필트르	filtro 필트로
용광로 (鎔鑛爐)	furnace 퍼니스	Hochofen 호흐오펜	haut fourneau 오 푸르노	altoforno 알토포르노
터빈	turbine 터바인	Turbine 투르비네	turbine 튀르빈	turbina 투르비나
펌프	pump 펌프	Pumpe 품페	pompe 퐁프	pompa 폼파

스페인어	라틴어	러시아어	그리스어	일본어	중국어
pieza fundida 피에사 푼디다	conflatio 콘플라치오	блюм 블룸	χυτό μέταλλο 키토 메탈로	鋳物 (いもの) 이모노	铸造 주짜오
aleación 알레아시온	stannum 스탄눔	сплав 스플라프	κράμα 크라마	合金 (ごうきん) 고킨	合金 허진
máquina 마키나	machina 마키나	маши́на 마시나	μηχανή 메카네	機械 (きかい) 기카이	机械 지셰
operación 오페라시온	operatio 오페라치오	рабо́та 라보타	ὁμιλία 호밀리아	作動 (さどう) 사도	启动 치동
molino de viento 몰리노 데 비엔토	ventimolina 벤티몰리나	ветряная мельница 베트랴나야 멜니차	ανεμόμυλος 아네모밀로스	風車 (かざぐるま) 가자구루마	风车 펑처
caldera 칼데라	praefurnium 프라이푸르니움	бойлер 보일레르	βραστήρας 브라스테라스	ボイラー 보이라	锅炉 궈루
filtro 필트로	filtrum 필트룸	фильтр 필트르	φίλτρο 필트로	濾過器 (ろかき) 로카키	过滤器 궈뤼치
alto horno 알토 오르노	furnax 푸르낙스	домна 돔나	κάμινος 카미노스	熔鉱炉 (ようこうろ) 요코로	熔炉 롱루
turbina 투르비나	–	турби́на 투르비나	τουρμπίνα 투르비나	タービン 다빈	涡轮 워룬
bomba 봄바	antlia 안틀리아	насос 나코스	σκαρπίνι 스카르피니	ポンプ 폰푸	泵 벙

한국어	영어	독일어	프랑스어	이탈리아어
풀무	blower 블로워	Gebläse 게블래제	soufflerie 수플레리	ventilatore 벤틸라토레
도가니 [爐]	crucible 크루시블	Schmelztiegel 슈멜츠티겔	creuset 크뢰제	crogiolo 크로졸로
로봇	robot 로봇	Roboter 로보터	robot 로보	robot 로보트
컨베이어벨트	conveyer belt 컨베이어 벨트	Förderband 푀더반트	tapis roulant 타피 룰랑	nastro trasportatore 나스트로 트라스포르타토레
주형(금속) (鑄型)	casting mould 캐스팅 몰드	Kokille 코킬레	coquille 코키유	forma 포르마
이음매	joint 조인트	Verbindung 페어빈둥	joint 주앵	giunto 준토
톱니바퀴	gearwheel 기어휠	Zahnrad 찬라트	roue denté 루 당트	ruota dentata 루오타 덴타타
축 (軸)	axis 액시스	Achse 악세	axe 악스	asse 아세
북 (방직)	shuttle 셔틀	Schiffchen 쉽헨	navette 나베트	navetta 나베타
물레	spinning wheel 스피닝 휠	Spinnrad 슈핀라트	rouet 루에	filatoio 필라토이아
얼레	spool 스풀	Spule 슈풀레	bobine 보빈	bobina 보비나

스페인어	라틴어	러시아어	그리스어	일본어	중국어
ventilador 벤틸라도르	ceraules 케라울레스	вентилятор 벤틸랴토르	φυσητήρας 피세테라스	ふいご 후이고	风箱 펑샹
crisol 크리솔	conflatorium 콘플라토리움	плавильный тигель 플라빌니 티겔	χωνευτήριο 코네우테리오	坩堝 (るつぼ) 루쓰보	坩埚 간궈
robot 로보트	robotum 로보툼	робот 로보트	ρομπότ 로보트	ロボット 로봇토	机器人 지치런
cinta transportadora 신타 트란스포르타도라	traductor 트라둑토르	ленточный конвейер 렌토치니 콘베이예르	μετακομιστής 메타코미스테스	コンベヤーベルト 곤베야베루토	传送带 촨쏭다이
forma 포르마	forma 포르마	фо́рма 포르마	φυτόχωμα 피토코마	鋳型 (いがた) 이가타	铸型 쭈싱
junta 훈타	iunctio 이웅치오	соедине́ние 소예디네니예	αρμός 아르모스	合口 (あいくち) 아이쿠치	接头儿 제터우얼
rueda dentada 루에다 덴타다	dentata 덴타타	шестерня 셰스테르냐	γρανάζι 그라나지	歯車 (はぐるま) 하구루마	齿轮 치룬
eje 에헤	axis 악시스	ось 오시	άξονας 악소나스	軸 (じく) 지쿠	轴 저우
lanzadera 란사데라	navicula 나비쿨라	челнок 첼노크	κερκίς 케르키스	杼 (ひ) 히	摆梭 바이쒀
rueca 루에카	telarum rota 텔라룸 로타	прялка 프럍카	ανέμη 아네메	糸車 (いとぐるま) 이토구루마	纺车 팡처
tambor 탐보르	fusus 푸수스	штырь 시치리	πηνίο 페니오	かせ 가세	窓子 시쯔

한국어	영어	독일어	프랑스어	이탈리아어
물레방아	watermill 워터밀	Wassermühle 바서뮐레	moulin à eau 물랭 아 오	mulino ad acqua 물리노 아드 아쿠아
시계 (時計)	watch 워치	Uhr 우어	montre 몽트르	orologio 오롤로조
회중시계 (懷中時計)	pocket watch 포킷 워치	Taschenuhr 타셴우어	montre de gousset 몽트르 드 구세	orologio da tasca 오롤로조 다 타스카
해시계	sundial 선다이얼	Sonnenuhr 존넨우어	cadran solaire 카드랑 솔레르	meridiana 메리디아나
벽시계(괘종)	pendulum clock 펜듈럼 클록	Pendeluhr 펜델우어	horloge à pendule 오를로주 아 팡튈	orologio a pendolo 오롤로조 아 펜돌로
모래시계	sandglass 샌드글래스	Sanduhr 잔트우어	sablier 사블리에	clessidra 클레시드라
도구 (道具)	instrument 인스트루먼트	Gerät 게래트	instrument 앵스트뤼망	apparechio 아파레키오
모형 (模型)	model 마들	Modell 모델	modèle 모델	modello 모델로

4-47. 건설

댐	dike 다이크	Damm 담	digue 디그	diga 디가
건물 (建物)	building 빌딩	Gebäude 게보이데	bâtiment 바티망	edificio 에디피초

스페인어	라틴어	러시아어	그리스어	일본어	중국어
molino de agua 몰리노 데 아구아	aquimolina 아쿠이몰리나	водяная мельница 보다나야 멜니차	νερόμυλος 네로밀로스	水車 (みずぐるま) 미즈구루마	水碾 수이녠
reloj 렐로흐	horologium 호롤로기움	часы́ 차시	ρολόι 롤로이	時計 (とけい) 도케이	钟表 중뱌오
reloj de bolsillo 렐로흐 데 볼시요	horologium portabilis 호롤로기움 포르타빌리스	карманные часы́ 카르만니예 차시	ρολόι τσέπης 롤로이 체페스	懐中時計 (かいちゅうどけい) 가이추도케이	怀表 화이뱌오
reloj de sol 렐로흐 데 솔	horologium solarium 호롤로기움 솔라리움	со́лнечные часы́ 솔네치니예 차시	ηλιακό ωρολόγιο 엘리아코 오롤로기오	日時計 (ひどけ) 히도케	日規 리구이
reloj de péndulo 렐로흐 데 펜둘로	horologium perpendiculum 호롤로기움 페르펜디쿨룸	маятниковые часы́ 마야트니코비예 차시	ρολόι τοίχου 롤로이 토이쿠	柱時計 (はしらどけい) 하시라도케이	壁钟 비중
reloj de arena 렐로흐 데 아레나	clepsydra 클렙시드라	песо́чные часы́ 페소치니예 차시	αμμωρολόγιο 암모롤로기오	砂時計 (すなどけい) 스나도케	沙漏 사러우
equipo 에키포	instrumentum 인스트루멘툼	инструмент 인스트루멘트	όργανο 오르가노	道具 (どうぐ) 도구	用具 용주
modelo 모델로	exemplaris 엑셈플라리스	модель 모델	υπόδειγμα 이포데이그마	模型 (もけい) 모케이	模形 모싱
dique 디케	agger 아게르	плотина 플로티나	φράγμα 프라그마	ダム 다무	堤坝 디바
edificio 에디피시오	aedificium 아이디피키움	зда́ние 즈다니예	οικοδομή 오이코도메	建物 (たてもの) 다테모노	建筑 젠주

한국어	영어	독일어	프랑스어	이탈리아어
건축가 (建築家)	architect 아키텍트	Architekt 아르히텍트	architecte 아르시텍트	architetto 아르키테토
건설 (建設)	construction 컨스트럭션	Konstruktion 콘스트룩치온	construction 콩스트뤽시옹	costruzione 코스트루치오네
굴착기 (掘鑿機)	excavator 엑스커베이터	Bagger 바거	pelle mécanique hydraulique 펠 메카니크 이드롤리크	escavatore 에스카바토레
기중기 (起重機)	crane 크레인	Kran 크란	grue 그뤼	gru 그루
목수 (木手)	carpenter 카핀터	Zimmermann 치머만	charpentier 샤르팡티에	carpentiere 카르펜티에레
제도 (製圖)	drawing 드로잉	Zeichnen 차이히넨	dessin 데생	disegno 디세뇨
지게차	forklift 포클리프트	Gabelstapler 가벨슈타플러	chariot élévateur 샤리오 엘레바퇴르	carrello elevatore 카렐로 엘레바토레

4-48. 건축/목공 재료

한국어	영어	독일어	프랑스어	이탈리아어
사포 (砂布)	sandpaper 샌드페이퍼	Sandpapier 잔트파피어	papier de verre 파피에 드 베르	carta abrasiva 카르타 아브라지바
경첩	hinge 힌지	Scharnier 샤르니어	charnière 샤르니에르	cerniera 체르니에라
나사못	screwnail 스크루네일	Schraube 슈라우베	vis 비스	vite 비테

스페인어	라틴어	러시아어	그리스어	일본어	중국어
arquitecto 아르키텍토	architectus 아르키텍투스	архитектор 아르히텍토르	αρχιτέκτονας 아르키텍토나스	建築家 (けんちくか) 겐치쿠카	建筑家 젠주자
construcción 콘스트룩시온	structura 스트룩투라	конструкция 콘스트룩치야	κατασκευή 카타스케우에	建設 (けんせつ) 겐세쓰	工程 궁청
pala excavadora 팔라 엑스카바도라	cavator 카바토르	экскаватор 엑스카바토르	εκσκαφέας 엑스카페아스	油圧ショベル (ゆあつショベル) 유아쓰쇼베루	挖掘机 와줴지
grúa 그루아	trochlea 트로클레아	кран 크란	γερανός 게라노스	起重機 (きじゅうき) 기주키	起重机 치중지
carpintero 카르핀테로	lignarius 리그나리우스	плотник 플로트닉	ξυλουργός 크실루르고스	大工 (だいく) 다이쿠	木匠 무장
esbozo 에스보소	scriptura 스크립투라	рисунок 리수노크	σχέδιο 스케디오	製図 (せいず) 세이즈	制图 즈투
carretilla elevadora 카레티야 엘레바도라	–	вилочный погрузчик 빌로치니 포그루스치크	περονοφόρος ανυψωτής 페로노포로스 아닙소테스	フォークリフト 호쿠리후토	叉车 차처
papel de lija 파펠 델 리하	charta aspera 카르타 아스페라	песочная бумага 페소치나야 부마가	γυαλόχαρτο 기알로카르토	サンドペーパー 산도페파	砂布 사부
charnela 차르넬라	cardo 카르도	петля 페틀랴	μεντεσές 멘데세스	蝶番 (ちょうつがい) 초쓰가이	铰链 자오롄
tornillo 토르니요	coclia 코클리아	шуруп 슈루프	έλιξ 엘릭스	ねじ釘 (ねじくぎ) 네지쿠기	螺丝钉 뤄쓰딩

한국어	영어	독일어	프랑스어	이탈리아어
못	nail 네일	Nagel 나겔	clou 클루	chiodo 키오도
널빤지	board 보드	Brett 브레트	planche 플랑슈	tabola 타볼라
합판 (合板)	plywood 플라이우드	Sperrholz 슈페어홀츠	contre-plaqué 콩트르-플라케	legno compensato 레뇨 콤펜사토
목재	wood 우드	Holz 홀츠	bois 부아	legno 레뇨
도료 (塗料)	paint 페인트	Lack 라크	laque 라크	vernice 베르니체
모르타르	mortar 모르터	Mörser 뫼르저	mortier 모르티에	mortaio 모르타이오
벽돌	brick 브릭	Ziegelstein 치겔슈타인	brique 브리크	mattone 마토네
시멘트	cement 시멘트	Zement 체멘트	ciment 시망	cemento 체멘토
콘크리트	concrete 콘크리트	Beton 베톤	béton 베통	calcestruzzo 칼체스르투초
아스팔트	asphalt 애스팰트	Asphalt 아스팔트	asphalte 아스팔트	asfalto 아스팔토
유리	glass 글라스	Glas 글라스	verre 베르	vetro 베트로

스페인어	라틴어	러시아어	그리스어	일본어	중국어
clavo 클라보	clavus 클라부스	гвоздь 그보즈디	πρόκα 프로카	釘 (くぎ) 구기	釘子 딩쯔
estante 에스탄테	tabula 타불라	доска 도스카	σανίς 사니스	板 (いた) 이타	木板子 무반쯔
madera contrachapeada 마데라 콘트라차페아다	–	фанера 파네라	ύλλα ξύλου 일라 크실루	合板 (ごうはん) 고한	合板 허반
leña 레냐	lignum 리그눔	лес 레스	ξύλον 크실론	木材 (もくざい) 모쿠자이	木材 무차이
laca 라카	pigmentum 피그멘툼	лак 라크	ἀποτελέω 아포텔레오	塗料 (とりょう) 도료	涂料 투랴오
almirez 알미레스	mortarium 모르타리움	раствóр 라스트보르	γουδί 구디	モルタル 모루타루	砂浆 사장
ladrillo 라드리요	testa 테스타	кирпич 키르피츠	πλίνθος 플린토스	煉瓦 (れんが) 렌가	砖 좐
cemento 세멘토	caementum 카이멘툼	цемент 체멘트	τσιμέντο 치멘도	セメント 세멘토	水泥 수이니
hormigón 오르미곤	structura 스트룩투라	бетон 베톤	σκυρόδεμα 스키로데마	コンクリート 곤쿠리토	混凝土 훈닝투
asfalto 아스팔토	asphaltus 아스팔투스	асфальт 아스팔트	ασφάλτος 아스팔토스	アスファルト 아스파르토	沥青 리칭
vidrion 비드리온	hyalus 히알루스	стакан 스타칸	γυαλλί 기알리	ガラス 가라스	玻璃 보리

한국어	영어	독일어	프랑스어	이탈리아어
자개	mother-of-pearl 마더-어브-펄	Perlmutt 페를무트	nacre 나크르	madreperla 마드레페를라
타일	tile 타일	Kachel 카헬	carreau 카로	mattonella 마토넬라
장비 (裝備)	equipment 이퀴프먼트	Ausrüstung 아우스뤼스퉁	équipement 에키프망	equipaggiamen-to 에퀴파자멘토
틀	frame 프레임	Rahmen 라멘	cadre 카드르	cornice 코르니체
상자 (箱子)	box 복스	Kasten 카스텐	boîte 부아트	cassa 카사
갈고리	hook 후크	Haken 하켄	crochet 크로셰	uncino 운치노
용수철	coil spring 코일 스프링	Feder 페더	ressort 르소르	molla 몰라
날 (칼의)	blade 블레이드	Klinge 클링게	lame 람	lametta 라메타
덮개	cover 커버	Decke 데케	couverture 쿠베르튀르	coperta 코페르타
도르래	pulley 풀리	Flaschenzug 플라셴추크	palan 팔랑	carrucola 카루콜라
박차 (拍車)	spur 스퍼	Sporn 슈포른	éperon 에프롱	sperone 스페로네

스페인어	라틴어	러시아어	그리스어	일본어	중국어
nácar 나카르	hypostracum 히포스트라쿰	перламутр 페를라무트르	μάργαρο 마르가로	螺鈿 (らでん) 라덴	螺甸 뤄뎬
azulejo 아술레호	imbrex 임브렉스	метлахская 메틀라흐스카야	κέραμος 케라모스	タイル 다이루	瓷砖 치좐
equipamiento 에키파미엔토	arma 아르마	аппаратура 아파라투라	εφόδια 에포디아	装備 (そうび) 소비	装备 쫭베이
marco 마르코	replum 레플룸	рама 라마	κράσπεδον 크라스페돈	枠 (わく) 와쿠	框 쾅
caserón 카세론	arca 아르카	каста 카스타	κιβώτιο 키보티오	箱 (はこ) 하코	箱子 샹쯔
gancho 간초	uncus 웅쿠스	крюк 크류크	ἄγκιστρον 앙기스트론	かぎ 가기	钩子 고우쯔
muelle 무에예	elate 엘라테	пружина 프루지나	ελατήριο 엘라테리오	発条 (ばね) 바네	弹簧 단황
hoja 오하	cuspis 쿠스피스	лéзвие 레즈비예	λεπίδα 레피다	刃 (やいば) 야이바	天 텐
copertura 코페르투라	tege 테게	потолок 포톨로크	ὀθόνη 오토네	おおい 오이	罩子 자오쯔
aparejo de polea 아파레호 데 폴레아	trochlea 트로클레아	полиспаст 폴리스파스트	τρόχιλος 트로킬로스	滑車 (かっしゃ) 갓샤	滑轮 화룬
espuela 에스푸엘라	calcar 칼카르	шпора 시포라	ὤθηση 오테세	拍車 (はくしゃ) 하쿠샤	马刺 마츠

한국어	영어	독일어	프랑스어	이탈리아어
밧줄	rope 로프	Seil 자일	corde 코르드	fune 푸네
사슬	chain 체인	Kette 케테	chaîne 셴	catena 카테나
지렛대	lever 리버	Hebel 헤벨	levier 르비에	leva 레바
부싯돌	flint 플린트	Feuerstein 포이어슈타인	soufre 수프르	pietra focaia 피에트라 포카이아

4-49. 공구

한국어	영어	독일어	프랑스어	이탈리아어
연장	tool 툴	Werkzeug 베르크초이크	outil 우티	strumento 스트루멘토
망치	hammer 해머	Hammer 하머	marteau 마르토	martello 마르텔로
송곳	awl 올	Ahle 알레	alêne 알렌	lesina 레지나
칼	knife 나이프	Messer 메서	couteau 쿠토	coltello 콜텔로
대패	plane 플레인	Hobel 호벨	rabot 라보	pialla 피알라
정	cold chisel 콜드 치즐	Meißel 마이셀	burin 뷔랭	lama 라마

스페인어	라틴어	러시아어	그리스어	일본어	중국어
soga 소가	funis 푸니스	верёвка 베룝카	σειρά 세이라	索 (さく) 사쿠	绳 성
cadena 카데나	catena 카테나	цепь 체피	ἅλυσις 할리시스	鎖 (くさり) 구사리	铁链 테옌
palanca 팔랑카	vectis 벡티스	рычаг 리차크	λοστός 로스토스	梃子 (てこ) 데코	控制杆 콩지간
pedernal 페데르날	silex 실렉스	кремень 크레멘	πυρίτης 피리테스	火打ち石 (ひうちいし) 히우치이시	燧石 수이시
herramienta 에라미엔타	instrumentum 인스트루멘툼	оборудование 오보루도바니예	εργαλείο 에르갈레이오	工具 (こうぐ) 고구	工具 공주
martillo 마르티요	malleus 말레우스	молот 몰로트	σφυρί 스피리	金鎚 (かなづち) 가나즈치	铁锤 테주이
lezna 레스나	subula 수불라	шило 실로	τρυπητήρι 트리페테리	錐 (きり) 기리	锥子 주이쯔
cuchillo 쿠치요	scalpellum 스칼펠룸	нож 노시	μαχαίρι 마카이리	刃物 (はもの) 하모노	刀 다오
cepillo 세피요	runcina 룽키나	рубанок 루바노크	επίπεδο 에피페도	かんな 칸나	刨 바오
cincel 신셀	scalprum 스칼프룸	долото 돌로토	σμίλη 스밀레	鏨 (たがね) 다가네	鏨刀 짠다오

한국어	영어	독일어	프랑스어	이탈리아어
끌	chisel 치즐	Beitel 바이텔	ciseau 시소	scalpello 스칼펠로
톱	saw 소	Säge 재게	scie 시	sega 세가
모루	anvil 앤빌	Amboss 암보스	enclume 앙클륌	incudine 잉쿠디네
집게	pliers 플라이어	Zange 창에	tenailles 트나유	tenaglie 테날리에
드라이버	screwdriver 스크류드라이버	Schraubenzieher 슈라우벤치어	tournevis 투르느비스	cacciavite 카차비테
구멍뚫이 (드릴)	drill 드릴	Bohrmaschine 보어마시네	perceuse 페르쇠즈	trapano 트라파노
스패너 (나사틀개)	spanner 스패너	Schraubenschlüssel 슈라우벤슐뤼셀	clef à molette 클레 아 몰레트	chiave inglese 키아베 잉글레세

4-50. 전기/전자 산업

변압기 (變壓器)	transformer 트랜스포머	Transformator 트랜스포마토어	transformateur 트랑스포마퇴르	transformatore 트란스포르마토레
감지기 (感知器)	sensor 센서	Sensor 젠조어	détecteur 데텍퇴르	sensore 센소레
전구 (電球)	light bulb 라이트 벌브	Glühbirne 글뤼비르네	ampoule 앙풀	bulbo 불보

스페인어	라틴어	러시아어	그리스어	일본어	중국어
escoplo 에스코플로	celum 켈룸	стамеска 스타메스카	σκαρπέλο 스카르펠로	鑿 (のみ) 노미	凿子 짜오쯔
sierra 시에라	serra 세라	пилá 필라	πριόνι 프리오니	鋸 (のこぎり) 노코기리	锯子 주쯔
yunque 융케	incus 잉쿠스	наковальня 나코발냐	αμόνι 아모니	金敷き (かなしき) 가나시키	铁砧 테젠
tenaza 테나사	forpex 포르펙스	плоскогубцы 프로스코굽치	τσιμπίδα 침비다	やっとこ 얏토코	夹子 쟈쯔
atornillador 아토르니야도르	vertitorium 베르티토리움	отвертка 오트베룻카	βιδωτήρι 비도테리	ねじ回し (ねじまわし) 와지마와시	螺丝刀 뤄쓰다오
taladradora 탈라드라도라	terebra 테레브라	дрель 드렐	δράπανο 드라파노	ドリル 도리루	钻头 짠터우
llave de boca 야베 데 보카	clave 클라베	гаечный ключ 가예치니 클류치	μηχανικό κλειδί 메카니코 클레이디	スパナ 스파나	扳手 반서우
transformador 트란스포르마도르	transformatorum 트란스포르마토룸	трансформатор 트란스포르마토르	μετατροπέας 메타트로페아스	変圧器 (へんあつき) 헨아쓰키	变压器 볜야치
detector 데텍토르	–	измерительный зонд 이즈메리텔니 존트	αισθητήρας 아이스테테라스	センサー 센사	传感器 촨간치
bombilla 봄비야	lampas electrica 람파스 엘렉트리카	лампа накаливания 람파 나칼리바냐	βολβός 볼보스	電球 (でんきゅう) 덴큐	电灯泡 뎬덩파오

한국어	영어	독일어	프랑스어	이탈리아어
소켓	socket 소킷	Steckdose 슈텍도제	prise de courant 프리즈 드 쿠랑	presa di corrente 프레사 디 코렌테
플러그	plug 플러그	Stecker 슈테커	fiche 피슈	spina 스피나
전도체 (傳導體)	conductor 컨덕터	Leiter 라이터	conducteur 콩뒥퇴르	conduttore 콘두토레
반도체 (半導體)	semiconductor 세미컨덕터	Halbleiter 할플라이터	semi-conducteur 세미-콩뒥퇴르	semiconduttore 세미콘두토레
케이블	cable 케이블	Kabel 카벨	câble 카블	cavo 카보
전선 (電線)	wire 와이어	Draht 드라트	fil 필	filo 필로
퓨즈	fuse 퓨즈	Sicherung 지허룽	fusible 퓌지블	fusibile 푸지빌레
회로 (回路)	circuit 서킷	Schaltkreis 샬트크라이스	circuit 시르퀴이	collegamento 콜레가멘토
안테나	antenna 앤테너	Antenne 안테네	antenne 앙텐	antenna 안텐나
확성기 (擴聲器)	megaphone 메거폰	Megaphon 메가폰	mégaphone 메가폰	megafono 메가포노
피뢰침 (避雷針)	lightning rod 라이트닝 로드	Blitzableiter 블리츠아플라이터	paratonnerre 파라토네르	parafulmine 파라풀미네

스페인어	라틴어	러시아어	그리스어	일본어	중국어
caja de enchufe 카하 데 엔추페	pulvinus 풀비누스	штепсельная розетка 시텝셀나야 로젯카	υποδοχή 이포도케	ソケット 소켓토	插口 차커우
clavija 클라비하	contactrum 콘탁트룸	вилка 빌카	πρίζα 프리자	さしこみ 사시코미	插头 차터우
conductor 콘둑토르	conductrum 콘둑트룸	проводник 프로보드니크	αγωγός 아고고스	導体 (どうたい) 도타이	半导体 반다오티
semiconductor 세미콘둑토르	semiconductrum 세미콘둑트룸	полупроводник 폴루프로보드니크	ημιαγωγός 에미아고고스	半導体 (はんどうたい) 한도타이	半导体 반다오티
cable 카블레	capulum 카풀룸	кабель 카벨	καλώδιο 칼로디오	鋼索 (こうさく) 고사쿠	缆 란
alambre 알람브레	filum metallicum 필룸 메탈리쿰	провод 프로보트	σύρμα 시르마	電線 (でんせん) 덴센	电线 덴셴
fusible 푸시블레	tutela 투텔라	плавкий предохранитель 플랍키 프레도흐라니텔	ασφάλεια 아스팔레이아	フューズ 휴즈	保险丝 바오셴쓰
circuito 시르쿠이토	circuitus 키르쿠이투스	электрическая цепь 옐렉트리체스카야 체피	κύκλωμα 키클로마	回路 (かいろ) 가이로	电路 덴루
antena 안테나	antenna 안텐나	антенна 안테나	κεραία 케라이아	アンテナ 안테나	天线 톈셴
megáfono 메가포노	megaphonum 메가포눔	мегафон 메가폰	μεγάφωνο 메가포노	メガホン 메가혼	扩声器 쿼성치
pararrayos 파라라요스	apagogus fulminum 아파고구스 풀미눔	молниеотвод 몰니예오트보트	αλεξικέραυνο 알렉시케라우노	避雷針 (ひらいしん) 히라이신	避雷針 비레이전

한국어	영어	독일어	프랑스어	이탈리아어
리모컨	remote control 리모트 컨트롤	Fernbedienung 페른베디눙	télécommande 텔레코망드	telecomando 텔레코만도
손전등 (-電燈)	flashlight 플래실라이트	Taschenlampe 타셴람페	lampe de poche 랑프 드 포슈	lampadina 람파디나
단파 (短波)	short wave 쇼트 웨이브	Kurzwelle 쿠르츠벨레	onde courte 옹드 쿠르트	onda corta 온다 코르타
저항(전기) (抵抗)	resistance 리지스턴스	Widerstand 비더슈탄트	résistance 레지스탕스	resistenza 레시스텐차
전극 (電極)	electrode 일렉트로드	Elektrode 엘렉트로데	électrode 엘렉트로드	elettrodo 엘레트로도
전기 (電氣)	electricity 일렉트리시티	Elektrizität 엘렉트리치탯	électricité 엘렉트리시테	elettricità 엘레트리치타
전도 (傳導)	conduction 컨덕션	Leitung 라이퉁	conduit 콩뒤이	conduzione 콘두치오네
전류 (電流)	electric current 일렉트릭 커런트	Strom 슈트롬	courant électrique 쿠랑 엘렉트리크	corrente 코렌테
전압 (電壓)	voltage 볼티지	Spannung 슈판눙	voltage 볼타주	voltaggio 볼타조
전파 (電波)	radio wave 레이디오 웨이브	Radiowelle 라디오벨레	onde radio 옹드 라디오	onda radio 온다 라디오
점화 (點火)	ignition 이그니션	Anzünden 안췬덴	allumage 알뤼마주	accensione 아첸시오네

스페인어	라틴어	러시아어	그리스어	일본어	중국어
telecontrol 텔레콘트롤	telemoderatio 텔레모데라치오	дистанционное управление 디스탄치온노예 우프라블레니예	τηλεχειριστή-ριο 텔레케이리스테리오	リモートコントロール 리모토콘토로루	遥控器 야오콩치
linterna 린테르나	lanterna portabilis 란테르나 포르타빌리스	карманный фонарь 카르만니 포나리	στιγμιαίοφώς 스티그미아이오포스	懐中電灯 (かいちゅうでんとう) 가이추덴토	手电筒 서우뎬퉁
onda corta 온다 코르타	unda brevis 운다 브레비스	короткая волна 코롯카야 볼나	βραχύ κύμα 브라키 키마	短波 (たんぱ) 단파	短波 돤보
resistencia 레시스텐시아	refragatio 레프라가치오	сопротивление 소프로티블레니예	αντίσταση 안디스타세	抵抗 (ていこう) 데이코	阻抗 쭈캉
electrodo 엘렉트로도	electrodus 엘렉트로두스	электрод 엘렉트로트	ηλεκτρόδιο 엘렉트로디오	電極 (でんきょく) 덴쿄쿠	电极 뎬지
electricidad 엘렉트리시다드	electricitas 엘렉트리키타스	электри́чество 엘렉트리체스트보	ηλεκτρισμός 엘렉트리스모스	電気 (でんき) 덴키	电气 뎬치
conducción 콘둑시온	conductio 콘둑치오	проводимость 프로보디모스티	καλώδιο 칼로디오	伝導 (でんどう) 덴도	传递 찬디
corriente 코리엔타	fluxus oneris electrici 플룩수스 오네리스 엘렉트리키	электрический ток 엘렉트리체스키 토크	ηλεκτρικό ρεύμα 엘렉트리코 레우마	電流 (でんりゅう) 덴류	电流 뎬류
voltaje 볼타헤	tensio electrica 텐시오 엘렉트리카	напряжение 나프랴제니예	τάση 타세	電圧 (でんあつ) 덴아쓰	电压 뎬야
onda 온다	unda radioelectrica 운다 라디오엘렉트리카	радиоизлуче-ние 라디오이즐루체니예	ραδιοκύματα 파디오키마타	電波 (でんぱ) 덴파	电波 뎬보
encendido 엔센디도	incensio 잉켄시오	зажигание 자지가니예	ανάφλεξη 아나플렉세	点火 (てんか) 덴카	点火 뎬훠

한국어	영어	독일어	프랑스어	이탈리아어
접지 (接地)	earth 어스	Erdung 에르둥	terre électrique 테르 엘렉트리크	messa a terra 메사 아 테라
조명 (照明)	illumination 일루미네이션	Beleuchtung 벨로이히퉁	éclairage 에클레라주	illuminazione 일루미나치오네
환기 (換氣)	ventilation 벤틸레이션	Belüftung 벨뤼프퉁	aération 아에라시옹	ventilazione 벤틸라치오네

4-51. 경제 1 : 기업

한국어	영어	독일어	프랑스어	이탈리아어
기업 (企業)	enterprise 엔터프라이즈	Unternehmen 운터네멘	entreprise 앙트르프리즈	impresa 임프레사
법인 (法人)	juridical person 주리디클 퍼슨	juristische Person 유리스티셰 페르존	personne juridique 페르손 쥐리디크	persona giuridica 페르소나 주리디카
규약 (規約)	rule 룰	Regel 레겔	réglement 레글르망	regolamento 레골라멘토
자회사 (子會社)	subsidiary 섭시디어리	Tochtergesell-schaft 토흐터게젤샤프트	filiale 필리알	filiale 필리알레
정관 (定款)	statute 스테튜트	Satzung 자충	statut 스타튀	statuto 스타투토
양도 (讓渡)	handover 핸드오버	Übergabe 위버가베	remise 르미즈	consegna 콘세냐
중재 (仲裁)	arbitration 아비트레이션	Schlichtung 슐리히퉁	arbitrage 아르비트라주	arbitraggio 아르비트라조

스페인어	라틴어	러시아어	그리스어	일본어	중국어
toma de tierra 토마 데 티에라	terra 테라	заземление 자젬레니예	γείωση 게이오세	接地 (せっち) 셋치	接地 제디
iluminación 일루미나시온	fillustratio 필루스트라치오	освещение 오스베셰니예	φωταψία 포탑시아	照明 (しょうめい) 쇼메이	照明 자오밍
ventilación 벤틸라시온	ventilatio 벤틸라치오	проветривание 프로베트리바니예	αερισμός 아에리스모스	換気 (かんき) 간키	换气 환치
empresa 엠프레사	coeptum 코입툼	предприятие 프렛프리야티예	επιχείρηση 에피키레세	企業 (きぎょう) 기교	企业 치예
persona jurídica 페르소나 후리디카	persona iuridica 페르소나 이우리디카	юридическое лицо 유리디체스코예 리초	νομικό πρόσωπο 노미코 프로소포	法人 (ほうじん) 호진	法人 파런
regla 레글라	norma 노르마	правило 프라빌로	κανών 카논	規約 (きやく) 갸쿠	规约 구이웨
filial 필리알	subsidiarius 숩시디아리우스	дочерняя кампания 도체르냐야 캄파니야	εξαρτημένος 엑사르테메노스	子会社 (こがいしゃ) 고가이샤	子公司 쯔궁스
estatuto 에스타투토	statuarius 스타투아리우스	указ 우카스	καταστατικό 카타스타티코	定款 (ていかん) 데이칸	制定条款 즈딩탸오콴
entrega 엔트레가	deditio 데디치오	передача 페레다차	παράδοση 파라도세	譲渡 (じょうと) 조토	转让 좐랑
arbitraje 아르비트라헤	arbitratus 아르비트라투스	посредничество 포스레드니체스트보	καταλλαγή 카탈라게	仲裁 (ちゅうさい) 주사이	仲裁 중차이

한국어	영어	독일어	프랑스어	이탈리아어
지점 (支店)	branch 브랜치	Zweigstelle 츠바이크슈텔레	succursale 쉬쿠르살	filiale 필리알레
본점 (本店)	head office 헤드 오피스	Hauptbüro 하우프트뷔로	siège social 시에주 소시알	casa madre 카사 마드레
기업연합 (企業聯合)	cartel 카르텔	Kartell 카르텔	cartel 카르텔	cartello 카르텔로
컨소시엄	consortium 컨소티엄	Konsortium 콘조르치움	groupement 그루프망	coalizione 코알리치오네
합병 (合倂)	merger 머저	Zusammensch- luss 추잠멘슐루스	fusion 퓌지옹	integrazione 인테그라치오네
회사 (會社)	company 컴퍼니	Gesellschaft 게젤샤프트	société 소시에테	società 소치에타

4-52. 경제 2 : 사람

한국어	영어	독일어	프랑스어	이탈리아어
감사 (監事)	auditor 오디터	Aufsichtsrat 아우프지히츠라트	conseil d'admi- nistration 콩세유 다드미니스 트라시옹	consiglio di sorveglianza 콘실리오 디 소르벨리안차
고객 (顧客)	customer 커스터머	Kunde 쿤데	client 클리앙	cliente 클리엔테
단골	regular customer 레귤러 커스터머	Stammkunde 슈탐쿤데	habitué 아비튀에	cliente abituale 클리엔테 아비투알레
대표 (代表)	representative 리프리젠터티브	Vertreter 페어트레터	représentant 르프레장탕	representante 레프레센탄테

스페인어	라틴어	러시아어	그리스어	일본어	중국어
sucursal 수쿠르살	brachium 브라키움	отделéние 옷델레니예	υποκατάστημα 이포카타스테마	支店 (してん) 시텐	支店 지덴
oficina central 오피시나 센트랄	praetorium 프라이토리움	центральное учреждение 첸트랄노예 우치레즈데니예	κεντρικά γραφεία 켄드리카 그라페이아	本店 (ほんてん) 혼텐	本店 번뎬
cártel 카르텔	chartellum 카르텔룸	картéль 카르텔	καρτέλ 카르텔	企業連合 (きぎょうれんごう) 기교렌고	卡特尔 카터얼
coalición 코알리시온	consortium 콘소르치움	консóрциум 콘소르치움	κονσόρτσιουμ 콘소르치움	コンソーシアム 곤소시아무	国际财团 궈지차이퇀
integración 인테그라시온	congregari 콩그레가리	объединéние 오비예디네니예	συγχώνευση 싱고네우세	合併 (がっぺい) 갓페이	合并 허빙
sociedad 소시에다드	societas 소키에타스	соóбщество 소옵셰스트보	κοινωνία 코이노니아	会社 (かいしゃ) 가이샤	公司 궁쓰

gobierno 고비에르노	curator 쿠라토르	наблюдáтельный совéт 나블류다텔니 소베트	εποπτικό συμβούλιο 에폽티코 심불리오	監査役 (かんさやく) 간사야쿠	监事 젠스
comprador 콤프라도르	cliens 클리엔스	покупáтель 포쿠파텔	προστάτις 프로스타티스	顧客 (こかく) 고카쿠	顾客 구커
cliente habitual 클리엔테 아비투알	emptor 엠프토르	постоянный клиент 포스토얀니 클리엔트	τακτικός πελάτης 탁티코스 펠라테스	得意先 (とくいさき) 도쿠이사키	常客 창커
representante 레프레센탄테	repraesentator 레프라이센타토르	представитель 프레츠타비텔	αντιπρόσωπος 안디프로소포스	代表 (だいひょう) 다이효	代表 다이뱌오

한국어	영어	독일어	프랑스어	이탈리아어
보모 (保姆)	nurse 너스	Kindermäd-chen 킨더맷헨	bonne d'enfants 본 당팡	bambinaia 밤비나이아
보석상 (宝石商)	jeweler 주얼러	Juwelier 유벨리어	bijoutier 비주티에	gioielliere 조이엘리에레
비서 (秘書)	secretary 세크러터리	Sekretär 제크레테어	secrétaire 스크레테르	segretario 세그레타리오
상인 (商人)	merchant 머천트	Kaufmann 카우프만	marchand 마르샹	mercante 메르칸테
손님	guest 게스트	Gast 가스트	invité 앵비테	ospite 오스피테
승진 (昇進)	promotion 프로모션	Beförderung 베푀더룽	avancement 아방스망	promozione 프로모치오네
은행원 (銀行員)	bank clerk 뱅크 클러크	Bankkaufmann 방크카우프만	employé bancaire 앙플루아예 방케르	impiegato di banca 임피에가토 디 방카
이발사 (理髮師)	barber 바버	Friseur 프리죄어	coiffeur 코아푀르	barbiere 바르비에레
주주 (株主)	shareholder 셰어홀더	Aktionär 악치오네어	actionnaire 악시오네르	azionista 아치오니스타
중개인 (仲介人)	agent 에이전트	Vermittler 페어미틀러	intermédiaire 앵테르메디에르	mediatore 메디아토레
탐정 (探偵)	detective 디텍티브	Detektiv 데텍티프	détective 데텍티브	detective 데텍티베

스페인어	라틴어	러시아어	그리스어	일본어	중국어
niñera 니녜라	nutrix 누트릭스	няня 냐냐	τροφός 트로포스	保母 (ほぼ) 호보	保母 바오무
joyero 호예로	gemmarius 겜마리우스	ювелир 유벨리르	χρυσοχόος 크리소코오스	宝石商 (ほうせきしょう) 호세키쇼	珠宝商 주바오샹
secretario 세크레타리오	librarius 리브라리우스	секретарь 세크레타리	γραμματέας 그라마테아스	秘書 (ひしょ) 히쇼	秘书 미수
comerciante 코메르시안테	mercator 메르카토르	торговец 토르고베츠	ἔμπορος 엠보로스	商人 (あきゅうど) 아큐도	商人 샹런
huésped 우에스페드	conviva 콘비바	гость 고스티	προστάτις 프로스타티스	お客さん (おきゃくさん) 오캬쿠산	客人 커런
ascenso 아스센소	provectio 프로벡치오	продвижение 프로드비제니예	προαγωγή 프로아고게	昇進 (しょうしん) 쇼신	晋升 진성
empleado bancario 엠플레아도 방카리오	mercator argentariae 메르카토르 아르겐타리아이	банковский клерк 방콥스키 클레르크	τραπεζικός υπάλληλος 트라페지코스 이팔렐로스	行員 (こういん) 고인	银行职员 인항즈위안
barbero 바르베로	barbitonsor 바르비톤소르	дамский парикмахер 담스키 파리크마헤르	κομμωτής 코모테스	理髪師 (りはつし) 리하쓰시	理发师 리파스
accionista 악시오니스타	actionarius 악치오나리우스	пайщик 파이시크	μέτοχος 메토코스	株主 (かぶぬし) 가부누시	股东 구둥
mediador 메디아도르	conciliator 콩킬리아토르	посредник 포스레드닉	μεσίτης 메시테스	仲買人 (なかがいにん) 나카가이닌	经纪人 징지런
detective 데텍티베	invesetigator 인베스티가토르	детектив 데텍티프	ντετέκτιβ 데텍티브	探偵 (たんてい) 단테이	侦探 전탄

한국어	영어	독일어	프랑스어	이탈리아어
회계사 (會計士)	accountant 어카운턴트	Wirtschaftsprü- fer 비르츠샤프츠프뤼퍼	comptable 콩타블	revisore aziendale 레비조레 아첸달레
회장 (會長)	president 프레지던트	Präsident 프래지덴트	président 프레지당	presidente 프레시덴테

4-53. 경제 3 : 제품

한국어	영어	독일어	프랑스어	이탈리아어
견본 (見本)	sample 샘플	Muster 무스터	échantillon 에샹티용	campione 캄피오네
모조품 (模造品)	fake 페이크	Fälschung 팰슝	faux 포	falsificazione 팔시피카치오네
내구성 (耐久性)	durability 듀러빌리티	Haltbarkeit 할트바카이트	durabilité 뒤라빌리테	durezza 두레차
디자인	design 디자인	Design 디자인	design 디자인	design 디자인
브랜드	brand 브랜드	Marke 마르케	marque 마르크	marca 마르카
예비 (豫備)	reserve 리저브	Reserve 레제르베	réserve 레제르브	riserva 리세르바
재고 (在庫)	stock 스톡	Vorrat 포어라트	stock 스톡	provvista 프로비스타
제품 (製品)	product 프로덕트	Produkt 푸로둑트	produit 프로뒤이	prodotto 프로도토

스페인어	라틴어	러시아어	그리스어	일본어	중국어
revisor de cuentas 레비소르 데 쿠엔타스	calculator 칼쿨라토르	бухгалтер 부흐갈테르	εφοριακός ελεγκτής 에포리아코스 엘렝테스	会計士 (かいけいし) 가이케시	会计师 콰이지스
presidente 프레시덴테	princeps 프링켑스	президент 프레지덴트	διοικητής 디오이케테스	会長 (かいちょう) 가이초	会长 후이장
muestra 무에스트라	exemplum 엑셈플룸	образец 오브라제츠	δείγμα 데이그마	見本 (みほん) 미혼	样品 양핀
adulteración 아둘테라시온	contrafaco 콘트라파코	подделка 폿델카	πλαστό 플라스토	偽物 (ぎぶつ) 기부쓰	假 자
durabilidad 두라빌리다드	stabilitas 스타빌리타스	надёжность 나됴즈노스티	ανθεκτικότητα 안텍티코테타	耐久性 (たいきゅうせい) 다이큐세이	耐久性 나이주싱
diseño 디세뇨	deformatio 데포르마치오	дизайн 디자인	σχέδιο 스케디오	デザイン 데자인	设计 서지
marca 마르카	nota 노타	марка 마르카	μάρκα 마르카	銘柄 (めいがら) 메이가라	品牌 핀파이
reserva 레세르바	suppletorium 수플레토리움	запас 자파스	απόθεμα 아포테마	予備 (よび) 요비	预备 위베이
existencias 엑시스텐시아스	copia 코피아	склад 스클라트	στοκ 스톡	在庫 (ざいこ) 자이코	库存 쿠춘
producto 프로둑토	productum 프로둑툼	изделие 이즈델리예	γινόμενο 기노메노	製品 (せいひん) 세힌	制品 즈핀

한국어	영어	독일어	프랑스어	이탈리아어
진열 (陳列)	display 디스플레이	Auslage 아우슬라게	étalage 에탈라주	vetrina 베트리나
패션	fashion 패션	Mode 모데	mode 모드	moda 모다
포장 (包裝)	packing 패킹	Packung 파쿵	emballage 앙발라주	impallaggio 임팔라조
품질 (品質)	quality 퀄리티	Qualität 크발리태트	qualité 칼리테	qualità 콸리타
잉여 (剩餘)	surplus 서플러스	Überschuss 위버슈스	surplus 쉬르플뤼	eccedenza 에체덴차

4-54. 경제 4 : 거래

한국어	영어	독일어	프랑스어	이탈리아어
거래 (去來)	trade 트레이드	Handel 한델	commerce 코메르스	commercio 콤메르초
가격 (價格)	price 프라이스	Preis 프라이스	prix 프리	prezzo 프레초
견적 (見積)	estimate 에스티밋	Kostenvoran–schlag 코스텐포어안슐락	devis estimatif 드비세스티마티프	preventivo 프레벤티보
경매 (競賣)	auction 옥션	Auktion 아욱치온	enchére 앙셰르	asta 아스타
계약 (契約)	contract 컨트랙트	Vertrag 페어트락	contrat 콩트라	contratto 콘트라토

스페인어	라틴어	러시아어	그리스어	일본어	중국어
vitrina 비트리나	ostentus 오스텐투스	витри́на 비트리나	βιτρίνα 비트리나	陳列 (ちんれつ) 진레쓰	陈列 천례
moda 모다	ornatus 오르나투스	мода 모다	μόδα 모다	流行り (はやり) 하야리	时装 스좡
guarnición 과르니시온	collyrium 콜리리움	упако́вка 우파콥카	συσκευασία 시스케바시아	包装 (ほうそう) 호소	包装 바오좡
cualidad 쿠알리다드	qualitas 쿠알리타스	сво́йство 스보이스트보	ποιότητα 포이오테타	品質 (ひんしつ) 힌시쓰	品质 핀즈
excedente 엑세덴테	superfluum 수페르플루움	изли́шек 이즐리셰크	περισσεία 페리세이아	余剰 (よじょう) 요조	剩余 성위

스페인어	라틴어	러시아어	그리스어	일본어	중국어
comercio 코메르시오	mercatura 메르카투라	торго́вля 토르고블랴	συναλλαγή 시날라게	取引 (とりひき) 도리히키	交易 자오이
precio 프레시오	pretium 프레치움	цена 체나	τιμή 티메	価格 (かかく) 가카쿠	价格 자거
presupuesto 프레수푸에스토	aestimoatio sumptuum 아이스티마치오 숨프투움	сме́та 스메타	προϋπολογισ– μός δαπάνης 프로이폴로기스모스 다파네스	見積もり (みつもり) 미쓰모리	匡算 쾅쏸
almoneda 알모네다	auctio 아욱치오	аукцио́н 아욱치온	δημοπρασία 데모프라시아	競売 (きょうばい) 교바이	拍卖 파이마이
tratado 트라타도	conditio 콘디치오	до́говор 도고보르	συμφώνησις 심포네시스	契約 (けいやく) 게이야쿠	契约 치웨

한국어	영어	독일어	프랑스어	이탈리아어
공급 (供給)	supply 서플라이	Angebot 안게보트	offre 오프르	offerta 오페르타
구입 (購入)	purchase 퍼처스	Ankauf 안카우프	achat 아샤	compra 콤프라
단가 (單價)	unit price 유닛 프라이스	Stückpreis 슈튁프라이스	prix à l'unite 프리 알뤼니테	prezzo unitario 프레초 우니타리오
덤	free addition 프리 어디션	Zugabe 추가베	supplément 쉬플레망	aggiunta 아준타
도매 (都賣)	wholesale 홀세일	Großhandel 그로스한델	commerce de gros 코메르스 드 그로	commercio all'ingrosso 콤메르초 알린그레소
소매 (小賣)	retail 리테일	Einzelhandel 아인첼한델	commerce de détail 코메르스 드 데타유	commercio al minuto 콤메르초 알 미누토
독점 (獨占)	monopoly 머나펄리	Monopol 모노폴	exclusivité 엑스클뤼지비테	monopolio 모노폴리오
물물교환 (物物交換)	barter 바터	Tauschhandel 타우시한델	troc 트로크	scambio 스캄비오
소비 (消費)	consumption 컨섬션	Verbrauch 페어브라우흐	consommation 콩소마시옹	consumo 콘수모
송장 (送狀)	invoice 인보이스	Rechnung 레히눙	facture 팍튀르	fattura 파투라
수요 (需要)	demand 디맨드	Nachfrage 나흐프라게	demande 드망드	domanda 도만다

스페인어	라틴어	러시아어	그리스어	일본어	중국어
oferta 오페르타	oblatio 오블라치오	снабжéние 스나브제니예	προσφορά 프로스포라	供給 (きょうきゅう) 교큐	供给 궁지
compra 콤프라	emptio 엠프치오	покупка 포쿱카	περιποίησις 페리포이에시스	購入 (こうにゅう) 고뉴	购入 거우루
precio unitario 프레시오 우니타리오	pretium unum 프레치움 우눔	штучная цена 시투치나야 체나	τιμή ανά κομμάτι 티메 아나 코마티	単価 (たんか) 단카	单价 단자
añadidura 아냐디두라	additamentum 아디타멘툼	припуск 프리푸스크	προσθήκη 프로스테케	おまけ 오마케	饶头 라우터우
comercio mayorista 코메르시오 마요리스타	negotiatio 네고치아치오	оптовая торговля 옵토바야 토르고블랴	χοντρεμπόριο 콘드렘보리오	卸し売り (おろしうり) 오로시우리	批发 피파
venta al detalle 벤타 알 데타예	mercatura 메르카투라	рóзничная продáжа 로즈니치나야 프로다자	λιανικό εμπόριο 리아니코 엠보리오	小売リ (こうり) 고우리	零售 링서우
monopolio 모노폴리오	monopolium 모노폴리움	монополия 모노폴리야	μονοπώλιο 모노폴리오	独占 (どくせん) 도쿠센	垄断 룽돤
barata 바라타	cambitas 캄비타스	бартер 바르테르	αντιπραγμα- τισμός 안디프라그마티스모스	物物交換 (ぶつぶつこうかん) 부쓰부쓰고칸	物物交换 우우쟈오환
consumo 콘수모	consumptio 콘숨프치오	потреблéние 포트레블레니예	κατανάλωση 카타날로세	消費 (しょうひ) 쇼히	消费 샤오페이
factura 팍투라	ratio 라치오	расчёт 라스초트	τιμολόγιο 티몰로기오	インヴォイス 인보이스	发票 파퍄오
demanda 데만다	postulatum 포스툴라툼	спрос 스프로스	ζήτηση 제테세	需要 (じゅよう) 주요	需求 수추

한국어	영어	독일어	프랑스어	이탈리아어
수익 (收益)	earning 어닝	Ertrag 에어트락	rendement 랑드망	reddito 레디토
수입 (輸入)	import 임포트	Einfuhr 아인푸어	importation 앵포르타시옹	importazione 임포르타치오네
수출 (輸出)	export 익스포트	Ausfuhr 아우스푸어	exportation 엑스포르타시옹	esportazione 에스포르타치오네
에누리	discount 디스카운트	Rabatt 라바트	rabais 라베	riduzione 리두치오네
영수증 (領收證)	receipt 리시트	Quittung 크비퉁	quittance 키탕스	quietanza 퀴에탄차
외상	credit 크레딧	Kredit 크레디트	crédit 크레디	credito 크레디토
주문 (注文)	order 오더	Bestellung 베슈텔룽	commande 코망드	ordinazione 오르디나치오네
타협 (妥協)	compromise 컴프러마이즈	Kompromiss 콤프로미스	compromis 콩프로미	compromesso 콤프로메소
판매 (販賣)	sale 세일	Verkauf 페어카우프	vente 방트	vendita 벤디타
협상 (協商)	negotiation 니고시에이션	Verhandlung 페어한틀룽	négociation 네고시아시옹	trattativa 트라타티바

스페인어	라틴어	러시아어	그리스어	일본어	중국어
provecho 프로베초	fructus 프룩투스	доход 도호트	ἀμοιβή 아모이베	収益 (しゅうえき) 슈에키	收益 서우이
importación 임포르타시온	importatio 임프르타치오	импорт 임포르트	εισαγωγή 에이사고게	輸入 (ゆにゅう) 유뉴	进口 진커우
exportación 엑스포르타시온	exportatio 엑스포르타치오	экспорт 엑스포르트	εξαγωγή 엑사고게	輸出 (ゆしゅつ) 유슈쓰	出口 추커우
rebaja 레바하	discomputus 디스콤푸투스	скидка 스킷카	ἔκπτωση 엑프토세	割引 (わりびき) 와리비키	谎价 황자
recibo 레시보	acceptum 아켑툼	квитанция 크비탄치야	λύσις 리시스	領収書 (りょうしゅうしょ) 료슈쇼	收据 서우주
crédito 크레디토	creditum 크레디툼	кредит 크레디트	δάνειον 다네이온	掛け (かけ) 가케	赊账 서장
pedido 페디도	mandatum 만다툼	заказ 자카스	ἐπιτροπή 에피트로페	注文 (ちゅうもん) 주몬	预订 위딩
compromiso 콤프로미소	compromissio 콤프로미시오	компромисс 콤프로미스	συμβιβασμός 심비바스모스	妥協 (だきょう) 다쿄	妥协 퉈셰
venta 벤타	venditio 벤디치오	продажа 프로다자	πώληση 폴레세	販売 (はんばい) 한바이	销售 샤오서우
negociación 네고시아시온	disceptatio 디스켑타치오	переговоры 페레고보리	διαπραγμάτευ–ση 디아프라그마테우세	交渉 (こうしょう) 고쇼	协商 셰상

4-55. 경제 5 : 금융/재무

한국어	영어	독일어	프랑스어	이탈리아어
금융 (金融)	finance 파이낸스	Finanz 피난츠	finance 피낭스	finanza 피난차
계좌 (計座)	bank account 뱅크 어카운트	Bankkonto 방크콘토	compte en banque 콩트 앙 방크	conto bancario 콘토 방카리오
결제 (決濟)	settlement 세틀먼트	Begleichung 베글라이훙	règlement 레글르망	pagamento 파가멘토
보증 (保證)	warranty 워런티	Garantie 가란티	garantie 가랑티	garanzia 가란치아
보험 (保險)	insurance 인슈어런스	Versicherung 페어지허룽	assurance 아쉬랑스	assicurazione 아시쿠라치오네
부기 (簿記)	bookkeeping 북키핑	Buchführung 부흐퓌룽	comptabilité 콩파티빌리테	contabilità 콘타빌리타
손실 (損失)	loss 로스	Verlust 페얼루스트	perte 페르트	perdita 페르디타
손해 (損害)	damage 대미지	Schaden 샤덴	dommage 도마주	danno 단노
수지 (收支)	balance 밸런스	Bilanz 빌란츠	bilan 빌랑	bilancio 빌란초
어음	bill 빌	Wechsel 벡셀	traite 트레트	effetto 에페토
은행 (銀行)	bank 뱅크	Bank 방크	banque 방크	banca 방카

스페인어	라틴어	러시아어	그리스어	일본어	중국어
financiacion 피난시아시온	fiscalis 피스칼리스	финáнсы 피난시	χρηματιστικός 크레마티스티코스	金融 (きんゆう) 긴유	金融 진룽
cuenta bancaria 쿠엔타 방카리아	computus argentarius 콤푸투스 아르겐타리우스	банковский счёт 방콥스키 스초트	τραπεζικός λογαριασμός 트라페지코스 로가리아스모스	口座 (こうざ) 고지	账户 장후
pago 파고	conparatio 콘파라치오	расчёт 라스초트	διακανονισ-μός 디아카노니스모스	決済 (けっさい) 겟사이	结清 제칭
garantía 가란티아	satisdatio 사티스다치오	гарáнтия 가란티야	εγγύηση 엥기에세	保証 (ほしょう) 호쇼	保证 바오정
seguro 세구로	assecuratio 아세쿠라치오	страхование 스트라호바니예	ασφάλεια 아스팔레이아	保険 (ほけん) 호켄	保险 바오셴
contabilidad 콘타빌리다드	ratio conficienda 라치오 콘피키엔다	бухгалтерский 부흐갈테르스키	λογιστική 로기스티케	簿記 (ぼき) 보키	记账 지장
pérdida 페르디다	damnum 담눔	потеря 포테랴	ἥττημα 헤테마	損失 (そんしつ) 손시쓰	损失 쏜스
daño 다뇨	kadamitas 카다미타스	недостаток 네도스타토크	μῶμος 모모스	損害 (そんがい) 손가이	损害 쑨하이
balance 발란세	rationum summa 라치오눔 숨마	баланс 발란스	ισολογισμός 이솔로기스모스	収支 (しゅうし) 슈시	收支 서우즈
cambio 캄비오	cartula 카르툴라	вексель 벡셀	συναλλαγματι-κή 시날라그마티케	手形 (てがた) 데가타	票据 퍄오주
banco 방코	argentaria 아르겐타리아	банк 방크	τράπεζα 트라페자	銀行 (ぎんこう) 긴코	銀行 인항

한국어	영어	독일어	프랑스어	이탈리아어
이서 (裏書)	endorsement 인도스먼트	Indossament 인도사멘트	endossement 앙도스망	girata 지라타
이율 (利率)	interest rate 인터레스트 레이트	Zinssatz 친스자츠	taux d'intérêt 토 댕테레	tasso d'interesse 타소 딘테레세
자본 (資本)	capital 캐피틀	Kapital 카피탈	capital 카피탈	capitale 카피탈레
자산 (資産)	assets 애셋	Aktiva 악티바	actif 악티프	attivo 아티보
재산 (財産)	fortune 포춘	Vermögen 페어뫼겐	fortune 포르튄	patrimonio 파트리모니오
적자 (赤字)	deficit 데피싯	Defizit 데피치트	déficit 데피시트	calo 칼로
주식 (株式)	stock 스톡	Aktie 악치에	action 악시옹	azione 아치오네
지출 (支出)	expenditure 익스펜디처	Ausgabe 아우스가베	dépense 데팡스	dispendio 디스펜디오
채권 (債券)	bond 본드	Schuldverschreibung 슐트페어슈라이붕	titre de créance 티트르 드 크레앙스	titolo di debito 티톨로 디 데비토
청구 (請求)	claim 클레임	Anspruch 안슈프루흐	prétention 프레탕시옹	pretesa 프레테사
축적 (蓄積)	accumulation 어큐뮬레이션	Häufung 호이풍	accumulation 아퀴뮐라시옹	accumulazione 아쿠물라치오네

스페인어	라틴어	러시아어	그리스어	일본어	중국어
endoso 엔도소	subscriptiones 숩스크립치오네스	передвижение 페레드비제니예	οπισθογράφη-ση 오피스토그라페세	裏書 (うらがき) 우라가키	背書 베이수
tipo de interés 티포 데 인테레스	ratio usurae 라치오 우수라이	процéнтная стáвка 프로첸트나야 스탑카	επιτόκιο 에피토키오	利率 (りりつ) 리리쓰	利率 리뤼
capital 카피탈	capitale 카피탈레	капитал 카피탈	κεφάλαιο 케팔라이오	資本 (しほん) 시혼	資本 쯔번
activo 악티보	divitiae 디비치아이	активы 악티비	ενεργητικό 에네르게티코	資産 (しさん) 시산	資产 쯔찬
fortuna 포르투나	potentia 포텐치아	богатство 보갓트보	χρῆμα 크레마	財産 (ざいさん) 자이산	財产 차이찬
falta 팔타	lacuna 라쿠나	дефицит 데피치트	ἔλλειμμα 엘레이마	赤字 (あかじ) 아카지	赤字 츠쯔
acción 악시온	sors 소르스	акция 악치야	μετοχή 메토케	株式 (かぶしき) 가부시키	股票 구퍄오
gasto 가스토	expensum 엑스펜숨	расхóд 라스호트	έξοδο 엑소도	支出 (ししゅつ) 시슈쓰	支出 즈추
título de deuda 티툴로 데 데우다	necessitudo 네케시투도	облигáция 오블리가치야	χρεόγραφο 크레오그라포	債券 (さいけん) 사이켄	債券 자이촨
pretensión 프레텐시온	vindiciae 빈디키아이	претензии 프레텐지	ἀλαζονεία 알라조네이아	請求 (せいきゅう) 세이큐	请求 칭추
acumulación 아쿠물라시온	consummatio 콘숨마치오	аккумуляция 아쿠물라치야	σωρεία 소레이아	蓄積 (ちくせき) 지쿠세키	积累 지레이

한국어	영어	독일어	프랑스어	이탈리아어
투자 (投資)	investment 인베스트먼트	Kapitalanlage 카피탈안라게	investissement 앵베스티스망	investimento 인베스티멘토

4-56. 경제 6 : 돈

한국어	영어	독일어	프랑스어	이탈리아어
돈	money 머니	Geld 겔트	argent 아르장	soldi 솔디
지폐 (紙幣)	banknote 뱅크노트	Geldschein 겔트샤인	billet de banque 비예 드 방크	banconota 방코노타
주화 (鑄貨)	coin 코인	Münze 뮌체	pièce de monnaie 피에스 드 모네	moneta 모네타
금고 (金庫)	safe 세이프	Tresor 트레조어	chambre forte 샹브르 포르트	cassaforte 카사포르테
금화 (金貨)	gold coin 골드 코인	Goldmünze 골트뮌체	pièce d'or 피에스 도르	moneta aurea 모네타 아우레아
기금 (基金)	fund 펀드	Fonds 퐁	fonds 퐁	fondo 폰도
보증금 (保證金)	deposit 디포짓	Kaution 카우치온	caution 코시옹	cauzione 카우치오네
비용 (費用)	expense 익스펜스	Spesen 슈페젠	frais 프레	spesa 스페사
수표 (手票)	check 체크	Scheck 셰크	chèque 셰크	assegno 아세뇨

스페인어	라틴어	러시아어	그리스어	일본어	중국어
inversión 인베르시온	additamenti 아디타멘티	инвестиция 인베스티치야	επένδυση 에펜디세	投資 (とうし) 도시	投資 터우쯔
dinero 디네로	pecunia 페쿠니아	де́ньги 뎅기	χρήμα 크레마	お金 (おかね) 오카네	钱 쳰
billete de banco 비예테 데 방코	schedinummus 스케디눔무스	банкнóта 방크노타	χαρτονόμισμα 카르토노미스마	紙幣 (しへい) 시헤이	纸币 즈비
moneda 모네다	nummus 눔무스	монета 모네타	κέρμα 케르마	鋳貨 (ちゅうか) 주카	铸币 주비
caja fuerte 카하 푸에르테	arca ferrea 아르카 페레아	сейф 세이프	χρηματοκιβώ-τιο 크레마토키보티오	金庫 (きんこ) 긴코	保险柜 바오샹구이
moneda de oro 모네다 데 오로	moneta aureus 모네타 아우레우스	золотая монета 졸로타야 모네타	φλουρί 플우리	金貨 (きんか) 긴카	金币 진비
fondo 폰도	crumena 크루메나	фонд 폰트	κεφάλαιο 케팔라이오	基金 (ききん) 기킨	基金 지진
caución 카우시온	depositum 데포지툼	залог 잘로크	ἀρραβών 아라본	保証金 (ほしょうきん) 호쇼킨	押金 야진
gasto 가스토	impensa 임펜사	расходы 라스호디	επαγγελματι-κά έξοδα 에팡겔마티카 엑소다	費用 (ひよう) 히요	费用 페이융
cheque 체케	syngrapha nummaria 싱그라파 눔마리아	чек 체크	επιταγή 에피타게	小切手 (こぎって) 고깃테	支票 즈퍄오

한국어	영어	독일어	프랑스어	이탈리아어
요금 (料金)	charge 차지	Gebühr 게뷔어	taxe 탁스	tassa 타사
용돈	pocket money 포킷 머니	Taschengeld 타셴겔트	argent de poche 아르장 드 포슈	soldi tascabili 솔디 타스카빌리
은화 (銀貨)	silver coin 실버 코인	Silbermünze 질버뮌체	pièce en argent 피에스 앙 아르장	moneta d'argento 모네타 다르젠토
이자 (利子)	interest 인터레스트	Zins 친스	intérêt 앵테레	interesse 인테레세
저금 (貯金)	saving 세이빙	Ersparnis 에어슈파르니스	épargne 에파르뉴	risparmio 리스파르미오
절상 (切上)	appreciation 어프리시에이션	Aufwertung 아우프베르퉁	réévaluation 레에발뤼아시옹	rivalutazione 리발루타치오네
절하 (切下)	depreciation 디프리시에이션	Abwertung 압베르퉁	dévaluation 데발뤼아시옹	svalutazione 즈발루타치오네
외환 (外換)	foreign exchange 포린 익스체인지	Devisen 데비젠	devises 드비즈	divisa 디비자
환율 (換率)	exchange rate 익스체인지 레이트	Wechselkurs 벡셀쿠르스	cours du change 쿠르 뒤 샹주	corso dei cambi 코르소 데이 캄비
지참금 (持參金)	dowry 다우어리	Mitgift 밋기프트	dot 도트	dote 도테
집세 (-貰)	rent 렌트	Miete 미테	loyer 루아예	affitto 아피토

스페인어	라틴어	러시아어	그리스어	일본어	중국어
arancel 아란셀	taxa 탁사	вознаграждение 보즈나그라즈데니예	αιτίωμα 아이티오마	料金 (りょうきん) 료킨	费 페이
dinero para gastos 디네로 파라 가스토스	pecunia sinus 페쿠니아 시누스	карманные деньги 카르만니예 덴기	χαρτζιλίκι 카르칠리키	こづかい 고즈카이	零用钱 링융첸
moneda de plata 모네다 데 플라타	nummus argenteus 눔무스 아르겐테우스	серебряная монéта 세레브랴나야 모네타	άργυρος κέρμα 아르기로스 케르마	銀貨 (ぎんか) 긴카	银币 인비
interés 인테레스	fenus 페누스	процéнты 프로첸티	επιτόκιο 에피토키오	利子 (りし) 리시	利息 리시
ahorro 아오로	compendium 콤펜디움	сбережения 스베레제니야	οικονομία 오이코노미아	貯金 (ちょきん) 조킨	存款 춘콴
revalorización 레발로리사시온	revaloratio 레발로라치오	ревальвация 레발바치야	ανατίμηση 아나티메세	切り上げ (きりあげ) 기리아게	升值 성즈
depreciación 데프레시아시온	devaloratio 데발로라치오	обесцéнивание 오베스체니바니예	υποτίμηση 이포티메세	切り下げ (きりさげ) 기리사게	贬值 벤즈
divisas 디비사스	pecunia externa 페쿠니아 엑스테르나	девúза 데비자	συνάλλαγμα 시날라그마	外国為替 (がいこくかわせ) 가이코쿠카와세	外汇 와이후이
tipo de cambio 티포 데 캄비오	ratio syngraphae 라치오 싱그라파이	валю́тный курс 발류트니 쿠르스	ισοτιμία 이소티미아	為替レート (かわせレート) 가와세레토	汇率 후이뤼
dote 도테	dos 도스	приданое 프리다노예	προίκα 프로이카	持参金 (じさんきん) 지산긴	嫁妆 자좡
alquiler 알킬레르	locarium 로카리움	прокат 프로카트	ενοίκιο 에노이키오	家賃 (やちん) 야친	房租 팡주

한국어	영어	독일어	프랑스어	이탈리아어
통화 (通貨)	currency 커런시	Währung 배룽	devise 드비즈	valuta 발루타
현금 (現金)	cash 캐시	Bargeld 바겔트	argent liquide 아르장 리키드	denaro contante 데나로 콘탄테

4-57. 경제 7 : 경기

한국어	영어	독일어	프랑스어	이탈리아어
발전 (發展)	development 디벨러프먼트	Entwicklung 엔트비클룽	developpement 데블로프망	progresso 프로그레소
성수기 (盛需期)	high season 하이 시즌	Hochsaison 호흐세종	pleine saison 플랭 세종	alta stagione 알타 스타조네
악순환 (惡循環)	vicious circle 비시어스 서클	Teufelskreis 토이펠스크라이스	cercle vicieux 세르클 비시외	circolo vizioso 치르콜로 비초소
전망 (展望)	view 뷰	Aussicht 아우스지히트	vue 뷔	vista 비스타
침체 (沈滯)	stagnation 스테그네이션	Stagnation 슈타그나치온	stagnation 스타그나시옹	stagnazione 스타나치오네
호황 (好況)	boom 붐	Hochkonjunk- tur 호흐콘융투어	boom 붐	alta congiuntura 알타 콘준투라
경기 (景氣)	business cycle 비즈니스 사이클	Konjunktur 콘융투어	conjoncture 콩종튀르	congiuntura 콘준투라

스페인어	라틴어	러시아어	그리스어	일본어	중국어
divisa 디비사	moneta 모네타	валюта 발류타	νόμισμα 노미스마	通貨 (つうか) 쓰카	通貨 퉁훠
dinaro efectivo 디나로 에펙티보	lamina 라미나	наличный 날리치니이	μετρητά 메트레타	現金 (げんきん) 겐킨	現金 셴진

스페인어	라틴어	러시아어	그리스어	일본어	중국어
desarrollo 데사로요	progressio 프로그레시오	развитие 라즈비티예	ανάπτυξη 아납틱세	発展 (はってん) 핫텐	发展 파잔
temporada alta 템포라다 알타	princeps temporum 프링켑스 템포룸	низкий сезон 니즈키 세존	περίοδος αιχμής 페리오도스 아이크메스	最盛期 (さいせいき) 사이세이키	旺季 왕지
círculo vicioso 시르쿨로 비시오소	circulus vitiosus 키르쿨루스 비치오수스	порóчный круг 포로치니 크루크	φαύλος κύκλος 파울로스 키클로스	悪循環 (あくじゅんかん) 아쿠준칸	恶性循环 어싱순환
vista 비스타	conspectus 콘스펙투스	вид 비트	πιθανότητα 피타노테타	展望 (てんぼう) 덴보	展望 잔왕
estancamiento 에스탕카미엔토	situs 시투스	застóй 자스토이	στασιμότητα 스타시모테타	沈滞 (ちんたい) 진타이	停滞 팅즈
auge 아우헤	ascensio 아스켄시오	оживлéние 오지블레니예	οικονομική–άνθηση 오이코노미케안테세	好況 (こうきょう) 고쿄	兴旺 싱왕
ciclo comercial 시클로 코메르시알	negotium cyclum 네고치움 키클룸	экономические циклы 예코노미체스키예 치클	οικονομική δραστηριότητα 이오코노미케 드라스테리오테타	景気 (けいき) 게이키	景气 징치

4-58. 경제 8 : 경제활동 공간

한국어	영어	독일어	프랑스어	이탈리아어
가게	store 스토어	Laden 라덴	boutique 부티크	bottega 보테가
고서점 (古書店)	antiquarian 앤티쿼어리언	Antiquariat 안티크바리아트	librairie d'occasion 리브레리 도카지옹	antiquariato 안티콰리아토
백화점 (百貨店)	department store 디파트먼트 스토어	Kaufhaus 카우프하우스	grand magasin 그랑 마가쟁	grande magazzino 그란데 마가치노
벼룩시장	flea market 플리 마킷	Flohmarkt 플로마르크트	marché aux puces 마르셰 오 퓌스	mercatino dell'usato 메르카티노 델루자토
사무실 (事務室)	office 오피스	Büro 뷔로	bureau 뷔로	ufficio 우피초
서점 (書店)	bookshop 북숍	Buchhandlung 부흐한틀룽	librairie 리브레리	libreria 리브레리아
시장 (市場)	market 마킷	Markt 마르크트	marché 마르셰	mercato 메르카토
유스호스텔	youth hostel 유스 호스텔	Jugendherberge 유겐트헤어베르게	auberge de jeunesse 오베르주 드 죄네스	ostello della gioventù 오스텔로 델라 조벤투
음식점 (飮食店)	restaurant 레스터란트	Gaststätte 가스트슈태테	restaurant 레스토랑	trattoria 트라토리아
전람회 (展覽會)	exhibition 엑시비션	Ausstellung 아우스슈텔룽	exposition 엑스포지시옹	esposizione 에스포지치오네
창고 (倉庫)	warehouse 웨어하우스	Lager 라거	entrepôt 앙트르포	magazzino 마가치노

스페인어	라틴어	러시아어	그리스어	일본어	중국어
tienda 티엔다	copona 코포나	лавка 랍카	ἁρμός 하르모스	店 (たな) 다나	店 뎬
anticuario 안티쿠아리오	antiquarius 안티쿠아리우스	антикварный магазин 안티크바르니 마가진	ἀρχαιολόγος 아르카이올로고스	古本屋 (ふるほんや) 후루혼야	古旧书店 구주수뎬
gran almacén 그란 알마센	pantopolium 판토폴리움	универмаг 우니베르마크	πολυκατάστη-μα 폴리카타스테마	デパート 데파토	百货店 바이훠뎬
mercadillo de viejo 메르카디요 데 비에호	scrutaria 스크루타리아	блошиный рынок 블로시니 리노크	υπαίθριο παζάρι 이파이트리오 파자리	蚤の市 (のみのいち) 노미노이치	跳蚤市场 탸오짜오스창
oficina 오피시나	officium 오피키움	бюро 뷰로	γραφείο 그라페이오	事務室 (じむしつ) 지무시쓰	办公室 반궁스
librería 리브레리아	taberna libraria 타베르나 리브라리아	книжный магазин 크니즈니 마가진	βιβλιοπωλείο 비블리오폴레이오	書店 (しょてん) 쇼텐	书店 수뎬
mercado 메르카도	mercatus 메르카투스	рынок 리노크	ἐμπόριον 엠보리온	市場 (いちば) 이치바	市场 스창
albergue 알베르게	deverticulum iuvenum 데베르티쿨룸 이우베눔	турбаза 투르바자	ξενοδοχείογια νέους 크세노도케이오기아 네우스	ユースホステル 유스호스테루	青年旅社 칭녠뤼서
restaurante 레스타우란테	caupona 카우포나	ресторан 레스토란	ξενοδοχείο φαγητού 크세노도케이오 파게투	飲食店 (いんしょくてん) 인쇼쿠텐	餐厅 찬팅
exposición 엑스포시시온	exhibitio 엑스히비치오	выставка 비스탑카	φαντασία 판다시아	展覧会 (てんらんかい) 덴란카이	展览会 잔란후이
almacen 알마센	cubile 쿠빌레	лагерь 라게리	ἀποθήκη 아포테케	倉庫 (そうこ) 소코	仓库 창쿠

한국어	영어	독일어	프랑스어	이탈리아어
호텔	hotel 호텔	Gasthof 가스트호프	hôtel 오텔	albergo 알베르고

4-59. 국가/행정 1 : 국가

한국어	영어	독일어	프랑스어	이탈리아어
국민 (國民)	nation 내이션	Nation 나치온	nation 나시옹	nazione 나치오네
국가 (國家)	state 스테이트	Staat 슈타트	État 에타	stato 스타토
주민 (住民)	resident 레지던트	Einwohner 아인보너	habitant 아비탕	abitante 아비탄테
인구 (人口)	population 포퓰레이션	Bevölkerung 베푈커룽	population 포퓔라시옹	popolazione 포폴라치오네
수도 (首都)	capital 캐피틀	Hauptstadt 하웁트슈타트	capitale 카피탈	capitale 카피탈레
영토 (領土)	territory 테리터리	Staatsgebiet 슈타츠게비트	territoire 테리투아르	zona 초나
권력 (權力)	power 파워	Macht 마흐트	pouvoir 푸부아르	potere 포테레
권위 (權威)	authority 오소리티	Autorität 아우토리탯	autorité 오토리테	autorità 아우토리타
근대적 (近代的)	modern 모던	modern 모데른	moderne 모데른	moderno 모데르노

스페인어	라틴어	러시아어	그리스어	일본어	중국어
hotel 오텔	deversorium 데베르소리움	отель 오텔	ξενοδοχείο 크세노도케이오	ホテル 호테루	宾馆 빈관
nación 나시온	populus 포풀루스	нация 나치야	ἔθνος 에트노스	国民 (こくみん) 고쿠민	国民 궈민
estado 에스타도	res publica 레스 푸블리카	государство 고수다르스트보	χώρα 코라	国家 (こっか) 곳카	国家 궈자
habitante 아비탄테	incola 인콜라	житель 지텔	κάτοικος 카토이코스	住人 (じゅうにん) 주닌	居民 주민
población 포블라시온	incolae 인콜라이	население 나셀레니예	πληθυσμός 플레티스모스	人口 (じんこう) 진코	人口 런커우
capital 카피탈	caput 카푸트	столица 스톨리차	πρωτεύουσα 프로테부사	首都 (しゅと) 슈토	首都 서우두
territorio 테리토리오	territorium publicum 테리토리움 푸블리쿰	територія 테리토리야	επικράτεια 에피크라테이아	領土 (りょうど) 료도	領土 링투
poderío 포데리오	regnum 레그눔	могущество 모구셰스트보	εξουσία 엑수시아	権力 (けんりょく) 겐료쿠	权力 촨리
autoridad 아우토리다드	auctoritas 아욱토리타스	авторитет 압토리테트	κύρος 키로스	権威 (けんい) 겐이	权威 촨웨이
moderno 모데르노	modernus 모데르누스	модерн 모데른	πρόσφατος 프로스파토스	近代的 (きんだいてき) 긴다이테키	現代的 진다이더

한국어	영어	독일어	프랑스어	이탈리아어
절대적 (絕對的)	absolute 앱솔루트	absolut 압졸루트	absolu 압솔뤼	assoluto 아솔루토
연방 (聯邦)	confederation 컨페더레이션	Bund 분트	confédération 콩페데라시옹	confederazione 콘페데라치오네
국방 (國防)	national defense 내셔널 디펜스	Verteidigung 페어타이디궁	défense nationale 데팡스 나시오날	difesa 디페사
민주주의 (民主主義)	democracy 디마크러시	Demokratie 데모크라티	démocratie 데모크라티	democrazia 데모크라치아
사회주의 (社會主義)	socialism 소셜리즘	Sozialismus 조치알리스무스	socialisme 소시알리슴	socialismo 소치알리즈모
자본주의 (資本主義)	capitalism 캐피털리즘	Kapitalismus 카피탈리스무스	capitalisme 카피탈리슴	capitalismo 카피탈리즈모
인도주의 (人道主義)	humanism 휴머니즘	Humanismus 후마니스무스	humanisme 위마니슴	umanesimo 우마네지모
인권 (人權)	human rights 휴먼 라이트	Menschenrechte 멘셴레히테	droit de l'homme 드루아 들롬	diritti dell'uomo 디리티 델루오모
애국 (愛國)	patriotism 패트리어티즘	Patriotismus 파트리오티스무스	patriotisme 파트리오티슴	patriotismo 파트리오티즈모
국수주의 (國粹主義)	chauvinism 쇼비니즘	Chauvinismus 쇼비니스무스	chauvinisme 쇼비니슴	sciovinismo 쇼비니즈모
무정부주의 (無政府主義)	anarchy 애너키	Anarchie 아나르히	anarchie 아나르시	anarchia 아나르키아

스페인어	라틴어	러시아어	그리스어	일본어	중국어
absoluto 압솔루토	absolutus 압솔루투스	совершéнный 소베르셴니	ὑπερπερισσῶς 히페르페리소스	絶対的 (ぜったいてき) 젯타이테키	绝对的 줴두이더
confederación 콘페데라시온	confederatio 콘페데라치오	союз 소유스	σύνδεσμος 신데스모스	連邦 (れんぽう) 렌포	联邦 롄방
defensa 데펜사	defensio 데펜시오	оборóна 오보로나	άμυνα 아미나	国防 (こくぼう) 고쿠보	国防 궈팡
democracia 데모크라시아	democratia 데모크라치아	демократия 데모크라티야	δημοκρατία 데모크라티아	民主主義 (みんしゅしゅぎ) 민슈슈기	民主主义 민주주이
socialismo 소시알리스모	socialismus 소키알리스무스	социализм 소치알리즘	σοσιαλισμός 소시알리스모스	社会主義 (しゃかいしゅぎ) 샤카이슈기	社会主义 서후이주이
capitalismo 카피탈리스모	capitalismus 카피탈리스무스	капитализм 카피탈리즘	καπιταλισμός 카피탈리스모스	資本主義 (しほんしゅぎ) 시혼슈기	资本主义 쯔번주이
humanismo 우마니스모	humanismus 후마니스무스	гуманúзм 구마니즘	ουμανισμός 우마니스모스	人道主義 (じんどうしゅぎ) 진도슈기	人道主义 런다오주이
derechos humanos 데레초스 우마노스	iura humana 이우라 후마나	права человека 프라바 첼로베카	ανθρώπινο δικαίωμα 안트로피노 디카이오마	人権 (じんけん) 진켄	人权 런촨
patriotismo 파트리오티스모	patriotismus 파트리오티스무스	патриотúзм 파트리오티즘	πατριωτισμός 파트리오티스모스	愛国 (あいこく) 아이코쿠	爱国 아이궈
chauvinismo 차우비니스모	nimius patriae amor 니미우스 파트리아이 아모르	шовинизм 쇼비니즘	σοβινισμός 소비니스모스	国粋主義 (こくすいしゅぎ) 고쿠스이슈기	国粹主义 궈추이주이
anarquía 아나르키아	anarchia 아나르키아	анархия 아나르히야	αναρχία 아나르키아	無政府主義 (むせいふしゅぎ) 무세후슈기	无政府主义 우정푸주이

한국어	영어	독일어	프랑스어	이탈리아어
신권정치 (神權政治)	theocracy 시오크러시	Theokratie 테오크라티	théocratie 테오크라시	teocrazia 테오크라치아
혁명 (革命)	revolution 레벌루션	Revolution 레볼루치온	révolution 레볼뤼시옹	rivoluzione 리볼루치오네
계엄령 (戒嚴令)	martial law 마셜 로	Kriegsrecht 크릭스레히트	cour martiale 쿠르 마르시알	legge marziale 레제 마르찰레
통일 (統一)	unification 유니피케이션	Einheit 아인하이트	unité 위니테	unità 우니타
독립 (獨立)	independence 인디펜던스	Unabhängigkeit 운압행기히카이트	indépendance 앵데팡당스	indipendenza 인디펜덴차
답방 (答訪)	return visit 리턴 비지트	Gegenbesuch 게겐베주흐	rendre sa visite 랑드르 사 비지트	visita di ritorno 비지타 디 리토르노
독재 (獨裁)	dictatorship 딕테이터십	Diktatur 딕타투어	dictature 딕타튀르	dittatura 디타투라
국적 (國籍)	nationality 내셔낼리티	Staatsangehörig-keit 슈타츠안게회리히카이트	nationalité 나시오날리테	cittadinanza 치타디난차
공 (公)	public 퍼블릭	öffentlich 외펜틀리히	publique 퓌블리크	pubblico 푸블리코
사 (私)	private 프라이빗	privat 프리바트	privé 프리베	privato 프리바토

스페인어	라틴어	러시아어	그리스어	일본어	중국어
teocracia 테오크라시아	theocratia 테오크라치아	теократия 테오크라티야	θεοκρατία 테오크라티아	神権政治 (しんけんせいじ) 신켄세이지	神权政治 선촨정즈
revolución 레볼루시온	conversio 콘베르시오	революция 레볼류치야	επανάσταση 에파나스타세	革命 (かくめい) 가쿠메이	革命 거밍
ley marcial 레이 마르시알	ius belli 이우스 벨리	военный трибунал 보옌니 트리부날	δίκαιο του πολέμου 디카이오 투 폴레무	戒厳令 (かいげんれい) 가이겐레이	戒严令 지안링
unidad 우니다드	unitas 우니타스	блок 블로크	ενότης 헤노테스	統一 (とういつ) 도이쓰	统一 퉁이
independencia 인데펜덴시아	independentia 인데펜덴치아	независимость 네자비시모스티	ανεξαρτησία 아넥사르테시아	独立 (どくりつ) 도쿠리쓰	独立 두리
visita de retorno 비시타 데 레토르노	–	обрáтный визит 오브라트니 비지트	αντεπίσκεψη 안데피스켑세	答訪 (とうほう) 도호	答访 다팡
dictatura 딕타투라	dictatura 딕타투라	деспотизм 데스포티즘	δικτατορία 딕타토리아	独裁 (どくさい) 도쿠사이	独裁 두차이
nacionalidad 나시오날리다드	nationalitas 나치오날리타스	гражданство 그라즈단스트보	ιθαγένεια 이타게네이아	国籍 (こくせき) 고쿠세키	国籍 궈지
público 푸블리코	publicus 푸블리쿠스	общéственный 옵셰스트벤니	δημόσιος 데모시오스	公の (おおやけの) 오야케노	公 궁
privado 프리바도	privatus 프리바투스	чáстный 차스트니	κρυφαῖος 크리파이오스	私的 (してき) 시테키	私 쓰

4-60. 국가/행정 2 : 행정

한국어	영어	독일어	프랑스어	이탈리아어
행정 (行政)	administration 어드미니스트레이션	Verwaltung 페어발퉁	administration 아드미니스트라시옹	amministrazione 암미니스트라치오네
정부 (政府)	government 거번먼트	Regierung 레기룽	gouvernement 구베르느망	governo 고베르노
내각 (内閣)	cabinet 캐비닛	Kabinett 카비넷	cabinet 카비네	gabinetto 가비네토
시청 (市廳)	cityhall 시티홀	Rathaus 라트하우스	hôtel de ville 오텔 드 빌	municipio 무니치피오
부(내각) (部)	ministry 미니스트리	Ministerium 미니스테리움	ministère 미니스테르	ministero 미니스테로
재정 (財政)	public finances 퍼블릭 파이낸스	Staatsfinanzen 슈타츠피난첸	finances publiques 피낭스 퓌블리크	finanza pubblica 피난차 푸블리카
예산 (豫算)	budget 버짓	Haushaltsplan 예산	budget 뷔제	bilancio 빌란초
과세 (課稅)	taxation 택세이션	Besteuerung 베슈토이어룽	taxation 탁사시옹	tassazione 타사치오네
세금 (稅金)	tax 택스	Steuer 슈토이어	taxe 탁스	imposta 임포스타
관세 (關稅)	customs duty 커스텀스 듀티	Zoll 촐	douane 두안	dazio 다초
임명 (任命)	appointment 어포인트먼트	Ernennung 에어넨눙	nomination 노미나시옹	nomina 노미나

스페인어	라틴어	러시아어	그리스어	일본어	중국어
administración 아드미니스트라시온	administratio 아드미니스트라치오	правление 프라블레니예	διοίκηση 디오이케세	行政 (ぎょうせい) 교세이	行政 싱정
gobierno 고비에르노	rectio 렉치오	дирекция 디렉치야	κυβέρνηση 키베르네세	政府 (せいふ) 세이후	政府 정푸
gabinete 가비네테	conclave 콘클라베	кабинет 카비네트	υπουργικό συμβούλιο 이푸르기코 심불리오	内閣 (ないかく) 나이카쿠	内阁 네이거
ayuntamiento 아윤타미엔토	curia 쿠리아	ратуша 라투샤	δημαρχείο 데마르케이오	市役所 (しやくしょ) 시야쿠쇼	市政府 스정푸
ministerio 미니스테리오	ministerium 미니스테리움	министерство 미니스테르스트보	υπουργείο 이푸르게이오	省 (しょう) 쇼	部 부
finanzas publicas 피난사스 푸블리카스	–	финансы 피난시	δημοσιονομική 데모시오노미케	財政 (ざいせい) 자이세이	財政 차이정
presupuesto 프레수푸에스토	cura rei familiaris 쿠라 레이 파밀리아리스	бюджет 뷰제트	σχέδιο προϋπολογισμού 스케디오 프로이폴로기스무	予算 (よさん) 요산	预算 위쏸
imposición 임포시시온	censitio 켄시치오	налогообложение 날로고오블로제니예	φορολογία 포롤로기아	課税 (かぜい) 가제이	征税 정수이
impuesto 임푸에스토	vectigal 벡티갈	налог 날로크	φόρος 포로스	税金 (ぜいきん) 제이킨	税 수이
aduana 아두아나	portorium 포르토리움	пошлина 포실리나	δασμός 다스모스	関税 (かんぜい) 간제이	关税 관수이
nombramiento 놈브라미엔토	designatio 데시그나치오	назначение 나즈나체니예	ποίημα 포이에마	任命 (にんめい) 닌메이	任命 런밍

한국어	영어	독일어	프랑스어	이탈리아어
면허 (免許)	licence 라이선스	Lizenz 리첸츠	licence 리상스	licenza 리첸차
특허 (特許)	patent 페이턴트	Patent 파텐트	brevet 브르베	brevetto 브레베토
공익 (公益)	common good 커먼 굿	Gemeinnutz 게마인누츠	utilité publique 위틸리테 퓌블리크	bene komune 베네 코무네
배제 (排除)	exclusion 익스클루즌	Ausschluss 아우스슐루스	exclusion 엑스클뤼지옹	esclusione 에스클루지오네
비밀 (秘密)	secret 시크릿	Geheimnis 게하임니스	secret 스크레	segreto 세그레토
비상 (非常)	emergency 이머전시	Notfall 노트팔	urgence 위르장스	emergenza 에메르겐차
신청 (申請)	application 애플리케이션	Antrag 안트락	requête 르케트	richiesta 리키에스타
임무 (任務)	task 타스크	Aufgabe 아우프가베	tâshe 타슈	compito 콤피토
제약 (制約)	restriction 리스트릭션	Einschränkung 아인슈랭쿵	restriction 레스트릭시옹	restrizione 레스트리치오네
제한 (制限)	limitation 리미테이션	Begrenzung 베그렌충	limitation 리미타시옹	limitazione 리미타치오네
지원 (支援)	support 서포트	Unterstützung 운터슈튀충	secours 스쿠르	appoggio 아포조

스페인어	라틴어	러시아어	그리스어	일본어	중국어
licencia 리센시아	licentia 리켄치아	разрешéние 라즈레셰니에	άδεια 아데이아	免許 (めんきょ) 멘쿄	执照 즈자오
patente 파텐테	codicellus 코디켈루스	патент 파텐트	πατέντα 파텐다	特許 (とっきょ) 돗쿄	专利 좐리
bien común 비엔 코문	bonus publicus 보누스 푸블리쿠스	общая польза 옵샤야 폴자	κοινωφέλεια 코이노펠레이아	公益 (こうえき) 고에키	公益 궁이
exclusión 엑스클루시온	exclusio 엑스클루시오	локаут 로카우트	αποκλεισμός 아포클레이스모스	排除 (はいじょ) 하이조	排除 파이추
secreto 세크레토	secretum 세크레툼	тайна 타이나	μυστήριον 미스테리온	秘密 (ひみつ) 히미쓰	秘密 미미
emergencia 에메르헨시아	exigentia 엑시겐치아	экстренный случай 엑스트렌니 슬루차이	ταλαιπωρία 탈라이포리아	非常 (ひじょう) 히조	紧急 진지
solicitud 솔리시투드	applicatio 아플리카치오	заявлéние 자야블레니에	αίτηση 아이테세	申請 (しんせい) 신세이	申请 선칭
tarea 타레아	cura 쿠라	задача 자다차	ἐπιτροπή 에피트로페	任務 (にんむ) 닌무	任务 런우
restriction 레스트릭시온	cohibitio 코히비치오	ограничéние 오그라니체니에	επιφύλαξη 에피필락세	制約 (せいやく) 세이야쿠	制约 즈웨
limitación 리미타시온	finalitas 피날리타스	предел 프레델	ὁροθεσία 호로테시아	制限 (せいげん) 세이겐	局限 쥐시엔
apoyo 아포요	auxilium 아욱실리움	пособие 포소비예	ἑδραίωμα 헤드라이오마	支援 (しえん) 시엔	支援 즈위안

한국어	영어	독일어	프랑스어	이탈리아어
지정 (指定)	designation 데지그네이션	Designation 데지그나치온	désignation 데지냐시옹	appuntamento 아푼타멘토
지침 (指針)	guideline 가이들라인	Richtlinie 리히틀리니에	directive 디렉티브	direttiva 디레티바
체계 (體系)	system 시스템	System 쥐스템	système 시스템	sistema 시스테마
후원 (後援)	sponsor 스폰서	Mäzen 매첸	sponsor 스퐁소르	sponsor 스폰소르
혁신 (革新)	innovation 이노베이션	Reform 레포름	réforme 레포름	riforma 리포르마
환급 (還給)	refund 리펀드	Rückzahlung 뤽찰룽	remboursement 랑부르스망	rimborso 림보르소
보상 (補償)	indemnity 인뎀니티	Entschädigung 엔트셰디궁	indemnité 앵뎀니테	indennizzo 인덴니초
경고 (警告)	warning 워닝	Warnung 바르눙	avertissement 아베르티스망	avvertimento 아베르티멘토
사면 (赦免)	amnesty 앰니스티	Amnestie 암네스티	amnistie 암니스티	amnistia 암니스티아
할당 (割當)	allocation 앨러케이션	Verteilung 페어타일룽	allocation 알로카시옹	allocazione 알로카치오네
취득 (取得)	acquisition 애퀴지션	Erwerb 에어베르프	acquisition 아키지시옹	acquisto 아퀴스토

스페인어	라틴어	러시아어	그리스어	일본어	중국어
nombramiento 놈브라미엔토	definitio 데피니치오	заглавие 자글라비예	ἀνάδειξη 아나데익세	指定 (してい) 시테이	指定 즈딩
instrucción 인스트룩시온	directivum 디렉티붐	визирная линия 비지르나야 리니야	οδηγία 오데기아	指針 (ししん) 시신	指針 즈전
sistema 시스테마	systema 시스테마	система 시스테마	σύστημα 시스테마	体系 (たいけい) 다이케이	体系 티시
patrocinador 파트로시나도르	compater 콤파테르	поручи́тель 포루치텔	προστάτις 프로스타티스	後援 (こうえん) 고엔	后援 허우위안
reforma 레포르마	renovamen 레노바멘	реформа 레포르마	διόρθωσις 디오르토시스	革新 (かくしん) 가쿠신	革新 거신
reembolso 레엠볼소	reddere 레데레	погашение 포가셰니예	ἀνταπόδομα 안다포도마	還付 (かんぷ) 간푸	返还 판환
indemnización 인뎀니사시온	compensatio 콤펜사치오	компенсация 콤펜사치야	ἀποζημίωσιν 아포제미오세	報償 (ほうしょう) 호쇼	补偿 부창
advertencia 아드베르텐시아	ammonitio 암모니치오	предупрежде́ние 프레두프레즈데니예	προειδοποία-ηση 프로에이도포이에세	警告 (けいこく) 게이코쿠	警告 징가오
amnistía 암니스티아	amnestia 암네스치아	помилование 포밀로바니예	αμνηστία 암네스티아	恩赦 (おんしゃ) 온샤	赦免 서멘
alocación 알로카시온	assignatio 아시그나치오	аллокация 알로카치야	μερισμός 메리스모스	割当 (わりあて) 와리아테	分配 펀페이
adquisición 아드키시시온	acquisitio 아쿠이시치오	приобрете́ние 프리오브레테니예	περιποίησις 페리포이에시스	取得 (しゅとく) 슈토쿠	取得 추더

한국어	영어	독일어	프랑스어	이탈리아어
공증 (公證)	notarization 노터리제이션	Beglaubigung 베글라우비궁	accréditation 아크레디타시옹	autenticazione 아우텐티카치오네
예보 (豫報)	forecast 포어캐스트	Vorhersage 포어헤어자게	prévision 프레비지옹	previsione 프레비지오네
폐기 (廢棄)	abolition 애벌리션	Abschaffung 압샤풍	abolition 아볼리시옹	abolizione 아볼리치오네
청원 (請願)	petition 퍼티션	Petition 페티치온	pétition 페티시옹	petizione 페티치오네
연장 (延長)	prolongation 프럴롱게이션	Verlängerung 페얼랭거룽	prolongation 프롤롱가시옹	prolungamento 프롤룽가멘토
추진 (推進)	propulsion 프로펄션	Antrieb 안트립	propulsion 프로쀨시옹	propulsione 프로풀지오네
개선 (改善)	improvement 임프루브먼트	Verbesserung 페어베서룽	amélioration 아멜리오라시옹	miglioramento 밀리오라멘토

4-61. 국가/행정 3 : 외교

한국어	영어	독일어	프랑스어	이탈리아어
외교 (外交)	diplomacy 디플로머시	Diplomatie 디플로마티	diplomatie 디플로마시	diplomazia 디플로마치아
대사 (大使)	ambassador 앰배서더	Botschafter 보트샤프터	ambassadeur 앙바사되르	ambasciatore 암바샤토레
대사관 (大使館)	embassy 엠버시	Botschaft 보트샤프트	ambassade 앙바사드	ambasciata 암바샤타

스페인어	라틴어	러시아어	그리스어	일본어	중국어
aseveración 아세베라시온	confirmatio 콘피르마치오	легализация 레갈리자치야	ἀποδοχή 아포도케	公証 (こうしょう) 고쇼	公证 궁정
pronóstico 프로노스티코	praedictio 프라이딕치오	предсказывание 프레츠카지바니예	πρόγνωσις 프로그노세	予報 (よほう) 요호	预报 위바오
abolición 아볼리시온	abrogatio 아브로가치오	отмена 오트메나	κατάργηση 카타르게세	廃棄 (はいき) 하이키	废气 페츠
petición 페티시온	exoratio 엑소라치오	петиция 페티치야	ἔντευξις 엔데욱시스	請願 (せいがん) 세이간	请愿 칭위안
elongación 엘롱가시온	elongatio 엘롱가치오	удлинитель 우들리니텔	ἀνακαίνωσις 아나카이노시스	延長 (えんちょう) 엔초	延长 얀창
aguijada 아기하다	calcar 칼카르	привод 프리보트	παρακαλέω 파라칼레오	推進 (すいしん) 스이신	推进 투이진
mejora 메호라	emendatio 에멘다치오	усовершенствование 우사베르센스트보바니예	διόρθωμα 디오르토마	改善 (かいぜん) 가이젠	改善 가이산

스페인어	라틴어	러시아어	그리스어	일본어	중국어
diplomacia 디플로마시아	consilium 콘실리움	дипломатия 디플로마티야	διπλωματία 디플로마티아	外交 (がいこう) 가이코	外交 와이자오
embajador 엠바하도르	legatus 레가투스	посол 포솔	πρεσβευτής 프레스베우테스	大使 (たいし) 다이시	大使 다스
embajada 엠바하다	legatio 레가치오	посольство 포솔스트보	πρεσβεία 프레스비아	大使館 (たいしかん) 다이시칸	大使馆 다스관

한국어	영어	독일어	프랑스어	이탈리아어
공사 (公使)	envoy 엔보이	Gesandte 게잔테	envoyé 앙부아예	inviato 인비아토
총영사 (總領事)	general consul 제너럴 콘설	Generalkonsul 게네랄콘줄	consul général 콩쉴 제네랄	console generale 콘솔레 제네랄레
영사 (領事)	consul 콘설	Konsul 콘줄	consul 콩쉴	console 콘솔레
조약 (條約)	treaty 트리티	Staatsvertrag 슈타츠페어트라크	traité 트레테	tratto 트라토
협정 (協定)	agreement 어그리먼트	Abkommen 압콤멘	accord 아코르	accordo 아코르도
각서 (覺書)	memorandum 메머랜덤	Memorandum 메모란둠	mémorandum 메모랑둠	memorandum 메모란둠
사증 (査證)	visa 비자	Visum 비줌	visa 비자	visto 비스토
원조 (援助)	aid 에이드	Hilfe 힐페	aide 에드	aiuto 아이우토
치외법권 (治外法權)	immunity 이뮤니티	Immunität 임무니탯	immunité 앵뮈니테	immunità 임무니타

4-62. 국가/행정 4 : 공직자

대통령 (大統領)	president 프레진던트	Präsident 프래지덴트	président 프레지당	presidente 프레시덴테

스페인어	라틴어	러시아어	그리스어	일본어	중국어
enviado 엔비아도	apocrisiarius 아포크리시아리우스	посланник 포슬란니크	απεσταλμέ- νος 아페스탈메노스	公使 (こうし) 고시	公使 궁스
cónsul general 콘술 헤네랄	consul generalis 콘술 게네랄리스	генера́льный ко́нсул 게네랄니 콘술	γενικός πρόξενος 게니코스 프록세노스	総領事 (そうりょうじ) 소료지	总领事 쭝링스
cónsul 콘술	consul 콘술	ко́нсул 콘술	ἀνθύπατος 안투파토스	領事 (りょうじ) 료지	領事 링스
tratado 트라타도	foedus 포이두스	пакт 팍트	διακρατική συνθήκη 디아크라티케 신테케	条約 (じょうやく) 조야쿠	条约 탸오위
acuerdo 아쿠에르도	conventus 콘벤투스	догово́р 도고보르	διαθήκη 디아테케	協定 (きょうてい) 교테이	协定 셰딩
memorandum 메모란둠	memorandum 메모란둠	меморандум 메모란둠	υπόμνημα 이폼네마	覚え書き (おぼえがき) 오보에가키	备忘录 베이왕루
visado 비사도	visa 비사	виза 비자	βίζα 비자	査証 (さしょう) 사쇼	签证 쳰정
ayuda 아유다	adiutorium 아디우토리움	по́мощь 포모시	ἐπικουρία 에피쿠리아	援助 (えんじょ) 엔조	援助 위안주
inmunidad 인무니다드	immunitas 임무니타스	иммунитет 임무니테트	ασυλία 아실리아	治外法権 (ちがいほうけん) 지가이호켄	治外法权 즈와이파촨
presidente 프레시덴테	praesidens 프라이시덴스	президент 프레지젠트	πρόεδρος 프로에드로스	大統領 (だいとうりょう) 다이토료	总统 쭝퉁

한국어	영어	독일어	프랑스어	이탈리아어
총리 (總理)	prime minister 프라임 미니스터	Kanzler 칸츨러	premier ministre 프르미에 미니스트르	primo ministro 프리모 미니스트로
장관 (長官)	minister 미니스터	Minister 미니스터	ministre 미니스트르	ministro 미니스트로
시장 (市長)	mayor 메이어	Bürgermeister 뷔르거마이스터	maire 메르	sindaco 신다코
국장 (局長)	director 디렉터	Direktor 디렉토어	directeur 디렉퇴르	direttore 디레토레
관료 (官僚)	bureaucrat 뷰로크랫	Bürokrat 뷔로크라트	bureaucrate 뷔로크라트	burocrate 브로크라테
공무원 (公務員)	civil servant 시빌 서번트	Beamter 베암터	fonctionnaire 퐁시오네르	statale 스타탈레

4-63. 정치/입법

한국어	영어	독일어	프랑스어	이탈리아어
정치 (政治)	politics 폴리틱스	Politik 폴리틱	politique 폴리티크	politica 폴리티카
정당 (政黨)	party 파티	Partei 파르타이	parti 파르티	partito 파르티토
의회 (議會)	parliament 팔러먼트	Parlament 파를라멘트	parlement 파를르망	parlamento 파를라멘토
입법 (立法)	legislation 레지슬레이션	Gesetzgebung 게제츠게붕	législation 레지슬라시옹	legislazione 레지슬라치오네

스페인어	라틴어	러시아어	그리스어	일본어	중국어
primer ministro 프리메르 미니스트로	cancellarius 캉켈라리우스	премьер 프레미예르	πρωθυπουργός 프로티푸르고스	総理大臣 (そうりだいじん) 소리다이진	总理 쫑리
ministro 미니스트로	minister 미니스테르	министр 미니스트르	υπουργός 이푸르고스	大臣 (だいじん) 다이진	长官 장관
alcalde 알칼데	comarchus 코마르쿠스	бургомистр 두르고미스트르	δήμαρχος 데마르코스	市長 (しちょう) 시초	市长 스장
director 디렉토르	director 디렉토르	директор 디렉토르	διευθυντής 디엡틴데스	局長 (きょくちょう) 교쿠초	局长 주장
burócrata 부로크라타	grapheocrates 그라페오크라테스	бюрократ 뷰크라트	γραφειοκράτης 그라피오크라테스	官僚 (かんりょう) 간료	官僚 관랴오
funcionario público 풍시오나리오 푸블리코	apparitor 아파리토르	чиновник 치노브니크	δημόσιος υπάλληλος 데모시오스 이팔렐로스	公務員 (こうむいん) 고무인	公务员 궁우위안

스페인어	라틴어	러시아어	그리스어	일본어	중국어
política 폴리티카	civilitas 키빌리타스	политика 폴리티카	πολιτική 폴리티케	政治 (せいじ) 세이지	政治 정즈
partido 파르티도	pars politicus 파르스 폴리티쿠스	партия 파르티야	κόμμα 코마	政党 (せいとう) 세이토	政党 정당
parlamento 파를라멘토	parlamentum 파를라멘툼	парламент 파를라멘트	κοινοβούλιο 코이노불리오	議会 (ぎかい) 기카이	议会 이후이
legislación 레히슬라시온	legum latio 레굼 라치오	законодательство 자코노다텔스트보	νομοθεσία 노모테시아	立法 (りっぽう) 릿포	立法 리파

한국어	영어	독일어	프랑스어	이탈리아어
의장 (議長)	speaker 스피커	Vorsitzender 포어지첸더	président 프레지당	presidente 프레시덴테
의원 (議員)	congressman 콩그레스맨	Abgeordneter 압게오르트네터	député 데퓌테	deputato 데푸타토
의제 (議題)	agenda 어젠더	Tagesordnung 타게스오르트눙	ordre du jour 오르드르 뒤주르	ordine del giorno 오르디네 델 조르노
대안 (代案)	alternative 올터너티브	Alternative 알테르나티페	alternatif 알테르나티프	alternativa 알테르나티바
반대 (反對)	opposition 오퍼지션	Opposition 오포치온	opposition 오포지시옹	opposizione 오포지치오네
찬성 (贊成)	approval 어프루벌	Billigung 빌리궁	aprobación 아프로바시옹	approvazione 아프로바치오네
법안 (法案)	bill 빌	Gesetzentwurf 게제츠엔트부르프	projet de loi 프로제 들루아	disegno di legge 디세뇨 디 레제
수정 (修正)	amendment 어멘드먼트	Änderung 앤더룽	modification 모디피카시옹	cambiamento 캄비아멘토
합의 (合意)	agreement 어그리먼트	Übereinstim- mung 위버아인슈팀뭉	entente 앙탕트	concordia 콩코르디아
형식 (形式)	form 폼	Form 포름	forme 포름	forma 포르마
절차 (節次)	procedure 프러시저	Prozedur 프로체두어	procédure 프로세뒤르	procedura 프로체두라

스페인어	라틴어	러시아어	그리스어	일본어	중국어
presidente 프레시덴테	dictor 딕토르	председатель 프레체다텔	πρόεδρος 프로에드로스	議長 (ぎちょう) 기초	主席 주시
diputado 디푸타도	legatus 레가투스	член конгрéсса 칠렌 콩그레사	βουλευτής 불레우테스	議員 (ぎいん) 기인	议员 이위안
orden del día 오르덴 델 디아	agenda 아겐다	повестка 포베슷카	ημερήσια διάταξη 에메레시아 디아탁세	議題 (ぎだい) 기다이	议题 이티
alternativa 알테르나티바	alternatio 알테르나치오	альтернатива 알테르나티바	εναλλακτική λύση 에날락티케 리세	代案 (だいあん) 다이안	代案 다이안
oposición 오포시시온	oppositio 오포시치오	оппозиция 오포지치야	ἀντίθεσις 안디테시스	反対 (はんたい) 한타이	反対 판두이
aprobación 아프로바시온	probatio 프로바치오	согласие 소글라시예	ἀποδοχή 아포도케	賛成 (さんせい) 산세이	赞成 짠청
proyecto de ley 프로옉토 델 레이	lex 렉스	законопроéкт 자코노프로옉트	νομοσχέδιο 노모스케디오	法案 (ほうあん) 호안	法案 파안
modificación 모디피카시온	emendatio 에멘다치오	видоизмене́ние 비도이즈메네니예	μετάθεσις 메타테시스	修正 (しゅうせい) 슈세이	纠正 주정
armonía 아르모니아	consensus 콘센수스	согласие 소글라시예	συγκυρία 싱기리아	合意 (ごうい) 고이	一致 이즈
forma 포르마	forma 포르마	образ 오브라스	μόρφωσις 모르포시스	形式 (けいしき) 게이시키	形式 싱스
procedimiento 프로세디미엔토	agendi ratio 아겐디 라치오	процедура 프로체두라	διαδικασία 디아디카시아	手順 (てじゅん) 데준	次序 츠수

한국어	영어	독일어	프랑스어	이탈리아어
공고 (公告)	announcement 어나운스먼트	Bekanntgabe 베칸트가베	proclamation 프로클라마시옹	avviso 아비조
의논 (議論)	discussion 디스커션	Besprechung 베슈프레흥	discussion 디스퀴시옹	colloquio 콜로퀴오
일정 (日程)	timetable 타임테이블	Zeitplan 차이트플란	horaire 오레르	orario 오라리오
결의 (決議)	resolution 레절루션	Resolution 레졸루치온	résolution 레졸뤼시옹	risoluzione 리솔루치오네
정회 (停會)	prorogation 프로러게이션	Vertagung 페어타궁	prorogation 프로로가시옹	rinvio 린비오
부결 (否決)	rejection 리젝션	Ablehnung 아플레눙	refus 르퓌	rifiuto 리피우토
임기 (任期)	term of office 텀 어브 오피스	Amtszeit 암츠차이트	magistrature 마지스트라튀르	periodo di carica 페리오도 디 카리카
조직 (組織)	organization 오거나이제이션	Organisation 오르가니자치온	organisation 오르가니자시옹	organizzazione 오르가니차치오네
탄핵 (彈劾)	impeachment 임피치먼트	Anklage 안클라게	accusation 아퀴자시옹	accusa 아쿠자
선거 (選擧)	election 일렉션	Wahl 발	élection 엘렉시옹	elezione 엘레치오네
투표 (投票)	vote 보트	Abstimmung 압슈팀뭉	vote 보트	votazione 보타치오네

스페인어	라틴어	러시아어	그리스어	일본어	중국어
aviso 아비소	praedicatio 프라이디카치오	весть 베스티	φανέρωσις 파네로시스	公告 (こうこく) 고코쿠	公告 궁가오
conferencia 콘페렌시아	consilium 콘실리움	обсуждéние 옵수즈데니예	ἀπάντησις 아판데시스	議論 (ぎろん) 기론	商量 샹량
horario 오라리오	horarius 호라리우스	расписание 라스피사니예	δρομολόγιο 드로몰로기오	日程 (にってい) 닛테이	日程 르청
resolución 레솔루시온	resolutio 레솔루치오	резолюция 레졸류치야	ψήφισμα 프세피스마	決議 (けつぎ) 게쓰기	決议 줴이
aplazamiento 아플라사미엔토	procrastinatio 프로크라스티나치오	перенесéние 페레네세니예	αναβολή 아나볼레	停会 (ていかい) 데이카이	休会 슈후이
rechazo 레차소	repudiatio 레푸디아치오	откáз 옷카스	ἀντιλογία 안딜로기아	否決 (ひけつ) 히케쓰	否决 퍼우줴
duración del cargo 두라시온 델 카르고	spatium offici 스파티움 오피키	время службы 브레먀 슬루즈비	θητεία 테테이아	任期 (にんき) 닌키	任期 런치
organización 오르가니사시온	organisatio 오르가니사치오	организация 오르가니자치야	οργανισμός 오르가니스모스	組織 (そしき) 소시키	组织 주즈
acusación 아쿠사시온	accusatio 아쿠사치오	обвинение 오브비네니예	αἰτίωμα 아이티오마	弾劾 (だんがい) 단가이	弹劾 탄허
elección 엘렉시온	electio 엘렉치오	выбор 비보르	επιλογή 에필로게	選挙 (せんきょ) 센쿄	选举 쉰주
votación 보타시온	votum 보툼	голосование 골로소바니예	καταλλαγή 카탈라게	投票 (とうひょう) 도효	投票 터우퍄오

한국어	영어	독일어	프랑스어	이탈리아어
유권자 (有權者)	electorate 일렉터럿	Wähler 밸러	électeur 엘렉퇴르	elettore 엘레토레
후보 (候補)	candidate 캔디덧	Kandidat 칸디다트	candidat 캉디다	candidato 칸디다토
입후보 (立候補)	candidacy 캔디더시	Kandidatur 칸디다투어	candidature 캉디다튀르	candidatura 칸디다투라
보궐선거 (補闕選擧)	by-election 바이일렉션	Nachwahl 나흐발	élection partielle 엘렉시옹 파르시엘	elezione suppletiva 엘레초네 수플레티바
평의회 (評議會)	council 카운슬	Rat 라트	conseil 콩세유	consiglio 콘실리오

4-64. 사법/법률

헌법 (憲法)	constitution 컨스티튜션	Verfassung 페어파숭	constitution 콩스티튀시옹	costituzione 코스티투치오네
전문 (前文)	preamble 프리앰블	Präambel 프래암벨	préambule 프레암뷜	preambolo 프레암볼로
법 (法)	law 로	Gesetz 게제츠	loi 루아	legge 레제
명령 (命令)	order 오더	Befehl 베펠	ordre 오르드르	ordine 오르디네
규범 (規範)	norm 노엄	Norm 노름	norme 노름	regola 레골라

스페인어	라틴어	러시아어	그리스어	일본어	중국어
elector 엘렉토르	elector 엘렉토르	выборщик 비보르시크	ψηφοφόρος 프세포포로스	有権者 (ゆうけんしゃ) 유켄샤	选民 쉰민
candidato 칸디다토	petitor 페티토르	ходатайствую- щий 호다타이스트부유시	υποψήφιος 이폽세피오스	候補 (こうほ) 고호	候补 허우부
candidatura 칸디다투라	candidatus 칸디다투스	кандидатура 칸디다투라	υποψηφιότη- τα 이폽세피오테타	立候補 (りっこうほ) 릿코호	候选 허우쉰
elección parcial 엘렉시온 파르시알	subrogatio 수브로가치오	дополнитель- ные выборы 도폴니텔니예 비보리	επαναληπτι- κές εκλογές 에파날렙티케스 에클로게스	補欠選挙 (ほけつせんきょ) 호케쓰센쿄	补选 부쉰
consejo 콘세호	concilium 콩킬리움	совет 소베트	συνέδριον 시네드리온	評議会 (ひょうぎかい) 효기카이	评议会 핑이후이

스페인어	라틴어	러시아어	그리스어	일본어	중국어
constitución 콘스티투시온	constitutio 콘스티투치오	конституция 콘스치투치야	σύνταγμα 신다그마	憲法 (けんぽう) 겐포	宪法 셴파
preámbulo 프레암불로	preambulum 프레암불룸	преамбула 프레암불라	προοίμιο 프로오이미오	前文 (ぜんぶん) 젠분	序言 수옌
ley 레이	jus 이우스	закон 자콘	νόμος 노모스	法 (ほう) 호	法 파
orden 오르덴	imperatum 임페라툼	командование 코만도바니예	επιταγή 에피타게	命令 (めいれい) 메이레이	命令 밍링
reglamento 레글라멘토	norma 노르마	норма 노르마	κανών 카논	規範 (きはん) 기한	规范 구이판

한국어	영어	독일어	프랑스어	이탈리아어
형법 (刑法)	criminal law 크리미늘 로	Strafrecht 슈트라프레히트	droit pénal 드루아 페날	diritto penale 디리토 페날레
민법 (民法)	civil law 시빌 로	Zivilrecht 치빌레히트	droit civil 드루아 시빌	diritto civile 디리토 치빌레
권리 (權利)	right 라이트	Recht 레히트	droit 드루아	diritto 디리토
특권 (特權)	privilege 프리빌리지	Privileg 프리빌레크	privilège 프리빌레주	privilegio 프리빌레조
의무 (義務)	duty 듀티	Pflicht 플리히트	devoir 드부아르	dovere 도베레
법원 (法院)	courthouse 코트하우스	Gerichtshof 게리히츠호프	cour 쿠르	corte di giustizia 코르테 디 주스티차
판결 (判決)	judgement 저지먼트	Urteil 우어타일	jugement 쥐즈망	giudizio 주디초
판사 (判事)	judge 저지	Richter 리히터	juge 쥐주	giudice 주디체
배심원 (陪審員)	juror 주어러	Geschworener 게슈보레너	juré 쥐레	giurato 주라토
변호사 (辯護士)	attorney 어토니	Rechtsanwalt 레히츠안발트	avocat 아보카	avvocato 아보카토
원고 (原告)	plaintiff 플레인티프	Ankläger 안클래거	accusateur 아퀴자퇴르	accusatore 아쿠자토레

스페인어	라틴어	러시아어	그리스어	일본어	중국어
derecho penal 데레초 페날	ius criminale 이우스 크리미날레	уголо́вное пра́во 우골로브노예 프라보	ποινικό δίκαιο 포이니코 디카이오	刑法 (けいほう) 게이호	刑法 싱파
derecho civil 데레초 시빌	ius civile 이우스 키빌레	гражда́нское пра́во 그라즈단스코예 프라보	αστικό δίκαιο 아스티코 디카이오	民法 (みんぽう) 민포	民法 민파
derecho 데레초	iura 이우라	пра́во 프라보	δικαίωμα 디카이오마	権利 (けんり) 겐리	权利 촨리
privilegio 프리빌레히오	privilegium 프리빌레기움	прерогати́ва 프레로가티바	προνόμιο 프로노미오	特権 (とっけん) 돗켄	特权 터촨
deber 데베르	officium 오피키움	обя́занность 오뱌잔노스티	αιτίωμα 아이티오마	義務 (ぎむ) 기무	义务 이우
tribunal 트리부날	tribunal 트리부날	суд 수트	δικαστήριο 디카스테리오	裁判所 (さいばんしょ) 사이반쇼	法院 파위안
sentencia 센텐시아	iudicium 이우디키움	пригово́р 프리고보르	ἀπόκριμα 아포크리마	判決 (はんけつ) 한케쓰	判决 판줴
juez 후에스	judex 이우덱스	судья́ 수디야	κριτής 크립테스	判事 (はんじ) 한지	审判员 선판위안
jurado 후라도	recognitor 레코그니토르	суде́бный заседа́тель 수데브니 자세다텔	ένορκος 에노르코스	陪審員 (ばいしんいん) 바이신인	陪审员 페이선위안
abogado 아보가도	attornatus 아토르나투스	юриско́нсульт 유리스콘술트	νομικός 노미코스	弁護士 (べんごし) 벤고시	律师 뤼스
demandante 데만단테	accusator 아쿠사토르	исте́ц 이스테츠	κατήγορος 카테고로스	原告 (げんこく) 겐코쿠	原告 위안가오

한국어	영어	독일어	프랑스어	이탈리아어
피고 (被告)	defendant 디펜던트	Angeklagte 안게클락테	accusé 아퀴제	convenuto 콘베누토
증인 (證人)	witness 위트니스	Zeuge 초이게	témoin 테무앵	testimone 테스티모네
증언 (證言)	testimony 테스티머니	Zeugenaussage 초이겐아우스자게	déposition 데포지시옹	testimonianza 테스티모니안차
증거 (證據)	evidence 에비던스	Beweis 베바이스	preuve 프뢰브	prova 프로바
판례 (判例)	precedent 프레시던트	Präzedenzfall 프레체덴츠팔	précédent 프레세당	predente 프레덴테
합법성 (合法性)	legitimacy 리지티머시	Rechtmäßigkeit 레히트매시히카이트	légalité 레갈리테	legalità 레갈리타
죄 (罪)	sin 신	Sünde 쥔데	péché 페셰	peccato 페카토
위자료 (慰藉料)	compensation 컴펜세이션	Kompensation 콤펜자치온	compensation 콩팡사시옹	compensazione 콤펜사치오네
보석금 (保釋金)	bail 베일	Kaution 카우치온	caution 코시옹	cauzione 카우치오네
교정 (矯正)	correction 커렉션	Korrekur 코렉투어	correction 코렉시옹	correzione 코레치오네
비리 (非理)	corruption 커럽션	Korruption 코룹치온	corruption 코륍시옹	corruzione 코루치오네

스페인어	라틴어	러시아어	그리스어	일본어	중국어
acusado 아쿠사도	defensor 데펜소르	ответчик 오트베치크	κατηγορούμενος 카테고루메노스	被告 (ひこく) 히코쿠	被告 베이가오
testigo 테스티고	testis 테스티스	свидетель 스비데텔	μάρτυς 마르티스	証人 (しょうにん) 쇼닌	证人 정런
testimonio 테스티모니오	testimonium 테스티모니움	показание 포카자니예	ἔνδειγμα 엔데이그마	証言 (しょうげん) 쇼겐	证言 정옌
prueba 프루에바	evidentia 에비덴치아	доказательство 도카자텔스트보	ἔνδειξις 엔데익시스	証拠 (しょうこ) 쇼코	证据 정주
precedente 프레세덴테	praejudicium 프라이우디키움	прецедент 프레체덴트	προηγούμενο 프로에구메노	判例 (はんれい) 한레이	判例 판리
legitimidad 레히티미다드	legitimitas 레기티미타스	законность 자콘노스티	νομιμότητα 노미모테타	合法性 (ごうほうせい) 고호세이	合法性 허파싱
pecado 페카도	crimen 크리멘	проступок 프로스투포크	ἁμαρτία 하마르티아	罪 (ざい) 자이	罪 쭈이
compensación 콤펜사시온	pensitatio 펜시타치오	компенсацию 콤펜사치유	συμψηφισμός 심브세피스모스	慰謝料 (いしゃりょう) 이샤료	赔偿金 페이창진
caución 카우시온	cautio 카우치오	залог 잘로크	ἀσφάλεια 아스팔레이아	保釈金 (ほしゃくきん) 호샤쿠킨	保释 바오스
corrección 코렉시온	correctio 코렉치오	корректура 코렉투라	διόρθωσῃ 디오르토세	矯正 (きょうせい) 교세	校对 자오두이
soborno 소보르노	corruptela 코룹텔라	коррупция 코룹치야	μιασμός 미아스모스	非理 (ひり) 히리	腐败 푸바이

한국어	영어	독일어	프랑스어	이탈리아어
검사 (檢事)	prosecutor 프로시큐터	Staatsanwalt 슈타츠안발트	procureur 프로퀴뢰르	procuratore 프로쿠라토레

4-65. 경찰/소방

한국어	영어	독일어	프랑스어	이탈리아어
경찰 (警察)	police 폴리스	Polizei 폴리차이	police 폴리스	polizia 폴리치아
경찰관	policeman 폴리스먼	Polizeibeamter 폴리차이베암터	agent de police 아장 드 폴리스	funzionario di polizia 푼초나리오 디 폴리치아
보안 (保安)	security 시큐리티	Sicherheit 지혀하이트	sécurité 세퀴리테	sicurezza 시쿠레차
사건 (事件)	event 이벤트	Ereignis 에어아이크니스	événement 에베느망	evenienza 에베니엔차
알리바이	alibi 앨리바이	Alibi 알리비	alibi 알리비	alibi 알리비
경보 (警報)	alarm 얼람	Alarm 알라름	alarme 알라름	allarme 알라르메
실마리	clue 클루	Anhaltpunkt 안할츠풍트	point de repére 푸앵 드 르페르	punto d'appoggio 푼토 다포조
수갑 (手匣)	handcuffs 핸드커프	Handschellen 한트셸렌	menottes 므노트	manette 마네테
최루가스	tear gas 티어 개스	Tränengas 트래넨가스	gaz lacrymogène 가즈 라크리모젠	gas lacrimogeno 가스 라크리모제노

스페인어	라틴어	러시아어	그리스어	일본어	중국어
acusador 아쿠사도르	persecutor 페르세쿠토르	адвокат- фискал 아드보카트-피스칼	εισαγγελέας 에이상겔레아스	検事 (けんじ) 겐지	検察官 젠차관
policía 폴리시아	metuitos 메투이토스	полиция 폴리치야	αστυνομία 아스티노미아	警察 (けいさつ) 게이사쓰	警察 징차
funcionario de policía 풍시오나리오 데 폴리시아	denuntiator 데눈치아토르	милиционéр 밀리치오네르	αστυνομικός υπάλληλος 아스티노미코스 이팔렐로스	警官 (けいかん) 게이칸	警官 징관
seguridad 세구리다드	securitas 세쿠리타스	безопасность 베조파스노스티	ἀσφάλεια 아스팔레이아	保安 (ほあん) 호안	保安 바오안
acaecimento 아카에시멘토	eventum 에벤툼	событие 소비티예	περιστατικό 페리스타티코	事件 (じけん) 지켄	事件 스젠
coartada 코아르타다	alibi 알리비	алиби 알리비	ἄλλοθι 알로티	不在証明 (ふざいしょうめい) 후자이쇼메이	辯解 벤제
alarma 알라르마	formido 포르미도	тревога 트레보가	συναγερμός 시나게르모스	警報 (けいほう) 게이호	警报 징바오
indicio 인디시오	indicium 인디키움	ключ 클류치	ὁδηγέω 호데게오	緒 (いとぐち) 이토구치	线索 셴쒀
esposas 에스포사스	manica 마니카	наручники 나루치니키	χειροπέδες 케이로페데스	手錠 (てじょう) 데조	手铐 서우카오
gas lacrimógeno 가스 라크리모헤노	gasum lacrimosum 가슴 라크리모숨	слезоточивый газ 슬레조토치비 가스	δακρυγόνο 다크리고노	催涙ガス (さいるいガス) 사이루이 가스	催泪弹 추이레이단

한국어	영어	독일어	프랑스어	이탈리아어
바리케이드	barricade 배리케이드	Barrikade 바리카데	barricade 바리카드	barricata 바리카타
소방차 (消防車)	fire engine 파이어 엔진	Feuerwehrauto 포이어베어아우토	véhicule d'extinction 베이퀼 덱스탱시옹	autopompa antincendi 아우토폼파 안틴첸디
소화기 (消火器)	fire extinguisher 파이어 익스팅귀셔	Feuerlöscher 포이얼뢰셔	extincteur 엑스탱퇴르	estintore 에스틴토레
소방대 (消防隊)	fire brigade 파이어 브리게이드	Feuerwehr 포이어베어	pompiers 퐁피에	pompieri 폼피에리
몽둥이	cudgel 커절	Knüppel 크뉘펠	matraque 마트라크	manganello 망가넬로

4-66. 군대 일반

한국어	영어	독일어	프랑스어	이탈리아어
군대 (軍隊)	military 밀리터리	Militär 밀리태르	militaire 밀리테르	militare 밀리타레
공군 (空軍)	air force 에어 포스	Luftwaffe 루프트바페	armée de l'air 아르메 들레르	forze dell'aria 포르체 델라리아
육군 (陸軍)	army 아미	Heer 헤어	armée 아르메	esercito 에제르치토
해군 (海軍)	navy 네이비	Marine 마리네	marine 마린	forze navali 포르체 나발리
해병 (海兵)	marine 머린	Marineinfante-rist 마리네인판테리스트	fusilier marine 퓌질리에 마린	marine 마리네

스페인어	라틴어	러시아어	그리스어	일본어	중국어
barricada 바리카다	concaedes 콩카이데스	баррикада 바리카다	οδοφράγματα 오도프라그마타	バリケード 바리케도	路障 루장
coche de bomberos 코체 데 봄베로스	autoraeda incendiariae 아우트라이다 인켄디아리아이	пожарная машина 포자르나야 마시나	πυροσβεστικό όχημα 피로스베스티코 오케마	消防車 (しょうぼうしゃ) 쇼보샤	消防车 샤오팡처
extintor de encendios 엑스틴토르 데 엔센디오스	extinctorium 엑스팅토리움	огнетушитель 오그네투시텔	πυροσβεστή-ρας 피로스베스테라스	消火器 (しょうかき) 쇼카키	灭火器 몌훠치
bomberos 봄베로스	vigiles 비길레스	пожарная команда 포자르나야 코만다	πυροσβεστική υπηρεσία 피로스베스티케 이페레시아	消防隊 (しょうぼうたい) 쇼보타이	消防队 샤오팡두이
porra 포라	caia 카이아	дубинка 두빈카	ρόπαλο 로팔로	棒 (ぼう) 보	棍 군
fuerza 푸에르사	militaris 밀리타리스	войска́ 보이스카	ένοπλες δυνάμεις 에노플레스 디나메이스	軍事 (ぐんじ) 군지	军队 준두이
arma aérea 아르마 아에레아	exercitus caelorum 엑세르키투스 카일로룸	военно-воздушные силы 보옌노 보즈두시니예 실리	πολεμική αεροπορία 폴레미케 아에로포리아	空軍 (くうぐん) 구군	空军 쿵준
ejército 에헤르시토	exercitus 엑세르키투스	армия 아르미야	στρατιά 스트라티아	陸軍 (りくぐん) 리쿠군	陆军 루준
armada 아르마다	classis marinus 클라시스 마리누스	военно-морские 보옌노 모르스키예	ναυτικό 나우티코	海軍 (かいぐん) 가이군	海军 하이준
marina 마리나	marinus 마리누스	морской пехотинец 모르스코이 페호티네츠	πεζοναύτης 페조나우테스	陸戦隊 (りくせんたい) 리쿠센타이	水兵 수이빙

한국어	영어	독일어	프랑스어	이탈리아어
군비 (軍備)	armament 아머먼트	Aufrüstung 아우프뤼스퉁	armement 아르므망	armamento 아르마멘토
정전 (停戰)	armistice 아미스티스	Waffenstillstand 바펜슈틸슈탄트	armistice 아르미스티스	armistizio 아르미스티초
공격 (攻擊)	attack 어택	Angriff 안그리프	attaque 아타크	attacco 아타코
전투 (戰鬪)	battle 배틀	Schlacht 슐라흐트	bataille 바타유	battaglia 바탈리아
봉쇄 (封鎖)	blockade 블로케이드	Blockade 블로카데	blocus 블로퀴스	blocco 블로코
정복 (征服)	conquest 콩퀘스트	Eroberung 에어오버룽	conquête 콩케트	conquista 콩퀴스타
군축 (軍縮)	disarmament 디사머먼트	Abrüstung 아프뤼스퉁	désarmement 데자르므망	disarmo 디자르모
철수 (撤收)	evacuation 이배큐에이션	Evakuierung 에바쿠이어룽	évacuation 에바퀴아시옹	evacuazione 에바쿠아치오네
내전 (內戰)	civil war 시빌 워	Bürgerkrieg 뷔르거크리크	guerre civile 게르 시빌	guerra civile 구에라 치빌레
냉전 (冷戰)	cold war 콜드 워	kalter Krieg 칼터 크리크	guerre froide 게르 프루아드	guerra fredda 구에라 프레다
전쟁 (戰爭)	war 워	Krieg 크리크	guerre 게르	guerra 구에라

스페인어	라틴어	러시아어	그리스어	일본어	중국어
armamento 아르마멘토	armamenta 아르마멘타	перевооруже́ние 페레보오루제니예	εξοπλισμός 엑스플리스모스	軍備 (ぐんび) 군비	军备 쥰베이
armisticio 아르미스티시오	indutia 인두치아	переми́рие 페레미리예	ανακωχή 아니코케	停戰 (ていせん) 데이센	停战 팅잔
asalto 아살토	aggressio 아그레시오	атака 아타카	ἐπίθεσις 에피테시스	攻擊 (こうげき) 고게키	攻击 궁지
batalla 바타야	pugna 푸그나	би́тва 비트바	μάχη 마케	戰鬪 (せんとう) 센토	战斗 잔더우
bloqueo 블로케오	obsidialis 옵시디알리스	блокада 블로카다	αποκλεισμός 아포클레이스모스	封鎖 (ふうさ) 후사	封锁 펑쒀
conquista 콩키스타	captivitas 캅티비타스	завоевание 자보예바니예	κατάκτηση 카탁테세	征服 (せいふく) 세이후쿠	征服 정푸
desarme 데사르메	armorum imminutio 아르모룸 임미누치오	разоруже́ние 라조루제니예	αφοπλισμός 아포플리스모스	軍縮 (ぐんしゅく) 군슈쿠	裁军 차이쥰
desalojamiento 데살로하미엔토	vacuefacere 바쿠이파케레	эвакуа́ция 예바쿠아치야	εκκένωση 에케노세	立ち退き (たちのき) 다치노키	撤退 처투이
guerra civil 게라 시빌	bellum civilis 벨룸 키빌리스	гражданская война 그라즈단스카야 보이나	εμφύλιος πόλεμος 엠필리오스 폴레모스	内戰 (ないせん) 나이센	内战 네이잔
guerra fría 게라 프리아	bellum frigidum 벨룸 프리기둠	холо́дная война 홀로드나야 보이나	ψυχρός πόλεμος 프시크로스 폴레모스	冷戰 (れいせん) 레이센	冷战 렁잔
guerra 게라	bellum 벨룸	война 보이나	πόλεμος 폴레모스	戰爭 (せんそう) 센소	战争 잔정

한국어	영어	독일어	프랑스어	이탈리아어
패권 (覇權)	hegemony 히게머니	Hegemonie 헤게모니	hégémonie 에게모니	dominanza 도미난차
전역 (轉役)	discharge 디스차지	Entlassung 엔틀라숭	licenciement 리상시망	licenziamento 리첸치아멘토
암호 (暗號)	password 패스워드	Kennwort 켄보르트	mot de passe 모드파스	sigla 시글라
침투 (浸透)	infiltration 인필트레이션	Eindringung 아인드링궁	noyautage 누아요타주	penetrazione 페네트라치오네
돌파구 (突破口)	breakthrough 브레이크스루	Durchbruch 두르히브루흐	percée 페르세	breccia 브레차
점령 (占領)	occupation 오큐페이션	Besetzung 베제충	occupation 오퀴파시옹	occupazione 오쿠파치오네
작전 (作戰)	operation 아퍼레이션	Operation 오페라치온	opération 오페라시옹	operazione 오페라치오네
전략 (戰略)	strategy 스트래티지	Strategie 슈트라테기	stratégie 스트라테지	strategia 스트라테자
전술 (戰術)	tactics 택틱스	Taktik 탁틱	tactique 탁티크	tattica 타티카
사격 (射擊)	firing 파이어링	Abfeuern 압포이어른	feu 푀	sparatoria 스파라토리아
차려!	attention 어텐션	Achtung 아흐퉁	attention 아탕시옹	attenzione 아텐치오네

스페인어	라틴어	러시아어	그리스어	일본어	중국어
hegemonía 에헤모니아	principatus 프링키파투스	гегемония 게게모니야	ηγεμονία 에게모니아	覇権 (はけん) 하켄	霸权 바촨
despido 데스피도	dimissio 디미시오	снятие с должности 스냐티예 스 돌즈노스티	απόλυση 아폴리세	転役 (てんえき) 덴에키	战役 잔이
contraseña 콘트라세냐	tessera 테세라	пароль 파롤	κώδικας 코디카스	合い言葉 (あいことば) 아이코토바	密码 미마
penetración 페네트라시온	infiltratio 인필트라치오	просачивание 프로사치바니예	εμβάθυνση 엠바틴세	潜入 (せんにゅう) 센뉴	渗透 선터우
amanecer 아마네세르	perrumpere 페룸페레	пролом 프롤롬	άνοιξις 아노익시스	突破口 (とっぱこう) 돗파코	突破口 투포커우
ocupación 오쿠파시온	occupatio 오쿠파치오	оккупация 오쿠파치야	κατάληψη 카탈렙세	占領 (せんりょう) 센료	占领 잔링
operación 오페라시온	operatio 오페라치오	операция 오페라치야	επιχείρηση 에피케이레세	作戦 (さくせん) 사쿠센	作战 쭤잔
estrategia 에스트라테히아	ratio strategica 라치오 스트라테기카	стратегия 스트라테기야	στρατηγική 스트라테기케	戦略 (せんりゃく) 센랴쿠	战略 잔뤠
táctica 탁티카	artificium 아르티피키움	тактика 탁티카	τακτική 탁티케	戦術 (せんじゅつ) 센주쓰	战术 잔수
disparo 디스파로	incensio 잉켄시오	стрельба 스트렐바	εκπυρσοκρό-τηση 엑피르소크로테세	発射 (はっしゃ) 핫샤	射击 서지
atención 아텐시온	observatio 옵세르바치오	внимание 브니마니예	προσοχή 프로소케	気を付け (きをつけ) 기오쓰케	请注意 칭주이

한국어	영어	독일어	프랑스어	이탈리아어
훈련 (訓練)	drill 드릴	Drill 드릴	exercice 에그제르시스	esercitazione 에제르치타치오네
야영 (野營)	camping 캠핑	camping 캠핑	camping 캉핑	campeggio 캄페조
행진 (行進)	march 마치	Marsch 마르슈	marche 마르슈	marcia 마르차
열병 (閱兵)	parade 퍼레이드	Parade 파라데	parade 파라드	parata 파라타
충성 (忠誠)	loyalty 로열티	Loyaliät 로얄리탯	loyauté 루아요테	lealtà 레알타
복종 (服從)	obedience 어비디언스	Gehorsam 게호르잠	obéissance 오베이상스	obbedienza 오베디엔차
긴장 (緊張)	tension 텐션	Spannung 슈판눙	tension 탕시옹	tensione 텐시오네

4-67. 군대 1 : 부대

한국어	영어	독일어	프랑스어	이탈리아어
군단 (軍團)	corps 코어	Korps 코어	corps d'armée 코르 다르메	corpo d'armata 코르포 다르마타
사단 (師團)	division 디비전	Division 디비지온	division 디비지옹	divisione 디비지오네
여단 (旅團)	brigade 브리게이드	Brigade 브리가데	brigade 브리가드	brigata 브리가타

스페인어	라틴어	러시아어	그리스어	일본어	중국어
entrenamiento 엔트레나미엔토	ecercitatio 엑세르키타치오	строевáя подготóвка 스트로예바야 포드고톱카	εκγύμναση 에크김나시	訓練 (くんれん) 군렌	训练 쉰렌
campamento 캄파멘토	tentoria 텐토리아	кéмпинг 켐핑크	κατασκήνωση 카타스케노세	幕営 (ばくえい) 바쿠에이	野营 예잉
marcha 마르차	agmen 아그멘	марш 마르시	προβαίνω 프로바이노	行進 (こうしん) 고신	行进 싱진
desfile 데스필레	pompa militaris 폼파 밀리타리스	парáд 파라트	παρέλαση 파렐라세	閲兵 (えっぺい) 엣페	游行 유싱
lealtad 레알타드	fides 피데스	вéрность 베르노스티	πιστότητα 피스토테타	忠誠 (ちゅうせい) 주세	忠诚 중청
obediencia 오베디엔시아	obedientia 오베디엔치아	повиновéние 포비노베니예	υποταγή 히포타게	服従 (ふくじゅう) 후쿠주	服从 푸충
tensión 텐시온	contentio 콘텐치오	натяжение 나탸제니예	τέντωμα 텐도마	緊張 (きんちょう) 긴초	紧张 진장

스페인어	라틴어	러시아어	그리스어	일본어	중국어
cuerpo de ejército 쿠에르포 데 에헤르시토	legio 레기오	кóрпус 코르푸스	σώμα στρατού 소마 스트라투	軍団 (ぐんだん) 군단	军团 쥔퇀
división 디비시온	divisio 디비시오	дивизия 디비지야	μεραρχία 메라르키아	師団 (しだん) 시단	师团 스퇀
brigada 브리가다	caterva 카테르바	бригáда 브리가다	ταξιαρχία 탁시아르키아	旅団 (りょだん) 료단	旅 뤼

한국어	영어	독일어	프랑스어	이탈리아어
연대 (聯隊)	regiment 레지먼트	Regiment 레기멘트	régiment 레지망	reggimento 레지멘토
대대 (大隊)	battalion 버탤리언	Bataillon 바틸리온	bataillon 바타용	battaglione 바타리오네
중대 (中隊)	company 컴퍼니	Kompanie 콤파니	compagnie 콩파니	compagnia 콤파냐
소대 (小隊)	platoon 플러툰	Zug 추크	peloton 플로통	plotone 플로토네
분대 (分隊)	squad 스쿼드	Gruppe 그루페	escouade 에스쿠아드	squadra 스콰드라
함대 (艦隊)	fleet 플리트	Flotte 플로테	flotte 플로트	flotta 플로타
편대 (編隊)	formation 포메이션	Formation 포르마치온	formation 포르마시옹	formazione 포르마치오네
근위대 (近衛隊)	guard 가드	Garde 가르데	garde 가르드	guardia 구아르디아
계급 (階級)	rank 랭크	Rang 랑	grade 그라드	rango 랑고

4-68. 군대 2 : 계급

원수 (元帥)	marshal 마샬	Feldmarschall 펠트마샬	maréchal 마레샬	feldmaresciallo 펠드마레시알로

스페인어	라틴어	러시아어	그리스어	일본어	중국어
regimiento 레히미엔토	cohors 코호르스	полк 폴크	σύνταγμα 신다그마	連隊 (れんたい) 렌타이	团 퇀
batallón 바타용	phalanx 팔랑스	батальон 바탈론	τάγμα 타그마	大隊 (だいたい) 다이타이	大队 다두이
compañía 콤파니아	comitatus 코미타투스	рóта 로타	λόχος 로코스	中隊 (ちゅうたい) 주타이	连队 롄두이
sección 섹시온	contubernium 콘투베르니움	взвод 브즈보트	διμοιρία 디모이리아	小隊 (しょうたい) 쇼타이	小队 샤오두이
pelotón 펠로톤	decuria 데쿠리아	отделение 옷델레니예	ομάδα 오마다	分隊 (ぶんたい) 분타이	分队 펀두이
flota 플로타	classis 클라시스	флотúлия 플로틸리야	στόλος 스톨로스	艦隊 (かんたい) 간타이	舰队 젠두이
formación 포르마시온	formatio 포르마치오	формовка 포르몹카	στρατιωτικό 스트라티오티코	編隊 (へんたい) 헨타이	编队 볜두이
guardia 과르디아	custos 쿠스토스	охрáна 오흐라나	φρουρά 프루라	近衛隊 (このえたい) 고노에타이	近卫队 진웨이두이
grado 그라도	ordo 오르도	звание 즈바니예	κατηγορία 카테고리아	階級 (かいきゅう) 가이큐	阶级 제지
capitán general 카피탄 헤네랄	summus dux 숨무스 둑스	мáршал совéтского союзa 마르샬 소베츠코고 소유자	στρατάρχης 스트라타르케스	元帥 (げんすい) 겐스이	元帅 위안솨이

한국어	영어	독일어	프랑스어	이탈리아어
대장 (大將)	general 제너럴	General 게네랄	général d'armée 제네랄 다르메	generale 제네랄레
중장 (中將)	lieutenant general 루테넌트 제너럴	Generalleutnant 게네랄로이트난트	général de corps d'armée 제네랄 드 코르 다르메	tenente generale 테넨테 제네랄레
소장 (少將)	major general 메이저 제너럴	Generalmajor 게네랄마요르	général de division 제네랄 드 디비지옹	maggiore generale 마조레 제네랄레
준장 (准將)	brigadier general 브리거디어 제너럴	Brigadegeneral 브리가덴게네랄	général de brigade 제네랄 드 브리가드	brigadier generale 브리가디에르 제네랄레
장교 (將校)	officer 오피서	Offizier 오피치어	officier 오피시에	ufficiale 우피치알레
대령 (大領)	colonel 커널	Oberst 오버스트	colonel 콜로넬	colonnello 콜론넬로
중령 (中領)	lieutenant 루테넌트	Oberstleutnant 오버스틀로이트난트	lieutenant-colonel 리외트낭 콜로넬	tenente colonnello 테넨테 콜론넬로
소령 (少領)	major 메이저	Major 마요르	commandant 코망당	maggiore 마조레
대위 (大尉)	captain 캡틴	Hauptmann 하웁트만	capitaine 카피텐	capitano 카피타노
중위 (中尉)	first lieutenant 퍼스트 루테넌트	Oberleutnant 오벌로이트난트	lieutenant 리외트낭	tenente 테넨테
소위 (少尉)	second lieutenant 세컨드 루티넌트	Leutnant 로이트난트	sous-lieutenant 수 리외트낭	sottotenente 소토테넨테

스페인어	라틴어	러시아어	그리스어	일본어	중국어
general de ejército 헤네랄 데 에헤르시토	imperator 임페라토르	генера́л а́рмии 게네랄 아르미	στρατηγός 스트라티고스	大将 (たいしょう) 다이쇼	大将 다장
teniente general 테니엔테 헤네랄	primus pilus 프리무스 필루스	генера́л–полко́вник 게네랄 폴코브니크	αντιστράτη-γος 안디스트라테고스	中将 (ちゅうじょう) 주쇼	中将 중장
general de división 헤네랄 데 디비시온	tribunus 트리부누스	генера́л–лейтена́нт 게네랄 레이테난트	υποστράτη-γος 이포스트라테고스	少将 (しょうしょう) 쇼쇼	少将 샤오장
general de brigada 헤네랄 데 브리가다	prefectus castorum 프레펙투스 카스토룸	генера́л–майо́р 게네랄 마요르	ταξίαρχος 탁시아르코스	准将 (じゅんしょう) 준쇼	准将 준장
oficial 오피시알	legatus 레가투스	офице́р 오피체르	αξιωματικός 악시오마티코스	士官 (しかん) 시칸	军官 준관
coronel 코로넬	colonellus 콜로넬루스	полко́вник 폴코브니크	συνταγματάρ-χης 신다그마타르케스	大佐 (たいさ) 다이사	大校 다샤오
teniente coronel 테니엔테 코로넬	locumtenens 로쿰테넨스	подполко́вник 폿폴코브니크	αντισυνταγ-ματάρχης 안디신다그마타르케스	中佐 (ちゅうさ) 주사	中校 중샤오
comandante 코만단테	optio 옵치오	майо́р 마요르	ταγματάρχης 타그마타르케스	少佐 (しょうさ) 쇼사	少校 샤오샤오
capitán 카피탄	capitaneus 카피타네우스	капита́н 카피탄	λοχαγός 로카고스	大尉 (たいい) 다이이	大尉 다웨이
teniente 테니엔테	centurion 켄투리온	лейтена́нт 레이테난트	υπολοχαγός 이폴로카고스	中尉 (ちゅうい) 주이	中尉 중웨이
alférez 알페레스	–	мла́дший лейтена́нт 믈랏시 레이테난트	ανθυπολοχα-γός 안티폴로카고스	少尉 (しょうい) 쇼이	少尉 샤오웨이

한국어	영어	독일어	프랑스어	이탈리아어
원사 (元士)	sergeant major 서전트 메이저	Oberstabsfeldwebel 오버슈탑스펠트베벨	adjudant-chef 아쥐당 셰프	primo maresciallo 프리모 마레시알로
상사 (上士)	master sergeant 마스터 서전트	Hauptfeldwebel 하웁트펠트베벨	adjudant 아쥐당	maresciallo 마레시알로
중사 (中士)	staff sergeant 스태프 사전트	Oberfeldwebel 오버펠트베벨	sergent-chef 세르장 셰프	sergente maggiore 세르젠테 마조레
하사 (下士)	sergeant 서전트	Feldwebel 펠트베벨	sergent 세르장	sergente 세르젠테
병장 (兵長)	corporal 코퍼럴	Stabsgefreiter 슈탑스게프라이터	caporal-chef 카포랄 셰프	caporale maggiore capo 카포랄레 마조레 카포
상병 (上兵)	specialist 스페셜리스트	Hauptgefreiter 하웁트게프라이터	caporal 카포랄	caporale maggiore 카포랄레 마조레
일병 (一兵)	private first class 프라이빗 퍼스트 클래스	Obergefreiter 오버게프라이터	soldat de première classe 솔다 드 프르미에르 클라스	caporale 카포랄레
이병 (二兵)	private 프라이빗	Gefreiter 게프라이터	fantassin 팡타생	soldato 솔다토

4-69. 군대 3 : 병과/군인

한국어	영어	독일어	프랑스어	이탈리아어
보병 (步兵)	infantry 인펀트리	Infanterie 인판테리	infanterie 앵팡트리	fanteria 판테리아
기병 (騎兵)	cavalry 캐벌리	Kavallerie 카발레리	cavalerie 카발리	cavalleria 카발레리아

스페인어	라틴어	러시아어	그리스어	일본어	중국어
subteniente 숩테니엔테	–	ста́рший пра́порщик 스타르시 프라포르시크	αρχιλοχίας 아르킬로키아스	准尉 (じゅんい) 준이	二级军士长 얼지준시장
sargento primero 사르헨토 프리메로	–	пра́порщик 프라포르시크	επιλοχίας 에필로키아스	曹長 (そうちょう) 소초	上士 상스
sargento secundo 사르헨토 세쿤도	decanus 데카누스	старшина́ 스타르시나	μόνιμος λοχίας 모니모스 로키아스	軍曹 (ぐんそう) 군소	中士 중스
sargento 사르헨토	campidoctor 캄피독토르	ста́рший сержа́нт 스타르시 세르잔트	λοχίας 로키아스	伍長 (ごちょう) 고초	下士 샤스
cabo mayor 카보 마요르	armicustos 아르미쿠스토스	сержа́нт 세르잔트	δεκανέας 데카네아스	兵長 (へいちょう) 헤이초	兵长 빙창
cabo 카보	specialista 스페키알리스타	мла́дший сержа́нт 믈랏시 세르잔트	υποδεκανέας 이포데카네아스	上等兵 (じょうとうへい) 조토헤	上等兵 상덩빙
soldado de primera 솔다토 데 프리메라	hastati 하스타치	ефре́йтор 에프레이토르	υποψήφιος 이폽세피오스	一等兵 (いっとうへい) 잇토헤	列兵 레빙
soldado 솔다도	munifex 무니펙스	рядово́й 랴도보이	στρατιώτης 스트라티오테스	二等兵 (にとうへい) 니토헤	上等兵 상덩빙

스페인어	라틴어	러시아어	그리스어	일본어	중국어
infantería 인판테리아	peditatus 페디타투스	пехота 페호타	πεζικό 페지코	歩兵 (ほへい) 호헤	步兵 부빙
caballería 카바예리아	equitatus 에쿠이타투스	кавалерия 카발레리야	ιππικό 이피코	騎兵 (きへい) 기헤	騎兵 치빙

한국어	영어	독일어	프랑스어	이탈리아어
헌병 (憲兵)	military police 밀리터리 폴리스	Militärpolizei 밀리태어폴리차이	police militaire 폴리스 밀리테르	polizia militare 폴리차 밀리타레
공병 (工兵)	military sapper 밀리터리 새퍼	Pionier 피오니어	sapeur 사푀르	genio militare 제니오 밀리타레
수병 (水兵)	seaman 시맨	Seemann 제만	marin 마랭	marinaio 마리나이오
보초 (步哨)	sentry 센트리	Wache 바헤	garde 가르드	guardia 구아르디아
불침번 (不寢番)	night watchman 나이트 워치맨	Nachtwächter 나흐트배히터	veilleur de nuit 베이외르 드 뉘이	guardia notturna 구아르디아 노투르나
용병 (傭兵)	mercenary 머시너리	Söldner 죌트너	mercenaire 메르스네르	mercenario 메르체나리오
사령관 (司令官)	commander 커맨더	Kommandant 코만단트	commandant 코망당	comandante 코만단테
제독 (提督)	admiral 애드머럴	Admiral 아드미랄	amiral 아미랄	ammiraglio 암미랄리오
노장 (老將)	veteran 베터런	Veteran 베테란	vétéran 베테랑	veterano 베테라노
신참 (新參)	greenhorn 그린혼	Grünschnabel 그륀슈나벨	novice 노비스	nuovo 누오보
전사 (戰士)	warrior 워리어	Krieger 크리거	guerrier 게리에	guerriero 구에리에로

스페인어	라틴어	러시아어	그리스어	일본어	중국어
policía militar 폴리시아 밀리타르	custodes miltes 쿠스토데스 밀리테스	военная полиция 보옌나야 폴리치야	στρατιωτική αστυνομία 스트라티오티케 아스티노미아	憲兵 (けんぺい) 겐페	宪兵 셴빙
ingenieros 인헤니에로스	munitor 무니토르	сапёр 샤표르	μηχανικός 메카니코스	工兵 (こうへい) 고헤이	工兵 궁빙
marinero 마리네로	navita 나비타	моряк 모랴크	ναύτης 나우테스	水兵 (すいへい) 스이헤	水兵 수이빙
guardia 과르디아	vigil 비길	часовой 차소보이	φύλαξ 필락스	衛兵 (えいへい) 에이헤이	步哨 부사오
sereno 세레노	excubitor nocte 엑스쿠비토르 녹테	ночь сторож 노치 스토로스	νυχτοφύλα-κας 닉토필라카스	不寝番 (ふしんばん) 후신반	夜班 예반
mercenario 메르세나리오	miles mercennarius 밀레스 메르케나리우스	легионер 레기오네르	μισθοφόρος 미스토포로스	傭兵 (ようへい) 요헤	雇佣兵 구융빙
comandante 코만단테	praefectus 프라이펙투스	командир 코만디르	διοικητής 디오이케테스	司令官 (しれいかん) 시레이칸	司令 스링
almirante 알미란테	admiralis 아드미랄리스	адмирал 아드미랄	ναύαρχος 나바르코스	提督 (ていとく) 데이토쿠	舰队司令 젠두이스링
veterano 베테라노	veteranus 베테라누스	ветеран 베테란	βετεράνος 베테라노스	老将 (ろうしょう) 로쇼	老将 라오장
nuovo 누오보	homo novus 호모 노부스	начинающий 나치나유시	πρωτάρης 프로타레스	青二才 (あおにさい) 아오니사이	新兵 신빙
guerrero 게레로	bellator 벨라토르	воин 보인	πολεμιστής 폴레미스테스	武士 (ぶし) 부시	战士 잔스

4-70. 군대 4 : 무기

한국어	영어	독일어	프랑스어	이탈리아어
무기 (武器)	weapon 웨펀	Waffe 바페	arme 아름	arma 아르마
총 (銃)	gun 건	Schusswaffe 슈스바페	arme à feu 아름 아 푀	arma da fuoco 아르마 다 푸오코
수류탄 (手榴彈)	grenade 그러네이드	Granate 그라나테	grenade 그르나드	bomba a mano 봄바 아 마노
폭탄 (爆彈)	bomb 봄	Bombe 봄베	bombe 봉브	bomba 봄바
대포 (大砲)	cannon 캐넌	Kanone 카노네	canon 카농	cannone 칸노네
권총 (拳銃)	pistol 피스톨	Pistole 피스톨레	pistolet 피스톨레	pistola 피스톨라
방아쇠	trigger 트리거	Abzug 압추크	détente 데탕트	grilletto 그릴레토
소음기 (消音器)	silencer 사일런서	Schalldämpfer 샬댐퍼	silencieux 실랑시외	silenziatore 실렌차토레
총알	bullet 불릿	Kugel 쿠겔	balle 발	ballo 발로
탄약 (彈藥)	ammunition 애뮤니션	Munition 무니치온	munitions 뮈니시옹	munizioni 무니치오니
탄창 (彈倉)	magazine 매거진	Magazin 마가친	magasin 마가쟁	caricatore 카리카토레

스페인어	라틴어	러시아어	그리스어	일본어	중국어
arma 아르마	arma 아르마	оружие 오루지예	όπλο 오플로	武器 (ぶき) 부키	武器 우치
arma de fuego 아르마 데 푸에고	polybolum 폴리볼룸	огнестрельное оружие 오그네스트렐노예 오루지예	πυροβόλο όπλο 피로볼로 오플로	銃 (じゅう) 주	枪 창
granada 그라나다	granata 그라나타	граната 그라나타	χειροβομβίδα 케이로봄비다	手榴弾 (しゅりゅうだん) 슈류단	手榴弹 서우류단
bomba 봄바	bomba 봄바	бомба 봄바	βόμβα 봄바	爆弾 (ばくだん) 바쿠단	炸弹 자단
cañón 카뇬	canno 칸노	пушка 푸시카	κανόνι 카노니	大砲 (たいほう) 다이호	大炮 다파오
pistola 피스톨라	pistolium 피스톨리움	пистолет 피스톨레트	πιστόλι 피스톨리	拳銃 (けんじゅう) 겐주	手枪 서우창
gatillo 가티요	chele 켈레	курок 쿠로크	σκανδάλη 스칸달레	引き金 (ひきがね) 히키가네	枪机 창지
silenciador 실렌시아도르	–	глушитель 글루시텔	σιγαστήρας 시가스테라스	サプレッサー 사푸렛사	消音器 샤오인치
bala 발라	telum 텔룸	пуля 풀랴	τρύβλιον 트리블리온	銃弾 (じゅうだん) 주단	枪弹 창단
munición 무니시온	tela 텔라	боевые припасы 보예비예 프리파시	πυρομαχικά 피로마키카	弾薬 (だんやく) 단야쿠	弹药 단야오
cargador 카르가도르	entheca 엔테카	магазин 마가진	γεμιστήρας 게미스테라스	弾倉 (だんそう) 단소	弹匣 단샤

한국어	영어	독일어	프랑스어	이탈리아어
파편 (破片)	splinter 스플린터	Splitter 슈플리터	éclat 에클라	scheggia 스케자
화약 (火藥)	gunpowder 건파우더	Schießpulver 시스풀버	poudre à canon 푸드르 아 카농	polvere 폴베레
도화선 (導火線)	fuse 퓨즈	Zündschnur 췬트슈누어	mèche 메슈	miccia 미차
뇌관 (雷管)	detonator 데터네이터	Sprengzünder 슈프렝췬더	détonateur 데토나퇴르	detonatore 데토나토레
다이너마이트	dynamite 다이너마이트	Dynamit 뒤나미트	dynamite 디나미트	dinamite 디나미테
로켓	rocket 로킷	Rakete 라케테	fusée 퓌제	razzo 라초
전차 (戰車)	tank 탱크	Panzer 판처	char 샤르	carro armato 카로 아르마토
원자폭탄 (原子爆彈)	atomic bomb 어토믹 봄	Atombombe 아톰봄베	bombe atomique 봉브 아토미크	bomba atomica 봄바 아토미카
군함 (軍艦)	warship 워쉽	Kriegsschiff 크릭스시프	navire de guerre 나비르 드 게르	nave da guerra 나베 다 구에라
전함 (戰艦)	battleship 배틀쉽	Schlachtschiff 슐라흐트시프	cuirassé 퀴이라세	corazzata 코라차타
전투기 (戰鬪機)	fighter 파이터	Jagdflugzeug 약트플룩초이크	avion de chasse 아비옹 드 샤스	caccia 카차

스페인어	라틴어	러시아어	그리스어	일본어	중국어
fragmento 프라그멘토	astula 아스툴라	осколок 오스콜로크	ακίδα 아키다	破片 (はへん) 하헨	弹片 단펜
pólvora 폴보라	pulvis pyrius 풀비스 피리우스	порох 포로흐	πυρίτιδα 피리티다	火薬 (かやく) 가야쿠	火药 훠야오
espoleta 에스폴레타	–	запал 자팔	φιτίλι 피틸리	導火線 (どうかせん) 도카센	导火线 다오훠셴
detonador 데토나도르	–	капсюль–детонатор 캅슐–데토나토르	καψούλι 캅술리	雷管 (らいかん) 라이칸	雷管 레이관
dinamita 디나미타	dynamites 디나미테스	динамит 디나미트	δυναμίτιδα 디나미티다	ダイナマイト 다이나마이토	炸药 자야오
cohete 코에테	rucheta 루케타	ракéта 라케타	πύραυλος 피라울로스	ロケット 로켓토	火箭 훠젠
carro de combate 카로 데 콤바테	autocurrus armatus 아우토쿠루스 아르마투스	танк 탱크	άρμα μάχης 아르마 마케스	戦車 (せんしゃ) 센샤	战车 잔처
bomba atómica 봄바 아토미카	pyrobolus atomicus 피로볼루스 아토미쿠스	ядерное оружие 야데르노예 오루지예	ατομική βόμβα 아토미케 봄바	原子爆弾 (げんしばくだん) 겐시바쿠단	原子弹 위안쯔단
barco de guerra 바르코 데 게라	navis longa 나비스 롱가	военный корабль 보옌니 코라블	πολεμικό πλοίο 폴레미코 플로이오	軍艦 (ぐんかん) 군간	军舰 쥔젠
acorazado 아코라사도	navis longa 나비스 롱가	линкор 링코르	θωρηκτό 토렉토	戦艦 (せんかん) 센칸	战舰 잔젠
caza 카사	aeroplanum venaticum 아이로플라눔 베나티쿰	истребитель 이스트레비텔	καταδιωκτικό 카타디옥티코	戦闘機 (せんとうき) 센토키	战斗机 잔더우지

한국어	영어	독일어	프랑스어	이탈리아어
폭격기 (爆擊機)	bomber 보머	Bomber 봄버	bombardier 봉바르디에	bombardiere 봄바르디에레
구축함 (驅逐艦)	destroyer 디스트로이어	Zerstörer 체어슈퇴러	destroyer 데스트루아예	cacciatorpedini–ere 카차토르페디니에레
잠수함 (潛水艦)	submarine 서브머린	U–boot 우–보트	sous–marin 수–마랭	sottomarino 소토마리노
잠망경 (潛望鏡)	periscope 페리스코프	Sehrohr 제로어	périscope 페리스코프	periscopio 페리스코피오
항공모함 (航空母艦)	aircraft carrier 에어크랍트 캐리어	Flugzeugträger 플룩초익트래거	porte–avions 포르트–아비옹	portaerei 포르타에레이

4-71. 군대 5 : 군장/시설

한국어	영어	독일어	프랑스어	이탈리아어
구경 (口徑)	caliber 캘리버	Kaliber 칼리버	calibre 칼리브르	calibro 칼리브로
낙하산 (落下傘)	parachute 패러슈트	Fallschirm 팔시름	parachute 파라쉬트	paracadute 파라카두테
방독면 (防毒面)	gas mask 개스 마스크	Gasmaske 가스마스케	masque anti–gaz 마스크 앙티–가즈	maschera antigas 마스케라 안티가스
철모(헬멧) (鐵帽)	helmet 핼밋	Helm 헬름	casque 카스크	elmo 엘모
격납고 (格納庫)	hangar 행거	Flugzeughalle 플룩초이크할레	hangar 앙가르	aviorimessa 아비오리메사

스페인어	라틴어	러시아어	그리스어	일본어	중국어
bombardero 봄바르데로	–	бомбардиро́в-щик 봄바르디롭시크	βομβαρδιστι-κό 봄바르디스티코	爆撃機 (ばくげきき) 바쿠게키키	轰炸机 홍자지
destructor 데스트룩토르	vastator 바스타토르	эскадренный миноносец 예스카드렌니 미노노세츠	αντιτορπιλικό 안디토르필리코	駆逐艦 (くちくかん) 구치쿠간	驱逐舰 추주젠
submarino 수브마리노	navis subaqueana 나비스 숩아쿠에아나	подводная лодка 포드보드나야 롯카	υποβρύχιο 이포브리키오	潜水艦 (せんすいかん) 센스이칸	潜水艇 첸수이팅
periscopio 페리스코피오	–	перископ 페리스코프	περισκόπιο 페리스코피오	潜望鏡 (せんぼうきょう) 센보쿄	潜望镜 첸왕징
portaaviones 포르타아비오네스	navis aëroplanigera 나비스 아에로플라니게라	авианосец 아비아노세츠	αεροπλανοφό-ρο 아에로플라노포로	航空母艦 (こうくうぼかん) 고쿠보칸	航空母舰 항쿵무젠
calibre 칼리브레	–	калибр 칼리브르	διαμέτρημα 디아메트레마	口径 (こうけい) 고케이	口径 커우징
paracaídas 파라카이다스	decidiculum 데키디쿨룸	парашют 파라슈트	αλεξίπτωτο 알렉시프토토	落下傘 (らっかさん) 랏카산	降落伞 장뤄싼
máscara antigás 마스카라 안티가스	masca antigaslis 마스카 안티가살리스	противогаз 프로티보가스	αντιασφυξιο-όνος μάσκα 안디아스픽시오고노스 마스카	ガスマスク 가스마스쿠	防毒面具 팡두몐주
casco 카스코	cassis 카시스	шлем 실렘	περικεφαλαία 페리케팔라이아	鉄帽 (てつぼう) 덴쓰보	钢盔 강쿠이
hangar 앙가르	tugurium 투구리움	ангар 안가르	υπόστεγο αεροπλάνων 이포스테고 아에로플라논	ハンガー 힌가	机库 지쿠

한국어	영어	독일어	프랑스어	이탈리아어
교두보 (橋頭堡)	bridgehead 브릿지헤드	Brückenkopf 브뤼켄코프	tête de pont 테트 드 퐁	testa di ponte 테스타 디 폰테
기지 (基地)	base 베이스	Basis 바지스	base 바스	base 바제
아성 (牙城)	citadel 시타델	Zitadelle 치타델레	citadelle 시타델	cittadella 치타델라
요새 (要塞)	fortress 포트리스	Festung 페스퉁	forteresse 포르트레스	fortezza 포르테차
전쟁터	battlefield 배틀필드	Schlachtfeld 슐라흐트펠트	champ de bataille 샹 드 바타유	campo di battaglia 캄포 디 바탈리아
참호 (塹壕)	trench 트렌치	Schützengraben 쉬첸그라벤	tranchée 트랑셰	trincea 트린체아
초소 (哨所)	checkpoint 체크포인트	Kontrollpunkt 콘트롤풍트	point de contrôle 푸앙 드 콩크롤	punto di controllo 푼토 디 콘트롤로

4-72. 봉건제

한국어	영어	독일어	프랑스어	이탈리아어
봉건제 (封建制)	feudalism 퓨덜리즘	Feudalismus 포이달리스무스	féodalité 페오달리테	feudalismo 페우달리즈모
왕국 (王國)	kingdom 킹덤	Königreich 쾨니크라이히	royaume 루아옴	regno 레뇨
왕정 (王政)	monarchy 모너키	Monarchie 모나르히	monarchie 모나르시	monarchia 모나르키아

스페인어	라틴어	러시아어	그리스어	일본어	중국어
cabeza de puente 카베사 데 푸엔테	–	предмостное укрепление 프레드모스트노예 우크레플레니예	προγεφύρωμα 프로게피로마	橋頭堡 (きょうとうほ) 교토호	桥头堡 차오터우바오
base 바세	basis 바시스	база 바자	θεμέλιον 테멜리온	基地 (きち) 기치	基地 지디
ciudadela 시우다델라	arcs 아르크스	цитадéль 치타델	κάστρο 카스트로	牙城 (がじょう) 가조	堡垒 바오레이
fortaleza 포르탈레사	castrum 카스트룸	крепость 크레포스티	ὀχύρωμα 오키로마	要塞 (ようさい) 요사이	要塞 야오사이
campo de batalla 캄포 데 바타야	locus pugnae 로쿠스 푸그나이	поле сражения 폴레 스라제니야	πεδίο μάχης 페디오 마케스	戦場 (せんじょう) 센조	战场 잔창
trinchera 트린체라	scrobis 스크로비스	траншéя 트란셰야	τάφρος 타프로스	塹壕 (ざんごう) 잔고	堑壕 첸하오
puesto de control 푸에스토 데 콘트롤	custodia 쿠스토디아	контрольный пункт 콘트롤니 푼트	κουστωδία 쿠스토디아	番所 (ばんしょ) 반쇼	检查站 젠차잔
feudalismo 페우달리스모	feudum 페우둠	феодализм 페오달리즘	φεουδαρχία 페우다르키아	封建制 (ほうけんせい) 호켄세이	封建主义 펑젠주이
reino 레이노	regnum 레그눔	королéвство 코롤렙스트보	θεού 테우	王国 (おうこく) 오코쿠	王国 왕궈
monarquía 모나르키아	monarchia 모나르키아	монáрхия 모나르히야	μοναρχία 모나르키아	王政 (おうせい) 오세	王政 왕정

한국어	영어	독일어	프랑스어	이탈리아어
왕조 (王朝)	dynasty 다이너스티	Dynastie 뒤나스티에	dynastie 디나스티	dinastia 디나스티아
왕위 (王位)	throne 스론	Thron 트론	trône 트론	trono 트로노
칙령 (勅令)	edict 이딕트	Edikt 에딕트	décret 데크레	decreto 데크레토
궁전 (宮殿)	palace 팰리스	Palast 팔라스트	palais 팔레	palazzo 팔라초
대관식 (戴冠式)	coronation 카러네이션	Krönung 크뢰눙	couronnement 쿠론망	incoronazione 인코로나치오네
왕관 (王冠)	crown 크라운	Krone 크로네	couronne 쿠론	corona 코로나
조공 (朝貢)	tribute 트리뷰트	Tribut 트리부트	tribut 트리뷔	tributo 트리부토
퇴위 (退位)	abdication 앱디케이션	Abdankung 압당쿵	abdication 압디카시옹	abdicazione 압디카치오네
귀족 (貴族)	aristocrat 애리스터크랫	Aristokrat 아리스토크라트	aristocrate 아리스토크라트	aristocratico 아리스토크라티코
황제 (皇帝)	emperor 엠퍼러	Kaiser 카이저	empereur 앙프뢰르	imperatore 임페라토레
황후 (皇后)	empress 엠프리스	Kaiserin 카이저린	impératrice 앵페라트리스	imperatrice 임페라트리체

스페인어	라틴어	러시아어	그리스어	일본어	중국어
dinastía 디나스티아	dynastia 디나스티아	династия 디나스티야	δυναστεία 디나스테이아	王朝 (おうちょう) 오초	王朝 왕차오
trono 트로노	solium 솔리움	трон 트론	θρόνος 트로노스	王位 (おうい) 오이	王位 왕웨이
decreto 데크레토	edictum 에딕툼	указ 우카스	διάταγμα 디아타그마	勅令 (ちょくれい) 조쿠레	敕令 츠링
palacio 팔라시오	palatium 팔라치움	дворец 드보레츠	βασίλειος 바실레이오스	宮殿 (きゅうでん) 규덴	宮殿 궁덴
coronación 코로나시온	coronatio 코로나치오	коронáция 코로나치야	στέψη 스텝세	戴冠式 (たいかんしき) 다이칸시키	加冕典礼 자몐뎬리
corona 코로나	corona 코로나	корóна 코로나	στέφανος 스테파노스	王冠 (おうかん) 오칸	王冠 왕관
tributo 트리부토	tributum 트리부툼	дань 단	φόρος υποτελείας 포로스 이포텔레이아스	貢物 (みつぎもの) 미쓰기모노	朝貢 차오궁
abdicación 압디카시온	abdicatio 압디카치오	отречéние 오트레체니예	παραίτηση 파라이테세	退位 (たいい) 다이이	退位 투이웨이
aristócrato 아리스토크라토	nobilis 노빌리스	аристокрáт 아리스토크라트	αριστοκράτης 아리스토크라테스	貴族 (きぞく) 기조쿠	貴族 구이쭈
emperador 엠페라도르	imperator 임페라토르	императóр 임페라토르	αυτοκράτορας 아우토크라토라스	皇帝 (こうてい) 고테	皇帝 황디
emperatriz 엠페라트리스	imperatrix 임페라트릭스	императрица 임페라트리차	αυτοκράτειρα 아우토크라테이라	皇后 (こうごう) 고고	皇后 황허우

한국어	영어	독일어	프랑스어	이탈리아어
임금 [王]	king 킹	König 쾨니히	roi 루아	re 레
여왕 (女王)	queen 퀸	Königin 쾨니긴	reine 렌	regina 레지나
세자 (世子)	crown prince 크라운 프린스	Kronprinz 크론프린츠	dauphin 도팽	principe ereditario 프린치페 에레디타리오
왕자 (王子)	prince 프린스	Prinz 프린츠	prince 프랭스	principe 프린치페
공주 (公主)	princess 프린세스	Prinzessin 프린체신	princesse 프랭세스	principessa 프린치페사
대공 (大公)	grand duke 그랜드 듀크	Großherzog 그로스헤어초크	grand-duc 그랑-뒥	grandúca 그란두카
공작 (公爵)	duke 듀크	Herzog 헤어초크	duc 뒤크	duca 두카
후작 (侯爵)	marquess 마퀴스	Marquis 마르키	marquis 마르키	marchese 마르케제
백작 (伯爵)	count 카운트	Graf 그라프	comte 콩트	conte 콘테
자작 (子爵)	viscount 바이카운트	Vicomte 비콩트	vicomte 비콩트	visconte 비스콘테
남작 (男爵)	baron 배런	Baron 바론	baron 바롱	barone 바로네

스페인어	라틴어	러시아어	그리스어	일본어	중국어
rey 레이	rex 렉스	король 코롤	βασιλεύς 바실레우스	国王 (こくおう) 고쿠오	国王 궈왕
reina 레이나	regina 레기나	королéва 코롤레바	βασίλισσα 바실리사	女王 (じょおう) 조오	女王 뉘왕
príncipe heredero 프린시페 에레데로	regni heres 레그니 헤레스	наследный принц 나슬레드니 프린츠	διάδοχος του θρόνου 디아도코스 투 트로누	皇太子 (こうたいし) 고타이시	太子 타이쯔
príncipe 프린시페	regulus 레굴루스	принц 프린츠	ἀρχηγός 아르케고스	王子 (おうじ) 오지	王子 왕쯔
princesa 프린세사	principissa 프링키피사	принцéсса 프린체사	βασιλοπούλα 바실로풀라	王女 (おうじょ) 오조	公主 궁주
gran duque 그란 두케	magnus dux 마그누스 둑스	великий герцог 벨리키 게르초크	μέγας δούκας 메가스 두카스	大公 (たいこう) 다이코	大公 다궁
duque 두케	dux 둑스	герцог 게르초크	δούκας 두카스	公爵 (こうしゃく) 고샤쿠	公爵 궁줴
marqués 마르케스	-	маркúз 마르키스	μαρκήσιος 마르케시오스	侯爵 (こうしゃく) 고샤쿠	侯爵 허우줴
conde 콘데	comes 코메스	граф 그라프	κόμης 코메스	伯爵 (はくしゃく) 하쿠샤쿠	伯爵 보줴
vizconde 비스콘데	vicecomes 비케코메스	викóнт 비콘트	αριστοκράτης 아리스토크라테스	子爵 (ししゃく) 시샤쿠	子爵 쯔줴
barón 바론	baro 바로	барóн 바론	βαρόνος 바로노스	男爵 (だんしゃく) 단샤쿠	男爵 난줴

한국어	영어	독일어	프랑스어	이탈리아어
영주 (領主)	feudal lord 퓨들 로드	Feudalherr 포이달헤어	féodal 페오달	signore feudale 시뇨레 페우달레
기사 (騎士)	knight 나이트	Ritter 리터	chevalier 슈발리에	cavaliere 카발리에레
신하 (臣下)	subject 서브직트	Untertan 운터탄	sujet 쉬제	suddito 수디토
평민 (平民)	commoner 코머너	Bürgerliche 뷔르걸리헤	bourgeois 부르조아	borghese 보르게세
갑옷	armor 아머	Harnisch 하니시	armure 아르뮈르	corazza 코라차
창 (槍)	spear 스피어	Speer 슈페어	lance 랑스	lancia 란차
방패 (防牌)	shield 실드	Schutzwaffe 슈츠바페	bouclier 부클리예	scudo 스쿠도
칼	sword 소드	Schwert 슈베르트	épée 에페	spada 스파다
단검 (短劍)	dagger 대거	Dolch 돌히	poignard 푸아냐르	pugnale 푸날레
칼집	scabbard 스캐버드	Scheide 샤이데	gaine 젠	guaina 과이나
성 (城)	castle 캐슬	Schloss 슐로스	château 샤토	castello 카스텔로

스페인어	라틴어	러시아어	그리스어	일본어	중국어
señor feudal 세뇨르 페우달	dominus feudi 도미누스 페우디	феодал 페오달	κύριος φεουδαρχικός 키리오스 페우다르키코스	藩主 (はんしゅ) 한슈	领主 링주
caballero 카바예로	equester 에쿠에스테르	рыцарь 리차리	ιππότης 이포테스	騎士 (きし) 기시	骑士 치스
súbdito 숩디토	civis 키비스	верноподдан– ный 베르노포단니	υποτελής 이포텔레스	臣下 (しんか) 신카	臣下 천샤
burgués 부르게스	civilis 키빌리스	гражданский 그라즈단스키	κοινός πολίτης 코이노스 폴리테스	平民 (へいみん) 헤이민	平民 핑민
armadura 아르마두라	lorica 로리카	латы 라티	θώραξ 토락스	甲冑 (かっちゅう) 갓추	铠甲 카이자
jabalina 하발리나	lancea 랑케아	копьё 코피요	λόγχη 롱케	槍 (やり) 야리	矛 마오
escudo 에스쿠도	clipeus 클리페우스	щит 시트	θυρεός 티레오스	盾 (たて) 다테	盾牌 둔파이
espada 에스파다	gladius 글라디우스	меч 메치	μάχαιρα 마카이라	刀 (とう) 도	剑 젠
daga 다가	sica 시카	кинжал 킨잘	εγχειρίδιο 엥케이리디오	短剣 (たんけん) 단켄	匕首 비서우
vaina 바이나	vagina 바기나	ножны 노즈니	θήκη 테케	鞘 (さや) 사야	刀鞘 다오차오
castillo 카스티요	castellum 카스텔룸	замок 자모크	κάστρο 카스트로	城 (しろ) 시로	成 청

한국어	영어	독일어	프랑스어	이탈리아어
결투 (決鬪)	duel 듀얼	Duell 두엘	duel 뒤엘	duello 두엘로
족쇄 (足鎖)	fetter 페터	Fußfessel 푸스페셀	entrave 앙트라브	catene 카테네

스페인어	라틴어	러시아어	그리스어	일본어	중국어
duelo 두엘로	monomachia 모노마키아	дуэль 두엘	μονομαχία 모노마키아	決鬪 (けっとう) 겟토	決斗 줴더우
grillete 그리예테	pedica 페디카	кандалы 칸달	πέδη 페세	足枷 (あしかせ) 아시카세	脚镣 자오랴오

찾아보기

ㄱ

가게	666
가격	650
가계	348
가구	284
가극	484
가금	242
가능성	374
가로등	592
가로막	170
가루	124
가루받이(수정)	188
가르마	148
가마(머리)	148
가명	340
가문비나무	210
가뭄	054
가발	146
가방(핸드백)	280
가볍다	128
가사	490
가설	442
가소성	470
가속도	464
가수	482
가슴	144
가시	258
가오리	256
가위	302
가을	082
가자미	256
가장	350
가장 높다	122
가장 많다	108
가장 좋다	370
가장 크다	122
가장자리	116
가재	262
가정	444
가족	346
가죽	298
가지	218
가지(대)	212
가지(소)	212
가축	230
가치	450
각광	500
각도	104
각도기	414
각막	172
각본	500
각서	682
각성	394
각주	402
간	162
간결	422
간선도로	584
간식	306
간접	336
간주곡	484
간호사	580
갈고리	632
갈기	234
갈대	224
갈매기	248
갈비뼈	166
갈색	114
갈조	226
갈증	178
갈채	386
갈치	258
갈퀴	616
갈탄	070
감	194
감각	182
감독	548
감미료	310
감사	644
감수성	378
감자	212
감정	368
감지기	636
감초	224
감촉	182
감탄사	426
갑각류	262
갑상선	170
갑옷	726
갑절	092
강(綱)	138
강(江)	038
강당	406
강사	408
강세	430
강수량	104
강판	316
개	232
개구리	260
개구쟁이	330
개념	442
개똥벌레	266
개똥지빠귀	250
개미	266
개선	680
개성	354
개암	216
개연성	442
개요	420
개인	276
개입	552
개종	506
개척자	330
개관성	444
객실(기차)	592
객차	592
갱년기	080
거기	118
거래	650
거름	610
거리[離隔]	104
거리[街]	584
거머리	266
거미	266
거북이	262
거성	022
거실	320
거울	290
거인	178
거장	472
거짓	444
거짓말	388
거품	124
걱정	372
건물	626
건배	478
건설	628
건전지	290
건초	226
건축가	628
건포도	196
걸레	318
결상	284
걸음	364
걸작	472
검다	114
검사	696
검소하다	356
검역	582
검지	156
게	262
겨드랑이	146

겨울	082	경첩	628	고환	172	공항	600
겨울잠	272	경축	368	곡괭이	616	공황	374
겨자	214	계	138	곡선	100	곶	046
격	428	계곡	038	곡식	190	과	138
격납고	718	계급	706	곡예	480	과거	078
격리	584	계단	324	곤봉	530	과녁	530
격식	522	계산기	462	골격	166	과세	674
격언	440	계시	510	골동품	452	과일	192
격자	124	계약	650	골반	166	과장	476
격차	548	계엄령	672	골수	168	과학	400
견본	648	계좌	656	골풀	222	관개	610
견적	650	계피	210	곰	236	관객	472
결과	386	고가로	586	곱셈	454	관계	334
결막	172	고개	038	곱슬머리	148	관광	594
결말	440	고객	644	공(公)	672	관념	444
결승전	524	고고학	452	공[球]	528	관료	684
결심	384	고구마	214	공간	120	관목	210
결의	688	고기	310	공감	368	관사	426
결정	126	고대	076	공격	700	관상	180
결제	656	고드름	050	공고	688	관성	128
결투	728	고등어	254	공군	698	관세	674
겸손	356	고딕	474	공급	652	관심	380
경계	120	고래	254	공기	030	관용	360
경고	678	고릴라	230	공동체	540	관용구	422
경구	440	고마움	368	공로	386	관자놀이	148
경기(競技)	524	고무나무	208	공무원	684	관절	166
경기(景氣)	664	고물	604	공배수	456	관점	556
경기장	530	고삐	232	공병	712	관찰	466
경도(硬度)	106	고사리	220	공사	682	관통	134
경도(經度)	032	고서점	666	공생	140	괄호	422
경력	342	고속도로	584	공약수	456	광고	556
경매	650	고수	482	공예	498	광년	078
경배	506	고슴도치	238	공원	502	광대	502
경보	696	고양이	238	공익	676	광대뼈	168
경영	606	고원	036	공작(孔雀)	246	광물	060
경우	460	고전	438	공작(公爵)	724	광배	506
경유	070	고전주의	474	공장	618	광부	618
경쟁	524	고지	034	공정	618	광산	064
경쟁력	606	고체	126	공주	724	광석	064
경제	606	고추	218	공중제비	480	광선	112
경주	524	고치	270	공증	680	광신	506
경찰	696	고함	366	공책	412	광어	254
경찰관	696	고해	516	공학	402	광업	618

731

광장	502	구입	652	규범	690	금융	656	
광천수	306	구조	540	규약	642	금잔화	202	
광택	112	구축함	718	규칙적	548	금화	660	
광학	618	국가	668	균형	126	급류	046	
광합성	188	국민	668	귤	194	급여	550	
괴로움	372	국방	670	그 남자	434	급우	404	
교각	586	국수	306	그 여자	434	급행열차	592	
교과서	406	국수주의	670	그것	430	긍정	418	
교두보	720	국자	316	그네	480	기간	78	
교미	270	국장	684	그들	434	기계	622	
교사	404	국적	672	그래프	460	기관(器官)	162	
교수	410	국화	200	그래픽	570	기관(汽罐)	604	
교실	406	군단	704	그루터기	210	기관지	164	
교육	400	군대	698	그릇	316	기관차	592	
교육학	402	군도	044	그리스도	508	기금	660	
교장	408	군비	700	그리움	370	기념일	088	
교정	694	군축	700	그림	494	기능(技能)	606	
교통	584	군함	716	그림물감	496	기능(機能)	606	
교황	512	굳은살	182	그물	616	기도	504	
교회	508	굴	264	그믐	028	기독교	506	
교훈	444	굴다리	586	그을음	124	기독교도	510	
구경	718	굴뚝	324	극	034	기둥	324	
구구단	454	굴뚝새	252	극성	126	기름	312	
구급차	576	굴착기	628	근대	078	기린	238	
구기	534	굽	234	근대적	668	기병	710	
구김살	304	궁수	528	근본	126	기쁘다	184	
구덩이	328	궁전	722	근삿값	092	기쁨	368	
구도	496	권력	668	근시	176	기사(記事)	556	
구레나룻	154	권리	692	근위대	706	기사(騎士)	726	
구름	048	권위	668	근육	170	기수(騎手)	528	
구리	062	권총	714	글자	420	기수(基數)	090	
구멍	328	권투	536	금	066	기술	606	
구멍뚫이(드릴)	636	궤도	024	금강석	068	기술자	332	
구분	396	귀	152	금고	660	기압	050	
구상미술	494	귀걸이	282	금광	068	기어(자동차)	596	
구석	118	귀금속	066	금기	506	기업	642	
구석기시대	076	귀납	442	금메달	530	기업연합	644	
구세군	512	귀뚜라미	270	금발	148	기울기	104	
구세주	508	귀리	190	금붕어	252	기원	074	
구슬	480	귀마개	276	금성	026	기자	556	
구심력	074	귀족	722	금속	062	기장	602	
구월(九月)	084	귀중품	282	금요일	086	기저귀	296	
구유	618	귀청	172	금욕	506	기적	504	

기준	138	꾸지람	390	난소	174	넓적다리	158
기중기	628	꿀	310	난자	174	네거리	586
기지	720	꿈	374	난장이	178	네모	098
기체	126	꿩	244	날	088	네온	060
기침	178	끈	294	날(칼의)	632	네트워크	566
기하학	454	끈기	356	날개	242	넥타이	276
기호	422	끈끈이주걱	224	날씨	048	넷	094
기혼	344	끌	636	날짜	088	노	604
기화	132	끝	074	날치	256	노동	550
기회	376			날카롭다	130	노동력	074
기후	048			남(南)	122	노동자	550
긴장	704			남[他人]	434	노동쟁의	552
길	584	**ㄴ**		남극	034	노랗다	114
길다	124	나	434	남자	142	노래	486
길이	104	나그네	594	남작	724	노루	238
길잡이	328	나눗셈	456	남편	350	노른자	310
김	134	나리	200	납	062	노새	234
깃발	568	나머지	092	낫	616	노인	340
깃털	242	나무	204	낭만	376	노장	712
까끄라기	190	나무늘보	240	낭만주의	474	녹	134
까닭	448	나방	268	낮잠	362	녹말	312
까마귀	248	나비	268	낱개	092	녹색	114
까치	250	나사못	628	낱말	420	녹조	226
깍지(콩)	188	나이	338	낱알	092	논리	440
깔개	290	나이테	212	내각	674	논병아리	250
깔때기	288	나일론	298	내과	576	논쟁	556
깜빡이	596	나중	076	내과의사	578	논평	556
깡통	290	나침반	604	내구성	648	놀람	374
껌	312	나트륨	058	내용	422	놀이	478
껍질(과일 등)	188	나팔꽃	198	내일	088	농구	534
꼬리	232	낙관론	450	내장	162	농담	388
꼬마	338	낙농	610	내전	700	농도	106
꼬마요정	540	낙엽수	204	냄비(국)	316	농부	610
꼬챙이	294	낙원	510	냄새	184	농어	256
꼭대기	036	낙인	558	냉장고	286	농업	612
꼭두각시	482	낙지	256	냉전	700	농장	612
꼭짓점	460	낙타	238	너	434	농토	612
꽃	198	낙하산	718	너구리	240	높이	104
꽃가루	188	낚시	476	너비	104	높이뛰기	532
꽃게	262	낚시꾼	476	너희	434	뇌	160
꽃밭	326	난	222	넋	342	뇌관	716
꽃차례	188	난로	326	널뛰기	480	뇌파	160
꾀꼬리	250	난방	326	널빤지	630	누구	430

733

누나/언니	350	다이너마이트	716	대나무	208	덮개	632
누에	268	단가	652	대대	706	데모	544
누이	350	단검	726	대동맥	160	데이지	204
눈[雪]	048	단골	644	대령	708	데이터	570
눈[眼]	150	단막극	500	대륙	032	도가니	624
눈금	106	단백질	140	대리석	064	도교	518
눈꺼풀	150	단성생식	272	대마	224	도구	626
눈덩이	054	단순	128	대명사	426	도금	618
눈동자	150	단식	526	대모	514	도깨비	538
눈물	174	단위	102	대문	322	도끼	614
눈보라	054	단조	488	대부	514	도덕	546
눈사람	054	단추	302	대비	494	도라지	214
눈송이	054	단층	036	대사	680	도롱뇽	260
눈썹	150	단파	640	대사관	680	도료	630
눈치(점잖음)	358	단풍나무	206	대상	450	도르래	632
뉘우침	372	달[月]	028	대안	686	도마	316
뉴스	554	달[月]	082	대위	708	도마뱀	260
느낌	182	달래	220	대장	708	도매	652
느타리	226	달력	418	대주교	514	도미	254
늑대	238	달리기	532	대추	194	도서관	406
늙은호박	218	달리기(단거리)	532	대칭	456	도시	540
능력	394	달리아	202	대통령	682	도예	498
능률	608	달맞이꽃	204	대패	634	도전	524
늪	040	달변	390	대포	714	도착	598
		달빛	110	대표	644	도토리	214
		달인	330	대학교	406	도형	454
		달팽이	266	대학생	408	도화선	716
ㄷ		닭(수컷)	242	대화	568	독	574
다각형	100	닭(암컷)	244	댐	626	독립	672
다락	320	담	324	더 높다	122	독백	440
다람쥐	238	담배	314	더 많다	110	독수리	244
다래	194	담비	240	더 좋다	370	독자	560
다리[脚]	158	담쟁이	222	더 크다	122	독재	672
다리[橋]	584	답방	672	더듬이	270	독점	652
다리미	286	답신	566	더빙	502	돈	660
다림질	302	당구	536	더위	054	돌	42
다발	108	당근	214	덕	382	돌고래	254
다산	342	당나귀	234	덤	652	돌파구	702
다섯	094	닻	604	덤불	042	돌풍	052
다수	108	대각선	102	덥다	184	동	120
다스	106	대공	724	덧셈	454	동굴	038
다양성	548	대관식	722	덩굴손	188	동그라미	100
다운로드	570	대구	254	덫	618	동료	334

동맥	160	땔감	070	만년필	410	멜빵(바지)	276
동물	228	뗏목	602	만족	366	며느리	354
동백	202	또래	334	만화	496	면(綿)	298
동사	426	뜰	328	많다	110	면(面)	098
동작	360			말[馬]	232	면도기	296
동질성	548			말굽쇠(=편자)	232	면역	176
동짓달[十一月]	084	**ㄹ**		말뚝	232	면적	104
동화	436			말미잘	264	면허	676
돛	604	라일락	202	말총	234	면화	200
돛배	602	레몬	196	망막	172	멸치	254
돼지	232	레슬링	536	망아지	234	명령	690
되새	250	레이스	302	망원경	472	명사	424
두꺼비	260	레이저	466	망치	634	명상	518
두께	104	로봇	624	맞바람	052	명성	386
두더지	240	로션	282	맞춤법	420	명예	386
두려움	372	로켓	716	매	246	명왕성	026
둘	094	루비	068	매듭	304	명치	146
둘째	094	리듬	490	매머드	234	모계	348
둥지	322	리모컨	640	매미	268	모과	194
뒤통수	148			매장	522	모기	268
뒷유리	596			맥박	178	모눈종이	412
드라이버	636	**ㅁ**		맥주	314	모니터	570
들것	576			맹세	384	모란	198
들국화	202	마개	294	맹수	228	모래	042
들장미	200	마구간	322	맹장	166	모래시계	626
등	146	마그마	042	머루	198	모루	636
등대	604	마녀	520	머리	148	모르타르	630
등록(대학)	408	마늘	214	머리카락	148	모스크	518
등뼈[脊椎]	166	마당	326	머리핀	280	모양	122
등산	526	마라톤	532	먹지	412	모음	428
디자인	648	마력	074	먼저	076	모자	276
따개비	264	마름모	100	먼지	056	모자이크	494
따뜻하다	184	마술	520	멀리뛰기	532	모조품	648
따오기	248	마술사	520	멍	182	모피	298
딱따구리	250	마을	540	메기	252	모형	626
딸	350	마음	378	메달	530	목	144
딸기	194	마지막	098	메두사	538	목(目)	138
딸꾹질	176	마차	590	메뚜기	270	목가적	376
땀	174	막	230	메밀	192	목걸이	282
땀(바느질)	304	막간	500	메시지	440	목구멍	146
땅	030	만(灣)	046	메아리	134	목덜미	144
땅콩	216	만(萬)	096	메추라기	242	목도리	276
때[時]	074	만남	346	멜론	196	목련	200

목록	416	문맥	440	미학	402	박사	410
목발	574	문법	424	믹서	318	박쥐	252
목사	510	문신	182	민들레	198	박차	632
목성	026	문어	256	민물	032	박하	222
목소리	116	문인	438	민물고기	254	반감	370
목수	628	문자	420	민법	692	반감기	464
목요일	086	문장	422	민속	522	반구	030
목욕	362	문제	400	민족	542	반년	080
목재	630	문턱	324	민주주의	670	반달	028
목적	446	문학	436	믿음	382	반대	686
목젖	152	문화	472	밀	190	반도	034
목차	564	물	030	밀도	106	반도체	638
목표	374	물갈퀴	242	밀림	040	반사	130
몫	456	물개	256	밀물	046	반원	100
몸	144	물건	276	밀월	344	반응	468
몸짓	362	물고기	228	밀짚모자	276	반작용	130
못	630	물구나무	364	밍크	240	반점	180
몽둥이	698	물렁뼈	166	밑씨	186	반주	488
무	214	물레	624			반죽	308
무겁다	128	물레방아	626			반지	280
무게	104	물리학	462	**ㅂ**		반지름	100
무궁화	198	물망초	222			반창고	296
무기	714	물물교환	652	바구니	290	받아쓰기	404
무당벌레	268	물뿌리개	288	바나나	196	발	158
무대	500	물음	390	바늘(바느질)	302	발가락	160
무덤	322	물질	056	바다	030	발견	608
무디다	130	물통	290	바다표범	236	발광	110
무릎	158	물푸레나무	206	바닥	118	발꿈치	158
무리	544	미끄럼틀	478	바닷말	226	발레	502
무리수	458	미끼	616	바닷물	032	발명	608
무속	520	미늘	616	바닷물고기	254	발목	158
무언극	500	미라	452	바람	048	발바닥	158
무엇	432	미래	078	바로크	474	발산	466
무연탄	070	미로	588	바리케이드	698	발음	420
무정부주의	670	미루나무	206	바리톤	484	발자국	362
무지개	050	미리내	024	바위	042	발전	664
무한	078	미분	460	바이올린	490	발효	468
무화과	196	미성년	338	바이킹	542	밝다	112
묵주	516	미소	364	바지	300	밤	090
문(門)	138	미술	492	바퀴	598	밤나무	206
문(門)	322	미신	506	바톤	528	밧줄	634
문구	410	미움	374	박동	178	방	320
문단	422	미풍	052	박물관	452	방광	164

방독면	718	백신	572	벽지	326	복사(複寫)	412
방망이	528	백인	142	변속기	596	복수	430
방법	400	백일홍	200	변수	460	복숭아	194
방사능	464	백작	724	변압기	636	복식	526
방석	290	백혈구	160	변장	364	복음	508
방송	554	백화점	666	변주곡	484	복잡	128
방아쇠	714	뱀	260	변호사	692	복제	140
방언	420	뱀장어	252	별	022	복종	704
방울(물)	030	버드나무	208	별똥별	024	복지	550
방울뱀	260	버들강아지	224	별명	340	본능	182
방위	120	버릇	380	별자리	024	본점	644
방적	618	버섯	226	병(瓶)	292	볼기	146
방정식	458	버스	590	병리과의사	578	볼록하다	124
방파제	46	버찌	216	병아리	244	볼링	536
방패	726	버터	308	병원	576	볼펜	410
방향제	296	번개	050	병장	710	봄	082
밭	612	번식	140	보건	582	봉건제	720
배	194	번역	560	보관함	588	봉쇄	700
배[腹]	144	번역가	560	보궐선거	690	봉화	568
배[船]	602	번호판	598	보도	554	부	550
배경	494	벌	268	보라색	114	부(내각)	674
배관공	620	벌레	228	보름달	028	부결	688
배구	534	벌집	270	보리	190	부계	348
배기통	598	범주	446	보리수	206	부기	656
배꼽	146	범퍼	598	보모	646	부두	604
배낭	292	법	690	보물	452	부러움	372
배드민턴	536	법안	686	보병	710	부레	258
배란	176	법원	692	보상	678	부리	242
배심원	692	법인	642	보석	066	부리망	232
배아	188	법학	402	보석금	694	부부	348
배영	534	벗	334	보석상	646	부분	110
배우	500	베개	292	보시	518	부사	426
배제	676	베란다	326	보안	696	부산물	608
배지	280	베틀	304	보어	428	부스러기	310
배짱	358	벤치	284	보일러	622	부싯돌	634
배추	218	벼랑	038	보조개	150	부엉이	246
백(百)	096	벼룩	270	보증	656	부엌	316
백골	168	벼룩시장	666	보증금	660	부재	448
백과사전	560	벼슬(닭)	244	보초	712	부적	520
백금	066	벽	324	보험	656	부제	562
백만	096	벽난로	326	복고	476	부족	542
백사장	046	벽돌	630	복권	416	부지런	358
백색왜성	022	벽시계	626	복사(輻射)	130	부차적	558

부채	278	브랜디	314	뺄셈	454	사월(四月)	084
부피	106	브레이크	596	뻐꾸기	248	사위	354
부화	270	브로치	280	뼈	166	사이	118
부활절	512	브로콜리	218	뺨	156	사이렌	568
북(방직)	624	블라우스	300	뿌리	212	사자	236
북(北)	122	블랙홀	024	뿔	234	사전	560
북[鼓]	490	비	048			사중주	486
북극	034	비계	310			사증	682
북어	258	비교	558	**ㅅ**		사진	498
분(分)/길이	080	비누	294			사진기	498
분광	464	비늘	258	사	672	사진작가	498
분기	082	비단	298	사건	696	사진첩	498
분노	372	비둘기	250	사격	702	사촌(남)	354
분대	706	비디오	286	사고	598	사촌(여)	354
분류	138	비례	456	사공	606	사춘기	080
분모	456	비료	612	사과	194	사탕	312
분사	428	비리	694	사과(謝過)	388	사태	054
분석	446	비밀	676	사냥	612	사파이어	068
분수(噴水)	040	비상	676	사냥꾼	612	사포	628
분수(分數)	456	비서	646	사다리	294	사프란	224
분신	144	비올라	492	사단	704	사회	540
분업	608	비용	660	사도	510	사회자	554
분열	464	비전	376	사람/인간	142	사회주의	670
분자(分子)	456	비중	470	사랑	370	산(酸)	128
분자(分子)	056	비타민	574	사랑니	168	산(山)	036
분지	036	비탈	038	사랑앵무	248	산도	108
분출	130	비판	546	사령관	712	산딸기	196
분필	410	비행	600	사막	036	산소	058
분홍	114	비행기	600	사면	678	산수	454
분화구	038	빈도	108	사명	380	산업	608
불	030	빗	294	사무실	666	산호	264
불가사리	264	빗방울	052	사본	416	산호초	048
불교	516	빗변	102	사상	444	산화	468
불꽃	030	빗자루	292	사서	408	살	182
불똥	030	빙산	036	사선	102	살갗	180
불사조	540	빙점	050	사설	556	살구	196
불침번	712	빙하	038	사슬	634	살균	582
붉다	114	빙하기	076	사슴	234	살별	024
붓	412	빛	110	사시나무	208	삼나무	210
붓꽃	200	빛나다	112	사실	554	삼림	040
붕대	296	빨대	292	사실주의	474	삼베	298
붙임줄	490	빨래	302	사암	066	삼월(三月)	082
브랜드	648	빵	306	사업가	332	삼중주	486

삼촌	352	생물학	464	선수	526	세대	348
삼투	132	생산	620	선실	602	세라믹	064
삽	614	생산성	620	선원	606	세례	508
삽화	494	생산자	334	선율	488	세모	098
상(像)	498	생일	088	선의	384	세자	724
상(賞)	558	생태	140	선인장	224	세포	140
상대	434	생태계	142	선장	606	셋	094
상대성	464	생화학	462	선전	544	셋째	094
상록수	208	샤워	362	선천성	342	셔틀콕	528
상병	710	샤프	412	선체	602	소금	312
상사(上司)	334	서(西)	120	선풍기	286	소나기	052
상사(上士)	710	서가	284	섣달[十二月]	084	소나무	210
상상	382	서곡	484	설교	510	소년	338
상식	394	서랍	284	설득	392	소대	706
상아	236	서러움	370	설립	544	소득	550
상아탑	406	서류	416	설치류	240	소라	264
상어	256	서리[霜]	050	설탕	312	소령	708
상업	608	서명	392	섬	044	소리	116
상인	646	서문	564	섬모	270	소매	302
상자	632	서비스	608	섬유	298	소매(小賣)	652
상체	144	서사시	436	섭리	510	소묘	494
상추	220	서수	090	성(性)	142	소문	558
상태	124	서술어	426	성(姓)	340	소방대	698
상표	608	서식	416	성(城)	726	소방차	698
상형문자	424	서점	666	성계	264	소비	652
새	242	석고	064	성격	354	소비자	334
새끼손가락	156	석공	620	성경	508	소설	436
새벽	088	석기	288	성공	384	소설가	438
새벽노을	134	석기시대	076	성냥	290	소수(少數)	108
새우	262	석류	194	성년	338	소수(小數)	458
새해	080	석사	410	성대	154	소수(素數)	458
색	112	석영	064	성령강림절	512	소스	312
색상	116	석유	070	성분	468	소시지	308
색소	496	석탄	070	성상	514	소아과	576
색소폰	492	석회	060	성수기	664	소아과의사	578
색인	564	선(善)	448	성운	024	소용돌이	046
샌들	278	선(線)	098	성인	514	소원	374
샐러드	306	선거	688	성적	406	소위	708
샐비어	204	선교	508	성조	428	소음기	714
샘	040	선글라스	278	세계	028	소인(消印)	566
생강	214	선동	544	세금	674	소장(少將)	708
생리학	402	선물	280	세기	078	소쩍새	248
생맥주	314	선사	076	세뇌	418	소철	208

739

소켓	638	송장	652	수준	106	승강기	592
소통	564	쇄골	166	수줍음	360	승객	600
소파	284	쇠고기	310	수증기	132	승리자	526
소포	566	수	090	수지	656	승마	538
소프라노	482	수갑	696	수출	654	승무원	600
소행성	022	수건	294	수표	660	승진	646
소화	176	수녀	514	수프	308	시(詩)	436
소화기	698	수다	390	수필	436	시(時)/길이	080
소화제	574	수단	446	수학	454	시(時)/시점	076
속	138	수달	240	수혈	582	시각	182
속기	360	수도(水道)	586	수확	612	시계	626
속눈썹	150	수도(首都)	668	숙녀	328	시금석	466
속달	566	수동적	356	숙모	352	시금치	220
속도	108	수락	392	숙제	406	시끄럽다	116
속성	128	수력	072	숙주	270	시련	388
속옷	300	수로	586	순간	074	시료	468
손	154	수류탄	714	순결	360	시멘트	630
손가락	156	수리부엉이	246	순교	506	시월(十月)	084
손금	156	수명	342	순수	126	시인	438
손끝	156	수박	192	순환	132	시작	074
손녀	352	수병	712	숟가락	316	시장(市場)	666
손님	646	수비	524	술(장식)	282	시장(市長)	684
손목	154	수사	514	술[酒]	314	시제	428
손바닥	154	수선화	200	술래잡기	480	시조	348
손뼉	362	수성	026	숨	364	시청	674
손수건	278	수소(水素)	058	숨바꼭질	480	시트	292
손실	656	수소	230	숫돌	042	시험	410
손자	352	수수	192	숭어	256	식단	316
손잡이	322	수수께끼	384	숯	070	식도	170
손재주	362	수술	188	숲	040	식량	304
손전등	640	수술	580	쉼표	424	식물	186
손톱	156	수신	566	스카프	276	식욕	174
손해	656	수액	212	스커트	300	식초	312
솔	296	수열	458	스케이트	536	식품	306
솔방울	216	수염(턱)	154	스크루(선박)	602	신(神)	504
솜	296	수영	534	스타일	360	신경	170
송곳	634	수요	652	스톱워치	530	신권정치	672
송곳니	168	수요일	086	스패너(나사틀개)	636	신기루	134
송구(送球)	534	수은	058	스포츠	524	신데렐라	538
송아지	232	수의사	580	스핑크스	540	신동	330
송어	252	수익	654	슬프다	186	신랑	344
송유관	592	수입	654	슬픔	374	신뢰	382
송이	226	수정	686	습기	134	신문	556

신발	278	쌍둥이	144	아파트	318	암호	702
신부(新婦)	344	쌍안경	472	아편	574	압력	072
신부(神父)	514	썰매	480	아홉	096	압정	414
신분	334	썰물	046	악기	490	압축	620
신비	522	쐐기풀	222	악단	488	앙상블	484
신사	328	쑥	218	악마	504	앙케트	558
신성	22	쓰레받기	292	악몽	376	앙코르	488
신앙	504	쓸개	164	악보	490	앞니	168
신원	332	씨[種子]	186	악수	364	앞유리	596
신입생(대학)	408	씨방	186	악순환	664	앞치마	318
신전	520	씨족	348	악어	260	애교	360
신조	382			악어새	250	애국	670
신참	712			악장	488	애벌레	228
신청	676	ㅇ		안감	298	애칭	340
신축성	128			안개	050	애호박	218
신하	726	아가미	258	안경	278	액체	126
신학	510	아가씨	338	안과	578	앵무	248
신호	568	아교	414	안과의사	578	야금	620
신화	436	아기	338	안구	150	야망	376
실	304	아나운서	554	안내	366	야수파	476
실마리	696	아날로그	466	안락	368	야영	704
실수	388	아내	348	안마	526	야자	196
실수	456	아늑하다	368	안무	502	야행성	272
실업	552	아니오	432	안색	150	야호	432
실용적	356	아들	350	안식일	510	약	572
실패	386	아리아	486	안장	590	약국	576
실험	464	아마추어	328	안전	546	약사	580
심리학	418	아버지	350	안전띠	596	약속	336
심미적	356	아성	720	안정	546	약어	420
심상	380	아스팔트	630	안테나	638	약점	388
심야	090	아시아인	542	알	230	약지	156
심장	162	아양	360	알루미늄	062	약초	226
심지	290	아연	062	알리바이	696	약혼녀	346
심판	526	아열대	034	알맹이	044	약혼자	344
십억	098	아우/여동생	352	알몸	180	양(羊)	234
십이지장	166	아욱	220	알바트로스	244	양(量)	092
십자가	516	아이디어	394	알약	572	양귀비	222
십자군	516	아이러니	438	알칼리	128	양념	312
십진법	462	아이스하키	536	알토	484	양달	120
싹	186	아지랑이	050	앎	396	양도	642
쌀	190	아침	088	암모니아	060	양말	278
쌍(雙)	092	아침밥	306	암소	232	양모	298
쌍곡선	460	아카시아	202	암술	188	양배추	218

양복	300	얼음	048	연료	070	영주	726	
양봉	612	엄지	156	연못	038	영토	668	
양산	278	업적	384	연미복	300	영향	550	
양서류	258	엉겅퀴	224	연민	370	영혼	504	
양수	172	에너지	070	연방	670	영화	502	
양심	380	에누리	654	연상	382	옆	118	
양자	056	에메랄드	068	연설	390	옆줄	258	
양조	620	에스컬레이터	592	연습	400	예	432	
양탄자	326	에어컨	286	연안	046	예명	342	
양파	220	에티켓	522	연어	252	예방	584	
양해	336	에피소드	562	연역	442	예배	512	
어감	420	엔진	594	연장	634	예보	680	
어금니	168	여과기	622	연장	680	예비	648	
어깨	146	여권	418	연주	488	예산	674	
어느	432	여기	118	연체동물	266	예상	384	
어둠	134	여단	704	연필	412	예술	472	
어둡다	110	여덟	096	열(熱)	132	예외	548	
어디	432	여름	082	열[+]	096	예의	522	
어려움	388	여물	614	열대	034	오각형	100	
어른	338	여섯	096	열둘	096	오누이	350	
어린이	338	여신	504	열량	108	오늘	088	
어머니	350	여왕	724	열병	704	오두막	320	
어미(語尾)	430	여왕벌	268	열쇠	288	오디	216	
어버이	350	여우	240	열정적	358	오락	478	
어부	612	여자	142	열차	590	오렌지	196	
어업	612	여정	594	열하나	096	오른쪽	116	
어원	422	여행	594	염문	558	오리	242	
어음	656	역	588	염색체	140	오리나무	206	
어제	088	역도	538	염세주의	450	오목눈이	250	
어조	440	역사	450	염소	232	오목하다	124	
어찌	432	역설	444	염소	058	오소리	238	
어치	252	역학	464	염치	372	오아시스	040	
어항	292	역할	500	엽록소	188	오얏(=자두)	196	
억	098	엮은이	560	엽서	566	오염	552	
억새	222	연	478	영	094	오용	552	
언어	418	연감	558	영감	378	오월(五月)	084	
언어학	424	연고	572	영광	386	오이	218	
언제	432	연구	400	영사	682	오존	060	
얼	380	연극	502	영수증	654	오직	432	
얼굴	148	연기	134	영양	306	오징어	256	
얼레	624	연꽃	198	영웅	330	오차	462	
얼룩말	236	연단	406	영원	078	오해	396	
얼마	432	연대	706	영장류	230	옥	068	

옥수수	190	요술	520	운문	436	월요일	084
옥타브	488	요약	392	운석	042	위(胃)	164
온난전선	052	요오드	058	운수	594	위기	546
온대	034	요일	084	운율	438	위도	032
온도	106	요정	540	운전대	596	위로	366
온실	614	요청	336	운전사	594	위생	582
올가미	618	욕망	376	운하	594	위성	028
올빼미	244	욕실	320	울음	362	위엄	358
올챙이	260	욕심	378	웃음	364	위자료	694
옷	300	욕조	320	웅덩이	328	위트	392
옷장	284	용	538	원고	692	위험	546
옷핀	304	용광로	622	원근법	494	윙크	364
옹기	288	용기	358	원기	178	유교	516
옹이	212	용담	200	원둘레	102	유권자	690
옻나무	208	용돈	662	원리	464	유럽인	542
와이퍼	596	용매	468	원반	530	유령	520
완두	192	용병	712	원본	418	유리	630
완성	386	용수철	632	원뿔	102	유리수	456
왈츠	486	용암	042	원사	710	유머	392
왕겨	192	용접	620	원색	114	유모	330
왕관	722	용해도	470	원소	058	유모차	590
왕국	720	우라늄	064	원수	706	유목민	614
왕위	722	우리	322	원숭이	230	유물	452
왕자	724	우리	434	원시	176	유방	146
왕정	720	우박	050	원시림	040	유산	346
왕조	722	우산	278	원심력	074	유산균	228
왜가리	246	우상	512	원앙	248	유스호스텔	666
외과	576	우선	092	원예	186	유약	498
외과의사	578	우성	140	원유	070	유언(유언장)	416
외교	680	우수	372	원인	470	유월(六月)	084
외국어	424	우스갯소리	388	원자	056	유의어	422
외국인	542	우승	524	원자력	072	유적	452
외로움	372	우엉	214	원자재	610	유전(遺傳)	140
외모	180	우연	448	원자폭탄	716	유전(油田)	072
외상	654	우정	376	원조(元祖)	346	유전자	140
외양간	322	우주	022	원조(援助)	682	유정	072
외투	300	우주비행사	600	원주민	542	유조선	602
외환	662	우체국	564	원천	040	유지	546
왼쪽	118	우편	566	원통	102	유채	216
요금	662	우표	564	월계수	208	유채색의	112
요람	288	우화	436	월균	216	유체	126
요법	582	운(韻)	440	월드컵	526	유치원	404
요새	720	운명	504	월식	028	유행	476

유혹	378	의식(儀式)	522	이점	558	일화	562
육각형	100	의심	382	이정표	588	임금	724
육군	698	의원	686	이제	074	임기	688
육면체	102	의장	686	이진법	462	임대인	336
육상	532	의제	686	이타주의	450	임명	674
윤곽	122	의지	384	이해	396	임무	676
윤년	080	의학	402	익명	340	임시	080
윤리	444	의회	684	인(燐)	058	임신	176
윤활유	072	이것	430	인격	332	임업	614
융기	130	이교	516	인구	668	임차인	334
융통성	354	이기주의	450	인권	670	입	152
융합	464	이끼	228	인기	476	입구	322
으뜸	092	이념	444	인대	170	입력	570
은	068	이력서	418	인도	586	입맛	184
은유	438	이론	400	인도주의	670	입맞춤	362
은총	508	이륙	600	인류	142	입문	404
은퇴	550	이름	340	인삼	214	입법	684
은하	024	이름[名]	340	인상	378	입술	152
은행	656	이마	150	인상주의	474	입양	342
은행나무	206	이물	604	인생	346	입자	056
은행원	646	이민	346	인세	562	입천장	152
은하	662	이발	362	인쇄	562	입체	098
음계	486	이발사	646	인쇄기	572	입체파	474
음료	308	이병	710	인식	446	입후보	690
음모	382	이불	292	인어	538	잇몸	152
음반	490	이빨	168	인용	400	잉어	252
음식점	666	이삭	192	인정	558	잉여	650
음악	482	이상	374	인종	142	잉크	414
음악회	490	이서	658	인중	150	잎	186
음자리표	486	이성	394	인형	478		
음절	428	이슬	050	일각수	538		
음파	466	이승	504	일곱	096	ㅈ	
응답	120	이쑤시개	296	일관성	378		
응축	132	이어달리기	532	일광욕	362	자	414
의견	392	이어폰	280	일기	390	자갈	042
의논	688	이웃	336	일몰	090	자개	632
의도	384	이원	446	일병	710	자격	332
의무	692	이원론	446	일부일처	344	자고	250
의뭉스럽다	384	이월(二月)	082	일식	028	자국(흔적)	302
의미	428	이율	658	일요일	086	자궁	172
의사	578	이음매	624	일원론	446	자극	470
의성어	428	이익	608	일인분	310	자기	288
의식(意識)	380	이자	662	일정	688	자기	434

자기장	466	작별	346	재기	584	전략	702
자동차	590	작살	616	재능	388	전류	640
자랑	386	작용	130	재단	542	전립선	170
자력	072	작은창자	164	재떨이	290	전망	664
자료	416	작전	702	재미	482	전문	690
자루	288	잔	316	재산	658	전문가	328
자막	502	잔디	224	재정	674	전보	564
자물쇠	288	잔물결	048	재채기	176	전복	264
자본	658	잔치	478	재활	582	전사	712
자본주의	670	잔해	606	재활용	552	전선	052
자비	518	잠	364	잼	308	전선	638
자산	658	잠꼬대	178	쟁기	616	전설	438
자서전	562	잠망경	718	저것	430	전술	702
자세	180	잠수함	718	저고리(남성)	300	전압	640
자손	348	잠자리	268	저금	662	전역	702
자수	304	잡음	116	저녁	090	전위	474
자수정	068	잡지	560	저녁밥	306	전자	056
자신감	368	잡초	222	저수지	040	전쟁	700
자아	332	잣	216	저승	504	전쟁터	720
자연	022	장	422	저울	294	전제	442
자연수	458	장갑	278	저자	560	전조등	596
자연주의	474	장관	684	저작권	562	전주곡	484
자오선	032	장교	708	저지	034	전지적	516
자웅동체	272	장난감	478	저택	318	전차(電車)	592
자유	444	장난꾸러기	330	저항	640	전차(戰車)	716
자율	548	장대높이뛰기	532	적다	110	전체	110
자음	428	장례	524	적도	032	전축	286
자의적	358	장르	472	적분	460	전치사	426
자작	724	장면	500	적성	354	전통	452
자작나무	206	장미	198	적자	658	전투	700
자장가	486	장비	632	적혈구	160	전투기	716
자전거	590	장소	120	전갈	266	전파	640
자존심	380	장수	344	전공	408	전함	716
자주색	114	장식	282	전구	636	전형적	558
자취	462	장애물경기	532	전극	640	전화기	286
자판	572	장인	332	전기(傳記)	562	전화 통화	566
자화상	496	장점	396	전기(電氣)	640	절(인사)	364
자회사	642	장조	488	전기분해	468	절대적	670
작가	438	장학금	410	전단	416	절댓값	458
작곡가	482	장화	278	전도(傳導)	128	절상	662
작다	122	장황하다	422	전도(傳導)	640	절약	356
작동	622	재	030	전도체	638	절연	468
작물	190	재고	648	전람회	666	절정	500

745

절차	686	정의(正義)	444	조명	642	주근깨	180
절하	662	정의(定義)	446	조부모	352	주류	544
점(占)	518	정자(精子)	174	조사(調査)	400	주름(바지의)	304
점(點)	098	정자(亭子)	320	조사(照射)	466	주말	086
점령	702	정전	700	조산원	580	주먹	156
점막	170	정치	684	조상	348	주먹질	526
점성술	522	정형외과	576	조선	620	주문	520
점심밥	306	정화	552	조수	332	주문	654
점액	174	정확하다	450	조약	682	주물	622
점자	420	정회	688	조용	116	주민	668
점쟁이	520	젖	310	조율	488	주부	330
점화	640	젖꼭지	146	조의	522	주사	582
접두사	430	젖먹이	338	조정	538	주사기	574
접목	212	제곱	458	조종	598	주사위	480
접미사	430	제곱근	458	조종사	602	주석	062
접사	430	제단	520	조직	688	주소	318
접속사	426	제도	628	조카	354	주식	658
접시	316	제독	712	조합	458	주어	426
접종	582	제라늄	204	조화	544	주인	336
접지	642	제련소	620	족보	452	주인공	472
접촉	334	제목	562	족쇄	728	주장	392
젓가락	316	제발	432	족장	542	주전자	318
정	634	제복	302	족제비	238	주제	400
정강이	158	제비	248	족집게	294	주주	646
정거장(버스)	588	제비꽃	200	존재	448	주차장	588
정관	642	제약	676	졸업	406	주춧돌	324
정당	684	제어	548	졸음	178	주치의	578
정도	102	제품	648	종(種)	138	주판	414
정리	462	제한	676	종(鍾)	518	주형(금속)	624
정맥	160	조	190	종교	504	주화	660
정보	570	조(兆)	098	종다리	246	죽음	346
정복	700	조가비	262	종류	138	준결승	524
정부	674	조각	498	종아리	158	준비	548
정삼각형	460	조각가	496	종이	412	준장	708
정수(整數)	458	조개	262	종족	542	줄기	212
정수(精髓)	476	조건	442	종탑	516	줄넘기	534
정숙	358	조공	722	좋다	370	중개인	646
정신과	576	조끼	300	좌우명	390	중단	366
정신과의사	578	조도	112	좌표	460	중대	706
정어리	256	조류	044	죄	694	중력	072
정열	368	조리	318	주(週)	086	중령	708
정오	088	조리개(카메라)	498	주격	428	중매	344
정월(正月)	082	조립	620	주교	514	중사	710

중성자	056	지진	054	집착	382	창자	164
중세	076	지참금	662	집회	544	창포	224
중심	118	지출	658	징조	568	채(테니스)	528
중위	708	지침	678	짝	334	채권	658
중장	708	지팡이	280	짝수	090	채널	554
중재	642	지퍼	304	짧다	124	채도	112
중지	156	지평선	032	쪽	418	채소	220
중화	470	지폐	660	찌르레기	248	채식주의자	376
쥐	240	지푸라기	226	찜질	582	채찍	532
즐겁다	186	지프	590			책	560
즙	308	지하	118			책갈피	414
증거	694	지하철	592	**ㅊ**		책상	284
증서	416	지혜	516			책임	546
증언	694	지휘자	482	차	314	챔피언	526
증인	694	직관	378	차고	588	챙(모자)	276
지각	032	직선	100	차도	588	처녀	340
지각	394	직업	550	차례!	702	처방	582
지갑	280	직장	164	차례	094	처치	580
지게차	628	직접	336	차별	448	척수	168
지구	026	진공	124	차선	586	천(옷감)	298
지구과학	402	진공청소기	286	차원	466	천(千)	096
지구력	356	진단	580	차이	448	천구	024
지네	266	진달래	202	차표	588	천국	508
지느러미	258	진동	130	착각	378	천둥	050
지능	394	진리	506	착륙	600	천마	540
지도	452	진열	650	찬가	486	천막	320
지도자	328	진원	054	찬성	686	천문대	402
지라	164	진자	466	찬송가	510	천문학	402
지렁이	266	진주	068	찬장	318	천문학자	402
지렛대	634	진통제	574	찰흙	044	천사	508
지름	100	진화	470	참	442	천연가스	072
지름길	586	진흙	044	참고	400	천왕성	026
지리학	452	질경이	222	참깨	192	천장	324
지문	158	질녀	352	참나무	206	천재	330
지방	170	질량	104	참새(딱새)	244	천주교도	512
지붕	324	질서	546	참여	552	천체	022
지빠귀	250	질소	058	참치	258	철(鐵)	062
지식	394	질풍	052	참호	720	철[季節]	082
지우개	414	짐작	382	창	726	철갑상어	252
지원	676	집	318	창고	666	철기시대	076
지위	332	집게	636	창문	324	철로	586
지점	644	집세	662	창세기	508	철모(헬멧)	718
지정	678	집중	380	창의성	380	철새	242

철수	700	촉매	468	취미	478	카멜레온	260
철자	420	촉수	264	측백나무	210	칸나	202
철학	442	촛대	290	층	326	칼	634
첨단	608	총	714	치과	576	칼	726
첫째	094	총각	340	치과의사	578	칼럼	556
청각	184	총리	684	치료	580	칼륨	060
청교도	514	총알	714	치료사	580	칼슘	060
청구	658	총영사	682	치약	296	칼집	726
청동	062	최대	108	치외법권	682	캐럿	106
청동기시대	076	최루가스	696	치자나무	208	캐비닛	286
청바지	302	최면	418	치즈	308	캠페인	544
청소년	338	최소	108	치환	470	캥거루	236
청어	254	최적	548	칙령	722	커튼	292
청원	680	추기경	514	친밀	358	커피	314
청진기	574	추론	442	친절	358	컨디션	180
청혼	342	추상미술	494	친척	352	컨베이어벨트	624
체계	678	추신	566	친화력	354	컨설팅	610
체육관	530	추앙	386	칠면조	244	컨소시엄	644
체조	534	추위	054	칠월(七月)	084	컴퍼스	414
체형	180	추진	680	칠판	406	컴퓨터	570
첼로	492	추출	470	침[唾液]	174	케이블	638
초	288	축(軸)	624	침낭	292	코	152
초(秒)/길이	080	축구	534	침대	284	코끼리	236
초대	336	축도	512	침묵	390	코발트	062
초등학교	404	축산업	614	침술	580	코브라(안경뱀)	260
초롱꽃	202	축적	658	침실	320	코뿔소	236
초산	060	축전	478	침엽수	210	코스모스	202
초상화	496	축척	106	침체	664	코요테	238
초소	720	출간	560	침투	702	코치	526
초승달	028	출구	324	침팬지	230	코코아	314
초식동물	228	출력	572	칫솔	296	콘크리트	630
초신성	022	출발	598	칭찬	386	콤바인	614
초안(草案)	416	출생	342	칭호	340	콧구멍	152
초연(初演)	476	출석	404			콧노래	486
초원	036	출판사	560			콧수염	154
초음파	466	춤	502	ㅋ		콩	190
초점	118	춥다	184			콩팥	164
초콜릿	314	충격	546	카나리아	248	쾌락	366
초판	562	충돌	130	카네이션	204	쾌락주의	450
초현실주의	474	충동	378	카누	602	크기	106
촉(펜의)	412	충성	704	카드	414	크낙새	246
촉각	184	췌장	164	카디건	300	크다[大]	122
촉감	184	취득	678	카리스마	356	크리스마스	512

크림	312	턱	152	특허	676	팽이	480
큰창자	164	털(짐승)	180	틀	632	팽창	132
클라리넷	492	텃새	242	틀니	168	퍼센트	092
클러치	596	텅스텐	064	틈	118	펌프	622
클립	414	테너	484	티타늄	062	페튜니아	204
키	180	테니스	534			펜싱	536
		테라스	326			펭귄	246
		텔레비전	286	**ㅍ**		편곡	484
ㅌ		토끼	240			편대	706
		토끼풀	224	파	220	편도선	170
타악기	490	토란	220	파노라마	494	편서풍	052
타원	100	토마토	198	파도	046	편안하다	366
타이핀	276	토성	026	파랗다	114	편지	566
타일	632	토요일	086	파리	268	펼침막	416
타자(打字)	570	톱	636	파마	148	평가	610
타조	244	톱니바퀴	624	파생	424	평균	462
타협	654	톱밥	070	파스텔	496	평등	544
탁구	534	통계	454	파업	552	평면	120
탁자	284	통나무	210	파인애플	196	평민	726
탄력	132	통발	616	파장	108	평생	346
탄산	060	통신	564	파충류	260	평영	536
탄소	058	통역	568	파티	478	평의회	690
탄수화물	140	통일	672	파편	716	평정	378
탄식	388	통찰	394	판(版)	562	평지	034
탄약	714	통화	664	판결	692	평화	546
탄창	714	퇴위	722	판례	694	폐기	680
탄핵	688	퇴적암	066	판막	172	포도	194
탈	500	투사	330	판매	654	포도주	314
탈바꿈	272	투수	528	판사	692	포물선	102
탈출	366	투자	660	판지	412	포수	528
탐정	646	투쟁	552	팔	154	포스터	568
탐험	594	투표	688	팔걸이	284	포유류	230
탑	518	튤립	204	팔꿈치	154	포장	650
태(態)	430	트랙터	614	팔뚝	154	포화	470
태도	358	트럭	590	팔레트	496	포효	272
태반	172	트럼펫	492	팔월(八月)	084	폭격기	718
태양계	026	트렁크	598	팔찌	282	폭죽	482
택시	590	트렌드	476	패권	702	폭탄	714
탯줄	172	트로피	530	패러다임	448	폭포	038
탱고	486	특권	692	패류(貝類)	262	표면	120
탱자	216	특성	128	패션	650	표백	468
터널	586	특종	556	팬지	204	표범	236
터빈	622	특파원	556	팽나무	206	표본	576

표어	424	필적	392	항로	588	허구	436
표준	610	핑계	390	항목	138	허기	176
표현	440			항생제	572	허락	394
표현주의	474			항성	022	허리	144
풀(접착제)	412	**ㅎ**		항해	604	허수아비	614
풀[草]	222			해[歲]	080	허파	162
풀무	624	하나	094	해[日]	026	헌법	690
품	144	하늘	030	해구	048	헌병	712
품사	426	하드디스크	570	해군	698	헌신	366
품질	650	하마	236	해독	574	헛간	322
풍경	032	하사	710	해돋이	134	헛소리	390
풍금	492	하키	536	해류	044	헤드폰	280
풍뎅이	268	하품	176	해마	254	헬리콥터	600
풍력	072	학	246	해먹	294	헹가래	366
풍미	184	학과	408	해면	262	혀	152
풍선	480	학교	404	해바라기	198	혁명	672
풍속	522	학기	404	해변	46	혁신	678
풍요	554	학생	404	해병	698	현관	320
풍자	438	학위	408	해산물	308	현금	664
풍차	622	학자	408	해삼	264	현기증	178
퓨즈	638	학장	410	해상도	572	현대	078
프랑스말	424	학점	408	해석	446	현무암	066
프로그램	554	한 대	034	해시계	626	현미경	472
프로펠러	600	한랭전선	052	해안	044	현상	132
플라스틱	468	할당	678	해열제	574	현실	450
플라타너스	206	할머니	352	해왕성	026	현재	078
플랫폼	588	할미꽃	200	해파리	264	혈관	160
플러그	638	할미새	246	해협	044	혈소판	162
플루토늄	064	할아버지	352	핵	056	혈액형	162
플루트	492	함대	706	핵과	218	혈장	162
피	160	함수	460	핸드폰	568	혈전	162
피겨	536	합계	092	햄	308	혈청	162
피고	694	합금	622	햇빛	110	협곡	036
피난처	056	합리주의	448	행복	368	협력	610
피라미드	454	합법성	694	행성	022	협상	654
피뢰침	638	합병	644	행위	360	협정	682
피마자	216	합성	424	행인	594	협주곡	484
피망	220	합의	686	행정	674	협회	542
피아노	492	합판	630	행진	704	형/오빠	352
피아노 건반	492	항공	598	향기	116	형법	692
피조물	512	항공모함	718	향나무	208	형성	132
피지	174	항구	604	향수	282	형식	686
필연	448	항구적	080	향수	372	형용사	426

형제	350	화신	518	황후	722	흑인	142
형평	554	화약	716	횃불	568	흑점	028
호기심	380	화요일	086	회개	510	흙	042
호두	216	화음	488	회계사	648	흙손	616
호랑이	236	화장	282	회로	638	흡연	314
호루라기	568	화장실	320	회복	584	흥분	372
호르몬	174	화장품	282	회사	644	희곡	436
호미	616	화제	392	회색	114	희극	438
호밀	192	화학	462	회생	344	희다	112
호박	068	화해	336	회양목	210	희망	374
호사	356	확률	460	회오리바람	052	흰개미	266
호소	392	확성기	638	회원	332	흰자	310
호수	038	확신	446	회유	272	히아신스	202
호의	370	확실성	442	회장	648	힘	176
호텔	668	확인	548	회전목마	482	힘줄	170
호환성	570	환경	552	회중시계	626		
호황	664	환급	678	회춘	344		
혼돈	448	환기	642	회화	424		
혼동	396	환담	390	효과	550		
혼인	344	환생	518	효모	228		
혼합	126	환영	376	효소	308		
홀로	090	환원	470	후각	184		
홀수	090	환율	662	후견인	330		
홀씨	228	환희	368	후계자	348		
홉	192	활	528	후기	564		
홍수	054	활동	360	후두	152		
홍조	226	활성화	610	후보	690		
홍채	150	활시위	530	후식	306		
화가(畵家)	494	활쏘기	538	후원	678		
화가(畵架)	496	활자	564	후작	724		
화강암	066	활주로	600	후천성	342		
화나다	186	황	058	후추	312		
화랑	496	황도	024	훈련	704		
화면	570	황동	062	휘도	112		
화물	592	황산	060	휘문이	212		
화분	288	황새	244	휘발유	072		
화산	036	황옥	068	휘장	282		
화산암	066	황인	142	휘파람	364		
화살	530	황제	722	휠체어	590		
화석	042	황조롱이	246	휴가	086		
화성	026	황토	044	휴일	086		
화성암	066	황혼	088	흉터	182		
화소	572	황홀	370	흑연	064		

브랜드 네이밍 백과사전
최고경영자와 전문가를 위한

1판 1쇄 펴낸 날 2014년 3월 20일
1판 6쇄 펴낸 날 2022년 12월 15일

지은이 | 류동수

펴낸이 | 박윤태
펴낸곳 | 보누스
등 록 | 2001년 8월 17일 제313-2002-179호
주 소 | 서울시 마포구 동교로12안길 31 보누스 4층
전 화 | 02-333-3114
팩 스 | 02-3143-3254
이메일 | bonus@bonusbook.co.kr

ISBN 978-89-6494-132-4 13320

• 책값은 뒤표지에 있습니다.